ENCYCLOPÉDIRE
FORMES DE L'AMBITION ENCYCLOPÉDIQUE DANS L'ANTIQUITÉ ET AU MOYEN ÂGE

Illustration de couverture
Montage A. Pasqualini sur une lithographie de M. C. Escher
(*Main tenant un miroir sphérique*, 1935) & un manuscrit de Bède (*Hexaémeron*)

BREPOLS

CENTRE NATIONAL DE LA RECHERCHE SCIENTIFIQUE
Cultures et Environnements. Préhistoire, Antiquité, Moyen Âge

COLLECTION D'ÉTUDES MÉDIÉVALES DE NICE

VOLUME 14

ENCYCLOPÉDIRE

FORMES DE L'AMBITION ENCYCLOPÉDIQUE
DANS L'ANTIQUITÉ ET AU MOYEN ÂGE

ÉTUDES RÉUNIES PAR
ARNAUD ZUCKER

BREPOLS

D/2013/0095/231
ISBN 978-2-503-55148-7

Printed in the E.U. on acid-free paper

LISTE DES SIGLES ET ABRÉVIATIONS

Abréviations usuelles

cf.	*confer*	n.	note
chap.	chapitre	n°	numéro
col.	colonne(s)	p.	page(s)
f.	folio	r	recto
L.	livre	t.	tome
l.	ligne	v	verso
ms.	manuscrit(s)	vol.	volume

Abréviations des titres de collection et de revue

AA SS	=	*Acta Sanctorum*
AB	=	*Analecta Bollandiana*
BAV	=	*Biblioteca Apostolica Vaticana*
BHL	=	*Bibliotheca Hagiographica Latina*
BML	=	*Biblioteca Medicea-Laurenziana*
BNC	=	*Biblioteca nazionale centrale*
BnF	=	*Bibliothèque nationale de France*
CC Ser. Lat.	=	*Corpus Christianorum. Series Latina*
CC Cont. Med.	=	*Corpus Christianorum. Continuatio Medievalis*
CCM	=	*Cahiers de Civilisation Médiévale*
DACL	=	*Dictionnaire d'Archéologie chrétienne et de liturgie*
DBI	=	*Dizionario biografico degli Italiani*
DHGE	=	*Dictionnaire d'Histoire et de Géographie ecclésiastiques*
DS	=	*Dictionnaire de Spiritualité*
DTC	=	*Dictionnaire de Théologie Catholique*
MEFRM	=	*Mélanges de l'École française de Rome. Moyen Âge*
MGH	=	*Monumenta Germaniae Historica*
PG	=	*Patrologie grecque*
PL	=	*Patrologie latine*
RHE	=	*Revue d'histoire ecclésiastique*
RIS	=	*Rerum Italicarum Scriptores*

AVANT-PROPOS

ARNAUD ZUCKER
CEPAM, UMR 7264, Université Nice Sophia Antipolis – CNRS

Ce volume est l'aboutissement d'un programme de recherches élaboré et mis en œuvre pendant quatre ans, au sein du CEPAM (UMR 7264, Université Nice Sophia Antipolis / CNRS), et organisé par Arnaud Zucker et Isabelle Vedrenne-Fajolles sous le titre : *L'ambition encyclopédique : programmes et mises en forme des œuvres encyclopédiques de l'Antiquité au Moyen-Âge*. Dans le cadre de ce programme, qui était aussi l'expérimentation d'un concept, une trentaine de chercheurs de diverses spécialités ont été appelés à se prononcer, au cours de séminaires réguliers et thématiques, dont ce livre, qui ne reprend qu'une partie des travaux, est l'émanation réarticulée. Les journées d'études ont porté sur les programmes encyclopédiques, la relation de l'encyclopédisme à l'histoire naturelle, la littérature d'Hexaemeron, la lexicologie, l'histoire universelle, la pédagogie et l'innovation scientifique. Outre les contributeurs du présent volume, cette recherche a bénéficié de la participation et de la réflexion de Pascal Arnaud, Gilles Dorival, Joëlle Ducos, Eduard Frunzeanu, Marie-Rose Guelfucci, François Jacob, Judith Olszowy-Schlanger, Baudoin Van den Abeele et Isabelle Vedrenne-Fajolles. Les contributions ont été réunies avec la collaboration d'Isabelle Vedrenne, et Antoine Pasqualini en a assuré le suivi éditorial.

L'objectif était d'étudier non seulement les diverses formes littéraires de transmission extensive de la culture que l'on peut ranger sous l'appellation moderne d'*encyclopédisme*, mais aussi les virtualités historiques de l'encyclopédisme, conçu comme une notion intellectuelle transhistorique. Il liait étroitement trois questions : les enjeux scientifiques d'une visée encyclopédique, les choix de transmission et d'intégration des savoirs, et les principes et mode d'organisation interne des œuvres. L'ampleur de la période considérée, la densité de la problématique et l'abondance de témoins rendaient impossible, d'emblée, de faire le tour de cet horizon. Cet ouvrage aura fait assez s'il contribue, par l'angle d'approche adopté, à alimenter la réflexion sur cette forme extrême de volonté de savoir et de faire savoir qu'est l'encyclopédisme.

INTRODUCTION

Arnaud Zucker

CEPAM, UMR 7264, Université Nice Sophia Antipolis – CNRS

> « C'est dire que les résultats en général, – et par conséquence les œuvres, – m'importaient
> beaucoup moins que l'énergie de l'ouvrier, – substance des choses qu'il espère »
> (P. Valéry, préface à *L'entretien avec Monsieur Teste*)

L'*Encyclopédie* de Diderot et d'Alembert n'est pas seulement un événement marquant dans l'histoire intellectuelle de l'Occident, elle est devenue un repère et un modèle pour envisager pour ainsi dire l'ensemble des pratiques et des productions savantes dont elle constitue comme un comble – à la fois somme et forme excessive et inquiétante. De nom *propre*, cette œuvre, qui n'est pourtant pas la première à s'être ainsi intitulée[1], est devenue, par l'étude et le travail du fantasme, patron d'un type d'exposé du savoir à large spectre, à la fois totalisant et idéal, jusqu'à former aujourd'hui une notion commune et une valeur savante. Depuis plusieurs décennies, à la suite du travail précurseur de Capelli (1897), les chercheurs ont, en déshistoricisant cette catégorie construite, retrouvé dans d'autres périodes, à commencer par le Moyen Âge, des œuvres assimilables. Tirant avantage d'une liberté communément admise, pour ne pas dire incontrôlable, dans l'usage du terme[2], faute de pouvoir décréter une acception qui reflète les emplois de plus en plus divers et les dérives métonymiques de cette notion *in ovo* brouillée (Mandosio, 2005: 115), les savants séduits par l'autorité de ce monstre se sont aventurés en deçà de la préhistoire médiévale de l'*opus primum*, et ont à l'envi catalogué sous cette appellation apparemment flatteuse des ouvrages anciens, voire antiques, et parfois totalement disparus (Grimal, 1966). La légitimité possible d'une telle projection – qui ne saurait tenir au terme lui-même, inusité en l'état avant l'époque moderne, et au foyer antique obscur –, est sûrement dans les effets collatéraux qu'elle peut induire dans la compréhension des œuvres annexées, et plus généralement dans la reconsidération épistémologique que favorise cette déterritorialisation expérimentale du concept, à l'endroit des

---

1. Avant même la *Cyclopædia* du précurseur Chambers (1728), Scalich en 1559 (voir n. 9) et J. H. Alsted (avec son *Encyclopaedia septem tomis distincta*, en 1630, qui connut plusieurs versions entre 1608 et 1649) avaient usé de ce titre. Et le projet inachevé de la *Biblioteca universale sacro-profana, antico-moderna* de V. Coronelli, alphabétiquement ordonnée, et dont parurent seulement 7 tomes (1701-1707) sur les 45 prévus, est d'un esprit très proche de l'*Encyclopédie* française (voir Franco, 1994).
2. Le dictionnaire de l'Académie le définit constamment, depuis l'*editio princeps* de 1694, comme « enchaînement de toutes les sciences », remplaçant simplement à partir de la 8e édition (1935) le mot « sciences » par celui de « connaissances ».

Encyclopédire : formes de l'ambition encyclopédique dans l'Antiquité et au Moyen Âge, éd. par Arnaud Zucker, Turnhout, 2013, *(Collection d'Études Médiévales de Nice, 14)*, pp. 11-28.
© BREPOLS ❧ PUBLISHERS   DOI 10.1484/M.CEM-EB.1.101788

productions savantes, de la responsabilité patrimoniale des connaissances, et des conditions de développement culturel. À ce titre, en effet, l'anachronisme, que seul l'historien peut sciemment pratiquer parce qu'il en mesure le sens, est porteur d'une valeur heuristique indéniable.

Il s'agit là, en réalité, d'une question théorique et non pas terminologique : le concept d'encyclopédie, et celui d'encyclopédisme, sont, de fait, soit des anachronismes, soit des concepts neufs, inévitablement construits, au service de la compréhension de certains phénomènes culturels et littéraires. Tel est le cas tout spécialement, nous semble-t-il, du concept mutant d'encyclopédisme, qui ne porte plus (seulement) son sens historique, dérivé de l'*Encyclopédie*[3], marque déposée du genre : reconditionné comme le mouvement conduisant à l'élaboration d'un ouvrage encyclopédique, et donc ontologiquement antérieur à l'encyclopédie, il signale désormais, au-delà de la production d'une œuvre typique, un état d'esprit et une conception particulière du savoir. Déshistoriciser l'encyclopédisme, comme le font nécessairement les études sur les temps pré-modernes, ne signifie cependant pas renoncer à l'histoire, mais étendre les enjeux de ce phénomène historique à l'échelle du développement culturel, et chercher les états archaïques et les formes implicites d'un phénomène qui, du reste, à travers son titre, s'est aussi approprié une démarche et un projet qui, anonymement, le précèdent, et, spirituellement, le dépassent. L'affaire Sokal (ou Bricmont-Sokal), en 1996-1997, a montré les réticences, parfois légitimes, de nombreux intellectuels à l'import-export de concepts entre les disciplines, et par extension à leur déterritorialisation en général, anthropologique ou historique. Mais cette querelle des impostures[4], autour de la "propriété" conceptuelle, a conduit aussi à mettre en valeur le caractère à la fois inévitable et fécond de ces mutations. LE GOFF (1994 : 25), qui fit justement naître les intellectuels près de huit siècles avant l'affaire Dreyfus[5], et qui contribua largement à acclimater le concept d'encyclopédisme au Moyen Âge, écrit néanmoins que « l'inexistence du terme encyclopédie au Moyen Âge a une conséquence méthodologique décisive pour l'historien. Il doit légitimer l'emploi de ce terme […] et il doit d'abord rechercher si le terme a des équivalents plus ou moins approximatifs à l'époque dont il parle »[6].

Cette recherche lexicale est justifiée, mais probablement insuffisante pour asseoir une conception claire de l'encyclopédie, et « étudier les textes encyclopédiques à l'intérieur d'un contexte culturel aussi vaste [*scil.* Antiquité & Moyen Âge] […] exige une définition suffisamment vague du terme pour inclure des œuvres de domaines divers… », comme l'écrit BINKLEY (1997 : XVI), en préface aux actes d'un congrès de 1996 sur les *Pre-modern encyclopedic texts*.

---

3.   La première occurrence du mot encyclopédisme est largement postérieure à *l'Encyclopédie*, puisqu'elle date de 1801. Le sens donné en 1755 à « encyclopédiste » par *l'Encyclopédie* suppose déjà l'existence d'un genre et vise à travers ce mot une réalité « littéraire » ou éditoriale : « personne qui travaille à une encyclopédie » (*Encyclopédie*, t. 5, p. 644ª, *s.v.* encyclopédie).

4.   Sur les principaux enjeux de cette querelle, voir par exemple DALMEDICO-PESTRE, 1998.

5.   Voir LE GOFF, 1957 ; le premier chapitre est intitulé « Naissance des intellectuels, 12ème s. ».

6.   Cité dans RIBÉMONT, 1997 : 47.

Il ne s'agit pas seulement d'une concession et du prix à payer pour exploiter un concept séduisant sur des terres qui ne sont pas les siennes – mais des effets naturels, et en esprit fidèles, d'une histoire mouvementée dans laquelle jamais, avant l'âge moderne, autour du mot ou à partir d'un projet, l'encyclopédisme ne s'est affirmé comme une notion claire et consensuelle. Malgré la nécessité devenue évidente d'un concept de ce type pour penser un certain nombre non seulement de productions mais d'élaborations intellectuelles, pas entièrement communes mais largement partagées, les chercheurs n'en finissent pas de justifier l'emploi de ce titre, de commenter ses nuances, de préciser selon les auteurs comment les caractères "encyclopédiques" se hiérarchisent, vers laquelle des tendances du mot le texte penche, comme si tous les ouvrages de nature encyclopédique étaient le produit spécial d'une combinatoire complexe entre de nombreuses options : globalité ou spécialité, universalité disciplinaire ou exhaustivité, capitalisation ou enquête, vulgarisation ou technicité, inventaire du monde ou méthode de la connaissance, description ou explication, étude générale ou rassemblement de singularités… Chaque fois, à nouveaux frais, il faut redéfinir l'objet comme si le terme d'encyclopédie portait autant d'équivoque que de significations.

Il serait pratique et tentant – quoique peu philosophique… –, de poser, au seuil de ce recueil, la définition de ce que l'on souhaite remettre en jeu, en circulation. Mais cette voie aurait pour effet de perpétuer un malentendu qui invite, au contraire, à s'affranchir de l'histoire accidentée du nom, dont l'*étymologie* au sens moderne (biographie onomastique) est trop perturbée par les *étymologies* anciennes (riches de remotivations culturelles par paronymie et métaphores) – et à privilégier une approche onomasiologique. Car, comme l'écrit MESCHONNIC (1997 : 19), « il y a plusieurs cercles vicieux dans le rapport que l'encyclopédie entretient avec son propre nom ». L'étymologie du vocable apparaît, en effet, comme une fausse piste à ceux qui veulent cerner la cohérence du concept[7]. HADOT (2005 : 263) rappelle l'immense littérature qui existe sur la question et les nombreuses spéculations et réinterprétations étymologisantes auxquelles est soumis ce terme (ou le syntagme *enkyklios paideia*), non pas seulement chez les critiques contemporains, mais dès l'antiquité, et rendent certainement multiples les emplois "originaux" grecs et latins, et instable cette notion. Les aventures modernes du terme sont à l'image de cette histoire floue, depuis sa réapparition en latin dans la première centurie des *Miscellanea* d'Ange Politien en 1489, et en français dans le *Pantagruel* de Rabelais (2.20), en 1532, avec une faute de copiste et un tour sarcastique[8], avant que Budé, qui utilisait déjà la forme latine depuis 1508 (*Annotationes ad Pandectes*) ne le consacre en langue vulgaire dans *l'Institution du prince* en 1547[9].

---

7.   Plusieurs articles synthétiques proposent du terme un parcours antique ; citons en particulier, par ordre chronologique, KOLLER, 1955, METTE, 1960, FUCHS, 1962 et RIJK, 1965.
8.   Voir SCHAER, 1996 : 179. Thaumaste déclare, après un entretien muet avec Panurge, que ce dernier lui a « ouvert le vray puits et abisme de encyclopédie ».
9.   Pour le sens (classique et pédagogique) du terme chez Budé, voir LEBEL, 1991. P. SCALICH emploie ensuite le terme dans le titre d'un ouvrage pédagogique en 1559 : *Encyclopaedia seu orbis disciplinarum*.

Le syntagme grec, que les Latins empruntent généralement sans le traduire, faute sans doute de lui trouver non seulement un correspondant latin mais une acception claire, semble désigner dans les emplois antiques des formes variées de la culture : (1) les rudiments d'une discipline[10], ou plus généralement la culture générale ; (2) une culture complète embrassant tous les savoirs que doit posséder un homme *pepaideumenos* ou accompli, parfois assimilée aux *artes liberales* ; (3) l'ensemble des savoirs fondés sur le raisonnement ; (4) la propédeutique nécessaire pour aborder la philosophie ou la théologie[11]. Un examen de tous les textes anciens qui usent de cette expression ne permet pas de fusionner les significations, et il est certain que celles-ci ont évolué, remotivant régulièrement l'expression à partir de la notion de cercle, *i. e.* de figure close et parfaite ou exprimant le mouvement des Muses[12]. L'expression est plus idéologique que technique, s'adaptant aux théories et préférences pédagogiques de son utilisateur : l'éducation, soit rudimentaire, soit approfondie, ne couvre pas les mêmes disciplines aux yeux de Platon, Isocrate, Philon ou Quintilien, et la culture "encyclique" a la variété des idéaux pédagogiques. Il paraît clair, en tout cas, que l'assimilation de cette "formation cyclique" au canon latin des "arts", même si elle est encouragée par un passage des *Lettres* de Sénèque (88.23), est une réduction schématique et invalide[13]. Au reste, l'expression latine parfois proposée pour un équivalent est vague, puisqu'au-delà des disciplines qui constituent, d'Augustin à Cassiodore en passant par Martianus Capella, le *trivium* et le *quadrivium* des pédagogues médiévaux (grammaire, rhétorique, dialectique ; arithmétique, géométrie, musique, astronomie), elle englobe aussi traditionnellement la peinture, la statuaire, le sport, – et encore la médecine, l'architecture, l'économie agricole, le droit[14]… Le cercle de formation *encyclopédique* n'est pas fermé mais comprend virtuellement, de manière sommaire ou approfondie, tous les savoirs qui ne sont pas – ou pas exclusivement – manuels. Le fait est que les œuvres médiévales pour lesquelles l'appellation est la moins disputée (Isidore, Vincent, Barthélemy, Thomas…) excèdent largement le cadre

---

10. Voir Quintilien, *Institution oratoire* 1.10.1 : *orbis illae doctrinae quem Graeci encyclion paedian vocant.*

11. Voir en particulier l'exemple illustre d'un des nombreux usages philoniens de la locution (*Legum Alleg.* 3.244).

12. Érasme aussi en propose sa lecture, qui va dans ce sens : *Circulum absolvere, est rem omnibus numeris omnibusque partibus perfectam reddere. Unde et cyclopaideia dicta, quae disciplinarum omnium velut orbem absolverit, et encyclopaideia* (*Adagiorum chiliades quatuor*, Bâle, 1540, 2.6.86, p. 537). Les modernes, eux aussi, sont à la recherche de ce cercle imaginaire ; voir Rey (1982 : 51) : « instruction systématique, cyclique de la culture générale ».

13. *Pueriles sunt et aliquid habentes liberalibus simile hae artes quas* ἐγκυκλίους *Graeci, nostri autem liberales uocant. Solae autem liberales sunt, immo, ut dicam uerius, liberae, quibus curae uirtus est.* Hadot (2005) a longuement démonté cette assimilation. Sénèque critique la vanité des arts libéraux qui ne constituent pas une formation morale, et les considère, au mieux, comme une condition préalable à la philosophie (sens 4)… morale : *non discere debemus ista sed didicisse.*

14. Les trois premiers arts sont mentionnés par Sénèque, les deux suivants proviennent du programme supposé des *Disciplinae* de Varron, et les dernières de l'instruction traditionnelle de l'homme libre, selon Caton.

pédagogique et scientifique des sept arts, dont l'histoire croise, sans la recouper, celle des entreprises encyclopédiques.

Les définitions proposées aujourd'hui de cette notion, sur la base des témoins médiévaux, informent rarement un travail rigoureux de sélection, et ne recueillent pas, sinon par le vague de leur expression, un consensus des chercheurs. Entre les deux principales tendances actuelles du nom d'encyclopédie (ouvrage spécialisé complet, et ouvrage sur l'ensemble des connaissances) seule la seconde est pertinente avant la Renaissance (MANDOSIO, 2005 : 113)[15], mais même une formulation prudente s'avère problématique, comme celle que propose RIBEMONT (1995a : 21) : « l'essai, par un auteur, de rassembler et de résumer l'ensemble des connaissances de son temps, en le mettant à la portée d'un public le plus large possible ». Cette définition souligne le fait que le projet encyclopédique, même si son auteur n'en exprime pas l'idée, comme le font Pline[16] ou Vincent de Beauvais[17], est condamné à ne pas être abouti, ou plutôt à ne pas atteindre l'objectif idéal qu'il s'est fixé[18]. Mais elle pointe également les principales problématiques engagées par cette entreprise.

Celle-ci suppose des conditions historiques et intellectuelles qui permettent un travail de récapitulation et de synthèse d'un ensemble de connaissances élaborées relevant de plusieurs disciplines identifiées qui se sont constituées en tradition, et dont la conjonction apparaît significative, voire nécessaire. Or comme l'écrit MORTIER (1991 : 13), « la volonté de globaliser le savoir est un phénomène qui est loin d'aller de soi : il n'apparaît que dans des cultures arrivées, de leur point de vue, à un haut degré de maturation et désireuses de faire, en des termes et des aménagements variables, le bilan de leurs acquis ». On ne peut soupçonner ce phénomène que dans un contexte de capitalisation et de diffusion graphique importantes, motivé sûrement en partie par l'embarras dans lequel une surabondance de discours et d'œuvres plonge les acteurs de la production intellectuelle, poussés à assumer une mission de gestion patrimoniale. C'est la raison qui incite Vincent de Beauvais, à la demande de ses supérieurs, à composer son *Speculum*, dont le prologue (*Liber apologeticus*) s'ouvre sur ces mot : « il y a tant de livres, une telle multitude, le temps de la vie est si bref, et la mémoire si faible, que l'esprit humain ne peut s'approprier tout ce qui a été écrit » ; et l'auteur de la préface aux *Collectanea* de Constantin VII, vaste encyclopédie du Xe siècle en 53 sections, justifie son entreprise par le même diagnostic : « Le nombre des événements est devenu infini comme celui des ouvrages qu'on a composés, et ainsi la complexité

---

15. Voir NAAS (2002 : 19) : « L'acception du terme s'élargit [après la Renaissance] et se précise, comme le montre la définition donnée par le *Trésor de la langue française* : ouvrage qui fait le tour de toutes les connaissances humaines ou de tout un domaine de ces connaissances et qui les expose selon un ordre alphabétique ou thématique (TLF). La définition présente donc deux aspects : un savoir portant sur un nombre restreint de disciplines ou l'exhaustivité dans le contenu comme dans le champ envisagé ».

16. *HN, praef.* 14 : *etiam non assecutis voluisse abunde pulchrum atque magnificum est.*

17. *Speculum* c. 18 ; voir PAULMIER-FOUCART, 2004 : 168.

18. Cf. HARRIS-MC COY (2008 : 9) : « This drive is, however, marked by frustration : the desire to totalize, eternalize, and objectify knowledge is inevitably maned by incompleteness, obsolescence, and subjective coloring ».

de l'histoire s'est étendue sans limites jusqu'à devenir insaisissable »[19]. Les projets encyclopédiques, qui sont nécessairement de seconde intention, supposent une accumulation préalable et le constat d'une forme de stabilité du savoir, ou de *doxa* scientifique partagée, qui est, plus que le monde sensible directement, la matière première dont traite l'auteur. Cet engagement, que l'on ne saurait dissocier d'un sentiment de responsabilité sociale autant que scientifique, conduit à adopter un ensemble de pratiques savantes visant en particulier à réorganiser et à condenser les données (par sélection ou paraphrase). Il s'incarne dans ce que RONQUIST (1997) appelle l'encyclopédisme "patient", et qu'illustrent Isidore, Raban Maur, l'élève d'Alcuin, ou Albert le Grand, passeurs de savoirs accumulés.

La seconde dimension majeure de l'entreprise encyclopédique, au sens large, corollaire du caractère précédent, est sa vocation didactique. L'exposition et la transposition des connaissances dans le cadre qu'elle construit suit une logique pédagogique qui détermine, dans des sens et des formats qui peuvent être variés, le choix de l'ordre, de la forme et des contenus savants. Comme le note NAAS (2011a : 30) la démarche encyclopédique suppose en effet, outre « une perception réflexive de l'histoire comme accumulation de savoir » et « une conception totalisante de ce savoir ressenti comme une sorte de capital à gérer collectivement », « une volonté de répandre ce savoir ».

Ce souci naturel, pour tout traité savant qui se choisit nécessairement un destinataire, prend dans le dessein encyclopédiste un tour particulier en raison à la fois du public large qu'il touche et de la diversité de la matière qu'il embrasse. L'organisation du discours tend alors davantage à construire un exposé suivi et articulé, et à sélectionner et structurer les données savantes, qu'à élaborer une rhétorique argumentative. Or le choix de la dialectique semble le seul capable d'engager l'encyclopédisme dans la construction critique d'un savoir, car, comme le dit Augustin, seule « la dialectique se rend compte de ce qu'elle fait »[20]. Cette attention didactique aiguisée a donc un revers : elle conduit à une objectivation des connaissances retraitées qui, détachées de leur contexte initial et distanciées dans le discours de l'encyclopédiste qui supervise leur assemblage, tendent à devenir des *res*.

Mais il faut, sur l'enjeu pédagogique de l'encyclopédie, noter une différence radicale de perspective entre l'antiquité – qui emploie le syntagme – et le Moyen Âge – qui l'a oublié –. Les textes anciens privilégient nettement dans cette formule la formation de l'élève sur la connaissance du maître, exprimant le point de vue de l'homme engagé dans une quête d'ordre philosophique, qui l'amène à multiplier ses lectures, et non la concentration personnelle d'un savoir, dans une somme à construire, un ensemble qui le diffuserait. Vitruve (*Architec.* 1.1.12), comme

---

19. *De virtutibus et vitiis, praef.* 1.11 ; voir LEMERLE, 1971 : 281.
20. « Elle enseigne à enseigner, elle enseigne à apprendre ; en elle la raison se donne à voir directement et montre ce qu'elle est, ce qu'elle veut, ce qu'elle vaut. Elle sait savoir », *Haec docet docere haec docet discere ; in hac se ipsa ratio demonstrat atque aperit quae sit, quid velit, quid valeat. Scit scire* (*De ordine* 2.13.38). La dialectique est pour lui *disciplina disciplinarum* (*Sol.* 2.11.19). Cf. Hugues de Saint-Victor, *Didascalicon* 2.30 (*PL* 176, 764 C) : *dialectica est scientia, id est, ars vel disciplina.*

Strabon (*Geogr.* 1.1.1) ou Quintilien (*Inst. Orat.* 1.10-12) conçoivent l'encyclopédie comme un parcours : la formation complète nécessaire à un savant accompli ; et Philon (*De congressu* 79-80), Clément (*Stromates* 6.19.80) ou Origène (*Lettres à Grégoire* 1), de la même façon, comme une propédeutique complète à la théologie. L'encyclopédisme résiderait avant tout pour eux dans la volonté active de métaboliser personnellement un savoir multiple[21] en en réalisant par la réflexion la synthèse (KOLLER, 1955 : 174). Cette idée n'est toutefois pas étrangère au Moyen Âge, comme l'atteste, en particulier, le projet à plus d'un titre original de Hugues de Saint-Victor dans son *Didascalicon*, texte fondateur de l'école de Saint-Victor, qui entend définir ce qu'il faut lire, dans quel ordre et de quelle manière, et professe qu'il faut tout apprendre[22]. L'apprentissage de toutes les matières, auquel encourage l'esprit hugonien et pour lequel Hughes propose une méthode plus qu'un compendium, apparaît comme « un état de vie avant d'être une activité » (SICARD, 1997 : 101). Ainsi, si la mise en forme pédagogique d'une somme de savoirs correspond indéniablement à une optique encyclopédiste, qui est à ce titre perceptible dans l'antiquité, la traduction de cette intention dans une œuvre ne peut en aucun cas, en termes antiques, être assimilée à une "encyclopédie".

De manière plus générale, si l'extension à l'antiquité d'une réflexion sur l'encyclopédisme est susceptible d'apporter un renouvellement, ce n'est pas à travers l'apport de nouvelles pièces ou l'identification des sources des encyclopédies médiévales et modernes, mais par la dimension subjective et psychologique qu'y prend la notion d'encyclopédisme, au regard de l'encyclopédie, qui est du côté de l'œuvre et de l'objet. À la différence des encyclopédies médiévales, dont les auteurs insistent sur le caractère altruiste et qui se présentent comme un *vademecum* partagé, l'encyclopédisme antique, si l'on accorde à cette expression abstraite une pertinence culturelle, est une exigence plus égoïste, même si sa manifestation littéraire revêt inévitablement un caractère philanthropique. Jusqu'à Augustin inclus sans doute, qui dans le *De doctrina christiana* et le *De magistro* tient sur l'utilité des sciences un double discours, la préoccupation pédagogique ou la conscience de l'intérêt potentiel d'un ouvrage universaliste, qui assumerait l'essentiel des connaissances accumulées et les conditionnerait pour être aisément reçues par autrui, n'est pas assez forte ou culturellement fondée pour convertir une aspiration subjective en produit de prêt-à-penser. Par là encore l'encyclopédisme, pulsion de savoir entretenue et extrémisée, et idéal intellectuel, dépasse largement l'histoire des ouvrages encyclopédiques.

---

21. Sur cette image, voir Macrobe, *Saturnales*, prologue : « Nous aussi, nous mettrons par écrit ce que nous aurons retenu de nos diverses lectures, pour en former un tout, digéré dans une même combinaison (*ut in ordinem eodem digerente coalescat*). De cette façon, les choses se conservent plus distinctement dans l'esprit […] Les aliments que nous consommons pèsent sur notre estomac tant qu'ils y surnagent, en conservant leur qualité et leur solidité ; mais en changeant de substance, ils se transforment en sang et alimentent nos forces. Qu'il en soit de même des aliments de notre esprit. Ne les laissons pas entiers et hétérogènes, mais digérons-les en une seule substance (*in quandam digeriem concoquantur*) ».

22. *Didascalicon* 6.2 (*PL* 176, 801A): *omnia disce, videbis postea nihil esse superfluum.*

L'entreprise encyclopédique vise à satisfaire un désir de savoir, non pour combler un manque, mais pour conduire à une vie meilleure qui semble être à ce prix. Car « celui qui veut tout connaître » et auquel, par exemple, Lucius Ampélius[23] destine son opuscule *Liber memorialis*, est généralement porté par un désir qui, lui aussi, transcende les connaissances exposées, et qui manifeste le rôle *d'instrumentum sapientiae* que joue la *scientia*, comme voie vers la contemplation (philosophique) ou la foi (chrétienne). Comme l'explique Tesnière (1997) pour le Moyen Âge, le savoir n'est pas considéré comme une fin, ou un but. S'il existe une volonté encyclopédique médiévale, c'est pour favoriser « la contemplation d'une Vérité, d'une Sagesse ». La vocation des encyclopédies chrétiennes, qui sont au fond des ouvrages de nature apologétique, est la compréhension des Écritures. Tous les auteurs qui, depuis Basile et Augustin, se penchent sur le lien entre la connaissance des choses et l'approfondissement de la foi, s'entendent sur une finalité que Barthélemy expose comme son programme, dans le prologue au *De proprietatibus rerum*: *ad intelligenda enigmata scripturarum, que sub symbolis et figuris proprietatum rerum naturalium et artificialium a Spiritu Sancto sunt tradite et velate*[24]. La science encyclopédique est la connaissance de Dieu à travers ses œuvres. Compte tenu de l'interdépendance postulée du monde intelligible et du monde sensible, et de l'imprégnation de la volonté du créateur dans les créatures, la connaissance des choses est une condition de la bonne exégèse des textes saints, et elle s'impose à ce titre comme un devoir chrétien, dans la mesure où « l'ignorance de la nature des choses rend obscures les images bibliques » (Augustin, *Doct. christ.* 2.16.24). L'intelligence des questions théologiques l'exige donc comme propédeutique[25]. Et Augustin conclut ainsi l'inventaire des savoirs utiles, dans le *De doctrina christiana* (2.16.44): « Quand on n'a point succombé devant ces difficultés, quand on a ramené à l'unité réelle et véritable tant de notions diverses recueillies dans toutes ces sciences (*ad unum quiddam simplex verum certumque*), quand on mérite le nom d'homme instruit, on peut alors, sans témérité, chercher, non plus seulement à croire, mais à contempler, à comprendre et à posséder les choses divines ». L'encyclopédisme chrétien, après avoir identifié la théologie à la science, tâche ainsi de faire la synthèse du savoir sacré et du savoir profane – ou plus exactement, car il s'agit plus d'une annexion que d'une symbiose, de théologiser les savoirs. Pour cela l'évêque d'Hippone, avant et plus qu'Isidore – dont l'œuvre se présente souvent comme un fourre-tout et n'est justifié par aucune théorie de la connaissance, ni "pacte" de lecture –, joue

---

23.   Son prologue commence sur ces mots : « J'ai écrit cet aide-mémoire pour toi qui veux tout savoir, afin que tu saches ce qu'est le monde, quels sont ses éléments, ce que porte le globe terrestre ou ce que le genre humain a accompli (*Volenti tibi omnia nosse scripsi hunc librum memorialem, ut noris quid sit mundus quid elementa, quid orbis terrarum ferat, vel quid genus humanum peregerit*) ».

24.   « En vue de la compréhension des mystères des Écritures, qui sont transmises et voilées par l'Esprit Saint à travers les expressions symboliques et figurées des propriétés des choses naturelles et artificielles ».

25.   Voir *ibid*. 2.16.46 : « Or, il faut avoir parcouru avec ordre les études dont nous avons parlé, pour s'occuper de ces questions et de questions semblables, sans quoi il y faut renoncer (*aut ordine illo eruditionis, aut nullo modo quidquam requirendum est*) ».

un rôle décisif, en particulier à travers le programme des études du *De ordine* (2.12.35-2.13.38), et surtout le *De doctrina christiana*, « charte fondamentale de la culture chrétienne » (MARROU, 1958 : 413). Augustin simultanément encourage et dissuade, exhorte à l'étude des sciences mais en restreint aussi la portée et met en garde contre les sciences "inutiles", *i.e.* celles qui s'enseignent en dehors de l'Église de Jésus-Christ[26], par méfiance à l'égard de la « vaine curiosité qui se couvre du nom de connaissance et de savoir »[27]. Suivant l'aphorisme solonien (*ne quid nimis*) et la leçon paulinienne (*scientia inflat, caritas aedificat*)[28], il ne peut admettre sans réserve l'enseignement et la diffusion des sciences, considérant que « la science des saintes Écritures l'emporte sur toute la science, même utile, réunie dans les livres profanes » (*Doct. christ.* 2.42.63). Isidore, rompant en cela non seulement avec Augustin mais aussi avec le programme limité de Boèce et des *Institutiones* de Cassiodore, transgresse les limites des savoirs "utiles" à l'éducation chrétienne, et introduit une dimension technique et *pour ainsi dire* sans arrière-pensée théologique, empruntée à la tradition varonnienne, qui détermine la conception des encyclopédies médiévales : l'articulation étymologique. Il ne s'agit plus de trier entre les lectures adaptées et celles qu'il faut exclure (Basile), entre les savoirs utiles et les autres (Augustin), mais de servir généreusement une culture classique, accessoirement païenne, qui n'est plus perçue comme sulfureuse, mais comme radicalement menacée d'extinction. À sa suite, les savants, essentiellement maîtres et vecteurs du savoir antique, vont s'efforcer de mener une conciliation entre le monde, la langue, et la science qui, suprêmement, reste théologique, mais incorpore inévitablement des données perçues comme objectives et qui ne relèvent de la science divine que par le sens qui est conféré aux phénomènes. Le programme trinaire de Raban Maur (« Isidore moralisé », selon RIBÉMONT, 2001 : 296) en témoigne, qui entend mouler la connaissance du monde par trois voies/voix : l'exposé des *realia*, l'explication des *verba*, et l'exégèse de la signification spirituelle[29]. Les réticences et l'ambivalence augustiniennes sont abandonnées, dans ce nouveau cadre où dominent le souci de transmission culturelle et l'idée d'une compatibilité générale, sinon totale, entre les savoirs profanes et la théologie. La *curiositas* soupçonnée par Augustin peut devenir ainsi une

---

26. *Doct. Christ.* 2.39.58 : « À part l'histoire des évènements des siècles passés ou de l'époque actuelle, les expériences et les conjectures que l'on tire des arts utiles, de la science du raisonnement et des nombres, je ne vois pas à quoi peuvent servir toutes les autres sciences (*in ceteris autem doctrinis, quae apud Gentes inveniuntur, praeter historiam rerum vel praeteriti temporis vel praesentis ad sensus corporis pertinentium, quibus etiam utilium artium corporalium experimenta et coniecturae annumerantur, et praeter rationem disputationis et numeri,* **nihil utile esse arbitror**) ».

27. *Confessions* 13.35 : *cupiditas nomine cognitionis et scientiae palliata.*

28. I Corinthiens 8.1.

29. *Sunt enim in eo plura exposita de rerum naturis, et verborum proprietatibus, necnon etiam de mystica significatione quod idcirco ita ordinancum estimavi, ut lector prudens continuatim positam inveniret historicam et mysticam singularem rerum explanationem […] non solum de natura sed etiam de vi et effectibus earum sermonem habere institui, ut lector diligens in hoc opere et nature proprietatem iuxta historiam et spiritalem significationem iuxta mysticum sensum simul posita inveniret (Rerum naturis 1. praef.).*

faculté très positive, sinon une vertu, comme dans le prologue de Vincent qui la mentionne quinze fois comme une des clés de son entreprise (Paulmier-Foucart, 2004 : 28).

Les savants, en effet, généralement conscients de ce qui les anime, envisagent nécessairement la fonction de leur travail et les finalités sociales de leur ouvrage. La notion d'*utilitas*, dont le contenu et l'orientation changent selon les époques et les projets, est déterminante dans leur engagement, même si l'œuvre est souvent la réponse à une commande institutionnelle. Meier (1997 : 111) propose une typologie ouverte des publics visés par les encyclopédies médiévales, dont les vocations les plus évidentes (et les types les plus indiscutables) sont d'ordre politique, scolaire, monastique ou parénétique. Les lieux attendus où doivent s'exprimer ces intentions de l'auteur (dédicaces, préfaces ou introductions de livre) ne sont pourtant pas systématiques, et Vincent, auteur prolixe d'un précieux prologue explicatif (*Liber apologeticus*) constitue une remarquable exception. Ainsi sur son projet et ses destinataires, Isidore ne nous informe pas personnellement, et les rares mentions des *Étymologies* dans sa correspondance[30] ne compensent pas l'absence de préface à son ouvrage. Mais, comme plus tard, explicitement, Raban Maur, il écrit pour le roi et le clergé de son époque. Les quatre sortes d'usage signalés se réunissent en fait souvent dans une perspective commune et une fonction plus large. Car la vulgarisation culturelle que produisent les auteurs, parfois explicitement pour un vaste public (comme Arnold de Saxe ou Conrad de Mure), même dans les cas où elle est adressée à un personnage, est rarement conçue pour une cause unique : le *De proprietatibus rerum* de Barthélemy (à visée théologique exégétique) peut être ainsi, dans la traduction de Jean Corbechon, reprogrammée comme somme pédagogique à l'intention du roi[31] ; et le *De natura rerum* de Thomas de Cantimpré (destiné à la prédication), ou le *Livre du Trésor* de Brunetto Latini (conçu pour servir de manuel à l'intention des responsables politiques)[32] sont adoptés et utilement exploités largement au-delà du public qu'ils semblaient s'être choisi. Apparaît même explicitement au XIIIe siècle, comble et paradoxe pour cette forme "encyclique", l'idée que les compilations savantes peuvent faire l'objet non plus d'un itinéraire suivi, qui fait "le tour" des connaissances, mais d'une lecture ponctuelle et fragmentaire[33].

---

30. En particulier une courte dédicace à Sisebut (*ca* 620) et quelques lettres échangées avec l'évêque Braulio de Saragosse, "éditeur" des *Étymologies* (voir Lynch, 1938).

31. Il répond au « désir du roi d'avoir une somme générale contenant toutes matières » (J. Corbechon, prologue, in Ribemont, 1999c : 55).

32. L'ouvrage commence en fait par la philosophie théorique (car « philolophie est la racine d'où croissent toutes les sciences que home puet savoir » : *Livre du Trésor* 1.1.1), qui comprend théologie, physique et mathématique ; et il embrasse dans ses trois livres de nombreux savoirs pratiques.

33. Cf. Vincent, *SN*, prologue, chap. 21 (*continentia et capitula libri primi*) : « afin qu'il apparaisse plus clairement au lecteur en quel chapitre de quel livre il trouvera ce qu'il cherche, et qu'il ne perde pas son temps à tourner les pages à l'aveuglette (*legenti facilius pateat quoto libro quove capitulo cuiuslibet libri quod querit inveniat, ne forte casso labore singulas revolvendo paginas in incertum vagari incipiat*) ».

Il y a, en outre, dans l'encyclopédisme, une composante cruciale qui est assurément absente de *l'enkyklios paideia*, mais pas étrangère à la science antique : la conception et l'élaboration d'une épistémologie dans laquelle l'unité du savoir est un enjeu fondamental. Car « the attempt to organize a comprehensive body of knowledge » (ARNAR, 1990 : 11) repose nécessairement sur une réflexion préalable autour de l'organicité de la connaissance. Sans cette élaboration théorique, « l'encyclopédie » ne dépasse pas le stade de conglomérat disciplinaire, tels que sont les ouvrages de ce nom aux yeux de HEGEL (1817 : 39), qui qualifie, négativement, les « encyclopédies ordinaires » (*i. e.* non philosophiques) d' « agrégat de sciences réunies de façon contingente et empirique, parmi lesquelles il y en a qui n'ont de science que le nom, n'étant d'ailleurs qu'une pure collection de connaissances. L'unité qui préside à cet agrégat de sciences est tout extérieure ». L'« enchaînement des connaissances », qui passe au premier plan dans l'encyclopédie diderotienne[34] n'est pas simplement un ordre de présentation, voire de succession formelle, mais suppose une réflexion systématique qui distingue l'encyclopédisme de l'érudition ou de la polymathie[35]. Avant d'être un discours et une composition, l'encyclopédisme est une réflexion sur le système et la construction du savoir.

On peut sans doute discerner là deux idées complémentaires mais distinctes, et qui n'ont probablement pas la même visibilité dans les programmes : l'unité et la scientificité. La multiplicité des objets que vise l'encyclopédiste exige de l'auteur, pratiquement, à l'heure de donner une forme à son entreprise, une justification de l'étendue et de l'unité construite de sa cible, qui le conduit, réflexivement, à expliciter l'intention et la conception qui l'ont initialement guidé. L'organisation de la matière n'est pas simplement un défi éditorial et ne se résume pas à un choix tactique pour faire tenir ensemble les développements particuliers – sauf à admettre une forme dévaluée d'encyclopédie, d'ailleurs non absente des procédés contemporains, qui se confond avec une collection d'articles fragmentés, et escamote la dimension architectonique. L'unification du *divers*, qui est le régime même de la matière abordée, exige qu'en ce divers coexiste une unité transcendante qui peut s'appeler *logos*, *nous* (νοῦς) ou *Dieu*. Ce postulat d'une transcendance essentielle est la condition logique et psychologique de toute visée encyclopédiste et l'objet intime du déploiement des discours.

Mais cette conception systématique du monde (unité) ne suffit pas à fonder un discours scientifique global, qui doit passer par une réflexion méthodologique et critique sur la construction du savoir. Cet aspect est pourtant éludé, dans une grande partie des œuvres encyclopédiques. L'image médiévale du miroir (*speculum*), et dans une moindre mesure celle de l'ymage (*imago*), que certains auteurs reprennent pour titre, est symptomatique de cette simplification du rapport entre la connaissance et le monde : elle donne l'impression que le savoir est une simple

---

34. Voir Diderot, art. « Encyclopédie » (1970 : 635a).
35. L'aphorisme héraclitéen, (*fr.* B 40 DK) rapporté par Aulu-Gelle (*Nuits Attiques*, praef. 12), pointe magistralement cet écart : πολυμαθίη νόον οὐ διδάσκει (le savoir multiple n'apprend pas à penser *ou* le savoir universel n'enseigne pas l'intelligence).

émanation verbale de la nature qui s'expose en lui au seul regard qui soit – celui du lecteur –, sans que l'auteur (supposé savoir) ne fasse plus que reproduire dans le format d'un livre l'empreinte de la nature. Pourtant, ce ne sont pas seulement les natures visibles, mais aussi – sinon surtout – les propriétés cachées qui sont exposées dans ces ouvrages[36]. L'ancrage théologique de la science médiévale comble *a priori* cette carence: il suffit dans la conception chrétienne que les données exposées soit théologiquement conformes aux Écritures, ou du moins compatibles avec elles, pour que leur valeur soit garantie. Si les encyclopédies médiévales se reprennent et se répètent à l'envi, c'est que le savoir qu'elles pratiquent est essentiellement magistral, produit d'une autorité que seule une difficulté théologique pourrait déstabiliser. Comme l'écrit Augustin dans le *De ordine* (2.9.26): « l'autorité seule peut ouvrir la porte, quand on aspire à connaître quels sont les trésors mystérieux et divins », une autorité qui peut être divine ou humaine, la seule « vraie, solide, souveraine » étant naturellement l'autorité divine (2.9.27). Car les maîtres doivent enseigner non pas leurs pensées mais les *disciplines*, dont la vérité doit être reçue à la lumière de l'esprit[37]. L'assimilation de la science aux *disciplinae* (quand le mot n'est pas synonyme de théologie) montre le peu d'investigation critique sur le fondement des savoirs traditionnels, à quelques exceptions près. Le théologien dominicain Robert Kilwardby se distingue en effet, bien avant Francis Bacon, dans son *De ortu scientiarum*, inspiré du *Didascalicon* de Hughes de Saint-Victor, par sa réflexion méthodologique: il ne se contente pas de classer les sciences, mais s'attache, plus fondamentalement, à définir ce qui constitue un discours comme scientifique, d'un point de vue non pas seulement logique mais bien épistémologique (hérité d'Aristote): il doit avoir un objet déterminé, être structuré méthodiquement et présenter les propriétés et les subdivisions d'un discours scientifique, et doit enfin respecter les règles de la démonstration et suivre les principe propres à son genre (*DOS* 167, 221, 650 *sq.*).

*

L'intention de cet ouvrage n'est pas de participer à l'inflation de l'usage du terme, ni de proposer une histoire des encyclopédies préservées (ou naufragées), en rebroussant le chemin de *l'Encyclopédie*, pour inventorier ses précurseurs et constituer une liste assurée, d'emblée, d'éventer un peu plus une notion trouble. Divers savants, emportés par un tel élan rétrospectif dans une archéologie des encyclopédies qu'ils jugeaient nécessaire, pour rendre compte du long processus d'émergence de cette forme éditoriale, ont intégré à l'histoire de l'encyclopédisme divers auteurs polymathes de l'antiquité, comme Aristote, Caton, Varron, Diodore, Vitruve, Suétone, Aulu-Gelle, Athénée, Artémidore… Parfois figurent même dans cette galerie d'ancêtres des auteurs dont l'œuvre est à peine résiduelle, comme celle de Posidonios, ou dont l'envergure intellectuelle semble suffire à

---

36.   Voir, par exemple, Alexandre Nekham, *De naturis rerum* (II. 96 [184]): négligeant « les natures faciles à connaître par l'expérience (*tam cotidiano usu quam experientia compertae*) », il s'attache à celles qui sont occultes, « comme si la nature disait: c'est mon secret, pour moi, mon secret, pour moi (*ac si dicat natura, 'Secretum meum mihi, Secretum meum mihi*) ».

37.   Voir *De magistro* 45.

leur garantir une place dans toutes les aventures scientifiques, comme Cicéron[38]. Mais cette affiliation, en forme d'hommage, ne repose pas sur une enquête méthodique, et réduit le terme, devenu fétiche, en une trop simple expression. Elle confond souvent l'étendue des connaissances d'un auteur (ou son érudition) avec le souci d'organisation et d'articulation globales des savoirs dans un programme unifié[39]. Néanmoins ces auteurs, qui n'ont pas composé d'encyclopédies, touchent de près au projet qui nous intéresse, car ils ont pu exprimer ou suivre un certain idéal encyclopédiste.

Ce n'est donc pas à l'identification des œuvres pouvant prétendre au label "encyclopédique" que cet ouvrage est consacré, cet examen ayant sans doute atteint ses limites, mais à la recherche des signes, dans la littérature savante de l'Antiquité et du Moyen Âge, d'une forme extrême de la volonté de savoir, d'une intention intellectuelle – qui serait perceptible – d'englober ou de synthétiser toutes les connaissances[40]. À cette visée, qui n'est pas nécessairement explicitement programmée, mais apparaît comme la condition nécessaire et préalable de toute entreprise encyclopédique, a été donné le nom d'*ambition encyclopédique*. "Encyclopédire" se présente comme la modalité commune d'un programme virtuel de constitution d'un système documenté du monde, où les sciences sont appelées à se coaliser pour former une culture rationnelle complète. Lors du projet de ce livre, les interrogations portées par Christian Jacob dans un essai lumineux sur l'encyclopédisme ont joué un rôle décisif : « Recherchons-nous des formes matérielles ? Ou une *cosa mentale* ? Notre objet est-il *l'encyclopédie*, au sens de livre totalisant les savoirs, construit par des architectes désireux de lancer une arche de Noé cognitive sur les flots de l'histoire ? Ou *l'encyclopédisme*, comme projet intellectuel où se manifestent des formes de mobilisation, d'organisation des connaissances, une volonté collective, sociale et politique de complétude et d'ordre englobant, voire un désir intime, une quête spirituelle de la totalité, dans un itinéraire vers la transcendance ? Question incidente : l'encyclopédisme génère-t-il toujours l'encyclopédie ? » (JACOB, 1996 : 44).

Cette *cosa mentale* est certes difficile à définir, un "je ne sais quoi" sur lequel on risque de s'accorder, comme souvent, d'autant plus facilement que l'on s'abstient de l'expliciter. Mais ce sont précisément les formes et les expressions de ce syndrome ou *complexe* encyclopédiste qui restent à étudier, les modalités de cette volonté d'*encyclopédire* que l'on suppose tenace, archaïque et profonde. On peut, en effet, avoir intuitivement le soupçon que le désir de corréler systé-

---

38. Voir COLLISON, 1964 ; GRIMAL, 1966.
39. HARRIS-MC COY (2008 : 6), dans une étude ingénieuse et déliée, considère Pline, Vitruve et Artémidore, comme des encyclopédistes, chacun à sa manière, dans la mesure où « [they] adopt a totalizing vision of the world ». Mais sa définition de l'encyclopédie est trop lâche : « a mode of writing […] characterised by a desire to collect and organize a complete and definite body of knowledge relating to a subject or subjects » (*Ibid.* : 9) ; elle correspond aussi bien au programme d'un spécialiste, auteur de monographies.
40. Voir REY, 2007 : 12 : « un genre encyclopédique existe depuis très longtemps et un projet culturel qu'on peut nommer "encyclopédisme" parcourt l'histoire des idées et celle des textes dans de nombreuses civilisations, et cela, depuis l'apparition de l'écriture ».

matiquement les savoirs et de les posséder, à petite ou à grande échelle, est une tendance ou une tentation aussi naturelle, parce que comprise en lui, de l'*amor sciendi*. Il semblerait que la volonté d'une maîtrise humaine complète des savoirs point ailleurs que là où elle s'explicite, au cœur de la dynamique même du désir ou de la volonté acharnée de savoir. De fait, la faveur dont jouit le terme d'encyclopédie dans les recherches contemporaines et l'inflation de ses usages ne sont pas seulement un signe de notre représentation actuelle du savoir, où l'encyclopédie est à la fois emblème de puissance et objet contraphobique – elles traduisent aussi la difficulté à imaginer une culture chaude étrangère à ce penchant spirituel baptisé, fût-ce sous une forme négociée, encyclopédisme. Depuis la Mésopotamie ancienne, selon Bottero (1997 : 30), on repère les indices de ce « quelque chose de plus » (*ibid.*) que la curiosité ou le savoir, qui semble animer les milieux lettrés et suggère une visée totalisante.

On a tendance à aligner ou vouloir rapprocher deux processus et réalités culturels qui, à notre avis, diffèrent radicalement et ne seront pas ici combinés : l'encyclopédisme et la bibliothèque. L'amalgame est tentant et encouragé sans doute par la tradition encyclopédique, qui est une filière de *compendia*, car d'Isidore à Vincent l'encyclopédiste revendique comme son métier le travail de lecture et de compilation, et l'encyclopédie entend souvent se substituer, dans une somme miniaturisée, à une bibliothèque idéale, mais dispersée, excessive ou inaccessible. Mais malgré le lien étroit qui unit cette dernière à une forme d'impérialisme culturel[41], malgré l'importance et le rôle culturel fascinant joué par celle d'Assurbanipal ou celle d'Alexandrie, malgré enfin l'équivoque du mot qui a pu désigner le livre des livres[42], la bibliothèque, entendue au sens spatial et institutionnel (le dépôt collectif de livres ou d'archives), ou au sens éditorial (la collection) constitue un projet connexe mais non assimilable. Collect(ionn)er n'est pas savoir, et la bibliothèque n'est que l'ombre projetée par l'élaboration scientifique et culturelle. Comme l'archivage ou l'inventaire, la bibliothèque répond à des motifs politiques parfois davantage que scientifiques et, même structurée et immense, elle reste un dépôt accidentel, opportuniste, et souvent incohérent, auquel manquent l'organisation d'ensemble, la conception théorique et la vocation de vulgarisation qui fondent le programme encyclopédique ; et ce n'est que dans son régime moderne, dématérialisé et désinstitutionnalisé que se dissout parfois l'écart entre l'un et l'autre.

La notion d' "ambition encyclopédique" évite ainsi l'étirement extrême du terme "encyclopédie", mais écarte aussi – ou engage du moins à réexaminer – le fantasme moderne consistant à croire que l'érudition aurait nécessairement pour projet ou avenir une expression encyclopédique, *au sens moderne*. On ne suppose pas, en effet, qu'il s'agit là d'un constant « idéal culturel » (Beyer de Ryke,

---

41. Voir Godin, 2002, et la contribution de l'auteur dans ce volume.
42. Voir Tesnière (1997 : 77) : « Au Moyen Âge, le premier mot latin qui nomme la Bible n'est pas *Biblia*, mais *Bibliotheca*. Le terme *bibliotheca*, notre bibliothèque, désigne à la fois le lieu où sont rangés les livres et l'imposant manuscrit où sont copiés les textes de l'Ancien et du Nouveau testament, c'est-à-dire la Bible ».

2003 : 2), mais plutôt d'un possible horizon – ou démon – intime. La difficulté, dès lors, en interrogeant des œuvres étrangères au contexte historique de *l'Encyclopédie*, est de déceler des marques objectives, dans l'activité ou la production des auteurs, de cette vocation totalisante, témoin d'une perspective intellectuelle *particulière*. Les études qui composent ce volume s'attachent à relever, dans des œuvres savantes, ces signes d'une propension à intégrer et métaboliser les connaissances d'une façon qui puisse aboutir *virtuellement* à une œuvre ou un projet éditorial de nature encyclopédique. Car cette idée ne peut se satisfaire d'une forme intuitive, et doit être soumise à la réalité des textes, qu'ils en soient l'expression ou le reflet, même si les ouvrages classiquement répertoriés n'en sont pas les seuls produits, ni toujours les plus légitimes.

Notre champ d'étude comprend historiquement l'Antiquité et le Moyen Âge, ou plutôt, car c'est une option essentielle de ce projet, envisage conjointement les deux périodes. La part prépondérante que prend la période médiévale dans le volume est à l'image de la situation générale de la recherche sur l'encyclopédisme. Pour le Moyen- Âge, en effet, en particulier la « Renaissance du XIIᵉ siècle » (HASKINS, 1927), ou les grandes (LE GOFF, 1994) et les « petites encyclopédies du XIIIᵉ siècle » (MICHAUD-QUANTIN, 1966)[43], les œuvres estampillées sont abondamment honorées par une quantité croissante d'études, depuis l'ouvrage collectif dirigé par M. DE GANDILLAC (1966b)[44]. Prenant appui sur des travaux fondateurs (LANGLOIS, 1911, DE BOÜARD, 1930, etc.) les médiévistes, depuis deux décennies surtout, ont multiplié les recherches et colloques sur le thème de l'encyclopédie, et produit de nombreux travaux, principalement monographiques, sur cette littérature ; mais il s'agit souvent d'analyses internes des œuvres, parfois comparatives, ou traitant de questions relatives à la *Quellenforschung* ou à l'intertextualité. En suivant dans une longue durée ce qu'on suppose être identifiable comme une *ambition*, et en centrant le thème de recherche sur l'étude de ses manifestations et de ses stratégies, on s'attache à un aspect à la fois différent et complémentaire de l'objet d'étude tel qu'il est jusqu'à présent abordé. Un des objectifs de cette enquête est aussi de mieux saisir comment s'articulent et se prolongent, malgré les clivages traditionnels et académiques qui font de l'Antiquité tardive un obscur tournant plutôt qu'un lieu de passage, les représentations antiques et médiévales du savoir.

Le défi majeur que porte cette *ambition* est l'organisation des sciences et la synthèse des savoirs dans une perspective de transmission extensive de la culture[45] ; et il lie étroitement trois questions : les enjeux scientifiques d'une visée encyclopédique, les choix de transmission et d'intégration des savoirs, et les principes et mode d'organisation interne des œuvres. Apparaît comme un aspect déterminant de cette histoire le choix culturel ou personnel qui est fait d'une discipline qui, se plaçant en position de coordinatrice, s'institue de fait comme un

---

43. Pour une bibliographie récente et choisie, voir SILVI, 2003a.
44. Pour un parcours dense de l'encyclopédisme médiéval, voir BEYER DE RYKE, 2003.
45. Voir JACOB (1996 : 44) : « Écrire l'histoire de l'encyclopédisme et de l'encyclopédie implique d'historiciser les formes d'organisation de la connaissance ».

méta-savoir qui règle les autres sur son programme étendu. À cette fonction la philosophie, d'abord, et l'histoire ont pu chacune souvent prétendre, parfois de manière concurrente. Mais certains "ambitieux" antiques ont voulu déployer un vaste programme scientifique *au nom d'*une autre discipline, comme Vitruve au nom de l'architecture, Pline sur la voie de la physique et de la biologie, ou Strabon qui estimait que toutes les sciences résonnent dans la géographie. Dans ces trois cas, cependant, il semble que nous touchions, en fait, à une ambiguïté évoquée plus haut : même si Vitruve conçoit la science architecturale comme plus compré-hensive et vaste qu'aujourd'hui, "l'encyclopédie" est pour lui le savoir multiple nécessaire en amont à la formation de l'homme de l'art pour l'exercice théo-rique (par l'écriture) ou pratique de son savoir, et non l'œuvre scientifique totale que peut produire, par la nature de cette science, celui qui la maîtrise ; c'est une culture personnelle et non un genre littéraire. Pour ces trois auteurs, on peut assu-rément parler d'une somme scientifique érudite et spécialisée, mais non pas d'un projet relevant d'une conception encyclopédiste. Et à côté de la philosophie et de l'histoire, la science sans doute la plus impérialiste dans l'antiquité, du moins à partir du iv⁰ siècle, est la philologie, conçue certes en un sens moins restrictif qu'aujourd'hui, mais qui décrète que, toute connaissance passant par l'expression littéraire et verbale, seule la science qui en fait son objet permet d'accéder intégra-lement aux connaissances humaines. Avant que les "Lexiques" gigantesques, les "Bibliothèques" d'œuvres choisies et les compilations savantes n'adoptent l'ordre de *présentation* alphabétique – par un choix qui ne signifie pas moins que l'adop-tion d'un principe abstrait mais pratique au détriment d'une structure savante et réfléchie –, les unités lexicales s'étaient imposées comme les cibles et les outils d'un discours savant essentiellement dédié à déployer leurs significations et leurs usages, et à considérer les discours davantage comme un produit de leur combi-naison que comme une traduction de la pensée. Ce rôle d'orchestration des savoirs et de métascience globale joué par la philologie lui demeure longuement, et bien au-delà d'Isidore, qui contribue largement à le renforcer. Avant d'être la connais-sance totale du monde ou l'articulation de tous les domaines de savoir, l'horizon de l'encyclopédiste fut – comment, et jusqu'où ? – la maîtrise complète des mots, et des sens, pouvoirs et usages qu'ils tiennent impliqués en eux.

La perspective du projet de recherche, dont ce livre est l'aboutissement, était d'axer sur le processus davantage que sur les résultats ; sur les programmes et les mobiles des programmes de science totale plus que sur les productions. C'est néanmoins, inévitablement, à partir des œuvres que cette recherche peut se mener, et force est de reconnaître qu'Isidore joue, là encore, un rôle cardinal. On peut dis-tinguer deux principales façons d'*encyclopédire* : l'une emprunte la voie des mots, et son patron est incontestablement l'évêque de Séville ; l'autre suit la voie des choses, et cette option est exemplairement incarnée par Pline. Ce niveau sémiolo-gique se combine à un niveau méthodique, où se distinguent également les deux parrains typiques de l'encyclopédie : un traitement de la nature qui suit les caté-gories du réel (Pline), et un traitement qui suit les catégories disciplinaires (*artes* ou, dans sa version pédagogique, *disciplinae*), *i.e.* les discours spécialisés, dans un plan progressif (Isidore)[46]. Tandis que Pline compte ses *res*, et suit l'axiome *natura est vita*, pour Isidore, le cardinal des encyclopédistes, *etymologia est origo*. En face du catalogue plinien commenté des *realia* naturels, les *Étymologies* ou *Origines* d'Isidore se présentent comme un dictionnaire thématique qui passe en revue pour chaque mot clé l'*etymologia*, *i. e.* l'*origo* (10.1), *i. e.* la *causa* (13.1). Mais si la distinction est éclairante, on ne doit pas adopter cette double opposition comme une formule pure et systématique, et les stratégies sont souvent variables et combinées dans les ouvrages encyclopédistes[47].

Puisque son objet était une *cosa mentale*, dès lors que l'on se proposait de construire une enquête sur l'hypothèse d'une "ambition encyclopédique", comme cadre d'observation des conceptions savantes, on ne s'étonnera pas que soient peu représentés les auteurs canoniques de l'histoire – lacunaire – de l'encyclopédie, mis à part Pline et Isidore ; et privilégiés au contraire des auteurs dont la perspective intellectuelle n'a pas abouti à un ouvrage rigoureusement identifiable comme encyclopédique, – voire ne s'est pas traduite par un *opus* achevé. Ce livre propose donc quelques aspects de l'ambition encyclopédique ancienne, à travers cinq angles différents, offrant des repères et des perspectives pour l'Antiquité et pour le Moyen Âge.

Le premier chapitre, méthodologique et critique, réunit des études sur les conditions d'apparition dans des contextes divers d'un projet scientifique et social de totalisation du savoir. Le deuxième chapitre examine, à Rome et dans la culture médiévale latine et arabe, l'extension d'un discours naturaliste qui, sous les auspices de Pline, semble être le plus propre à embrasser l'ensemble des connaissances humaines, en exposant un savoir qui n'est pas simplement factuel, mais sert un projet global de nature philosophique ou théologique. Le troisième chapitre, qui illustre l'autre voie de constitution du discours encyclopédique, et dont le principe est lexical, manifeste le rôle de la lexicographie non seulement dans la formation et l'exposition, mais aussi dans la détermination des savoirs. Le quatrième chapitre aborde l'enjeu patrimonial et pédagogique de ces entreprises, et le renouvellement scientifique ou idéologique qu'elles sont susceptibles de porter. Enfin, le dernier chapitre traite, par des études de cas, du dépassement des formes closes de l'exposé didactique, et de certains dispositifs personnels permettant, en particulier par le dialogisme, de contourner les formes classiques et d'incarner un idéal particulier pour l'encyclopédisme.

*

Ce n'est pas l'encyclopédie qui *ab initio* définit l'encyclopédisme mais, au rebours, ce qui anime celui-ci qui engendre et justifie celle-là. L'ambition ency-

---

46. Ce plan est assez clair : après les *Disciplinae romanae*, ou arts libéraux étendus, qui forment une *eisagôgè* (1-5), viennent les disciplines religieuses (6-8), la nature d'un point de vue anthropologique (9-16) et enfin les additions culturelles de l'homme (17-20).

47. Si l'on peut s'accorder à reconnaître dans l'*Historia naturalis* un *ordo rerum*, Isidore répond également à ce modèle dans son *De natura rerum* (pour la seconde partie, livre XI-XX), et ne suit pas seulement un *ordo artium* dans les *Étymologies*. Sur la distinction entre *ordo rerum* et *ordo artium*, voir l'analyse de MEIER, 1997 : 104.

clopédique à un savoir totalisant, ainsi esquissée dans ses relations et différences avec l'encyclopédie objective, et dégagée du paradigme des Lumières, est proposé au lecteur comme point de départ d'un parcours sur ce qui apparaît, de prime abord, comme une sorte d'utopie grisante, un excès, une maladie vertueuse de la connaissance, un dérèglement de la *libido sciendi*. Avant de se convertir en œuvre, elle est le moteur d'une certaine tendance de la recherche et de l'écriture savantes, une passion saine, mais dont la réalisation pourrait cependant se révéler, d'un certain point de vue intellectuel, comme une forme d'échec. Tout élan tend vers sa défaite, et si le commencement de la philosophie est la surprise, il n'est pas étonnant que l'une puisse finir en même temps que l'autre. Un *défaut* majeur des encyclopédies tient sans doute à la relation inégale qu'elles imposent au lecteur, auquel elles ne demandent aucune participation critique, mais une réception, en ne prenant pas pour medium principal de transmission l'argumentation, mais l'assertion. Les encyclopédies ont, sinon construit, du moins contribué à statufier les *auctoritates*, parce que non seulement elles fondent sur elles, textuellement, leur discours, mais elles établissent aussi leur contrat de lecture sur l'autorité. Elles les renforcent donc pour s'imposer. Cette stratégie rhétorique rejoint une schématisation scientifique : la surabondance des unités de savoir qui doivent être reproduites conduit les auteurs médiévaux à éliminer le plus souvent les traces de leur élaboration (contexte, modalisations, discussion, évolution…), comme la part la plus embarrassante et la plus discutable de leur histoire et de leur vérité ; et cet affinage a pour effet de convertir une interrogation sur le monde en une objectivation du monde, à travers le langage, miroir et véhicule. L'anthologie organisée[48], qui est en somme le régime le plus abouti – et économique – de la forme encyclopédique, est aussi l'expression la plus altérée de l'encyclopédisme. Sa réussite pourrait donc être, culturellement, un aveu de faiblesse. La passion de Bouvard et Pécuchet pour le savoir encyclopédique, prélude au *Dictionnaire des idées reçues*, souligne la face obscure de l'encyclopédie, qui embaume studieusement les unités consacrées du savoir officiel. Elle est, en effet, foncièrement et historiquement, un vecteur de lieux communs, un outil de propagation de savoirs fossiles, fruit d'un consensus large, et élargi encore par les emprunts mutuels et répétés que se font les membres de cette confrérie. Logiquement conservatrice, dialectiquement pauvre, rhétoriquement portée à transformer le discours (ou la démarche réflexive) en exposé (ou présentation de faits), l'encyclopédie *réalisée*, savoir posthume, pourrait être une forme extrême de perversion du savoir et, paradoxalement, un renversement de l'encyclopédisme, l'obstacle à la continuation et régénération du savoir, la liquidation du savoir comme élan et volonté. À moins que…

---

48.   Sur la prétention constante à l'ordre dans les prologues des encyclopédies, voir Ribémont, 1997 : 57-59.

Première partie

DES CONNAISSANCES AU SAVOIR ENCYCLOPÉDIQUE

Nul n'entre ici, s'il n'est historien. La réflexion sur les formes de l'ency-clopédisme, inspirée en partie par la tournure que prend aujourd'hui cette propension et les produits disparates et paradoxaux qu'elle engendre (œuvres explosées, automatiques, instables ou rapidement caduques) exige une démarche rétrospective susceptible, à défaut d'en fixer le sens, de mieux en comprendre les enjeux. Ébloui par les formes impérieuses de son contexte présent (aussi bien idéologique qu'économique ou psychologique), l'homme occidental cherche invariablement dans la distance et l'écart historique le recul nécessaire pour accommoder son regard et réfléchir sur les déterminations culturelles qui l'objec-tivent et empoisonneraient, s'il y cédait sans révolte, son jugement. Tout processus historique, et celui qui aboutit aujourd'hui à faire de l'encyclopédie une sorte de simulacre en est un, apparaît sinon comme l'accomplissement d'un programme, du moins comme une opération logique, où la succession temporelle traduit une forme de nécessité. Le miroir construit mais lacuneux de l'Antiquité et du Moyen Âge, pour mesurer nos pratiques et nos représentations, est sans doute en partie factice, mais on ne peut s'empêcher, par un sentiment tenace de filiation intellec-tuelle, d'y chercher les possibles prodromes de nos manières. C'est à ce titre que l'on peut envisager quelques repères de la pensée encyclopédiste, dans son travail de synthèse secondaire par lequel elle organise en poly-savoir ou méta-savoir les sciences résultant elles-mêmes préalablement d'une synthèse des connaissances.

La matière première de ces productions extrêmes est multiple : traités tech-niques spécialisés, classiques de la culture littéraire, sommes qui dans un premier temps esquissent puis réitèrent un programme d'études libérales, œuvres de la tra-dition philosophique convertie rapidement, à l'époque romaine et tardive, en un long processus de commentaire, écrits théologiques divers. Mais l'idéal encyclo-pédique porte à un niveau supérieur l'exigence conceptuelle et, en transposant des connaissances d'origine diverse dans un autre cadre, global et totalisant, il produit nécessairement, en le reconditionnant, une mutation du savoir. L'encyclopédie, qui sert un projet de contrôle des connaissances autant que de vulgarisation, est une forme d'exégèse complète et verrouillée du monde, qui tout à la fois élabore une herméneutique du savoir, et porte une dimension politique et une vision impérialiste.

Aussi, historiquement, sinon naturellement, les deux disciplines qui constituent les foyers spécifiques antiques du projet encyclopédique et sont les seules à caresser parfois le rêve d'embrasser et de conditionner rationnellement l'ensemble des connaissances humaines sont, avant que les philologues ne s'en mêlent, la philosophie et l'histoire. Un rêve qui, dans le cas de l'histoire, pourrait être une tendance innée, car le temps est aussi une forme *a posteriori* du sens, et la position historique, souvent inévitable et toujours décisive, peut être choisie dans une synthèse des savoirs ou une représentation universelle du monde, comme le fil rouge de la construction cosmique et humaine. Un rêve qui, dans le cas de la philosophie, ne saurait être ultime, mais conçu seulement comme une étape, et une voie possible, parmi toutes celles qui se présentent concurremment à la conscience, pour accéder à un état philosophique, qu'il soit de l'ordre de l'action ou de la contemplation.

Le premier article propose un panorama universel des configurations culturelles qui virent l'émergence de l'encyclopédie, comme phénomène transculturel, et des moteurs sociaux-politiques de l'encyclopédisme. Déjà dans l'Alexandrie du premier pharaon macédonien, la culture est un signe extérieur de pouvoir international, qui passe par l'éclat d'un centre d'éducation supérieur, et une production accélérée de sommes qui expriment, comme dans les projets plinien et strabonien, une vision impérialiste. L'encyclopédisme apparaît comme l'élément déclencheur d'une machine, monstrueuse en intention, dès ses premiers mouvements. Si les formes culturelles (Chine, Inde, monde arabe, Europe…) se distinguent, par l'esprit et l'évolution, elles aboutissent dans le cadre banalisé du monde actuel, où totalisation et spécialisation se côtoient et s'extrêmisent, comme s'ils participaient à la même démarche, à un type commun. De distante et spectaculaire, l'encyclopédie devient participative et dissout l'autorité, en universalisant la fonction d'auteur.

La seconde étude tente d'apprécier l'œuvre d'Aristote, comme engagée résolument dans une visée extensive ou totale de structuration et de transmission du savoir. Elle s'attache à la théorie aristotélicienne des relations entre les savoirs, au modèle implicite que constituent pour l'encyclopédisme, sinon pour l'encyclopédie, son œuvre et son épistémologie. L'hypothèse est suscitée par l'utilisation massive des œuvres d'Aristote, quoique principalement de manière indirecte, dans les encyclopédies médiévales, le Stagirite devenant, en effet, au Moyen Âge non seulement la source et le garant le plus sûr des données savantes, mais le père adoptif de l'encyclopédisme, conçu sommairement comme la com-préhension par la pensée de tous les objets produits ou envisagés par l'esprit humain et dont Dieu est, *in principio*, la condition d'existence. Il est le seul auteur grec de l'époque classique dont l'œuvre permet effectivement de proposer sur ce plan des éléments de réponse. Elle semble illustrer parfaitement le décalage existant entre l'horizon de l'encyclopédisme avec ses ambitions de rationalité et de systématicité, et l'accomplissement d'un *ouvrage* encyclopédique.

Le troisième texte propose, pour l'âge d'or de l'encyclopédie médiévale (le XIIIᵉ siècle), un état de l'art synthétique (avec une bibliographie nourrie présentant les travaux essentiels sur le sujet depuis les années 1970) et une réflexion sur les typologies et les publics de ce genre qui s'invente encore. L'auteure propose une analyse des critères permettant de le définir, en prenant pour référence la période 1190-1260. Si elle est dominée par le projet d'instruire par la prédication, cette époque, qui marque une rupture avec l'épistémologie augustinienne, manifeste une diversité de contextes de production qui conditionne les choix de la matière et de la présentation des données à transmettre. Suivant l'approche systématique de C. MEIER (1997), l'auteure insiste sur la nécessité pratique d'une classification du savoir et d'un ordre (alphabétique, chronologique, ou ontologique). Les encyclopédies de Thomas de Cantimpré, de Barthélemy l'Anglais, et de Vincent de Beauvais, composées à cette époque et très souvent copiées pendant les siècles suivants, sont présentées comme les nouveaux modèles d'un genre à visée polymorphe. Au cours de l'élaboration ou de la diffusion de l'œuvre le public s'élargit, et l'on constate un décalage parfois entre public visé et public atteint. L'analyse de la mise en mémoire organisée de l'information pratiquée par ces auteurs donne l'impression que l'ensemble de la littérature savante du siècle tourne autour de cet enjeu complexe.

La quatrième contribution envisage les liens de l'encyclopédie avec la littérature philosophique, intéressée au premier chef par l'entreprise. Autour de quatre ouvrages philosophiques & encyclopédiques du XIIIᵉ-XIVᵉ, peu étudiés sinon inédits (*Compenium philosophiae*, Henri Bate de Maline, Henri de Herford et Henri de Langenstein), l'auteure s'intéresse à l'articulation entre philosophie et science. En raison de l'approche philosophique de ces traités, les développements théoriques et l'organisation thématique dominent parfois nettement, comme dans le *Speculum divinorum* de Henri Bate, qui présente par moments les traits d'une synthèse doxographique et exploite des idées plus que des formules. Les sources citées peuvent être moins déterminantes que les sources implicites, qui alimentent la réflexion et la méthode (en particulier Albert le Grand et Thomas de Catimpré). Ces ouvrages, sensibles aux transformations culturelles contemporaines, et réformateurs divers d'une *doxa*, dont les encyclopédies peuvent sembler condamnées à se nourrir, se basent sur un savoir encyclopédique sans produire une encyclopédie classique, et s'apparentent à des traités, des florilèges ou des manuels, autres catégories également floues, traduisant la transition du genre vers une forme plus mixte et une sortie de l'encyclopédie.

La dernière enquête envisage les relations de l'histoire à l'encyclopédisme, à travers l'œuvre de Jean de Saint-Victor. Son objet n'est pas la place de l'histoire dans l'encyclopédie mais l'ambition encyclopédique des historiens médiévaux. Alors que cette science a pu être conçue, dans l'Antiquité, à l'instar de la philosophie, comme une voie d'accès à une connaissance intégrale et *culturelle* du monde, les savants caressant parfois le rêve à travers elle d'embrasser et de conditionner rationnellement l'ensemble des savoirs humains, les historiens et chroniqueurs médiévaux semblent restreindre leur mission au récit des événements passés selon l'ordre chronologique. Pourtant, le *Memoriale historiarum* de Jean de Saint-Victor, somme des connaissances historiques depuis la création, manifeste l'influence d'un modèle *encyclopédial* dans l'organisation et la structuration du savoir. La deuxième version, ici envisagée, porte, en effet, les traces d'un savoir et d'une méthode encyclopédiques, dus en partie à l'influence du *Speculum maius* de Vincent de Beauvais, sensible dans le soin porté par Jean à la disposition de la matière, à la technique de référence et à la numérotation et au titrage des chapitres. La technique compilatoire de Jean (reposant sur un référencement précis, et rigoureux des *auctoritates*) témoigne particulièrement de cette affiliation. La nature des sources utilisées est également caractéristique et Isidore y joue un rôle central. Cependant, l'objectif de ce *lieu de mémoire* du savoir, qui ne propose pas de réflexion sur les sciences et reste imperméable aux encyclopédies naturalistes, est essentiellement exégétique. Le *Mémoriale*, qui est réglé par le savoir théologique et principalement fondé sur la littérature patristique, vise à offrir un commentaire des premiers livres de la Bible ; mais cette finalité est au fond l'arrière-pensée commune des encyclopédies médiévales.

DES ENCYCLOPÉDIES CHINOISES À WIKIPÉDIA :
LE RÊVE D'EMPIRE[1]

CHRISTIAN GODIN
Université de Clermont-Ferrand

L'encyclopédie est une aventure de l'esprit qui dans l'histoire universelle n'est apparue qu'à quelques reprises – en Inde, en Chine, en pays d'islam, en Europe, c'est-à-dire dans les ères de civilisation qui ont également développé la philosophie, la science et la littérature écrite.

L'inscription de l'encyclopédisme (esprit et projet de l'encyclopédie) dans l'histoire universelle a plusieurs sens et s'effectue selon plusieurs modalités.

D'abord, et c'est la dimension la plus évidente, un programme aussi grandiose n'est presque jamais le fait d'un seul individu, mais d'un collectif. Or, moins une œuvre est personnelle, plus elle est attachée aux nécessités de l'histoire générale. Une encyclopédie est toujours de son temps et de son pays.

Deuxième trait, observable un peu partout : l'encyclopédie apparaît *après* les grands moments de stabilisation politique (c'est le cas des encyclopédies alexandrines, chinoises, arabes), voire à la fin d'une période historique (le *Dictionnaire raisonné des arts, des lettres et des métiers* de Diderot et d'Alembert). Hegel disait à propos de la philosophie : « La chouette de Minerve ne prend son vol qu'à la tombée de la nuit ». Cette idée que le travail de l'esprit *achève* la réalité – au double sens où il l'accomplit et y met un terme –, s'applique avec plus d'à propos encore à l'encyclopédie.

Troisième trait universel : il y a quelque chose d'*impérial* dans l'encyclopédie qui répond littéralement, dans l'ordre symbolique des mots et des idées, à l'empire historique dans lequel elle prend place. Certes, une encyclopédie est toujours nationale (même l'internationale Wikipédia est américaine d'esprit) – mais elle est aussi l'expression du monde total dont l'empire comme forme politique s'est voulu l'expression historique. Fernand Braudel parlait d'économie-monde, l'encyclopédie est un savoir-monde correspondant à l'État-monde qu'est l'empire. De nos jours, la mondialisation a remplacé l'empire (il n'y aura plus d'empires, au pluriel) – mais elle l'a fait en poussant la forme impériale, voire impérialiste jusqu'à la limite de sa tendance à l'universalité.

Enfin, dernier caractère : il n'y a pas de totalisation (la totalisation n'est pas seulement une sommation, elle est aussi une systématisation) sans principe d'unification. Pendant vingt siècles, la religion a constitué l'armature et le ciment unificateur des

---

1.   Cet article est issu en partie du deuxième volume de notre ouvrage *La Totalité* (GODIN, 1998).

encyclopédies : ces caractères apparaissent directement dans les encyclopédies anciennes (rôle du confucianisme et du taoïsme en Chine, du védisme en Inde, du christianisme dans les encyclopédies médiévales). À partir du XVIIIe siècle, siècle de Chambers et de Diderot, siècle aussi de la révolution industrielle qui allait faire de l'Europe la maîtresse du monde, la philosophie et l'idéologie remplacent la religion comme principes d'unification/totalisation encyclopédique. La philosophie empiriste et l'idéologie libérale – déjà présentes chez Diderot – vont triompher avec Wikipédia, qui est l'encyclopédie emblématique de notre temps mondialisé

En dehors de l'Europe, trois civilisations ont illustré l'esprit encyclopédique : l'indienne, la chinoise et l'arabe. Trois traits principaux caractérisent ces encyclopédies : a) leur désir de totalité n'est pas seulement symbolique ou conceptuel, mais est concrètement réalisé dans des ouvrages de dimensions parfois colossales ; b) la métaphysique y est partout présente, et même souvent prégnante ; c) le réel le symbolique et l'imaginaire y sont mêlés, au point de donner à ces encyclopédies une allure de fables de grandes dimensions.

Le Veda a un caractère encyclopédique explicite. Son nom signifie « savoir ». L'ensemble des textes védiques est contenu dans quatre volumineux recueils – le *Rig-Veda* (stances), le *Yajur-Veda* (formules liturgiques), le *Sama-Veda* (mélodies liturgiques) et l'*Atharva-Veda*. Mais il s'agit aussi de l'unique Veda (Savoir) présent sous quatre formes. Plus de mille ans viendront grossir ce trésor par des traités de commentaires (les brahmanas), des commentaires de commentaires (les upanishads), si bien que l'*écriture* indienne présente cette particularité de constituer un seul organisme par-delà sa proliférante variété. On ne peut comparer cette production qu'à celle du judaïsme à partir de la Bible.

Cinq caractères singularisent les encyclopédies chinoises, et les différencient des encyclopédies européennes modernes. D'abord leur énormité. Les encyclopédies chinoises, par leur ampleur, défient l'entendement. Chacune constitue à elle seule une bibliothèque. Aucune autre civilisation ne s'est lancée dans de semblables entreprises. En regard des encyclopédies chinoises, les nôtres ou celles des Arabes sont des manières de résumés. Le *Bencao Gangmu* – abrégé (!) – de pharmacologie (au XVIe siècle) comprend 52 volumes.

Deuxième trait : l'existence dominante des encyclopédies spécialisées, à côté des encyclopédies universelles. En Chine, la synthèse du particulier a été poussée plus loin que partout ailleurs.

Troisième caractère des encyclopédies chinoises : leur fonction pragmatique. Ce sont les examens de recrutement des fonctionnaires qui ont créé une demande et une offre considérables pour des manuels commodes exposant toutes les connaissances utiles en vue des épreuves (BALAZS, 1968 : 60). La plupart des encyclopédies chinoises ont été commandées, suscitées ou même parfois écrites par l'autorité centrale impériale. La Chine était un empire gouverné par des lettrés. Plus que tout autre, l'encyclopédisme chinois est de nature politique.

Quatrième caractéristique : l'usage systématique de la citation. Les encyclopédies chinoises sont de colossaux centons – ou d'énormes anthologies.

Il y a ensuite leur structure classificatoire. Étienne Balazs, qui parle d'une « propension de l'esprit chinois à la pensée par catégories », rappelle que les encyclopédies s'appellent *leishu* – c'est-à-dire livres de classification – en chinois.

Li Fang, ministre et conseiller de l'empereur Song Tai Tsong (xᵉ siècle), fut à l'origine de la première encyclopédie des temps modernes – « L'Encyclopédie de l'ère T'ai P'ing » (*T'ai P'ing Yu Lan*). Elle est gigantesque : 1 000 livres, 55 parties, où sont réunis les fragments de 1 650 œuvres diverses, dont la plupart sont maintenant perdues.

Au siècle suivant est menée à bien une encyclopédie taoïste de 122 volumes, *Yun chi ch'i ch'ien*, « Casier de livres aux nuages et sept bandes de bambous », qui offre un aperçu complet des exercices taoïstes de méditation et de longue vie. L'ampleur du travail va de pair, on le voit, avec la spécialisation de son objet.

L'empereur Cheng Tsu commande et fait réaliser au début du quinzième siècle le plus grand recueil encyclopédique de l'histoire universelle. Seul l'aspect anthologique du « Grand recueil de littérature et de loi sacrée » peut en expliquer les proportions. Commandé aux membres de l'Académie Hanlin, ce gigantesque ouvrage rassemble l'ensemble des connaissances dans tous les domaines. En moins de deux ans (1403-1404), une première version était achevée. L'empereur la trouva trop succincte et ordonna à Yao Kuang-hsiao d'en reprendre la rédaction : une équipe de 2 100 collaborateurs fut constituée et, en 1408, sixième année du règne Yung-le (nom de règne de Cheng Tsu), le « Grand dictionnaire de Yung-le » était achevé. Plus qu'un ouvrage, il s'agit d'une bibliothèque entière : plus de 11 000 volumes. À la différence des encyclopédies antérieures, l'arrangement n'est pas systématique mais phonétique, en 76 syllabes finales sous lesquelles sont rangées les entrées. Recopiée deux fois au cours du xvᵉ siècle, la collection se perdit au fil du temps et ses restes (900 volumes, 2 000 chapitres tout de même) brûlèrent lors de la guerre des Boxers.

Autre encyclopédie chinoise, la « Compilation Impériale des Temps Anciens et Modernes » fut publiée en 1725 à l'instigation de l'empereur Ching Yung Cheng. Abandonnant l'ordre phonétique, ce texte de plus de 850 000 pages est organisé de manière systématique en 6109 unités de traitement. À la même époque, Cao Yin publie le *Qan tang shi* – poésie complète de la dynastie des Tang – en 900 fascicules.

Le *Sseu K'ou K'iuan chou* (« Collection complète des quatre dépôts ») est une fantastique encyclopédie, une collection de 36 000 volumes que fit rédiger l'empereur K'ien Long, à peu près à la même date que l'*Encyclopédie* de Diderot et d'Alembert (1772-1782). Après que l'entreprise eut été menée à bien, l'empereur demanda que l'on fît une compilation en 200 volumes (!), qui est un dictionnaire des œuvres. Celles-ci sont classées suivant quatre catégories, King (classiques), Che (histoire), Tseu (philosophie) et Ki (littérature).

On pourrait presque soutenir que toutes les grandes œuvres islamiques médiévales sont des encyclopédies – qu'elles soient générales comme les *Épîtres des Frères de la Pureté*[2], ou bien particulières comme le *Kitab al-aghani* (Le livre des

---

2. Rasâ'il al-Ikhwân al-Safâ.

chants) d'Abul-Faradj al-Isfahani – une véritable encyclopédie littéraire (BAUSANI, 1985 : 138). Encyclopédiques également, les énormes commentaires (*tafsir*) du Coran. Considéré comme le Livre total par excellence, le Coran, comme le Veda, comme la Bible, comme tous les grands livres sacrés, était à la fois océan et source.

L'encyclopédisme arabe joua un rôle historique considérable en intégrant une bonne partie de la culture grecque et en la transmettant à l'Europe chrétienne. Et de même que Mahomet était le sceau des prophètes, de même la culture arabe se conçut comme l'accomplissement des précédentes, et de la grecque en particulier. Cette ouverture à l'antérieur sinon à l'extérieur est plus marquée en terre d'islam qu'en chrétienté : « En général, écrivent les Frères de la Pureté, nos frères ne doivent médire d'aucune science, mépriser aucun livre des Sages, haïr aucune croyance, car notre système et notre croyance dépassent toutes les croyances et réunissent toutes les sciences »[3]. Cela dit, et ceci différencie radicalement l'encyclopédie arabe de l'encyclopédie chinoise, une part importante de ce travail a été faite dans des milieux marginaux ou par des individualités hétérodoxes. Alors qu'à plusieurs reprises le pouvoir impérial en Chine suscita et aida des entreprises encyclopédiques, il se trouva à Bagdad un sultan fanatique pour ordonner la destruction d'encyclopédies.

Les Arabes possèdent plusieurs mots qui désignent synthétiquement un grand nombre de disciplines que les langues latines ne songent pas à réunir. Ainsi le terme d'*adab* recouvre-t-il à la fois la littérature, l'histoire, la géographie et même la musicologie. Les titres des ouvrages encyclopédiques sont volontiers métaphoriques – outre les universels *trésor* et *océan*, nous retiendrons ceux de *collier* et de *jardin*. L'image du collier (*iqd* en arabe) conjoint l'idée de liaison et la figure du cercle. Comme les perles qu'un fil relie, les parties du savoir sont liées entre elles, et, comme dans un collier, la première perle peut aussi être la dernière, le commencement du savoir coïncide avec sa fin. Ibn Abd Rabbih (Xᵉ siècle) a écrit un *Collier* composé de 25 chapitres portant des noms de pierres précieuses et symétriquement ordonnés : 12 gemmes encadrent de part et d'autre une pierre centrale. Il s'agit d'une anthologie traitant des sujets les plus divers. Une autre métaphore traditionnelle dans la civilisation arabe est celle du jardin. L'encyclopédie sera ainsi appelée le « jardin des sciences ». De la même façon que le jardin avec ses plantes, son ordonnance, ses fontaines, représente en miniature le monde dans son ensemble, de même l'encyclopédie est mise à plat, par les mots, de ce monde.

Une idée centrale, stratégique, fonde le projet encyclopédique islamique – l'idée selon laquelle il existerait une homologie structurale entre la langue, la pensée et la vie. Ainsi le langage serait-il uniment reflet et miroir d'un réel gouverné selon les mêmes lois partout. Cette conception analogiste – représentée par l'école de Bassorah – sera combattue par les « anomalistes », surtout actifs dans le shi'isme, lequel constitue la part ésotérique de l'islam.

---

3.   Cité par C. DE VAUX (1984 : 114).

En posant l'identité de l'Ange de la Connaissance (l'Intelligence agente) et de l'Ange de la Révélation (l'Esprit saint, l'Ange Gabriel)[4], la pensée islamique fondait la possibilité d'un savoir encyclopédique englobant l'empirie et la métaphysique. De fait, l'encyclopédisme arabe est fondé et structuré par la métaphysique, plus encore que l'encyclopédisme indien – sans parler de l'encyclopédisme chinois.

Dès 830, soit soixante-dix ans à peine après la fondation de Bagdad, le calife Mamun fait construire le *Bayt al-hikma* (Maison de la sagesse), à la fois bibliothèque, académie, office de traditions et observatoire. Cette institution originale, sans équivalent dans l'histoire, rassemblait tous les traducteurs de l'époque. L'inspiration alexandrine est évidente – avec cette différence d'un souci accru d'unité.

La plus complète et la plus méthodique des encyclopédies de l'islam ancien est collective et vit le jour dans les milieux intellectuels de Bassorah (au Xe siècle). C'est l'œuvre d'une société quasi secrète (ses membres taisaient leurs noms), shi'ite réformiste de tendance ismaélienne, soucieuse d'épurer et d'améliorer la loi religieuse (*shari'a*) grâce à l'apport d'autres traditions de pensée. Si l'on en croit les dires d'un voyageur espagnol, les Ikhwân al-Safâ, les « Frères de la Pureté » – c'est le nom sous lequel cette confrérie nous est connue[5] – tenaient des réunions où se déroulaient de libres discussions entre musulmans de toutes sectes, orthodoxes, hérétiques juifs, chrétiens et même athées. Dans notre Moyen Âge, il n'y a nul équivalent de cet œcuménisme. Les Frères de la Pureté élaborèrent et publièrent anonymement une encyclopédie en 52 volumes, nommée simplement *Épîtres*[6], réunissant des traités scientifiques, philosophiques, religieux et même magiques, embrassant la totalité du savoir de l'époque, par la synthèse des apports des civilisations grecque, indienne et persane[7]. Il s'agit véritablement, dans l'Histoire universelle, d'une première. Cela n'empêcha pas les Frères de faire de leur œuvre un puissant moyen de propagande politique[8]. Une autre caractéristique intéressante de cette entreprise est la conciliation qu'elle s'efforce de produire entre la nature ésotérique de son origine et de son idéologie, et la nature exotérique de sa destination. Une « Épître compréhensive »[9] était présentée – qui était censée proposer une interprétation ésotérique des autres Épîtres, mais celles-ci, huit siècles avant Diderot, furent sans doute le premier ouvrage à vulgariser les techniques et les métiers.

---

4.   Voir Corbin, 1964 : 19.
5.   Certains arabisants préfèrent traduire par « les amis fidèles », ou bien par « les frères sincères ».
6.   Rasa'il.
7.   Au XIIe siècle, le calife de Bagdad ordonna que l'on brûlât l'encyclopédie des Frères de la Pureté ainsi que l'œuvre d'Avicenne.
8.   Voir Pinès, 1985 : 135.
9.   Al risala al-djami'a.

On peut diviser l'histoire de l'encyclopédisme européen en cinq périodes : l'Antiquité, le Moyen Âge, l'âge classique, l'Encyclopédie de Diderot, et les temps modernes.

On dit parfois que la première encyclopédie de l'Antiquité fut celle de la bibliothèque d'Assurbanipal à Ninive (VIIe siècle avant Jésus-Christ). L'Histoire a gardé trace de la fière inscription qui l'atteste. « Moi, Assurbanipal, roi des légions, roi des nations, roi d'Assyrie, à qui les dieux ont donné des oreilles attentives et des yeux ouverts, j'ai lu tous les écrits que les princes, mes prédécesseurs, avaient accumulés. Dans mon respect pour le fils de Mardouk, Nabû, le dieu de l'intelligence, j'ai recueilli ces tablettes ; je les ai fait transcrire et, les ayant collationnées, je les ai signées de mon nom pour les conserver dans mon palais »[10].

À l'époque hellénistique, l'encyclopédisme va bénéficier de la remarquable concentration des intelligences et des idées à Alexandrie. La quasi-totalité des ouvrages composés alors ayant disparu, il nous est malaisé d'évaluer le sens de ces entreprises. On peut toutefois remarquer le contraste entre l'intérêt encyclopédique omniprésent et l'absence d'ouvrages synthétiques. Comme avec le corpus aristotélicien, il s'agit donc davantage d'encyclopédies objectives (celles constituées par des œuvres complètes) que d'encyclopédies à proprement parler – lesquelles n'apparaîtront qu'à Rome, au premier siècle avant Jésus-Christ. Cette pratique, typiquement hellénistique, de l'écriture dispersée traitant de tous les sujets – cette *polygraphie* confinant à une *pangraphie* – témoigne d'un bel appétit de savoir et d'une capacité de travail illimitée. Nous ne connaissons plus ces ouvrages que par les titres que nous ont laissés les scoliastes et cela donne des listes cocasses. Diogène Laërce (5.42) a consciencieusement recopié la liste des quelque deux cents ouvrages composés par Théophraste. Ainsi apprend-on qu'outre les traités classiques sur les analytiques, la nature, l'éducation, les régimes politiques, etc., Théophraste avait écrit sur les objets pétrifiés et les lignes insécables, sur la diversité des voix des animaux du même genre, sur la suffocation et sur les animaux qui hibernent. Dans le monde hellénistique, la philologie constitue le principe d'unification des savoirs, d'autant que les auteurs grecs sont convaincus que le grec est la seule véritable langue.

Au IIe siècle avant notre ère, Poseidonios (Posidonius) accomplit une œuvre universelle d'homme politique, de voyageur, de mathématicien, d'astronome, d'anthropologue, d'historien. Il est, selon le mot de Pierre Grimal, « le dernier des grands philosophes 'encyclopédistes' de l'hellénisme », et peut-être, selon Alain Rey, le premier encyclopédiste tout court, avec Speusippe (IVe siècle avant notre ère). De ces œuvres gigantesques ne nous sont parvenus que des débris, si bien que leur structure d'ensemble (si elle a existé) nous échappe.

C'est Varron qui produira, vers 50 avant notre ère, la première œuvre que l'on puisse qualifier sans abus d'« encyclopédie » (REY, 1982 : 54). Chez lui, les deux grands types d'ordonnancement se juxtaposent déjà : l'exposé systématique dans un cadre organisé (les « arts ») d'une part, l'exposé chronologique de nature

10. Cité par VIROLLEAUD, 1955 : 273.

narrative (histoire et biographie), d'autre part. On peut également y retrouver la distinction/opposition entre la diachronie et la synchronie – il y a une totalité qui est de l'ordre de la structure, et il y a une totalité qui est de l'ordre de l'événement. Les *Antiquitates rerum humanarum et divinarum* comportaient quarante-cinq livres, les *Disciplinae* en comportaient neuf – correspondant aux neuf arts fondamentaux (plus tard réduits à sept, ils constitueront le *trivium* et le *quatrivium* du Moyen Âge). L'organisation interne des *Antiquitates* repose sur une division quadripartite : a) les hommes, b) les lieux, c) les temps, d) les objets, division dérivée du paradigme grammatical.

Les neuf livres des *Disciplines*, l'autre grand ouvrage encyclopédique de Varron, se classent ainsi : livre I : grammaire (incluant la littérature) ; livre II : dialectique ; livre III : rhétorique ; livre IV : géométrie ; livre V : arithmétique ; livre VI : musique ; livre VII : philosophie ; livre VIII : médecine ; livre IX : architecture. Les trois premiers livres formeront plus tard le *Trivium*, tandis que les deux derniers seront supprimés parce qu'ils n'avaient pas de rapport avec les arts libéraux. Des matières qui formeront le *Quadrivium*, l'on notera l'absence de l'astronomie. Cette science sera comprise, mais plus tard, dans les arts libéraux, qui seront en honneur au Moyen Âge. Chez Varron, l'astronomie fait encore partie de la géométrie. L'enseignement scientifique, disposé en six disciplines, est suivi d'une théorie éthique. Les trois arts littéraires (grammaire, dialectique et rhétorique) et les trois disciplines mathématiques (géométrie, arithmétique et musique) forment un ensemble que complète la philosophie.

De toute première importance, et pas seulement pour l'histoire de l'art de bâtir, sont les dix livres du *De architectura* de Vitruve (Ier s. av. J.-C.) – défense et illustration du projet encyclopédique qui préfigure l'idéal de l'*uomo universale* des hommes de la Renaissance. Car s'il est nécessaire, aux yeux de Vitruve, que l'architecte connaisse le dessin, la géométrie, l'arithmétique et l'optique, il est non moins nécessaire qu'il soit compétent en histoire, en philosophie, en musique et en médecine. Pourquoi la musique ? À cause de l'acoustique des théâtres. Il n'est pas de spécialité qui ne débouche sur son dépassement. Cette soumission du Tout à l'Un se retrouve chez le contemporain de Vitruve, Cicéron – qui organise son encyclopédisme autour de l'orateur (parce qu'un orateur doit savoir parler de tout), de la même façon que plus tard, durant le premier Moyen Âge, Isidore de Séville organisera son encyclopédisme autour du moine parce qu'un moine doit comprendre la totalité de ce livre total qu'est la Bible.

Encyclopédique également par son sujet et son ampleur, l'*Histoire naturelle* de Pline l'Ancien. Encyclopédique par son sujet – qui n'est autre que le monde dans son ensemble, et dont Pline dit qu'il est « tout dans tout », *totus in toto* (*HN* 2.2.). Et ce monde n'est pas seulement celui de la nature – puisque Pline, dans son ouvrage, nous parle abondamment des arts et des techniques. Ainsi comprend-on que l'auteur de l'*Histoire naturelle* ait utilisé lui-même, dans sa dédicace à Titus, la locution grecque de *enkuklios paideia*.

Après Pline, l'encyclopédisme antique entre en sommeil. Les grandes synthèses des premiers docteurs de l'Église (Clément d'Alexandrie, Origène) et des néoplatoniciens appartiennent davantage à l'histoire de la religion ou de la philosophie qu'à celle de l'encyclopédie. Lorsque Marcianus Capella, vers la fin du Vᵉ siècle, écrit, sous le titre de *Noces de Mercure et de la Philologie*, un manuel allégorique, dont chaque livre, du troisième au neuvième, est consacré à l'une des sept sciences fondamentales, il fait figure d'isolé, et son entreprise appartient déjà davantage au Moyen Âge, où il eut une influence considérable, qu'à l'Antiquité. Il est de fait que l'encyclopédisme latin a correspondu à la période de la fin de la République romaine et de la naissance de l'Empire. Il est de fait que Marcianus Capella et saint Augustin sont les contemporains de la fin de l'Empire romain. Car, bien qu'il n'ait pas écrit à proprement parler d'encyclopédie, saint Augustin représente par son œuvre – très vaste – et par sa pensée le passage de l'encyclopédisme antique à l'encyclopédisme médiéval. Tout se passe comme si l'encyclopédie chrétienne était en attente chez lui. De fait, son œuvre entier contient les membres épars de cette encyclopédie à venir. D'ailleurs lui-même en a commencé une. Il fut sans doute le premier qui songea à composer un manuel des sept arts et, n'ayant pu mener cette encyclopédie à bien lui-même (seul subsiste le *De musica*, le *De grammatica* a été perdu ; quant aux cinq autres traités[11], ils n'ont jamais été achevés), il l'a appelée de ses vœux.

La philosophie médiévale est une pensée éblouie par la Bible et éclairée par le raisonnement. Sur la question de la légitimité du savoir, elle a constamment balancé entre des positions contraires qui coexistent sans s'annuler dans la Bible même. La Genèse (le péché originel fut le désir de connaître) et l'Ecclésiastique portent condamnation. Mais à ce « tu n'iras pas plus loin » répond l'éloge vibrant que le Livre de la Sagesse de Salomon fait du savoir encyclopédique comme d'un don précieux du Seigneur à sa créature intelligente. Le Moyen Âge héritera de cette ambivalence biblique et la diffusera dans ses controverses philosophiques. D'un côté, le désir de savoir est péché d'orgueil, mais de l'autre la connaissance est une découverte des merveilles de la création divine, donc une approche de la divinité. C'est ce second point de vue qui l'emportera. De plus, l'ordre est *un* puisque tout est l'œuvre de Dieu, de l'éthos au cosmos.

Le cercle est l'image récurrente de l'encyclopédie médiévale. Une miniature dispose dans un cercle les sept sciences du *septenium*. On connaît la valeur particulière de ce nombre, le plus sacré de la tradition judéo-chrétienne. L'encyclopédie médiévale est en effet structurée par le *septenium* : les disciplines du *quadrivium* traitent des secrets de la nature, celles du *trivium* concernent les secrets de la parole (grammaire, rhétorique, dialectique). « Le triomphe du monothéisme dans le monde judaïque, chrétien et arabe fournira un fondement stable au déploiement englobant du connaissable. L'univers est circulaire, la perfection est ronde. L'objet est alors un créé, et la totalité des objets une création. De cette création, un aspect nous échappe et fait l'objet du discours herméneutique de la théologie : les interprétations symboliques et unifiantes peuvent fleurir, à un moment de l'his-

---

11. Sur la dialectique, sur la rhétorique, sur la géométrie, sur l'arithmétique et sur la philosophie.

toire des idées, le Monde est le signe du travail divin, le Livre écrit par la main toute-puissante et qu'il ne s'agit que de déchiffrer… » (REY, 1982 : 51).

Ces mêmes caractères se retrouvent à Byzance. Comme tous les grands empires, Byzance a eu ses encyclopédistes. L'ouvrage de Photios (IXe siècle), intitulé *La Bibliothèque*, est un résumé de près de trois cents œuvres[12], tant païennes que chrétiennes. L'encyclopédisme de la culture byzantine, inauguré par Photios, connaît son apogée avec le dictionnaire encyclopédique compilé dans la deuxième moitié du Xe siècle sous le titre de *Souda* (*Le Rempart*).

Le Moyen Âge fut véritablement hanté par cette *scientia universalis* qui devait nécessairement prendre la forme du savoir total. Par dizaines furent composés des ouvrages énormes et ambitieux – qui s'intitulèrent *Trésors*, *Miroirs*, *Images du monde*, *Sommes*. De plus, comme en Inde, l'encyclopédisme au Moyen Âge peut se trouver ailleurs que dans les ouvrages qui se présentent explicitement comme des encyclopédies : dans le *Roman de la Rose*, à l'occasion de la confession faite par Nature, personnage allégorique, Jean de Meung a rassemblé, en une vaste revue panoramique, les connaissances du temps, et aborde même les questions scolastiques les plus délicates et abstraites, un peu à la manière dont, dans le *Mahabharata*, juste avant que ne s'engage la bataille de Kurukshetra, Krishna debout sur le char enseigne à Arjuna les grands mystères de la métaphysique du devoir. Et qu'est-ce que *La Légende dorée* de Jacques de Voragine, cet océan d'images fantasmatiques où viendront puiser tous les peintres jusqu'à la Renaissance, sinon une encyclopédie de la martyrologie – la plus complète sans doute avant Sade ? Et qu'étaient les cathédrales sinon des encyclopédies de pierre ?[13]

Comment définir l'encyclopédisme médiéval ? En quel sens peut-on parler de savoir total au Moyen Âge ? En fait, le système des sept arts libéraux tel que Martianus Capella et Boèce l'avaient codifié (grammaire, dialectique, rhétorique, géométrie, arithmétique, astronomie et musique) et qui structurera la plupart des entreprises encyclopédiques médiévales est fort loin de couvrir l'ensemble du savoir : ne sont représentés en fait que le langage et les mathématiques[14]. Cette bipartition, il est vrai, connote la totalité – puisque le *trivium* englobe « l'éloquence », la science qui permet l'expression de ce que l'on connaît, tandis que le *quadrivium* contient la « sagesse », la connaissance de la réalité extérieure. Il n'en reste pas moins vrai que des pans entiers de la connaissance possible sont laissés pour compte. Il faudra attendre le XIIe siècle pour voir un Hugues de Saint-Victor, entreprenant le classement des connaissances, juger nécessaire de faire une place, auprès des arts libéraux, aux arts « mécaniques », c'est-à-dire à ceux qui font intervenir le corps – première visée d'un projet qui sera celui du *Dictionnaire raisonné des sciences, des arts et des métiers*[15]. De plus, la finalité apologétique

---

12. Le titre original de l'ouvrage était *Les Mille Livres*.
13. Émile MÂLE (1958 : 59) le fit remarquer avant Erwin Panofsky.
14. Jusqu'au XVIIe siècle, l'astronomie et la musique sont considérées comme faisant partie des mathématiques.
15. Titre de l'*Encyclopédie* de Diderot et de d'Alembert.

est au Moyen Âge constamment présente. On sait que la Renaissance secouera ce joug et se délivrera de ce carcan. Au Moyen Âge, le savoir est tenu en laisse, Dieu et le salut de l'âme ne sont jamais oubliés.

Mathesis ancilla theologiae. Le *trivium* trouve sa justification dans la lecture et l'explication de l'Écriture et des Pères, et, pour l'enseignement du dogme, le *quadrivium* est indispensable à la liturgie et au comput ecclésiastique. Ainsi le savoir, même rationnel, ne jouit-il d'aucune autonomie. La première de ces encyclopédies spécialisées fut peut-être le *Institutiones divinarum et saecularium litterarum* (*Institutions des lettres divines et humaines*), dans lequel Cassiodore (VI⁰ siècle) consigna toute la culture, religieuse et profane, qu'un moine doit connaître pour étudier avec profit les Écritures, et les enseigner à son tour.

Vincent de Beauvais (XIII⁰ siècle), qu'on appelait « *librorum helluo* », le mangeur de livres, convertit le projet de saint Louis de constituer une bibliothèque – projet qui ne put être mené à bien – en un ouvrage encyclopédique appelé *Speculum maius*, *Le Grand miroir*, organisé selon un plan quadripartite qui est censé être celui-là même de Dieu, et que Maurice DE GANDILLAC (1966a: 17) rapproche des collections arabes: le miroir naturel, le miroir doctrinal, le miroir moral et le miroir historique[16]. À lui seul, le miroir naturel comprend 32 livres – en lui se reflètent toutes les réalités de ce monde dans l'ordre même où Dieu les a créées. Les six journées de la Création marquent les différents chapitres de cette grande encyclopédie de la nature. Le miroir doctrinal (miroir de la science) s'ouvre par le récit du drame qui explique l'énigme de l'univers, l'histoire de la Chute. Il y a dans la science, pense Vincent de Beauvais, un esprit de vie, et à chacun des sept arts correspond l'un des sept dons du Saint-Esprit. Mais cette symbolique des nombres ne suffit pas à structurer toute l'encyclopédie, et il est intéressant de noter chez Vincent de Beauvais l'apparition certes locale, mais ô combien significative, d'un ordre alphabétique perçu comme arbitraire, mais aussi comme nécessaire. L'abondance des mots, la variété et la multiplicité des plantes et des animaux ne se laissent pas aisément prendre aux schémas simplifiés des chiffres de la Création…

L'essor du commerce et des villes, la naissance de la bourgeoisie et des États, les cathédrales gothiques et le poème de *Tristan* ont conduit certains médiévistes à parler pour le XIII⁰ siècle en Europe de première Renaissance. Un souci d'unité sur tous les plans, culturel et politique, philosophique et artistique, est manifeste. La *Somme* de saint Thomas sera le pinacle de ce grandiose édifice. On assiste à une révolution de la sensibilité; il n'y a pas deux mondes, celui de la matière et celui de l'idéal, mais un seul, que Dieu a ordonné et en lequel Il a placé une chaîne continue de créatures. Le temps est à la synthèse.

On pourrait s'étonner de l'absence d'encyclopédies aux XVI⁰ et XVII⁰ siècles, et de la présence, à l'inverse, d'un idéal encyclopédique, d'un encyclopédisme récurrents. En fait, ceci explique cela. L'universalisme de tant d'artistes et de penseurs de la Renaissance (Alberti, Pic de La Mirandole, Léonard de Vinci, Érasme

---

16.   Émile Mâle reprendra ce plan pour sa magnifique étude *L'Art religieux du XII⁰ siècle en France*.

– surnommé *doctor universalis* –, Rabelais) s'est exprimé sous des formes décidément *partielles* : Vinci noircit – avec sa curieuse écriture inversée – des milliers de pages dans le désordre, et laisse inachevées tant d'œuvres et inaboutis tant de projets qu'on aurait peine, à cause de lui, à définir l'idéal classique comme celui de l'accomplissement ; Pic de La Mirandole – mort incroyablement jeune, il est vrai – disperse son esprit en plusieurs centaines de thèses ; Érasme écrit des aphorismes et des proverbes, et son *Éloge de la folie* fait à peine plus de cent pages ; quant à Rabelais, c'est lui qui à partir du grec importe le mot *encyclopédie* dans la langue française, et son œuvre est un tohu-bohu de mots, d'idées et de savoirs. Une telle conjonction doit pouvoir s'expliquer par une raison profonde : comment l'encyclopédisme peut-il à ce point refuser l'encyclopédie ? Ce refus – ou cette inhibition – se poursuivra durant tout le XVIIe siècle – et il faudra attendre la *Cyclopaedia* d'Ephraïm Chambers pour enfin voir coïncider l'idée et la réalisation.

La raison profonde de cette absence nous semble être le rejet – explicite ou inavoué – d'une forme et d'une structure qui paraissent, en ce temps charnière, être le propre de la scolastique médiévale. En somme, il faudra attendre Chambers et les Anglais, solidement armés d'empirisme, pour concevoir une encyclopédie qui ne soit pas une Somme. L'humanisme de la Renaissance et l'idéal classique de l'honnête homme se définissent par le rejet du joug ou du carcan médiéval. Leur aspiration à la totalité ne pouvait donc prendre la forme figée, dépassée, antique, de l'encyclopédie. Et l'on comprend dans ces conditions qu'il ne faudra pas moins que la levée de l'hypothèque rationaliste (avec le risque qu'elle comportait d'un retour à la scolastique) par la philosophie empiriste pour jeter les bases de l'encyclopédie moderne. Cela dit, le mérite du XVIIe siècle – outre la rédaction des premiers dictionnaires – fut de préparer philosophiquement l'armature idéologique de l'encyclopédisme du siècle suivant.

C'est en Angleterre, première puissance mondiale dans l'histoire moderne du monde, que l'encyclopédie apparaît sous sa forme moderne. Ce fut, rédigée par Ephraïm Chambers (1728), la *Cyclopaedia or Universal Dictionary of the Arts and Sciences*, que Diderot avait d'abord songé à traduire avant d'entreprendre sa propre *Encyclopédie*. L'encyclopédie de Chambers est l'aînée, le modèle et le défi de l'encyclopédie française. Elle forme, avec le British Museum, dont elle est à peu près contemporaine, une espèce de doublet – comme en France l'*Encyclopédie* et le Louvre, qui la suit de vingt ans. De même que l'encyclopédie est un musée, le musée est une encyclopédie. L'importance de l'ouvrage de Chambers en tant que précurseur de celui de Diderot ne tient pas seulement au fait qu'il constitue la première réalisation moderne de l'encyclopédisme. Il représente aussi la première tentative de justification de l'encyclopédisme moderne. La préface que Chambers écrivit pour sa *Cyclopaedia* commence par une critique des dictionnaires d'érudition : ils n'ont pas d'unité, diagnostique Chambers, ils sacrifient le tout aux parties. À l'inverse, les systèmes philosophiques sacrifient les parties au tout, et l'unité qu'ils prétendent atteindre est un artifice et un pur produit de l'imagination. Une encyclopédie devra éviter ces deux écueils opposés, l'éparpillement insignifiant des dictionnaires et la contrainte abstraite de la *mathesis universalis*. En quoi peut consister le *tout* d'une encyclopédie? Les auteurs de dictionnaires « ne se sont pas rendu compte du fait qu'un dictionnaire pouvait d'une certaine manière présenter les avantages d'un discours continu »[17]. Une encyclopédie doit pouvoir à la fois considérer les différentes disciplines « absolument et de façon indépendante », et aussi « relativement les unes aux autres ». Les deux points de vue ne sont pas exclusifs l'un de l'autre : de toute manière, par nécessité intrinsèque, quand bien même l'être humain n'y ferait pas intervenir sa volonté, il existe un « ordre naturel des sciences » dont « l'arbre de la science » baconien donne la représentation figurée. Ainsi sera tracée la « carte du savoir » qui permettra de circuler, sans risque de se perdre, dans la « forêt » ou le « labyrinthe » (autres métaphores baconiennes destinées à remplacer les symboles du cercle et du jardin) des connaissances dispersées selon l'ordre alphabétique. Hasardons ce rapprochement : l'ordre émergent des connaissances plurielles, dans l'unité d'une encyclopédie, est analogue à celui que l'économie politique repérera sous-jacent et impliqué dans la multitude des actions des différents agents. Tout se passe comme si une *main invisible* ordonnait les connaissances. Laissons faire, laissons passer. Diderot et ses collaborateurs partageront ces idées et ces postulats. Wikipédia est aujourd'hui l'héritier de ce libéralisme du savoir.

C'est la conscience d'une certaine maturité des temps qui porte le projet de l'*Encyclopédie* de Diderot[18]. Francis Bacon, écrit Diderot, avait bien jeté le plan d'un dictionnaire universel des sciences et des arts, mais en son temps il n'y avait « pour ainsi dire » ni sciences ni arts. Depuis que l'homme est parti en (re)connaissance autour du monde entier, les pays, les peuples, les animaux, les plantes ont été répertoriés. L'or d'Amérique a afflué en Europe, la révolution industrielle se préparait, le XVIIIe siècle fut mûr pour une grande récapitulation. Plus de cent cinquante dictionnaires furent publiés, avant, pendant, après l'*Encyclopédie*. Dans le « Prospectus » qu'il rédige pour annoncer et justifier son entreprise, Diderot laisse éclater sa fierté : « Jusqu'ici personne n'avait conçu un ouvrage aussi grand ; ou du moins personne ne l'avait exécuté »[19]. Pour Diderot, il est naturel que ce soit un siècle *philosophique* qui ait tenté une Encyclopédie. « Il faut tout examiner, tout remuer sans exception et sans ménagement »[20]. Diderot s'abandonne visiblement au fantasme fondateur du projet de connaissance totale : devenir Dieu, par la création d'un verbe ou, ce qui revient au même, par la création par le verbe. Parlant de l'arbre généalogique des sciences et des arts, montrant comment ceux-ci se rattachent les uns aux autres, il écrit qu'il s'agit « de renfermer en une page le canevas d'un ouvrage qui ne se peut exécuter qu'en plusieurs volumes in-folio, et qui doit contenir un jour toutes les connaissances des hommes »[21].

---

17. Cité par PONS (1986 : 37).
18. Voir « Prospectus », Diderot (1970 : 286).
19. *Ibid.*, p. 282.
20. Diderot, article « Encyclopédie » (*ibid.*, p. 431).
21. DIDEROT, « Prospectus » (*ibid.*, p. 286).

À ce souci de totalité répond le souci, non moins grand, d'unité. Diderot parle de « rassembler les connaissances éparses sur la surface de la terre et d'en exposer le système général ». Dans son « Avertissement », il va même jusqu'à affirmer que le principal objet des collaborateurs de l'ouvrage fut de rassembler les découvertes des siècles précédents[22]. Les encyclopédistes sont porteurs d'une conscience nouvelle, toute moderne, qui sera aussi au fondement de la création du musée : ils se posent comme les héritiers de la civilisation universelle, les témoins de la mémoire de l'humanité. L'unification est une totalisation. D'où les métaphores traditionnelles de la *chaîne* et de l'*arbre* utilisées par d'Alembert dans son *Discours préliminaire*. Déjà Bacon avait parlé du projet d'établir un :

> […] inventaire des richesses humaines, où l'on doit faire entrer et dénombrer, d'une manière succincte, tous les biens, toute la fortune du genre humain, qu'elle fasse partie des productions de la nature ou de celles de l'art[23].

La tâche d'unification apparaissait comme d'autant plus urgente que les progrès des connaissances avaient dispersé celles-ci aux quatre vents de l'esprit. En outre, la multiplicité et la diversité des collaborateurs (plus de deux cents[24]) qui firent de l'*Encyclopédie* une œuvre sociale, collective, risquaient, sans idéologie commune, de ruiner cette exigence d'unité. Or, il n'y a pas d'unité sans un principe d'unité. Diderot[25] en distingue deux possibles : ou bien les connaissances sont rapportées aux différentes « facultés de notre âme », ou bien elles sont rapportées aux objets. Diderot adopte le premier système, qui fut celui de Bacon. L'*Encyclopédie* a, elle également, on le voit, procédé à sa révolution copernicienne : l'objet n'est pas, comme ce fut le cas dans l'Antiquité où domine la tripartition logique-physique-éthique, rapporté au « domaine » dont il ferait partie, mais à la faculté de « l'entendement » qui le rappelle (la mémoire), l'examine (la raison) et l'imite (l'imagination)[26]. Seule une philosophie peut par conséquent structurer l'encyclopédie, et l'empêcher de n'être qu'un agrégat sans cohérence. Il s'agit, pensait d'Alembert, de faire l'encyclopédie à laquelle Leibniz rêvait. Seulement, si la philosophie est la seule apte à unifier et à totaliser l'encyclopédie, elle doit chasser la métaphysique, qui n'est que songerie. D'où le recours et le retour à Bacon, d'où l'inspiration empiriste[27] puisée en Angleterre – terre de liberté, de surcroît (mais ceci va avec cela) –, d'où également une certaine ambivalence à l'égard de l'exi-

---

22. Leibniz déplorait cette absence d'inventaire : « Aujourd'hui, nous ne connaissons pas nous-mêmes nos richesses, pareils au commerçant qui ne tient pas ses livres de comptes, ou aux bibliothèques sans fichier » (cité par BELAVAL, 1985 : 438).

23. Cité par PONS (1986 : 36).

24. Le titre complet de l'Encyclopédie est « Dictionnaire raisonné des sciences, des arts et des métiers, *par une société de gens de lettres* » (nous soulignons).

25. D. Diderot, article « Encyclopédie » (1970 : 405).

26. À ces trois modalités de l'entendement correspondent les trois groupes de connaissances : l'histoire, la philosophie et la poésie (voir « Prospectus », *ibid.*, p. 299).

27. Selon Diderot, les « perceptions de l'entendement » viennent des sens. L'entendement effectue sur elles un triple travail : de dénombrement (c'est la tâche de la mémoire), d'analyse et de comparaison (c'est le travail de la raison) et d'imitation (c'est la fonction de l'imagination). Voir « Prospectus », *ibid.*, p. 298-299.

gence de système. Au XVIIIe siècle, le système, c'est la métaphysique ou même, pire, la théologie scolastique. Pour Diderot l'encyclopédie remplace le système[28] (entendu comme la philosophie dont Descartes est la plus éclatante illustration), à la manière dont, un peu plus tard, l'âge positif, chez Auguste Comte, remplace l'âge théologique et l'âge métaphysique. Idée analogue chez Condillac, contemporain de Diderot, qui consacre à cette question un ouvrage[29] : il faut abandonner l'idée de système. L'ordre lexical de la langue naturelle constituant autant d'entrées pour des monographies spécialisées remplacera l'ordre des raisons cher à Descartes. Mais d'un autre côté, comme on l'a vu, il n'y a pas d'encyclopédie sans principe d'unité, l'encyclopédie ne saurait être simplement, comme le voulait Bacon, « une espèce de promenade dans les sciences »[30]. Comment assurer la cohérence sans tomber dans le « système » ? Les encyclopédistes ont cru trouver la solution en parlant de dictionnaire *raisonné*, et en différenciant, comme le fait d'Alembert, l'esprit systématique de l'esprit du système. Le dictionnaire assure la totalité des informations, mais est menacé par la dispersion ; *raisonné*, il affirmera contre cette dispersion une unité qui ne devra rien aux principes *a priori* de la métaphysique et à ses énoncés invérifiables, mais tout à la détermination concrète des facultés de penser chez l'homme[31]. Nous avons évoqué plus haut la révolution copernicienne ; le rapprochement avec Kant doit s'arrêter là, car, si l'encyclopédie centre en effet les connaissances sur le sujet, le sujet de l'encyclopédie – qui, d'ailleurs, n'est pas un *moi*, un sujet individuel, mais un sujet idéal, collectif – n'est pas le sujet transcendantal de Kant.

Dans son *Discours préliminaire* D'Alembert (1976 : 18) présente le projet comme une synthèse d'encyclopédie et de dictionnaire : « Comme *Encyclopédie*, il doit exposer autant qu'il est possible, l'ordre et l'enchaînement des connaissances humaines ; comme *Dictionnaire raisonné des sciences, des arts et des métiers*, il doit contenir sur chaque science et sur chaque art, soit libéral, soit mécanique, des principes généraux qui en sont la base, et les détails les plus essentiels qui en sont le corps et la substance »[32]. La chaîne ne réunit pas seulement les sciences entre elles, mais les sciences et les *arts* – c'est-à-dire l'idée et l'outil, le théorique et le pratique, l'abstrait et le concret. L'Encyclopédie comme dictionnaire *raisonné* mettra en lumière « les secours mutuels » que les sciences et les arts se prêtent[33]. Une autre métaphore servira à rendre compte des rapports entre les parties et le tout : celle de la machine. D'Alembert était mécanicien – dans son article

---

28. L'ambivalence vis-à-vis de l'idée de système est aussi (est d'abord) celle de Diderot vis-à-vis de la philosophie tout entière : « Diderot se complaisait à la fois dans les contradictions et dans les associations. Il s'intéressait particulièrement aux points où les sujets se chevauchent. Au lieu de traiter la philosophie comme une discipline autonome, il l'infuse dans tout ce qu'il fait. Elle imprègne toute son *Encyclopédie* de A à Z comme un esprit insinuant » (DARNTON, 1982 : 484).

29. *Traité des systèmes*.

30. Cité par PONS (1986 : 36).

31. « Celui de tous les arbres encyclopédiques qui offrirait le plus grand nombre de liaisons et de rapports entre les sciences mériterait sans doute d'être préféré » (*ibid.*, p. 113).

32. J. d'Alembert, *Discours préliminaire de l'Encyclopédie* (1976 : 18).

33. D. Diderot, « Prospectus » (1970 : 282).

« Dictionnaire » de l'*Encyclopédie*, il compare le fonctionnement et la structure de celle-ci à ceux d'une machine : « Si on voulait donner à quelqu'un l'idée d'une machine un peu compliquée, on commencerait par démonter cette machine, par en faire voir séparément et distinctement toutes les pièces, et ensuite on expliquerait le rapport de chacune de toutes ces pièces à ses voisines ; et en procédant ainsi, on ferait entendre clairement le jeu de toute la machine, sans même être obligé de la remonter. Que doivent donc faire les auteurs d'un *dictionnaire* encyclopédique ? C'est de dresser d'abord, comme nous l'avons fait, une table générale des principaux objets des connaissances humaines. Voilà la machine démontée pour ainsi dire en gros : pour la démonter plus en détail, il faut ensuite faire sur chaque partie de la machine ce qu'on a fait sur la machine entière... »[34]. Qu'est-ce qu'une machine ? Un ensemble dont l'élément (la pièce) *renvoie* à d'autres éléments du même ensemble. Semblablement, l'*Encyclopédie* sera un système de *renvois* – qui fera d'elle un véritable réseau, un maillage capable d'enserrer le plus de connaissances possibles. On voit ce qu'un tel système de renvois peut avoir de différent de l'arbre déductif de la *mathesis universalis*. La sphère remplace la pyramide. Certes, l'ordre vertical des déductions, qui permet de descendre des principes aux conséquences, et de remonter des conséquences aux principes – et que Diderot admirait dans la *Cyclopaedia* de Chambers[35] –, n'a pas été supprimé, mais il doit désormais coexister avec l'ordre horizontal des renvois qui permet de « passer imperceptiblement de cette science ou de cet art à cet autre art et, s'il est permis de s'exprimer ainsi, faire sans s'égarer le tour du monde littéraire »[36].

En outre, l'*Encyclopédie* n'est pas un miroir inerte promené le long du chemin du savoir. Elle est une entreprise de lutte. Elle prend parti. Comme l'écrit Yvon Belaval (1985 : 437) : « Elle ne s'est pas contentée d'*informer* sur des auteurs anciens, scolastiques ou renaissants, à la façon du *Dictionnaire historique et critique* de Bayle (que Diderot trouve déjà vieilli), elle a voulu *communiquer* son enthousiasme pour l'avenir, c'est-à-dire pour le *progrès* ». Or ce combat pour la foi nouvelle ne peut être que collectif. Le projet encyclopédique – à la différence de la *mathesis universalis* ou de l'idéal renaissant de l'*uomo universale* – n'est pas porté par un moi, qui serait une conscience singulière et cosmique à la fois. L'encyclopédie est une œuvre collective, et sa lecture ne peut être que partielle.

En amont comme en aval, l'encyclopédie subit donc la dure loi de la fragmentation. Mais si la totalité n'est qu'en puissance, en quoi diffère-t-elle alors de celle de l'univers, dont on sait qu'il se déploie tout entier devant nous, mais dont on sait aussi qu'on ne pourra jamais en prendre qu'une faible mesure ? On pourrait alors se demander si l'encyclopédie, à partir de Diderot, n'a pas pour fonction première de nous offrir le spectacle d'un savoir total considéré de toute façon comme inaccessible. C'est en ce sens que Jean Starobinski a souligné la nouvelle relation *théâtrale* qu'instaure l'*Encyclopédie* avec le lecteur – lequel est placé

---

34. Cité par Pons, 1986 : 39.
35. Voir Diderot, « Prospectus » (1970 : 284).
36. *Ibid.*

devant une scène où va se dérouler, une fois le rideau ouvert, un spectacle auquel il restera toujours extérieur (STAROBINSKI, 1970). Ce spectacle est une totalisation de la science dont les rédacteurs de l'*Encyclopédie* affirment leur maîtrise davantage comme metteurs en scène que comme savants : les gardiens de musée ne peignent pas. Plus un ouvrage est gros, moins il est lu – mais sa véritable finalité est ailleurs. La véritable finalité d'une encyclopédie moderne serait simplement d'exister – et son premier message, chapeautant tous les autres, en leur nombre et diversité infinis, serait d'assurer une fonction proprement magique : dans un univers toujours plus opaque, l'encyclopédie serait en quelque sorte le signe (la preuve) que l'être humain n'est pas entièrement perdu. Cela est déjà notre histoire. L'empire est une fiction avant d'être une réalité.

Dans son « Prospectus » Diderot écrivait que l'encyclopédie « pourrait tenir lieu de bibliothèque dans tous les genres, excepté le sien, à un savant de profession »[37]. Excepté le sien – on songe aux futurs ensembles qui ne se contiennent pas eux-mêmes. Au XVIIIe siècle, Diderot pouvait encore penser son encyclopédie comme l'unique animal de son espèce – mais aujourd'hui ? On a rédigé des dictionnaires de dictionnaires – et il ne faudrait pas moins qu'une encyclopédie pour faire la description complète de toutes les encyclopédies. D'ailleurs, cet ensemble de tous les ensembles serait la véritable encyclopédie. Littré, puriste, défendait qu'on utilisât le terme d'encyclopédie dans un autre sens que celui de totalité des connaissances – parler d'*une* encyclopédie serait donc une contradiction dans les termes. Il n'en reste pas moins vrai que les deux siècles et demi qui nous séparent de Diderot ont vu une telle abondance et une telle variété d'encyclopédies que l'on pourrait à juste titre qualifier notre époque d'encyclopédique par excellence. Seulement, puisque chaque encyclopédie non thématique a la même prétention, et la même intention, d'énoncer la totalité, elle anéantit la prétention et l'intention des précédentes par le seul fait de son existence, et, paradoxalement, c'est l'ouvrage qui devait assumer le mieux la totalisation de la civilisation humaine qui se trouve le plus rapidement dépassé par celui qui n'a que l'avantage d'être plus récent – et c'est l'ouvrage qui devait fixer le savoir total *sub specie aeternitatis* qui se trouve le plus enchâssé dans le système de la mode. Dans les dictionnaires et encyclopédies modernes, des mots et des articles sont promus comme marchandises nouvelles, tandis que d'autres seront jetés au rebut comme vieux vêtements.

Les XIXe et XXe siècles virent proliférer un peu partout dans le monde d'ambitieuses réalisations : *The New International Encyclopaedia* aux États-Unis (1918-1930, 27 volumes), l'*Encyclopédie* de Lardner, en Angleterre (1829-1846, 132 volumes), la fameuse *Encyclopaedia Britannica*, toujours revue et rééditée depuis la fin du XVIIIe siècle, jusqu'à ce que les encyclopédies en ligne la détrônent, l'*Encyclopédie universelle* d'Ersch von Gruber (1818-1879, 167 volumes !), l'*Enciclopedia europea-americana* d'Espasa (Espagne, 1905-1933, 80 volumes), l'*Entsiklopetitcheskeii Slovar* en Russie (1891-1904, 84 volumes), etc.

---

37. Diderot, 1970 : 298.

L'encyclopédie est une totalisation qui se rêve totalité. Tout livre ferme ses pages, toute bibliothèque ferme ses portes, mais au-dehors foisonne un réel qui non seulement ne s'est pas laissé encore capturer, mais qui prolifère. Voilà l'encyclopédie prise dans ce que Jacques Derrida appelle « la logique ou plutôt la graphique du supplément »[38]. Le supplément dévalorise la totalité encyclopédique dans le temps même qu'il la complète ; il l'achève, dans les deux sens du verbe, en la finissant et en la ruinant. Le temps court sans cesse, et le supplément a lancé son avis de recherche : avec le réel, l'affaire n'est jamais classée, la boucle jamais bouclée.

L'âge encyclopédique qui est le nôtre est celui à la fois des grandes totalisations (jamais les encyclopédies n'ont été aussi complètes) et des spécialisations extrêmes. L'*Encyclopédie du cheval* et l'ouvrage qui nous apprend *Tout sur le mal de reins* sont les produits paradoxaux de cette totalisation-spécialisation dont notre époque est friande. On publie des dictionnaires et encyclopédies sur à peu près n'importe quel sujet. Ce que nous prenons pour un détail dans l'univers de la connaissance – l'opéra, le judaïsme, Émile Zola – est un univers qui, à son tour, contient une multitude d'éléments. Après tout, c'est le cas de le dire, nous avons découvert que l'atome est aussi un univers. Cette dialectique de la somme et de l'élément qui fait de chaque encyclopédie un « holon »[39] se retrouve à d'autres niveaux. Notre temps n'est pas seulement celui des encyclopédies, il est aussi celui des résumés. Or, le résumé n'est pas seulement l'expression nécessaire de l'encyclopédie, il en est le déni. On comprend dès lors que notre époque, grande pourvoyeuse d'illusions, ne pouvait pas se passer de ce marché-là.

Les encyclopédies modernes sont moins unifiées que jamais. Des idéologies différentes, voire opposées, peuvent y coexister. L'empirisme le plus grossier, voire la superstition, peuvent y voisiner avec les données scientifiques rigoureuses. Puisque les articles sont rédigés par des « spécialistes », on confiera la rédaction de l'article consacré à la topologie algébrique à un spécialiste de la topologie algébrique, tandis que, dans un volume voisin, un féru d'alchimie définira sa discipline comme une science véritable…

Faut-il s'en désoler et faire comme Alberto Savinio qui, dans son *Encyclopédie nouvelle*, part de l'impossibilité actuelle d'une encyclopédie pour justifier la « méthode » illogique du coq à l'âne ? Il est clair qu'une telle œuvre ne sera jamais lue que comme littéraire, et que jamais on ne lira une encyclopédie comme on lit un roman.

Nous estimons aujourd'hui que l'ensemble des informations rassemblées dans toutes les bibliothèques du monde représentent 10^{15} signes (1 million de milliards de signes). Cette documentation est rassemblée sous forme de livres et autres documents imprimés. Et elle double, au rythme actuel, environ tous les quinze à vingt ans. Que signifient, dans ces conditions, la totalisation et l'unification des

---

38. Voir DERRIDA, 1972 : 70.
39. Arthur Koestler appelle ainsi un tout (c'est le sens du mot *holon* en grec) qui est une totalité englobante pour ses éléments et un élément pour une totalité qui l'englobe.

connaissances humaines ? La technique moderne est en train de répondre efficacement au défi de cette infinitisation. Des ordinateurs contiennent désormais des
bibliothèques entières, et désormais la littérature antique, grecque et romaine, dans
sa totalité, figure sur un seul disque moins gros qu'un livre. Le livre total existe,
et ce n'est plus un livre. La technique moderne est en effet en train de résoudre
le vieux problème sur lequel butaient déjà Diderot et d'Alembert : comment faire
tenir en un espace restreint la totalité des connaissances ?

Diderot avait dédicacé son *Encyclopédie* « À la postérité et à l'être qui ne
meurt jamais ». Faite par une société, l'encyclopédie est potentiellement destinée à l'humanité entière. Certes, faire le tour des connaissances ne signifie pas
nécessairement en achever le cercle. Il ne suffit pas de regarder le fourmillement
des étoiles pour prendre la mesure du ciel. Du moins, l'encyclopédie donne de la
totalité des connaissances et, par voie de conséquence, de celle du monde, une
vision qui, à la différence de celles offertes par les religions et les idéologies, tend
à être de moins en moins mensongère ou illusoire.

L'histoire universelle a toujours été le cadre au moins implicite des encyclopédies : la Chine se pensait comme l'empire du Milieu, les Arabes et la chrétienté
se considéraient comme des héritiers et des accomplisseurs, l'encyclopédie de
Diderot avait une double fonction, conservatrice de récapitulation et révolutionnaire de fondation. Avec Wikipédia, l'histoire universelle change de sens : elle
perd en profondeur (le passé humain) ce qu'elle gagne en largeur (le monde
actuel). Triomphe de l'instantanéité et de la réactivité (« *wiki* » signifie « rapide »
en hawaïen), Wikipédia est à cet égard un bon symptôme de ce « présentisme »
analysé par François HARTOG (2002). Ce n'est pas que le passé soit absent, mais il
n'a plus de sens et de fonction que par rapport à un présent qui l'écrase. Désormais
l'encyclopédie ne se pense plus comme un monument.

Comme les Frères de la pureté, comme Diderot, Wikipédia est le produit de
la contre-culture. Elle se méfie à la fois de l'œuvre et de l'auteur. En ce sens, elle
transpose sur le plan de l'information la révolution artistique contemporaine. Elle
est une agora virtuelle, un forum informatique. Avec elle, la relation de maître à
disciple, matrice historique de l'éducation, comme le rappelle Marc FERNANDEZ
dans son article « Wikipédia, le rêve de Diderot ? » (2007), a disparu pour laisser
place au partage universel du savoir. La communication (horizontale) s'est substituée à la transmission (verticale). La démocratie participative du savoir a remplacé
l'aristocratie de la connaissance. Marc Fernandez commence son article par une
citation de Diderot tirée de son article « Encyclopédie » :

> Considérant la matière immense d'une encyclopédie, la seule chose qu'on aper-
> çoive distinctement, c'est que ce ne peut être l'ouvrage d'un seul homme […].
> Ouvrage qui ne s'exécutera que par une société de gens de lettres et d'artistes,
> épars, liés seulement par l'intérêt général du genre humain […]. Je les veux
> épars, parce qu'il n'y a aucune société subsistante d'où l'on puisse tirer toutes les
> connaissances dont on a besoin, et que, si l'on voulait que l'ouvrage se fît toujours
> et ne s'achevât jamais, il n'y aurait qu'à former une pareille société.

Le monde actuel pourrait voir l'émergence d'une telle société.

N'importe qui peut créer une page sur Wikipédia, en modifier une existante ou changer l'organisation du site, par exemple en créant des liens. Le système étant doté d'un mécanisme de sauvegarde, chaque modification faite sur une page en génère une nouvelle version et archive la précédente. Cela permet de vérifier l'historique de l'évolution des pages et de revenir facilement à une version antérieure en cas de problème. Le résultat est une vaste prolifération de contenu. Les pages de discussion (*talk pages*) en constituent la partie immergée ; les rédacteurs y débattent du contenu des articles et de la politique générale du site (O'NEIL, 2009 : 20).

La clé du succès de Wikipédia est le recrutement. Pour que celui-ci soit massif et constant, il faut à tout prix que l'expérience soit amusante et immédiate avec comme principe fondateur : « Vous pouvez éditer cette page tout de suite ». Avantage de ce mode de développement : les projets sont susceptibles de s'améliorer rapidement[40]. La « sagesse de la foule » implique que plus le nombre de contributeurs sera élevé, meilleure sera la qualité. Ce postulat a été empiriquement vérifié : une référence faite à un article de Wikipédia dans les médias attire du monde ; et la qualité augmente (O'NEIL, 2009). On a parlé à ce propos de production collective par les pairs (*peer production*). Les rédacteurs s'auto-attribuent les tâches. Sur Wikipédia l'expertise ne s'incarne plus dans une autorité mais dans un processus, dans l'agrégation d'une pluralité d'opinions et de compétences, censés atteindre l'optimum. À cet égard Wikipédia représente l'application au savoir de la conception optimiste libérale du marché : il lui suffit de n'être entravé par aucune puissance extérieure (les wikipédiens sont libéraux-libertaires, ils ont l'État en horreur, ils l'assimilent à la police) pour que le marché constitue un ordre bénéfique pour tous.

Il n'y a pas de culture sans choix ni hiérarchie. Mais ce n'est pas ainsi que l'entend notre âge démocratique mondialisé. Dans le monde de Wikipédia, tout est réduit à l'état de données sans que celles-ci constituent des informations – ni *a fortiori* des savoirs et des connaissances. Dans l'*Encyclopédie* de Diderot et de d'Alembert, fait remarquer Barbara Cassin, la connaissance était sous-tendue par un objectif politique et social. L'encyclopédie, c'était aussi une *païdéia*, c'est-à-dire une formation, une éducation du peuple (CASSIN, 2006). Wikipédia remplace le peuple dont il n'a pas idée par une masse de consommateurs/intervenants idéalement identifiée à l'humanité entière.

La démocratie égalitariste de l'encyclopédie virtuelle rencontre toutefois rapidement ses limites car si tout le monde peut apporter sa contribution à Wikipédia, tous les participants ne sont pas dotés du même pouvoir. Il existe des grades[41], chacun a un rôle bien défini. Les arbitres tranchent les conflits entre utilisateurs, les patrouilleurs surveillent les dernières modifications tandis que les pompiers jouent les médiateurs. Des procédures de contrôle se multiplient, qui n'obéissent pas toutes à une logique de connaissance : nombreux sont les rédacteurs pleins

---

40. Le test a été fait : il ne faut que trois heures en moyenne pour qu'une fausse information soit corrigée.
41. Curieusement nommés : administrateurs, arbitres, patrouilleurs, pompiers etc.

de bonne volonté qui ont vu leur travail effacé pour cause de « manque de notabilité ». De même que le tsarisme était un despotisme tempéré par l'assassinat,
Wikipédia est une démocratie tempérée par la notabilité. Dans la démocratie pla-
nétaire tous les hommes sont égaux mais certains sont plus égaux que d'autres.
D'où un effet de circularité que les médias modernes ne cessent de cultiver : on
traite d'autant plus longuement d'un sujet que celui-ci est déjà connu, la renommée fait toute la valeur d'un individu. Le fait qu'une page de Wikipédia apparaisse
parmi les premiers résultats de n'importe quelle recherche sur Google (parce que
les pages de Wikipédia contiennent de nombreux liens avec d'autres pages sur le
site, y compris les ébauches d'articles, et sont fréquemment mises à jour) renforce
la confusion entre l'expertise et la popularité[42].

La philosophie analytique, dominante dans le monde anglo-saxon rétif à la
métaphysique et à l'herméneutique, est la philosophie spontanée des wikipédiens.
Le critère de vérifiabilité remplace la valeur de vérité. En outre, l'encyclopédisme
moderne né du libéralisme moderne est pris dans le tourbillon d'une concurrence
qui le met dans un mouvement perpétuel, tout arrêt équivalent à un arrêt de mort :
Encarta, l'encyclopédie de Microsoft, pouvait se targuer d'avoir détrôné l'*Encyclopaedia Britannica* mais elle a été finalement vaincue par Wikipédia – qui
l'a fait purement et simplement disparaître[43]. Ironie de l'histoire, c'est un site
non commercial, alimenté par des bénévoles, qui a eu raison du géant mondial
du logiciel.

Un esprit commun relie les encyclopédies à travers l'histoire, en dehors des
rêves d'empire : la place centrale réservée à l'homme, à la fois auteur, objet et destinataire de tout ce savoir exposé. Cette dimension humaniste n'avait pas échappé
aux califes les plus fanatiques pour qui la seule autorité supérieure ne pouvait être
que Dieu. Toutes les encyclopédies ont un fond humaniste et ainsi ont pu, en vertu
de leur contexte particulier, avoir un impact révolutionnaire. Leur empire fait de
mots et d'idées *répond*[44] à l'empire que les puissances politiques et religieuses se
sont efforcées d'établir, à différentes périodes de l'Histoire, sur les terres et sur
les peuples. Le caractère fictionnel, voire fantasmatique de ces empires a tenu à
leur prétention à l'universalité. Aujourd'hui, avec la mondialisation qui donne
une réalité objective au rêve d'empire puisque toutes les terres ont été conquises,
la fiction et le fantasme n'ont pas disparu. Ils se sont déplacés. L'unification technique et économique est encore loin d'avoir eu sa traduction sur le plan culturel
(sans parler de la dimension politique) : l'Afrique et l'Asie sont encore presque

42. En 2007, Wikipédia était le dix-septième site le plus visité sur Internet. *Encyclopaedia Britannica*
    avec ses 100 Prix Nobel et 4000 experts arrivait en 5128e position.
43. Inventée en 1993, l'encyclopédie de Microsoft a connu un certain succès au départ. L'éditeur de
    logiciels proposait deux types de produits : les CD-Rom destinés au grand public et un site Internet
    décliné en plusieurs langues. Premières touchées par cette initiative, les encyclopédies en papier ont
    riposté en publiant aussi des éditions numériques. Ce faisant, elles n'ont fait qu'accélérer le processus
    de leur disparition. Encarta avait 35000 entrées, Wikipédia en a plus d'un demi-million…
44. Au double sens de « correspondre » et de « répliquer à ».

entièrement absentes de Wikipédia – dont l'universalité n'est ainsi pas moins trompeuse que celle du catholicisme[45] ou de l'islam médiéval. Mais nul doute qu'à l'avenir l'encyclopédie virtuelle dont Wikipédia, d'ailleurs lui aussi voué à disparaître, n'est qu'un élément parmi beaucoup d'autres, sera réalisée par une société anonyme de contributeurs de tous pays qui lui assureront l'internationalité vers laquelle elle tend inéluctablement.

---

45. « *Katholikos* » signifie « universel » en grec.

Y A-T-IL UN MODÈLE ARISTOTÉLICIEN D'ENCYCLOPÉDISME ?

ARNAUD ZUCKER

CEPAM, UMR 7264, Université Nice Sophia Antipolis – CNRS

« Être du bond. N'être pas du festin, son épilogue »
R. Char, *Feuillets d'Hypnos*

INTRODUCTION

Il convient de souligner d'emblée une discordance importante, sinon un para-doxe : la disproportion considérable constatée entre le statut scientifique hors pair d'Aristote, ancêtre *omnisciens*, comme fontaine de savoir et objet constant de références dans la littérature savante médiévale et en scolastique, et la grande discrétion de son œuvre dans les réflexions méthodologiques et programmatiques des auteurs « encyclopédistes », d'Isidore à Diderot. Ce n'est pas sur un patron aristotélicien que sont conçues les œuvres encyclopédiques médiévales, dont le « genre » plonge ses racines dans l'exégèse biblique et la prédication homilé-tique (MEYER, 1990), et dont le discours et l'organisation – « l'enchaînement de connaissances » – répondent à une logique postérieure, liée à la reconnaissance et la consécration pédagogique des arts libéraux (Isidore), et à la subordination des sciences profanes aux sciences divines (Raban Maur, Barthélemy). La raison n'est pas à chercher dans une prétendue incompatibilité radicale de l'aristotélisme avec le christianisme puisqu'en Occident, au moins depuis Albert le Grand et Thomas d'Aquin, une harmonisation profonde des deux doctrines est visée, qui prend des formes diverses, au reste parfois théologiquement contestées, permettant à son nom de s'étendre, voire de s'imposer, non seulement dans tous les compartiments des sciences profanes, en imprégnant même la Science – *i. e.* la théologie. Même si certains ouvrages, comme le *De floribus rerum naturalium* d'Arnold de Saxe, reprennent pour le monde naturel une progression grossièrement convergente avec le déroulé aristotélicien (*Mete.* 338a20-339a9), en revanche, dans l'encyclo-pédie naturelle de Thomas de Cantimpré l'astronomie et la météorologie occupent la fin de l'ouvrage (*De natura rerum* liv. 15-20) et la progression de l'exposé du monde naturel (de l'homme au cosmos ou du cosmos au sublunaire) varie selon les auteurs. Ainsi les encyclopédies fleurissent dans une civilisation hautement aristotélicienne, mais les projets et les discours des encyclopédistes ne s'attachent pas à relever un défi aristotélicien ni ne s'inspirent de sa méthode, si bien qu'ils ne

Encyclopédire : formes de l'ambition encyclopédique dans l'Antiquité et au Moyen Âge, éd. par Arnaud ZUCKER, Turnhout, 2013, *(Collection d'Études Médiévales de Nice, 14)*, pp. 55-80.
© BREPOLS ❧ PUBLISHERS   DOI 10.1484/M.CEM-EB.1.101790

contribuent pas à éclairer ou motiver rétrospectivement ce statut, mais signalent le caractère problématique de cette approche.

Au-delà, dans la *Cyclopedia* de Chambers, précurseur immédiat de l'*Encyclopédie* (DDA), Aristote n'est véritablement abordé que dans quatre articles (1728 : 134-135, 788, 809, [379]) dans la première version, et trois autres dans le supplément (1753). Et dans l'ensemble de l'DDA, si l'on compte un millier de mentions d'Aristote, ce nombre est du même ordre que ceux de Platon, Galien ou Hippocrate, près de trois fois inférieur à celui des mentions de Pline, pour des indications ponctuelles et souvent allusives, dans des articles relevant de la logique, de la zoologie, de la linguistique et de l'éthique[1]. Aristote apparaît comme un informateur opportun mais suivant un projet « autre », un maître de savoir, ayant interrogé les fondements et l'expression de la connaissance, et produit des données savantes, mais dont l'œuvre abondante fournirait des principes et des brins de savoir sans constituer en elle-même une réalisation encyclopédique.

La critique contemporaine, néanmoins, signale souvent Aristote comme le fondement de l'entreprise encyclopédique, comme si l'étendue de son savoir faisait de cette figure une étape obligée de l'histoire de cette notion, mais sans apprécier autrement que par un hommage attendu sa participation. GRIMAL (1966) parle ainsi pour Aristote d'une « idée encyclopédique », qui se morcelle selon lui à Alexandrie[2] ; mais sur les quatre pages qui traitent de la Grèce dans son article sur l'encyclopédie antique, il ne lui consacre aucun développement. V. NAAS (2002 : 66) note en passant que « Pline reprend aux Grecs le genre de l'encyclopédie », mais sans autre précision, et l'auteur ne fait qu'une seule référence à Aristote. GLICK et LIVESEY (2005 : 43) sont plus nets sur l'importance de cet ancêtre : « The aristotelian encyclopedia provided the framework not only for theology, but also for the new philosophical medical, astrological, and natural sciences, both those of ancient Greece and those of past and contemporary islam and Judaism ». Ainsi, de manière aussi allusive que régulière, la Grèce antique et plus particulièrement Aristote – ou parfois Théophraste[3] – est invoquée comme le berceau de l'idée encyclopédique.

---

1. Pline est cité en effet près de 2 893 fois dans DDA, Aristote 1 044 fois, autant qu'Hippocrate (1 066), comme Platon (Plato* : 897), ou Galien (786 + 56 Galen*), et à peine plus que Plutarque (761), d'après la base ARTFL (cf. NAAS, 2011a : 25).
2. D'après Strabon (13.608), Aristote, l'instigateur du projet de la Bibliothèque d'Alexandrie à travers son disciple Demétrios « est le premier, que je sache, qui ait rassemblé des livres, et enseigné aux rois d'Égypte à mettre en ordre une bibliothèque ».
3. Voir SHARPLES (1998 : 277), qui signale que Théophraste parle de tout, de la condensation dans les salles de bain aux goût du public de son époque, déclare : « he belongs at the start of the tradition of encyclopaedia-writers ; perhaps it is Pliny the Elder or Vincent of Beauvais who are his spiritual heirs ». Voir aussi VEGETTI (1984 : 470) qui parle des « lineamenti del grande modello aristotelico » ; voir *infra*.

CONTEXTE ET CRITÈRES POUR L'ENCYCLOPÉDISME

Les précurseurs potentiels

Reprenant l'intuition de DELEUZE (1988), qui fait de la question des « prétendants » une invention cruciale de la société grecque et un enjeu de la philosophie platonicienne[4], on peut envisager les candidats antiques à l'encyclopédisme, sans présupposer que celui-ci soit un idéal culturel de l'antiquité grecque. À l'époque d'Aristote, quatre figures peuvent avoir incarné un savoir positif des réalités naturelles et humaines que l'on pourrait qualifier de *panépistémonique* ; mais aucune ne relève de l'encyclopédisme. La première est Homère, auquel on suppose durablement une connaissance de toutes choses et dont les poèmes ont été qualifiés d' « encyclopédie culturelle » (HAVELOCK, 1963 : 61-86), ou d' « encyclopédie du savoir collectif » (DETIENNE, 1981 : 51), bien que cette appellation exige une telle torsion que l'on ne peut lui accorder qu'une valeur métaphorique lointaine. S'il est question de lecture et non de texte, si l'on impute pour partie à l'œuvre les interprétations auxquelles elle donne lieu, il est incontestable que l'épopée homérique a constitué, par le crédit illimité que ses lecteurs antiques lui ont apporté et conservé, une fontaine infinie, quoique souvent allusive ou cryptée, de connaissances[5] ; cependant il est déraisonnable de prêter au texte ou à son auteur un programme épistémologique et d'y trouver les enjeux cruciaux de l'encyclopédisme. Les trois autres figures sont, voisines, celles de grandes catégories de *sophoi* : physiciens (a), sophistes (b) et philosophes post-socratiques (c)[6].

Les premiers (a), qui partagent un intérêt méthodique pour les questions naturalistes, forment un groupe hétéroclite et leurs œuvres fragmentaires, même lorsqu'elles autorisent une reconstitution partielle de certains pans de la pensée ou de l'activité intellectuelle, ne sont pas assez documentées et souvent trop contaminées par des reformulations et amalgames de la tradition secondaire pour permettre une évaluation argumentée pour la question ; même Démocrite, promoteur de l'atomisme en physique et qui se signale par une immense curiosité pour toutes sortes de sujets, ne paraît pas se soucier de constituer et formaliser un système unifié des connaissances. Les sophistes (b), quant à eux, ensemble également très hétérogène et aux œuvres mal conservées, sont engagés dans un usage

---

4.   *Abécédaire*, art. "idée".
5.   La figure étendue est celle des poètes, à commencer par Hésiode. Les poèmes homériques contiendraient impliqués tous les savoirs qu'une exégèse bienveillante et poussée – quoique sommairement théorisée – s'attache, tout au long de l'histoire de la littérature grecque (BUFFIÈRE, 1958), à déployer, et dont elle tâche de révéler les profondeurs. Le prix conceptuel à payer pour admettre parmi les textes encyclopédiques les épopées (dont nul ne conteste la richesse anthropologique) paraît aujourd'hui exorbitant.
6.   Par ce terme sont aussi désignés les (sept) sages qui, sauf lorsqu'ils sont aussi des physiciens (Thalès) sont hors jeu pour la problématique. On leur prête moins une omniscience de type homérique qu'un jugement sage sur les affaires humaines. Sur le fait que la *sophia* du *philosophos* n'est pas (ou pas avant tout) un savoir, lire, par exemple, HADOT, 1998 : 233-257.

politique de la parole et s'appuient visiblement davantage sur la rhétorique que sur la construction d'une épistémologie. Ces experts, qui développent à partir de la maîtrise du discours une technique polyvalente, et qui revendiquent une compétence sans limite et parfois un savoir universel, s'intéressent peu aux sciences théoriques et à la production de connaissances[7]. Le dernier groupe (c), qui réunit surtout les premiers scholarques des grandes écoles philosophiques de l'époque classique et alexandrine, est celui dans lequel on range naturellement Aristote. Ces savants, amenés par l'évolution du contexte de concurrence philosophique à développer et fixer des systèmes personnels, sont davantage soucieux, dans un dialogue imposé, de défendre des doctrines et des postures philosophiques singulières que de concevoir et construire une synthèse culturelle commune.

Mais ces trois types différents de savoir exemplaire, et très personnel, ne correpondent pas à la définition liminaire qui a été avancée pour l'encyclopédisme[8], et en particulier ne reconnaissent pas l'enjeu d'organicité et de diffusion qu'elle comporte. S'ils ont leur place dans une archéologie des formes de savoir, aucune de ces figures de savant ne propose une structuration objectivable des connaissances et une forme d'exposé panoramique des sciences humaines. Aristote apparaît, au IVe siècle, comme exception remarquable de ce point de vue, même si certains critiques, dans l'histoire antique qu'ils esquissent du terme et de l'objet, proposent par ailleurs des candidats excentriques, tel COLLISON (1964 : XIII) qui, esquivant Aristote, fait cet honneur à Speusippe[9], cité comme auteur du premier texte encyclopédique (*ca* 370) pour l'ère pré-chrétienne, sur la base d'une annotation incidente[10].

---

7. Dans cette catégorie très disparate, certains, comme Hippias, sont déclarés détenteurs d'une πολυμαθία (voir Héraclite, *fr.* B40 DK). Ce terme signale moins une érudition qu'une grande abondance et diversité de connaissances diverses (voir Platon, *Hippias* 368b : « tu es absolument le plus savant de tous les hommes dans tous les arts… πάντως δὲ πλείστας τέχνας πάντων σοφώτατος εἶ ἀνθρώπων » ; cf. Xénophon, *Mémorables* 4.4.5). Sur les dangers de la *polymathia* selon Platon, voir *Lois* 810e-811c.

8. Voir l'Introduction.

9. Cette qualification du second scholarque de l'Académie repose uniquement sur un témoignage d'un certain Diodore (le Dialecticien ?) rapporté par Diogène-Laërce (4.2), disant que « Speusippe fut le premier, selon Diodore, dans le premier livre de ses *Mémoires*, à considérer ce qu'il y avait de commun dans les sciences et à les coordonner/assimiler autant que possible entre elles » (οὗτος πρῶτος, καθά φησι Διόδωρος ἐν Ἀπομνημονευμάτων πρώτῳ, ἐν τοῖς μαθήμασιν ἐθεάσατο τὸ κοινὸν καὶ συνῳκείωσε καθ' ὅσον ἦν δυνατὸν ἀλλήλοις = Test. 4 Lang). Mais ce jugement, outre le fait qu'il n'implique apparemment que les sciences mathématico-astronomiques, n'est pas confirmé par ailleurs, et aucun titre ne correspond dans la liste des œuvres du neveu de Platon : le contenu du Μαθηματικός n'est pas connu, et les fragments des Ὅμοια (en dix livres) sont d'une tout autre nature ; voir les éditions de Lang (1911), Isnardi Parente (1980) et Tarán (1981). Collison suit probablement la notice de RICH (1867 : III.894).

10. Collison propose également, dans le monde romain, les noms de Caton et Varron. GRIMAL (1966) dresse une liste différente qui comporte Aristote et Caton, mais aussi Posidonius et Cicéron (*sic*).

Les critères de recevabilité

Avant de procéder à une analyse positive du cas d'Aristote, il convient d'expliciter dans notre enquête ce que l'on retient comme cadre de recevabilité pour cette étrange labellisation d' "encyclopédiste". Il ne s'agit évidemment pas d'une question d'étiquette, mais de l'identification possible chez cet auteur d'une conception particulière et organisée, à la fois théorique et pratique, de la connaissance, sans rapport étroit avec la maîtrise personnelle d'un savoir supposé considérable, qui est la qualité commune prêtée aux trois catégories de sages brièvement présentées. Cinq traits nous semblent caractéristiques de la notion d'encyclopédisme, envisagée dans son usage et son extension moderne et contemporaine ; et pour s'autoriser à déterritorialiser ce concept et à l'éprouver dans d'autres contextes culturels selon un mode qui ne soit pas métaphorique ou incontrôlé, il est nécessaire de les expliciter, avant de vérifier l'adéquation des œuvres évaluées aux enjeux intellectuels de ce mode d'être savant.

Le premier critère est *l'organisation*. C'est le mérite que reconnaît Diderot à Chambers dans le « Discours préliminaire » des éditeurs (XXXV) : « Il a bien senti le mérite de l'ordre encyclopédique, ou de la chaîne par laquelle on peut descendre sans interruption des premiers principes d'une science ou d'un art jusqu'à ses conséquences les plus éloignées et remonter de ses conséquences les plus éloignées jusqu'à ses premiers principes ». La présentation, dans l'espace matériel d'un ouvrage ou d'une collection, de connaissances disciplinaires approfondies ou nombreuses suppose une structuration qui n'est pas seulement éditoriale mais épistémologique. La nécessité d'une organisation s'impose d'autant plus que le domaine couvert par l'encyclopédie est vaste ou divers : elle suppose une réflexion sur le fondement et les formes des relations interdisciplinaires, et sur la hiérarchie des connaissances.

Or le deuxième critère est précisément *l'extension*. Un projet ou un ouvrage encyclopédique se donne pour objet, dans ses formes modernes et ses préfigurations médiévales, un ensemble de connaissances large, dont la coordination n'est pas évidente et exige une certaine conception architecturale. Car un de ses enjeux est la présentation des affinités, voire de l'unité des savoirs et de leurs principes, et cette question ne se pose que dans une perspective extensive. Cependant cet ensemble ne couvre pas, généralement, l'intégralité des connaissances, et une exigence aussi extrême serait abusive pour notre notion. Même DDA, s'en tient à l'histoire culturelle (arts, métiers et techniques), laissant de côté de nombreux savoirs (naturels, théologiques, historiques, etc.) ; à ce titre, l'appellation d'encyclopédie pour l'*Historia naturalis* de Pline, consacrée pour sa part au monde naturel, ne constitue pas une exception ou un écart. Cet aspect dirimant peut être exagéré dans une visée de connaissances exhaustives et universelles[11] ; mais il

---

11. L'exhaustivité n'est pas une exigence absolue de l'encyclopédisme, et constitue plutôt une illusion enfantine (voir l'expression travestie de Pic de la Mirandole, savant *de omni re scibili...et quibusdam aliis*).

défend, d'autre part, de retenir comme « encyclopédiques » les ouvrages limités à une discipline unique, envisagée comme autonome, quelles que soient l'érudition déployée ou la précision des données.

Car l'encyclopédie doit construire un système, une autre de ses caractéristiques tenant, en effet, à son *organicité*. Cette qualité, qui va au-delà du souci d'organisation et donne à l'ordre une valeur non seulement méthodique mais systématique, est également signalée dans la citation précédente de Diderot, et elle est aussi une des prétentions explicites de Chambers dans la publicité d'annonce de son ouvrage, la *Cyclopedia* (1726) : « Le caractère de cet ouvrage est d'être à la fois un DICTIONNAIRE et un SYSTÈME. Il se compose d'un Nombre infini d'Articles qui peuvent être pris séparément comme autant de Parties distinctes du Savoir ; ou collectivement, constituant en cela un Corps »[12]. Cette organisation unitaire et compréhensive du savoir peut se traduire par une méthode et des règles épistémologiques (soulignant l'interdépendance des connaissances et l'articulation des principes), ou par un fondement théologique ou métaphysique ; elle peut être parfois un effet de surface. Les métaphores organiques et les schémas dendriformes de *l'Encyclopédie* pour figurer « l'arbre de la connaissance » illustrent parfaitement cette conception, qui suppose une unité et une cohérence du monde.

La quatrième propriété est la volonté de transmission des connaissances. Depuis la Renaissance, l'éducation est le critère dominant du genre (FOWLER, 1997 : 8), mais il semble impliqué essentiellement dans le projet encyclopédique médiéval, comme chez Vincent de Beauvais (PAULMIER-FOUCART, 2004 : 28) dont le *libellus apologeticus* s'ouvre sur ce cri : « Il y a tant de livres, une telle multitude, le temps de la vie est si bref, et la mémoire si faible… »[13]. Cette volonté répond à un moment historique où la production intellectuelle apparaît surabondante et semble exiger une condensation critique, assurant à un patrimoine une voie de conservation. Elle ne se confond pas avec le souci simple et commun – et parfois réduit au topos d'*utilitas* – de trouver un public, mais répond à une vocation explicite de transfert patrimonial. Le souci pédagogique de transmission des connaissances acquises et la conception des sciences comme savoirs à la fois capitalisables et en développement dans l'histoire caractérise aussi, fondamentalement, les entreprises encyclopédiques. Cet aspect intellectuel et socio-culturel prend une dimension majeure dans les réflexions contemporaines.

Enfin, la dernière caractéristique encyclopédique tient à la *continuité du discours*. Les formules littéraires de l'encyclopédisme ne sont pas prédéfinies, mais cette continuité s'impose pour déployer des données savantes dans leurs

---

12. Cette idée apparaît précisément aussi dans un texte antique, qui joue un rôle important dans la réflexion encyclopédique. Vitruve (*Architecture*, 1.1.12) dit, en effet, que « la discipline encyclopédique est formée de tous ces membres [*i.e.* les sciences] comme un corps unique » (*encyclios enim disciplina uti corpus unum ex his membris est composita*).

13. Traduction M. PAULMIER-FOUCART (2004 : 149) ; une reminiscence possible du ὁ βιὸς βραχύς, ἡ δὲ τέχνη μακρή… des populaires *Aphorismes* d'Hippocrate (1.1).

prolongements et leurs connexions[14]. Cette marque distingue des entreprises lexicales au schéma arbitraire (alphabétique), mais n'exclut pas un format de dictionnaire que les modernes ont adopté pour sa commodité. Chambers critique sur ce point dans sa *Cyclopedia* (1728) « les anciens lexicographes [qui] ont rarement fait preuve d'une quelconque structure dans leurs ouvrages ; pas plus qu'ils ne semblent avoir eu conscience qu'un dictionnaire pouvait, dans une certaine mesure, offrir les avantages d'un discours continu[15] ». Il vise par là les *lexica verborum* et non les dictionnaires thématiques ou *rerum* qui peuvent, même dans un morcellement de chapitres ou d'articles comme dans le cas de l'EDD, dépasser la définition et la glose pour rassembler et combiner sur une entrée générique un ensemble de données techniques et culturelles.

1.3. Les impasses du nom chez Aristote

Le point de départ de la docimasie particulière à laquelle nous soumettons Aristote ne peut être dans la généalogie tourmentée et les errances du mot encyclopédie[16]. Un rapide survol des (24) occurrences du mot ἐγκύκλιος dans son œuvre confirme l'impertinence de ce fondement. Seuls deux passages usent du terme dans un sens métaphorique en rapport avec notre recherche :

— καὶ γάρ, καθάπερ ἐν τοῖς ἐγκυκλίοις φιλοσοφήμασι περὶ τὰ θεῖα, πολλάκις προφαίνεται τοῖς λόγοις ὅτι τὸ θεῖον ἀμετάβλητον ἀναγκαῖον εἶναι πᾶν τὸ πρῶτον καὶ ἀκρότατον (*Cael.* 279a30)[17].

Et par exemple, *dans les travaux de philosophie destinés au grand public* portant sur les êtres divins, on déclare souvent, en s'appuyant sur des raisonnements, que tout être divin, étant premier et au-dessus des autres, est nécessairement immuable.

— τὸν δ' οὕτω ζῶντα οὐδεὶς ἂν εὐδαιμονίσειεν, εἰ μὴ θέσιν διαφυλάττων· καὶ περὶ μὲν τούτων ἅλις· ἱκανῶς γὰρ καὶ ἐν τοῖς ἐγκυκλίοις [*scil.* λόγοις] εἴρηται περὶ αὐτῶν (*EN* 1096a1-4).

Or jamais, à moins qu'on ait une thèse toute personnelle à défendre, on ne pourrait soutenir que l'homme qui vivrait ainsi [uniquement dans la vertu] fût heureux. Mais c'en est assez sur ce sujet dont nous avons amplement parlé *dans nos ouvrages Encycliques* [*vel* : un livre qui est entre toutes les mains ; *vel* : dans les discussions courantes][18].

---

14. L'exposé suivi à une voix paraît plus cohérent avec le cadre général de l'encyclopédisme, et les formules théâtrales (voir ici l'article de D. Rühe), sans être théoriquement exclues, sont atypiques et statistiquement exceptionnelles.

15. Sur l'ordre alphabétique dans les lexiques anciens, voir l'article de Codoñer dans ce volume.

16. D'après Hadot (2005 : 265) l'idée centrale portée par ce syntagme, dans les textes grecs et latins de l'époque impériale est celle d'une unité des sciences.

17. Traduction Pierre Pellegrin.

18. La traduction principale est de Saint-Hilaire, revue par A. Gomez-Muller (1992). Les deux variantes de traduction sont respectivement de Gauthier et Jolif (1958), et de Tricot (1959).

Bien qu'il soit difficile de certifier l'acception du terme dans ces deux textes, le qualificatif vise probablement des écrits généraux[19], et semble désigner des textes exotériques. L'expression employée, en particulier dans le second passage, équivaut à l'expression ἐν τοῖς ἐκδεδομένοις λόγοις dont use Aristote dans la *Poétique* (1454b18). De manière générale, l'approche sémasiologique est inopérante ou trompeuse pour l'étude de l'encyclopédie[20], et infructueuse dans le cas d'Aristote.

1.4. La sensibilité aristotélicienne aux enjeux du savoir encyclopédique

Il est plus fécond de mettre l'accent sur les trois rapports qui signalent l'originalité d'Aristote et de son épistémologie. L'œuvre aristotélicienne manifeste d'abord, en effet, un certain type de *rapport au savoir* qui le distingue des philosophes antérieurs par plusieurs aspects et donne à son œuvre une valeur anthropologique globale. Il réfléchit aux conditions de constitution des sciences et propose une théorie fondamentale de la connaissance fondée sur une analyse des données psychiques, esthétiques et logiques de sa formation et de son exposition ; il enquête selon une démarche appliquée et méthodique sur les données du monde et les outils de la connaissance, en problématisant les uns et les autres, et sans exclure *a priori* d'objets du champ de son investigation[21] ; il dépersonnalise la connaissance, en traitant de manière objective et rationnelle le rapport du sujet au savoir[22] ; il intègre intrinsèquement dans sa conception de la connaissance l'idée de transmission. Ces positions engagent aussi un certain *rapport à la culture*, qui se caractérise à la fois par une considération pour toutes les productions culturelles dans une perspective tant globale que particulière, et par un souci de transmission des données collectées et de leurs interprétations (ses ouvrages étant des traités « scolaires »), même si la motivation de son œuvre n'est pas proprement pédagogique ; son œuvre comportant des milliers de pages (Diogène-Laërce 5.4) assume ainsi la triple mission encyclopédique (rassembler, exposer, transmettre : Diderot, DDA, art. "Encyclopédie"). Enfin, Aristote manifeste un *rapport à l'écriture* sans

---

19. La première citation renvoie peut-être à l'ouvrage *Sur la philosophie* attribué à Aristote (voir Simplicius, *Commentaires sur la Physique* 289.2 Diels) ; la seconde au *Protreptique* (GAUTHIER-JOLIF, *ad loc.*) ou à un ouvrage perdu. L'expression ἐγκύκλια φιλοσοφήματα chez Aristote, équivaut à ἐξωτερικοὶ λόγοι, dans le sens de « travaux de vulgarisation philosophique » (HADOT, 2005 : 264).

20. Sur une approche personnelle des usages de l'expression dans l'antiquité, à partir de la période hellénistique, voir HADOT, 2005 : 263-293, et 469-481 ; sur cette question, voir l'Introduction.

21. Sur l'idée que l'*omne scibile* est lié à la notion d'encyclopédie voir FOWLER, 1997 : 7.

22. La conception ancienne d'un rapport individuel aux Muses du sage supposé inspiré, qui caractériserait sa parole et ses œuvres comme transcendantes, lui est radicalement étranger. DORION (1997) montre de façon magistrale (surtout p. 603-609) comment, dans la dialectique pratiquée par Aristote (qui « se situe aux antipodes de celle de Platon » : p. 607), en particulier dans les *Réfutations sophistiques* et les *Topiques*, « le répondant est en quelque sorte prié de faire abstraction de lui-même » (1997 : 605), l'enjeu n'étant pas de se défendre, mais d'évaluer d'un point de vue strictement logique la validité d'une thèse avec laquelle on ne doit pas confondre, dans une perspective morale comme dans la pratique platonicienne, la personne qui l'avance.

complexe : dans le domaine philosophique son œuvre est la première littérature assumée, usant de l'écrit sans réticence ou regret, sans se plaindre de la voix perdue, de l'entretien impossible ; ce changement qu'il introduit est typique d'une évolution – de la pensée personnelle au capital partagé[23].

LES ENGAGEMENTS ARISTOTÉLICIENS

Sur la source et le fondement de la connaissance

Il faut détailler la conception et la pratique aristotéliciennes esquissées dans les lignes précédentes en mesurant précisément la réponse de son œuvre aux cinq critères énoncés plus haut. En effet, la mutation intellectuelle exprimée par les trois « rapports » aristotéliciens, qui est assurément une révolution épistémologique, ne dessine pas nécessairement une voie vers l'encyclopédisme. Nous n'envisagerons pas l'ensemble des questions relatives au savoir et à la science chez Aristote[24], mais les déclarations et orientations qui construisent un modèle potentiel ou effectif d'encyclopédie. Selon Aristote, l'origine de la curiosité humaine et de la recherche de la connaissance (*amor sciendi*) est en l'homme innée, universelle et primaire : elle est une sorte de compulsion naturelle, affective autant qu'intellectuelle. Cet ancrage de l'activité intellectuelle dans l'intimité psychique et la sensibilité de l'homme est fondamental, et c'est ce postulat célèbre, fondement du travail d'enquête et de la science, qui ouvre l'œuvre majeure d'Aristote, la *Métaphysique* (980a20-27) :

Πάντες ἄνθρωποι τοῦ εἰδέναι ὀρέγονται φύσει. Σημεῖον δ' ἡ τῶν αἰσθήσεων ἀγάπησις· καὶ γὰρ χωρὶς τῆς χρείας ἀγαπῶνται δι' αὐτάς, καὶ μάλιστα τῶν ἄλλων ἡ διὰ τῶν ὀμμάτων. Οὐ γὰρ μόνον ἵνα πράττωμεν ἀλλὰ καὶ μηθὲν μέλλοντες πράττειν τὸ ὁρᾶν αἱρούμεθα ἀντὶ πάντων ὡς εἰπεῖν τῶν ἄλλων. Αἴτιον δ' ὅτι μάλιστα ποιεῖ γνωρίζειν ἡμᾶς αὕτη τῶν αἰσθήσεων καὶ πολλὰς δηλοῖ διαφοράς.

Tous les hommes ont un désir naturel de savoir, comme le témoigne l'ardeur avec laquelle on recherche les connaissances qui s'acquièrent par les sens. On les recherche en effet pour elles-mêmes et indépendamment de leur utilité, surtout celles que nous devons à la vue ; car ce n'est pas seulement dans un but pratique, c'est sans vouloir en faire aucun usage que nous préférons en quelque manière cette sensation à toutes les autres ; cela vient de ce qu'elle nous fait connaître plus d'objets, et nous découvre plus de différences.

---

23. Aristote était surnommé par Platon « le Lecteur » (ἀναγνώστης) ; voir *Vita Aristotelis Marciana*, éd. GIGON, 1962, § 6.41 ; sur la bibliothèque d'Aristote, voir DÜRING, 1957 : 337-338.

24. La bibliographie particulière sur ces questions est abondante. Signalons, parmi d'autres, l'ouvrage de GRANGER, 1976. Sur Aristote et les savoirs, voir HANKINSON, 1995 ; CRUBELLIER-PELLEGRIN, 2002.

L'appétit de savoir s'oriente selon des inclinations variables, mais sa racine est commune et définitive. Et le monde répond à cette aspiration car il est, sinon entièrement à la portée de l'homme, du moins foncièrement à l'échelle de son esprit : l'idée étendue d'une rationalité "logique" du monde, héritée de la confiance fondamentale des physiciens, se double pour Aristote de la conviction d'une rationalité "syllogique" du langage, moyennant la connaissance et la maîtrise de son fonctionnement[25] ; le *logos* n'est pas déchiré entre une vérité transcendante et un instrument inévitable mais défectueux : il est le mode de pensée techniquement compatible et concordant avec l'exposé du savoir.

Sur les objets de connaissance (extension)

Un des traits manifestes de la production aristotélicienne est le spectre considérable de disciplines qu'elle couvre et dont certaines étaient auparavant soit totalement informes, soit exclues des objets de la recherche scientifique[26]. Tout devient alors *scibile* et *dignum scientiae* : dans le domaine naturel, il existe toujours quelque chose d'admirable, car toutes les productions jusqu'aux plus infimes expriment les voies d'une rationalité supérieure et la cohérence d'un programme qui constitue leur beauté[27] ; dans le domaine des activités humaines, intellectuelles ou pratiques, toutes les œuvres sont également soumises à une nécessité ou finalité, analogue à celle du régime naturel. Au début du traité *De anima*, Aristote déclare que

> les connaissances de tout genre sont pour nous belles et admirables ; pourtant, une connaissance peut être préférable à une autre pour deux raisons : (1) son exactitude ; (2) la valeur et la supériorité de son objet (*DA* 402a1-2).

L'universalité de la curiosité aristotélicienne est donc, du point de vue théorique, un corollaire de son credo rationaliste et finaliste. La différence (διαφορά) majeure de l'école péripatéticienne est qu'elle ne connaît pas de limites. Sans exclusive, Aristote envisage et impulse méthodiquement au sein de son école des enquêtes sur tous les sujets « qui comportent quelque chose de surprenant » : le

---

25. Remarquons au passage qu'à ce titre aucun ouvrage péripatéticien ne pourrait s'appeler « ymage », « speculum », ou « somme » ; s'il y a bien dans sa conception linguistique une relation de type mimétique, reposant sur les *ressemblances* des choses dans l'âme (ὁμοιώματα : *Interprétation* 16a7), les mots étant la traduction des impressions (πάθη) des choses dans la ψυχή, il n'en reste pas moins que le savoir, qui est propositionnel, est une construction rationnelle supposant une sorte de « rupture épistémologique ».

26. Selon JÄGER (1997 : 419), Aristote opère l'« élargissement de la philosophie platonicienne en science universelle ».

27. Voir *PA* 645a16 : « Dans toutes les réalités naturelles, il y a quelque chose d'admirable », ἐν πᾶσι γὰρ τοῖς φυσικοῖς ἔνεστί τι θαυμαστόν ; et plus loin (a21-23) : « De même, dans l'étude des animaux, quels qu'ils soient, nous ne devons jamais détourner nos regards dédaigneux, parce que, dans tous indistinctement il y a quelque chose de la puissance de la nature et de sa beauté », οὕτω καὶ πρὸς τὴν ζήτησιν περὶ ἑκάστου τῶν ζῴων προσιέναι δεῖ μὴ δυσωπούμενον ὡς ἐν ἅπασιν ὄντος τινὸς φυσικοῦ καὶ καλοῦ. Voir aussi *Meta.* 981a21.

monde, dans sa totalité. L'objectif de la science n'est pas la description du monde mais l'interprétation ontologique de l'univers, c'est-à-dire la détermination de la cause qui donne sens et nécessité aux phénomènes et aux êtres tels qu'ils sont ou se produisent.

> Il est donc manifeste, écrit-il, que la science à acquérir est celle des causes premières, puisque nous disons que nous connaissons chaque chose, seulement quand nous pensons connaître sa première cause (*Meta.* 983a25).

Ce n'est pas un choix épistémologique, mais l'unique objet possible du savoir : « Le connaissable par excellence ce sont les principes et les causes » (*Meta.* 982b2). La distinction subtile (axiologique et morale) que nous sommes parfois tentés d'introduire entre savoir et science n'a pas de résonance dans la pensée aristotélicienne, où la science est uniquement savoir démonstratif de l'universel[28]. La connaissance se constitue par expérience, raisonnement et implication : combinant l'observation particulière du réel ou l'analyse des faits avec la recherche générale des causes, le péripatéticien, qui n'est plus seulement philosophe, parvient à un savoir principiel seul capable de comprendre et de rendre compte des détails des choses[29]. Ainsi,

> la connaissance de toutes choses appartient nécessairement à celui qui connaît la science de l'universel, car il connaît, d'une certaine manière, tous les cas particuliers qui tombent sous l'universel (*Meta.* 982b21).

La connaissance de la cause, véritable connaissance scientifique, est ce qui atteste une connaissance absolue et non pas accidentelle[30].

Sur la construction du savoir (méthode)

Le développement dans l'école péripatéticienne du discours historique, comme cadre d'exposition du savoir, n'est pas un choix anecdotique pour la question de l'encyclopédisme. Comme le montrent les listes des ouvrages d'Aristote, et celles de ses successeurs, l'histoire, en son sens mixte (ancien et moderne) d'enquête et de récit suivant l'ordre du temps, devient la matrice de présentation d'un certain nombre de disciplines, de leurs objets et de leur développement. Cette orientation nouvelle du discours savant suppose que le mouvement – tant de la recherche que de l'évolution des connaissances – est désormais assumé comme une donnée de ce savoir. Déjà manifeste dans l'archéologie du livre A de la *Métaphysique*,

---

28. Sur les difficultés de l'usage des termes « savoir », « connaissance » et « science » pour rendre la terminologie grecque, voir BRUNSCHWIG, 1996.

29. Car « le connaissable par excellence ce sont les principes et les causes » (*Meta.* 982b2).

30. Voir *APo.* 71b9-11 : « Nous estimons posséder la science d'une chose d'une manière absolue, et non pas, à la façon des Sophistes, d'une manière purement accidentelle, quand nous croyons que nous connaissons la cause par laquelle la chose est, que nous savons que cette cause est celle de la chose, et qu'en outre il n'est pas possible que la chose soit autre qu'elle n'est. Il est évident que telle est la nature de la connaissance scientifique ». La science est essentiellement étiologie, comme le rappelle JÄGER, 1997, dans sa brillante biographie intellectuelle imaginaire du Stagirite.

exposé sur le discours étiologique des philosophes anciens, cette tendance, qui s'exprime aussi dans les ouvrages doxographiques qu'on prête à Théophraste et ses successeurs, confirme l'importance que l'état d'esprit péripatéticien accorde à la construction progressive (et contradictoire) du savoir.

Une caractéristique éminente de la production du savoir dans le cercle aristo-télicien est aussi son régime associatif et collectif, inspirée en partie de pratiques académiques[31], mais institué en mode de travail régulier dans le Lycée[32]. Alors que la polymathie sophistique est une entreprise et une compétence individuelles, tandis que dans l'institution académique Platon fait figure d'homme seul et de pilier d'école, Aristote, *primus inter pares*, est le fondateur d'un mouvement, l'ini-tiateur d'un réseau de connaissances et de chercheurs. Il écrit sur les autres, avec les autres – ses prédécesseurs auxquels il donne la parole, dont il expose les posi-tions, et qui lui permettent de fonder une philosophie critique et historique –, et en collaboration avec d'autres (dans un travail commun). Or l'encyclopédisme s'ins-crit foncièrement dans un processus collectif – sinon collégial –, même lorsqu'il aboutit à un ouvrage revendiqué par un auteur unique. Une des conséquences de cette conception de la formation de la science, qui est un enjeu plus important sans doute dans l'aristotélisme que la possession d'un savoir, est son caractère nécessairement évolutif. En effet, si l'on souligne souvent le travail d'équipe au Lycée, attesté par de nombreux témoins anciens, et l'ambiance distinctive de cette nouvelle école, on explicite rarement les phénomènes impliqués par cette organi-sation du travail.

Ce partage était une complémentarité synchronique et diachronique conduisant les collaborateurs à participer à des entreprises collectives (collection de constitutions, de législations, de monographies historiques ou géographiques…), mais aussi à ajouter et compléter au fur et à mesure les ouvrages de l'école. La désacralisation de l'auteur magistral s'exprime ainsi dans le caractère relative-ment ouvert des œuvres du *corpus aristotelicum*, qui subirent probablement des manipulations diverses et suscitèrent des problèmes d'attribution innombrables (impliquant en particulier Théophraste et d'autres péripatéticiens anciens), pour des chapitres ou des œuvres entières. Le savoir ainsi mutualisé apparaît comme un dépôt non seulement cumulatif mais évolutif. Les philosophes et intellectuels antérieurs, marqués par une expérience principalement poétique et orale de la parole, manifestaient une conception très subjective et personnelle de l'usage du *logos*[33], tandis qu'Aristote, objectivant le langage et exposant les mécanismes lin-

---

31. La participation de répétiteurs et chargés de cours à l'Académie prouve qu'existait déjà une extension du champ d'études platonicien, et elle répondait à des besoins (familiers) de type pédagogique (ensei-gner à la place du maître, associer à la formation des étudiants avancés).
32. Cf. JACOB (1996: 45): « Dans le Lycée d'Aristote, l'encyclopédisme résulte d'une démarche collec-tive, et donc d'un processus cumulatif, où chacun apporte une contribution à l'édifice commun ». Voir la remarque typique de *Meta*. 993b1: « Nul ne peut atteindre [la vérité] comme il convient, ni tous la manquer, mais chacun dit quelque chose sur la nature et, seul, n'ajoute rien ou peu à la vérité, tandis que de tous ensemble naît une œuvre d'importance ».
33. Quel que soit, de ce *logos* à plusieurs visages, l'universalité reconnue comme principe de cohérence du monde.

guistiques de son fonctionnement et sa logique (et non plus seulement les aspects rhétoriques de son efficacité), vulgarise cet usage, montrant que la philosophie ne relève pas d'un exercice transcendant ou spécifique du *logos* mais constitue seulement une orientation particulière de la pensée sur des objets qui, en un sens, ne font qu'un avec elle (*Meta.* 1024b16 *sq.*) – puisque l'objet a, comme la connaissance, une réalité objective.

Un autre aspect de la révolution aristotélicienne, qui n'est pas sans écho dans la philosophie médiévale (voir BENATOUÏL, DRAELANTS, 2011) est l'étude appliquée et méthodique des réalités du monde sublunaire. Tandis que les physiciens, comme aussi Pythagore ou Platon, abordaient le monde par la mathématique et privilégiaient les objets abstraits et les réalités permanentes, concevant le vivant et ses productions comme un accidentel dévalué, Aristote aborde le monde par la physique, science permettant d'intégrer variation, mutation et approximations dans le programme global de l'univers, et d'inventer les sciences du vivant[34]. Les enquêtes physiologiques, avant lui, d'Alcméon ou de Démocrite par exemple, qui ont laissé quelque trace, prouvent un intérêt scientifique pour des réalités sensibles, mais ne reposent pas sur une investigation empirique méthodique et approfondie, qui constitue dans les études aristotéliciennes sur la nature un moment décisif de la construction du savoir. Quoi qu'il en soit de la question disputée de la chronologie des œuvres conservées[35], la science aristotélicienne se caractérise comme une synthèse théorico-pratique des données et des discours qui, à partir d'enquêtes de terrain et d'observations, dans le domaine naturel et humain, procède à une étude critique de la tradition (doxographie) sur l'interprétation des données, et vise à proposer une explication locale et globale des processus abordés. Les traités scientifiques d'Aristote sont avant tout des enquêtes et valent par là principalement. Si les théories aristotéliciennes présentent, dans et par la tradition, un caractère dogmatique, la lecture des œuvres montre que l'écriture d'Aristote n'a pas cette vocation, et que la science s'y fabrique, en chemin, plutôt qu'elle ne s'expose pour faire autorité[36]. L'exposé des problématiques en est le cœur[37], qui doit permettre de motiver le réel, fût-ce en ne proposant que des pistes (comme dans les *Problèmes*, qui semblent refléter un état, parfois sommaire, d'un dossier aristotélicien plutôt que constituer une compilation péripatéticienne).

---

34. Voir sur ce point *Meta.* 992a24-25 et 33 : « la sagesse (σοφία) recherche la cause des êtres visibles (τὰ φάνερα) [...] mais les mathématiques (τὰ μαθήματα) sont devenues, pour les contemporains, la philosophie ».

35. Voir, par exemple, la question de l'ordre de composition de *HA*, par rapport à *PA* et *GA*. La position répétée de BALME (1962, 1987) qui considérait *HA*, inventaire naturaliste moins méthodique et systématique que les deux autres, comme le dernier ouvrage biologique, est depuis toujours isolée.

36. Sur ce malentendu profond, voir CRUBELLIER-PELLEGRIN (2002 : 32) : « De là l'impression de provisoire, de recherche ouverte, parfois même de tâtonnement que donnent de nombreux passages, bien loin de la caricature autoritaire du Maître qu'on peut trouver chez les détracteurs de la scolastique médiévale » ; et *ibid.* 391 *sq.*

37. Le livre B de la *Métaphysique* est ainsi un tissu de questions et d'apories. Voir HADOT (1995 : 139) : « pour Aristote la discussion des problèmes est finalement plus formatrice que leur solution ».

Sur les relations entre les sciences (organisation)

Aristote (de manière générale dans les *Seconds Analytiques*) s'attache à fonder le périmètre des différentes disciplines (objet, méthode et principes) selon leur genre, et il insiste sur la nécessité de recourir pour une science aux principes propres qui la fondent[38]. Selon VEGETTI (1992: 597) « il fondamento ontologico dell'esistenza di una pluralità di discipline autonome (e quindi della distribuzione in diversi trattati dei relativi saperi), consisteva, secondo Aristotele, nella divisione in generi dell'essere (cioè della realtà) ». Aristote souligne parfois cette départementalisation du savoir:

> […] et, en général, toute science intellectuelle (πᾶσα ἐπιστήμη διανοητική) ou qui participe de l'intelligence par quelque point, porte sur des causes et des principes, plus ou moins rigoureux, plus ou moins simples. Mais toutes ces sciences n'embrassent qu'un objet déterminé, traitent uniquement de ce genre, de cet objet (περὶ ὄν τι καὶ γένος τι περιγραψάμεναι περὶ τούτου πραγματεύονται), sans entrer dans aucune considération sur l'être proprement dit, ni sur l'être en tant qu'être, ni sur l'essence des choses (*Meta.* 1025b6).

Mais, d'autre part, dans la mesure où certains objets sont communs à plusieurs sciences, où d'autres sont premiers par rapport à d'autres et certains principes plus généraux que d'autres[39], il est nécessaire, dans la recherche des causes qui est le sens de la démarche scientifique[40], de s'appuyer sur les principes premiers qui dépassent parfois la discipline, si bien que la zoologie, par exemple, exige la connaissance des principes de la physique et de la science de l'âme. Cette subordination naturelle concerne toutes les sciences qui traitent de l'existence des faits par rapport à celles qui traitent de la cause de ces faits[41]. Mais cette interdépendance des sciences est générale, et va au-delà de ce rapport de dépendance[42]: avant que Vitruve ne déclare que toutes les sciences sont impliquées dans la science de l'architecture (*Archit.* 1.1.1-3), ou que Strabon les dise engagées par la géographie

---

38. Sur le fait qu'il y a une science par genre, voir par exemple le début de *l'Éthique à Nicomaque* (*EN* 1094a1 sq.). Aristote revient sans cesse, en particulier dans la *Métaphysique*, sur la question de savoir si tel objet relève d'une ou de plusieurs sciences (voir livre Γ *passim*). Sur la présence chez Platon de l'idée d'une solidarité des sciences, voir Platon, *Rep.* 537c sq, et Cicéron, *Orateur* 3.6.21.

39. Sur les sciences architectoniques ou fondamentales, auxquelles sont soumises les sciences subordonnées, voir *EN* 1094a1 sq.

40. Puisque la philosophie est « science des principes » (*Meta.* 1059a18).

41. Tout le chapitre 13 des *APo* traite de cette question; voir par exemple 78b35-39: « Ceci a lieu pour toutes les sciences qui sont entre elles dans ce rapport que l'une est subordonnée à l'autre: par exemple, l'optique relativement à la géométrie, la mécanique à la stéréométrie, l'harmonie à l'arithmétique, et les phénomènes météorologiques à l'astronomie ».

42. Voir *APo* 79a13-16: « Ce rapport a lieu même entre beaucoup de sciences qui ne sont pas subordonnées entre elles, la médecine, par exemple, relativement à la géométrie. Ainsi, savoir que les plaies circulaires guérissent plus lentement que les autres, c'est l'affaire du médecin; mais savoir pourquoi, c'est l'affaire du géomètre ».

(*Géographie* 1.1.1, 12-13), Aristote peut dire que toutes les sciences « communiquent entre elles par les principes communs » (*APo* 77a26-28)[43].

Cependant, en raison de la nature même de la recherche aristotélicienne, constamment dynamique et en évolution dans les analyses comme dans la formalisation, le corpus ne constitue pas un ensemble scientifiquement structuré. Le classement des ouvrages aristotéliciens, dont l'ordre traditionnel est conditionné par la réédition de ses œuvres à l'époque romaine, ne reproduit pas une structure réfléchie et une construction épistémologique originelle qui organiserait méthodiquement les sciences. Aristote ne propose, en effet, aucun tableau général des sciences ou réglant définitivement leurs rapports, et celui que l'on peut dresser, à sa place, est une mise en forme posthume qu'il n'importait pas au philosophe de fixer. Il considère que la science peut être *spéculative*, *effective* ou *productive*, soit « théorie de quelque chose », soit « pratique de quelque chose », soit « action de quelque chose ». Il distingue ainsi nettement, selon leur mode ou plutôt leur finalité, trois types de sciences : celles qui visent à la compréhension, dites théorétiques ; celles qui visent à l'action, appelées pratiques ; et celles qui visent à la production, qualifiées de poétiques. Les premières, selon leur objet, sont la théologie, la physique et les mathématiques ; les secondes comprennent en particulier la politique, l'éthique et l'économie ; les dernières incluent les techniques (céramique, architecture, ébénisterie, etc.), mais aussi la médecine, « productrice de la santé »[44]. Sous le terme de science (pour lequel Aristote emploie parfois τεχνή et non ἐπιστήμη), se rangent donc également arts et techniques diverses.

Il faut noter aussi que cette typologie considérée comme cardinale dans la théorie aristotélicienne de la science est avancée incidemment, dans un chapitre des *Topiques* (145a15) :

> Par exemple, pour la science, que l'on appelle théorique, et pratique, et active : et chacun de ces termes exprime un relatif ; car la science est la théorie de quelque chose, la pratique de quelque chose, l'action de quelque chose.[45]

La tripartition est explicitée dans le livre E de la *Métaphysique* :

> Toutes les causes sont nécessairement éternelles ; les causes immobiles et indépendantes le sont par excellence, car elles sont les causes des phénomènes célestes.

---

43. Ἐπικοινωνοῦσι δὲ πᾶσαι αἱ ἐπιστῆμαι ἀλλήλαις κατὰ τὰ κοινά (κοινὰ δὲ λέγω οἷς χρῶνται ὡς ἐκ τούτων ἀποδεικνύντες, ἀλλ' οὐ περὶ ὧν δεικνύουσιν οὐδ' ὃ δεικνύουσιν, « Toutes les sciences communiquent entre elles suivant les propositions communes (j'appelle communes celles dont on se sert comme points de départ des démonstrations, et non pas ce sur quoi la démonstration porte, ni ce qui est démontré ».

44. Voir, par exemple, Crubellier-Pellegrin (2002 : 39). Les « mathématiques » recouvrent certaines disciplines relevant pour nous de la physique, comme l'astronomie, l'optique ou l'harmonique (voir Crubellier-Pellegrin, 2002 : 216).

45. Θεωρητικὴ γὰρ καὶ πρακτικὴ καὶ ποιητικὴ λέγεται· ἕκαστον δὲ τούτων πρός τι σημαίνει· θεωρητικὴ γὰρ τινὸς καὶ ποιητικὴ τινὸς καὶ πρακτικὴ τινός.

Il y a donc trois sciences théorétiques : la science mathématique, la physique et la théologie (1026a17)[46].

C'est également de manière incidente, dans un chapitre consacré à l'étude des vertus intellectuelles, qu'Aristote propose de distinguer la partie scientifique de l'âme et sa partie « logistique », correspondant à deux types de vertus et d'activité intellectuelles (*EN* 1139a7) :

> Il faut maintenant diviser de la même manière la partie qui est douée de raison. Supposons donc aussi qu'elle ait deux parties : l'une, à l'aide de laquelle nous contemplons les choses qui sont telles qu'elles ne peuvent pas avoir d'autres principes que ceux qu'elles ont ; et l'autre, au moyen de laquelle nous connaissons les choses qui pourraient être autrement qu'elles ne sont (ἐν μὲν ᾧ θεωροῦμεν τὰ τοιαῦτα τῶν ὄντων ὅσων αἱ ἀρχαὶ μὴ ἐνδέχονται ἄλλως ἔχειν, ἐν δὲ ᾧ τὰ ἐνδεχόμενα) [...] Appelons donc scientifique (ἐπιστημονικόν) l'une de ces parties de l'âme, et donnons à l'autre le nom de logistique (λογιστικόν), puisque délibérer et calculer ne sont qu'une même chose, et que personne ne délibère sur ce qui ne saurait être autrement qu'il n'est ; en sorte que la logistique sera une des parties de l'âme qui sont le siège de la raison.

Les sous-catégories de ces trois grands ensembles ne sont pas figées car les sciences présentent entre elles des différences multiples qui peuvent servir, selon la circonstance au cours d'un raisonnement, à les distinguer ponctuellement dans un schéma ou dans un autre. La relation entre la physique et les mathématiques est ainsi équivoque et, si Aristote n'assujettit pas la première aux secondes, tantôt il semble la distinguer des sciences théorétiques (*PA* 640b2 : ἐπί τε τῆς φυσικῆς καὶ τῶν θεωρητικῶν ἐπιστημῶν), tantôt il l'inclut explicitement dans ce groupe :

> Évidemment [la physique] n'est ni une science pratique, ni une science créatrice (οὔτε πρακτική ἐστιν οὔτε ποιητική). Le principe de toute création, c'est, dans l'agent, ou l'esprit, ou l'art, ou une certaine puissance. La volonté est dans l'agent le principe de toute pratique : c'est la même chose qui est l'objet de l'action et celui du choix. Si donc toute conception intellectuelle a en vue ou la pratique, ou la création, ou la théorie (εἰ πᾶσα διάνοια ἢ πρακτικὴ ἢ ποιητικὴ ἢ θεωρητική), la Physique sera une science théorétique, mais la science théorétique des êtres qui sont susceptibles de mouvement, et la science d'une seule essence, celle dont la notion est inséparable d'un sujet matériel (*Meta.* 1025b18).

Mais Aristote ne conduit aucune entreprise de classification et de hiérarchie des sciences, même si, au début de la *Métaphysique*, il se pose la question de la science première (la σοφία ou la philosophie), sans développer une arborescence[47]. Les sciences théorétiques priment naturellement sur les autres et la philosophie première (πρώτη φιλοσοφία) sur toutes :

---

46. Ces "sciences" (ἐπιστῆμαι) sont appelées aussi "philosophies" (φιλοσοφίαι : *Meta* 1026a19). Notons qu'à l'occasion cette typologie est ramenée à deux (science pratique et science théorique) : *Meta.* 993b20.

47. Rappelons que ce titre apparaît seulement au Ier siècle apr. J.-C., chez Nicolas de Damas, et que l'ouvrage serait mieux intitulé *Philosophie première*.

En effet, si Dieu existe quelque part, c'est dans la nature immobile et indépendante qu'il faut le reconnaître. Et, d'ailleurs, la science par excellence doit avoir
pour objet l'être par excellence. Les sciences théorétiques sont à la tête des autres
sciences (αἱ μὲν οὖν θεωρητικαὶ τῶν ἄλλων ἐπιστημῶν αἱρετώταται) ; mais
celle dont nous parlons est à la tête des sciences théorétiques (*Meta.* 1026a19-27).

Si les sciences théorétiques, par leur pouvoir explicatif et leur valeur démonstrative, sont donc plus "sciences" que les autres, Aristote ne propose pas de
système univoque.

Les sciences supposent la connaissance – ou du moins l'existence – d'une
science de l'être (la science par excellence), mais aussi la connaissance de l'âme,
par laquelle l'homme connaît, si bien que celle-ci peut aussi – et autrement –
apparaître comme une connaissance fondamentale. De là vient le prestige de cette
science "psychique". Au début du traité *de Anima*, Aristote déclare ainsi que par
son exactitude et la valeur et la supériorité de son objet

l'étude de l'âme est à situer raisonnablement au premier rang (ἐν πρώτοις
τιθείημεν). De plus, la connaissance de l'âme apporte une grande contribution à
l'étude de la vérité tout entière et surtout à la science de la nature, car l'âme est,
pour résumer, le principe des animaux. Notre étude aura deux parties : (1) connaître
la nature et la substance de l'âme ; (2) connaître les propriétés qui s'y rattachent, et
dont les unes semblent être des déterminations propres de l'âme elle-même, tandis
que les autres appartiennent aussi, mais par elle, à l'animal (*DA* 402a1-10).

Sur le système des connaissances (organicité)

La coordination et l'interdépendance des sciences résultent de la complexité
de la plupart d'entre elles, surtout lorsqu'elles sont « pratiques ». Mais, outre
cette raison objective reconnue par le savant, existe une entreprise plus volontaire, conçue au Lycée, de développer simultanément et de corréler étroitement
les disciplines. Jäger insiste sur ce choix épistémologique lorsqu'il célèbre la
« fondation de l'histoire de la philosophie et des sciences particulières, ce grand
travail de collectage aux dimensions encyclopédiques mais d'esprit unitaire, dont
la structure monumentale rendit sensible pour la première fois l'unité vivante des
sciences correspondant effectivement à la vie scientifique de l'école péripatéticienne » (JÄGER, 1997 : 345). Les auto-références dans l'œuvre aristotélicienne, ou renvois internes d'un livre l'autre sur des compléments ou des arguments déjà
proposés ou promis pour plus tard – et parfois même, comme il arrive dans le
corpus biologique, des répétitions de passages – montrent la solidarité intellectuelle des enquêtes et la construction consciente d'un corps de connaissances.
Cependant, en raison de la dynamique fondamentale de la démarche aristotélicienne, les traités ne composent pas une somme préméditée, et cette organicité
théorique du savoir ne s'exprime pas dans un dispositif littéraire unifié.

Le souci méthodique d'Aristote dans ses recherches est constant, et la plupart
des traités commencent par une réaffirmation des principes de la démarche scienti-

fique. Quel que soit l'objet d'étude (la nature, la cité, le bien, l'âme, etc.), Aristote l'aborde par des remarques générales en évoquant les conditions de ce savoir (puisqu'il est question essentiellement de la *connaissance* de la chose, le mot "savoir" apparaissant régulièrement dans les *incipit* de ses traités), et en rappelant la méthode à suivre pour son enquête. Ainsi, au début des *Politiques*, il écrit :

> Et ceci deviendra clair pour peu qu'on examine la question selon la méthode que nous suivons d'ordinaire (κατὰ τὴν ὑφηγημένην μέθοδον). De même, en effet, que dans les autres domaines il est nécessaire de diviser le composé jusqu'à ses <éléments> non composés (c'est-à-dire les parties infimes du tout)… Si donc nous examinons le développement des réalités à partir de leur origine comme <nous le faisons> dans les autres <domaines>, dans celui-là aussi c'est de cette manière que nous <mènerons> au mieux notre étude (*Pol.* 1252a24 sq.)[48].

La première étape consiste à déterminer les principes (*Ph.* 184a10) et la nature de l'objet (*DA* 402a7), avant d'en considérer les attributs ou les parties, et les difficultés qu'il soulève.

Sur la transmission des connaissances (diffusion)

La mission pédagogique du savant est pour Aristote une évidence, et il déclare que « le signe du savoir c'est de pouvoir enseigner » (*Meta.* 981b7)[49]. Le "signe" n'est pas une condition, mais un indice ou une preuve de la maîtrise d'une connaissance qui ne fait pas l'objet, comme dans la posture du Socrate platonicien, d'une modestie extrême sous la forme d'une ignorance ironique, mais qui est revendiquée comme un savoir positif[50]. La distinction traditionnelle – et en partie obscure –[51] entre ouvrages ésotériques (correspondant au corpus conservé) et exotériques (œuvres moins systématiques destinées à un public plus large) importe moins ici que l'idée d'une vocation pédagogique du savant. Sensible au rôle de l'éducation[52], Aristote ne s'adresse pas directement au lecteur, comme plus tard il deviendra usuel en tous genres de le faire, par une préface, mais les notes qui composent ses traités sont des exposés didactiques, et les nombreuses références croisées qu'elles contiennent doivent aussi être interprétées en ce sens. Le savoir est un bien que les chercheurs (du Lycée) partagent et doivent faire partager.

---

48. Traduction P. Pellegrin.
49. ὅλως τε σημεῖον τοῦ εἰδότος καὶ μὴ εἰδότος τὸ δύνασθαι διδάσκειν ἐστίν.
50. La science, pour lui, est toujours vraie (*DA* 428a16 ; voir *EN* 1139b5).
51. Voir *EN* 1217b20-25 ; voir aussi *Id.* 1101a2 et 1218b34 ; *Pol.* 1278b30. Voir Bagley, 1992. Sur la caractérisation de la différence entre les deux types, voir Cicéron, *de Finibus* 5.5.12 ; Simplicius, *de Caelo* 288.31-289 et *Phys.* 695.34 ; Élias, *in Cat.* 114.5 ; Philopon, *in Phys.* 705.22 ; Strabon 13.1.54 ; etc. Pour une critique de la théorie de Strauss sur les motivations idéologiques du choix de l'ésotérisme par les philosophes anciens, voir Melzer, 2007.
52. Dans les *Politiques*, où il regrette comme Platon que l'éducation ne soit pas une affaire publique prise en charge par l'Etat, Aristote consacre plus d'un livre (1332b12-1337a7) à ce sujet.

Sur l'exposition des connaissances (continuité)

Le discours de la science est nécessairement un discours articulé, un exposé structuré qui enquête sur les causes des êtres et des phénomènes (*Meta.* 1025b28). Aristote compose des traités dont le développement est parfois accidenté, en raison des objections qui, en chemin, se présentent à la pensée et s'exposent dans le texte, mais offre une progression évidente et propose une argumentation suivie. Renonçant à la forme dramatique platonicienne et à ses atouts poétiques et ses ambiguïtés énonciatives[53], Aristote, qui intègre la dialectique dans la démarche critique de la pensée singulière, offre le spectacle d'une réflexion moins préoccupée de fixer des positions et de fonder des théories que de découvrir, par l'entretien intérieur, la portée précise de problématiques intellectuelles et des solutions à des interrogations philosophiques. Par nature, la pensée aristotélicienne ne peut s'exprimer par aphorismes ou par définition, puisqu'elle se constitue comme recherche des causes par les moyens du raisonnement et de l'argumentation. La "syntaxe" des sciences et le caractère syllogistique de la connaissance imposent donc, épistémologiquement et logiquement, un style et une forme discursive correspondant à ce que nous considérons comme une "leçon".

RÉALITÉ DU MODÈLE ARISTOTÉLICIEN

Des textes programmatiques ?

Aristote ne propose donc, ni *a priori*, ni *a posteriori* de programme d'ensemble d'une enquête/exposition conçue comme encyclopédique[54]. Mais il a néanmoins une conscience claire de la hiérarchie et de la synergie des savoirs. Il propose explicitement, dans l'introduction au traité des *Météorologiques*, un ordre d'étude des réalités naturelles qui est à la fois un dispositif pédagogique (et révèle une organisation de l'exposé des questions physiques et biologiques), et une entreprise méthodologique (suivant une progression des causes premières aux phénomènes plus spécifiques).

Περὶ μὲν οὖν τῶν πρώτων αἰτίων τῆς φύσεως καὶ περὶ πάσης κινήσεως φυσικῆς, ἔτι δὲ περὶ τῶν κατὰ τὴν ἄνω φορὰν διακεκοσμημένων ἄστρων καὶ περὶ τῶν στοιχείων τῶν σωματικῶν, πόσα τε καὶ ποῖα, καὶ τῆς εἰς ἄλληλα μεταβολῆς, καὶ περὶ γενέσεως καὶ φθορᾶς τῆς κοινῆς εἴρηται πρότερον. Λοιπὸν δ'ἐστὶ μέρος τῆς μεθόδου ταύτης ἔτι θεωρητέον, ὅ πάντες οἱ πρότεροι μετεωρολογίαν ἐκάλουν· [...] διελθόντες δὲ περὶ τούτων, θεωρήσωμεν εἴ τι

---

53. Platon, lui-même, s'il n'use pas d'un mètre conventionnel, a une manière d'écrire qui, comme le note Aristote, « est à mi-chemin du poème et de la prose » (τὴν τῶν λόγων ἰδέαν αὐτοῦ μεταξὺ ποιήματος εἶναι καὶ πεζοῦ λόγου): DL 3.37 = Aristote, *fr.* 73 (Rose).
54. Voir Crubellier-Pellegrin, 2002: 112. Sur l'unité et la continuité de la somme aristotélicienne, et les principaux textes programmatiques d'Aristote, voir Lachenaud, 1997: 73-75.

δυνάμεθα κατὰ τὸν ὑφηγημένον τρόπον ἀποδοῦναι περὶ ζῴων καὶ φυτῶν,
καθόλου τε καὶ χωρίς· σχεδὸν γὰρ τούτων ῥηθέντων τέλος ἂν εἴη γεγονὸς
τῆς ἐξ ἀρχῆς ἡμῖν προαιρέσεως πάσης (Aristote, *Mete.* 338a20-339a9).

Nous avons déjà traité des premières causes de la nature et de tout mouvement
naturel [= *Physique*], également des astres disposés en fonction d'un mouvement
supérieur [= *Ciel*], et des éléments corporels, combien et comment ils sont, ainsi
que de leur transformation les uns dans les autres, de leur commune génération et
corruption [= *Génération et corruption,* et en partie *Ciel*]. Il reste encore à considérer une partie de ce chemin de recherche que tous ceux qui nous ont précédés
ont appelé *météorologie*. […] Lorsque nous aurons traité de ce sujet, il faudra
considérer si nous pouvons rendre compte, selon la méthode suivie, des animaux
et des plantes [= *Histoire des Animaux*, *Histoire des Plantes*], en général et séparément. Lorsque nous aurons exposé cela nous serons pratiquement parvenu à la
fin de toute l'entreprise que nous avions fixée depuis le début[55].

Ce programme d'étude limité, qui se distingue du cadre plinien par l'absence
de la géographie (descriptive), de la minéralogie et de la médecine, est unique en
son genre, et les autres groupes de sciences ne donnent pas lieu à une architecture
explicite de ce type.

Cet ordre des connaissances ne correspond pas à la chronologie de la production des œuvres aristotéliciennes, et une connaissance historique certaine
sur l'ordre de composition des ouvrages d'Aristote n'apporterait pas de donnée
pertinente pour la question. Zeller et Jäger, entre autres, qui se sont attachés à
reconstituer la chronologie des traités, souvent de manière contradictoire[56], ont
surtout servi à souligner les nombreux tiraillements et discordances doctrinales
dans l'œuvre. Jäger considère finalement que « le prétendu ordre chronologique »,
dont certaines séquences sont reconstituables à partir des références croisées dans
l'œuvre, « n'est rien d'autre que le plan d'ensemble – qui n'est peut-être aucunement originaire – dans lequel à la fin de ses recherches Aristote a poussé, voire
forcé, la masse de ses enquêtes précises » (JÄGER, 1997 : 304).

L'absence de structure d'ensemble schématisable – à quoi on pense pouvoir
reconnaître sûrement et seulement un système – a suscité une frustration chez
de nombreux lecteurs médiévaux et modernes, qui ne se sont pas retenus de
penser, néanmoins, que la systématisation générale des sciences était, nécessairement, un objectif et une visée aristotélicienne et que, d'une façon ou d'une
autre, « Aristotele non avrebbe tuttavia mai cessato di cercare, sia pure proble-
maticamente, livelli e nuclei di unificazione dell'enciclopedia » (VEGETTI, 1992 :
602). Ce manque a conduit à supposer à Aristote une intention implicite ou, plus
subtilement, un obstacle idéologique. Vegetti va ainsi jusqu'à dire qu'Aristote
n'achève pas, intentionnellement, un processus d'intégration des savoirs qui

---

55. Traduction J. GROISARD ; cf. ROSS, WEBSTER, FORSTER (1931) : « we may say that the whole of our ori-
     ginal undertaking will have been carried out ».
56. Voir JÄGER, 1997 : 303 ; selon ZELLER (1897) les *Analytiques* parlent de la *Physique* comme à venir,
     alors que la *Métaphysique* et l'*Éthique* la supposent faite.

aurait soumis à la théologie l'ensemble…: « Aristotele non percorse mai fino in fondo questa via (hiérarchisation verticale de l'encyclopédie du savoir sous la tutelle de la philosophie première), capace al limite di snaturare il suo progetto enciclopedico e le intenzioni teoriche di fondo che lo giustificavano » (VEGETTI, 1992: 605). Pourtant, c'est au prix d'une lourde remodélisation de l'œuvre péripatéticienne, portée essentiellement par le nom d'Aristote et celui de Théophraste, et en cédant au besoin sur l'identité personnelle et l'autorité stricte, que ce *corpus*, constitué d'un archipel de traités soudés, de manière en partie posthume par une épistémologie (Organon et *Métaphysique*), peut être considéré comme un *opus encyclopedicum*.

L'usage médiéval d'Aristote

La réception d'Aristote par les encyclopédistes médiévaux, aux XIIe-XIIIe siècles, après une longue assimilation philosophique et théologique, est celle d'un savant universel plus que d'un penseur du système des connaissances. La place majeure d'Aristote dans le domaine des sciences naturelles, conférant une aura auctoriale appréciable à l'œuvre nouvelle, est préparée par son rôle établi déjà aux siècles précédents comme maître de logique. Aristote devient alors non seulement la source et le garant le plus sûr des données savantes, mais le père adoptif de l'encyclopédisme, conçu sommairement comme la com-préhension par la pensée de tous les objets produits ou envisagés par l'esprit humain et dont Dieu est, *in principio*, la condition d'existence. Après que les pans naturalistes de la philosophie aristotélicienne sont venus compléter au XIIe siècle, grâce à de zélés traducteurs, la connaissance du Maître, l'ensemble de l'œuvre préservée est connu, mais ne suscite pas une révision du schéma philosophique et une modification du dispositif pédagogique médiéval, les sciences venant s'insérer dans un programme qui se fonde toujours sur la logique et culmine avec la poétique (*Logique ; Physique, Biologie ; Métaphysique ; Éthique, Politique ; Rhétorique, Poétique*). Plus qu'un plan "épistémologique" ou, comme celui de Raban Maur[57], "ontologique", il s'agit d'un itinéraire pédagogique que les positions claires d'Aristote sur la hiérarchie des sciences ne vient pas conditionner ni même infléchir. Si les grands théologiens (Thomas, Albert le Grand) s'attachent à acclimater profondément ses principes métaphysiques pour compléter le maitre logicien, les encyclopédistes (Barthélemy l'Anglais, Thomas de Cantimpré, Vincent de Beauvais, etc.) récupèrent principalement les brins de savoir qu'ils prélèvent sur la masse de données du corpus aristotélicien, dispersant ses déclarations sans reprendre l'ordre de la pensée et des raisons. Alors que l'encyclopédisme aristotélicien est moins descriptif qu'explicatif, réside dans la pensée chercheuse plus que dans l'accumulation de savoir, et s'exprime davantage sur le mode des *Problemata* que

---

57. Lequel, avant la réapparition d'Aristote naturaliste, ne cite le Stagirite que trois fois dans le *de Universo* (sans rapport avec la biologie, puisque la mention, sous son autorité, d'hommes ayant le foie à gauche et la rate à droite relève plutôt d'une tradition paradoxographique: VII.7, p. 278a).

des *Solutiones*, les Médiévaux, héritiers présomptifs, recyclent les fruits de ses enquêtes sans se soucier du contexte et de sa démarche scientifique. Les encyclopédistes médiévaux ne peuvent donc apparaître, intellectuellement, au-delà des appels fréquents et intéressés à son *auctoritas*, comme les continuateurs fidèles d'un engagement qu'ils auraient compris, assumé, et décidé de porter.

Le discours critique et l'investigation méthodique n'ont pas leur place dans le format cloisonné et l'écriture fragmentée de l'encyclopédie nouvelle, souvent de nature anthologique, avec un minimum de récriture et de synthèse ; et l'articulation des savoirs, qui se trouvent unis dans la structure de l'ouvrage, le sommaire, ou des déclarations de préfaciers, même en Vincent de Beauvais[58], n'est pas une problématique fondamentale. En somme, l'exploitation médiévale d'Aristote minimise (paradoxalement) le rapport d'Aristote à l'encyclopédisme, et ne voit pas en lui l'auteur d'une formule pour un système de savoir compréhensif.

De l'œuvre et de l'entreprise aristotéliciennes ne semble avoir survécu chez les encyclopédistes du Moyen Âge que la première, sous une forme que l'on ne peut ici exposer en détail, mais qui peut être considérée, globalement, comme un travestissement. Nulle malveillance à l'époque envers le *Magister* et *Philosophus*[59], dont les Renaissants effriteront la trop lourde statue, mais une consécration de savant définitif – qui sert son œuvre et désert son projet. La philosophie, engagée comme auxiliaire de la théologie, fournit à travers son nom une logique et un savoir naturel, qui permettent à la seconde d'acquérir une extension universelle par la médiation de penseurs syncrétiques qui unissent les spéculations de l'une et la révélation de l'autre. Dans cette conciliation culturelle, ce n'est pas la pensée aristotélicienne mais le système dogmatique auquel elle a cédé la place qui alimente la doctrine chrétienne générale du monde. En cela, pourtant, il y a trace ou peut-être coïncidence avec l'idée aristotélicienne d'une unité et d'une totalité présentes dans tout le savoir (JÄGER, 1997 : 421). Néanmoins le malentendu est patent. CRUBELLIER, PELLEGRIN (2002 : 391), dans un bref bilan sur le rapport d'Aristote au savoir, soulignent combien à tort on a fait à Aristote (et les scholastiques, ses adeptes les plus fervents, en sont les principaux responsables) une réputation de dogmatique. L'œuvre aristotélicienne est considérée comme un édifice unifié alors que la synthèse et l'unité du système ne sont pas réalisées effectivement dans les œuvres originelles marquées par des discordances et des évolutions. L'ambition aristotélicienne tenait dans le mouvement continu d'une enquête sur la nature et ses principes (*historia*), sur le langage et les instruments de connaissance (*épistémé* et *logos*), et sur les arts et techniques (*technai*) ; mais de ce mouvement le potentiel heuristique est dilapidé et ne subsistent, capitalisés comme une somme de prédications et de sentences, que les produits cristallisés qui ne devaient être que les étapes d'une entreprise. Il n'était pas écrit que cette expérience devait être unique, mais elle fut sans imitateur, et son auteur, abstraction faite d'un cercle immédiat et restreint duquel nous ne connaissons bien que

---

58. Voir PAULMIER-FOUCART, 2004.
59. Malgré les actes de censure visant à plusieurs reprises les écrits naturalistes (en 1210, 1215…).

Théophraste, devint un maître sans être un modèle[60]. Cette évolution est ainsi résumée par Hadot (1995 : 216) : « Par la suite l'école semble s'être spécialisée dans la recherche encyclopédique, et surtout dans l'érudition historique et littéraire ; biographie, ethnologie, caractérologie, dans les recherches physiques, dans l'élaboration de la logique et dans les exercices rhétoriques, une œuvre immense dont nous n'avons malheureusement conservé que de maigres fragments ». Les œuvres dérivées de l'aristotélisme, pour autant que l'on puisse en juger sur ses restes, furent essentiellement, au-delà du premier cercle de collaborateurs, des entreprises de récupération, de reformulation et de commentaires d'une parole rapidement statufiée, considérée comme un aboutissement[61], peut-être parce qu'il manquait aux successeurs, plus que le génie, l'insatiable curiosité.

Un modèle virtuel d'encyclopédie

Les engagements aristotéliciens manifestent une ambition encyclopédique portant la philosophie à la « science » universelle, autre nom de φιλοσοφία, qui assure « l'unité et la totalité présentes de tout le savoir » (Jäger). Mais son entreprise est à la fois en deçà et au-delà de la *réalisation* encyclopédique. Son en deçà est clair par l'absence d'architecture éditoriale ou méta-scientifique, et le caractère « décomposé » de l'ensemble formé par les traités (*sur la musique*, *sur l'art oratoire*, *Mécanique*, *Optique*, *sur la science,* etc.). L'encyclopédisation du savoir suppose non seulement une vue d'ensemble, mais l'existence préalable de savoirs sédimentés auxquels est proposée une reformalisation dans un cadre général et récapitulatif. Il ne s'agit pas d'un inachèvement de l'aristotélisme, mais du signe de la différence de sa perspective, qui s'attache à construire des savoirs et ne peut reposer, faute de disposer d'un capital constitué de connaissances structurées à grande échelle, sur une tradition scientifique méthodique et unifiée. Le décalage se manifeste en second lieu par l'absence de visée morale renvoyant à l'*utilitas*, qu'elle serve un dogme (chrétien)[62], en prenant l'allure d'une chrestomathie, ou une volonté de progrès, comme dans le projet historique de DDA. Mais l'œuvre aristotélicienne est également plus ambitieuse et va au-delà de l'entreprise ency-

---

60. Vegetti (1984 : 470), qui s'est intéressé à la question, écrit : « […] non esistono, in età ellenistica, enciclopedie del sapere scientifico che ripetano in qualche modo i lineamenti del grande modello aristotelico. Questo è reso impossibile non tanto dalla specializzazione disciplinare quanto proprio dalla reciproca impermeabilità delle tradizioni, degli stili di razionalità degli stessi valori ideologici. Se c'è stato un tentativo di Posidonio in questo senso, esso ha avuto probabilmente caratteri più retorico-educativi che scientifici, e comunque non sembra lecito dubitare del suo fallimento. In seguito, le enciclopedie di modello pliniano hanno più l'aspetto di cataloghi della dispersione, che quello di sforzi sistematici per ridurla ad unità ».

61. C'est le cas, par exemple, des *Zoica*, avatar péripatéticien du corpus biologique, et de *l'Épitomé de la zoologie d'Aristote* par Aristophane de Byzance, qui compilent et répartissent en fiches signalétiques les « données » exposées dans l'enquête (voir Hellmann, 2010 ; Zucker, 2012).

62. Voir, par exemple le *libellus apologeticus* de la version *trifaria* de Vincent de Beauvais (chap. 1 ; cf. Paulmier-Foucart, 2004 : 149).

clopédique, parce qu'elle développe une anthropologie de la connaissance qui tient compte, comme de cadres structurels et structurants, d'une science du *logos* et d'une science de la *psyché*, et parce qu'elle conçoit l'inventaire et la description des *realia* (naturels et artificiels) comme le préalable méthodique nécessaire à la poursuite d'un objectif explicatif systématique.

Pour fournir un modèle non seulement de méthode et de compréhension du savoir, mais aussi de système encyclopédique, il faudrait être en mesure ou prendre le parti d'arrêter un ordre réglant l'articulation précise des blocs de savoirs, puisque la *Métaphysique*, la *Physique* et la biologie, *la Politique* et *l'Éthique*, *l'Organon* (y compris la *Rhétorique*) constituent des grands ensembles rarement mis en rapport à l'intérieur d'une l'œuvre dont l'organisation reste ouverte. Le dispositif pédagogique médiéval, situant la Logique, à la fois science et instrument des sciences, comme formation préliminaire aux savoirs théoriques et pratiques, constitue un exemple d'interprétation de l'ordre du savoir, déjà en partie exprimé dans l'ordonnancement antique des traités imputée à Andronicos de Rhodes. Mais ce programme didactique ne détermine pas les constructions encyclopédiques médiévales formellement organisées mais généralement peu soucieuses de systématisation épistémologique. Dans l'entreprise aristotélicienne où la réflexion méthodologique et critique, d'une part, et l'analyse théorique et pratique, d'autre part, sont souvent entrelacées, il est difficile de statuer sur le rapport et l'articulation entre les traités qui parlent de la langue et du discours (le bloc linguistique et logique), et ceux qui traitent de la nature (physique) ; ces deux ensembles extrêmes correspondent à deux enjeux distincts : la possibilité de saisie de l'essence des choses, de l'accession au savoir et de son expression vraie, et la possibilité de connaître les causes des phénomènes naturels et humains.

Le modèle aristotélicien d'encyclopédie reste virtuel et exige que soit assumée préalablement la systématisation de ces approches : l'une qui est une méthodologie et une critique du *logos*, et l'autre qui est une étude de la *physis*, de la *psyché* et des réalisations humaines ; elles ne sont pas subordonnables, car elles s'appuient l'une sur l'autre. La seconde suppose une réflexion sur le premier objet, mais n'a de sens que pour la construction et l'exposition d'un savoir. Le principal obstacle à la reconnaissance de l'œuvre aristotélicienne comme une encyclopédie, fût-elle lacunaire et inachevée, est ce qui en fait précisément le mérite majeur : la dynamique perpétuelle de recherche et d'investigation. C'est la démarche heuristique même d'Aristote, son style progressif et problématique, nourri de questions et d'objections intégrées qui, dans cette tentative d'induction à laquelle nous nous sommes livré, sont oubliés – et qui sont pourtant au cœur de la dynamique intellectuelle d'Aristote. Au-delà des manques signalés au programme moral, philosophique et pédagogique de l'encyclopédie moderne qu'est DDA, l'entreprise aristotélicienne de construction du savoir se démarque surtout par sa nature problématique et progressive, qui est un prolongement, dans le soliloque critique de la pensée, de la dialectique platonicienne. Le modèle que l'on pourrait projeter, à partir du corpus aristotélicien, ne souffre donc pas tant de l'incomplétude de ce dernier et de l'absence de problématisation de l'encyclopédisme que de l'impossibilité à y incorporer la perspective de recherche et de dynamique de savoir, qui s'inscrit naturellement dans un cadre ouvert de *chantiers* différents, plutôt que dans un dispositif éditorial synthétique. Or l'encyclopédie constitue précisément ce second degré de formalisation et d'harmonisation didactique, qui transforme l'enquête en assertions et le questionnement en certitude.

CONCLUSION

Si l'on peut envisager une « unification des savoirs sur le mode aristotélicien » (CRUBELLIER, PELLEGRIN, 2002 : 113), à partir de l'œuvre de celui qui, pour JÄGER (1997 : 421) « mit ainsi la philosophie en situation de parvenir à une saisie scientifique de l'ensemble de la réalité », celle-ci ne saurait s'incarner dans une forme classique d'encyclopédie. Dans la préface aux *Parties des Animaux* (639a1-12) Aristote évoque deux attitudes à l'égard de l'étude et de la recherche (θεωρία, μέθοδος) : celle du savant spécialiste de l'objet (ἐπιστήμη τοῦ πράγματος), et celle de l'homme cultivé (παιδεία)[63]. Il ne développe pas deux portraits et se contente de signaler allusivement ces postures, sans discréditer la seconde[64], qui permet de juger de la pertinence d'un discours (bien que l'homme cultivé ne possède pas à fond la matière)[65]. Il semble qu'Aristote, sans prétendre l'incarner, vise un état (ἕξις) qui tienne du premier, pour sa capacité à connaître la situation exacte (πῶς ἔχει) des objets du domaine et les causes même particulières impliquées par ces objets, et du second pour l'étendue universelle (περὶ πάντων) de sa compétence. Mais cet horizon est davantage l'état personnel auquel peut conduire l'enquête bien dirigée qu'un projet de somme savante qui pourrait devenir le manuel d'un encyclopédiste. L'enjeu n'est ni le progrès humain (des Encyclopédistes), ni la pédagogie (des médiévistes), et les enquêtes ne visent pas prioritairement l'utilité pratique, puisque les sciences utiles sont les moins précieuses de toutes et la contemplation le but ultime de la vie. Successivement et sans définir axiologiquement et exclusivement un champ qui serait celui de la science, Aristote est engagé, dans l'observation et la spéculation, dans la recherche inlassable des causes, c'est-à-dire surtout des fins des phénomènes naturels et humains.

D'un certain point de vue, l'encyclopédie moderne, qui constitue et définit une forme historique de l'encyclopédisme comme volonté de savoir intégral, marque une régression épistémologique par rapport au programme scientifique aristo-

---

63. P. PELLEGRIN (2011) distingue « science de la chose » et « une certaine espèce de culture » ; cf. LENNOX (2001) : « understanding of the subject-matter » *vs* « a certain sort of educatedness ».

64. Michel d'Éphèse (p. 1-2 Hayduck), qui propose le seul commentaire ancien à ce traité, considère que le savant spécialiste est *aussi* un homme cultivé, mais que l'inverse n'est pas vrai et trahit le défaut du second sur le premier.

65. La suite du texte, qui paraît prolonger cette distinction, porte sur la question de savoir s'il faut traiter singulièrement ou généralement des réalités naturelles, et l'issue pratique est ambiguë puisque, de fait, Aristote ne traite pas les vivants singulièrement, mais ne propose pas non plus un exposé général, et passe en revue l'une après l'autre les *parties* anatomiques.

télicien, en ce qu'il envisage les connaissances comme un capital et le savant, par conséquent, comme un compilateur de données. La formule lexicographique des ouvrages, qui à la voie *historique* des choses (*res*) préfère ostensiblement la voie des mots (*verba*), n'est pas un choix accidentel de la modernité, mais se révèle intimement liée à cette fossilisation du savoir qui n'est plus tout entier dans le verbe (apprendre) mais dans le nom (connaissance). Elle refoule également, dans l'architecture éditoriale et la pétition de principe, l'organicité revendiquée par l'épistémologie de l'encyclopédie. Trois des caractéristiques proposées au début de cette étude comme critères (organisation, organicité, continuité), et déduites des déclarations des encyclopédistes (Chambers et DDA), font défaut aux ouvrages qui prétendent les avoir adoptés comme enjeux intellectuels. La docimasie à laquelle nous avons soumis Aristote se transforme ainsi, au nom des principes même de l'encyclopédie, en une remise en cause des représentations modernes et foncièrement positivistes du savoir. La science aristotélicienne fonde et inaugure formellement (analyse critique du langage, du discours et de l'argumentation), méthodologiquement (principes et méthode de l'examen scientifique), et thématiquement (intégration de tous les objets de pensée parmi les connaissables) un nouveau mode de connaissance. Et s'il est incontestablement animé du désir passionné et illimité, comme la volonté, de savoir, Aristote n'élabore pas cette sorte d'épilogue de la pensée qu'est la mise en forme "encyclopédique" des connaissances. Le paradoxe de l'encyclopédie, cet aboutissement de la tradition savante, qui semble se fonder sur une confiance dans la faculté humaine de penser et de développer des connaissances, est précisément dans la conception négative et conclusive qu'elle affiche de l'exercice de la pensée, par l'effacement symétrique de l'auteur et du lecteur, et de leur coopération. Passant du statut verbal au statut nominal, le *savoir* devient résiduel et non plus moteur. Si cet épuisement menace *a priori* toute tension vers la connaissance, l'encyclopédie dans ses divers modèles développés depuis le Moyen Âge semble l'instituer, implicitement ou inconsciemment, comme une visée programmatique. C'est peut-être l'idée même que le savoir puisse être autre chose qu'un élan et une construction – une possession dépossédant le philosophe de la curiosité, émotion fondatrice, et de l'ὄρεξις qui caractérise la philosophie[66] – qui retient la pensée aristotélicienne de projeter ce que nous cherchons : un programme extensif de maîtrise savante des phénomènes et des raisons et, à l'horizon, un savoir définitif.

---

66. Voir aussi les *Horoi* platoniciens (414b7 *sq.*).

LE « SIÈCLE DE L'ENCYCLOPÉDISME » :
CONDITIONS ET CRITÈRES DE DÉFINITION D'UN GENRE[1]

ISABELLE DRAELANTS

Centre de médiévistique Jean-Schneider, Université de Lorraine – CNRS

Il est audacieux et difficile d'aborder d'une manière nouvelle l'encyclopédisme médiéval, un sujet de plus en plus prisé durant les quarante dernières années, après avoir été quasiment ignoré auparavant. C'est néanmoins le défi que se sont lancé les collègues du CEPAM de Nice pour un projet quadriennal 2007-2011 ; leur programme de conférences sur l'ambition encyclopédique a permis d'aborder d'une manière diachronique et comparative, plutôt que l'œuvre encyclopédique elle-même, la volonté littéraire de globalisation de l'Antiquité au Moyen Âge.

Dans ce cadre, la présente contribution ne prétend pas à l'originalité, mais tente un essai de synthèse et d'interprétation des acquis de l'historiographie. Elle s'attache à poser un certain nombre de critères pour la reconnaissance d'un genre encyclopédique médiéval. La seconde préoccupation est de caractériser les encyclopédies des années 1190-1260 comme appartenant à une période de référence ou d'apogée pour l'encyclopédisme médiéval. Cette préoccupation a pour conséquence d'envisager certaines œuvres encyclopédiques de l'époque envisagée, à savoir le *Liber de natura rerum* de Thomas de Cantimpré[2], le *Speculum maius* de Vincent de Beauvais en trois parties (*Naturale, Historiale, Doctrinale*)[3] et le *Liber de proprietatibus rerum* de Barthélemy l'Anglais[4], comme des paradigmes en quelque sorte. Cela,

---

1. Une version orale de cette contribution a été présentée au Centre d'études Préhistoire, Antiquité, Moyen Âge (UMR 6310) de Nice, dans la section Études médiévales, le vendredi 6 avril 2007, dans un programme appelé « L'ambition encyclopédique. Typologie des encyclopédies et spécificité des programmes ». Le titre de la contribution orale était le suivant : « Les sommes encyclopédiques du XIIIᵉ siècle et leurs antécédents : une typologie est-elle possible ? »

2. Rédigé entre 1225 et 1240 (éd. BOESE, 1973).

3. *Speculum maius*, rédigé en plusieurs versions entre 1240 et 1259 (cf. éd. 1961/1965). Le texte de la version *trifaria* (*historiale, naturale, doctrinale*) est mis en ligne, de pair avec d'autres encyclopédies, par l'*Atelier Vincent de Beauvais, Encyclopédisme et transmission des connaissances*, dans le cadre du projet SOURCENCYME (Sources des encyclopédies médiévales). Ce projet élabore un corpus annoté des encyclopédies médiévales latines, doté d'un apparat d'identification progressive des sources et d'annotations sur la transmission textuelle de celles-ci. Le corpus évolutif, actuellement accessible en réseau aux chercheurs impliqués, devrait être mis en ligne pour le public début 2014.

4. Composé entre 1230 et 1247 (cf. éd. 1601). Une nouvelle édition critique est en cours, coordonnée par Chr. Meier, H. Meyer, B. Van den Abeele et I. Ventura, aux éditions Brepols à Turnhout, dans la collection *De diversis artibus*. Sont déjà parus : VAN DEN ABEELE, MEYER, 2005 ; éd. VAN DEN ABEELE, *et al.,* 2007 ; LONG, 2007 : 135-199 ; éd. VENTURA, 2007b. L'édition du livre VIII (*De mundo et corporibus celestibus*), par I. Draelants, E. Frunzeanu, avec la collaboration de I. Ventura, a été remise à l'éditeur en novembre 2013.

Encyclopédire : formes de l'ambition encyclopédique dans l'Antiquité et au Moyen Âge, éd. par Arnaud ZUCKER, Turnhout, 2013, *(Collection d'Études Médiévales de Nice, 14)*, pp. 81-106.
© BREPOLS ❧ PUBLISHERS   DOI 10.1484/M.CEM-EB.1.101791

dans la mesure où elles seront beaucoup copiées par la suite et serviront donc à leur tour de modèle, remplaçant celui des *Étymologies* (terminées en 622) et du *De natura rerum* d'Isidore de Séville[5] qui avaient dominé le genre jusqu'alors.

Le genre encyclopédique médiéval : historiographie et contexte

Le terme « encyclopédie » comporte autant d'équivoques que de significations. Il faut donc, comme historien, légitimer l'emploi du mot et son utilisation à propos du Moyen Âge, période où le terme est usurpé car anachronique. Comme l'ont proposé les organisateurs des journées d'études, c'est donc plutôt l'ambition encyclopédique qui devrait guider l'examen. L'ambition encyclopédique, c'est-à-dire la position de l'esprit qui vise un système, est une perspective intellectuelle théorique qui organise les sciences et présente une synthèse des savoirs dans la perspective de leur transmission, que ce soit pour empêcher la perte de ces savoirs ou en promouvoir de nouveaux. Ce qui est alors en cause est l'encyclopédisme, plus largement que les encyclopédies qui font l'objet de la présente réflexion.

De considérables progrès historiographiques ont été réalisés dans la connaissance des encyclopédies médiévales ces dernières décennies. Pour mémoire, on peut citer les travaux de réflexion historique et littéraire sur le genre[6] de Christel Meier-Staubach[7] et de Heinz Meyer[8] dans les années 1980 et 1990 et, à l'orée de ce nouveau siècle, les travaux de M. Paulmier-Foucart et de S. Lusignan ; ceux, incitatifs, de M. de Gandillac dans les années 1960, avec le numéro des *Cahiers d'histoire mondiale* en 1966, et ceux, précurseurs, de Michel de Bouärd (1930) ou de W. Goetz en 1936[9]. Plusieurs colloques et ouvrages collectifs ont eu pour thème l'encyclopédisme[10]. De nombreux textes latins ont été également sortis de

---

5.   Éd. Lindsay, 1911. Voir aussi la nouvelle édition en cours aux Belles-Lettres, coll. *Auteurs latins du Moyen Âge*. Sont parus les livres II (éd. Marshall, 1983), III (éd. Gasparatto, 2009), IX (éd. Reydellet, 1984), XI (éd. Gasti, 2010), XII (éd. André, 1986), XIII (éd. Gasparotto, 2004), XIV (éd. Spevak, 2011), XVI (éd. Féans Landeira, 2011), XVII (éd. André, 1981), XVIII (éd. Cantó Llorca, 2007), XIX (éd. Rodriguez-Pantoja, 1995) et XX (éd. Guillaumin, 2010).

6.   Sur l'encyclopédie comme genre littéraire au Moyen Âge, voir les notices du *Lexikon des Mittelalters,* t. 3, notamment : Bernt, 1986 ; Verger, 1986 ; Bernt, Jung, 1986 ; Bitterling, 1986 ; Schmitt, 1986.

7.   Un recueil traduit en italien par I. Ventura des articles fondateurs de Chr. Meier-Staubach, écrits dans le contexte du *Sonderforschungsbereich* qui s'est tenu pendant plus de quinze ans au sein du *Mittellateinisches Seminar* de Münster, devrait paraître dans la collection *Textes et études du Moyen Âge* de la FIDEM sous le titre *Studi sull'encyclopedismo medievale* (Brepols). La présente contribution est nourrie des travaux de Meier-Staubach, 1984 ; Meier, 1988 ; 1992 ; 1995 ; 1997.

8.   Meyer, 2002.

9.   voir aussi Goetz, 1937 et 1942.

10. L'ouvrage de Fumagalli Boenio-Brocchieri (1981) a précédé les colloques suivants : « L'encyclopédisme. Actes du Colloque de Caen, 12-16 janvier 1987 » (Becq, 1991) ; « Vincent de Beauvais : Intentions et réceptions d'une œuvre encyclopédique au Moyen Âge. Actes du XIVe colloque de l'Institut d'Études Médiévales, organisé conjointement par l'atelier Vincent de Beauvais (A.R.Te.M., Univ. de Nancy II) et l'Institut d'études médiévales (Université de Montréal),

l'oubli, réévalués, édités entre 1990 et aujourd'hui[11]. S'y sont ajoutés récemment maintes contributions de plus en plus pointues sur telle ou telle œuvre encyclopédique déjà mise au jour ou dont on approfondissait l'étude, au point de voir naître aussi des travaux sur les « produits dérivés » que sont les traductions vernaculaires ou les réécritures d'encyclopédies dans les derniers siècles médiévaux[12], ou encore sur les « encyclopédisations » de thèmes particuliers comme la botanique (herbiers encyclopédiques) ou les questions scientifiques attribuées à Aristote (*Problemata physica*)[13].

Sur l'ensemble de cette production, plusieurs solutions de classement et diverses définitions ont été proposées ; chacune a son intérêt, mais aucune ne permet d'englober l'ensemble de ce qu'on appelle « encyclopédies ». Se limiter à une période et à un contexte culturel (l'Occident médiéval) permet de synthétiser classement et définitions, non sans rappeler trois faits ou postulats qui résonnent presque désormais comme des lieux communs :

— le mot *enkyklios paideia* représente, depuis le sens que lui ont donné Quintilien et Augustin[14], un programme total d'enseignement des disciplines antiques[15], une instruction qui embrasse tout le cycle du savoir, étant entendu qu'il s'agit d'un savoir théorique et destiné aux hommes libres. Autrement dit, il s'agit d'englober l'ensemble des arts libéraux. Le nom d'encyclopédie est donc approprié pour bon nombre d'œuvres médiévales ou de la fin de l'Antiquité ;

27-30 avril 1988 » (PAULMIER-FOUCART, LUSIGNAN, NADEAU, 1990) ; « L'enciclopedismo medievale. Atti del convegno "l'enciclopedimo medievale", San Gimignano 8-10 ottobre 1992 » (PICONE, 1994) ; « Enzyklopädien der frühen Neuzeit » (EYBL, 1995) ; Pre-Modern Encyclopedic Texts (BINKLEY, 1997) ; Discours et savoirs : Encyclopédies médiévales (BAILLAUD, DE GRAMONT, HÜE, 1999) ; « The Medieval Hebrew Encyclopedias of Science and Philosophy. Proceedings of the Bar-Ilan University Conference » (HARVEY, 2000) ; « Die Enzyklopädie im Wandel » (MEIER, SCHULER, HECKENKAMP, 2002) ; « All you need to know: Encyclopaedias and the idea of general knowledge. Conference, Prangins, Switzerland, 18-20 Sept. 2003 », publié sous forme d'e-book sur le site internet www.enzyklopaedie.ch (MICHEL, 2006) ; « Une lumière venue d'ailleurs. Héritages et ouvertures dans les encyclopédies d'Orient et d'Occident au Moyen Âge. Actes du colloque de Louvain-la-Neuve, 19-21 mai 2005 » (DE CALLATAŸ, VAN DEN ABEELE, 2008).

11. Une nouvelle édition de Barthélemy l'Anglais est en cours (cit. note 4), précédée par le colloque déjà cité (VAN DEN ABEELE, MEYER, 2005 ; voir MEYER, 2000) ; l'édition critique d'Arnold de Saxe est en cours (cf. DRAELANTS, 1992 ; 1993 ; 2002). Parmi de nombreux autres exemples de mise au jour d'auteurs encyclopédiques, on peut mentionner « l'*Experimentator* » qui aurait partie liée avec le *Liber rerum* cité par Thomas de Cantimpré : DEUS, 1998 ; le *Liber floridus* : DEROLEZ, 1998 ; Marc d'Orvieto, édité par ETZKORN (2005) ; Gregorius de Montesacro publié par PABST (2002) ; Johannes de San Giminiano (éd. OLDONI, ZAPPERI, 1993 [traduction partielle du *Liber de exemplis et similitudinibus rerum*]) et VAN DEN ABEELE, 2002 ; également Thierry Engelhus (HENKEL, 1991), mais aussi Conrad d'Halberstadt : VENTURA, 2001 : 349-406 ; ou un moine de Saint-Laurent de Liège : VAN DEN ABEELE, 2004 : 43-60 et BERTRAND, VAN DEN ABEELE, 2006 : 37-59.

12. On a ainsi mis au jour, entre autres, les diverses adaptations du *De proprietatibus rerum* de Barthélemy l'Anglais et celles du *Liber de naturis rerum* de Thomas de Cantimpré (voir VAN DEN ABEELE, 1994 ; 2007a ; 2008).

13. Voir VENTURA, 2003b ; 2006 ; 2007a.

14. Quintilien, *L'Institution oratoire,* 1.10.1, mais aussi Augustin, *Contra academicos,* 3.7.

15. Cf. DE RIJK, 1965 et BOS, 1989 : 179-198.

– cependant, le mot « encyclopédie » n'est apparu qu'aux xvᵉ-xviᵉ siècles, et non pour qualifier ce que nous nommons ainsi, mais comme équivalent d'*orbis doctrinae*, cycle de science ; il n'est donc jamais employé au Moyen Âge, qui a son propre vocabulaire pour décrire ce genre littéraire – pour autant qu'il existe un genre encyclopédique en tant que tel ;

— il y eut un « siècle de l'encyclopédisme » avant l'*Encyclopédie* de Diderot et d'Alembert à la fin de l'Ancien Régime, et ce fut le xiiiᵉ siècle, que l'on fera remonter jusqu'aux alentours de 1180[16].

En dépit des périodisations traditionnelles de l'histoire, on peut constater en effet que les années 1180-1260, assez sereines d'un point de vue politique et économique, représentent une transition intellectuelle dans un Occident dominé par les échanges commerciaux, intellectuels et religieux en Méditerranée. De cette transition intellectuelle, les encyclopédies vouées à la sélection, la mise en mémoire, l'organisation des savoirs accrus à cette période – en un mot, à leur compilation – sont un témoin privilégié. Consacrées à l'accumulation de la science dans une volonté totalisante, elles illustrent mieux que toute autre littérature de l'époque la mutation épistémologique de certaines disciplines, en particulier celles issues du *quadrivium* de la basse Antiquité. C'est au xiiiᵉ siècle que le phénomène de compilation encyclopédique a pris sa plus grande ampleur. Il fut rendu nécessaire par l'afflux extraordinaire de connaissances qu'a connu le siècle précédent, en grande partie grâce aux traductions gréco- et arabo-latines qui rendaient à nouveau disponible un savoir antique, mais mettaient également au jour l'acquis des civilisations qui en furent les véhicules, à savoir les cultures syriaques et arabes. Ce phénomène est suivi aussi de nombre d'autres instruments de travail de la vie intellectuelle visant à organiser les connaissances : les index, les tables des matières, la systématisation de l'ordre alphabétique et de l'organisation de la mise en page, les concordances (comme celle de la Bible par le dominicain Hugues de Saint-Cher, vers 1220), les florilèges, etc. C'est donc à cette période qu'il semble légitime de chercher des paradigmes susceptibles de contribuer à la définition d'une littérature encyclopédique.

Pour illustrer notre propos, sont allégués des extraits de l'œuvre la plus explicite sur la méthode de compilation encyclopédique, le *Libellus apologeticus* qui figure en tête du *Speculum maius* de Vincent de Beauvais[17], ainsi que d'autres œuvres encyclopédiques qui lui sont contemporaines.

---

16. L'expression et les limites chronologiques du « siècle de l'encyclopédisme » ont été popularisées par Jacques Le Goff, 1994.

17. Le *Libellus* de Vincent de Beauvais a été étudié par Lusignan, 1979 et précédemment par von den Brincken, 1978, et se trouve édité dans ses différentes versions sur le site de l'Atelier Vincent de Beauvais : http://atilf.atilf.fr/bichard/. La plus grande part en est traduite dans l'ouvrage suivant, d'où sont tirés les extraits cités (notés désormais VB, *LA*) : Paulmier-Foucart, 2004.

SEPT CRITÈRES COMME ÉLÉMENTS D'UNE DÉFINITION

En combinant éléments de critique interne et examen externe de l'objet dans son contexte, la méthode historique permet d'avancer sept critères remplis par un certain nombre d'œuvres médiévales à ambition encyclopédique ; d'après ces critères, ces œuvres peuvent être regroupées, sinon classées.

Compilation globalisante en un seul volume

La volonté de rassembler, de compiler des connaissances sur tous les sujets de manière globalisante, dans un seul ouvrage, constitue l'élément premier et fondamental d'une définition de l'encyclopédie, envisagée ici comme le genre dédié à la divulgation organisée d'un savoir universel et non à la présentation générale et complète d'une seule matière.

> Il y a tant de livres, une telle multitude, le temps de la vie est si bref, et la mémoire si faible, que l'esprit humain ne peut s'approprier *tout ce qui a été écrit*. Pour ces raisons, et pour répondre à la demande de mes supérieurs, moi, le plus petit des frères dominicains, qui ai depuis longtemps et assidûment consulté et lu avec application beaucoup de livres, j'ai choisi, selon mes possibilités, des extraits de presque tous les livres que j'ai lus, œuvres des docteurs chrétiens et des auteurs, païens, poètes et philosophes, et aussi des historiens de l'un et l'autre bord ; j'ai réuni et mis en ordre ces extraits, sous forme de *compendium,* en *un seul ensemble…* (VB, *LA*, c. 1 [Matière et but de l'ouvrage, p. 149]).

> Car l'esprit […] contemple aussi le temps du monde entier, depuis son commencement jusqu'à maintenant, en une vision *d'ensemble*, et il englobe ainsi la *totalité* des siècles à travers les diverses successions des générations et les mutations des choses (*ID.*, c. 6 [Apologie de la nature des choses et de l'histoire des temps, p. 156]).

> Qui pourrait rassembler en bref tout ce qui se trouve éparpillé, sur chaque sujet, à travers le monde, dans une telle masse, quasi infinie, de volumes, et contractant tout cela, en faire un *seul volume* sous forme de manuel ? (*ID.*, c. 11 [Apologie de l'unité de la matière et de sa séparation, p. 161]).

Nécessité de reconstruction du savoir (mise en mémoire et mise à jour)

La volonté de faire la somme des connaissances humaines jugées indispensables s'est traduite de différentes manières au cours des siècles, mais elle s'exerçait surtout dans des périodes où se faisait sentir la nécessité de reconstruction du savoir. Les facteurs de cette nécessité sont très divers ; d'eux dépendent la diversité des productions encyclopédiques et dès lors les critères de classement.

Certaines périodes de l'histoire ont été plus propices, pour des raisons différentes, à la mise à jour et/ou à la divulgation du savoir.

> De plus, parce que ces connaissances, remplacées par d'autres, s'estompent facile-
> ment du souvenir, il m'a paru adéquat d'en donner pour mémoire […] un condensé
> convenablement ordonné, auquel l'esprit du lecteur curieux pourra se référer […]
> (VB, *LA*, c. 7 [Apologie de l'ensemble des sciences, p. 156]).

Ainsi le contenu dépend-il des circonstances et des époques. Les préoccupations sont différentes à la fin de l'Empire romain, où le système d'éducation est en crise, ou à la naissance du monachisme occidental, où il faut le construire; à la renaissance carolingienne, où l'on tente une uniformisation et une rénovation de l'empire romain perdu; dans le XIIᵉ siècle des écoles cathédrales de théologie où l'on commente l'œuvre du créateur comme on le ferait de la Bible; au XIIIᵉ siècle qui voit la redécouverte d'une civilisation-mère passée par diverses médiations et où l'on veut instruire par la prédication; aux XIVᵉ et XVᵉ siècles où l'on vulgarise et laïcise les connaissances. Il dépend aussi des régions et de leur système : du degré de romanisation, dans l'Empire; du degré de christianisation, au début du Moyen Âge; du degré de pénétration de la culture de langue arabe, lors du mouvement de traduction du XIIᵉ siècle; du degré de germanisation, lors de la diffusion des universités en Europe centrale, etc. Le contenu dépend évidemment aussi du public : étudiants, clercs, laïcs ou nobles, universitaires ou gens peu instruits, etc. Autrement dit, l'œuvre encyclopédique dépend des « codes fondamentaux » d'une culture, comme les appelle Michel Foucault[18], et des théories scientifiques en vigueur. C'est sur un point d'équilibre ou sous la forme d'un compromis entre ces deux dimensions, que s'exprime le mode de pensée qui régit l'œuvre encyclopédique.

Auctoritates *dans un « livre des livres » et bibliothèque du savoir théorique (Bibliothekersatz[19])*

La donnée fondamentale des encyclopédies est la compilation, véritable *habitus* de l'intellectuel médiéval, directement corrélée à la notion d'autorité (*auctoritas*) qui fonde toute réflexion et tout enseignement à cette époque et dont la phrase célèbre de Bernard de Chartres est exemplaire (« Nous sommes des nains juchés sur des épaules de géants… »[20]). Les encyclopédies médiévales sont en effet constituées à près de quatre-vingt-dix pour cent d'un tissu de citations diverses organisées en vertu d'une logique interne. Les compilateurs rassemblent dans leurs œuvres encyclopédiques tout ce qui alimente et donne du poids aux discussions scolastiques dans les *studia* depuis un siècle : c'est-à-dire la « biblio-

---

18. FOUCAULT, 1966 : 11-12.
19. Le concept allemand utilisé par Chr. Meier-Staubach est ici particulièrement évocateur : une encyclopédie « remplace », tient lieu de bibliothèque.
20. Cette métaphore a été transmise *via* Jean de Salisbury (éd. HALL, KEATS-ROHAN, 1991 : 117).

graphie autoritative » de leurs prédécesseurs dans le parcours de la connaissance, l'illustration permanente de la révérence pour les auteurs Anciens et Modernes qui illuminent de leur « autorité » telle ou telle sentence. Les *auctoritates* sont généralement des auteurs antiques comme Aristote ou Ptolémée, mais aussi des pères de l'Église et, peu à peu, des « docteurs » contemporains comme Jean de la Rochelle, Albert le Grand, Thomas d'Aquin. Les encyclopédies médiévales prennent d'ailleurs le soin de citer leurs sources via des références précises, qui sont formées le plus souvent d'un nom d'auteur et d'un titre d'œuvre, parfois accompagné de la référence au livre. La logique du tissage des citations, la technique de la facture d'extraits de chaque œuvre encyclopédique indique la relation qu'entretient chaque compilateur par rapport à ses sources.

> Je rappelle au lecteur, pour qu'il ne soit pas perturbé s'il trouve ces opinions contraires exposées dans cette oeuvre sous le nom divers auteurs, que j'ai déclaré hautement que je n'ai pas écrit cette oeuvre en tant qu'auteur de traité, mais en tant que compilateur ; et partant, je n'ai pas tenté à grand peine de mettre en concordance les dits des philosophes, mais seulement de rapporter ce que chacun d'eux a pensé ou écrit sur tel sujet[21] (VB, *LA*, c. 8 [Apologie des dits des philosophes et des poètes, p. 158]).

Les sources excèdent cependant le champ des autorités de poids, puisque les encyclopédies cumulent par nature le savoir et que le genre s'autonourrit[22]. Cela d'autant plus que le Moyen Âge n'a pas « réinventé » l'encyclopédie, mais qu'il est l'héritier d'une lignée qui doit beaucoup aux grammairiens et compilateurs de la fin de l'Antiquité comme Caton, Celse ou plus encore Varron, ou, à la fin de la chaîne, Isidore de Séville et ses *Étymologies*, sans oublier des maillons importants comme l'*Historia naturalis* de Pline, dont la préface dit : *ante omnia attingenda quae Graeci* τῆς ἐγκυκλίου παιδείας *vocant*.

> J'ai aussi été encouragé dans cette tâche par l'exemple de nos pères, à savoir Isidore de Séville, Hugues et Richard de Paris [= Saint-Victor] : le premier dans le livre des *Étymologies*, entre autres sujets qu'il aborde, traite en bref de chacune des sciences ; le deuxième, dans le livre du *Didascalicon,* divise l'ensemble des sciences et subdivise chacune d'elles, en décrit brièvement la matière ; le troisième, dans le *Liber exceptionum*, fait la même chose (VB, *LA*, c. 7, p. 156-157).

Assembler de la sorte des pensées de toutes origines pose évidemment le problème, d'une part, du rapport à la pratique et, d'autre part, de la translation de la pensée des autres sous forme de mosaïque manquant parfois d'unité et ne donnant qu'un reflet pâli des doctrines philosophiques. Mais le but des encyclopédies n'est

---

21. Ce passage comme plusieurs autres du *Liber apologeticus* est emprunté par Jean de Saint-Victor (*c.* 1322) pour son prologue au *Memoriale temporum* : « *Unum autem volo premittere ego, huius operis compilator, non inventor, quod in hoc tractatu majorum auctorum predecessorum meorum, prout potero, non tamen sentenciis sed eciam verbis utar* ». Cf. GUYOT-BACHY, 1993. L'extrait est cité p. 242.
22. Sur cette question et sur les types de sources utilisées par les encyclopédistes du XIII⁰ siècle, en particulier dans le domaine de la science naturelle, cf. DRAELANTS, 2005.

ni ici, ni là : elles visent à transmettre le savoir théorique, livresque, et à élaborer un discours sur les choses ou sur la « nature et les propriétés des choses ».

> Si quelqu'un, parmi ceux qui ont scruté avec attention les *propriétés naturelles* des choses dans les oeuvres de différents auteurs, cherche sous son titre, dans mon ouvrage, cette matière, il trouvera là sans doute moins que ce qu'il a lu ailleurs à ce sujet, […] (VB, *LA*, c. 11 [Apologie de l'unité de la matière et de sa répartition, p. 161]).

> Donc la première partie traite de la nature et des propriétés de toutes choses, la seconde de la matière et de l'ordre de tous les arts, la troisième de la suite de tous les temps (*Id.*, c. 17 [Division de l'ouvrage en trois parties, p. 166]).

Ce savoir théorique, les encyclopédies le livrent en respectant une classification des connaissances livresques issues des arts libéraux, *trivium* et *quadrivium,* classification prônée par Augustin, Martianus Capella, Cassiodore, Isidore de Séville ou Bède le Vénérable[23] ; ces œuvres s'intéressent parfois aussi aux arts mécaniques définis dès la fin de l'Antiquité[24], mais les abordent d'un point de vue théorique (l'exemple-type est le *Didascalicon* d'Hugues de Saint-Victor[25], un des modèles du *Speculum maius* de Vincent de Beauvais).

Pour l'auteur-compilateur d'une « bibliothèque en réduction » (*Bibliothekersatz*), l'encyclopédie est donc à la fois « un grand'œuvre » et un « livre des livres ». En tant que telle, elle est a priori sans originalité, si ce n'est d'ordonnancement et de choix des matières et des sources.

À ces trois premiers critères essentiels, j'ajouterais quatre autres, qui représentent la tension entre le contexte et son impact sur l'œuvre didactique : l'environnement philosophique et culturel (4), le choix de l'ordre adopté (5), les titres médiévaux (6), la réponse à la demande d'un public spécifique confrontée à une vision singulière du monde (7).

Dépendance du cadre épistémologique et idéologique (contexte culturel)

Le territoire des encyclopédies se situe à l'intersection entre l'édification morale et la formation par la science ; en ce sens, leurs structures d'organisation et les choix de matières dépendent du cadre épistémologique et idéologique de l'époque de rédaction. En vertu du pivot chronologique proposé plus haut, les années 1180-1220 divisent deux périodes dominées par un contexte culturel différent.

Schématiquement, on pourrait considérer qu'avant le XIIIe siècle domine ce qu'on a nommé un "platonisme augustinien" gouverné par la contemplation et la lecture de la Bible. Chrétiennes, les encyclopédies qui naissent pendant les

---

23. La bibliographie sur les arts libéraux est très riche. Par exemple : Vrin, 1969 ; Lindgren, 1992 ; Englisch, 1994.

24. Sur ce sujet, on verra entre autres le volume dirigé par Jansen-Sieben, 1989.

25. Voir Châtillon, 1966.

premiers siècles du Moyen Âge témoignent d'une tension entre *cupiditas* et *curiositas*, entre désir et mépris du savoir. L'esprit ne devrait aspirer qu'à la seule connaissance de Dieu. Le principe augustinien domine, selon lequel les sciences profanes constituent, certes, une propédeutique à la compréhension de la Bible, mais doivent être traitées à la manière dont les Hébreux ont réutilisé les vases d'Égypte en les fondant, ou comme une servante à laquelle on coupe les cheveux et rogne les ongles[26]. Les compilations mêlent ainsi désintérêt du monde, comme lieu du péché, et admiration du monde, comme œuvre de Dieu. Cette tension a dominé tout l'accès aux sciences profanes et empêché la mise à jour de nouvelles connaissances en dehors de celles justifiées par la lecture de la Bible et par le raffinement de plus en plus subtil de l'exégèse, mais elle n'a entravé ni l'invention de procédés permettant l'accès à la connaissance, ni l'émergence d'autres classifications, ni les discussions consécutives sur la nature du savoir.

Au XIIIe siècle, une nouvelle tension apparaît avec la découverte du caractère encyclopédique – au sens grec et antique du terme – de l'œuvre totale d'Aristote, éclatée en livres sur tous les sujets, source inépuisable de *sententiae*, d'*auctoritates* et de commentaires. S'impose une connaissance ancienne, habillée d'un mode de pensée nouveau où le désir de savoir – la *curiositas* – est légitimé par l'accès à la connaissance sensorielle prônée par Aristote et par ses continuateurs et commentateurs ; mais cette légitimation du désir de savoir implique la difficulté pour les « intellectuels moyens » d'absorber ces nouvelles connaissances.

Ordonner et classifier (le savoir théorique) en donnant du sens

Les auteurs d'encyclopédies antiques et médiévales rédigent leur « livre du monde » comme autant de livres de toutes les matières, en fonction du sens qu'ils veulent donner à leur somme. Le moule dans lequel les réalités seront fondues peut être étymologique et didactique, comme chez Isidore de Séville au VIIe siècle, ou simplement pédagogique, comme dans le cas d'Hugues de Saint-Victor au XIIe. Il peut être allégorique, exégétique et biblique, c'est-à-dire s'attachant à tracer un lien entre description et signification morale de la nature, comme dans le *De universo* de Raban Maur[27], dans le *De rerum natura* d'Alexandre Neckam, qui est un commentaire structuré de l'*Ecclésiaste*[28], ou dans la réélaboration appelée « Thomas III » du *Liber de natura rerum* de Thomas, ou encore dans les notes marginales moralisantes du *De proprietatibus rerum* de Barthélemy l'Anglais. Le mode de pensée peut être également axé sur la description de la nature, comme chez Alexandre Neckam ou dans le *Liber rerum* dont s'est servi Thomas de Cantimpré. Il peut être encore orienté philosophiquement d'après des catégories ou la classification des sciences et des arts en vigueur, comme chez Daniel de

---

26. Éd. MARTIN, 1962.
27. *De universo libri XXII*, éd. *PL* 111, col. 13-614. Voir aussi éd. CAVALLO, 1994.
28. Composé vers 1200. Éd. WRIGHT, 1863 et l'étude de ZAHORA, à paraître 2013.

Morley[29], Barthélemy l'Anglais, Arnold de Saxe, Vincent de Beauvais. Le mode de pensée donne en tout cas sens à l'ordonnancement des matières : il impose un rapport d'équilibre entre les données scientifiques et leur traitement.

Quelle que soit l'époque, la volonté de rassemblement des connaissances et des savoirs nécessite, dans l'esprit du compilateur, tant une classification du savoir[30] qu'un choix dans les matières en fonction de critères préalablement déterminés.

> […] mais il y a nécessité d'abréger […] j'ai repris tout cela sous des titres précis : dans une première partie […] tout ce qui tient à la nature des choses [*naturale*], et dans une deuxième, tout ce qui concerne l'ensemble des sciences [*doctrinale*]… (VB, *LA*, c. 11 [Apologie de l'unité de la matière et de sa répartition = suite de l'extrait précédent, p. 161-162]).

> Pour que les différentes parties de cette oeuvre apparaissent plus clairement au lecteur, j'ai voulu la diviser en livres, et les livres en chapitres (*ID.*, c. 3 [Manière de faire et titre du livre, p. 152]).

> La première partie contient toute l'histoire naturelle, et est nommée *Speculum creatorum, Miroir des créatures* ; la seconde expose la suite doctrinale, c'est le *Speculum scientiarum, Miroir des sciences* ; la troisième raconte toute l'histoire temporelle et est nommée *Speculum historiarum, Miroir des histoires* (*ID.*, c. 16 [Contenu de l'ouvrage], et c. 17 [Division de l'ouvrage en trois parties]).

De ce qui précède, peuvent être déduites les trois caractéristiques principales d'une encyclopédie : 1) la compilation en un ouvrage ; 2) le rassemblement de citations en vue de fournir une matière bibliographique d'accès aisé ; 3) l'organisation des matières. Il s'agit de produire un livre ordonné, soit d'après une logique applicable aux domaines des réalités décrites, soit d'après un ordre choisi arbitrairement.

Ordre arbitraire

Cet ordre peut être celui de l'alphabet (comme dans l'*Historia naturalis* de Juan Gil de Zamora[31] vers 1300 ou dans l'*Hortus sanitatis* au XVᵉ siècle), ordre particulièrement commode pour le classement des réalités des trois règnes naturels sous forme de répertoires de plantes, pierres et animaux. On trouve de tels répertoires insérés dans les encyclopédies naturelles complètes de Barthélemy l'Anglais, Thomas de Cantimpré, Arnold de Saxe ou Vincent de Beauvais au milieu du XIIIᵉ siècle, dans des sections qui prolongent ainsi la tradition médiévale des herbiers, lapidaires et bestiaires. L'ordre alphabétique convient aussi à certaines œuvres qui relèvent davantage du florilège thématique que de l'encyclopédie, comme les recueils d'*exempla* ou de moralisations[32], ou les remoralisations

---

29. La *Philosophia mundi* de Daniel de Morley fut écrite vers 1200, sans qu'il puisse tenir compte des nouvelles traductions arabo-latines de Gérard de Crémone, qu'il dit avoir côtoyé (éd. S**UDHOFF**, 1917).
30. Voir notamment D**AHAN**, 1990 ; H**ÜNEMÖRDER**, 1987 ; P**ALMER**, 1989 ; H**UGONNARD**-R**OCHE**, 1984 ; B**URNETT**, 1990 ; Z**ONTA**, 1995.
31. Éd. D**OMÍNGUEZ** G**ARCÍA**, G**ARCÍA** B**ALLESTER**, 1994.
32. Voir V**ENTURA**, 2003a.

tardives d'encyclopédies aux XIVe et XVe siècles, conçues comme des instruments systématiques de travail pour les prédicateurs.

L'ordre choisi peut aussi être celui, classique, des vices et des vertus. C'est partiellement le cas de l'*Imago mundi* d'Honorius Augustodunensis (*fl.* 1080-1140)[33], et c'est également le plan initial – abandonné – du *Speculum maius* de Vincent de Beauvais et celui de la cinquième partie, morale, du *De floribus rerum naturalium* d'Arnold de Saxe.

L'ordre chronologique peut être utilisé concurremment. Ce peut être celui des six jours de la création et/ou des âges du monde. On le trouve chez Alexandre Neckam, dans le *De hominum deificatione* de Grégoire de Montesacro (*c.* 1230)[34], dans le *Speculum naturale* de Vincent de Beauvais, ou encore dans les *Otia imperialia* de Gervais de Tilbury (offertes à l'empereur Otton VI de Brunswick par Gervais de Tilbury au tournant des XIIe et XIIIe siècles), qui suivent la chronologie de la Genèse au Déluge pour dessiner le monde naturel[35].

> Par exemple, concernant la *nature des choses*, à savoir les quatre éléments, les mouvements de l'air et les événements atmosphériques, les sols, les pierres, les minéraux et les plantes de la terre, les astres du ciel, les oiseaux, les poissons, les animaux terrestres, les extraits des divers auteurs sont placés au début de l'ouvrage, *selon l'ordre des six jours* au cours desquels cela a été créé, mais beaucoup d'informations sont ajoutées dans la deuxième partie, au livre de la philosophie naturelle, car cela relève de cette matière. Ensuite, pour les corps minéraux, il en est non seulement parlé dans ces deux endroits, mais encore plus loin dans le livre des arts mécaniques, au traité de l'alchimie, pour autant que cela concerne cet art (VB, *LA*, c. 3 [Manière de faire et titre du livre, p. 152]).

L'ordre hiérarchique est celui adopté par le *De universo* de Raban Maur, où la hiérarchie des êtres est revue à partir du *De natura rerum* d'Isidore de Séville, de Dieu aux choses inanimées. Il s'impose aussi au premier livre intitulé *De celo et mundo* de l'encyclopédie d'Arnold de Saxe et au début du *De proprietatibus rerum* de Barthélemy, qui suit la hiérarchie des êtres du pseudo-Denys l'Aréopagite, partant de Dieu pour aller vers l'homme, en passant par les anges, l'âme rationnelle et les substances corporelles.

Le plus souvent, les deux types d'arrangement, logique et alphabétique, coexistent avec l'ordre chronologique dans les encyclopédies, mais les plus représentatives d'entre elles privilégient l'ordre logique.

Ordo artium / disciplinarum

On s'entend, depuis les travaux de Christel Meier, pour classer en deux groupes l'ordre logique : l'*ordo artium* ou *disciplinarum* d'une part, l'*ordo rerum* de l'autre. Certaines œuvres mêlent ces deux types, mais les choix dépendent à la

---

33. Éd. FLINT, 1949.
34. Cf. éd. PABST, 2002.
35. Voir éd. BANKS, BINNS, 2002. On dispose aussi d'une traduction française commentée de la 3e *decisio* (DUCHESNE, 1992).

fois d'une conception codifiée de l'ordre du monde et du niveau de science et de rationalisation du milieu naturel.

L'*ordo artium* ou *disciplinarum*, qui sous-tend l'organisation encyclopédique, se fonde sur une classification des connaissances, qu'elle soit théorique ou empirique, traditionnelle ou novatrice[36]. La perspective est donc plus anthropologique, tandis qu'elle est davantage cosmologique dans le cas de l'*ordo rerum*. Les deux systèmes de classification qui ont dominé le Moyen Âge sont celui des arts libéraux et celui proposé par la distribution des livres naturels d'Aristote. La vision du monde qu'ils lèguent fait donc tenir l'organisation des savoirs à des conceptions philosophiques, dont les plus représentées au Moyen Âge sont les conceptions chrétienne, néoplatonicienne, et aristotélicienne.

Ainsi, la théologie et la philosophie chrétiennes dominent les encyclopédies ordonnées d'après l'*Hexaemeron* (Alexandre Neckam, *De natura rerum*; Vincent de Beauvais, *Speculum naturale*; Grégoire de Montesacro, *De hominum deificatione*) ou selon la hiérarchie des êtres pseudo-dionysienne, comme la première partie du *De proprietatibus rerum* de Barthélemy l'Anglais, qui met l'accent sur l'interdépendance entre le monde intelligible et le monde invisible (Dieu, les anges, l'âme), avec pour relais la raison humaine. Dans cette conception du monde, la philosophie chartraine a eu une influence notoire. Elle a, en effet, imposé une théologie de la Création nourrie par un savoir tendant à l'encyclopédisme et suscité une philosophie destinée à inscrire la Création dans l'histoire des hommes. Cette philosophie chartraine a fortement influencé Vincent de Beauvais.

Le néoplatonisme, qui incite à considérer l'univers comme une série de causes et d'effets, domine les ouvrages naturalistes du XIIe siècle, précurseurs des encyclopédies du siècle suivant. La documentation est néo-platonicienne, mais les œuvres sont ouvertes à la nouveauté, comme la *Philosophia mundi* de Guillaume de Conches, le *Dragmaticon* d'Hugues de Saint-Victor, l'*Imago mundi* d'Honorius Augustodunensis. Le néoplatonisme prévaut aussi dans les encyclopédies postérieures à 1220, où la place des sources arabes est importante, car les auteurs arabophones utilisés en traduction ont lu Aristote, aux VIIIe et IXe siècles, à la lumière des interprétations néo-platoniciennes[37]. Les encyclopédies de Barthélemy l'Anglais, d'Arnold de Saxe et de Vincent de Beauvais, comme les œuvres naturalistes d'Albert le Grand, sont influencées par l'apport gréco-arabe (lecture arabe des textes grecs, mais aussi œuvres originales venues d'Orient ou d'Al-Andalus).

L'aristotélisme est manifeste principalement dans des encyclopédies du XIIIe siècle, dont la plus grande partie des sources, dans le domaine de l'étude de la nature, est nouvelle (traités d'Aristote et textes pseudo-aristotéliciens traduits du

---

36. Un remarquable ouvrage collectif, sous la direction d'U. SCHAEFER (1999), examine de manière approfondie les arts, leurs classements et leur utilisation dans les œuvres didactiques, dont les encyclopédies. Il est divisé en cinq parties, où les contributions suivantes servent le présent sujet : HAAS, 1999 ; BRINKER-VON DER HEYDE, 1999 ; ENGLISCH, 1999 ; SARNOWSKY, 1999 ; KELLERMANN, 1999 ; en particulier : KNOCH, 1999 ; DE RENTIIS, 1999 ; KAYLOR, 1999 ; entre autres FÜRBETH, 1999.

37. Un colloque très riche a examiné à nouveaux frais l'influence arabe sur la littérature didactique latine : SPEER, WEGENER, 2006.

grec et de l'arabe). C'est la belle époque de la « philosophie naturelle » qui élargit et dépasse le cadre de l'ancien *quadrivium,* grâce à la découverte ou au renouvellement de sciences comme l'alchimie, la médecine, l'optique. On peut citer pour exemples les encyclopédies qui ont pour objectif d'être des livres universels (*Weltbücher*) ou des « livres des livres » (*Bibliotheksersätze*) et représentent, par la *notivas* de leur documentation, un tournant de la culture philosophique et scientifique du temps, comme le *De floribus rerum naturalium* d'Arnold de Saxe et le *Compendium philosophiae*[38]. C'est aussi le cas de Barthélemy l'Anglais pour la seconde partie de son encyclopédie, consacrée au macrocosme, aux éléments, et sous-tendue par les concepts de matière et de forme[39], ou pour certains livres du *Speculum Doctrinale* de Vincent de Beauvais.

À titre d'exemple de l'utilisation de la hiérarchie des disciplines comme principe d'accès aux textes, le fondateur et le modèle des encyclopédies médiévales reste incontestable : les *Étymologies* d'Isidore de Séville, avec ses dix premiers livres rangés selon les arts libéraux, associée à d'autres modèles didactiques classiques. La plus grande des encyclopédies médiévales applique, dans une de ses trois parties, le même principe. Ainsi, le *Speculum doctrinale* de Vincent de Beauvais expose le contenu de chacune des disciplines en suivant l'ordre du *Didascalicon* d'Hugues de Saint-Victor. Il égrène donc les arts libéraux et les arts mécaniques, l'ensemble de ces disciplines pouvant également se répartir selon la division tripartite aristotélicienne du savoir en théorique, pratique et logique : les arts du *quadrivium* entrant dans la partie théorique, les arts mécaniques, dans la pratique, le *trivium* dans la logique. Vincent de Beauvais tempère cette classification en faisant intervenir celles de l'Arabe Al-Fârâbî et des *libri naturales* d'Aristote. Il divise les dix-sept livres du *Doctrinale* en quatre parties : 1) logique (grammaire, dialectique, rhétorique, poésie) ; 2) philosophie pratique (morale, économie, politique, droit) ; 3) savoir mécanique, dont la médecine théorique et appliquée ; 4) philosophie théorique (*quadrivium*), avec la physique, l'arithmétique et la théologie. Le *Tresor* de Brunetto Latini (1210-1290)[40] – s'organise également d'après les arts libéraux. Il commence par le savoir théorique et finit par la pratique, en soumettant le premier à la seconde.

---

38. Le *Compendium* porte dans les plus anciens manuscrits le titre de *Compilatio de libris naturalibus Aristotelis et aliorum quorundam philosophorum de rerum natura*. Sa date de composition, sujette à discussion (probablement vers 1240-1250), doit être confirmée. E. Kuhry a entrepris une thèse de doctorat à Nancy sur cette œuvre sous la co-direction d'I. Draelants et de C. Jacquemard (soutenance décembre 2013). Elle prévoit l'édition critique des livres de philosophie naturelle du *Compendium philosophiae* ; R. SACCENTI, durant son post-doc à l'*Atelier Vincent de Beauvais*, a préparé l'édition critique du livre VIII sur la morale. L'auteur de la première édition partielle (DE BOUÄRD, 1939) situe l'œuvre après la mort de Thomas d'Aquin (voir aussi DE BOUÄRD, 1932).

39. Il commente, dans la préface au livre X, l'affirmation de la *Métaphysique* d'Aristote (discutée par Thomas d'Aquin dans le *De natura materiae et dimensionibus interminatis*) : *materia enim est causa individuationis rerum* (Barthélemy l'Anglais, 1964 : 468).

40. BOLTON HOLLOWAY, 1986 et 1993. La bibliographie est complétée dans : VENTURA, 1997 : 499-528. Voir aussi VENTURA, 2004a.

Ordo rerum

L'*ordo rerum*, quant à lui, offre une représentation du monde cohérente et complète de tous les phénomènes naturels connus. On peut en citer pour exemple les livres XI à XX des *Étymologies* (de l'homme et des animaux aux activités et productions humaines, en passant par les quatre éléments), mais aussi toutes les encyclopédies naturelles du XIIIᵉ siècle qui témoignent d'une représentation du monde en fonction de son utilisation par l'homme (« Natur im Gebrauch des Menschen », d'après l'expression de Chr. Meier) ou en fonction du regard de la créature sur le monde.

Dans cette catégorie d'encyclopédies qui s'organisent d'après un *ordo rerum*, une grande part est donc occupée par les encyclopédies en forme d'*image du monde,* gouvernées par une vision cosmologique où la matière naturelle en rapport avec la destinée humaine constitue la plus grande part. Il s'agit d'une conception de la nature propre à toute la première partie du Moyen Âge jusqu'au tournant du XIIIᵉ siècle, et qui s'illustre admirablement dans ces vers écrits par Alain de Lille en 1147 dans sa *Cosmographia*[41] :

Omnis mundi creatura	*Toute créature du monde*
quasi liber et pictura	*est pour nous comme un livre et une peinture*
nobis est, et speculum	*et un* miroir
nostrae vitae, nostrae mortis	*de notre vie, de notre mort*
nostri status, nostrae sortis (var. *sortiae*)	la marque fidèle
fidele signaculum	*de notre état, de notre destinée.*

Cependant, par leur rapport à la nature, les encyclopédies latines sont également héritières de la *Naturalis historia* de Pline, qui décrit le monde en essayant de rendre compte d'un savoir séculier[42]. Pline voit, en effet, la nature comme « souveraine créatrice et ouvrière », « divine mère » de toute chose créée, mais une nature qui peut être imitée par l'art des hommes[43].

Donner à voir une image du monde est le but, par exemple, de l'*Apex physicae* au XIIᵉ siècle et de la *Physica* d'Hildegarde de Bingen au milieu du XIIᵉ siècle,

---

41. Alain de Lille, *Cosmographia, Rythmus*, éd. *PL* 210, 1855, col. 579A ; ce poème, appelé *De miseria mundi* dans les premiers manuscrits, est réédité dans d'Alverny, 1965. Voir Gregory, 1992 : 78 et 99-100.

42. L'encyclopédie du Pseudo-John Folsham est inspirée de Pline et de nombreux auteurs, dont les encyclopédistes Raban Maur ou Jacques de Vitry. Elle a été mise au jour par C. Hünemörder sous divers titres : *Liber de proprietatibus rerum excerptus ex multis auctoribus* ; *Liber de naturis rerum abreuiatus* ; *Summa de natura et proprietatibus rerum animatarum et inanimatarum*. Cf. Abramov, 2002 et Hünemörder, 1997.

43. *HN* 22.117 : *Non fecit ceratum malagmata, emplastra, collyria, antidota parens illa ac diuina rerum artifex*, « Cérat, onguents, emplâtres, collyres, antidotes n'ont pas été créés par la divine Mère, créatrice de l'Univers… ». Et *HN* 24.1 : *Ne siluae quidem horridiorque naturae facies medicinis carent, sacra illa parente rerum omnium nusquam non remedia disponente homini, ut medicina fieret etiam solitudo ipsa…*, « Les forêts même, et la nature dans son aspect sauvage, ne sont pas dépourvues de remèdes : cette *sainte mère de toutes choses* en a disposé partout pour l'homme, au point que le désert même est source de remèdes ».

ouvrage qui organise la nature en fonction des éléments et des différents tempéraments et humeurs[44]. Il en va de même pour l'*Image du monde* (1245) de Gossuin de Metz[45] ou de l'*Imago mundi* d'Honorius, qui a eu une influence considérable sur les naturalistes postérieurs comme Bernard Silvestre (*Cosmographia*, avant 1148) ou Alain de Lille (1128-1202, *De planctu naturae*) et jusqu'au XIIIe siècle chez Vincent de Beauvais[46]. C'est aussi le cas du *Liber de natura rerum* de Thomas de Cantimpré, intarissable sur le règne animal (l. IV à IX), le règne végétal (l. X-XII) et le règne minéral (l. XIV-XV), avant de repasser au ciel ; la même tendance se retrouve dans les adaptations en langue vulgaire de son encyclopédie : traduction flamande par Jacob van Maerlant (*c.* 1235-*c.* 1300)[47], *Buch der Natur* écrit vers 1347-1350 par Conrad de Megenberg[48]. C'est également une image du monde que proposent les livres VIII à XIX du *De proprietatibus rerum* de Barthélemy l'Anglais, partant des corps célestes et du monde pour passer par chacun des éléments habités, en terminant par les animaux et les « accidents » humains à travers toutes leurs manifestations (poids, mesures, tons, couleurs, saveurs), ainsi que de plusieurs adaptations de son encyclopédie menées pour ainsi dire en « deuxième génération d'encyclopédistes » au XIIIe siècle.

Nombre d'encyclopédies adoptent un classement par les quatre éléments. C'est le cas pour une portion des *Étymologies,* et en conséquence du *De naturis rerum* de Raban Maur qui s'en inspire directement. Honorius Augustodunensis au XIIe siècle commence pour sa part avec la description de l'*archetypus mundus*, en détaillant les éléments et leurs mélanges dans divers phénomènes, en ramenant toutes les sciences (géographie à la terre, météorologie à l'air, astres au feu, etc.) et tous les êtres vivants à ces quatre éléments, mais en laissant aussi une place au « temps », et donc à l'histoire du monde. Alexandre Neckam adopte aussi le classement par les 4 éléments (I, c. 17 : feu ; I, c. 18-22 : air ; I, c. 1-21, eau ; II, c. 48-165 : terre).

Des titres comme reflets d'une représentation du monde (Weltanschauung) pour un « livre universel » (Weltbuch)

Les noms médiévaux de ces sommes rendent bien mieux compte que le titre moderne d'« encyclopédie » de la conception qui préside à l'écriture du Livre universel et soulignent les liens entre fond et forme.

---

44. Éd. MÜLLER, SCHULZE, 2008 (éd. antérieure : *PL* 197, col. 1125-1352). Trad. MONAT, 1988-1989.
45. Éd. PRIOR, 1913 ; FANT, 1886 ; CONNOCHIE-BOURGNE, 1999.
46. VB, *LA,* c. 3, « Manière de faire et titre du livre », p. 152 : « tout ce que… j'ai pu collecter dans une quantité presque innombrable de livres, tout cela est repris en bref dans cet ouvrage ; que j'ai appelé *Speculum maius* pour le différencier d'un autre petit livre, édité autrefois, dont le titre est *Speculum vel Imago mundi,* dans lequel l'ordre de ce monde sensible et sa splendeur sont décrits en peu de mots ».
47. Éd. VERWIJS, 1878 ; voir le volume collectif édité par BERTELOOT, HELLFAIER, 2001.
48. Éd. PFEIFFER, 1971.

Ainsi, du VIe au IXe siècle, les noms *Etymologiae* ou *Origines* témoignent de la préoccupation de voir dans le nom des choses leur essence. Cette attitude est d'origine antique et platonicienne, elle témoigne aussi de ce que fut le réalisme médiéval (et l'anti-nominalisme) qui accorde au nom des choses une importance ontologique. On la trouvait déjà exprimée dans cette phrase de Donat rapportant les mots de Varron : *Verbum a veritate dictum*, « le mot [*verbum*] vient de vérité »[49].

Tout au long du Moyen Âge, les titres *De natura rerum* ou *De proprietatibus rerum*, très fréquents, soulignent l'importance de chaque partie du réel décrit, que ce soit chez Isidore de Séville, Bède le Vénérable, Raban Maur, Alexandre Neckam, Thomas de Cantimpré, Barthélemy l'Anglais, etc.

Plus spécifiques aux XIe, XIIe, XIIIe siècles, *Imago mundi* ou *Speculum* montrent, quant à eux, que le livre veut être le reflet de la création divine, comme le précise Vincent de Beauvais[50] :

> [...] Est miroir [*speculum*], tout ce qui est digne de contemplation [*speculatio*], c'est-à-dire d'admiration ou d'imitation. *Speculum quidem eo quod quicquid fere speculatione, id est, admiratione uel imitatione dignum est* (*LA*, c. 3 [De la manière de faire et sur le titre du livre]).

Dans les derniers siècles du Moyen Âge enfin, du XIIIe au XVe siècle, *Compendium* et le très utilisé *Flores* montrent la volonté de collecter, de choisir et de rassembler les meilleurs passages, comme le font les florilèges thématiques ou alphabétiques (par exemple le *De floribus rerum naturalium* d'Arnold de Saxe, les *Naturen Blumen* de Jacob van Maerlant ou encore la *Compilatio de libris naturalibus,* connue plus tard comme le *Compendium philosophiae*, qui porte également dans certains manuscrits le titre de *Medullitus*).

Répondre au désir de sa communauté : l'utilité

Cadre institutionnel

Au-delà du cadre culturel au sens large – codes culturels fondamentaux et connaissances scientifiques disponibles –, le cadre institutionnel, plus étroit, est aussi déterminant, car les encyclopédies répondent toujours, jusqu'au XIIIe siècle au moins, au désir d'une communauté. Autrement dit, elles sont écrites avec l'idée d'être "utiles", de remplir un rôle attendu. Cela, en fonction des circonstances, d'un milieu socio-culturel, et d'un public. Les variations typologiques de ces œuvres sont en grande partie dues à la réponse qu'adopte le compilateur face à cette question de l'utilité.

---

49. DONAT, *Glose sur Térence*, *Adelphes* (5.8.29), 952.3 : *Nam verba a veritate dicta esse testis est Varro*, rapportée par COLLART (1978 : 16).
50. MAR JONSSON, 1990 ; LUFF, 1999. Plus spécifiquement sur le choix des titres de chapitres par Vincent de Beauvais, voir PAULMIER-FOUCART, 1994.

L'*utilitas* peut traduire deux buts généraux : d'une part l'édification (notamment par l'allégorie ou la morale[51]), d'autre part la formation par la science[52]. Les deux se rejoignent dans la diffusion et l'adaptation du savoir pour la prédication, caractéristique de plusieurs encyclopédies du XIIIᵉ siècle.

Qui était capable de susciter et de mener de tels travaux d'envergure au XIIIᵉ siècle ? Des ordres religieux puissants, en pleine expansion, qui devaient organiser les moyens de leur diffusion. Cette éducation de leurs membres et, à travers eux, de la population, qu'elle soit lettrée ou non, a lieu via la prédication tous azimuts et la formation des prêcheurs dans des centres d'étude, les *studia*. Ainsi, les franciscains et les dominicains, ordres dominants, façonnent-ils ces sommes encyclopédiques comme autant de moyens de concentration et de diffusion des connaissances. Barthélemy l'Anglais est franciscain, Vincent de Beauvais est dominicain, Thomas de Cantimpré est chanoine augustin, mais deviendra dominicain pendant la rédaction de son encyclopédie (les chanoines augustins ont préfiguré l'ordre dominicain). Ces œuvres sont élaborées collectivement et d'abord destinées à être utilisées par les *socii* des couvents ; elles sont au service d'un ordre, commanditaire et destinataire[53].

L'exemple de Vincent de Beauvais, qui a servi à illustrer le propos jusqu'ici, permet de récapituler ce qui a été dit. Parangon de l'encyclopédiste, il traite toutes les matières en vertu d'un triptyque (*naturale, doctrinale, historiale*) très révélateur d'un premier niveau de classification indiscuté à l'époque. Il recommande d'étudier les créatures du monde naturel comme miroir du créateur et aussi comme origine de l'histoire du monde (*Speculum naturale*) ; il dit qu'il faut s'approprier pour cela les sciences – la *doctrina* – afin de se rapprocher du modèle divin à l'image duquel l'homme a été façonné ; il s'agit ainsi de réparer la Chute par l'exposé de chacune des disciplines à connaître (*Speculum doctrinale*). Sa position théologique, augustinienne et empruntée à Richard et Hugues de Saint-Victor, est de rétablir (*opus restaurationis*) par la connaissance (la *doctrina* du *Speculum doctrinale*) l'équilibre perdu depuis la Chute en restaurant la ressemblance des créatures avec le Créateur :

> Le fondement de la deuxième partie est le rétablissement [*reparatio*] de l'homme après la chute (*LA*, c. 17, p. 167).

Ensuite, il s'agit de retracer l'histoire de l'homme et des créatures à partir des origines (la Genèse) jusqu'au jugement dernier grâce au *Speculum historiale*, qui comprend aussi les vies exemplaires des saints. Vincent de Beauvais propose donc de passer d'un temps cosmologique, dominé par les six jours de la création, à un temps historique où se succèdent les six âges définis par Augustin.

---

51. Cf. Prologue au *Liber de proprietatibus rerum* de Barthélemy l'Anglais (1601) : *Huius rei gratia praesens efficio opusculum ad aedificationem domus Domini, qui est Deus gloriosus, sublimis et benedictus in secula seculorum.*

52. La formation par la science étant également une forme d'édification. GOETZ (1936 et 1937), avait partagé les encyclopédies médiévales en deux classes : encyclopédies spirituelles, et encyclopédies universelles ou cosmologiques. L'une édifie par la morale, l'autre par la science.

53. « Pour ces raisons, et pour répondre à la demande de mes supérieurs, moi, le plus petit des frères dominicains [...] j'ai réuni et mis en ordre [...] » (VB, *LA*, c. 1, p. 149).

Le *Speculum morale*, quatrième partie apocryphe, ne fait pas encore partie de la typologie incontestable à l'époque : sa fabrication, qui date de la fin du XIIIe siècle ou du début du XIVe, est extérieure au milieu dominicain d'origine (il s'agit probablement d'une œuvre franciscaine[54]) et témoigne de l'émergence d'un besoin éthique nouveau. Celui-ci s'était sans doute déjà fait jour, sinon du vivant de Vincent de Beauvais avant 1264, au moins toujours dans la phase d'élaboration continue de l'œuvre, car la quatrième version de sa longue préface au *Speculum maius* prévoyait déjà une forme *quadrifaria*.

La destination de la grande encyclopédie dominicaine et des encyclopédies en général a donc évolué en une trentaine d'années. Elle passe ainsi d'un premier objectif d'instruction des frères de la communauté dans le cadre fermé des *studia* (c'est-à-dire pour « l'utilité commune »[55]) vers 1230-1240, époque de la première rédaction du *Speculum maius* et des encyclopédies de Thomas de Cantimpré, Arnold de Saxe, Barthélemy l'Anglais, à une époque, au-delà de 1260, où l'œuvre devient le chantier de tout un ordre, échappe en tout cas à son auteur et se dirige vers la moralisation utile aux prédicateurs et à destination d'un public plus large. On note la même évolution vers la récriture pour la diffusion, d'une part, et la moralisation, d'autre part, pour l'encyclopédie de Thomas de Cantimpré. On a pu en effet isoler au moins quatre états du *Liber de natura rerum*, dont deux versions sous la plume de l'auteur, et une troisième plus moralisante, elle-même divisée en une dizaine de phases de réélaboration : l'œuvre est ainsi devenue un produit d'expansion de l'ordre dominicain dans les contrées germanisées – en particulier en Bavière, Autriche, Bohême – au cours de la seconde moitié du XIIIe siècle[56].

Les œuvres encyclopédiques connaissent toutes des réécritures, qui, après avoir été l'instrument de leur expansion culturelle, échappent à l'ordre religieux qui les a commanditées ou soutenues. Il existe ainsi nombre d'adaptations de l'œuvre naturelle de Vincent de Beauvais, qu'elles soient dominicaines, comme l'*Historia naturalis* de Juan Gil de Zamora, ou séculières comme le *Promptus* de Dietrich Engelhus (1360-1434)[57], ou des exploitations pharmaceutiques comme l'*Hortus sanitatis* au XVe siècle, ou encore de nombreuses reprises de la chronique du *Speculum historiale*, comme le *Memoriale temporum* du chanoine Jean de Saint-Victor ou la *Chronica* de Dietrich Engelhus[58]. On trouve également de nom-

---

54. Le *Speculum morale* est étudié par Tomas Zahora (Université de Monash, Australie), qui a accompli un post-doc à l'Atelier Vincent de Beauvais à Nancy sur ce sujet en 2012. Cf. ZAHORA, NIKULIN, MEWS, SQUIRE, 2012 ; ZAHORA, 2012 et 2013.

55. Selon l'expression employée par Arnold de Saxe dans son prologue général.

56. Comme le montre VAN DEN ABEELE, 1994. La version du *Liber de natura rerum* utilisée par Vincent de Beauvais se situe entre la deuxième version connue (éditée par H. Boese aux côtés de la première) et le « Thomas III », comme l'a suspecté Eduard Frunzeanu dans sa thèse de doctorat : FRUNZEANU, 2007.

57. Éd. DOMÍNGUEZ GARCÍA, GARCÍA BALLESTER, 1994. Pour le *Promptus,* voir HENKEL, 1991.

58. Cf. n. 23 pour le *Memoriale temporum*. Pour le *Chronicon continens res ecclesiae et reipublicae* […] d'Engelhus et ses liens avec le *Speculum historiale*, voir BAUMANN, 1995 et WEIGAND, 1991 : 244-249. De nombreuses autres adaptations historiographiques du *Speculum historiale* pourraient être mentionnées, car c'est la partie du *Speculum maius* qui a connu la plus grande diffusion, comme l'a montré VOORBIJ, 1986 et 1991.

breuses adaptations encyclopédiques ou des utilisations spécialisées de tel ou tel livre du *De proprietatibus rerum* de Barthélemy l'Anglais, qu'il s'agisse ou non de réécritures franciscaines[59].

Public visé – public atteint : intention et diffusion

La forme de l'œuvre encyclopédique dépend évidemment du rôle que lui assigne le compilateur, ce rôle étant lui-même fonction du public auquel il la destine – c'est l'intention, qui n'est pas toujours en adéquation avec la diffusion réelle.

Chez le franciscain Barthélemy l'Anglais, une conception à la fois éducative et doctrinale domine : le propos est de s'intéresser à la nature pour être utile au chrétien, dispensé ainsi de recourir à d'autres livres. Il faut décrire « les propriétés des choses » qui sont mentionnées dans l'Écriture, d'après le programme souhaité par le *De doctrina christiana* d'Augustin – et exprimé dans la préface et dans l'épilogue du *De proprietatibus*[60] –, qui veut que les livres des païens soient au service de l'explication de l'Écriture. De cette manière, Barthélemy prolonge la vision du monde qu'avaient les chanoines des écoles de Chartres et de Saint-Victor au XIIe siècle pour justifier leur *curiositas* : louer l'œuvre du Créateur dans ses créatures, sans s'interdire de recueillir pour ce faire toutes les informations livresques disponibles. Cette position fait du *De proprietatibus rerum* un réservoir pratique de matériaux pour la prédication. Quant à l'objectif de Thomas de Cantimpré, exprimé dans le prologue du *Liber de natura rerum*, il est scientifique et moral : fournir aux prédicateurs, destinataires de l'œuvre, un seul petit volume où ils puissent trouver les faits et les dires des auteurs concernant la nature et les propriétés des choses créées, qui soient en même temps notables et à signification morale[61]. Par là, il pense contribuer à l'amélioration des mœurs et à l'augmentation de la foi.

---

59. Pour quelques exemples (Marcus d'Orvieto, *Liber de moralitatibus* ; Jean de San Giminiano, *Liber de exemplis et similitudinibus rerum* ; *Multifarium* ; *Liber similitudinum naturalium* de Konrad von Halberstadt ; *Macrologus* de Jean de Saint Laurent de Liège), voir note 11 et la partie suivante (Classements des encyclopédies médiévales).

60. Prologue du *De proprietatibus rerum* (1601) : *Utile mihi et fositan aliis, qui naturas rerum et proprietates per sanctorum libros nec non et Philosophorum dispersas non cognoverunt, ad intelligenda aenigmata scripturarum, quae sub symbolis et figuris proprietatum rerum naturalium et artificialium a Spiritu sancto sunt traditae et velatae.* Épilogue : [...] *Ista autem quae breuiter de rerum naturalium accidentibus interseruimus,* [...] *sufficiant, quia ut aestimo, rudibus et parvulis in Christo mihi similibus, quae de proprietatibus rerum naturalium in 19. particulas sint digesta, sufficere debent ad aliquam inveniendi similitudinariam rationem, qua de causa diuina scriptura rerum naturalium et earum proprietatum, tam exquisitis symbolis utitur et figuris.* [...] *simpliciter Sanctorum verba, et philosophorum dicta pariter et commenta veritate previa sum secutus, ut simplices et parvuli, qui propter librorum infinitatem singularum rerum proprietates, de quibus tractat scriptura investigare non possunt, in promtu invenire valeant saltem superficialiter quod intendunt.*

61. Les premiers mots du prologue disent en effet (éd. Bœse, 1973) : *Naturas rerum in diversis auctorum scriptis late per orbem sparsas inveniens cura labore nimio et sollicitudine non parva annis ferme quindecim operam dedi, ut inspectis diversorum philosophorum et auctorum scriptis ea, que de naturis creaturarum et earum proprietatibus memorabilia et congrua moribus invenirem, in uno volumine et hoc in parvo brevissime compilarem.*

Chez le dominicain Vincent de Beauvais, la finalité est la même :

> Cette oeuvre sera d'une grande utilité [...] non seulement afin de connaître Dieu
> en lui-même et à travers ses créatures visibles et invisibles [...] mais encore afin
> de prêcher, lire, disputer et en général pour expliquer presque toutes les sortes de
> matières [...] (*LA*, c. 4 [Utilité de l'œuvre]).

Chez Arnold de Saxe, en revanche, aucune référence à la prédication ; son encyclopédie est avant tout philosophique et veut répondre à l'"utilité commune", probablement dans un milieu scolaire. Son premier prologue, à l'instar des florilèges d'auteurs moraux rassemblés au xiie siècle, insiste sur sa volonté d'offrir un accès facile aux textes (profanes) et sur le respect des « mots mêmes » tirés de ses sources. Son *De floribus rerum naturalium* se veut un outil maniable fondé sur des concepts.

La nécessité de remplir ce rôle utile de partage et de diffusion du savoir justifie chez les clercs savants encyclopédistes une solide formation en sciences naturelles, que les ordres religieux dynamiques du xiiie siècle s'emploieront à développer dans un système d'enseignement fondé sur des collègues hiérarchisés, externes ou internes aux universités naissantes, où les encyclopédies elles-mêmes jouent un rôle didactique, puisqu'on sait que le *De proprietatibus rerum* de Barthélemy l'Anglais a circulé à l'université de Paris sous forme de *pecia*[62]. Lorsque le mouvement de traduction et d'adaptation vernaculaire aura commencé, dès 1260, le notaire Brunetto Latini, auteur du *Trésor*, indiquera dans son *intentio actoris* l'importance du (riche et puissant) public laïc qui comprend peu le latin mais mérite l'instruction encyclopédique recueillie chez ses prédécesseurs.

CLASSEMENT DES ENCYCLOPÉDIES MÉDIÉVALES

En fonction du public visé, de la communauté institutionnelle, du rôle qu'on assigne aux encyclopédies du vie au xvie siècle, Christel Meier classe celles-ci en huit catégories commodes, qui permettent d'éviter de tracer une évolution linéaire, qui irait de l'encyclopédie naturelle au thésaurus du savoir universel, pour une culture donnée. Ces huit catégories outrepassent largement les types médiévaux d'encyclopédies, et ne peuvent toutes s'appliquer à la transposition didactique d'un savoir théorique, telle qu'elle est considérée ici. Étant donné le poids décisif de l'*autorité* dans l'Antiquité et au Moyen Âge, il me semble qu'il ne faut retenir comme encyclopédies médiévales-types que celles dont le savoir est livresque et fondé sur cette "mise en abîme autoritative". En conséquence, seules les quatre ou cinq premières catégories seraient ici concernées.

Les encyclopédies monastiques d'abord, qui modèlent et plient le savoir universel aux besoins de leur institution. Le *Liber floridus* de Lambert de Saint-

---

62. Voir LIDAKA, 1997 : 396-400 (pour une discussion sur les listes parisiennes de prix, en 1275 et en 1304, où est mentionné le *De proprietatibus* (éd. H. DENIFLE, E. CHÂTELAIN, 1889 : 644 et 1891 : 109).

Omer est typique de ce genre de production, menée par un seul homme avec peu de moyens et pendant plusieurs années (en perdant sa cohérence peu à peu) ; la copie du manuscrit de Gand est entièrement de sa main. Il en va de même pour la seule copie, aujourd'hui disparue en cendres, de l'*Hortus deliciarum* de la nonne Herrade de Landsberg, abbesse de Hohenburg, qui traça une sorte d'histoire du salut de la Création à l'Apocalypse[63]. Son *intentio actoris* est de sauver la connaissance de l'oubli et d'en revêtir ses compagnes avant leur mariage avec le Christ, sur un chemin vers l'éternité.

Si les encyclopédies naturelles et les encyclopédies de prêcheurs retiennent le plus l'attention ici, c'est qu'elles sont typiques du XIIIᵉ siècle, avec leurs adaptations ultérieures sous forme moralisée, à la fin du XIIIᵉ siècle jusqu'au XVᵉ siècle. Elles visent à faire le lien entre les choses signifiées (*significans, significantia*) et leur signification (*significatum, significata*). Parmi ces prolongements moralisés, le *Liber de naturis animalium cum moralitatibus*, attribué à Henricus de Schüttenhofen et rédigé au XIIIᵉ siècle[64] ; le *Tractatus septiformis de moralitatibus rerum* ou les *Proprietates rerum moralisate* de Marcus d'Orvieto, inspiré de Barthélemy l'Anglais à la fin XIIIᵉ siècle[65] ; le *Liber de exemplis et similitudinibus rerum* de Jean de San Giminiano, qui fait de même au XIVᵉ siècle[66] ; le *Reductorium morale* de Pierre Bersuire, au XIVᵉ siècle, qui s'inspire également beaucoup de l'encyclopédie de Barthélemy l'Anglais[67] ; la *Moralisacio avium et quadrupedum*, écrite au XIVᵉ ou au XVᵉ siècle[68] ; le *Multifarium*, écrit vers 1273[69]. Dans la même catégorie peuvent être classées les traductions ou adaptations en langues vernaculaires d'œuvres encyclopédiques, qui se développent à partir de la fin du XIIIᵉ siècle, "produits dérivés" ou satellites du genre encyclopédique, comme l'adaptation italienne du *De proprietatibus rerum* par Vivaldo Belcazer avant 1308, et les traductions de cette même œuvre par le moine augustin Jean Corbechon en français pour le roi de France Charles V en 1372, par John Trevisa en anglais en 1398, par Vicente de Burgos en espagnol au XVᵉ siècle et par des traducteurs restés anonymes en néerlandais, provençal/occitan et castillan[70]. Appartiennent encore à cette catégorie des créations originales en vernaculaire

---

63. L'unique manuscrit était conservé à Strasbourg et a disparu dans l'incendie de la bibliothèque en 1870. On ne garde qu'une reconstruction basée sur des dessins à l'identique tracés par l'érudit Engelhart en 1818 (ENGELHARDT, 1818).

64. Manuscrit Wien, Ö.N.B. 1566, f. 61v-62. Voir HÜNEMÖRDER, 1994 et VAN DEN ABEELE, 1994.

65. Éd. ETZKORN, 2005. Pour les rapports avec Barthélemy l'Anglais, voir MEYER, 2000 et FRIEDMAN, 1989.

66. Éd. R. PAFRAET, c. 1477-1479, et OLDONI, 1994 : 213-228. Voir aussi note 11.

67. Éd. 1731 : 341-346.

68. Manuscrit Basel, Universitätsbibliothek, F.II.10, XVᵉ siècle, f. 35v.

69. Sur ces différentes reprises encyclopédiques, voir VAN DEN ABEELE, 2002.

70. En préparant (avec I. Ventura et moi) l'édition critique du *De mundo et corporibus celestibus* qui constitue le livre VIII du *De proprietatibus*, Eduard Frunzeanu a trouvé un manuscrit anciennement conservé au Nationales Museum de Munich sous la cote 3631, qui conserve aux f. 114v-119v une *iuxta* latin-allemand de ce livre astronomique (aujourd'hui conservé à München, B.S.B., sous la cote Clm 28846).

comme le dialogue anonyme sur les questions naturelles de *Placides et Timeo,* ou *Li livre dou Tresor* de Brunetto Latini.

Des encyclopédies universitaires, Christel Meier ne donne pas d'exemples et je ne crois pas qu'on puisse réellement les distinguer des encyclopédies de prêcheurs, qui sont directement liées à l'enseignement dans les *studia* et autres collèges. On peut y rattacher les encyclopédies scolaires. Ainsi Conrad de Mure écrit son *Fabularius* sous la forme d'un dictionnaire encyclopédique qui connut un grand succès pendant plusieurs siècles. Son utilité déclarée, qui rappelle celle qui a été mentionnée plus haut chez Arnold de Saxe, est de « souhaiter servir à l'utilité commune des jeunes »[71].

Des encyclopédies politiques, la plus représentative est celle de Brunetto Latini, destinée à des hommes de pouvoir ou des « gouverneurs » du Nord de l'Italie. L'auteur y résume dans le livre I les contenus de la plupart des encyclopédies, y compris l'histoire. Son objectif principal est cependant la philosophie pratique, qu'il divise, d'une part, en éthique et économique comme pratique privée (l. II), et, d'autre part, en politique comme pratique publique utilisant, par exemple, la rhétorique (l. III).

Les encyclopédies médicales sont, quant à elles, des encyclopédies spécialisées, répondant au besoin d'une "profession" particulière. Sont-ce encore des encyclopédies ? La dimension universelle manquant, elles n'entrent pas dans le cadre tracé par cette contribution, même si la compilation à partir de tous les livres disponibles n'est pas une caractéristique exclusive des encyclopédies et ne suffit donc pas à les définir ; car c'est aussi un trait de la « réencyclopédisation » de disciplines particulières, comme la botanique[72]. On se trouve dans ce cas de figure pour l'*Hortus sanitatis* de Jacob von Meydenbach (*c.* 1470), dont les contenus excèdent la visée médicale ou pharmacologique, et pour son antécédent par Jean de Cuba, le *Gart der Gesundheit*. L'arrangement de l'*Hortus sanitatis* s'émancipe des herbiers en se divisant en cinq traités dédiés aux quatre éléments et en considérant toutes les choses animées (plantes, animaux, pierres) comme un mélange de tempéraments[73]. Trois siècles plus tôt, la *Physica* d'Hildegarde de Bingen

---

71. Éd. Van de Loo, 2006. Le *Fabularius* est composé alphabétiquement, pour offrir un guide didactique complet pour la lecture des *auctores* (en particulier les poètes). Il comprend un grand nombre d'entrées dédiées à des hommes politiques ou des figures mythologiques de l'Antiquité (tirées de son propre *Novus Graecismus*), mais peu de personnages médiévaux. Il réserve son introduction à une concordance entre histoire biblique et profane. Conrad consacre un appendice aux pierres, plantes et arbres, et renvoie à son *De naturis animalium* pour les animaux, et à son *De propriis nominibus fluviorum et montium* pour la géographie. Il agit donc comme un naturaliste polygraphe qui n'insère pas tout dans son encyclopédie. Le « fil rouge » de son cadre mental est la rhétorique et la philologie, reprenant en cela le modèle et la méthode isidoriennes.

72. Riha, 1993. Voir Ventura, 2003b.

73. Le livre sur les poissons de l'*Hortus sanitatis* est maintenant doté d'une édition critique et d'une identification complète de ses sources grâce au projet « Ichtya » mené à Caen par C. Jacquemard, M.-A. Avenel, B. Gauvin, P.-Y. Buard et M. Bisson. Cette édition multimodale paraît en 2013 aux Presses universitaires de Caen, sous forme papier et sous forme électronique. La version électronique (dotée des identifications de sources) est en ligne dans le corpus « Sourcencyme » des encyclopédies

reste, quant à elle, une encyclopédie cosmologique dont le mode d'explication privilégié est d'ordre physique, malgré l'ambiguïté entre la nature-*physis* et ses applications médicinales et pharmacologiques, la *physica*.

Des encyclopédies de type économique, mentionnées aussi par Christel Meier, ne se rencontrent qu'au XVIe siècle, comme la *Cyclopaedia Paracelsica Christiana* écrite en 1585 en langue vernaculaire, par Samuel Siderocrates, encyclopédie qui vise le public des marchands allemands mais aussi les médecins et les apothicaires, ainsi que les enseignants. On sort ici complètement du genre et de l'époque envisagés dans cette contribution, car l'intention est « anti-humaniste » et polémique, à l'encontre de l'ancien système de savoir des arts libéraux, elle exprime un a priori contre les professions académiques au profit des professions pratiques.

De même, les encyclopédies domestiques sont un genre tardif, qui ne se rencontre qu'à partir du début du XVIe siècle. Ces œuvres se concentrent sur les besoins de l'*oikos*, de la gestion domestique. Elles sont donc axées sur la pratique (cuisine, horticulture, chasse, médecine pratique, dévotion, arts, météorologie, etc.) et ont des points communs avec les anciennes encyclopédies monastiques.

Certains types d'ouvrages sortent enfin de la classification assez lâche que nous venons de parcourir. C'est le cas de traités sans visée encyclopédique affichée, mais au très large contenu, tel que le *Liber introductorius* de Michel Scot (mort, croit-on, en 1237)[74]. Cette œuvre originale a été écrite dans le milieu cosmopolite de la cour sicilienne de l'empereur Frédéric II. Peu orthodoxe, mais aussi moins clairement organisée car sans plan global annoncé, elle touche à un grand nombre de domaines mais vise à faire de l'astrologie-astronomie la science capitale des arts libéraux. Les questions naturelles y sont nombreuses. Sa proximité, à la fois spatiale et temporelle, avec les entreprises de traductions n'est pas le moindre de ses intérêts.

---

médiévales constitué à Nancy à l'Atelier Vincent de Beauvais sous la direction d'I. Draelants. Pour un nouveau point historiographique sur l'*Hortus sanitatis,* on consultera *Kentron* 49, cahier spécial, 2013 et JACQUEMARD *et al.*, 2013.

74. Pour la bibliographie sur Michel Scot et le *Liber introductorius*, voir entre autres BURNETT (2005 : 344-345). L'état initial du *Liber introductorius* est impossible à déterminer à l'heure actuelle, mais on en distingue deux versions (EDWARDS, 1985), dont la plus longue est conservée dans le manuscrit München, B.S.B., Clm 10268, où l'on a reconnu l'intervention de Barthélemy de Parme, et la version courte dans le manuscrit Paris, B.N.F. nouv. acq. lat. 1401. L'œuvre comprend trois parties : la première surtout est astronomique et métaphysique, le *Liber quatuor distinctionum* (ou *Liber introductorius*) ; *Liber particularis* (chronique, météorologie, astronomie, réponses à des questions scientifiques de l'empereur) ; *Liber phisionomie* (surtout sur la génération et la corruption, la biologie). Les savoirs théoriques et pratiques y sont mêlés (beaucoup de notices commencent par *de noticia cognoscendi*, ou des démonstrations par *et est sciendum quod*). Le *Liber introductorius* reste pour la plus grande part inédit, malgré des tentatives successives d'édition de la première partie par H. MEIER (1928, tapuscrit conservé au Warburg Institute, Londres) et du prologue par G. EDWARDS (idem) et des transcriptions partielles (exemple le catalogue d'étoiles : ACKERMANN, 2009 ; voir aussi BAUER, 1983) ; plusieurs chercheurs envisagent l'édition de la première partie, parmi lesquels A. FIDORA, G. GREBNER, S. AKASOY à Francfort (Sonderforschungsbereich « Naturwissenschaften am Hof Friedrichs II. »), mais aussi G. PABST et Ch. BURNETT. L'édition du *Liber particularis* est en cours à partir du manuscrit Oxford, Bodl. Can. Misc. 555, par Oleg VOSKOBOYNIKOV, qui lui a consacré sa thèse de doctorat (2006).

Sortent également des sept critères retenus ici les encyclopédies et dictionnaires alphabétiques comme le *Macrologus* écrit par un moine de Saint-Laurent
de Liège, après 1450[75]; le *Compendium moralitatum* de Jacques de Lausanne; le
Repertorium morale de Pierre Bersuire. Les recueils d'*exempla* moralisés sur la
nature, et les florilèges scientifiques moralisés ne sont pas non plus à proprement
parler des encyclopédies. Le *Lumen anime*, dont on distingue trois versions[76], et
les collections d'extraits moralisés pour la prédication, comme le *Liber similitudinum naturalium* de Conrad d'Halberstadt[77], doivent être considérés comme un
témoignage de la vitalité des encyclopédies plutôt qu'un de leurs dérivés. Elles
constituent une sorte de bibliothèque allégorisée à l'usage des prêcheurs.

Enfin, restent en marge des encyclopédies, avec des sujets encyclopédiques,
mais une forme plus libre et plus originale, les questions naturelles sur tous les
sujets, comme celles d'Adélard de Bath ou les *Problemata* inspirés des problèmes
attribués à Aristote.

POUR CONCLURE

Les encyclopédies antiques et médiévales appartiennent à une longue lignée
d'œuvres diverses, souvent très diffusées, comme le prouve l'abondante tradition
manuscrite du *Liber de natura rerum* ou du *De proprietatibus rerum*. Répondant
à leur objectif premier, elles sont très utilisées par d'autres compilateurs, comme
on peut le constater par exemple dans les cercles dominicains, avec l'utilisation
immédiate que fait Albert le Grand de ses prédécesseurs, Thomas de Cantimpré
et Arnold de Saxe[78]. Dès lors, l'encyclopédisme antique et médiéval est à la fois
un genre qui s'auto-nourrit et un genre protéiforme, qui s'adapte constamment
aux circonstances, aux matières, aux méthodes. Il est donc particulièrement difficile d'en proposer une définition unique qui permette une typologie, car le genre
s'échappe lorsqu'on veut le contenir dans une catégorie et les exemples-limite se
font toujours plus nombreux.

L'historien doit aussi rester attentif à ne pas commettre d'anachronisme; il ne
faut donc pas prétendre définir l'encyclopédisme médiéval comme un genre imperméable, mais s'appuyer sur les genres littéraires définis par les auteurs médiévaux
eux-mêmes, qui choisissent leur titre d'œuvre soit en fonction de leur méthode de
compilation (*compendium, compilatio, abbreviatio, alphabetum, flores, thesaurus,
medullitus*…), soit en référence à des correspondances spirituelles (*similitudines*…)
ou à une vision du monde (*imago mundi, speculum, hortus deliciarum*…), soit

---

75. VAN DEN ABEELE, 2004.
76. ROUSE, 1971.
77. L'édition est en cours par I. Ventura. Un seul manuscrit est conservé: Berlin, Staatsbibl. Preuss.
    Kulturb., Theol. Lat. f. 315 (VENTURA, 2001).
78. Sur cette question, voir: DRAELANTS, PAULMIER-FOUCART, 2004 et DRAELANTS, 2010.

en vertu de l'attention qu'ils portent à certains phénomènes (*proprietates rerum, natura rerum, virtutes, mirabilia mundi,* etc.).

Au terme de ce parcours, il faut admettre qu'une typologie unique des encyclopédies n'est pas possible, mais qu'il existe néanmoins des critères – ni exclusifs, ni suffisants – permettant de tenter une définition générale. Ceux-ci sont particulièrement adaptés à une génération de référence, celle des encyclopédistes œuvrant entre 1220 et 1255, qui rédigent le même type d'ouvrage à la demande de leur ordre en quête d'érudition et d'ouverture au monde : une *imago mundi* ou un « miroir » du monde fondé sur des bases philosophiques.

Ces critères sont d'abord liés à des facteurs externes, conjoncturels, à savoir : une nécessité de reconstruction du savoir à l'époque du compilateur, provoquant une "mise en mémoire" d'un ensemble de connaissances dans une volonté totalisante, ou bien une « mise à jour » ; un arsenal scientifique ou idéologique existant comme référent ; un savoir théorique, livresque, disponible, et des conditions favorables de diffusion. Ils sont ensuite liés à des ingrédients internes, à savoir : la compilation par citations ou par cumul de "bibliographie" ; un choix des matières en fonction des branches spécifiques de connaissances dans le chef du compilateur, et une classification du savoir par celui-ci (un outil pour la structure), qui débouchent sur un système d'organisation ; une destination de l'œuvre en fonction d'un public et d'une "utilité", et surtout, la volonté d'être d'un usage pratique et maniable. Avec ce dernier critère est rejoint le premier argument de cet exposé : la nécessité, imposée par les circonstances d'une époque donnée, d'une mise en mémoire organisée de l'information. En général, ces éléments sont exposés comme une profession de foi dans le prologue de l'œuvre encyclopédique, comme l'illustrent les exemples qui parsèment cette contribution.

Les encyclopédies médiévales constituent donc à la fois une organisation des connaissances globales, à l'instar des classifications des sciences – elles ont donc un rapport direct aux arts libéraux et à leur évolution –, et un genre littéraire, scientifique et didactique dominé par une vision du monde.

Une définition adaptée aux œuvres naturalistes a été donnée par B. Van den Abeele en 2007[79] : « Le genre encyclopédique médiéval rassemble des compilations thématiques et ordonnées de connaissances relatives à plusieurs disciplines, touchant principalement l'univers et la nature, et rédigées dans une perspective didactique et édifiante à partir d'un travail de mise en extraits d'œuvres reconnues pour leur autorité. » Il complète : « Le croisement des critères retenus permet de faire le départ entre les encyclopédies et certains genres voisins, qui partagent l'une ou l'autre de leurs caractéristiques : les florilèges et recueils de citations, les ouvrages lexicographiques, les sommes spécialisées telles les sommes médicales, juridiques ou théologiques. »

D'une manière plus générale, une définition finale peut être avancée en fonction des traits récurrents qui caractérisent le genre littéraire et didactique des

---

79. Lors de la soutenance de sa thèse d'agrégation (le 30 octobre 2007 à Louvain-la-Neuve), portant sur les « Fortunes et mutations des encyclopédies médiévales ».

encyclopédies : un arrangement systématique de l'information globale en fonction d'une l'utilité particulière, débouchant sur un livre universel et une bibliothèque en réduction. L'utilité à laquelle répond l'encyclopédie dépend de prémices spécifiques à l'époque et à la culture ambiante, de sorte que le savoir ainsi globalisé est transposé comme une vision du monde particulière.

ENCYCLOPÉDIE ET CULTURE PHILOSOPHIQUE AU MOYEN ÂGE : QUELQUES CONSIDÉRATIONS

Iolanda Ventura

IRHT, UPR 841, Université d'Orléans – CNRS[1]

Peut-on définir un type d'encyclopédie "philosophique" au Moyen Âge, type qui désignerait une catégorie de textes qui, tout en faisant partie du genre littéraire des encyclopédies, entretient des relations privilégiées avec des genres littéraires proches comme le traité scientifique et philosophique, les recueils de questions scolastiques, les manuels de philosophie ? Autre question subséquente : existe-t-il des ouvrages où l'encyclopédisme se mêle à la philosophie pour créer un genre particulier ? En effet, les encyclopédies sont plutôt considérées comme témoins de la représentation, de l'organisation, de la transmission du savoir scientifique et philosophique[2], un savoir qu'elles présentent sous forme d'extraits soigneusement choisis, structurés et organisés, mais pas (ou très peu) soumis à une discussion[3]. Mais que devient un texte encyclopédique, s'il se transforme en un écrit d'inspiration philosophique, ayant à la fois pour but de présenter un savoir et de proposer une réflexion sur les modalités d'acquisition et d'interprétation des connaissances ou de représentation de la nature ?

Afin de proposer des éléments de réponse, j'ai décidé de consacrer mon attention à quatre auteurs de textes encyclopédiques à orientation philosophique, auteurs ayant vécu entre la fin du XIIIe et la fin du XIVe siècle. Ce choix est motivé par deux raisons spécifiques :

---

1. Cet article reproduit, avec des changements limités, ma communication à la journée d'études "L'ambition encyclopédique au Moyen Âge", dont il préserve la forme "ouverte" et les caractéristiques d'un travail en cours. Je voudrais à cette occasion exprimer ma reconnaissance aux organisateurs de la journée d'études, Arnaud Zucker et Isabelle Vedrenne-Fajolles, qui m'ont donné la possibilité de présenter ce projet, ainsi que les participants à la journée, pour leurs suggestions et remarques. Je remercie vivement Rémy Cordonnier (Saint-Omer, Bibliothèque Municipale) et Isabelle Vedrenne-Fajolles d'avoir eu l'amabilité de vérifier mon texte français, et Antoine Pasqualini pour son aide pendant la révision de l'article.

2. Sur les encyclopédies considérées comme une des formes de transmission du savoir philosophique relatif à l'homme et de synthèse d'un discours anthropologique, voir les études récentes de Köhler, 2000 – en particulier p. 93 *sqq.*, section II.3.2. "Die Kompendien des dreizehnten Jahrhunderts" sur les *compendia* et les encyclopédies du XIIIe siècle –; et Köhler, 2008 ; cette étude sera complétée par une deuxième partie, actuellement en préparation.

3. Voir à ce propos Van den Abeele, 2007a, avec bibliographie.

Encyclopédire : formes de l'ambition encyclopédique dans l'Antiquité et au Moyen Âge, éd. par Arnaud Zucker, Turnhout, 2013, *(Collection d'Études Médiévales de Nice, 14)*, pp. 107-124.
© BREPOLS PUBLISHERS   DOI 10.1484/M.CEM-EB.1.101792

1) Une raison chronologique : cette période connaît des changements culturels majeurs et des conflits importants dans le domaine qui nous intéresse (comme par exemple, la condamnation des idées aristotéliciennes et averroïstes à l'Université de Paris en 1277[4], qui bouleverse la culture philosophique et limite la liberté intellectuelle, ou celle de Maître Eckhart[5], qui traverse l'histoire de la pensée dominicaine allemande au XIVe siècle) ;

2) Une raison méthodologique, car les textes encyclopédiques écrits après la première moitié du XIIIe siècle, qui n'ont finalement pas encore été tellement étudiés, semblent refléter parfaitement ces changements et ces conflits.

J'ai sélectionné quatre exemples[6] :

— le *Compendium philosophiae* anonyme, écrit entre la fin du XIIIe siècle et les premières décennies du XIVe siècle.

— le *Speculum divinorum et quorundam naturalium* d'Henri Bate de Malines, écrit au début du XIVe siècle.

— la *Catena aurea entium* de Henri de Herford, une œuvre monumentale composée entre 1350 et 1370, et constituée d'un ensemble de questions – réponses concernant théologie, philosophie, histoire naturelle.

— les *Lecturae super Genesim* de Henri de Langenstein, dont la rédaction est située entre 1385 et 1397, date de la mort de l'auteur, que j'ai choisi d'intégrer dans mon corpus quoiqu'il ne s'agisse pas tout à fait d'un texte encyclopédique, mais plutôt d'un commentaire biblique à tendance encyclopédique. Son choix se justifie par sa façon d'interpréter la Bible à l'aide de la science et de la philosophie, de transformer le texte sacré en une encyclopédie nécessitant d'une érudition universelle pour être bien déchiffrée, et d'aborder, à l'occasion de l'exégèse d'un ou plusieurs vers bibliques, des questions relatives à la philosophie naturelle.

Lors de l'annonce de ma contribution, j'avais également inscrit à cette liste le *Buch von den natürlichen Dingen* de Conrad de Megenberg (éd. PFEIFFER, 1861)[7]. Mais j'ai finalement décidé de l'exclure, pour deux raisons. Tout d'abord, il s'agit d'un texte en langue vernaculaire, qui implique donc des critères d'analyse différents, pour ce qui est de son organisation et de son mode de transmission du savoir. En tant qu'œuvre vernaculaire, elle est destinée à un public plus large et plus varié, incluant des laïcs[8], et non uniquement au milieu intellectuel des Universités et des grands couvents dominicains et franciscains. Ensuite, parce que la relation créée par Conrad de Megenberg entre tradition encyclopédique[9]

---

4. Sur la condamnation de 1277, voir BIANCHI, 1990, et le récent recueil d'études d'AERTSEN *et al.*, 2001.

5. La personnalité et l'œuvre de Maître Eckhart ont donné lieu à une abondante littérature. Voir, parmi d'autres textes : RUH, 1997 ; DE LIBERA, 1999 ; FLASCH, 2006, avec bibliographie. Voir aussi les volumes collectifs FLASCH, 1984 ; FLASCH, IMBACH, 2003 ; SPEER, WAGNER, 2005.

6. Les références bibliographiques principales concernant ces quatre ouvrages seront mentionnées lorsque j'aborderai leur étude systématique.

7. Une nouvelle édition est en préparation : voir éd. STEER-LUFF, 2003.

8. Voir à ce propos SPYRA, 2005.

9. Notamment celle, particulièrement complexe, du *De natura rerum* de Thomas de Cantimpré.

et savoir philosophique et les enjeux qu'elle véhicule méritent une étude particulière, qui nous aurait amenée trop loin des questions abordées ici[10].

   La première œuvre que j'examinerai est le *Compendium philosophiae*[11].
C'est à M. de Boüard qu'on doit la seule et unique monographie sur ce texte.
Il est également l'auteur de la seule édition, malheureusement partielle. Trente-
cinq manuscrits conservent ce texte sous des formes différentes[12]. L'œuvre est
anonyme, et l'hypothèse de M. de Boüard, qui l'attribue à Hugo Ripelin de
Strasbourg[13], ou au moins au milieu du couvent dominicain de cette ville, n'a
pas été confirmée. La datation de l'œuvre est aussi douteuse. Le manuscrit de
la Bibliothèque Nationale de Paris étant terminé en 1320, cela nous donne un
terminus a quo pour la rédaction du *Compendium philosophiae*. On pense donc
qu'il a été composé entre 1285 et 1320. Dans la rédaction éditée par De Boüard,
l'ouvrage est structuré en huit livres, organisés selon la tripartition aristotélicienne
de la philosophie en physique, logique, et éthique.
   La physique occupe les six premiers livres :
— Livre I : Dieu et la théologie.
— Livre II : anges, ciel et corps célestes, corps inanimés (*i. e.* les minéraux).
— Livre III : végétaux, créatures caractérisées par la seule âme végétative.
— Livre IV : animaux, créatures ayant une âme sensitive.
— Livre V : homme, parties du corps humain, génération, sens, âme et intellect.
— Livre VI : concepts de mouvement, de temps, de lieu, de génération, d'altéra-
   tion, de corruption etc. (*i. e.* toutes les caractéristiques et les qualités du monde
   dans lequel les êtres – inanimés ou animés – existent).
— Dans le livre VII, l'auteur traite de la logique.
— Enfin, le livre VIII se présente comme une éthique, qui prend la forme d'une
   compilation des différentes traductions de l'*Ethica ad Nicomachum* d'Aristote[14]. Michel de Boüard considère cependant cet ultime livre comme une
   addition postérieure à la première rédaction de l'encyclopédie.

---

10. Cf. sur l'œuvre de Conrad de Megenberg, GOTTSCHALL, 2004. Sur le rôle joué par l'œuvre d'Albert le
     Grand dans le *Buch von natürlichen Dingen*, voir ULMSCHNEIDER, 1992 et 1994.
11. Sur le *Compendium philosophiae*, voir DE BOÜARD, 1930 et DE BOÜARD, 1991. Une édition critique
     de l'œuvre est actuellement en préparation par les soins d'Emmanuelle Kuhry, sous la co-direction
     d'Isabelle Draelants et de C. Jacquemard (Caen-Nancy).
12. Voir, à ce propos, la liste des manuscrits donnée par Baudouin Van den Abeele dans VAN DEN ABEELE,
     2007a. Je remercie chaleureusement l'auteur pour avoir mis cette liste à ma disposition.
13. Hugo Ripelin de Strasbourg (? 1200-1260) est l'auteur d'un *Compendium theologicae verita-
     tis*, parfois attribué par erreur à Albert le Grand, et traduit en ancien français (*Somme abregiet de
     Theologie*). L'œuvre a connu plusieurs éditions dès la fin du XVᵉ siècle (Ulm, Strasbourg, Venise,
     Lyon). Cf. MOJSISCH, 1991 ; STEER, 1981 et 1995 ; MONJOU, 2008.
14. Pour une traduction en français moderne du texte antique, on consultera : trad. TRICOT, 2007. Pour la
     tradition complexe de ce texte dans l'Occident médiéval, on consultera : éd. GAUTHIER, 1972a, 1972b
     et 1973. Le premier fascicule (1974) de cet ensemble de volumes comprend une préface ; le cinquième
     (1973), un *index verborum*. Ces fascicules ont également été préparés par Gauthier. Sur la réception

La mention d'Aristote nous conduit à aborder la question des sources du *Compendium philosophiae*. Bien que la place du Stagirite soit remarquable dans le *Compendium*, on peut constater que son influence reste variable dans les différentes sections de l'encyclopédie. Certaines œuvres aristotéliciennes représentent la véritable structure de base de tel ou tel livre du *Compendium*, alors que d'autres sont citées plus épisodiquement (comme, par exemple, la *Physique*[15]). Aristote est souvent accompagné par d'autres sources, qu'il s'agisse de ses commentateurs arabes comme Averroes, ou de ses commentateurs latins comme Alfred de Sareshel – ce dernier une seule fois –, ou encore de sources plus anciennes comme Isidore de Séville, Boèce, Augustin ou le Pseudo-Denys[16]. Ce dernier type de sources constitue en effet le corpus déjà utilisé par d'autres compilateurs encyclopédiques du XIIIe siècle tels Alexandre Neckam, Thomas de Cantimpré, Barthélemy l'Anglais et Vincent de Beauvais[17]. Il est fort probable que l'auteur du *Compendium* n'a pas consulté directement ces sources, devenues désormais "courantes" dans le genre littéraire des encyclopédies, mais qu'il a tiré les extraits cités de compilations préexistantes.

Dans l'étude introductive à son édition partielle de l'œuvre, M. de Boüard attirait l'attention du lecteur sur l'influence profonde que Thomas d'Aquin et surtout Albert le Grand ont exercé sur le compilateur du *Compendium philosophiae*[18]. Or, curieusement, à ma connaissance, ces deux auteurs ne sont jamais cités directement dans l'encyclopédie. Pourtant, tout en refusant d'ignorer leur influence, on doit donc admettre que, pour l'auteur du *Compendium philosophiae*, la valeur de ces deux penseurs en tant que sources non seulement à utiliser mais aussi à citer avec renvoi explicite ("marqueur") n'est pas encore celle qu'ils prendront dans les œuvres de Henri Bate de Malines ou de Henri de Herford un peu plus tard, comme on le verra ci après. Le *Compendium philosophiae* se place donc au

---

de l'*Éthique* d'Aristote au Moyen Âge, voir, parmi d'autres études, Dreyer, 1998 ; Flüeler, 2004 ; éd. Costa, 2004 et 2010. Le role de l'*Éthique* d'Aristote dans le *Compendium philosophiae* fait l'objet des recherches actuelles de Riccardo Saccenti (Bologna/Nancy2).

15. Pour la tradition dans l'Occident médiévale de la *Physica*, on consultera éd. Bossier *et al.*, 1990. Voir aussi Trifogli, 2000 ; Del Punta *et al.*, 2000 ; Trifogli, 2008.

16. Sur la valeur des sources dans les encyclopédies et sur la nature et la fonction des systèmes de renvois créés par les compilateurs encyclopédiques, voir les réflexions dans Hamesse, 1990 ; Van den Abeele, 1997.

17. Sur ces quatre encyclopédistes des générations antérieures, voir la contribution d'Isabelle Draelants dans ce volume.

18. Ces deux docteurs fameux du Moyen Âge ont suscité de très nombreuses recherches. Il est impossible de mentionner en note l'ensemble de la bibliographie les concernant. Pour une première approche, voir, pour Albert le Grand, les volumes collectifs Honnefelder *et al.*, 2005, Honnefelder *et al.*, 2009, et Anzulewicz *et al.*, 2001, ainsi que les volumes inclus dans la série "Lectio Albertina" (Münster, Aschendorff, 11 volumes parus) ; voir aussi, pour introduction, Craemer-Ruegenberg, 2005. Pour Thomas d'Aquin, un bon aperçu des recherches corantes est représenté par la série "Bibliothèque thomiste" (Paris, 1960[73 volumes parus]). Sur Thomas d'Aquin, voir aussi le volume collectif éd. Zimmermann, Kopp, 1988 et la monographie introductive Torrell, 2002. À chaque fois qu'une œuvre précise de la très importante production de ces deux auteurs sera évoquée, nous donnerons les précisions nécessaires sur cette œuvre en note.

début d'un processus d'assimilation des œuvres philosophiques, scientifiques et théologiques de Thomas d'Aquin et d'Albert le Grand par les encyclopédistes, processus qui aura, selon moi, une importance considérable dans l'évolution du genre encyclopédique au XIVe siècle. Les œuvres d'Albert le Grand et de Thomas d'Aquin offrent, en effet, à coup sûr plus de données aux compilateurs. Le *De mineralibus* d'Albert le Grand[19], par exemple, avec son lapidaire alphabétique ample et bien documenté, se révèle être plus intéressant et utile en tant que source des compilations que les lapidaires et les encyclopédies antérieures[20]. Il est ainsi utilisé par certains encyclopédistes du XIVe siècle comme une petite encyclopédie spécialisée en matière de pierres précieuses. De son côté, Thomas d'Aquin gagne en importance comme source et autorité en matière de théologie, tant dans le milieu académique que dans la vulgarisation encyclopédique. De cette façon, les œuvres du Docteur Universel et du Docteur Angélique remettent en question, ou même parfois brisent, le monopole des sources et des autorités plus traditionnelles. Désormais, par exemple, un compilateur de la fin du XIIIe siècle peut choisir entre le *De mineralibus* et les lapidaires contenus dans les recueils encyclopédiques du XIIIe siècle pour sa description des propriétés des pierres précieuses, ou entre le *De vegetabilibus* et les livres sur les plantes pour son herbier (MEYER, JESSEN, 1867)[21]. En revanche, la réception et l'assimilation des écrits d'Albert le Grand et de Thomas d'Aquin exposent les compilateurs encyclopédiques aux conflits intellectuels dans lesquels s'inscrivent ces œuvres, comme c'est le cas, on le verra, pour la *Catena aurea entium* de Henri de Herford.

Le deuxième texte que je propose de considérer comme une encyclopédie "philosophique" est le *Speculum divinorum et quorundam naturalium* d'Henri Bate de Malines[22]. Ce texte, achevé avant 1305 et conservé dans une forme complète ou partielle dans cinq manuscrits[23], est un véritable traité de philosophie naturelle dont l'ampleur et la complexité dépassent largement le simple *Compendium philosophiae*. Il témoigne de ce que la réception et la structuration de données philosophiques dans une compilation hiérarchisée de thèses d'autorités peut aller

---

19. L'*editio* dite *Coloniensis* des œuvres complètes, commencée en 1951, et dirigée par l'Albertus Magnus Institut (Bonn), n'ayant pas encore fourni l'édition scientifique de ce texte, il faut s'en remettre à la vieille édition de H. BORGNET, 1890. Voir aussi trad. WYCKOFF, 1967 ; éd. ANGEL, 1995.

20. Sur les lapidaires médiévaux, on consultera : éd. PANNIER, PARIS, 1882 ; SANDQVIST, 1996. Voir aussi MEIER, 1979 ; GONTERO-LAUZE, 2010 ; DRAELANTS, 2010.

21. Voir STANNARD, 1979.

22. Sur Henri Bate de Malines, voir STEEL, 1996 ; GULDENTOPS, 1997, 2001a, 2001b, 2001c, 2001d, 2002 et 2005. Une édition critique du *Speculum* est maintenant en cours d'achèvement, après un long hiatus avec les recherches pionnières d'E. Van de Vyver, par les soins de C. Steel et de ses collaborateurs. Voici un aperçu des volumes parus, sous le titre général d'*Henricus Bate, Speculum divinorum et quorundam naturalium* : éd. VAN DE VYVER, 1960 et 1967 ; éd. BOESE, STEEL, 1990 ; éd. STEEL, 1993 et 1994 ; éd. STEEL, GULDENTOPS, 1996 ; éd. GULDENTOPS, 2002. L'édition des livres VIII-X est actuellement en préparation par les soins de G. McAleer.

23. Parmi ces manuscrits on trouve, par exemple, le codex Bruxelles, KBR, MS 271, qui témoigne de notes de la main de Nicolas de Cues.

bien au delà de la simple sélection organisée d'*excerpta* des autorités habituelles à la culture philosophique du XIIIᵉ siècle. Organisée en vingt-trois livres, cette œuvre – encore en partie inédite – se développe autour des théories exposées dans les livres II et III du *De anima* d'Aristote[24]. Les principaux sujets abordés sont les intelligences célestes, l'Intellect premier et l'intellect humain. Ces thèmes sont considérés par Henri Bate comme faisant partie des *divina*. Par contre, le monde de la nature n'est pas traité *stricto sensu* dans le *Speculum divinorum* ; seuls certains domaines comme l'astronomie et l'astrologie, la biologie et l'embryologie font l'objet de quelques sections, considérées comme des "digressions". Celles-ci sont insérées dans un contexte plus large, qui ne concerne pas la description exhaustive d'une partie du monde naturel, mais offre une réflexion théorique sur un aspect d'un des thèmes principaux. Le corps humain, par exemple, ne fait pas l'objet d'une section spécifique ; au contraire, un choix de thèmes relatifs à ce dernier, tel que la génération, les organes « centraux » et les humeurs sont traités dans différents livres sous forme de digressions – d'où la présentation des ces sections comme des *quedam naturalia*.

Un aperçu très général de la structure du *Speculum divinorum* peut nous aider à comprendre l'articulation complexe entre philosophie et sciences naturelles dans cette encyclopédie :

— Livre I : *species visibiles* (c'est-à-dire, tout ce qui concerne l'optique, la perception sensorielle, l'imagination) ;
— Livre II : l'intellect *possibilis* (théorie de la connaissance) ;
— Livre III : l'intellect *agens* ;
— Livre IV : digression concernant la *materia* ;
— Livre V : l'intellect humain ;
— Livre VI : la multiplicité de l'intellect ;
— Livre VII : la théorie platonicienne des idées (ce livre sert à reprendre des théories présentées auparavant) ;
— Livre VIII : le corps humain et ses organes ;
— Livre IX : le sang et les humeurs du corps humain ;
— Livre X : la génération et la nature de l'embryon ;
— Livre XI : l'union des parties dans l'*ens* unique ;
— Livre XII : la théorie platonicienne de l'âme et des idées ;
— Livre XIII : l'action de l'intellect selon Aristote ;
— Livre XIV : l'*operatio* de l'intellect *circa modum sciendi* (principes de la logique) ;
— Livre XV : la *potentia appetiva* du sens et de l'intellect ;
— Livre XVI : la perception de l'intellect des *substantias separatas* et des *substantias materiales* ;

---

24. Pour l'édition scientifique et la traduction en français moderne du texte antique, on consultera : éd. Jannone, Barbotin, 2009 ; trad. Tricot, 1969. Alors que les versions médiévales arabes et hébraïques du texte commencent à être assez bien éditées, les versions latines de l'Occident chrétien restent essentiellement accessibles à travers des éditions anciennes : éd. Folster *et al.*, 1951 ; éd. Siwek, 1954. Sur la diffusion de la théorie péripatéticienne de l'âme, voir Hasse, 2000.

— Livre XVII : la *potentia motiva animalium* (par exemple, le sommeil, les rêves) ;
— Livre XVIII : les sens selon Avicenne (digression : les vents, les mouvement de la mer, les météores) ;
— Livre XIX : les animaux, les monstres, les prodiges, les démons ;
— Livre XX : les mouvements des sphères célestes dans le niveau inférieur ; le temps ;
— Livre XXI : les moteurs célestes ;
— Livre XXII : les corps célestes (astronomie, cosmologie, astrologie) ;
— Livre XXIII : les formes séparées.

Au vu de cette organisation, on pourrait contester que le *Speculum divinorum et quorundam naturalium* soit une véritable encyclopédie. Il n'y a pas de véritable représentation générale de la nature, ni de développement sur les propriétés des différents éléments. Le fait est que la description du monde naturel n'est pas le but de Henri Bate. En réalité, son objectif est double : il veut aborder le plus grand nombre de sujets psychologiques et métaphysiques possibles : les thèmes de l'âme, de l'intellect, des substances séparées et de Dieu ; et par ailleurs il veut essayer de concilier les différentes conceptions philosophiques relatives à ces sujets, en particulier réconcilier Aristote et Platon. Dans le *Speculum divinorum*, la tâche du compilateur ne se limite pas à structurer des données, mais propose aussi d'unifier les théories présentées. De plus, il ne cherche pas seulement à développer une présentation cohérente d'un problème (en lui-même ou en rapport avec des autres questions similaires ou liées), mais à lui donner une solution précise, compréhensible, et qui tienne compte des opinions des différentes autorités. Il semble que Henri Bate doive se débrouiller pour trouver parmi ses sources des positions claires et fiables concernant les sujets abordés, même si cela implique parfois une "manipulation" consciente des *auctoritates* dont il se sert.

Le nombre de sources utilisées par Henri Bate est considérable. Auteurs grecs (Platon et Aristote notamment, ainsi que les œuvres néoplatoniciennes), auteurs arabes (Avicenne et Averroès surtout, mais on peut trouver, dans les sections consacrées à l'astronomie, des traces – entre autres – du *De motibus celorum* d'Al-Bitruji ou du *De scientia stellarum – De numeris stellarum et motibus* d'Al-Battani)[25], et auteurs latins se retrouvent cités dans cette imposante bibliothèque philosophique sous forme d'encyclopédie qui, parfois, provoque la confusion chez les lecteurs. Cependant les vraies autorités de référence du *Speculum divinorum* restent Thomas d'Aquin et Albert le Grand. L'attitude de Henri Bate vis-à-vis de ces deux maîtres mérite d'être soulignée. Bien qu'Albert le Grand ne soit pas mentionné souvent, son influence sur Henri Bate est aisément reconnaissable. Une part considérable des sujets abordés dans le *Speculum divinorum* vient des œuvres d'Albert le Grand, particulièrement de ses écrits sur la métaphysique et sur la théorie de l'âme[26]. Cependant, Henri Bate utilise Albert de façon "pragma-

---

25. Édition : CARMODY, 1952 ; cf. SEZGIN *et al.,* 2006. Al-Battani, 1645 ; PEYROUX, 2003 ; Cf. SEZGIN *et al.*, 1998.
26. Éditions et traductions : GEYER, 1960 et 1964 ; MOULIN, 2009 ; STROICK, 1968 ; VERNIER, 2009. Cf. RUNGGALDIER, 2010 et HASSE, 2008.

tique", non comme une autorité sur laquelle il s'appuyerait pour proposer une solution à des sujets controversés, mais comme un auteur dont il utilise les suggestions. La remarque vaut aussi pour l'utilisation que Henri fait des écrits de Thomas d'Aquin. Bien que l'"anti-thomisme" de Henri Bate soit un lieu commun, les recherches récentes de G. GULDENTOPS (2005) ont bien montré que l'auteur du *Speculum divinorum* ne manifeste pas de véritable opposition aux théories de l'Aquinate. Il cherche seulement à utiliser cette source d'une manière – encore une fois – "pragmatique", dans le but d'exposer sa propre opinion et de proposer ses solutions aux questions traitées. De plus, ni Albert ni Thomas ne sont considérés par Henri Bate comme des *auctoritates* plus importantes que d'autres : ce sont des sources comme les autres, dont il essaie de réconcilier les opinions avec celles d'autres auteurs, afin de donner aux lecteurs un contenu fiable. Il faut néanmoins souligner qu'avec le *Speculum divinorum*, Albert le Grand et Thomas d'Aquin font leur entrée officielle dans le domaine encyclopédique.

Avec notre troisième auteur, Henri de Herford, il devient possible de relever comment les divergences entre ces deux auteurs ayant désormais le statut d'*auctoritates* seront réglées par le compromis.

Henri de Herford, dominicain allemand ayant vécu entre 1300 et 1370, rédige sa *Catena aurea entium*, qui est probablement resté inachevée, à la fin de sa vie[27]. Cette encyclopédie, conservée dans neuf manuscrits, est encore inédite. Seule la *tabula* a été editée par L. STURLESE (1987) et A. PALAZZO (2004). La *Catena aurea entium* est organisée en dix livres, subdivisés en sections appelée *ansae*, qui traitent :
— Livre I : de Dieu, des formes du divin (donc, même des dieux païens), des anges et des démons ;
— Livre II : de notions relatives à l'*ens* : le temps, l'éternité, la nature etc ;
— Livre III : du ciel ;
— Livre IV : des éléments ;
— Livre V : du ciel *sublunaris* et ses phénomènes (de la météorologie) ;
— Livre VI : des pierres précieuses ;
— Livre VII : des plantes ;
— Livre VIII : des animaux ;
— Livre IX : de l'âme humaine et des ses *passiones* ;
— Livre X : de l'homme vu à travers son histoire, depuis la chute jusqu'à la résurrection des corps (ce livre traite en même temps de la médecine, des arts mécaniques, de l'éthique et de la théologie).

---

27. Sur Henri de Herford, je me permets de renvoyer à VENTURA, 2008, qui essaie d'offrir un aperçu de la structure, des sources et de la place de cette œuvre, malheureusement trop souvent négligée par les spécialistes, dans l'histoire de l'encyclopédisme médiéval. Des recherches pionnières sur cet auteur ont été menées par L. Sturlese (voir note suivante). C'est à ce chercheur qu'on doit la découverte et une première évaluation de cette œuvre, et particulièrement sa mise en relation avec la culture scientifique et philosophique développée par les dominicains allemands au XIVᵉ siècle. Sur l'encyclopédisme et la culture scientifique des dominicains allemands, voir aussi VENTURA, 2007a.

Cette organisation qui reprend en apparence un *ordo rerum* typique des encyclopédies médiévales[28], reproduit en réalité le principe néoplatonicien de la chaîne des êtres. L'œuvre n'est pas structurée en chapitres, mais sous forme de questions et réponses. Le fait que l'auteur ait choisi la forme question-réponse nous dit beaucoup sur ses intentions. Le but de Henri de Herford avec la *Catena aurea entium* n'est pas uniquement de rédiger une encyclopédie qui offre une représentation systématique du monde de la nature, mais de réunir dans son œuvre tous les problèmes, toutes les questions que les éléments de la nature posent à l'homme. Avec l'aide de la *Catena aurea entium*, le lecteur apprend moins à connaître la nature, que les questions posées par les phénomènes qui la caractérisent et leurs explications. Le choix de la *quaestio* comme forme de division du propos est intéressante pour une autre raison : on doit se demander de quelle forme de question il s'agit. Dans la littérature du Moyen Âge, où le genre littéraire de la *quaestio* n'est pas cantonné au monde scolastique[29], il existe aussi une tradition de *quaestiones* didactiques[30], que l'on retrouve notamment dans les dialogues scientifiques (*Dragmaticon* de Guillaume de Conches[31], *Livre de Sydrac*[32]), ainsi que des genres "mixtes", qui relèvent de débats scolastiques dont ils synthétisent les résultats sous une forme claire et plus "didactique", comme les *Quaestiones salernitanae*, recueil anonyme rédigé probablement en Angleterre au cours du XIIe siècle et strictement lié à la tradition de l'École médicale de Salerne[33]. À mon avis, la forme de *quaestio* choisie par Henri de Herford représente un type intermédiaire entre ces deux formes : d'un côté, le compilateur utilise la *quaestio* pour mettre en évidence les propriétés des éléments naturels ; de l'autre, il reprend des problèmes qui ont fait l'objet d'une longue tradition de débats universitaires, comme, par exemple, ceux de l'*incubus*[34] ou les questions relatives à la sexualité[35]. De toute façon, en tant que compilateur d'une œuvre encyclopédique destinée à un public non universitaire, Henri préfère donner aux lecteurs des réponses courtes, compréhensibles et fiables aux questions qu'il pose dans la *Catena*, aussi ne choisit-il de ce fait qu'une seule réponse, attestée par une seule autorité, sans mener un long débat ni comparer différentes opinions. C'est exactement le contraire de ce qu'avait fait Henri Bate !

---

28. Sur l'*ordo rerum* dans les encyclopédies du XIIIe siècle, voir la contribution d'I. Draelants à ce volume.

29. Sur la *quaestio* universitaire, voir, en général, Bazan *et al.*, 1985 ; Lawn, 1993 ; Weijers, 1994 et 1995 ; Reynolds, 1999.

30. Sur l'utilisation de la *quaestio* avec un but didactique, et sur les encyclopédies structurées sous forme de question-réponse, voir Blair, 1999, et mes études : Ventura, 2004b, 2006 et 2007d.

31. Voir l'édition de Ronca *et al.*, 1997 ; pour une traduction, voir Ronca, Curr, 1997 ; Cetedoc, 2001. L'ancienne édition dite "Gratarolus" a longtemps servi de base aux travaux critiques : cf. Gratarolus, 1567. Sur Guillaume de Conches, voir Obrist, Caiazzo, 2001.

32. Voir l'édition de E. Ruhe, 2000. Plusieurs versions dans d'autres langues vernaculaires ont fait l'objet d'éditions récentes : Sgrilli, 1984 ; Burton *et al.*, 1998-1999. Sur le genre littéraire des dialogues, voir Cardelle de Hartmann, 2007.

33. Sur ce texte, voir Lawn, 1963 et l'édition Lawn, 1979.

34. Sur le thème de l'*incubus*, voir Van der Lugt, 2004.

35. Sur la sexualité au Moyen Âge, voir Thomasset, Jacquart 1985 ; voir aussi Bullogh, Brundage, 1996 ; Lochrie *et al.*, 1998. Voir enfin Cadden, 1999 et 2001.

En ce qui concerne les sources de la *Catena aurea entium*, il faut souligner que la plupart des sections consistent en des extraits tirés des écrits de Thomas d'Aquin et d'Albert le Grand. À côté de ces sources, on trouve aussi des œuvres attestées fréquemment par la tradition encyclopédique comme les *Étymologiae* d'Isidore de Séville ou la *Historia naturalis* de Pline, ainsi que des textes appartenant au domaine de la littérature philosophique et scientifique, ancienne ou médiévale, comme les *Problemata* du Pseudo-Aristote, la *Summa* de Nicolas de Strasbourg[36], ou la *Sphaera* de Jean de Sacrobosco[37]. Mais mon propos n'est pas ici d'identifier toutes les sources de la *Catena aurea entium*. Il est plus important de s'interroger sur les raisons qui ont mené Henri de Herford à choisir telle ou telle source et à se limiter à un seul auteur dans certains domaines. Cette question concerne surtout Albert le Grand et Thomas d'Aquin, pour lesquels on observe facilement que, dans la *Catena aurea entium*, le premier a autorité sur la philosophie et les sciences naturelles; et le second, sur la théologie. Cette distinction peut être comprise à la fois comme une décision personnelle de Henri de Herford, mais aussi comme une sorte de compromis permettant de résoudre le conflit entre la théologie de Thomas d'Aquin et le néoplatonisme d'Albert le Grand, conflit qui troublait la culture philosophique dominicaine allemande au xive siècle. Tandis que Thomas d'Aquin s'affirme lentement en Europe comme source principale pour la théologie, les dominicains allemands cherchent à promouvoir la pensée théologique d'Albert le Grand. Ce conflit caractérisera la culture allemande jusqu'à la fin du xve siècle, comme les études récentes d'A. de Libera et de K. Flasch l'ont bien montré[38]. En tant que simple auteur d'encyclopédie, Henri n'avait probablement ni les moyens intellectuels ni l'intérêt suffisant pour prendre position dans ce débat, qui transparaît cependant plus ou moins ouvertement dans son œuvre.

En résumé, il est difficile de qualifier les œuvres de Henri Bate et de Henri de Herford, ou le *Compendium philosophiae* de simples encyclopédies. Mais il serait aussi trop facile de les exclure purement et simplement de ce genre littéraire. Il faut donc s'interroger sur leur nature et leur trouver une désignation précise. En outre, nous devons nous demander sous quelles formes les relations entre culture philosophique et tradition encyclopédique se développent au Moyen Âge. Sur ce point, comme je l'annonçais, je n'offre pas de solutions, mais je souhaiterais encourager à réfléchir à ce sujet en proposant quelques suggestions. S'il y a un lien entre philosophie et culture encyclopédique au xiiie et au xive siècle, les compilations de Henri Bate, de Henri de Herford et de l'auteur anonyme du *Compendium philosophiae* en témoignent différemment. À mon avis, Henri Bate rédige un traité de philosophie structuré comme une encyclopédie, un traité qui se base sur

---

36. Sur Nicolas de Strasbourg, voir WAGNER, 1986; et pour l'édition: PELLEGRINO, SUAREZ-NANI, 1990-2009. Voir aussi IMBACH, LINDBLAD, 1985; LARGIER, 2000.

37. Sur cet ouvrage de base dans l'enseignement de l'astronomie au Moyen Âge, conservé dans de nombreux manuscrits et de multiples éditions, cf. THORNDIKE, 1949; ROSEN, 1949; PEDERSEN, 1985; AUJAC, 1993; ARNOLD, 1976; HAMEL, 2006; MORETON, 1994.

38. Voir, à côté des études mentionnées à la note 5, IMBACH, FLÜELER, 1985 et HOENEN, DE LIBERA, 1995.

un savoir encyclopédique, mais qui ne se présente pas comme une encyclopédie. Le *Compendium philosophiae* s'offre plutôt comme une sorte de "florilège encyclopédique", où la description de la nature se transforme en un canon de livres et d'autorités philosophiques. En effet, chaque partie du monde naturel est reliée à un livre d'Aristote qui peut servir de *vademecum* pour le comprendre. Henri de Herford, enfin, me semble avoir écrit une œuvre qui se place entre l'encyclopédie et le manuel de philosophie. Sa structure en forme des questions est faite pour permettre au lecteur non seulement d'apprendre des notions relatives aux éléments de la nature, mais aussi de trouver facilement des solutions aux problèmes posés par les phénomènes naturels. Les différentes intentions des compilateurs sont bien expliquées dans les prologues de leur compilation, dont l'étude apporterait beaucoup à la recherche sur les encyclopédies. Traditionnellement, en effet, les prologues nous en disent beaucoup sur le ou les but(s) de leur auteur ; or, jusqu'à présent, dans le domaine de l'encyclopédisme médiéval, les seules études systématiques existantes de cet élément des compilations encyclopédiques sont celles de M. Paulmier-Foucart et de S. Lusignan sur le prologue du *Speculum* de Vincent de Beauvais ; une étude plus large, qui étudie les prologues dans leur développement chronologique et typologique, reste à faire[39].

Dans la dernière partie de mon exposé, je voudrais compléter ma réflexion par une courte présentation d'un auteur qui témoigne, de manière très intéressante, d'une autre utilisation du savoir encyclopédique dans un contexte précis, celui de l'exégèse biblique au sein du milieu universitaire viennois à la fin du XIVe siècle. Henri de Langenstein rédige ses *Lecturae super Genesim* entre 1385 et 1397, date de sa mort[40]. Henri avait été professeur à la faculté de théologie de l'Université de Paris entre 1363 et 1382. Il quitte cette université lors du grand schisme de 1382, pour aller enseigner à l'Université de Vienne à la demande du duc Albert III, qui essayait de réorganiser et de revitaliser le *studium* de la métropole autrichienne. Dans ce milieu, qui connaîtra une grande vitalité intellectuelle sous son influence et celle de Henri d'Oyta, Henri se consacre à la rédaction d'œuvres théologiques. Les *Lecturae super Genesim*, qui occupent plus de 850 feuillets dans les manuscrits que j'ai eu l'occasion de consulter, demeurent encore inédites[41].

Avec ce *monstrum* exégétique, Henri nous donne un commentaire des trois premiers chapitres de la *Genèse*. L'œuvre est divisée en vingt-quatre livres, structurés *grosso modo* de la manière suivante : ayant renoncé à suivre l'ordre des versets bibliques, Henri divise les six jours de la Création en deux groupes (1-4

39. Sur le Prologue du *Speculum* de Vincent de Beauvais, voir PAULMIER-FOUCART, 2004 ; voir aussi LUSIGNAN, 1979. Un essai pour fournir une étude systématique des Prologues des outils de travail a été fait par BERLIOZ, POLO DE BEAULIEU, 2000.

40. Sur Henri de Langenstein, voir STENECK, 1976 (à ce jour, la seule monographie consacrée aux *Lecturae super Genesim*) et SHANK, 1988.

41. Les *codices* Wolfenbüttel, Herzog-August Bibliothek, 81.20 Guelf. Aug. 2° ; 81. 21 Guelf. Aug. 2° ; 81. 22 Guelf. Aug. 2°.

et 5-6). Le premier groupe est ensuite examiné selon quatre modes d'interprétation de la Création :

1. celui d'Augustin, le premier « *famosior expositor* » ;
2. celui de Jérôme, suivi par ceux de Bède[42] et de Walafrid Strabo[43] (la base des ces sections est représentée, en réalité, par la *Postilla* de Nicolas de Lyre[44]) ;
3. celui qui aboutit à donner un résumé des jours de la Création ;
4. celui qui nous offre une exposition littérale de cette section. Après avoir complété cette sorte d'*accessus* ou d'introduction, qui présente les différents modes de lecture biblique offerts par la tradition exégétique, Henri entreprend son propre commentaire.

Les *Lecturae super Genesim* constituent un véritable traité de philosophie naturelle, structuré sous forme de commentaire biblique. En feuilletant les volumes, le lecteur se perd dans l'énorme masse de données offertes, des questions abordées, des domaines du savoir traités[45]. Tout d'abord, il faut considérer l'ensemble des sources utilisées par Henri de Langenstein. Bien que nous ayons affaire à un théologien de la fin du XIVe siècle, l'ensemble des sources utilisées dans les *Lecturae super Genesim* remontent à une tradition bien établie et représentée pendant le Moyen Âge. Henri utilise Augustin, Jérôme, la *Glossa ordinaria*[46], et la *Postilla* de Nicolas de Lyre, commentaire plus récent mais largement consulté au XIVe siècle. En ce qui concerne le domaine scientifique, il se sert surtout d'Aristote, des *Étymologies* d'Isidore de Séville, de l'*Historia naturalis* de Pline, de l'*Hexameron* d'Ambroise de Milan[47]. Il s'agit donc des sources, des instruments de travail et des *auctoritates* couramment utilisés par les compilateurs du XIIIe siècle. Parmi les sources plus récentes, il est important de souligner le rôle joué par les écrits scientifiques d'Albert le Grand, en particulier par les *Meteora* et par le *De animalibus*[48]. Albert est devenu, pour Henri de Langenstein, une source importante dans le domaine de la philosophie naturelle, bien qu'il n'atteigne pas au statut de référence fondamentale qu'il a dans la *Catena aurea entium* de Henri de Herford.

---

42. Pour les éditions, voir Fraipont, 1995 ; Jones, 1975-1980. L'édition de la *Pars ii, Opera exegetica* est en cours : plusieurs volumes sont déjà parus depuis 1955. Sur l'exégèse biblique de Bède, voir Meyer, 2001 ; DeGregorio, 2002 et 2010.

43. Walafrid Strabo, *Opera omnia*, *PL* 113-114. Sur l'exégèse biblique de Walafrid et sur la genèse de la *Glossa ordinaria*, voir Smith, 2009.

44. Nicolas de Lyre, 1488 ; *Glossa ordinaria* 1634. Sur Nicolas de Lyre, voir Krey, Smith, 2007 et Klepper, 2007.

45. Malheureusement, cette véritable encyclopédie de la *Genèse* n'a pas encore suscité l'attention des experts de la littérature scientifique et encyclopédique médiévale, en dépit des suggestions de Nicholas H. Steneck. J'espère vivement que cette œuvre obtiendra plus d'attention dans le futur. Ici, je voudrais simplement lancer quelques pistes de recherche.

46. Voir la note 45 *supra*, et éd. Froehlich, Gibson, 1992 ; éd. Dove, 1997 ; éd. Andrée, 2005. Cf. Stegmüller, 1940-1980.

47. Pour l'édition et la traduction voir Schenkl, 1897 ; Banterle, 2002.

48. Voir les éditions Hossfeld, 2003 et Stadler, 1916-1921 ; pour la traduction anglaise du *De animalibus,* voir Kitchell, Resnick, 1999. Sur ce dernier texte, voir Stadler, 1912 ; Goldstein-Préaud, 1981 ; Steel *et al.*, 1999 ; Anzulewicz, 2009. Sur les *Meteora*, voir Ducos, 1995 ; Hossfeld, 1980 et 2001.

L'étude des sources des *Lecturae super Genesim* pourrait donc représenter un point de départ intéressant pour une analyse des relations entre philosophie naturelle, culture encyclopédique et exégèse biblique au Moyen Âge tardif. Plusieurs compilateurs soulignent l'importance de l'acquisition d'un savoir encyclopédique pour rédiger un commentaire complet, articulé et fiable de l'Écriture. Barthélemy l'Anglais et Vincent de Beauvais déclarent plus ou moins ouvertement leur intention de fournir un outil de travail destiné à l'usage des commentateurs de l'Écriture[49]. Mais quelle est la manière dont les exégètes exploitent le savoir encyclopédique dans leur interprétation de l'Écriture ? Comment ont-ils utilisé les instruments de travail fournis par les encyclopédistes ? Est-ce que leur intérêt pour les encyclopédies augmente, alors que l'attention pour le domaine des *res*, pour les *naturalia* contenus dans la *Bible* se réveille au XIIIᵉ siècle, et prend sa place à côté de l'interprétation symbolique du contenu de l'Écriture ? D'après mon analyse – encore très partielle – des *Lecturae super Genesim* de Henri de Langenstein et la comparaison de ce texte avec d'autres écrits exégétiques sur la *Genèse*, j'ai pu constater la présence de deux tendances différentes en ce qui concerne l'usage d'une culture encyclopédique dans l'interprétation de l'Écriture. D'un côté, on peut remarquer une tendance "pragmatique" qui consiste à utiliser les encyclopédies comme instruments de travail fournissant des *données* concrètes, des descriptions et des explications accessibles, et mettant à disposition du commentateur le contenu de plusieurs livres dans un seul volume (MEIER, 1984). Ce mode d'utilisation des encyclopédies comme un véritable outil de consultation est en conformité avec leur but originel, souligné par Vincent de Beauvais ou par Barthélemy l'Anglais[50]. Il se retrouve dans les commentaires, malheureusement inédits, de Simon de Hinton, un exégète qui a largement utilisé le *Speculum naturale* de Vincent de Beauvais[51]. D'un autre côté, on peut remarquer chez Henri de Langenstein, une façon plus "sophistiquée" de mélanger culture encyclopédique et exégèse biblique. En bon représentant de la culture universitaire du Moyen Âge tardif, Henri ne considère pas le récit de la Création selon la *Genèse* comme une simple représentation du monde naturel ou une image du monde, mais comme un point de départ pour la discussion et l'interprétation des phénomènes qui le caractérisent. Dans ce contexte, les données livrées par les encyclopédies et par certains traités de philosophie naturelle sont utilisées pour enrichir la discussion

---

49. L'intention du compilateur de fournir un outil de travail pour les interprètes de la Bible est soulignée par Barthélemy l'Anglais dans le Prologue général du *De proprietatibus rerum* : *Cum proprietates rerum sequantur substantias, secundum distinctionem et ordinem substantiarum erit ordo et distinctio proprietatum, de quibus adiutorio divino est presens opusculum compilatum, utile mihi et forsitan aliis, qui naturas rerum et proprietates per sanctorum libros nec non et philosophorum dispersas non cognoverunt, ad intelligenda enigmata Scripturarum, que sub symbolis et figuris proprietatum rerum naturalium et artificialium a Spiritu Sancto sunt tradite et velate* (éd. H. MEYER, dans VAN DEN ABEELE *et al.*, 2007 : 51). Voir aussi VENTURA, 2007c.

50. Le rôle des encyclopédies en tant qu'instrument de consultation est souligné, par exemple, par Vincent de Beauvais dans le *Libellus apologeticus* qui ouvre le *Speculum maius*. Voir à ce propos PAULMIER-FOUCART, 2004 : 26 *sq.*

51. SMALLEY, 1983 : 318-320, 1946, 1948a et 1948b. Voir aussi VENTURA, 2007c.

liée à tel ou tel aspect spécifique de la nature (le monde animal, par exemple), et pas seulement pour mieux le décrire.

En ce qui concerne la méthode générale de travail de Henri de Langenstein, j'ai pu relever, à la suite de N. H. STENECKE (1976), que l'auteur des *Lecturae super Genesim* ne propose pas seulement une exégèse "didactique", décrivant et expliquant les *naturalia* bibliques[52], mais aussi une explication "théorique" ou "spéculative", dans laquelle des questions relatives au domaine de la philosophie naturelle ou à la nature et aux propriétés de certaines *disciplinae* ou *artes* font l'objet d'un intérêt spécifique. L'étude des étoiles et des sphères célestes lui donne, par exemple, l'occasion d'attaquer l'astrologie et de critiquer les sciences liées à la divination. Bien sûr, la *Bible* ne devient pas pour autant prétexte à un traité scientifique ! J'ai plutôt l'impression que les *Lecturae super Genesim* témoignent d'un rencontre entre la culture encyclopédique et un milieu académique où science et philosophie naturelle sont comprises et intégrées à la théologie. À ce propos, il est intéressant de relever qu'environ cent ans après la condamnation de 1277, quand la théologie "officielle" cherchait à contrôler ou censurer l'activité intellectuelle de la faculté des Arts, la philosophie naturelle issue de ce milieu s'inscrit dans un contexte théologique. Mais la science diffusée par Henri de Langenstein est-elle seulement le résultat de débats universitaires ? N'oublions pas que dans les années 1360, cet auteur a fait partie du groupe d'intellectuels liés à la cour de Charles V, aux côtés notamment de Nicole Oresme et de Jean Corbechon, traducteur français du *De proprietatibus rerum* de Barthélemy l'Anglais. Il se pourrait donc que les *Lecturae super Genesim* soient le résultat d'un mélange d'influences culturelles diverses, et traduisent des enjeux doctrinaux engageant science, philosophie, et théologie.

À la fin de ce bref et modeste parcours dans la littérature encyclopédique du Moyen Âge tardif à travers ses représentants les plus éminents, dont nous avons vu qu'ils manifestent plus ou moins clairement l'intention de dépasser la simple dimension compilatoire du genre pour privilégier une structure plus proche du traité philosophique, je voudrais proposer quelques réflexions conclusives.

L'analyse des quatre œuvres que nous avons étudiées nous a montré comment la littérature et la culture encyclopédiques entrent en contact avec la culture philosophique contemporaine et se tournent de plus en plus vers les autorités qui dominent les débats universitaires. Il faut notamment souligner l'importance croissante d'Albert le Grand et de Thomas d'Aquin en tant qu'autorités encyclopédiques, en tant que sources plus complètes et mieux documentées que les encyclopédies plus anciennes, en tant que point de départ enfin de débats philosophiques contemporains.

L'intégration des sources philosophiques et scientifiques dans les encyclopédies considérées dans cette étude s'accompagne d'une réduction considérable des sources bibliques et patristiques. Si Vincent de Beauvais ou Barthélemy l'Anglais

---

52. L'apparition du serpent tentant Ève lui donne, par exemple, l'occasion de rédiger un petit traité sur les reptiles.

accordent encore une certaine importance aux commentaires bibliques de l'Antiquité tardive et du Moyen Âge, et par là même à des autorités comme Augustin ou Jérôme, ou à des exégètes comme Pierre le Mangeur[53], nos encyclopédies "philosophiques" mettent ces auteurs de côté au profit des textes aristotéliciens sur la philosophie naturelle et/ou de leurs commentaires[54], en particulier ceux d'Albert le Grand.

On peut aussi remarquer que les compilateurs encyclopédiques à orientation philosophique ont un rapport bien particulier avec leurs textes et auteurs de référence. Comme Barthélemy l'Anglais et Vincent de Beauvais l'ont exposé, chaque auteur encyclopédique réunit et organise son propre corpus de sources et d'autorités. Il extrait des passages dont l'enchaînement fonde son discours et sa description du monde naturel et de ses phénomènes. Ces sources sont néanmoins utilisées de façon "pragmatique", pour produire un récit fiable et fonctionnel. Or, les auteurs considérés dans cette étude ne suivent pas toujours cette méthode. Si l'auteur du *Compendium philosophiae* se comporte encore comme un simple compilateur encyclopédique, isolant et organisant plusieurs extraits tirés d'un réseau d'autorités de référence pour composer sa propre description interprétative du monde naturel, Henri de Herford choisit en revanche de répondre à une série de questions bien précises en s'appuyant chaque fois sur une seule autorité, qui devient de ce fait la seule référence possible et fiable pour apporter une solution à un problème. Ainsi témoigne-t-il d'une conception particulière du texte encyclopédique, dont la fonction n'est pas de *décrire* des phénomènes naturels, mais de *donner une réponse unique* aux questions qu'ils posent. Il modifie ainsi la fonction de la source et de l'*auctoritas*, non plus considérée comme un *outil de travail* utilisé pour une *description*, mais comme l'*Autorité* à laquelle on peut se référer pour donner une *solution* à une question débattue. Dans ce sens, Henri Bate va encore plus loin, puisqu'en écrivant un texte entre encyclopédie et traité philosophique, il choisit non seulement de reprendre le contenu de références, mais surtout de le modifier, de le manipuler en vue de ses propres fins et de comparer les opinions de différentes autorités, en créant, pour ainsi dire, un débat virtuel entre auteurs et sources.

À côté du corpus des sources et de l'attitude face aux autorités, qui furent l'objet principal de cette analyse, il faut évoquer la structure et l'orientation des encyclopédies que nous avons étudiées. Si le compilateur anonyme du *Compendium philosophiae* propose encore une organisation proche de celle d'une simple encyclopédie, structurée selon la tripartition aristotélicienne du savoir, tripartition bien diffusée au XIIIᵉ siècle – comme le montrent Brunetto Latini ou Arnold de

---

53. Pour les éditions, voir Pierre le Mangeur, 1485 ; SYLWAN, 2005 et éd. CTLO, 2007. Cf. SHERWOOD-SMITH, 2000 et DAHAN, 2013.
54. Tendance dont témoigne déjà Arnold de Saxe pendant la première moitié du XIIIᵉ siècle. Voir à ce propos DRAELANTS, 1992, 1993 et 2002.

Saxe [55]–, Henri Bate et Henri de Herford vont plus loin et se situent au carrefour entre la tradition encyclopédique et la culture universitaire, car ils utilisent, pour l'un, la structure d'un traité philosophique, pour l'autre, le système de la question didactique et scientifique. Dans une étape plus avancée de ce processus, Henri de Langenstein montre comment transformer un commentaire sur la *Genèse* en un traité de philosophie et de sciences naturelles, – ou mieux : comment transférer le savoir encyclopédique concernant le monde de la nature dans un commentaire universitaire de l'Écriture.

Les structures des encyclopédies considérées témoignent déjà d'une certaine tendance à transformer les compilations en projets plus ambitieux, pour en faire un type d'œuvres qui dépassent largement la simple collection, organisation, et mise à disposition du savoir. Mais il est aussi possible que certains des sujets abordés et leur traitement par le compilateur relèvent d'une attitude différente vis-à-vis de la matière étudiée, attitude qui reflète la sensibilité des auteurs au débat contemporain. T. W. Köhler a ainsi justement souligné que des domaines comme l'homme, son âme, sa vie, représentent plus que de simples objets d'études, à la différence du monde animal ou végétal. Il s'agit de sujets que déjà certaines encyclopédies du XIII⁰ siècle, comme le *Speculum naturale* de Vincent de Beauvais, cherchent à traiter d'une façon moins "descriptive", et plus "problématisée" (KÖHLER, 2000). Or, ce constat peut être étendu aux encyclopédies que nous avons évoquées et dont le discours sur l'homme dépasse le stade de la compilation pour se rapprocher, au moins dans le choix des sujets traités, des *summae* philosophiques contemporaines.

Cette question des disciplines et des domaines du savoir les plus susceptibles d'un changement dans leur bagage culturel, leur orientation, et leur traitement, mérite certainement des recherches plus approfondies. Des thèmes comme le corps humain et ses parties, l'âme, les sens et la psychologie, représentent des domaines du savoir marqués par de profonds changements et des progrès considérables, lisibles aussi bien dans les textes que dans l'importance et la qualité des débats qui les concernent. Ceci n'a pas laissé insensibles les compilateurs encyclopédiques, mais les a sûrement poussés à changer l'ampleur, la perspective, le degré de complexité de leur discours. Toutefois, le sujet n'a pas encore reçu l'attention qu'il mérite et n'a pas été étudié suffisamment. Une analyse plus générale de la culture encyclopédique en matière de physiologie, de psychologie, de doctrines de l'âme serait indispensable pour comprendre les évolutions et les transformations du traitement de ces sujets au fil des siècles et en relation avec l'utilisation et la réception de différentes sources.

---

55. Sur Arnold de Saxe, voir la note précédente et la contribution d'Isabelle Draelants dans ce même volume. Plusieurs éditions critiques ont vu le jour : CARMODY, 1948 ; BALDWIN, BARRETTE, 2003 ; BELTRAMI *et al.*, 2007. Les versions médiévales (en catalan, espagnol, italien) de l'ouvrage ont également connues des éditions scientifiques récentes. Sur l'œuvre de Brunetto Latini, voir MAFFIA SCARIATI, 2008.

Pour conclure, j'espère avoir montré que l'encyclopédisme médiéval est bien plus qu'un ensemble d'ouvrages ayant pour but l'organisation et la mise à disposition du savoir sous forme d'extraits réunis dans une compilation. Il s'agit d'un genre littéraire sensible aux transformations culturelles et aux réflexions contemporaines. Il s'agit en outre d'un genre qui cherche à dépasser les limites de la simple « description de la nature et du monde », pour parvenir au stade de l'explication et de l'interprétation des phénomènes, tout en conservant sa dimension et son intention didactiques. Ainsi apparaissent des textes qui ne sont plus de simples encyclopédies, mais des œuvres mixtes qui mêlent la compilation encyclopédique et le traité philosophique, reflétant les grands débats philosophiques de leur période.

AMBITION ENCYCLOPÉDIQUE OU INFLUENCE DU GENRE ENCYCLOPÉDIQUE AU DÉBUT DU XIVe SIÈCLE ? LE *MEMORIALE HISTORIARUM* DE JEAN DE SAINT-VICTOR

Isabelle Guyot-Bachy

Centre de Médiévistique Jean-Schneider, Université de Lorraine – CNRS

Le XIIIe siècle fut, selon l'expression de Jacques Le Goff, un « siècle encyclopédiste ». Il fut aussi le siècle qui vit le triomphe de l'histoire universelle. Dans quelle mesure les chemins de ces deux genres littéraires eurent-ils l'occasion de se croiser ?

En effet, si l'on sait la place faite à l'histoire dans les œuvres encyclopédiques médiévales, que l'on pense au *De proprietatibus rerum* de Barthélemy l'Anglais[1] ou mieux encore au *Speculum maius* du dominicain Vincent de Beauvais qui consacre toute une partie de son œuvre à l'histoire dans le *Speculum historiale*, la question inverse – celle de l'ambition encyclopédique des historiens médiévaux – est plus délicate et a rarement été abordée[2].

Au premier abord, les deux genres s'opposent : comment l'histoire, qui n'est ni une science ni une discipline reconnue, tout juste une modeste auxiliaire de la théologie ou du droit, pourrait-elle rivaliser avec l'ambition encyclopédique de rendre compte de l'ensemble du savoir de son temps ? Chroniqueurs et historiens s'accordent sur la mission qui est la leur : dérouler les événements connus du passé, en un récit simple et vrai, organisé selon l'ordre chronologique. Le travail sur les repères chronologiques, sur les concordances entre les règnes, bref la mise au point de techniques de datation ont fait de l'historien médiéval un maître du temps, pas un maître du savoir, en dépit de la haute culture de certains d'entre eux. Sont-ils pour autant demeurés hermétiques à l'ambition encyclopédique ?

Sans prétendre aucunement à une réponse définitive ou généralisable, je me propose simplement d'évoquer quelques pistes de réflexion autour du *Memoriale historiarum* de Jean de Saint-Victor. Après une rapide présentation de ce texte, je voudrais y repérer d'éventuelles traces d'un savoir mais aussi d'une méthode encyclopédique, avant d'essayer de comprendre le sens que ces traces peuvent prendre dans une œuvre qui est d'abord et dans son essence même celle d'un historien.

---

1.   Salvat, 1995.

2.   Sauf à propos d'Hélinand de Froidmont et de son *Chronicon*, dont il sera question plus loin.

Encyclopédire : formes de l'ambition encyclopédique dans l'Antiquité et au Moyen Âge, éd. par Arnaud Zucker, Turnhout, 2013, *(Collection d'Études Médiévales de Nice, 14)*, pp. 125-138.
© BREPOLS ❧ PUBLISHERS   DOI 10.1484/M.CEM-EB.1.101793

Histoire d'un texte à la genèse complexe

C'est sans doute dans les toutes premières années du xive siècle, qu'un chanoine victorin anonyme, que la tradition prénomme Jean, entreprit de composer une chronique universelle dont le point de départ était l'avènement de César et la mise en place de l'Empire. Dans le prologue, l'auteur annonçait sa volonté de rassembler en un volume, en une somme (*velut in summa*), l'ensemble des connaissances historiques dispersées en de multiples ouvrages[3]. Dans l'unique manuscrit qui conserve le texte de ce premier *Memoriale,* rien quant au fond comme dans la mise en forme ne permet d'envisager la moindre ambition encyclopédique.

Mais cette première version de l'œuvre fut vite abandonnée et demeura inachevée[4]. À partir de 1307 et jusqu'en 1326, soit pendant près d'un quart de siècle, Jean de Saint-Victor travailla à une seconde version. Si l'on ignore les raisons précises qui ont conduit à la révision du projet initial, on peut cependant y voir une décision de l'ensemble de la communauté. Elle porte ce projet, en mettant à la disposition du maître d'œuvre, non seulement les richesses de la bibliothèque mais aussi une équipe, sans doute modeste, mais dont on devine l'activité dans la préparation des dossiers et le travail de compilation.

La seconde version se démarque d'abord de la première par sa taille (près de sept cents folios contre deux cent quatre-vingt-sept). En revanche, son organisation interne n'apparaît pas clairement au lecteur. Le problème tient à ce que l'œuvre nous est parvenue en plusieurs fragments. Pour tenter de restituer le plan d'ensemble, il faut donc s'efforcer d'assembler les éléments en notre possession sur la base des indices donnés par l'auteur au fil de son texte. Tous indiquent que le plan prévu devait comporter trois parties, chacune subdivisées à son tour en deux ou trois livres[5]. Cette structure en livres et chapitres est d'ailleurs annoncée

---

3.	Jean de Saint-Victor, édition critique et traduction par I. Guyot-Bachy et D. Poirel, 2002 : 72-74 : *Quantum ad hoc igitur presens opusculum, quantulicumque sit reputandum precii, aliquid utilitatis habere poterit ut videlicet per ipsum, sicut per memoriale quoddam, hystorie, maxime a tempore Iulii Cesaris, primi Romanorum imperatoris, usque ad moderna tempora scripte, ad memoriam reducantur. Sicut enim sciunt experti, in hystoriis que multe hactenus edite sunt, nec a quolibet possunt omnes haberi, vel perlegi ab eis eciam qui habent eas, nec possunt semper pre manibus haberi, multa, inquam, et diversa diffuse tractantur. Similiter in chronicis multis, multa et de multis tanguntur. Tam ergo de istis quam de illis, multa in presenti opusculo, quantum ad predicta tempora, compendiose et velut in summa, sub assignatione certi temporis, continentur, ita ut faciliter satis possint ab eis etiam qui hystorias non legerunt intelligi, et eos qui ipsa legerunt lectorum faciant recordari.*

4.	Pour plus ample information sur cette première version du *Memoriale historiarum,* que l'on me permette de renvoyer le lecteur à mon travail de thèse : Guyot-Bachy, 2000.

5.	Tous ces indices figurent dans le premier livre de la première partie conservé dans le manuscrit BnF, lat. 15010, f. 1-162v. En voici quelques exemples : f. 9 v. : *Legi alibi quod Empedocles vocabatur, de quo infra in II[a] parte consequenti libro I°* ; à propos de Pôros, roi indien vaincu par Alexandre, Jean dit qu'il en reparlera *infra in eadem [prima] parte libro III° suo loco* ; le prêtre Jean sera évoqué *infra III[a] parte et III° libro* ; f. 43 : Godefroi de Bouillon appartenait à la *III[a] parte libro III°* ; f. 55 : de Reims, il sera question plus longuement *infra II[a] parte libro II°*

par une rubrique figurant en tête de l'ouvrage[6]. De la première partie, nous possédons assurément le livre I allant de la création à la naissance de Moïse[7]. Le livre II s'ouvrait donc avec Moïse et allait au moins jusqu'à la mort de ce prophète[8]. Le troisième livre incluait Alexandre et ses conquêtes. Peut-être peut-on y rattacher les folios placés avant la chronique, en tête du manuscrit lat. 15011 et dont l'incipit est *Moyses cum centum viginti annorum esset*[9].

De la seconde partie, nous pouvons simplement observer que l'on y trouvait au livre I des informations sur les langues et sur l'invention des sciences, ce qui suggère une approche plus thématique que chronologique[10]. Dans le second livre de cette seconde partie, on rencontrait aussi bien Abgar, toparque d'Edesse, Alexandre Mamme, la fondation du royaume des Bretons ou encore la présentation de Reims comme ville du sacre. Tous ces renvois convergeant plus ou moins vers la notion de "royaume" incitent – sans toutefois que la preuve puisse en être établie – à voir une trace de ce second livre dans la partie du *Memoriale* connue sous le nom de *Tractatus de origine et divisione regnorum*, inséré à la suite du prologue et préludant à la chronique allant de César à 1322[11]. La troisième partie est mieux connue et conservée. Elle se présente sous la forme d'une chronique universelle, dont le point de départ est comme dans la première version l'avènement impérial de César. On y retrouve bien tous les renvois qu'y faisait l'auteur dans son premier livre. Dans cette troisième partie, la partition en livres et chapitres a visiblement été abandonnée au profit de la seule chronologie. La structure interne est guidée par les seules *series temporum* et par l'année de l'Incarnation.

De cette laborieuse tentative de reconstitution de l'œuvre intégrale, il apparaît surtout que le plan fut remanié en cours de réalisation et que les collaborateurs de Jean réunirent tant bien que mal après sa mort les différents éléments déjà composés. Peut-on dans cet ensemble disparate déceler une ambition encyclopédique ?

LE *MEMORIALE HISTORIARUM* À L'ÉPREUVE DU MODÈLE « ENCYCLOPÉDIAL » DE VINCENT DE BEAUVAIS

Pour tenter de répondre à cette question, il nous faudra confronter le *Memoriale historiarum* au modèle théorique dont B. Ribémont a énoncé les axes principaux : une réflexion à caractère philosophique et théologique sur le système du monde intégrant les rapports hiérarchisés homme/nature ; une interrogation sur les modes

---

6.   BnF, lat. 15010, f. 2 : *Incipit Memoriale historiarum prima pars et prime partis liber primus et libri primi capitulum primum de creatione celi et terre et angelorum.*

7.   BnF, lat. 15010, f. 1-162v. Les incipit et explicit ne laissent aucun doute.

8.   On en connaît le premier mot (*expedito*) grâce à la signature de cahier au bas du folio 162v et dans le texte la rubrique « *Incipit liber secundus* ».

9.   BnF, lat. 15011, fol. s. n. -3r. Ce court récit va de la mort de Moïse à Marc Antoine et précède dans certains manuscrits le prologue et la chronique allant de César à 1322.

10.   *Ibid.,* f. 13v et 19v.

11.   éd. GUYOT-BACHY, POIREL, 2002 : 72-74.

de fonctionnement de la pensée humaine, intégrant une réflexion sur les arts libéraux, les différentes disciplines, la philosophie, l'exégèse ; une conscience que le livre est un lieu de mémoire, miroir des choses de la nature, que l'auteur livre au public au travers d'un savoir très largement compilé, toujours exploitable dans un but précis, attaché à une morale, religieuse et/ou politique[12]. Mais avant d'entreprendre cette confrontation avec le modèle théorique, il nous faut tenir compte des contacts réels que Jean de Saint-Victor a pu avoir avec les encyclopédies de son temps et s'interroger sur les modèles concrets qui auraient pu guider son ambition encyclopédique.

C'est ici qu'intervient le *Speculum maius* du dominicain Vincent de Beauvais, seule œuvre relevant du genre encyclopédique dont nous savons avec certitude que Jean de Saint-Victor l'a connue et utilisée[13]. Sa présence dans le corpus des sources de la seconde version constitue même un élément majeur de la révision du *Memoriale*. Et sur certains points, le modèle "encyclopédial" offert par le *Speculum maius* semble bien avoir influencé le travail du Victorin. Ainsi, la troisième partie du *Memoriale*, la chronique allant de César aux *tempora moderna* pourrait s'apparenter au *Speculum historiale* dont Vincent de Beauvais justifiait l'existence au sein du *Speculum maius* dans le déploiement de « la beauté de la création dans son dynamisme temporel »[14]. Mais le *Speculum historiale* venait rationnellement à la suite du *Speculum naturale,* récit de l'histoire naturelle, élément dont il reste à trouver trace dans le *Memoriale historiarum*.

De même, le *Tractatus de origine et divisione regnorum,* dans lequel Jean développe avec tant de sagacité sa vision de l'histoire, présente quelques similitudes avec des passages plus ou moins longs que Vincent de Beauvais insère sous la rubrique *Tractatus*. Il s'agit de passages sans doute construits à partir de *reportationes* de cours donnés par lui-même ou par ses frères dominicains[15]. Le mot *tractatus* désigne un exposé sous plusieurs aspects d'un sujet unique[16]. Dans le cas du *Tractatus de origine et divisione regnorum*, le sujet est l'histoire de l'humanité en ce qu'elle se divise sans cesse en royaumes qui sont autant d'exemples historiques de la *divisio regnorum*. Ce *tractatus* qui rompt avec la *narratio* chronologique du *Memoriale* pourrait, d'une certaine manière, rejoindre un aspect de la pratique encyclopédique.

Mais c'est assurément dans le premier livre de la première partie que l'on sent la proximité avec le *Speculum maius*. En effet, comme Vincent, Jean a soigneusement numéroté et titré ses chapitres, révélant ainsi le plan adopté. Partant de la création du ciel et de la terre, il traite d'abord des anges et des démons (ch. I-IV), puis décline l'œuvre des six jours de la Création jusqu'à la chute. Ce schéma inspiré des conceptions dionysiennes n'est pas sans rappeler celui qu'avait suivi Honorius Augustodunensis pour son *Imago mundi,* puis que Vincent de Beauvais

---

12. Ribémont, 1995b.
13. Guyot-Bachy, 2000 : 186-188.
14. Paulmier-Foucart, 2004 : 77.
15. Paulmier-Foucart, 2001 : 145-160.
16. Bourgain, 2001 (plus particulièrement p. 362).

avait adapté dans le *Speculum maius*[17]. La matière textuelle du premier livre du *Memoriale* est organisée en cent soixante-dix chapitres, chaque chapitre couvrant en moyenne un folio recto-verso. Ces « unités de lecture » (M. Paulmier-Foucart) sont dotées d'un titre et numérotées, ce qui permet à l'auteur de faire des renvois de l'un à l'autre[18]. L'impression prévaut d'une matière fermement organisée, structurée, hiérarchisée depuis la présentation générale jusqu'à l'exposition de points particuliers. D'un chapitre à l'autre, mais parfois à l'intérieur d'un même chapitre, des transitions sont ménagées afin de rendre l'exposé plus clair. Des rubriques indiquées dans la marge droite du texte scandent les différents points abordés dans chacun des chapitres. Il y a donc dans cette partie du *Memoriale* une vraie structuration du savoir, servie par une mise en page rigoureuse, qui imite et approche au plus près la mise en forme aboutie à laquelle était parvenu Vincent de Beauvais dans le *Speculum maius*.

Le premier livre du *Memoriale historiarum* rejoint encore sur un point ce que l'on peut observer dans l'encyclopédie du dominicain : la technique compilatoire et la mise en valeur graphique des sources utilisées. Car si l'encyclopédiste et l'historien ont a priori en commun la pratique de la compilation, l'un et l'autre procèdent selon des techniques différentes : historiens et chroniqueurs choisissent généralement une source principale, sorte de fil conducteur, qu'ils complètent à l'aide d'une ou de plusieurs sources secondaires, destinées à nourrir le récit, à préciser tel ou tel détail. Ils peuvent recopier tel passage de leur source, mais leur travail compilatoire consiste le plus souvent à agencer les différents extraits, à les entrelacer, voire à les réécrire. Leur système de référence aux *auctoritates* est rarement très contraignant. Nombre de chroniqueurs ne citent pas leurs sources ou se contentent d'en annoncer quelques-unes dans le prologue. Le travail de l'encyclopédiste repose, lui, essentiellement sur une volonté de livrer un miroir exhaustif du savoir, en donnant au lecteur un accès direct aux *auctoritates*. Et dans ce domaine, on peut dire que le *Speculum maius* constitue un paradigme : dès le prologue, Vincent a expliqué son souci d'indiquer clairement et sans risque d'erreur les auteurs et les œuvres cités[19]. Or, la pratique de Jean de Saint-Victor dans ce premier livre du *Memoriale* s'apparente nettement plus aux exigences des encyclopédistes qu'à celles des historiens. En effet, d'une part, on le voit assembler dans le cadre de chaque chapitre un nombre de sources élevé, pouvant aller jusqu'à la dizaine. Certaines de ses sources, parfois oubliées au moment de la rédaction, trouvent leur place après coup dans les marges, témoignant du

---

17. Ribémont, 1995a et Paulmier-Foucart, 2004 : 23-40. Denys l'Aréopagite est un auteur régulièrement lu et commenté à Saint-Victor depuis Hugues. Dans le premier livre du *Memoriale,* Jean cite deux fois Denys, *in libro de divinis nominibus* (chap. III) et *in libro de celesti seu angelica Ierarchia* (chap. IV).

18. BnF, lat. 15010, f. 12 (chap. X) : *De paradiso terrestri quid est et ubi est et de IIII^or fluminibus eius de quibus loquitur Moyses Gen. II° amplius loquimur infra eadem parte et eodem libro ca° XXXV° cum de Asye partibus erit sermo*; f. 137v-138 (chap. CXLIII : *De coniugio Abrahe cum Cethura et de liberis eorum*) : *De terra Madiam tactum est supra ca° LII°* […] *De ipsa Traconitidem et de Sarracenis habitum est amplius supra ca° LII°, de Arabia vero supra XLI° et de Fenice XLIII° et similiter de aliis suo loco dictum est vel dicetur.*

19. Ribémont, 1995b : 251 ; Paulmier-Foucart, 2004 : 39-40.

souci de livrer l'ensemble du savoir sur la question[20]. Non seulement Jean de Saint-Victor indique précisément dans la marge gauche de son texte les sources auxquelles il se réfère, allant parfois jusqu'à préciser le livre et le chapitre, mais le passage compilé l'est textuellement, comme chez Vincent. Par ailleurs, l'extrait est toujours encadré dans le corps du texte par un incipit – l'annonce de la source d'où il est tiré : *ut dicit*, et un explicit : *hoc* ou *haec* suivi du rappel de l'auteur de la source. Dans la marge, à la suite du nom de l'auteur, une accolade souligne le passage[21]. La rigueur de la pratique compilatoire et de la référence aux *auctoritates* sont ici exceptionnelles en regard de ce qui se passe dans le reste de l'œuvre et témoignent d'un vrai souci de livrer un savoir exhaustif et authentique parce qu'autorisé.

Par son plan, par la structure et la mise en page du texte et par la rigueur des références aux autorités, le premier livre du *Memoriale* exprime une ambition éditoriale qui est aussi celle des encyclopédistes et dont le modèle est sans doute le *Speculum maius* de Vincent de Beauvais.

SOURCES COMPILÉES ET SAVOIR ENCYCLOPÉDIQUE

Au fil des cent soixante-dix chapitres du premier livre, ce ne sont pas moins de 1378 citations que Jean de Saint-Victor a compilées et agencées. Le système de références adopté permet d'entrer avec quelque précision dans le savoir ainsi exposé. On est d'abord frappé par la part très modeste des encyclopédies médiévales. Certes, les *Étymologies* d'Isidore de Séville, texte fondateur pour le genre encyclopédique médiéval, viennent en tête avec cent cinquante-trois citations. Mais le *De nuptiis Philologiae et Mercurii* de Martianus Capella et le *De natura rerum* de Bède le Vénérable ne sont cités respectivement qu'une fois et tout porte à croire que l'extrait en a été fait à partir d'un florilège ou d'une œuvre intermédiaire[22]. Pour le XIIe siècle, on relève dix citations de la *Cosmographia* de Bernard Silvestre et vingt-six de l'*Imago mundi* d'Honorius Augustodunensis. Dans les deux cas, l'absence de références précises à l'intérieur de l'œuvre laisse supposer une compilation à partir d'une œuvre-relais, peut-être le *Speculum historiale*[23].

---

20. Voici un exemple : f. 140-141v (ch. CXLVI : *de obitu Abrahe et laude eius*) : *De hoc in IIII° Sententiarum d. XLV^a* a été ajouté dans la marge et vient compléter la référence précédente ; de même, f. 36-37 (ch. XXXVI : *De India et situ eius et partibus*) : *Item Valerius Maximus libro III° et ca° III°*... a été rajouté dans la marge droite avec un signe de renvoi dans le texte. Cette référence est donc destinée à compléter la précédente *Solinus de mirabilibus mundi*.

21. Vincent de Beauvais avait renoncé à cette manière traditionnelle d'inscrire les sources parce qu'il voyait dans la marge un lieu de divagation, avec le risque qu'au fil des copies, les textes d'un auteur finissent par être attribués à un autre, cf. PAULMIERT-FOUCART, 2004 : 39.

22. L'encyclopédie de Martianus Capella était présente à Saint-Victor dès le XIIe siècle. En revanche, on ne sait rien du *De natura rerum* de Bède, cf. OUY, 1999.

23. Ces deux textes figurent pourtant dans un manuscrit dont la présence est attestée à Saint-Victor dès la fin du XIIe siècle, le BnF, lat. 15009.

Enfin, l'absence des grandes encyclopédies du XIIIe siècle est notable : Jean ne recourt ni au *De proprietatibus rerum* de Barthélemy l'Anglais, ni au *Livre du Trésor* de Brunetto Latini. Il semble que la bibliothèque de Saint-Victor n'ait pas acquis la première de ces œuvres avant le milieu du XIVe siècle et l'on ne conserve pas de traces de la seconde. Quant au *Speculum maius* de Vincent de Beauvais, Jean s'en tient strictement au *Speculum historiale* cité expressément huit fois[24]. L'héritage encyclopédique de l'Antiquité, en particulier celui de Pline l'Ancien, est ignoré. Les sources de l'Antiquité païenne sont par ailleurs très minoritaires et n'interviennent que ponctuellement. Les rares occurrences de Sénèque, Végèce, Juvénal ou Ovide ne doivent pas tromper : elles sont le fait de lectures intermédiaires et ne constituent pas un véritable apport de savoir. Trois auteurs antiques sortent cependant du lot : Solin, dont les *Mirabilia mundi* peuvent être envisagés dans la continuité de l'œuvre de Pline, font l'objet de douze extraits[25] ; dans la même veine, les *Facta et dicta mirabilia antiquorum* de Valère Maxime figurent neuf fois ; enfin, Pomponius Mela et son *De situ orbis terrarum* contribuent vingt fois à alimenter les chapitres géographiques du premier livre du *Memoriale historiarum*.

Si l'on considère à présent les sources les plus volontiers convoquées par le Victorin, on relève la présence écrasante des Pères de l'Église, en particulier Augustin et Jérôme[26]. Avec cent quinze citations, Augustin vient immédiatement à la suite des *Étymologies* d'Isidore de Séville. Le *De civitate Dei* est la seconde source de ce premier livre, mise presque aussi régulièrement à contribution que l'œuvre de l'évêque de Séville. Jean connaît ce texte intimement comme en témoigne la grande précision de ses références. Celles-ci indiquent qu'il a surtout compilé les livres XIII à XVI, dans lesquels Augustin abordait la question du péché originel et ses conséquences avant de commenter le récit de la Genèse depuis Caïn jusqu'à David[27]. À l'évêque d'Hippone on peut associer Orose dont le *De Ormesta mundi* informe à quarante-trois reprises les chapitres géographiques. Jérôme suit Augustin de près, avec cent citations, extraites cependant de plusieurs ouvrages : les uns à caractère exégétique comme le *De Hebraicis quaestionibus Veteris Testamentis* (80 fois) ou le *Liber de situ et nominibus locorum hebraicorum* (appelé ici *De distancia locorum*) (21 citations), d'autres appartenant à la littérature morale, tel le *Contra Jovinianum libri duo* (21 citations).

Cette forte présence de la littérature patristique livre d'ores et déjà une des clefs du texte de Jean de Saint-Victor : il s'agit avant tout de donner un commentaire des premiers livres de la Bible, prise d'abord dans son sens littéral, d'où l'importante contribution des œuvres exégétiques des Pères et des outils destinés à entrer dans le sens premier de l'Écriture. Cette constatation devient

---

24. Même la référence *secundum Vincentium in libro Ypocrati* (chap. CLIII, f. 148), à propos de la couleur des enfants de Laban est tirée du *Speculum historiale,* I, 115.
25. RIBÉMONT, 1995b : 241
26. Ambroise est cité six fois, Grégoire deux fois.
27. Il emprunte aussi au livre XVIII dans lequel Augustin expose le développement des deux cités depuis Abraham jusqu'à la fin du monde.

une conviction si l'on examine les autres sources revendiquées et utilisées par le victorin. Ainsi Bède le Vénérable, dont nous avions noté plus haut l'absence du *Liber de natura rerum*, est en fait bien présent dans le corpus mais par le biais de son *Expositio actuum apostolorum* – que Jean désigne indifféremment par *Super actus apostolorum, De vocabulis actuum apostolorum, De nominibus actuum apostolorum* – et qui est cité au total une vingtaine de fois. Dans la même perspective, l'*Historia scolastica* de Pierre le Mangeur, manuel biblique par excellence, est elle aussi fortement sollicitée (environ 80 citations). Ce texte sert de relais avec les œuvres de Flavius-Josèphe et celles de Méthode d'Olympe, dont Jean reconnaît cependant l'autorité propre dans son système de citation[28]. On ne s'étonnera pas plus de trouver plusieurs références aux *Sentences* de Pierre Lombard, autre ouvrage de référence pour toute approche du texte sacré. Ces deux textes, classiques depuis le XIIᵉ siècle, figuraient bien sûr dans la bibliothèque de Saint-Victor, mais il faut aussi rappeler que les chanoines avaient noué des liens spécifiques avec leurs auteurs et que la *memoria* de ces derniers demeurait bien vivante près de deux siècles plus tard dans les murs de l'abbaye parisienne[29]. Enfin, Jean de Saint-Victor use largement des outils exégétiques conçus au sein de son abbaye par Hugues et Richard de Saint-Victor. Hugues avait en effet composé deux aide-mémoire destinés à situer dans le temps et dans l'espace les principaux événements de l'histoire sainte, le *Chronicon* et la *Descriptio mappe mundi*. Ce second texte avait été conçu pour décrire une carte murale dont il restait semble-t-il un exemplaire à Saint-Victor puisque Jean se réfère explicitement à une *mappa mundi sensibilis*[30]. Le *Chronicon* est cité trente et une fois dans le premier livre du *Memoriale*, la *Descriptio mappe mundi* dix-huit fois. Un peu plus tard, dans la continuité du travail d'Hugues, Richard de Saint-Victor avait composé le *Liber exceptionum*, qui se voulait aussi un manuel d'introduction à l'Écriture sainte. L'auteur y avait rassemblé des notions de philosophie, de géographie et d'histoire ainsi que de nombreuses explications de textes bibliques, autant d'éléments qu'il avait tirés d'auteurs plus anciens, dont les principaux étaient Isidore de Séville, Hugues de Fleury et Hugues de Saint-Victor[31]. Le *Liber exceptionum* – que Jean attribue ici faussement à Hugues – représente à lui seul la moitié des citations victorines[32]. Les soixante-cinq extraits sont essentiellement tirés des quatre premiers livres de l'œuvre, dans lesquels Richard traitait de l'origine et de la division des

---

28. Exemple au chap. LIV : *Petrus comestor ex Iosepho* ; au chap. CLV : *P. Comestor s. Iosephum I° Antiquitatum*.

29. Pierre le Mangeur était mort à Saint-Victor en 1179 et y avait été enterré. Quant à Pierre Lombard, il avait été en contact avec Hugues de Saint-Victor.

30. GAUTIER DALCHÉ, 1991.

31. Jean connaît parfaitement la parenté entre le *Chronicon* et le *Liber exceptionum* et souligne à de très nombreuses reprises que les mêmes citations figurent dans l'un et l'autre texte.

32. Sur la question de l'attribution du *Liber exceptionum* à Hugues et sa restitution à Richard, voir CHÂTILLON, 1948 : 365. La prédilection de Jean pour le *Liber exceptionum* se retrouve dans le corpus des sources mobilisées pour la composition du *Tractatus de divisione regnorum* : le livre V constitue la seconde source de ce texte avec trente et une citations contre sept seulement tirées du *Chronicon* d'Hugues, cf. éd. GUYOT-BACHY, POIREL, 2002 : 45-51.

arts, de la création visible et invisible, de l'Écriture et des *situs terrarum*. Au total, l'ensemble des emprunts à ces trois textes atteint le nombre de cent quatorze, ce qui place la contribution des Victorins au premier livre du *Memoriale* au même rang que celle de la *Cité de Dieu* de saint Augustin.

Les "autorités" auxquelles Jean donne accès sont donc d'abord celles qui vont permettre à son lecteur d'entrer dans la compréhension du texte biblique. Elles ne sont finalement que des outils au service de "l'autorité suprême" qui est celle de l'Écriture. De celle-ci, Jean a une connaissance intime qui dépasse largement celle qu'il aurait pu acquérir, comme c'était le cas pour beaucoup d'étudiants, grâce à la seule fréquentation des manuels classiques. Il connaît les composantes de cette "bibliothèque" puisque près de trente des livres bibliques sont allégués au moins une fois. Les victorins avaient une pratique quotidienne de la lecture biblique et le programme de lecture leur faisait parcourir au long de l'année liturgique l'intégralité du texte saint. Le protocole auquel il recourt pour les citations bibliques renvoie à la division des chapitres mise au point par Étienne Langton au début du XIIIe siècle et perfectionnée ensuite par Thomas Gallus qui y ajouta une subdivision alphabétique[33]. Pour dominer l'immense matière biblique et localiser l'information recherchée dans l'Écriture sainte, Jean dispose aussi, très vraisemblablement, d'une concordance, précieux instrument de travail mis progressivement au point, non sans tâtonnements, par les dominicains[34]. Cette concordance lui permet de repérer les occurrences d'un même terme ou d'un même nom en différents livres composant la Bible[35]. Enfin, la Bible est aux yeux de Jean une source à part entière, à laquelle il convient de rendre toute autorité lorsqu'elle est citée par un texte intermédiaire[36]. Ainsi le voit-on à plusieurs reprises rechercher directement dans le texte biblique les références précises d'un passage donné par une autre source. Ce faisant, la chaîne des autorités est reconstituée et vient valider l'exposé[37].

Toutes les sources présentées précédemment s'ordonnent donc autour de l'Écriture. Il reste une dernière catégorie d'œuvres auxquelles Jean se réfère, les sources historiques. Une centaine de citations du premier livre du *Memoriale* proviennent en effet d'histoires et de chroniques que Jean a compilées pour réaliser sa

---

33. Sur l'attribution de ce système à Thomas Gallus plutôt qu'à Hugues de Saint-Cher, voir THÉRY, 1939 : 165.

34. C'est grâce à Adenulphe d'Anagni, le propre neveu de Grégoire IX, que les victorins en obtinrent un exemplaire. En effet, peu avant de mourir en 1289 sous l'habit canonial et d'être enterré dans le chœur de l'église abbatiale, ce prélat avait donné à la bibliothèque de Saint-Victor plusieurs de ses livres dont un beau volume de concordance, assortissant son don d'une interdiction faite à l'abbé et au couvent de vendre ce livre, cf. GUYOT-BACHY, 2009.

35. Ainsi au chap. XXII (f. 22v-23v) relève-t-il toutes les références à Énoch : *Eccl. XLIIII° d* ; *Sapientie IIII°c* ; *ad Hebreos XI°b* ; *Apoc XI°ab usque e*.

36. Au chap. ch. XIII intitulé *De peccato primorum parentium* (f. 14v-15v), Jean cite *Aug. XIIII° De civ. Dei ca° XI°* et complète l'allusion faite par Augustin à l'épître à Timothée par les références suivantes *Apostolus I^a ad Thimot. Ca° II°g*.

37. Ainsi au chap. XI (fol. 12-13v) renvoie-t-il successivement à propos de la fondation du mariage à *Genes. II°, Ieronimus de heb. Quest. et Petrus Comestor*.

chronique allant de César à 1322. Mais, dans ce premier livre, elles ne jouent pas leur rôle "normal", "naturel", qui est de nourrir un récit chronologique. Leur intervention est pour ainsi dire restreinte aux seuls chapitres de la *descriptio orbis terrarum*. Elles répondent en fait au souci d'exhaustivité de l'auteur. Ainsi voit-on les historiens des croisades préciser ce que Jérôme avait pu dire des régions du Proche-Orient dans le *De hebraicis questionibus,* dans le *De distancia locorum,* ou encore ce que l'on pouvait trouver dans le commentaire de Bède sur les Actes des Apôtres[38]. Et pour l'Europe, espace largement ignoré des sources exégétiques, l'auteur collecte dans la chronique de Sigebert de Gembloux, mais surtout dans l'*Histoire ecclésiastique* d'Hugues de Fleury ou encore l'*Historia Brittonum* tous les éléments nécessaires à la *descriptio* géographique.

À la manière des encyclopédistes, Jean a conçu l'ensemble de son œuvre comme un lieu de mémoire du savoir et le titre qu'il adopte pour l'ouvrage (*Memoriale historiarum*) semble le confirmer. Sur ce point, le premier livre apparaît comme une démonstration parfaite de l'ambition de l'auteur. Mais ne nous y trompons pas: l'autorité des sources ne tient pas à ce qu'elles permettent de balayer un champ disciplinaire spécifique. Elles font autorité et elles sont dignes d'être citées parce qu'elles se rattachent à la tradition scripturaire, dont Hugues de Saint-Victor avait donné une définition très élargie, allant du texte biblique lui-même, passant par les Pères, mais englobant aussi bien d'autres auteurs (décrets, canons des conciles, docteurs). L'élargissement était tel que, selon l'expression du Père Sicard, « toute l'histoire était ainsi promue au rang d'histoire sainte[39]. »

Le *Memoriale* face au prototype isidorien : traces et limites d'une influence encyclopédique

Dans son étude sur les origines des encyclopédies médiévales, B. Ribémont a bien montré l'importance des *Étymologies* d'Isidore de Séville, qu'il présente comme le « prototype », le « modèle par excellence » du mouvement encyclopédique médiéval[40]. Or, J'ai dit plus haut le poids des *Étymologies* d'Isidore de Séville parmi les sources qui composent le premier livre du *Memoriale historiarum*. Première par le nombre de citations, l'œuvre du Sévillan l'est aussi dans l'organisation du texte: cinquante-cinq des cent soixante-dix chapitres du premier livre s'ouvrent par une citation tirée des *Étymologies*. Cette position textuelle dit combien Jean de Saint-Victor partage avec Isidore de Séville l'approche étymo-

---

38. Chap. XLII *De Syria et partibus eius* (f. 42v-43v): citation de la chronique de Guillaume de Malmesbury, puis de l'*Historia Hierosolymitana* que Jean désigne par *in itinerario transmarino*; idem au chapitre XLV *De Judea et partibus eius*; au chapitre XLVII *De montibus Iudee* (f. 48-49), le complément d'information est tiré de *Fulcherus Carnotensis in hystoria anthyochena*; cette même source complète le chapitre LXXII *De Constantinopoli* (f. 71r-v).
39. Sicard, 1991: 25.
40. Ribémont, 2001: 315.

logique, en ce que cette démarche de vocabulaire est pour tous les deux le moyen le plus direct et le plus sûr d'atteindre et de saisir les origines des choses et leur nature[41]. C'est là le point de départ de la construction du savoir. Cette approche étymologique est confirmée par la présence d'une autre source, plus proche dans le temps de la rédaction du *Memoriale,* le *Liber derivationum* d'Hugutio de Pise (mort en 1210)[42]. L'immense dictionnaire étymologique composé par ce maître de la *derivatio* avait été muni d'index dans la seconde moitié du XIIIᵉ siècle, ce qui en rendait l'utilisation assurément plus commode[43]. Jean le cite vingt-six fois, essentiellement dans les chapitres traitant de la géographie de l'Italie, de la Gaule, de la Bretagne et de l'Espagne.

Le second aspect par lequel le premier livre du *Memoriale* pourrait correspondre au modèle « encyclopédial » défini par B. Ribémont et initié par les *Étymologies* d'Isidore de Séville tient au but vers lequel tend le savoir rassemblé : « religieux, moral ou politique ». Ainsi Isidore avait-il, dans la continuité de saint Augustin, déployé une vision unitaire de la Création. C'est bien sous le double patronage de l'évêque d'Hippone et de celui de Séville que se place Jean de Saint-Victor et que se rejoignent ses différentes approches, qu'elles soient politique (comme dans le *Tractatus de divisione regnorum*) ou religieuse et morale. La dimension religieuse est celle de l'histoire sainte qui se déploie jusque dans la *descriptio orbis terrarum*. Le *Provincial* romain, véritable manuel de géographique ecclésiastique, permet à Jean de montrer que c'est à l'intérieur des cadres nouveaux posés par l'Église que se prolonge l'universalité[44]. Quant à la dimension morale, elle est bien présente par le biais du sens tropologique de l'Écriture et elle se traduit par la compilation de sources plus spécifiques : le *Décret* de Gratien, auquel se réfère une demi-douzaine de chapitres, et la littérature homilétique, représentée par quelques emprunts à des sermons d'Ambroise, de Bède et de Bernard de Clairvaux[45].

Il reste que, sur deux points au moins, le *Memoriale historiarum* est passé à côté de l'ambition encyclopédique ébauchée par le modèle isidorien : celui de la classification des savoirs d'une part, celui du "livre de la nature" de l'autre.

Les encyclopédistes, depuis Isidore de Séville, avaient en effet pour projet de couvrir l'ensemble des champs du savoir et de les présenter selon une classification. Lorsque Jean rédige son *Memoriale,* différentes classifications sont disponibles, celle qui suit les arts libéraux, celle élaborée au XIIᵉ siècle par Hugues de Saint-Victor, dans le *Didascalicon,* qui tient son originalité au fait qu'elle

---

41. RIBÉMONT, 2001 : 39-81.
42. RIESSNER, 1965.
43. WEIJERS, 1996 : 158-161.
44. GUYOT-BACHY, 2000 : 380-383.
45. À l'exception d'une mention dans le chapitre III *De malis angelis*, toutes les références au Décret se trouvent dans les chapitres CXXXVI à CXLIX (f. 124-144). Il faut souligner la grande précision avec laquelle Jean donne ces références canoniques. On notera une unique référence au *Digeste*, au chapitre XX (f. 20v-22).

intègre les arts mécaniques, ou encore celle transmises par les Arabes à partir de la connaissance des textes aristotéliciens[46]. Or, aucune classification de ce genre ne semble décelable dans le *Memoriale*. On ne sait pas quel sort aurait été réservé aux sciences puisque Jean n'y fait qu'une rapide allusion au chapitre XVIII, se réservant de revenir sur ce sujet plus longuement dans le premier livre de la seconde partie, élément qui ne nous est pas parvenu, si tant est qu'il ait jamais existé[47]. Dans le premier livre de la première partie, il semble, en tout cas, avoir soigneusement évité certains champs du savoir. Ainsi, à l'exception de quelques références au droit et à la chronométrie tirées du livre V et de citations plus nombreuses du livre IX (*De linguis gentium*) pour compléter ces chapitres géographiques et qui renvoient à l'approche étymologique et à la primauté du langage, Jean ne retient quasiment rien des dix premiers livres des *Étymologies* qu'Isidore de Séville consacrait à l'exposition des arts libéraux mais aussi à celle de la médecine (livre IV)[48]. De même, on ne voit pas qu'il reprend le livre I du *Liber exceptionum* dans lequel Richard de Saint-Victor abordait à son tour l'origine et la classification des savoirs[49].

Quant au "livre de la nature", on peut mesurer son absence dans le *Memoriale* en examinant les choix opérés l'auteur dans la seconde partie des *Étymologies* où Isidore de Séville tentait de dresser un panorama de la nature[50] : le livre XI, dont l'homme est l'objet, est mentionné cinq fois seulement et jamais les citations ne renvoient aux chapitres dans lesquels Isidore traitait de l'anatomie ; le livre XII, consacré aux animaux, est noté à cinq reprises, dont trois références au serpent de la Genèse… ; le livre XIII, sur le cosmos, est davantage sollicité (17 mentions) pour les chapitres sur la lumière et le firmament, celui sur le déluge, celui sur le paradis terrestre, les autres mentions portant toutes sur le globe terrestre ; le livre XIV qui contient la "mappemonde" isidorienne et le livre XV qui passe en revue l'organisation humaine de l'espace sont assurément les mieux exploités (cités globalement 96 fois), alors que les livres XVI (la géologie) et XVII (les plantes et l'agriculture) sont presque totalement délaissés (cité une fois chacun). Au sein de ce prototype isidorien, où les grandes encyclopédies du XIIIe siècle avaient puisé leur inspiration "naturaliste", Jean de Saint-Victor a sélectionné sa matière dans une perspective finalement bien différente, ne retenant que ce qui touchait à l'occupation humaine de l'espace et aux activités générées par l'homme.

---

46. RIBÉMONT, 1995b : 69-86.
47. Chap. XVIII *De miseriis aliis ab eiectione pro peccato inflictis* (f. 18v-19v) : après une rapide citation tirée du *Liber exceptionum,* I, 4, Jean ajoute : *Sed de ipsarum scientiarum inventione plenius infra dicetur in II^a parte consequenti libro I° Domino concedente.*
48. Cf. CODOÑER, 1991 : 19-35, ici p. 31. Voir aussi RIBÉMONT, 2001 : 83-142.
49. Éd. CHÂTILLON, 1958 : 105-113.
50. RIBÉMONT, 2001 : 146-147.

DES DIGRESSIONS AU COEUR D'UNE HISTOIRE SAINTE :
L'EXEMPLE DU *CHRONICON* D'HÉLINAND DE FROIDMONT

Pour tenter de comprendre le projet du victorin, laissons un moment son œuvre, pour nous tourner vers celle d'un de ces prédécesseurs, Hélinand de Froidmont. Ce cistercien (mort en 1229) avait composé au début du XIIIᵉ siècle un *Chronicon,* dont Vincent de Beauvais s'est beaucoup servi pour nourrir son *Speculum maius.* Cet auteur jouit encore au début du XIVᵉ siècle d'une grande autorité, Jean de Saint-Victor en témoigne, même s'il ne dispose plus à son époque pour entrer dans l'œuvre d'Hélinand que du relais des extraits compilés par Vincent. Or, si le *Chronicon* est bien, comme le *Memoriale*, un récit historique, déroulé selon l'ordre du temps, il est truffé de "digressions" dont l'ampleur totale dépasse celle du récit historique à proprement parler. Les sujets de ces digressions n'ont pas de rapport direct avec l'histoire et c'est pourquoi leur statut a fait l'objet d'un débat : le *Chronicon* d'Hélinand de Froidmont, dans lequel Vincent de Beauvais avait tant puisé, était-il seulement une œuvre historique ? N'était-il pas plutôt un modèle d'encyclopédie dont Vincent de Beauvais se serait inspiré ? Les digressions d'Hélinand étaient-elles autant de vagabondages de la curiosité de l'auteur, dont d'ailleurs il paraissait se repentir, répétant à chaque fois : *nunc ad historiam revertamur* « maintenant revenons à l'histoire » ? Lors d'un colloque qui s'est tenu à Royaumont en 1997, M. Woesthuis a proposé de voir dans ces digressions d'Hélinand de Froidmont, non plus des excroissances marginales ou hors sujet de *l'historia*, mais des développements – il parle d'« hypertextes » – parfaitement intégrés à l'ensemble de l'œuvre[51]. La justification donnée est que *l'historia* au sens où l'entendaient Hélinand et ses frères cisterciens, était non une discipline autonome mais une étape préalable indispensable à l'exégèse et au commentaire biblique. Et M. Woesthuis de rappeler la tradition établie par Hugues de Saint-Victor qui liait dans le *De sacramentis christianae fidei* puis dans le *De tribus maximis circumstantiis gestorum* qui introduit sa propre chronique, la *narratio rerum gestarum* avec sa signification pour les exégètes de *prima significatio litterae.*

Cet éclairage porté sur l'œuvre d'Hélinand de Froidmont constitue, me semble-t-il, une autre clef pour comprendre la logique interne du *Memoriale historiarum.* Il faut se rappeler la proximité intellectuelle entre les cisterciens et les victorins, fondée sur les mêmes lectures et pratiques : commentaire biblique, lecture de saint Augustin et des Pères, des œuvres d'Hugues de Saint-Victor et de celles de Bernard de Clairvaux. Si le plan du *Memoriale* demeure complexe ou confus, l'impression l'emporte que tous les fragments qui ont été conservés, tout comme les digressions – à commencer par les quatre-vingts chapitres de la *descriptio orbis terrarum* qui forment un tableau autonome, un « hypertexte » pour reprendre l'expression de Marinus Woesthuis – sont tous intégrés au champ du savoir théologique.

---

51. WOESTHUIS, 1997 : 233-247.

Conclusion

Il n'y a pas dans le *Memoriale historiarum* de Jean de Saint-Victor de projet "encyclopédique" décelable dès le prologue, en ce sens que l'œuvre aurait été pensée dès sa conception comme, je cite B. Ribémont, « un essai de rassembler et de résumer l'ensemble des connaissances de son temps, en les mettant à la portée d'un public le plus large possible ». Une telle ambition ne dépassait pas chez le Victorin les sphères du savoir historique. Néanmoins, à l'occasion du remaniement de son texte, il intègre un certain degré d'encyclopédisme sous la double influence d'Hugues de Saint-Victor et de Vincent de Beauvais. À l'égard du Dominicain et plus généralement des grandes encyclopédies des XIIᵉ et XIIIᵉ siècles, sa dette est essentiellement de méthode et de forme. Mais Jean ne se pose jamais la question d'un système explicatif global, il demeure dans la perspective augustinienne, revivifiée par la lecture du *Didascalicon* de Hugues de Saint-Victor : on n'emprunte le chemin de la connaissance que dans le but d'atteindre la *scientia divina* et d'œuvrer ainsi à son Salut. Ce chemin est celui de l'Écriture et toute connaissance acquiert sa légitimité seulement en tant qu'elle participe à la compréhension de la Révélation divine. Conséquemment, le degré d'encyclopédisme ne dépasse pas ce qui est nécessaire à la connaissance de l'Écriture.

Ce faisant, Jean a été fidèle à la tradition hugonienne sans doute encore vive à Saint-Victor. On peut même se demander si la mise en chantier de la seconde version du *Memoriale historiarum* n'a pas été suscitée par une demande de la communauté d'une œuvre qui traduise mieux la fidélité à l'héritage hugonien que ne le faisait la première version. Mais l'œuvre réalisée, outre qu'elle ne fut sans doute jamais achevée selon le plan initialement conçu, ne connut pas le succès escompté. Avant même d'être achevée, elle parut "archaïque", vieillie, ne correspondant plus au goût du public. Les victorins renoncèrent d'ailleurs très vite à diffuser la première partie, choisissant de concentrer leurs efforts sur la reproduction et la mise en circulation de la seule troisième partie, la chronique universelle allant de César à 1322. C'est qu'à Saint-Victor comme ailleurs l'histoire gagnait en autonomie, s'émancipant doucement de la seule perspective théologique. De ce fait, elle n'avait plus à rendre compte de la totalité de la Création. Elle laissait cette tâche à l'encyclopédie qui poursuivait son propre chemin.

Deuxième partie

LE TRAITEMENT UNIVERSEL DE LA NATURE

Dans l'histoire des synthèses disciplinaires comme de l'enquête scientifique, la nature, forme sensible des réalités extérieures et manifestation de l'ordre du monde, joue un rôle fondateur. Le philosophe (autrement dit le savant, ou le sage) est d'abord physicien, et l'enquête sur la nature semble appeler, plus que d'autres, une appréhension totale et une saisie large. Elle est le premier lieu d'articulation entre discours spéculatif (raisons premières), description, et systématisation, et se révèle un candidat précoce comme objet pour l'organisation d'un savoir total. Elle est aussi, à travers l'expérience qu'elle ouvre de la finitude et de la multiplicité, l'occasion d'une opération intellectuelle compensatrice conduisant au postulat d'un monde complet et unifié. Le souci de souligner la rationalité et l'ordre de la nature semble correspondre à la volonté, presque constitutive du programme spécifique de savoir de l'encyclopédie, d'exposer une version à la fois synthétique et cohérente simultanément de la nature (d'abord perçue dans sa diversité) et du savoir de la nature, le discours encyclopédique tendant à afficher et développer l'ordre naturel. Car s'il n'en est pas le cœur, l'inventaire est la première opération qu'implique la volonté d'"encyclopédire" le monde. La nature (c'est-à-dire les *objets naturels*, et non la nature de la nature) est *débordante*, mais aussi entièrement livrée sous la main ou sous le regard. C'est à cette propriété que font allusion par leur intitulé les ouvrages antiques de *Varia* ou de *Collectanea* – dont Pline (*HN, praef.* 18) et Aulu-Gelle (*NA, praef.*) citent quelques titres en exemples – : « Couronnes », « Champs de violettes », « Prairies », « Parterres », « Rayons de miel », « Silves », « Corne d'abondance »…

La place occupée par l'*Historia naturalis* de Pline dans la composition des encyclopédies prémodernes (en particulier dans les compilations méthodiques), et donc dans la construction de cette catégorie intellectuelle, et comme repère majeur de l'encyclopédisme, contribue largement à faire de *natura* (les choses de la nature et/ou la nature des choses) le foyer originel du genre. Dans le corpus des œuvres antiques conservées jusqu'à nous, aucune, en effet, mise à part elle, n'est unanimement admise comme une *encyclopédie*. C'est d'ailleurs Pline lui-même qui nous encourage apparemment à considérer son ouvrage comme une *première*. On peut à ce propos se demander comment Pline, qui n'est pas Jean-Jacques Rousseau, et dont l'entreprise est clairement entée sur la tradition grecque (NAAS, 2002 : 34 *sq.* ; NAAS, 2011a : 26) peut déclarer qu'il est le *premier* à faire un ouvrage pareil. L'arrogance apparente d'une telle déclaration disparaît si l'on s'attache précisément à sa lettre : (1) aucun Latin n'a entrepris une *Historia naturalis* avant lui, et (2) aucun Grec n'a, à lui seul, présenté toutes les données (qu'il rassemble dans son ouvrage)[1]. Pline signale, sur deux plans et dans deux contextes différents (sujet et volume ; côté latin et côté grec), l'originalité de son ouvrage, mais ne prétend pas écrire une *encyclopédie*, et ne dit rien… de l'encyclopédisme. Il ne prétend pas non plus faire un ouvrage couvrant les disciplines de la formation « encyclique », et lorsqu'il emploie juste après l'expression (ἐγκύκλιος παιδεία) c'est pour dire que son projet suppose de son auteur qu'il « *aborde tous les objets* qui relèvent de ce que les Grecs rangent sous le nom de formation encyclique »[2] et non pas qu'*il expose l'ensemble* de ces savoirs. Au nom de l'équivalence entre *natura* et *vita* son ouvrage exige donc, à ses yeux, d'envisager tous les aspects culturels que l'on aborde au cours d' une éducation complète ; la nature est ce sur quoi l'homme construit son humanité, et l'inventaire des formes sensibles, ainsi que de l'expérience et des usages qu'en fait l'homme, revient à embrasser l'ensemble du réel – dont l'histoire humaine, et plus encore la philosophie, sont d'ailleurs ici étrangement exclues.

L'ouvrage plébiscité de Pline, qui est amené, par son statut unique, à signifier au-delà de son domaine et de son projet – et passible d'un détournement rétrospectif –, engage l'encyclopédisme dans une voie descriptive et monumentale, jusqu'à faire, comme à contre-emploi, de l'exposé détaillé des particularités, la tendance la plus représentative de l'exigence d'un savoir global sur la nature. Cette orientation est condensée par son titre dévoyé : *l'histoire* (ἱστορία) de la nature, avant d'être un texte qui dresse l'inventaire des êtres naturels et de leurs propriétés, est une *enquête*. Son nom (gréco-latin) porte ce qui passe à nos yeux pour une ambiguïté mais qui est en fait une progression logique, correspondant à un changement de régime du savoir : de l'*historia*-enquête à l'*historia*-exposé du savoir, puis à l'*historia*-ouvrage. L'objet et le savoir de l'objet portent le même nom puisque l'homme tend, presque par principe, à les confondre. Mais, au-delà, c'est la métamorphose de la recherche en connaissance, de l'interrogation en exposition des objets et des réponses, stade ultime et sédimenté du savoir, qui est inquiétante : avec Pline *l'historia* dépose les armes. Quoi qu'il en soit, les encyclopédies médiévales, qui sont majoritairement des encyclopédies naturalistes,

---

1.   Voir *HN, praef.* 14 : *nemo apud nos qui idem temptaverit, nemo apud Graecos qui unus omnia tractaverit.*

2.   *Omnia attingenda quae Graeci* τῆς ἐγκυκλίου παιδείας *vocant* (*HN, praef.* 14).

répondent massivement à cet appel de la nature, comme l'indiquent d'emblée les titres les plus courants : *liber De naturis rerum* (Raban Maur, Alexandre Neckam), *liber De natura rerum* (Bède, Isidore, Thomas de Cantimpré)... Au contraire, et c'est un signe d'une rupture amorcée depuis la Renaissance, l'Encyclopédie de Diderot « ...des sciences, des arts et des métiers » paraît s'attacher à l'anti-nature, constituant le point de vue de la connaissance par les approches techniques. Si l'histoire naturelle n'est donc pas l'angle obligé d'un projet encyclopédique, cette thématique, qui est centrale dans les recherches contemporaines sur les encyclopédies médiévales, et jouit d'une bibliographie considérable, est un champ privilégié, qui offre un éclairage exceptionnel et profond sur l'ambition encyclopédique.

La première contribution porte justement sur l'*Historia naturalis*, et propose une remise en cause de la référence plinienne, en tempérant l'idée d'un Pline fondateur : si son ouvrage énorme ouvre une voie, Pline ne constitue pas un modèle formel, et son "projet encyclopédique" ne correspond que partiellement à notre conception d'une encyclopédie. La formule plinienne (*naturas rerum manifestas indicare, non causas indagare dubias*), même si elle est parfois interprétée de manière caricaturale, explicite le parti pris de collectionneur. Mais son choix "encyclopédique", qui privilégie la collecte des informations au détriment d'une démarche d'investigation sur la nature, permet aussi à Pline d'imposer une conception précise de la nature : celle-ci relève moins d'un projet scientifique que d'une intention morale et idéologique. De plus, elle permet à Pline d'intégrer dans l'encyclopédie les arts et techniques, comme des prolongements du fonctionnement de la nature. L'organisation de l'*Historia naturalis* est originale (tant par rapport aux histoires naturelles que par rapport aux encyclopédies, antérieures ou postérieures), par son ancrage dans l'idéologie impériale. Il apparaît ainsi, à l'issue de cette analyse culturelle, que ce qui définit le champ de l'encyclopédie plinienne n'est pas tant la nature que l'empire romain : ce sont avant tout la perception et la conception de la nature par la Rome impériale qui déterminent et que reflète l'*Histoire naturelle*.

Le second article s'attache à montrer comment l'exégèse de l'Hexaemeron (le récit des six jours de la création biblique, dans la *Genèse*) a pu contribuer au "renouveau de l'esprit encyclopédique". Depuis les homélies de Basile, la littérature héxaémérale permet d'envisager une forme encyclopédique issue non pas d'une compilation ou collection de savoirs discriminés, mais comme hypertexte d'une source unique, comme excroissance amplificatrice et exégétique. Le statut de la Bible autorise *a priori* cette formule, puisque Dieu implique le monde et que sa parole le construit et le déploie effectivement, et qu'il développe, à travers ce monde, le sens de l'homme et de son histoire. Par sa structure souple, le commentaire biblique peut engendrer des développements à caractère encyclopédique, faisant de la Bible le point d'ancrage et le cadre d'une amplification capable de recueillir tous les savoirs du monde ; et c'est tout particulièrement ce passage précis de la création (Genèse 1-31), par son objet et par la nature démiurgique et complète de l'opération exposée, qui se prête à un déploiement des savoirs naturalistes. Il n'y a pas d'opposition entre l'apologétique et l'exposé scientifique, et ce type d'encyclopédie naturelle à moteur exégétique constitue un modèle original. Attendu que le récit des six jours a souvent servi de structure à des textes encyclopédiques (ce dont témoigne déjà au tout début du siècle le commentaire de Rainaud de Saint-Eloi), l'auteur étudie les liens existant, au XIIe siècle, entre les commentaires sur la Genèse et l'ambition encyclopédique, à travers quatre auteurs : Honorius Augustodunensis, Guillaume de Conches, Thierry de Chartres et Alexandre Neckam. Cependant la tendance au cours du siècle est à la séparation entre textes encyclopédiques et Hexaemeron, ce qui se perçoit particulièrement bien dans le *De naturis rerum* d'Alexandre Neckam. Cette disjonction s'explique d'abord par l'évolution de l'exégèse qui s'adapte aux exigences des écoles, et ensuite par une réflexion sur la révélation biblique qui n'est plus perçue comme portant directement sur les réalités naturelles.

Le troisième texte propose une analyse des principales approches que les encyclopédistes post-isidoriens ont pu avoir de la nature céleste, et une étude des invariants thématiques des encyclopédies concernant l'astronomie (le général, le commun observable, l'exceptionnel observable). Le discours de vulgarisation astronomique s'appuie aussi sur la tradition hexaémérale (les deuxième et quatrième jours) et subit une forte pression spirituelle et "tropologique", qui conduit les auteurs à insérer des développements en rapport avec l'histoire sainte, même lorsqu'ils se tiennent à une ligne scientifique (comme Barthélemy l'Anglais), ou abordent des notions complexes empruntées aux savants grecs ou arabes (comme Alexandre Neckam). La connaissance naturelle est un enjeu religieux (car elle permet d'accéder à Dieu par ses œuvres), social et politique, qui justifie dans les encyclopédies naturelles le statut particulier des sciences du ciel, lesquelles font également partie du *quadrivium*, à la différence des autres sciences naturelles qui sont exclues des *artes liberales*. L'astronomie "encyclopédique" joue un rôle général de propédeutique morale, mais l'auteur montre que si elle est parfois réceptive à la tradition astrologique, les encyclopédistes rapportent un savoir non maîtrisé et ne sont capables de véhiculer que des données communes et banalisées, sans se hisser au niveau de la science contemporaine, et inaptes à intégrer lucidement les avancées de l'astronomie arabe.

La quatrième étude aborde les formes de l'encyclopédisme dans la littérature arabe, et s'attache à décrire la structure de ces ouvrages (en particulier le livre des *Merveilles* d'al-Qazwini), en partie inédits, et qui relèvent globalement de la littérature populaire, non savante. Contrairement à ce qui se passe dans la tradition occidentale, les sciences naturelles ne participent pas à l'essor initial du courant encyclopédique, qui apparaît au IXe siècle, mais assument essentiellement une fonction de divertissement de lettré, ou de formation à l'intention du fonctionnaire impérial. À une exception près (les *Épitres des Frères de la pureté*), les sciences naturelles attendent le XIIe siècle pour entrer véritablement (et pour quatre siècles) dans les ouvrages encyclopédiques arabes, mais ceux-ci sont avant tout rédigés dans un but pieux et consistent à s'émerveiller longuement de la création pour exalter le créateur. La perspective piétiste qui préside dans ces ouvrages à l'organisation de la création (selon une conception issue de la physique aristotélicienne) invite à la contemplation pour découvrir la sagesse du créateur – et à la reconnaissance, plus qu'à la connaissance. Ces œuvres ne donnent pas lieu à un traitement méthodique et étendu des animaux et des plantes (souvent présentés à l'occasion d'un développement sur les lieux ou sur les quatre éléments). Dans une phase ultérieure, au XIVᵉ siècle, où se développe le genre cosmographique, les sciences naturelles intègrent des encyclopédies aux ambitions plus vastes, où leur mention vise autant à répondre à une attente intellectuelle qu'à décrire une partie de l'univers dans lequel l'homme évolue. Mais ces « encyclopédies mameloukes », quoique beaucoup plus copieuses, procèdent à une simplification croissante de l'information et recyclent finalement les encyclopédies antérieures, sans donner à ce savoir une place ou une signification nouvelles.

INDICARE, NON INDAGARE :
ENCYCLOPÉDISME CONTRE HISTOIRE
NATURELLE CHEZ PLINE L'ANCIEN ?

VALÉRIE NAAS
Paris IV-Sorbonne

Au reste, laissons à chacun sa façon d'en juger : nous, notre but est de décrire les phénomènes évidents, non d'en dépister les causes obscures. (*Denique existimatio sua cuique sit ; nobis propositum est naturas rerum manifestas indicare, non causas indagare dubias. Pline l'Ancien, Histoire naturelle, 11.8*).

Le rapprochement entre l'encyclopédisme, l'histoire naturelle et Pline l'Ancien relève d'une évidence trompeuse : évidence, car Pline a intitulé sa dernière œuvre *naturalis historia* et l'inscrit dans l'ἐγκύκλιος παιδεία ; trompeuse, car ces termes n'ont pas exactement pour Pline -et dans l'Antiquité- le sens que nous leur donnons. Il faudra donc commencer par préciser leur définition.

Le sujet s'avère alors plus problématique qu'il n'y paraît : Pline est à la fois un encyclopédiste et un naturaliste, sans pourtant que ces deux termes ne soient équivalents. On fera ressortir la différence par la comparaison entre Pline et d'autres auteurs. Y a-t-il deux projets distincts, l'un encyclopédique, l'autre naturaliste ? Une enquête sur la nature -c'est le sens de *naturalis historia*- peut-elle prendre deux formes différentes, l'une privilégiant la collecte des informations -c'est le projet encyclopédique- et l'autre l'approfondissement de la connaissance, dans le cadre d'une démarche scientifique ? C'est ce que laisse penser la comparaison entre Pline et Aristote. Pourtant, la comparaison avec Celse aboutit à une conclusion différente : la matière médicale peut faire l'objet d'un traitement scientifique au sein même d'une encyclopédie.

Si le choix encyclopédique semble par certains aspects se faire au détriment de l'étude de la nature, il permet aussi à Pline d'imposer une conception précise de la nature, qui relève moins d'un projet scientifique que d'une intention morale et idéologique. La conception plinienne de la nature permet d'intégrer dans l'encyclopédie les arts et techniques en en faisant les prolongements du fonctionnement de la nature.

Finalement, ce qui définit le champ de l'encyclopédie plinienne, ce n'est pas tant la nature – ou le modèle des histoires naturelles – que l'empire romain : ce sont avant tout la perception et la conception de la nature par la Rome impériale qui déterminent et que reflète l'*Histoire naturelle*.

Encyclopédire : formes de l'ambition encyclopédique dans l'Antiquité et au Moyen Âge, éd. par Arnaud ZUCKER, Turnhout, 2013, *(Collection d'Études Médiévales de Nice, 14)*, pp. 145-166.
© BREPOLS ❧ PUBLISHERS   DOI 10.1484/M.CEM-EB.1.101794

L'INSCRIPTION DE L'ENCYCLOPÉDIE ET DE L'HISTOIRE
NATURELLE DANS LE TEXTE DE PLINE

L'Histoire naturelle *comme encyclopédie*

L'*Histoire naturelle* de Pline l'Ancien est l'ouvrage par excellence – et peut-être le seul au sens strict – pour lequel se superposent encyclopédie et histoire naturelle, car la nature forme précisément la totalité qui fait l'objet d'un inventaire du savoir. Comme l'écrit Jean-Marc Mandosio à propos des encyclopédies médiévales,

> Cette assimilation des ouvrages d'histoire naturelle aux encyclopédies, courante chez les chercheurs modernes, tire son origine de l'*Histoire naturelle* de Pline l'Ancien. Son ouvrage, qui entre de plein droit dans la catégorie des encyclopédies, est entièrement fondé sur la notion de nature, à laquelle l'auteur ramène, en dernière analyse, toutes les connaissances humaines ; ainsi l'histoire naturelle, telle que la conçoit Pline, englobe tout. Mais en dehors d'un tel cas extrême, l'histoire naturelle ne constitue, quelle que soit la division des connaissances adoptées, qu'une partie des ouvrages encyclopédiques (la partie consacrée à la 'physique')[1].

Pour définir l'encyclopédisme, on peut retenir les termes d'exhaustivité et d'organisation : il s'agit d'embrasser et d'ordonner le savoir dans un nombre limité ou non de disciplines. L'histoire naturelle, quant à elle, constitue une enquête sur le monde du vivant. Ces deux notions ne se trouvent pas sur le même plan : la première relève de la pratique du savoir, la seconde est une discipline. Ainsi l'histoire naturelle peut-elle faire l'objet d'une encyclopédie. Cependant, elles ne se réduisent pas à une matière et à une forme bien distinctes ; leurs liens sont plus complexes, et l'encyclopédie intitulée *Histoire naturelle* illustre bien leur imbrication[2].

Un bref parcours bibliographique montre combien Pline se trouve à la croisée entre les deux notions. Robert French, dans son ouvrage intitulé *Ancient Natural History*[3], consacre son étude à trois auteurs, Aristote, Théophraste et Pline. Ce sont ces mêmes auteurs, on peut le noter, sur lesquels s'appuie Buffon, dans son discours *De la manière d'étudier et de traiter l'Histoire naturelle*[4]. Si l'on part maintenant non des genres mais des œuvres et des auteurs, la *Naturalis historia* de Pline l'Ancien fait l'objet d'un ouvrage collectif dirigé par le même Robert French (avec Frank Greenaway), et intitulé *Science in the early roman Empire : Pliny the Elder, his Sources and Influence*[5]. Ce titre reflète déjà un parti-pris de lecture, qui inscrit l'œuvre dans une catégorie, celle de la science romaine. Cette

---

1.   MANDOSIO, 2005 : 114-115.
2.   Cf. DODDY, 2010 : 11-39 ; CONTE, 1991.
3.   FRENCH, 1994.
4.   Buffon, 1749 : 53.
5.   FRENCH, GREENAWAY, 1986.

dernière notion est problématique en soi, et la place qu'y occupe l'*Histoire naturelle* pose également question[6]. Ce titre privilégie aussi une conception et une fonction de l'œuvre plinienne axées sur le rassemblement et la transmission des sources et du savoir.

Par ailleurs, la plupart des travaux sur l'encyclopédisme antique font de l'*Histoire naturelle* l'aboutissement de ce courant dans l'Antiquité et son expression la plus complète, mais aussi le point de départ dans l'histoire de l'encyclopédisme[7]. Il faut cependant noter que ces études tendent à concevoir l'encyclopédisme comme un champ univoque dans le temps, sans tenir suffisamment compte des spécificités de chaque époque : ainsi la signification de l'encyclopédisme n'est pas la même dans l'Antiquité et à l'époque moderne (sans parler de la Renaissance), ce qui n'exclut pas pour autant que Pline ait influencé des encyclopédistes ultérieurs comme ceux des Lumières[8] ou des humanistes de la Renaissance[9]. Mais inversement, dans la réception de l'*Histoire naturelle*, on a eu tendance à projeter la conception moderne de l'encyclopédie sur l'œuvre plinienne, ce qui a abouti à en modifier le sens même, en accentuant précisément son caractère d'encyclopédie : c'est la thèse défendue par Aude Doddy dans sa récente étude sur la réception de l'*Histoire naturelle*[10] ; celle-ci serait devenue une encyclopédie par effet rétrospectif bien plus que par ses caractéristiques propres.

Il n'en reste pas moins que Pline a acquis une place fondatrice dans l'encyclopédisme. Celle-ci est aussi la conséquence de la perte – en partie ou en totalité – d'ouvrages encyclopédiques fondamentaux, comme ceux Varron, de Celse ou encore de Posidonius. Ce dernier a repris le projet encyclopédique entre les Grecs et l'empire romain et il faudrait préciser sa place, point qui ne sera pas traité dans le cadre de cet article.

L'*Histoire naturelle* apparaît donc comme une œuvre centrale dans l'encyclopédisme antique et dans l'histoire naturelle, mais sa place dans la science serait celle de relais, comme l'indique le sous-titre de R. French (*His Sources and Influence*) : la contribution plinienne au savoir consisterait à le transmettre – ce qui participe aussi de son progrès –, et non à apporter de nouveaux éléments. De fait, c'est le programme que se fixe Pline lui-même dans l'opposition *indicare, non indagare*.

Définissant son œuvre dans sa préface, Pline l'inscrit à la fois dans l'ἐγκύκλιος παιδεία et la *naturalis historia*. Ainsi, il revendique la nouveauté et la difficulté de sa tâche, alors même qu'il se situe dans un genre qui existait déjà chez les Grecs :

> *Praeter iter est non trita auctoribus uia nec qua peregrinari animus expetat :*
> *nemo apud nos qui idem temptauerit, nemo apud Graecos qui unus omnia ea*

---

6.   Sur la place de l'*Histoire naturelle* dans la science antique, cf. aussi NAAS, 2000 ; ROMANO, 1994.
7.   Cf. par exemple PARRONI, 1989 : 489 ; pour une opinion plus nuancée, voir RUBINCAM, 1997 : 127-128.
8.   Cf. NAAS, 2011a.
9.   Cf. PERIFANO, 2011.
10. Cf. DODDY, 2010.

tractauerit. [...] *Iam omnia attingenda quae Graeci* τῆς ἐγκυκλίου παιδείας *uocant, et tamen ignota aut incerta ingeniis facta ; alia uero ita multis prodita, ut in fastidium sint adducta*[11].

Que désigne l'ἐγκύκλιος παιδεία[12]? La comparaison avec d'autres auteurs montre qu'il s'agit, à l'époque de Pline, d'un cycle d'études préparatoires, une propédeutique à une discipline – l'architecture pour Vitruve, la rhétorique pour Quintilien et Cicéron –, ou bien à une vertu, comme la sagesse pour Sénèque. C'est une culture générale approfondie, qui se rapproche de l'encyclopédisme par l'idée de cercle : faire le tour du savoir.

L'Histoire naturelle *comme enquête sur la nature*

La notion d'histoire naturelle, quant à elle, est présente dans le texte plinien par de nombreux biais. L'expression *naturalis historia* figure dès les premiers mots de la préface, où Pline dédie son œuvre au futur empereur Titus : *Libros Naturalis Historiae* [...] *narrare constitui tibi, iucundissime Imperator*[13]. Ce titre définit l'œuvre par son sujet, la nature : la matière, *rerum natura*, fait l'objet d'une relation. Ainsi Pline écrit encore dans la préface : *rerum natura, hoc est uita, narratur*[14]. Le verbe *narrare* précise la démarche : il s'agit d'un inventaire, non d'une étude approfondie de la nature, comme l'indique aussi l'opposition *indicare, non indagare*. Pline ne peut et ne veut être spécialiste des multiples domaines qu'il aborde. Dans la même perspective, pour chaque livre, il définit son contenu par ces trois catégories, *res, historiae, obseruationes* (avec le remplacement de *res* par *medicinae* pour les livres de remèdes)[15]: ces termes désignent ce qui se donne à voir, à constater, et non la matière d'une explication de la nature. Il s'agit d'exposition du savoir plutôt que d'enquête sur le savoir, ce qui correspond à un changement de sens du terme *historia*, en particulier entre Aristote et Pline.

Cette dualité, faite de l'encyclopédisme et de l'histoire naturelle, se retrouve également dans les auteurs dont Pline se revendique. Aristote et Théophraste figurent à de nombreuses reprises dans le texte, comme sources pour les livres

---

11. *HN, praef.* 14 : « Au surplus, le chemin où je me suis engagé n'est pas battu par les auteurs, ni de ceux où l'esprit souhaite de se promener. Il n'existe personne chez nous qui ait fait la même tentative, personne chez les Grecs qui ait traité à lui seul toutes les parties du sujet. [...] De plus, il nous faut toucher à tous les points que les Grecs embrassent sous le nom de 'culture encyclopédique'; et cependant les uns sont ignorés ou rendus incertains par les inventions personnelles, tandis que d'autres ont été si souvent publiés qu'ils sont devenus fastidieux ». Les traductions sont celles des éditions publiées aux Belles Lettres, CUF, Collection Guillaume Budé.

12. Cf. Doody, 2010 : 44-58 ; Gavoille, 2000 : 214-229.

13. *HN, praef.* 1.

14. *HN, praef.*13.

15. Sur ces termes, cf. Naas, 2002 : 179-181.

sur la zoologie et la botanique[16]. Mais ces deux naturalistes, on peut le noter, sont absents de la préface, lorsque Pline situe son œuvre dans le genre encyclopédique[17]. Il cite alors, pour les critiquer ou les louer, plusieurs auteurs et titres d'œuvres, et accorde une mention spéciale à Diodore, pour sa *Bibliothèque* : *Diodorus Bibliothekes historiam suam inscripsit*[18]. Le titre de l'œuvre, *Bibliothèque*, insiste sur l'exhaustivité et l'organisation nécessaire du contenu. On peut le rapprocher de cette autre définition que Pline donne de son œuvre, *thesauros oportet esse, non libros*[19] : ce sont de véritables 'magasins' du savoir que propose Pline, soulignant aussi l'ampleur du champ envisagé et l'organisation nécessaire à cet inventaire.

Par ailleurs, le sens étymologique d'ἱστορία comme enquête – ici sur la nature – invite aussi à préciser les liens avec l'histoire, qui sont importants à propos de Pline : la moitié de sa production concerne en effet l'histoire[20] (*Guerres de Germanie, Continuation d'Aufidius Bassus*, lui-même continuateur de Tite-Live), et Suétone le classe d'ailleurs parmi les historiens[21]. Pour l'*Histoire naturelle*, Pline se réclame aussi de Varron comme modèle et source, auteur dont il a sans doute utilisé les *Antiquitates*. En cela, l'*Histoire naturelle* s'inscrit dans l'histoire antiquaire, histoire des *realia* à côté de la "grande" histoire, recueillie dans les annales[22]. Mais elle véhicule aussi une conception politique et idéologique de l'histoire, celle de la vocation de Rome à la domination[23] : en cela, on peut parler d'encyclopédie impérialiste, comme on le verra à la fin de cet article.

Par ailleurs, l'ἱστορία permet de rendre compte de l'intérêt de Pline pour le merveilleux. Selon Hérodote, l'ἱστορία est l'enquête sur tout ce qui existe, ce qui se distingue par sa singularité (comme l'extraordinaire), la vérité étant secondaire par rapport à l'attestation d'un fait ou phénomène par une source[24]. Or, dans sa revue de la nature, Pline privilégie précisément l'anormal, l'extraordinaire, au détriment de la régularité[25].

Le titre *Naturalis historia* définit donc un contenu, la nature, et une démarche, l'enquête. La nature comme champ impose l'idée de totalité. Mais si cette idée est centrale dans l'*Histoire naturelle*, c'est aussi pour des raisons idéologiques. L'extension du champ encyclopédique fait pendant à l'impérialisme romain : il s'agit de rassembler et d'exhiber tout ce que la domination romaine a permis d'embrasser et, pour ainsi dire, de posséder.

---

16. Cf. CAPPONI, 1987. Sur Pline et Aristote, cf. notamment ISAGER, 1991 : 43-47 ; SEECK, 1985 ; VEGETTI, 1981 et 1982. Sur Pline et Théophraste, MORTON 1986 : 86-97. Sur Aristote, pour notre propos, ZUCKER, 2005 ; CRUBELLIER, PELLEGRIN, 2002 ; sur la conception de la nature, voir MOREL, 1997 ; et sur la méthode, voir LEAR, 1990. Sur la postérité de Pline, voir DOODY, 2010 ; BORST, 1994.

17. *HN, praef.* 24-25.

18. *HN, praef.* 25.

19. *HN, praef.* 17.

20. Cf. Pline Le Jeune, *Ep.* 3.5 (lettre à Bébius Macer sur l'œuvre et le caractère de Pline l'Ancien).

21. Suetone, *De Vir. illust. De hist.* 6 (= *Fragm.* 80, éd. Reifferscheid, 1860).

22. Cf. NAAS, 2002 : 58 et note 182. Cf. aussi BAIER, 1997.

23. Cf. notamment COTTA RAMOSINO, 2004. Cf. aussi NAAS, 2011b, FÖGEN, 2010.

24. Cf. FORNARA, 1983 : 15 ; HUNZINGER, 1995.

25. Sur l'extraordinaire dans l'*Histoire naturelle*, cf. BEAGON, 2007 ; NAAS, 2002 : 243-393.

Les références pliniennes mettent l'accent sur l'enquête exhaustive et ordonnée, alors qu'en français, l'expression "histoire naturelle" privilégie l'idée d'une étude scientifique de la nature, comme chez Aristote et Théophraste. Par parenthèse, dans nos écoles, les cours de "sciences naturelles" s'appelaient il y a quelques décennies "histoire naturelle"[26].

Naturalis historia *et* φυσικὴ ἱστορία

Pourtant, l'une des expressions employées par Aristote pour désigner son *Histoire des animaux* est précisément ἡ φυσικὴ ἱστορία[27], ce qui semble l'équivalent le plus proche de *naturalis historia*. Or Pline ne se réfère ni à cette œuvre, ni aux naturalistes grecs, lorsque, dans sa préface, il cherche des précédents à son encyclopédie. Certes, il réfléchit alors au genre encyclopédique, et non à l'enquête naturaliste. Mais cette absence nous amène à réfléchir au sens de *naturalis historia* par rapport à φυσικὴ ἱστορία. Le calque entre les deux expressions est trompeur. En réalité, le sens est différent entre le grec et le latin, la notion de nature ayant beaucoup évolué, comme on le verra plus loin.

La signification d'*historia* a évolué elle aussi : rappelons que pour Aristote, dans la *Poétique*, l'ἱστορία traite du particulier, alors que la poésie – qui lui est pour cela supérieure – traite du général[28]. Chez Aristote, l'ἱστορία est un préalable à la réflexion : l'enquête vise à réunir des données particulières, qui sont ensuite classées. Ce classement, établi à partir des différences, est lui-même instrument de connaissance : on va du particulier au général, de l'*Histoire des animaux* aux *Parties des animaux*[29]. Ainsi, dans l'*Histoire des animaux*, Aristote précise sa méthode. Après avoir établi les grandes catégories,

> Nous entrerons dans le détail, afin de saisir d'abord les particularités propres et les caractères communs. Puis il faudra essayer d'en trouver les causes. Tel est, en effet, l'ordre naturel de la recherche (οὕτω γὰρ κατὰ φύσιν ἐστὶ ποιεῖσθαι τὴν μέθοδον), une fois acquise la connaissance (ἱστορία) de chaque animal[30].

L'*Histoire des animaux* est un recueil de documents – d'informations particulières – qui serviront de base aux traités biologiques visant à expliquer les causes. Pourtant, cette enquête comporte déjà une réflexion méthodologique et une organisation rationnelle qui en font bien plus qu'un simple inventaire de données. En cela, la φυσικὴ ἱστορία d'Aristote se distingue beaucoup de la *naturalis historia*

---

26. Comme le signale Louis, 1955 : 44.

27. Cf. Louis, 1955 : 40.

28. *Po.* 1451 b 1-7. Cf. sur ce passage le commentaire de Fornara, 1983 : 93-98.

29. Cf. l'introduction de P. Louis à l'*Histoire des animaux* dans la CUF, 1964, p. XI-XIV : les traités scientifiques d'Aristote se divisent en deux catégories : les traités descriptifs, inventoriant des données, avec seule volonté de les classer, sans les expliquer (ex : *Histoire des animaux*) ; et les traités didactiques sur un problème particulier, avec le souci d'expliquer les causes (ex : *Parties des animaux*, sur l'anatomie).

30. *HA* 491a12.

de Pline. Pline s'en tient à l'*historia* : il se donne pour tâche de mener l'enquête, de rassembler et d'organiser les informations. La φυσικὴ ἱστορία est déjà un instrument de connaissance, un point de départ à la réflexion, alors que l'*Histoire naturelle* apparaît davantage comme un point d'arrivée : elle constitue l'inventaire du savoir qui restera figé pour des siècles[31] – cette étape étant aussi nécessaire au progrès du savoir. Certes, la perte d'autres ouvrages encyclopédiques a sans aucun doute contribué à ce que l'*Histoire naturelle* prenne cette valeur paradigmatique : Pline a eu le rôle de remplacer les textes perdus, ce qui a forcément figé le savoir qu'il transmettait.

Pline se situe donc dans la double tradition des naturalistes et de l'encyclopédisme antiques. Cependant, il semble privilégier l'inventaire sur la recherche – qu'il exclut même –, comme l'indique l'opposition *indicare, non indagare*. Choisit-il l'encyclopédisme contre l'histoire naturelle ? La comparaison avec des spécialistes d'histoire naturelle va dans ce sens, mais devra être dépassée. Nous limiterons ici cette comparaison à quelques auteurs, tout en sachant qu'elle gagnerait à être élargie.

COMPARAISON DE PLINE AVEC DES ENCYCLOPÉDISTES ET/OU NATURALISTES

Pline, Aristote et Théophraste : des projets différents

La comparaison entre Pline et ses devanciers peut paraître injuste et même injustifiée en soi, puisque ces auteurs ne sont pas sur le même plan : Aristote et Théophraste ne sont pas des encyclopédistes, car leur collecte des informations sert avant tout à étayer des thèses sur la nature ; et Pline n'est pas, au même titre qu'eux, un naturaliste, puisqu'il compile des informations en se donnant une apparente neutralité, comme l'indique le verbe *narrare*, qu'il emploie plusieurs fois[32] pour décrire son projet. Cependant, cette comparaison nous semble utile et pertinente dans la mesure où elle permet de préciser une différence de projet, de méthode et de conceptions.

Si l'on part du titre des œuvres – Aristote : αἱ περὶ τῶν ζῴων ἱστορίαι, Théophraste : περὶ φυτῶν ἱστορίαι, Pline : *naturalis historia* –, le terme commun d'ἱστορία/ *historia* laisser supposer une certaine proximité entre ces auteurs. De fait, Pline admire et affirme compléter Aristote et Théophraste, qui constituent, de première ou, plus vraisemblablement, de seconde main, ses sources principales pour la zoologie et pour la botanique[33]. La postérité a en quelque sorte conforté

---

31. Cf. BORST, 1994 ; GIGON 1966.
32. *HN, praef.* 1 et 13.
33. Cf. *HN* 8.44. Sur Pline et Théophraste, cf. MORTON, 1986. Théophraste est cité comme source non romaine dans les 16 livres sur les plantes : 10 fois en premier, 6 fois en deuxième (après des auteurs plus anciens). Sur Pline et Aristote, outre les références citées en n. 16, pour des comparaisons précises, cf. CAPPONI, 1990 et 1994 ; BONA, 1991.

cette filiation, puisque l'*Histoire naturelle* a pendant des siècles remplacé les traités perdus d'Aristote et de Théophraste, avant leur redécouverte et traduction aux xiiie et xve siècle.

Pour autant, cette proximité dans le projet ne saurait occulter les différences dans sa mise en œuvre. Ainsi, sur des passages précis où Pline se sert d'Aristote et de Théophraste, on peut comparer les textes et apprécier comment l'encyclopédiste a compris et utilisé ses sources. On peut alors identifier des erreurs de plusieurs types, qui sont dues à Pline ou se trouvent déjà dans des sources intermédiaires. On limitera ici la comparaison à Aristote, mais celle avec Théophraste aboutit aux mêmes conclusions.

On relève tout d'abord des erreurs philologiques, de lecture ou de compréhension[34]. Ainsi, dans la phrase *mus marinus in terra scrobe effosso parit oua* (« le rat marin pond ses oeufs dans un trou creusé à terre »), Pline (*HN* 9.166) applique aux rats marins ce qu'Aristote dit des tortues d'eau douce : par une erreur de terme ἡ δ'ἐμύς a été transformé en ἡ δὲ μῦς[35]. Ce type d'erreur est éclairant pour tenter de reconstituer la manière de travailler de Pline[36].

Ensuite, on peut définir des erreurs d'interprétation, lorsque Pline projette sa conception de la nature sur le texte d'Aristote, ce qui déforme sa lecture. Ainsi, à propos de la reproduction des éléphants, Pline écrit : *Pudore numquam nisi in abdito coeunt,* « c'est par pudeur qu'ils ne s'accouplent que dans le secret ». Or, selon Aristote, « les éléphants s'accouplent dans des lieux écartés, sur les bords des rivières et dans des endroits familiers »[37]. Pline interprète donc le texte descriptif de sa source en fonction de sa conception anthropomorphe de la nature. On peut d'ailleurs signaler que sur ce sujet, Buffon s'inspirera directement de Pline, en prêtant à l'éléphant le sentiment de la pudeur et de la décence.

Son idée de la nature peut amener Pline à exprimer son désaccord avec ses sources, même avec des autorités comme Aristote. Ainsi, pour la respiration des poissons et des insectes, Pline met en balance la réflexion scientifique avec les desseins mystérieux de la nature toute-puissante. Selon Aristote et de nombreux savants :

> *sine eo (pulmone) spirare animal nullum putatur* […]. *in qua sententia fuisse Aristotelem uideo et multis persuasisse doctrina insignibus.*

> sans poumon, aucun animal ne respire […]. Je vois qu'Aristote était de cet avis et qu'il a convaincu beaucoup de savants illustres (*HN* 9.16).

Malgré ces autorités, Pline exprime son désaccord :

> *Nec me protinus huic opinioni eorum accedere haud dissimulo.*

> Cela ne m'empêche pas d'avouer que je ne me range pas à cette opinion (*HN* 9.17).

Et il avance plusieurs raisons, qui ne sont pas strictement scientifiques :

---

34. Cf. aussi ANDRÉ, 1959.
35. Aristote, *HA* 558a8. Cf. la note 1, § 71 dans l'édition Budé de *HN* 9.
36. Cf. ANDRÉ, 1955.
37. *HN* 8.13; Aristote, *HA* 540a19 *sq.*

> *quoniam et pulmonum uice alia possunt spirabilia inesse uiscera ita uolente natura, sicut pro sanguine est multis alius umor.*
>
> parce que d'autres organes respiratoires peuvent jouer le rôle de poumons, suivant les desseins de la nature, de même que beaucoup d'animaux ont, en guise de sang, un autre liquide (*HN* 9.17).

On peut relever que Pline ne précise pas quels sont ces autres organes qui pourraient remplacer les poumons. Il ajoute, en guise d'arguments, des conclusions qu'il déduit d'observations : l'air pénètre dans l'eau, puisqu'on le voit en sortir ; il pénètre aussi dans la terre, comme en atteste l'existence des taupes. Mais, pourrait-on répondre, l'existence d'air dans l'eau ou dans la terre n'implique pas forcément que les poissons aient la faculté de respirer. Comme s'il pressentait l'insuffisance de ces arguments, Pline renchérit :

> *Accedunt apud me certe efficacia ut credam, etiam omnia in aquis spirare naturae suae sorte.*
>
> D'autres raisons, en tout cas, me déterminent à croire que tous les êtres aquatiques tiennent aussi de la nature la faculté de respirer (*HN* 9.18).

On peut souligner le *apud me,* renforcé par *ut credam* : ces deux marques de l'auteur renvoient à la divergence entre Pline et les savants exprimée plus haut ; on ne se trouve plus dans l'ordre de la connaissance, mais dans celui de l'opinion. Voyons néanmoins quels sont ces arguments *efficacia*. Il s'agit de deux observations, d'où Pline conclut que les poissons ont la faculté de respirer : on voit les poissons haleter et bailler ; et les poissons dorment :

> *quis enim sine respiratione somno locus ?*
>
> vraiment, sans respiration, pourrait-il y avoir sommeil ? (*HN* 9.18).

La succession de preuves avancée par Pline est révélatrice : raisonnement par analogie, observations mal interprétées, d'où l'auteur tire des conclusions erronées. En réalité, Pline ne peut accepter un phénomène naturel qui va contre les desseins qu'il prête à la nature. Il rapporte ce qu'il ne peut ou ne veut expliquer à la volonté de la nature, *ita uolente natura*[38]. Mais cette volonté est celle que Pline projette sur la nature. En revanche, Aristote distingue, de façon plus scientifique, les animaux aquatiques ayant un poumon et un évent et ceux qui ont des branchies. Pour finir, après d'autres arguments du même ordre, Pline laisse chacun juger :

> *Quam ob rem de his opinetur ut cuique libitum erit.*
>
> Aussi que chacun juge de cela comme il lui plaira (*HN* 9.19).

Le but n'est pas d'établir un savoir, mais de l'orienter, de donner des éléments pour que le lecteur se fasse sa propre idée. Pline ne se situe pas dans l'ordre du savoir, mais dans celui de l'opinion (*opinetur*) : celle-ci doit plaire *(libitum)*, et non convaincre. Pline n'est pas un savant qui cherche à établir un savoir, mais

---

38. *HN* 9.17.

un encyclopédiste qui rassemble les informations et laisse le lecteur juge, tout en donnant son avis[39].

Ainsi, à côté des erreurs philologiques, dont on ignore souvent si elles sont dues à Pline ou, déjà, à des sources intermédiaires, les erreurs conceptuelles montrent que la lecture d'Aristote par Pline se fait à travers des conceptions qu'il projette sur le savoir transmis par ses sources.

Pline, Celse et Scribonius Largus : différentes conceptions de la médecine

Pour comprendre la différence entre l'encyclopédiste et le spécialiste dans le traitement du savoir, on peut comparer les livres de remèdes pliniens avec d'autres textes médicaux, en particulier ceux de Celse et, dans une moindre mesure, de Scribonius Largus, en s'intéressant à deux aspects : l'organisation du traité, qui montre la pertinence des modes de classement, et le type de remèdes privilégiés[40].

Pline ne mentionne pas l'œuvre de Scribonius, un médecin qui écrit ses *Compositiones* (270 recettes médicinales) à l'époque de Claude. En revanche, il s'inspire de l'œuvre de Celse, écrite sous le règne de Tibère, ce qui rend la comparaison plus pertinente : Pline lui emprunte en effet des informations mais change de perspective[41].

Pour l'organisation et le classement, Scribonius comme Celse classent les remèdes selon les parties du corps. Ainsi le médecin (ou le malade) peut, à partir du membre affecté, trouver un remède adapté. Le *De medicina* de Celse appartenait, on le sait, à une encyclopédie, les *Artes*, dont le reste est perdu ; cela nous intéresse particulièrement pour la comparaison avec Pline. Ce traité se divise en trois parties, diététique (1), pharmacologie (2-6), chirurgie (7-8) ; dans la partie centrale, qui concerne notre comparaison, Celse classe les maladies selon les parties du corps (2 : pathologie générale et théorie générale des soins ; 3-4 : maladies du corps entier ou d'une partie du corps ; 5-6 : médicaments). Comme chez Scribonius, ce classement répond aux besoins du médecin, qui part du symptôme – partie du corps – pour trouver un remède.

Chez Pline, les choses sont moins claires, car il se trouve en quelque sorte pris dans une contradiction entre le principe général de classement dans son œuvre, selon les domaines de la nature, et les nécessités propres au domaine de la médecine et à la conception qu'il en a[42]. Ainsi, pour l'organisation générale de sa section médicale, il respecte son mode global de répartition, en classant les remèdes d'après leur matière première : on trouve huit livres de remèdes fondés sur des substances végétales, puis cinq livres de remèdes tirés de substances animales. Ce classement reste fidèle au principe de Pline dans toute l'*Histoire naturelle*, à savoir constituer un inventaire de la nature : les livres de remèdes sont

---

39. Cf. Naas, 2002 : 78-105.
40. Cf. Sconocchia, 1993 : 852-855.
41. Cf. Scarborough, 1986 : 62 et 68 ; cf. aussi Capitani, 1972.
42. Cf. Gaillard-Seux, 1994.

donc écrits à partir d'une revue de la nature et non des maladies. Mais, du point de vue de l'utilisation, les inconvénients de ce classement sont évidents : le médecin ou le malade devrait, en toute logique, lire l'ensemble du traité jusqu'à ce qu'il tombe sur le remède qui corresponde au symptôme, à la maladie à soigner. Et de fait, ce principe d'organisation par domaines de la nature n'est pas suivi dans le détail du texte, puisque Pline introduit des classements par maladies (surtout dans la médecine animale), faisant ainsi coexister les deux typologies[43].

Pline, qui se vante, dans la préface, d'écrire une œuvre utile et pratique à consulter[44], doit tenir compte des conditions d'utilisation spécifiques à chaque domaine traité. C'est peut-être toute la différence entre un encyclopédiste et un spécialiste, comme Scribonius, et cela montre aussi les limites des classements dans l'*Histoire naturelle*, ou du moins les adaptations nécessaires d'un principe global d'organisation à des domaines particuliers.

Passons maintenant au type de remèdes, à partir de la distinction entre remèdes scientifiques et remèdes populaires ; ces derniers mêlent recettes populaires et pratiques magiques ; ils sont aussi utilisés par les médecins. On peut se demander quels sont les remèdes privilégiés et comment les différents types sont organisés, en particulier chez Pline et Celse, puisque leur médecine appartient à une encyclopédie. Chez Celse, les remèdes populaires sont peu nombreux, et toujours cités en fin de section, comme une antithèse aux remèdes prônés par les médecins. Celse tire pour ainsi dire la médecine vers la science, tout en tenant compte des remèdes populaires, en raison de leur diffusion et de leur influence. Parmi les remèdes populaires, il privilégie ceux des paysans et du peuple, et non la magie.

Pline, lui, se sert surtout de la médecine populaire, faite de superstitions, de magie thérapeutique et de recettes[45]. Il juxtapose différents types de savoir (grec, oriental, égyptien), présentés sans grande distinction. Sa médecine trouve son fondement dans sa conception de la nature, finalisée et bienfaisante, au service de l'homme : *omnia ea hominum causa*, écrit-il au début de ses livres de remèdes[46]. C'est la nature qui dispose partout des remèdes pour l'homme[47] :

> *sacra illa parente rerum omnium nusquam non remedia disponente homini.*

> cette sainte mère de toute chose en a disposés (des remèdes) partout pour l'homme (*HN* 24.1).

La médecine plinienne s'appuie sur une nature régie par des rapports de sympathie et d'antipathie[48], théorie qui se rattache à une conception stoïcienne de la nature providentielle. Mais cette théorie, ancrée dans une philosophie, a été développée dans un sens plus populaire pour servir de base à nombre de superstitions et de remèdes magiques.

---

43. Cf. Gaillard-Seux, 1998 : 630-631.
44. *HN praef.* 16 et 33.
45. Cf. Gaillard-Seux, 1994.
46. *HN* 20.1.
47. On se trouve là au début de la section des remèdes tirés de substances animales.
48. Cf. Palmieri, 2003, en particulier Gaide, 2003 et Gaillard-Seux, 2003.

La différence avec Celse est nette : le *De medicina* relève sans aucun doute de la littérature spécialisée, à tel point que l'on se demande si Celse lui-même n'était pas médecin. Au contraire, Pline ne traite pas de la médecine en spécialiste, mais en encyclopédiste, pour informer davantage que pour faire œuvre scientifique : il n'y a pas sélection des informations mais accumulation. À partir de l'observation des forces de la nature, il se propose, pour soigner, d'aider l'homme à interpréter et donc à suivre la nature[49]. Cette perspective comporte aussi toute une implication morale : Pline critique la médecine actuelle, pour s'être éloignée de la simplicité.

Cependant, bien que la médecine plinienne soit moins rationnelle que celle de Celse et de Scribonius, elle aura un très grand succès : elle sera intégrée dans une édition spécifique de textes médicaux, la *Medicina Plinii*, dès le IVe siècle. Cela peut montrer que, justement, elle était plus en accord avec les préoccupations des lecteurs, par la conception de la médecine, le type de remèdes préconisés et aussi, peut-être, par l'emploi d'un langage plus accessible et donc moins spécialisé.

La comparaison avec d'autres auteurs semble dans un premier temps appuyer l'hypothèse selon laquelle Pline fait le choix de l'encyclopédisme contre l'histoire naturelle. Mais le projet s'avère différent : Pline mène bien une enquête sur la nature, mais elle reste subordonnée à une certaine conception de la nature.

LE PROJET ET LA MÉTHODE DE PLINE, SUBORDONNÉS À SA CONCEPTION DE LA NATURE

Le projet de Pline consiste à décrire ; celui d'Aristote et de Théophraste à recenser, classer et expliquer. Pour Aristote, l'histoire naturelle s'insère dans un dessein philosophique plus vaste, celui de trouver les principes premiers communs que les éléments naturels ont utilisés pour former le monde dans son entier : c'est l'objet de la *Physique*, ce qui implique une conception de la nature qui n'est pas celle de Pline. Pour ce dernier, la nature fait l'objet d'un bilan, et non d'une recherche, ce que résume l'opposition *indicare, non indagare*.

À cet égard, les introductions des ouvrages sont révélatrices : celles d'Aristote et Théophraste sont méthodologiques, celles de Pline moralisatrices. Ainsi, au début des *Parties des animaux*[50], Aristote pose la question de la méthode – procéder par thèmes ou par animaux –, en indiquant l'inconvénient du classement par animaux (les redites en raison de caractères communs) ; c'est pourtant ce mode de classement que choisit Pline, sans même se poser la question – du moins de façon explicite. De même, Théophraste commence par une introduction méthodologique ses *Recherches sur les plantes* : « Pour saisir les différences entre les plantes et les autres aspects de la nature, il faut considérer leurs parties, leurs qualités, leurs modes de reproduction et de vie »[51]. La botanique est donc définie, par la méthode et la classification, comme une enquête sur des catégories et des différences.

---

49. Cf. GAILLARD-SEUX, 1994 : 46-48.
50. *PA* 639a.
51. *HP* 1.1.

Les introductions des sections[52] ou de certains livres de l'*Histoire naturelle*, en revanche, relèvent de la morale : Pline s'y livre à l'éloge de la nature, à la critique de la *luxuria* et de l'exploitation de la nature par l'homme[53]. Il n'effectue pas d'exposé théorique ni méthodologique.

De même, dans le rapport aux sources, Pline se distingue d'Aristote et de Théophraste. Les premiers naturalistes procédaient surtout par l'observation et la pratique (la dissection d'animaux, la vivisection sur les insectes), alors que Pline, même s'il utilise parfois son propre témoignage visuel[54], se sert surtout de sources livresques, et qui ne sont pas forcément de première main[55]. Cette question est aussi à mettre en rapport avec la place de l'expérience. Celle-ci, chez Pline, confirme une conception préalable de la nature, alors qu'Aristote et Théophraste utilisent l'expérience pour comprendre et définir les lois de la nature, méthode que reprendra la science moderne[56]. Cependant, la conception plinienne de la nature n'est pas régressive. Elle s'inscrit aussi dans un effort de rationalisation après l'époque incertaine des mythes[57], mais c'est une rationalisation différente de celle effectuée par les naturalistes précédents. Elle rencontre en effet une limite, dans la mesure où cette *natura artifex* n'obéit pas à des normes, à des règles, sinon le bien de l'homme. Ainsi, cette conception même de la nature met un frein au projet épistémologique.

Les différences constatées dans le projet et la méthode se traduisent par des différences dans le classement. Pour Aristote et Théophraste, les modes de classement font partie des instruments de l'enquête scientifique. Aristote recherche les différences entre les animaux, pour expliquer leur nature spécifique et définir des caractères distinctifs ; ainsi, dans l'*Histoire des animaux,* il classe les animaux selon le genre de vie, les membres, les organes, la reproduction, la locomotion… Théophraste effectue une classification par parties des plantes et espèces, selon des caractères communs ; il étudie chaque espèce dans son milieu, méthode reconnue par la science moderne. Pline, quant à lui, considère plutôt les principes de classement comme un simple moyen de présentation de l'exposé, et non comme une partie de la méthode et un moyen d'enquête. Il emploie des procédés de classement descriptifs et non heuristiques ; ce sont pour lui avant tout des moyens d'organiser et de présenter la matière encyclopédique, et il en change sans justification, ou pour des raisons d'agrément, de « variété », comme pour les pierres précieuses :

> *Est etiamnum alia distinctio, quam equidem fecerim subinde uariata expositione, siquidem a membris corporis habent nomina.*

---

52. On appelle sections les groupes thématiques de livres : 1 : préface et index général ; 2 : cosmologie ; 3-6 : géographie ; 7 : anthropologie ; 8-11 : zoologie ; 12-19 : botanique ; 20-32 : médecine (20-27 : remèdes tirés des plantes ; 28-32 : remèdes tirés des animaux) ; 33-37 : minéralogie.
53. Cf. NAAS, 2002 : 224-234.
54. Il dit par exemple avoir vu des plantes dans le jardin d'un botaniste : *HN* 25.9.
55. Cf. NAAS, 2002 : 143-145.
56. Cf. FRENCH, 1994 : 489-491.
57. Cf. NAAS, 2008.

Il y a encore une autre classification que j'utiliserais volontiers pour introduire de temps en temps de la variété dans mon exposé : des pierres tirent en effet leur nom des parties du corps (*HN* 37.186).

Après Aristote a commencé une évolution qu'Arnaud Zucker résume par l'expression « la valorisation du particulier »[58]. L'intérêt pour les « énigmes particulières que la nature, à travers les animaux, pose à la raison humaine », fait évoluer la zoologie vers la paradoxographie. De plus, l'animal n'est plus uniquement étudié sous l'angle de l'anatomie, mais pour ses aspects psychologiques et culturels, qui témoignent de la variété de la nature.

Si Aristote va du particulier au général, Pline en reste au particulier, et c'est même ce qui l'intéresse. Il s'inscrit là dans une évolution globale de la curiosité pour la nature et le vivant. Mais, plus profondément, cet éparpillement de l'attention, ce désintérêt pour les cadres d'explication et de classement généraux, sont à mettre en relation, chez Pline, avec sa conception de la nature et avec son projet par rapport à cette nature. L'*Histoire naturelle* vise à magnifier la nature, dont la puissance s'illustre par sa diversité. Ceci se manifeste également dans l'idéologie de l'empire romain, la nature étant possession de Rome. Ainsi R. French, dans son *Ancient Natural History*, explique qu'entre la Grèce et Rome, le sens de φύσις / *natura* a changé : il ne s'agit plus des caractéristiques des choses (*natura rerum*) mais de la nature du monde. Et il met précisément cette évolution en relation avec la domination universelle de Rome et les changements qu'elle implique[59]. Cette théorie trouve une illustration emblématique dans l'*Histoire naturelle*, comme on le verra à la fin de cet article.

C'est la notion même de φύσις qui évolue entre le monde grec et romain[60]. Comme l'a bien montré A. Zucker[61], de « principe générateur et unitaire du monde phénoménal », elle devient, à propos des animaux, « le caractère le plus particulier et individualisant » ; « l'exceptionnel et le singulier » deviennent « l'expression même – et directe – de la "nature" ». De façon corollaire, A. Zucker souligne l'évolution des termes ἱστορία et ζῷον : ἱστορία, au lieu de « dynamique et pratique d'enquête », devient « travail de mise en forme et d'exposition du savoir » ; et pour l'animal, au lieu de l'anatomie, c'est la dimension éthologique et psychologique qui passe au premier plan.

L'*Histoire naturelle* de Pline se situe dans le prolongement de ces évolutions et marque encore une surenchère. En fin de compte, le rapport auteur/lecteur est décisif : alors que le naturaliste se place en position d'autorité – il apporte et explique un savoir, selon une méthode réfléchie –, l'encyclopédiste s'efface apparemment derrière les faits et laisse le lecteur juge. C'est ce qu'indique bien l'opposition *indicare / indagare,* quand on la cite complètement et dans son

---

58. Zucker, 2005 : 311.
59. French, 1994 : 5.
60. Cf. notamment, dans une bibliographie abondante, Cusset, 1999 ; Naddaf, 1992 ; Lenoble, 1969 ; Pellicer, 1966.
61. Zucker, 2005 : 317.

contexte. Il s'agit de la question de savoir si les insectes respirent. Alors que beaucoup d'auteurs soutiennent que non, Pline estime le contraire mais s'en remet au lecteur :

> *Denique existimatio sua cuique sit ; nobis propositum est naturas rerum manifestas indicare, non causas indagare dubias*[62].

> Au reste, laissons à chacun sa façon d'en juger : nous, notre but est de décrire les phénomènes évidents, non d'en dépister les causes obscures (*HN* 11.8).

Que chacun se fasse son opinion à partir de la description – et non de l'explication – donnée par Pline.

Cependant, cette opinion se trouve fortement orientée : en effet, la relation entre l'auteur et le lecteur par rapport au savoir dépend de la conception que le premier a – et, souvent, impose – de la nature. En somme, c'est toujours l'idée que l'auteur a de la nature qui explique ses choix. Pour Aristote, la nature est un objet d'enquête. Pour Pline, elle est une entité vivante et toute-puissante, dont le fonctionnement déborde l'entendement humain. Ainsi, aux preuves contre la respiration des insectes avancées par les savants, Pline répond par une confiance inébranlable en l'inventivité de la nature :

> *Nam mihi contuenti semper suasit rerum natura nihil incredibile existimare de ea.*

> Pour moi la contemplation de la nature m'a toujours persuadé de ne rien considérer d'elle comme incroyable (*HN* 11.6).

On mesure là les limites de la démarche scientifique : la nature reste objet de contemplation, d'étonnement et de description, comme le montrent les verbes *contueri* et *indicare*. On pourrait presque dire que Pline calque sa démarche sur la nature : il reste à la surface des choses, tout comme la nature a mis à sa propre surface ce qu'elle destine à l'homme, se réservant sous terre ce qu'il ne doit pas exploiter à l'excès :

> *Quam innocens, quam beata, immo uero etiam delicata esset uita, si nihil aliunde quam supra terras concupisceret, breuiterque, nisi quod secum est !*

> Combien notre vie serait innocente et heureuse, combien même elle serait raffinée, si nous ne convoitions que ce qui se trouve à la surface de la terre, bref, ce qui est tout près de nous ! (*HN* 33.3).

Le bonheur consisterait donc à cueillir les fruits que la nature offre, en lui laissant ce qu'elle se réserve.

---

62. Cf. aussi le commentaire de ces termes dans NAAS, 2002 : 78-79.

ARTS ET TECHNIQUES COMME PROLONGEMENTS DE LA NATURE

Le rapport entre φύσις *et* τέχνη

Toute la pensée antique fait de la nature un modèle : la meilleure vie possible est celle qui se conforme à la nature ; et tout ce qui existe découle de la nature. Ce principe détermine le rapport φύσις / τέχνη – processus naturel/activité humaine- et il régit aussi le rapport de l'homme au monde en général[63]. Ainsi, pour Platon, la τέχνη procède à partir de ce qui est déjà là, c'est-à-dire de la nature[64]. Pour Aristote, la τέχνη imite la nature[65], et s'il distingue les œuvres de la nature de celles de la τέχνη, il les rapporte toutes aux mêmes règles, celles des quatre causes. Il y a donc un parallélisme entre la nature et l'art, les mêmes éléments intervenant : l'art imite la nature et continue ce qu'elle a commencé[66]. La nature, dans son fonctionnement, offre à l'homme le modèle des arts et techniques, qu'il apprend en l'imitant – on pense par exemple à Vitruve expliquant l'origine du chapiteau corinthien –; et inversement, pour comprendre la nature, on peut donc étudier les processus techniques, créés par l'homme.

L'*Histoire naturelle* fait écho à ces grands principes, qui déterminent aussi le choix des disciplines traitées et la manière de les concevoir. On observe cependant une différence entre Pline et les philosophes grecs dans le rapport φύσις / τέχνη. Pour ces derniers, ce rapport prend place dans le cadre d'un système général d'explication du monde. Chez Pline, ce cadre n'est plus au premier plan, puisque le but premier de l'auteur n'est pas de constituer un système global rendant compte de la nature. La relation φύσις / τέχνη se situe dans une autre perspective, qui est celle d'un projet moral. De plus, ce rapport entre nature et τέχνη n'a pas d'incidence sur la mise en forme du projet encyclopédique plinien ; il apparaît davantage comme un élément de la culture de Pline que comme un principe actif dans le choix et l'organisation de la matière de l'œuvre.

La nature, modèle d'utilité et de morale

En cela, Pline est aussi caractéristique de l'évolution du discours scientifique entre la Grèce et Rome. Pour résumer, les notions d'utilité et de service sont centrales pour les Romains (GROS, 1994). Comme l'a bien montré P. MUDRY (1986 : 84 et 75) dans son article *Science et conscience. Réflexions sur le discours scientifique à Rome*,

---

63. Cf. DEL CORNO, 1998 ; FEDELI, 1998. Sur la notion de τέχνη dans l'Antiquité, cf. notamment FÖGEN, 2005 ; TRAINA, 1994 ; SCHNEIDER, 1986 ; ISNARDI PARENTE, 1966.
64. Platon, *Lg*. 10.889 a 4 – d 4 ; cf. BALANSARD, 2001 ; CAMBIANO, 1991.
65. Aristote, *Mu*. 5.396 b 7 ; cf. PETIT, 1997 ; cf. aussi JOLY, 1974 : 66.
66. Aristote, *Ph*. 192b8 ; 194a21 ; 199a15. Cf. LE BLOND, 1939 : 327-328.

Infléchissant la réflexion sur l'objet vers une réflexion sur le sujet, le discours scientifique romain tendra, dès ses premières manifestations, vers le discours moral. La contemplation de l'univers et l'étude des lois qui le régissent ne sauraient être une fin en soi, mais le moyen d'une édification morale. […] Le discours scientifique romain […] a comme caractéristique d'être inséparable d'une préoccupation morale qui lui fait placer sa finalité en dehors de lui-même, dans le bien que la connaissance scientifique peut apporter à l'homme en le rassurant sur le monde.

Il faut aussi insister sur l'importance du stoïcisme dans cette évolution : les Stoïciens ont reformulé la notion de τέχνη et lui ont donné une acception communément admise, celle d'un ensemble de concepts organisés en vue d'une finalité utile à la vie, par l'action et la pratique[67].

Pour ce qui est du savoir, l'utilité et le service trouvent leur accomplissement dans l'encyclopédie, qu'elle soit à visée totale comme l'*Histoire naturelle*, ou limitée à un domaine, comme le traité de Vitruve sur l'architecture par exemple.

Dans le monde romain, la priorité n'est plus l'explication de la nature par un système qui englobe tous les phénomènes. Même Lucrèce, s'il cherche à rendre compte de la nature des choses (*De natura rerum*), c'est dans une intention utile et morale : enlever aux hommes la crainte des dieux et de la mort. La connaissance de la nature n'est plus une fin en soi, assimilée à la sagesse – comme chez Aristote –, mais un moyen d'atteindre cet objectif moral. Pour le réaliser, il faut englober la totalité de la nature, d'où l'encyclopédisme, qui permet l'exhaustivité. Ce moralisme va durablement imprimer l'encyclopédisme, en particulier à travers l'influence de Pline, puis l'orientation théologique des encyclopédies.

De fait, l'intention morale propre au discours scientifique latin est particulièrement affirmée chez Pline : s'il veut donner aux hommes une meilleure connaissance de la nature, c'est pour leur faire retrouver le respect et la crainte devant elle. Il leur reproche d'exploiter à l'excès la nature, et décrit par exemple l'extraction des métaux comme une violation infligée à la Terre mère par la cupidité humaine[68]. Ce programme relève aussi d'une philosophie. Sans se revendiquer d'une école précise ni suivre à la lettre une doctrine, Pline se rattache – comme la plupart des penseurs de l'époque impériale – à la cosmologie stoïcienne[69]. Or, le stoïcisme a produit une conception providentialiste de la nature (dont on trouve quelques antécédents chez Platon) : la *natura* a été reformulée dans un sens bienveillant, qui imprègne toute l'*Histoire naturelle*. La nature est pour Pline une

---

67. Cf. GAVOILLE, 2000 : 289-294, « Les définitions stoïciennes de la τέχνη ». Cf. aussi LONG, SEDLEY, 2001 : 222 : « Le savoir scientifique, chez les Stoïciens, se révèle être ainsi une disposition intensément pratique, située à mille lieux de la "contemplation" (*théôria*) aristotélicienne » ; et 231-233 sur la différence entre les notions d'art et de science. Pour les Stoïciens, seul le Sage possède la *scientia*, qui est un savoir infaillible ; les autres hommes doivent se contenter des τέχναι.

68. *HN* 33.1-7.

69. Sur la pensée philosophique de Pline et sur ses rapports avec les philosophes, cf. GRIFFIN, 2007 ; GRIMAL, 1987. Cf. aussi les travaux de CITRONI-MARCHETTI, 1982, 1991, 1992.

raison immanente au monde, assimilée au divin[70]. Tous les éléments de l'univers participent à cette raison divine. Or l'encyclopédie permet d'imposer cette conception précise de la nature, tout en prétendant seulement décrire la nature, *indicare, non indagare*.

La *natura, parens ac diuina rerum artifex* (*HN* 22.117), contient en elle-même et met en œuvre des processus de création que l'homme n'a plus qu'à copier et à développer. Cette conception explique aussi la virulence de Pline à l'encontre de l'homme qui s'éloigne du modèle de la nature dans son mode de vie et dans ses activités. C'est la justification morale qui intéresse Pline : l'activité est légitime si elle suit et prolonge la nature ; sinon, elle est condamnable, car elle participe alors à la *luxuria*.

L'activité humaine, prolongement de la nature

Cette conception de la nature, associée au projet moral de Pline, permet de rendre compte du champ encyclopédique. Les arts et techniques ne sont pas absents de cette enquête, car ils sont le prolongement de la nature telle que la conçoit Pline. Ainsi, la τέχνη est abordée en tant que développement des virtualités de la nature. C'est pourquoi, dans les livres de minéralogie, où il étudie la nature des métaux, pierres et terres, Pline traite aussi de la métallurgie. C'est également pourquoi la médecine, à laquelle il accorde tant d'importance, et qu'il qualifie de *maximum opus natura* (*HN* 20.1), trouve naturellement – si l'on peut dire – sa place dans l'encyclopédie. Les remèdes sont traités, on l'a déjà rappelé, à partir de leur matière première, les substances tirées des animaux et des plantes. Et Pline privilégie les remèdes naturels et simples :

> *Nos simplicia tractamus, quoniam in his naturam esse apparet, in illis coniecturam saepius fallacem, nulli satis custodita in mixturis concordia naturae ac repugnantia.*

> Nous traitons des remèdes simples, où se montre la nature, tandis que se manifestent dans les autres des conjectures assez souvent trompeuses, car personne n'observe assez, en faisant les compositions, la sympathie et l'antipathie naturelles des ingrédients (*HN* 22.106).

La médecine illustre au mieux le principe de sympathie et d'antipathie établi par la nature et qui régit le monde. Les remèdes ne sont pas découverts par les hommes, mais révélés à eux par les dieux, c'est-à-dire par la nature elle-même :

> *Nunc uero deorum fuisse eam apparet aut certe diuinam, etiam cum homo inueniret, eandemque omnium parentem et genuisse haec et ostendisse, nullo uitae miraculo maiore, si uerum fateri uolumus.*

> Mais en réalité il apparaît que ce fut l'œuvre des dieux, ou du moins une inspiration divine, là même où l'homme a été l'inventeur, et que c'est la mère de toutes

---

70. Cf. BESNIER, 1999 ; ADORNO, 1998 ; LEVY, 1996 ; BENATOUÏL, 2002.

choses qui les [*i. e.* les découvertes relatives aux plantes] a à la fois engendrées et enseignées, par un miracle sans pareil dans la vie humaine, si nous voulons reconnaître la vérité (*HN* 27.2).

Les techniques et la médecine ne sont pas deux exemples sans rapport. Dans le livre XXXIV de minéralogie, pour chaque métal – cuivre, fer, plomb –, les thèmes traités sont les suivants : l'histoire de l'art et/ou les techniques (métallurgie et chimie), puis les remèdes. L'art, la τέχνη et la médecine sont associés, car ils développent le modèle et les virtualités de la nature, avec cette différence que la médecine a pour but de rétablir un équilibre naturel, alors que la technique le perfectionne. Ainsi les disciplines traitées par l'encyclopédie partent de la nature et en forment une extension.

L'association entre l'activité humaine et la médecine, en tant qu'imitations et prolongements de la nature, s'ancre profondément dans la pensée antique (elle relève aussi de la notion fondamentale de μίμησις). Les traités médicaux en témoignent : dans le traité pseudo-hippocratique *Du régime*, qui date environ de 400 avant notre ère, un long passage est consacré à la τέχνη (1.11-24)[71]. L'auteur développe l'idée que les activités humaines imitent la nature, plus précisément le fonctionnement du corps, mais que l'homme ne le sait pas :

> Les hommes ne savent pas observer l'invisible à partir du visible ; ils ne savent même pas que les techniques qu'ils utilisent sont semblables à la nature humaine. L'esprit des dieux leur a enseigné à imiter leurs propres fonctions, mais ils savent ce qu'ils font sans savoir ce qu'ils imitent[72].

Suit une liste d'activités illustrant ce principe du fonctionnement analogue à celui du corps : les artisans (métallurgistes, foulons, cordonniers, charpentiers, architectes, musiciens, cuisiniers, tanneurs, orfèvres, sculpteurs, potiers…) procèdent comme la nature de l'homme. Par exemple, comme l'écrit Jackie Pigeaud, pour le sculpteur, « la *techné* reproduit la nature, mais sans que le technicien le sache […] ; c'est son activité de technicien, ajoutant et retranchant, mouillant, séchant et agrandissant, qui reproduit des procédés de la nature »[73]. D'ailleurs, pour J. Pigeaud, c'est à la pensée médicale qu'Aristote a pu emprunter l'idée selon laquelle l'art imite la nature.

Une nature qui échappe en partie à l'entendement

Ce rapport φύσις / τέχνη signifie aussi que la nature obéit à des règles, à des lois. Chez Pline, ces lois existent, mais elles sont mystérieuses et échappent à l'entendement :

> *Naturae uero rerum uis atque maiestas in omnibus momentis fide caret, si quis modo partes eius ac non totam complectatur animo.*

---

71. Cf. JOLY, 1960.
72. *Du régime* 1.11.
73. PIGEAUD, 1988 : 200.

C'est que la nature, dans sa force et dans sa majesté, dépasse à chaque instant nos prévisions, si, du moins, nous la scrutons en détail, sans nous contenter d'une vue d'ensemble (*HN* 7.6).

Bien plus, l'homme ne doit pas connaître ces lois de la nature ; cette ignorance est nécessaire pour préserver la puissance de la nature et le respect de l'homme envers elle.

Indicare, non indagare : les limites que Pline met à son enquête sont certes celles de sa compétence et de son projet. Mais, plus profondément, ce sont celles que lui impose son idée même de la nature. L'homme ne doit pas chercher la *ratio* dans la nature, mais constater sa *uoluntas* :

Nec quaerenda ratio in ulla parte naturae, sed uoluntas.

Et nulle part dans la nature il ne faut chercher des raisons, mais sa volonté (*HN* 37.60).

La nature a ses lois – *lex certa naturae*[74] –, qu'il suffit de constater : pour Pline, l'*experimentum* a valeur d'*argumentum*. Ainsi, décrivant la répartition entre la terre et l'eau sur le globe, Pline conclut :

Est igitur in toto suo globo tellus medio ambitu praecincta circumfluo mari, nec argumentis hoc inuestigandum, sed iam experimentis cognitum […]. Quod ita formasse artifex natura credi debet.

Le globe entier est donc ceint par la mer, qui coule tout autour selon un grand cercle ; et il n'est point besoin de chercher à prouver par des arguments ce qui est déjà connu par l'expérience […]. Il faut croire que cette organisation a été voulue par la nature créatrice (*HN* 2.166).

Cette organisation, voulue par la *natura artifex*, fait l'objet d'une description, non d'une recherche.

Ce choix découle de la conception de la nature : le principe de sympathie et d'antipathie fait de la nature le lieu de l'extraordinaire, de la surprise, non de la régularité. C'est ainsi que Pline admire *illius discordiae atque concordiae miraculis*[75]. Pour Aristote, le finalisme de la nature implique qu'elle a une rationalité dans son fonctionnement, ce qui facilite en quelque sorte son étude : le savant peut compter avec les règles de la nature, qu'il doit mettre au jour. Pour Pline au contraire, le finalisme de la nature ne relève pas d'une rationalité, mais de la volonté de la nature. De plus, ce finalisme suscite chez Pline moins le désir de comprendre que l'admiration. C'est ce que résume bien ce titre de l'index : *Admiratio naturae nihil sine usu gignentis*[76]. Et si, pour Aristote, l'étonnement, le θαῦμα, est le point de départ de la connaissance, Pline quant à lui semble s'arrêter au *mirum*[77]. Ainsi, la cosmologie plinienne confine parfois à une pensée magique. Cette conception de la nature limite la démarche scientifique et imprimera for-

---

74. *HN* 18.67.
75. *HN* 24.1.
76. *HN* 29, index 17.
77. Sur les liens entre *ratio*, *mirabilia* et conception de la nature dans l'*Histoire naturelle*, cf. Naas, 2004.

tement l'évolution des sciences : le principe de sympathie va se généraliser et contribuer au déclin des sciences naturelles au Moyen Âge. Alors se révèle l'ambiguïté du projet plinien : il refuse de pousser trop loin l'enquête, afin de ne pas désacraliser la nature ; bien plus, il s'avoue incapable de mener l'investigation, car l'initiative en revient non à l'homme, mais à la nature elle-même, comme l'indiquent les formules *natura docuit, natura demonstrauit*...[78]

UNE NATURE POSSÉDÉE PAR L'EMPIRE ROMAIN

La nature fait dans l'*Histoire naturelle* l'objet d'une perspective particulière, inséparable du contexte politique. Cet élément est indispensable pour comprendre à la fois la différence avec les naturalistes précédents, et la signification de la forme encyclopédique.

L'*Histoire naturelle* fait pendant, sur le plan culturel, à l'idéologie politique de l'empire romain : l'œuvre plinienne se situe dans la lignée du rassemblement et du contrôle des savoirs qui se mettent en place à l'époque républicaine, en réaction à la crise de la tradition[79]. Cette perspective s'intensifie à l'époque impériale, où Auguste procède à un *Inventaire du monde* systématique, pour reprendre le titre de Claude Nicolet[80]. Dans cette optique, l'*Histoire naturelle* apparaît comme un relevé complet, à partir de Rome et au service de Rome, de tout ce que possède l'empire. Rappelons que Pline est un haut fonctionnaire très proche des Flaviens, qu'il dédie son encyclopédie à Titus, et que l'*Histoire naturelle* est fortement marquée par l'éloge de l'empire romain, même si Pline en dénonce aussi les conséquences néfastes, en particulier le désintérêt pour le savoir[81].

Ce contexte retentit fortement sur la nature qu'appréhende Pline. Il ne s'agit plus de la φύσις comme objet d'étude. C'est une nature à la fois dominée et dominante, et là se trouve toute l'ambiguïté de Pline. Nature dominée, possédée par l'empire romain : en inventoriant les ressources de la nature, Pline fait l'éloge de la majesté de l'empire romain, qui en est maître et possesseur. Mais, du point de vue philosophique, la nature est aussi toute-puissante et bienveillante. L'Italie, *rectrix parensque mundi altera* (*HN* 37.201), se trouve pour ainsi dire à égalité avec la nature : toutes deux sont mères de l'univers. Et la nature consacre et valide cette primauté de l'Italie, puisque les dieux eux-mêmes – auxquels la nature est assimilée – l'ont élue à cette place : *numine deum electa* (« [la nature] choisie par la volonté des dieux » [*HN* 3.39]).

Ainsi, l'idée de totalité est donnée à l'œuvre à la fois par son champ d'étude, la nature elle-même, et par le regard de Rome sur cette nature : c'est l'idéologie

---

78. Cf. par exemple *HN* 17.59, 65, 67, 99, 101.
79. Cf. MOATTI, 1997.
80. Cf. NICOLET, 1996.
81. Cf. NAAS, 2002 : 399-415.

impérialiste romaine qui fait de la nature une totalité. La nature existe ensuite sous forme de particularités, qui ne sont délibérément pas regroupées en catégories plus larges, puisque cette diversité même illustre la puissance de la nature, et rejaillit donc sur la majesté de l'empire romain. En conséquence, la forme encyclopédique est la mieux adaptée pour appréhender cette nature, car elle suppose une visée totalisante qui se superpose à l'universalité postulée par l'empire.

Ce cadre rejaillit sur les principes d'organisation de la matière encyclopédique : si l'on peut trouver dans l'*Histoire naturelle* un ordre qui va du macrocosme au microcosme (de la cosmologie à la minéralogie), c'est avant tout le principe de l'accumulation qui préside à l'œuvre.

Cette logique nous paraît rendre compte de l'*Histoire naturelle* beaucoup plus que le modèle des études sur la nature. Par son ancrage dans l'idéologie impériale, l'*Histoire naturelle* se distingue profondément à la fois des études sur la nature qui l'ont précédée et des encyclopédies qui l'ont suivie. Ainsi, Pline reprend à son compte une confusion qui s'est installée depuis longtemps entre *orbis romanus* et *orbis terrarum*[82]. Comparant les merveilles du monde et celles de Rome, Pline affirme que si l'on entassait ces dernières les unes sur les autres, on obtiendrait un *mundus alius in uno loco*[83]. C'est bien cet « autre monde en un seul lieu » que vise à constituer l'encyclopédie. La logique de l'accumulation encyclopédique rejoint celle de l'impérialisme politique[84].

---

82. Cf. Naas, 2002: 418-421.
83. *HN* 36.101.
84. Cf. Naas, 2011c.

HEXAEMERON ET ENCYCLOPÉDISME AU XIIe SIÈCLE

EMMANUEL BAIN

CEPAM, UMR 7264, Université de Nice Sophia Antipolis – CNRS

Les liens entre l'Hexaemeron, qui désigne aussi bien le récit des six jours de la création que son commentaire, et l'encyclopédie sont à la fois anciens et durables[1]. L'*Hexaemeron* de Basile et celui d'Ambroise qui ont fondé ce genre littéraire, constituent des formes d'encyclopédies antiques puisqu'elles rassemblent une grande partie du savoir dans le domaine des sciences naturelles. Au XIIIe siècle, le plus fameux des encyclopédistes, Vincent de Beauvais, reprend la structure des six jours de la création pour organiser la première partie de son vaste œuvre.

Or les premiers chapitres de la *Genèse* suscitent, au XIIe siècle, un très vif intérêt. Après les *Psaumes* et le *Cantique*, c'est probablement le texte biblique le plus commenté, dans tous les milieux – monastiques, scolaires, épiscopaux. Le récit des six jours sert aussi à structurer des parties de vastes ensembles théologiques comme le *De sacramentis* d'Hugues de Saint-Victor ou le *Livre des Sentences* de Pierre Lombard. Il se retrouve dans des textes de nature poétique comme les chants sur la nature de Bernard Sylvestre ou d'Alain de Lille et enfin dans des sermons, à l'image de la série que Jacques de Vitry a composée sur ces chapitres. Les causes de cet intérêt sont connues : outre la grande richesse des premiers chapitres de la *Genèse* pour la compréhension théologique, astronomique, anthropologique ou sociale du monde, le XIIe siècle est souvent présenté comme le siècle de la découverte de la nature, celui où elle ne constitue plus seulement de vivants symboles mais une réalité tangible soumise à des lois, de laquelle l'homme-microcosme participe et sur laquelle il inscrit son action, dans le cadre d'une vie humaine qui fait une place plus grande à l'histoire de l'homme sur terre[2]. C'est aussi cette évolution des mentalités qui a pu susciter la "genèse" d'un nouvel encyclopédisme. S'il est désormais notoire que l'utilisation du mot "encyclopédie" au Moyen Âge est problématique, il est tout de même couramment admis que l'on puisse parler d'une ambition encyclopédique qui voudrait recueillir l'ensemble du savoir, au moins dans un domaine donné[3]. Or cette ambition renaît justement au XIIe siècle où un certain nombre de textes, comme la *Philosophia Mundi* de Guillaume de Conches, l'*Imago Mundi* d'Honorius Augustodunensis et surtout le *De naturis*

---

1. Sur la tradition de l'Hexaemeron, voir ROBBINS, 1912 et CONGAR, 1963.
2. L'historiographie de ces questions a été particulièrement marquée par quelques œuvres : GREGORY, 1955, LE GOFF, 1957, CHENU, 1976.
3. Ces questions ont été souvent abordées. Voir notamment DE BOÜARD, 1991 ; LE GOFF, 1994 ; FOWLER, 1997.

Encyclopédire : formes de l'ambition encyclopédique dans l'Antiquité et au Moyen Âge, éd. par Arnaud ZUCKER, Turnhout, 2013, *(Collection d'Études Médiévales de Nice, 14)*, pp. 167-186.
© BREPOLS ❧ PUBLISHERS   DOI 10.1484/M.CEM-EB.1.101795

rerum d'Alexandre Neckam sont régulièrement considérés comme des ouvrages de type encyclopédique et s'inspirent parfois du plan de l'Hexaemeron[4].

Nous nous demanderons donc dans quelle mesure l'exégèse de l'Hexaemeron a pu contribuer au renouveau de l'esprit encyclopédique, et si l'Hexaemeron peut alors être considéré comme un genre encyclopédique. Cette perspective semble d'autant plus ouverte que l'exégèse a alors, selon la formule de Gilbert Dahan, une portée « globalisante » voire « totalitaire » par laquelle elle rejoint l'esprit encyclopédique[5]. De plus il est bien connu que la quête d'une organisation rigoureuse des savoirs est un des problèmes cruciaux pour les encyclopédistes médiévaux qui pouvaient, de ce fait, être tentés de recourir à la structure des six jours de la création[6]. Nous présenterons d'abord l'exégèse des premiers chapitres de la *Genèse* qui peut donc recevoir une portée encyclopédique, avant de comparer ces commentaires aux œuvres généralement qualifiées d'encyclopédies ou de pré-encyclopédies afin de comprendre comment sont apparus deux genres distincts.

L'HEXAEMERON COMME STRUCTURE ENCYCLOPÉDIQUE

Pas moins de treize commentaires de la *Genèse* du XIIe siècle nous sont parvenus, et la plupart d'entre eux remontent à la première moitié du siècle[7]. Certains ne s'attachent qu'aux six jours de la création *stricto sensu*, d'autres abordent les trois premiers chapitres de la *Genèse*, d'autres enfin portent sur l'ensemble de ce livre biblique. C'est toutefois une divergence mineure à côté des écarts de méthodes et de contenus. Dans la première moitié du siècle, l'Hexaemeron a en effet servi de structure à des discours très différents. Guibert de Nogent a développé son commentaire en un sens entièrement tropologique, c'est-à-dire tourné vers l'homme. Le ciel et la terre sont ainsi créés dans l'homme qui se convertit : ce sont l'esprit doué de raison et le corps. La terre est vide et vague car le corps n'est pas ferme sans le soutien de la raison, et l'homme ne peut être bon sans l'aide divine. L'esprit qui plane sur les eaux désigne la domination de Dieu sur les voluptés charnelles ; la lumière n'est autre que la manifestation dans l'esprit de la crainte de Dieu qui sépare le jour et la nuit, c'est-à-dire les vertus et les vices. Tout

---

4.   L'ouvrage de RIBÉMONT, 2002a est essentiellement consacré à la question de savoir dans quelle mesure ces textes peuvent être considérés comme des encyclopédies.

5.   DAHAN, 1999a : 1-2. Cet article étudie les liens entre encyclopédisme et exégèse en se fondant principalement sur des comparaisons de méthodes, ce qui n'est pas ici notre perspective.

6.   L'importance de l'*ordo* est soulignée par Vincent de Beauvais lui-même : […] *nam ex meo pauca vel quasi nulla ; ipsorum igitur est auctoritate, nostrum autem sola partium ordinatione (Liber apologeticus*, 1re version, c. 3, éd. LUSIGNAN, 1979 : 119). Elle a été étudiée notamment par MEIER, 1997. Voir aussi RIBÉMONT, 1997 : 57-59 ; et RIBÉMONT, 2002a : 190-191.

7.   Liste des commentaires dans STEGMÜLLER et REINHARDT, 1940-1980. Quelques études sur ces textes : TARABOCHIA CANAVERO, 1981 ; DAHAN, 1992 ; DAHAN, 1995 ; BAIN, 2007.

le commentaire est construit selon cette démarche anthropologique qui convertit le regard vers le combat spirituel intérieur que l'homme doit mener[8].

D'autres commentaires se placent dans une perspective plus théologique. C'est le cas de celui de Rupert de Deutz[9] et plus encore du *De sacramentis* d'Hugues de Saint-Victor[10]. Cette œuvre n'est à proprement parler ni un commentaire de la *Genèse*, ni un Hexaemeron mais les premiers chapitres de la *Genèse* y jouent un rôle crucial, puisque toute sa première partie porte sur la création de l'homme. D'autres commentaires ont une portée plutôt catéchétique. Hugues d'Amiens utilise ainsi le commentaire des trois premiers chapitres de la *Genèse* pour exposer des points essentiels de la foi chrétienne en une sorte de petite somme théologique à usage pratique. Il s'adresse aux évêques auxquels il indique comment pratiquer l'exégèse, comment répondre aux contestations des "hérétiques" sur le mariage ou le baptême des enfants, quelle attitude tenir face au savoir[11]. D'autres commentaires enfin, nous le verrons, développent à propos de la *Genèse* un traité sur la nature.

L'Hexaemeron a donc servi, en ce début du xiie siècle, de structure pour développer des discours aux fins très variées. Dans ce cadre, il a aussi pu porter un discours de type encyclopédique. C'est ce que montre le commentaire de Rainaud de Saint-Eloi, qui a été écrit au tout début du xiie siècle[12]. L'intérêt de ce commentaire a déjà été souligné par Gilbert Dahan. Nous voudrions ici, par une étude plus précise, montrer en quoi il s'apparente effectivement à un texte encyclopédique, et comment, à propos de chacune des journées de la création, il recueille des connaissances qui pourraient se trouver dans les textes encyclopédiques. Pour le premier jour, il présente les étymologies des mots « ciel » et « terre » et cite intégralement les premiers et troisièmes paragraphes du *De natura rerum* de Bède qui traitent de l'action divine et des quatre éléments. À propos de la création de la lumière, il introduit de multiples *excursus*, repris à Bède ou à Isidore de Séville, sur la date de la création – le 12e jour des calendes d'avril – sur les différentes façons de compter les jours – celles des Égyptiens, des Chaldéens, des Romains, des Athéniens – sur les définitions et les parties de la nuit. Ces remarques, à la fois "naturalistes" et "ethnographiques" sont loin d'épuiser le commentaire qui consacre des développements plus longs encore au Christ et aux anges qui sont, dit-il, évoqués à travers la création de la lumière[13].

Le firmament, lors du second jour, donne lieu à des développements substantiels sur le nombre des cieux et leurs différentes caractéristiques physiques, sur les nuages, les pluies, la grêle, la neige, les épidémies, les eaux douces et salées – dans

---

8. *Moralium in Genesim*, *PL* 156, col. 31sq. Ce texte, commencé dans les années 1080 a probablement été repris après 1113 (Huygens, 1991 : 12-20). J. Gomes (2005) étudie actuellement l'exégèse tropologique de Guibert.

9. *De sancta Trinitate et operibus eius*, éd. Haacke, 1971.

10. *PL*. 176, col. 173-618.

11. Lacoste, 1958 ; à compléter par Berndt, 1987.

12. Paris, BnF lat. 2493. Voir : Dahan, 1987.

13. BnF lat. 2493, f. 4-9.

lesquels Rainaud cite Virgile, Grégoire, Orose, Grégoire de Nazianze, et surtout Bède. À nouveau, les interprétations allégoriques, dans lesquelles le firmament désigne tantôt les Écritures, tantôt le Christ, l'Église ou les apôtres, sont inextricablement mêlées aux approches "naturalistes". À cela s'ajoute enfin une perspective historique puisque le deuxième jour désigne le deuxième âge du monde[14].

Le troisième jour est d'abord interprété dans son sens global : il décrit la formation de l'air, et donne aux éléments que sont la terre et l'eau la forme que nous leur connaissons actuellement. Rainaud saisit alors cette occasion pour traiter des quatre éléments en général. Ensuite, plus précisément, la terre permet de traiter de sa position, des séismes, et d'en donner une rapide description géographique. L'air permet d'aborder la question des différentes sortes de vents, des ouragans, des éclairs. Enfin il explique le phénomène de la marée et pourquoi la mer est salée. Comme pour les autres jours, ces réflexions naturalistes sont entrecoupées d'interprétations morales et suivies d'interprétations allégoriques et historiques sur les âges du monde[15].

Le quatrième jour sont créés les deux luminaires majeurs pour marquer le temps. C'est l'occasion de substantiels développements à propos du soleil, de sa chaleur, de sa couleur, de ses éclipses ; mais aussi sur les saisons et les climats. La lune et les étoiles, leurs courses, leurs cycles sont présentés à l'aide du *De natura rerum* de Bède. Plusieurs folios sont consacrés à la mesure du temps, à la définition des années, des mois et des semaines, à l'explication du calendrier romain. À nouveau, cela est suivi d'interprétations allégoriques diverses mais régulièrement mises en rapport avec les interprétations provenant des livres des "physiciens"[16].

Le traitement du cinquième jour est plus succinct, mais contient tout de même quelques notions sur les animaux, leur nombre, les différentes espèces ; et surtout sur l'homme comme microcosme. Le sixième contient d'importants développements, mais qui se rapprochent moins nettement du genre encyclopédique[17].

Ce commentaire illustre bien comment la structure souple du commentaire biblique, alliée à la richesse d'évocation du premier livre de la *Genèse*, peuvent engendrer des développements de type encyclopédique. S'y retrouvent en effet deux aspects caractéristiques des "encyclopédies" du XIIe siècle : l'intérêt pour les sciences naturelles d'une part et la méthode de la compilation d'autre part. Rainaud, de fait, a largement puisé dans les ouvrages de Bède, en particulier dans le *De natura rerum* : sur les cinquante et un chapitres que compte cet ouvrage, quarante et un sont repris dans le commentaire de Rainaud, dans un ordre totalement modifié. La présence systématique d'interprétations allégoriques, qui rattache le commentaire au genre de l'exégèse, ne l'éloigne pas pour autant de l'encyclopédisme qui a longtemps conservé ce type de données. Il est donc manifeste que l'Hexaemeron constitue une formule suffisamment souple pour intégrer, au début du XIIe siècle, les éléments d'un discours encyclopédique.

---

14. BnF lat. 2493, f. 9-11.
15. BnF lat. 2493, f. 11-14.
16. BnF lat. 2493, f. 14-18.
17. BnF lat. 2493, f. 18-20.

DEUX GENRES DIFFÉRENTS

Toutefois une comparaison entre des textes de type encyclopédique et les commentaires bibliques montre l'écart croissant entre ces deux genres. Nous mènerons cette comparaison à partir de trois groupes de textes : l'*Imago mundi* d'Honorius Augustodunensis, qui a aussi écrit un commentaire de la *Genèse* ; des œuvres de Guillaume de Conches et de Thierry de Chartres qui se situent parfois entre exégèse, philosophie et encyclopédisme ; et enfin le *De naturis rerum* d'Alexandre Neckam qui a pu être considéré comme un Hexaemeron[18].

Honorius Augustodunensis

Honorius Augustodunensis a vécu dans la première moitié du XIIᵉ siècle. Formé en Angleterre, il a probablement été un disciple d'Anselme de Cantorbéry. Vers 1110, il se rend à Ratisbonne où il est, semble-t-il, chanoine, avant de devenir moine plus tard dans la même ville ou à Marbach. Outre quelques textes polémiques, notamment pour la défense de l'activité pastorale des moines ou en faveur de la réforme grégorienne, il a écrit de nombreux ouvrages de vulgarisation largement diffusés, dans différents domaines : prédication, liturgie, cosmologie, histoire[19].

L'*Imago mundi* s'inscrit dans cette liste[20]. Honorius, dans le prologue qu'il adresse à un certain Christian, présente ainsi son ouvrage :

> Que ce petit ouvrage soit donc édité pour l'instruction de tous ceux, nombreux, qui n'ont pas accès à une abondance de livres. Qu'on lui donne le nom d'*Image du monde*, en sorte que l'ordonnancement de toute la terre puisse y être contemplé comme dans un miroir, dans lequel sera aussi laissé à la postérité le gage de notre amitié. Mais je ne place rien en lui qui ne soit pas soutenu par la tradition la plus sûre[21].

Les objectifs de ce travail sont clairs : il s'agit de vulgariser une science solide sur l'histoire et la structure du monde, loin des éventuelles conjectures novatrices, en se fondant sur les autorités les plus sûres. L'*Imago mundi* comporte trois grandes parties. La première porte sur la cosmographie et la géographie. Honorius propose d'abord une rapide présentation des éléments et des différents modes selon lesquels il est possible de dire que Dieu a créé le monde. Ces remarques sont proches de ce qui se trouvait dans le commentaire de Rainaud de Saint-Éloi car ce sont les mêmes sources qui sont employées. Suit une description géographique

---

18. DAHAN, 1999a : 20 ; MEIER, 1997 : 107-108.
19. Sur Honorius : FLINT, 1995.
20. Éd. FLINT, 1982 ; sur l'*Imago* : RIBÉMONT, 2002a : 82-99.
21. Éd. FLINT, 1982 : 49 : *Ad instructionem itaque multorum quibus deest copia librorum, hic libellus edatur. Nomenque ei Imago Mundi indatur, eo quod dispositio totius orbius in eo quasi in speculo conspiciatur, in quo etiam nostre amicicie pignus posteris relinquatur. Nichil autem in eo pono nisi quod majorum commendat traditio.*

du monde relativement longue qui pourrait être une forme de commentaire des cartes de son temps. Puis vient ce qui est en rapport avec l'eau : les fleuves, les nuages, les pluies, la neige, la marée, etc. Enfin se trouve tout ce qui concerne les cieux et les planètes. Cette première partie regroupe donc, mais de façon bien plus développée, les éléments que Rainaud de Saint-Éloi avait présentés dans le commentaire du quatrième jour.

La deuxième partie de l'*Imago mundi* évoque, elle aussi, des notions que citait le moine bénédictin puisqu'elle est centrée sur la question du temps : les façons de le mesurer, les semaines, les différents calendriers, les fêtes religieuses etc. La troisième partie constitue une brève histoire du monde, de l'époque d'Adam à celle d'Honorius.

Ce texte a été retravaillé à plusieurs reprises, mais sa première version date probablement de 1110. Il n'est en revanche guère possible d'être aussi précis pour dater son *Hexaemeron*, appelé aussi *Neocosmos*[22]. Les intentions de l'auteur sont tout à fait semblables :

> À propos des six premiers jours, de nombreux auteurs ont développé de nombreux discours et, en défendant des opinions diverses, ont rendu ce chapitre plus obscur pour les esprits simples (*simplicibus*). Votre assemblée demande que l'on expose par écrit ce qu'il est bon de retenir de ces discours. C'est pourquoi, en suivant les autorités les plus sûres, je vous éclaire l'obscurité de ce texte. Que celui qui le souhaite place cet *Hexaemeron* au début de notre *Lucidaire*[23].

Comme dans l'*Imago mundi*, Honorius a une ambition vulgarisatrice qui se fonde sur les autorités les plus sûres. C'est d'ailleurs pour cela qu'il suggère de placer cet opuscule en introduction à son *Lucidaire* qui a été sa première œuvre[24]. L'*Hexaemeron* comporte trois parties : la première est une explication "personnelle" d'Honorius – même si elle est fondée sur diverses autorités[25] ; la seconde[26] est présentée comme un résumé d'Augustin, jugé à la fois trop long et trop difficile[27] ; la troisième est une brève réflexion sur l'époque de l'Incarnation[28].

Les centres d'intérêt d'Honorius dans son commentaire sont proches de ceux exposés dans l'*Imago mundi*. En effet, même s'il affirme que, dans la *Genèse*,

---

22. Dans le *De luminaribus ecclesiae*, Honorius fournit une liste de ses œuvres et cite ainsi son Hexaemeron : *Neocosmum de primis sex diebus* (*PL* 172, col. 233). Je n'ai pas pu consulter le Phd de R. CROUSE, *Honorius Augustodunensis. De neocosmo*, Harvard Univ., 1970.

23. *PL* 172, col. 253 : *Quia multi multa de primis sex diebus disseruerunt, et diversa sententies, obscuriora simplicibus reddiderunt ; postulat coetus vester litteris promendum, quid potissimum de his sit sentiendum. Majorum itaque sequens auctoritatem, pando vobis hujus textus obscuritatem. Cui vero hoc placeat, elucidario nostro in capite praefigat Hexaemeron.*

24. Voir LEFÈVRE, 1954.

25. *PL* 172, col. 253-260.

26. *PL* 172, col. 260-265.

27. *PL* 172, col. 260 : *Quid vero beatus Augustinus sentiat de his diebus, quam brevissime studiosis dicemus. Suas autem sententias nostro stylo permutamus, quo lectori fastidium tollamus. Si enim ipsius verba posuero, nec pagina capit prolixitatem disputantis, nec infirmus intellectus gravitatem argumentantis.*

28. *PL* 172, col. 265-266.

Moïse – qui est considéré comme l'auteur de ce livre biblique – a voulu uniquement annoncer le Christ et l'Église, il ne construit pas pour autant une exégèse allégorique. Au contraire, c'est l'intérêt pour les phénomènes naturels qui caractérise le commentaire d'Honorius. À propos des premiers jours, il s'efforce de rendre imaginable l'organisation des éléments : la terre était telle qu'elle est encore aujourd'hui, mais entièrement recouverte d'eau, ce qui formait une obscurité ; l'air était mêlé à l'eau (comme dans d'épais nuages) et le feu était sous la terre pris dans les roches[29]. Au deuxième jour, la formation d'un espace entre les eaux supérieures et les eaux inférieures modifie la densité des eaux et crée des conglomérats qui font apparaître des terres et des mers (troisième jour), ce qui permet la libération de l'air et du feu. Le premier constitue l'atmosphère tandis que le second, par sa nature, gagne les hauteurs des cieux où il forme les astres évoqués au quatrième jour[30]. De même que dans l'*Imago mundi*, la présentation que donne Honorius n'est pas strictement naturaliste comme celle que nous rencontrerons chez les chartrains car à l'action des éléments est constamment mêlée l'intervention divine mais cette démarche démontre l'intérêt pour les questions naturelles.

De la même façon, Honorius s'intéresse particulièrement au cycle de l'eau, soutenant que toutes les eaux viennent des océans et y retournent. Elles perdent leur amertume en passant dans le sol. Si les mers ne débordent pas, c'est à cause des vents et du soleil qui attirent une partie de l'eau avant de la faire retomber en pluie[31]. Plus loin, à l'occasion du cinquième jour, il explique rapidement les phénomènes des vents, des neiges, des tempêtes et des éclairs[32].

Il s'attarde aussi sur les astres, en notant furtivement que le soleil est au milieu du monde, que les planètes suivent un cours fixe, tandis que les astres seraient simplement posés sur le firmament[33]. Le passage qu'il consacre au verset 16 est plus intéressant :

> *Et il fit deux grands luminaires : un plus grand pour qu'il préside au jour et un plus petit pour qu'il préside à la nuit.* On parle de grands luminaires parce qu'à nos yeux ils paraissent grands. On rapporte que la lune est la plus petite de toutes les étoiles, et il est écrit que les étoiles septentrionales sont plus grandes que le soleil. On demande pourquoi l'on perçoit, sur la surface de la lune, des tâches obscures. À ce que l'on dit, le globe lunaire a été formé de feu et d'eau. En effet, s'il était entièrement composé de feu, la terre, brûlée par sa proximité, serait entièrement desséchée. Mais donc sa chaleur est tempérée par l'élément aqueux, et c'est pourquoi on voit cette obscurité en elle. Et c'est aussi pour cela que la lune n'a pas une lumière propre, et qu'elle ne resplendit pas si elle n'est pas illuminée

---

29. *PL* 172, col. 255.
30. *PL* 172, col. 256.
31. *PL* 172, col. 256.
32. *PL* 172, col. 258.
33. *PL*. 172, col. 256-257 : *Sol quippe in medio mundo locatus, luna autem in hoc aere constituta* ; *planetae quoque suis circulis affixi traduntur* ; *sidera solummodo firmamento impressa feruntur.*

par le soleil ; et cela explique enfin que descende d'elle la rosée nocturne qui luit sur la terre[34].

Cet extrait est significatif de l'intérêt porté aux questions naturelles : loin de se contenter d'une exégèse allégorique, Honorius saisit l'occasion de ce verset pour traiter de la nature et de l'apparence de la lune. Les idées qu'il exprime ici se retrouvent d'ailleurs dans le chapitre de l'*Imago mundi* consacré à la lune[35]. Il est notable aussi qu'il ne considère pas la Bible comme une autorité scientifique : il reconnaît en effet que le langage biblique est un langage imagé qui s'adresse à l'expérience quotidienne de l'homme pour lequel le soleil et la lune sont deux luminaires et sont tous deux grands, mais cela ne correspond pas à un savoir scientifique aux yeux duquel seul le soleil est vraiment un luminaire sans être pour autant la plus grande des étoiles.

Par ces aspects, l'*Hexaemeron* d'Honorius se rapproche de textes encyclopédiques comme l'*Imago*. L'écart entre les deux ouvrages est toutefois manifeste. La question de la longueur n'est pas négligeable : contrairement à celui de Rainaud de Saint-Éloi, le commentaire d'Honorius Augustodunensis est bref, si bien qu'il n'est pas possible de soutenir qu'il a utilisé cette structure pour développer un discours encyclopédique. C'est l'inverse qui se produit : Honorius utilise un savoir encyclopédique pour son commentaire qui, lui, est nettement distinct d'une œuvre encyclopédique. Réciproquement, dans l'*Imago mundi* Honorius prend très clairement ses distances avec la perspective du commentaire biblique. Même s'il dédicace son ouvrage à un spécialiste des Écritures, son encyclopédie n'est pas une préparation à la lecture de la Bible. Cela se perçoit au fait que les citations bibliques y sont extrêmement rares, même si, bien sûr, il utilise l'histoire biblique. Il se limite ainsi à une allusion aux six jours de la création, et il n'aborde pas la question de la lumière créée le premier jour, au fonctionnement de laquelle, au contraire, il consacre quelques phrases dans l'*Hexaemeron*. De même, dans sa géographie, quand il parle de la Palestine, il évoque la présence des Sarrasins, mais ne fait pas même une allusion à la vie du Christ. Quand il décrit l'Asie mineure ou la Grèce, il ne cite pas Paul. Autrement dit, ce n'est aucunement une préparation à l'histoire biblique.

Il ressort donc de la comparaison entre l'*Hexaemeron* et l'*Imago Mundi* d'Honorius Augustodunensis, que ce sont deux types de textes bien différents qui n'ont pas de liens entre eux, quand bien même ils se rapprochent par un intérêt commun pour les sciences naturelles et par le souci de la vulgarisation. Un constat semblable peut être établi pour les œuvres produites en milieu chartrain.

---

34. *PL* 172, col. 257 : Et fecit duo luminaria magna : maius ut praeesset diei, et minus ut praeesset nocti. *Magna luminaria ideo dicuntur, quia nobis magna videntur. Caeterum luna minima stellarum fertur ; septentrionales autem stellae majores sole scribuntur. Quaeritur quidnam obscuri in corpore lunae conspiciatur ? Sed dicitur lunae globus ex igne et aqua esse formatus. Quia si totus esset igneus, terra eius vicinitate exusta torreretur* ; nunc *autem ejus calor aquae elemento temperatur, et inde obscurum illud in ea videatur. Hincque fit, quod luna propria luce careat, nec, nisi a sole illustrata, resplendeat, et ab ea etiam ros nocturnus perfluat, et super terram luceat.*

35. *Imago Mundi*, § 74, Éd. FLINT, 1982 : 76.

Hexaemeron *et encyclopédie en milieu chartrain*

Qu'il y ait eu ou non une « école de Chartres » au sens institutionnel du terme, importe peu pour notre propos ; il est indiscutable qu'il existe un milieu intellectuel chartrain dans la première moitié du xiie siècle, marqué par l'intérêt pour le platonisme et une étude rationnelle de la nature, et illustré par quelques grandes figures comme Guillaume de Conches ou Thierry de Chartres[36]. Or Guillaume de Conches a écrit deux textes, la *Philosophia mundi* et le *Dragmaticon philosophiae,* qui s'apparentent à des encyclopédies dans la mesure où ils recueillent le savoir sur un domaine de connaissance, en l'occurrence celui de la nature, dans la mesure aussi où ils se distinguent du travail d'enseignement typique qu'est le commentaire[37]. Par ailleurs, Thierry de Chartres a écrit un commentaire sur l'Hexaemeron. Ces deux auteurs ont été actifs entre 1120 et 1150 environ, et il est donc possible de comparer ces œuvres produites dans un même milieu. La chronologie n'est pas certaine, mais il semble que l'on puisse situer la *Philosophia mundi* dans les années 1130, le *Dragmaticon philosophiae* vers 1150, et le traité de Thierry sur les six jours entre les deux[38].

Le commentaire de Thierry de Chartres sur les six jours constitue une explication certes inachevée ou du moins incomplète, mais fascinante de la *Genèse*[39]. Son intention est en effet de fournir une interprétation *secundum physicam et ad litteram*, car les autres sens (moraux et allégoriques) ont déjà été clairement présentés par le passé[40]. Le résultat est étonnant : Thierry montre que le processus de création du monde que décrit la *Genèse* résulte en fait du comportement naturel des éléments. Au premier jour, Dieu a créé *le ciel et la terre*, c'est-à-dire les quatre éléments. La terre était au centre, l'eau autour d'elle, elle-même surmontée par l'air autour duquel se trouvait le feu. L'air, qui ne pouvait ni s'élever ni s'abaisser, se mit à tourner et aussi à s'échauffer au contact du feu, ce qui créa la lumière. En continuant sa rotation, l'air plus chaud a réchauffé l'eau qui s'est en partie évaporée, si bien qu'il y eut des eaux au-dessus de l'air et d'autres en dessous, ce qui correspond au second jour. La poursuite de ce phénomène fit apparaître des espaces secs sur la terre, et distingua donc la terre des mers, et la chaleur fit que la terre humide se mit à produire des plantes : c'est le troisième jour. Par la suite l'accumulation d'eau au-dessus du firmament, à proximité du feu, a eu pour effet la création des astres qui sont constitués d'eau et de feu, ce qui correspond

---

36. La controverse sur l'école de Chartres a été lancée par Southern, 1970 et 1982 ; de nombreuses réponses ont été apportées dans Jeauneau, 1973 et 1995 : 15-24. Présentation commode des auteurs, des idées et des problèmes dans Lemoine, 1998 et Lemoine, 2004.

37. Ribémont, 2002a.

38. Ces œuvres sont présentées et en grande partie traduites dans Lemoine, 2004. Sur Guillaume de Conches et Thierry, notices importantes dans Dronke, 1988 : 308-327 et 358-385.

39. Éd. Häring, 1955 : 184-200.

40. Éd. Häring, 1955 : 184, § 1 : *De septem diebus et sex operum distinctionibus primam Geneseos partem secundum physicam et ad litteram ego expositurus […]. Postea vero ad sensum litterae historialem exponendum veniam, ut et allegoricam et moralem lectionem, quas sancti expositores aperte executi sunt, ex toto praetermittam.*

à l'œuvre du quatrième jour. Pendant ce temps, la chaleur sur terre augmentait, renforcée par le mouvement des astres, si bien que naquirent des êtres vivants, d'abord à partir de l'eau car elle était plus proche de la chaleur (5e jour), puis à partir de la terre (6e jour).

Même si Thierry précise par la suite que cette action de la nature est une des formes de l'agir divin qui avait lui-même créé les raisons séminales de l'action, ce texte est caractéristique du naturalisme chartrain. Il n'est donc pas étonnant de retrouver de nombreux points de rencontre avec la *Philosophia mundi* de Guillaume de Conches dans lequel se retrouve le même cadre intellectuel. Lui aussi accorde en effet un rôle crucial aux éléments et montre comment la formation des astres suscite un réchauffement qui engendre celle des oiseaux, des poissons puis des mammifères. Il va plus loin que Thierry en expliquant les différences entre les animaux par l'écart de chaleur au moment de leur formation et surtout il inclut dans son schéma la création de l'homme et de la femme à partir du limon, en disant nettement – quitte à se rétracter plus tard dans le *Dragmaticon* – que la femme n'a pas été créée à partir de la côte d'Adam[41]. De plus Guillaume fournit aussi une justification intellectuelle à la démarche qu'il suit en soutenant qu'il est juste d'expliquer comment s'est faite la création, ce que le texte biblique laissait sous silence : « Et en quoi sommes-nous en désaccord avec la sainte Écriture, si nous expliquons comment a été fait ce qu'elle dit avoir été fait ? »[42]. Il ne serait d'ailleurs pas impensable que Thierry ait voulu, de façon plus systématique, accomplir ce programme : expliquer comment, d'un point de vue physique, s'est déroulé ce que la Bible relate.

Malgré cela, l'écart entre les deux textes – la *Philosophia mundi* et le *Traité sur les six jours* – n'en est pas moins net. Il existe quelques désaccords tenant à la physique : le traité de Thierry de Chartres laisse supposer que les éléments n'ont pas toujours eu leurs propriétés, ce que nie Guillaume. L'écart est plus net pour la nature des astres, puisque Thierry considère qu'il est impossible qu'ils contiennent de la terre, ce que croit pourtant Guillaume. À ces différences mineures, s'ajoutent des structures différentes : si le traité de Thierry suit pas à pas la *Genèse*, ce n'est pas le cas de la *Philosophia* qui recherche, pour son développement, un ordre logique, que ce soit dans le détail ou pour la structure générale. Celle-ci ne s'appuie pas sur les six jours de la *Genèse*[43], mais sur les éléments : le livre 1 porte sur leur création, le livre 2 sur ce qui est lié au feu, le livre 3 se subdivise en deux ensembles – ce qui dépend de l'air, puis ce qui dépend de l'eau – enfin le livre 4 correspond à ce qui dépend de la terre. À l'intérieur du premier livre, c'est encore un ordre logique qui prédomine : Guillaume commence par traiter de ce qui est mais ne se voit pas, puis de ce qui est et qui se voit. Dans ce cas, il s'agit de corps ; comme tous les corps sont composés d'éléments, le maître présente d'abord ces

---

41. Éd. MAURACH, 1980 : 38 (cité n. 64) ; cf. LEMOINE, 2004 : 35.
42. Éd. MAURACH (1980 : 39) : *Nam in quo divinae scripturae contrarii sumus, si quod in illa dictum est esse factum, qualiter factum sit explicemus ?*
43. Contrairement à ce qu'écrit RIBÉMONT, 2002a : 107.

éléments. La Bible est parfois citée mais elle ne sert ni d'autorité comme Platon ou Constantin, ni de structure.

Il ressort donc de la comparaison entre les deux œuvres qu'elles partagent la même vision de la nature, mais qu'en revanche elles obéissent à deux problématiques totalement différentes : il s'agit dans un cas, celui de Guillaume, d'exposer un savoir fondé sur la raison, et dans l'autre, celui de Thierry, de montrer que ce savoir est conforme à la lettre de la Bible et par là de fournir une interprétation de la *Genèse* selon les lois de la science physique. L'étude du *De naturis rerum* d'Alexandre Neckam à la fin du siècle confirme cette impression selon laquelle l'Hexaemeron et l'encyclopédie constituent deux genres différents.

*Alexandre Neckam et le refus de l'*Hexaemeron

Alexandre Neckam a vécu entre Paris et l'Angleterre au tournant des XIIe-XIIIe siècles. Il a été chanoine, puis moine. Après avoir fréquenté le monde des écoles, il a eu une production littéraire diversifiée comprenant notamment des commentaires bibliques et des ouvrages de vulgarisation du savoir dont fait partie le *De naturis rerum* probablement écrit entre 1197 et 1204[44]. Cet ouvrage est souvent considéré soit comme la première encyclopédie du type de celles du XIIIe siècle, soit comme une œuvre de transition vers celles-ci[45]. Le *De Naturis rerum* est composé de deux grandes parties : la première porte directement sur les natures des choses tandis que la seconde est un commentaire de *l'Ecclésiaste*. Cette structure elle-même manifeste les superpositions pouvant exister entre discours encyclopédique et commentaire biblique. Nous nous en tiendrons toutefois à la première partie, afin d'étudier les liens qu'elle entretient avec les commentaires de l'Hexaemeron.

La proximité entre les deux genres est évidente. Dès le prologue, Alexandre Neckam emploie les thèmes et le vocabulaire de l'exégèse : il n'entend pas s'étendre sur les natures des choses au sens philosophique ou physique – proposition qui pourrait viser les chartrains – mais surtout dévoiler un sens tropologique afin d'instruire les plus simples, afin que l'homme découvre dans la nature son créateur juste et miséricordieux[46]. De fait, l'essentiel de son ouvrage correspond aux différents aspects de l'exégèse morale. Une des deux notices sur le crocodile en fournit un exemple[47] :

---

44. HUNT, GIBSON, 1984 : 26.
45. Cf. FUMAGALLI et PARODI, 1985 ; RIBÉMONT, 2002a : 163-204.
46. Éd. WRIGHT (1863 : 2) : *Decrevit itaque parvitas mea quarundam rerum naturas scripto commendare, ut proprietatibus ipsarum investigatis ad originem ipsarum, ad rerum videlicet opificem, mens lectoris recurrat, ut ipsum admirans in se et in creaturis suis pedes creatoris, justitiam scilicet et misericordiam, spiritualiter osculetur. Nolo tamen ut opinetur lector me naturas rerum fugere volentes investigare velle philosophice aut physice, moralem enim libet instituere tractatum.* Des idées comparables se retrouvent dans le prologue du 2e livre : p. 125.
47. Voir aussi l'exemple donné par DAHAN, 1999a : 13.

Le crocodile est un serpent aquatique ennemi des bubales, que l'on trouve en grande quantité. Parmi les animaux, il possède cette spécificité qu'en mangeant il ne bouge que sa mâchoire supérieure. Nous avons souvent dit que la mastication désignait la délectation dans les Écritures célestes. Nous devons en effet nous délecter dans l'Écriture sainte de telle sorte que nous espérions les biens éternels et que nous évitions ce qu'il faut craindre. Dans la mâchoire supérieure vois l'espérance et dans l'inférieure la crainte. Que l'espérance et la crainte soient associées ensemble, afin que l'espérance sans la crainte ne déborde en assurance présomptueuse, et que la crainte sans espérance ne dégénère en désespoir. Certains présomptueux doivent être désignés par les crocodiles : ils ne placent pas sous leurs yeux la crainte de Dieu et ils se flattent avec témérité, se promettant toujours la joie et la prospérité. C'est comme si en mangeant ils n'utilisaient que la mâchoire supérieure : ils espèrent avec présomption mais ainsi la crainte ne réfrène pas leur espérance. Considère aussi que le crocodile dévore l'homme et se lamente. Ainsi certains semblent être dévots dans l'église mais se livrent aux rapines, aux gains honteux et aux trafics[48].

Se retrouvent dans cette notice plusieurs voies de l'exégèse morale : une exhortation à la lecture biblique, une réflexion tropologique sur la crainte et l'espérance, et des applications à différents types de personnes comme le font habituellement les *moralitates*.

Plus fondamentalement, comme l'a déjà noté G. Dahan[49], tout le début du *De naturis rerum* est semblable à un commentaire de la *Genèse*. Il s'ouvre sur le premier verset de ce livre dont le premier chapitre est une explication particulièrement riche puisqu'elle recourt à la fois à un parallèle avec le Prologue de Jean et à l'utilisation d'une démarche typique de l'exégèse juive[50]. Son résultat est toutefois conforme à l'enseignement habituel des commentaires bibliques : le *In principio* désigne le Christ, et l'ensemble de La Trinité a participé à la création. Le chapitre suivant, sur le deuxième verset, suit les démarches de l'exégèse : le sens est d'abord étudié *ad litteram*, puis *mystice*, selon un sens qui est en l'occurrence tropologique. Ensuite le troisième verset est introduit par la formule *sequitur*, qui montre que l'auteur suit le texte biblique et qui est typique de l'exégèse du

---

48. Éd. WRIGHT (1863 : 185-186) : *Crocodilus est serpens aquaticus, bubalis infestus, magnae quantitatis. Hoc autem singulare habet inter animalia, quod comedendo non movet nisi molam superiorem. Saepe diximus quod per comestionem designatur delectatio in coelesti pagina. In sacra autem scriptura delectari debemus, ita ut et aeterna speremus et formidanda vitemus. Per molam superiorem accipe spem, per inferiorem, timorem. Associentur simul spes et timor, ne spes sine timore luxuriet in praesumptionem, timor vero sine spe degeneret in desperationem. Sunt autem quidam praesumptuosi per crocodrillum designandi, qui timorem Dei non ponunt ante oculos suos, sed quadam temeritate sibi blandiuntur, semper sibi laeta et prospera promittentes. Illi quasi mola superiore tantum utuntur comedentes, dum sperant presumptuose, ex quo spem illorum timor non castigat. Et vide quod crocodillus hominem vorat, et plorat. Sic et sunt quidam qui devoti videntur esse in ecclesia, rapinis tamen et turpibus lucris et questibus inhiant.*
49. DAHAN, 1999a : 21.
50. Voir LOEWE, 1958.

XII* siècle[51]. Le troisième chapitre est consacré aux anges mais lui aussi est rattaché aux premiers versets de la *Genèse* comme cela se pratiquait souvent dans l'exégèse de la *Genèse*. Il note que cette application des versets aux anges est parfois difficile, mais il la justifie[52]. Il affirme explicitement à cette occasion qu'il est en train de commenter la Bible : « Nous pouvons exposer autrement l'expression *il y eut un soir* »[53].

Toutefois dès le chapitre suivant, et jusqu'à la fin du *De naturis*, les références systématiques au texte de la *Genèse* disparaissent. Ce changement brutal de méthode démonstrative pourrait recevoir diverses explications. Il est possible qu'Alexandre Neckam ait voulu éviter de se répéter, puisqu'il avait antérieurement commenté le début de la *Genèse*. C'est du moins ce qu'il affirme dans le deuxième chapitre :

> Si quelqu'un désirait consulter une explication plus approfondie du début de la *Genèse*, qu'il lise l'ouvrage que nous avons écrit à la louange de la bienheureuse Vierge, ainsi que l'ouvrage moral que j'ai intitulé *Solatium Fidelis Animae*[54].

Le premier de ses ouvrages, à notre connaissance, n'a pas été retrouvé, et nous n'avons pas pu consulter le second.

Il est toutefois douteux que ce soit la principale raison qui ait conduit Alexandre à changer de méthode. Dans le chapitre trois, il poursuit en effet sur le mode du commentaire quitte, comme nous l'avons vu, à rencontrer des difficultés. En revanche le chapitre suivant s'ouvre sur une affirmation très claire :

> J'ai fait usage d'un ordre artificiel plutôt que naturel en construisant mon traité sur les anges avant celui sur le temps[55].

L'ordre qu'il avait suivi était celui de la Bible. Alexandre semble ici prendre conscience que cet ordre n'est pas celui de la nature et ne correspond donc pas de façon adéquate à son sujet. La suite de son ouvrage s'efforce en effet de suivre au contraire un ordre naturel qui est celui des éléments. Il traite des astres, ce qui est lié au feu – c'est ainsi que l'explique la tradition médiévale. Il évoque ensuite l'air et les oiseaux. Puis il passe à l'eau :

> Après avoir traité de l'air et de son ornement, l'ordre naturel semble demander que nous abordions les eaux et leurs ornements, je veux dire les poissons[56].

---

51. Éd. WRIGHT, 1863 : 14.
52. Éd. WRIGHT (1863 : 22) : *Sed difficile est angelis recte aptare quod sequitur : Factum est vespere et mane dies unus.*
53. Éd. WRIGHT (1863 : 24) : *Alio autem modo possumus exponere quod dicitur* factum est vespere etc.
54. Éd. WRIGHT (1863 : 16) : *Si quis autem diligentiorem explanationem principii Geneseos inspicere desiderat, legat opus nostrum quod in laudem beatissime Virginis scripsimus, et opus morale quod intitulavi Solatium Fidelis Animae.*
55. Éd. WRIGHT (1863 : 29) : *Artificiali usus sum ordine potius quam naturali, prius instituens tractatum de angelis quam de tempore.*
56. Éd. WRIGHT (1863 : 127) : *Postquam autem de aere et ornatu eius tratavimus, desiderare videtur ordo naturalis ut de aquis et ornatu ipsorum, pisces loquor, agamus.*

Après cela, il traite de la terre et des animaux. Enfin vient l'homme qui est composé des quatre éléments[57]. À l'homme sont associés les animaux domestiques et les plantes cultivées, puis les vices et des éléments de la vie sociale.

Alexandre Neckam, qui suivait d'abord l'ordre de la *Genèse*, a finalement reconstruit un "ordre naturel" fondé sur les éléments. Le *De naturis rerum* résume ainsi à lui seul une évolution qui semble parcourir le XIIe siècle : alors qu'au début du siècle, dans le commentaire de Rainaud de Saint-Éloi, l'ambition encyclopédique et l'interprétation de l'Hexaemeron se rejoignent, au contraire, par la suite, les deux aspects se disjoignent, au point qu'Alexandre Neckam rompt au cours de sa rédaction avec la structure de l'Hexaemeron.

DEUX RAPPORTS À LA BIBLE

Pourquoi les œuvres de type encyclopédique au XIIe siècle se sont-elles éloignées du schéma de l'Hexaemeron ? Deux raisons complémentaires sont envisageables : l'une tient aux genres littéraires qui se forgent, et l'autre à la question du statut de la Bible.

Certes, il n'y avait pas dans l'Antiquité tardive de contradiction entre commentaire biblique et projet encyclopédique, comme l'a montré l'*Hexaemeron* d'Ambroise. Cependant dès le haut Moyen Âge, apparaît une différence entre ces deux types de textes. Ainsi, dans les œuvres d'Isidore de Séville, de Bède le Vénérable puis de Raban Maur, le commentaire de la *Genèse* – qu'il soit sous forme de questions ou de commentaire continu correspond à un projet bien distinct de celui des *De natura rerum*. Cet écart entre deux projets s'accroît au cours du XIIe siècle. Même s'il n'existe pas alors de genre encyclopédique, il est en revanche évident que celui du commentaire biblique connaît alors une profonde mutation qui l'éloigne du projet encyclopédique[58].

L'exemple de Rainaud de Saint-Eloi était caractéristique des possibilités ouvertes par un commentaire produit dans le cadre monastique. Il s'agit certes bien d'un commentaire du texte biblique. Comme nous l'avons vu, les différents éléments repris au *De natura rerum* de Bède sont totalement réorganisés afin de coller au texte biblique, qui n'est pas un simple prétexte. Toutefois le commentaire biblique permet alors de larges *excursus*. Selon une image de Grégoire le Grand, le commentaire est semblable à un fleuve en cru : régulièrement il déborde de son cours emportant sur son passage des éléments périphériques[59]. C'est ce

---

57. Éd. WRIGHT, 1863 : 233.

58. Pour une présentation des deux "genres" de l'exégèse au XIIe siècle : DAHAN, 1999b : 75-107.

59. Éd. GILLET, DE GAUDEMARIS, 1989 : 122 (lettre-dédicace 2) : *Sic nimirum, sic divini verbi esse tractator debet, ut, cum de qualibet re disserit, si fortasse iuxta positam occasionem congruae edificationis invenerit, quasi ad vicinam vallem linguae undas intorqueat et, cum subiunctae instructionis campum sufficienter infuderit, ad sermonis propositi alveum recurrat.*

que fait Rainaud de Saint-Eloi : tout en suivant le cours du récit biblique, il s'en écarte pour consacrer d'amples développements à la nature, mais aussi aux anges, à l'enfer, à La Trinité ou encore à la théorie de la connaissance. C'est alors l'exercice de la *sacra pagina* lui-même qui, emportant tout sur son passage, prend un caractère encyclopédique ; ce n'est pas spécifique à l'Hexaemeron.

Toutefois, au cours du XIIᵉ siècle, l'exégèse n'est plus pratiquée uniquement dans le cadre monastique mais de plus en plus dans celui des écoles urbaines qui se développent, particulièrement à Paris. Là le rapport au temps se modifie. Le commentateur doit finir sa lecture en un temps défini et doit donc viser avant tout à l'efficacité et à la brièveté. De plus, sous l'influence de l'école de Saint-Victor puis de Pierre le Mangeur et de Pierre le Chantre, l'exégèse tend à devenir une simple propédeutique, ce qui a une double conséquence : d'une part le commentaire est en quête de simplicité ; d'autre part les développements doctrinaux sont abandonnés au profit d'autres types de textes comme les sommes et les questions. Par conséquent les commentaires de la *Genèse* de la deuxième moitié du siècle, c'est-à-dire ceux de Pierre le Mangeur[60], de Pierre le Chantre[61] ou d'Étienne Langton, sont très proches du texte biblique et de sa *Glose*, dont ils constituent une brève interprétation. Il n'y a plus matériellement de place ou de temps pour une ambition encyclopédique dans ce type d'exégèse. Il suffit pour s'en assurer de comparer l'*Hexaemeron* d'Andreas Sunesen et le commentaire sur la *Genèse* d'Étienne Langton. Andreas Sunesen, d'origine danoise, a fréquenté les écoles parisiennes dans les années 1180 avant d'y enseigner. C'est là qu'il a rédigé, dans les années 1180-1190, son *Hexaemeron*, ou au moins une première version de celui-ci. S. Ebbesen et L. B. Mortensen ont bien montré que les questions théologiques d'Étienne Langton étaient sa principale source[62]. D'ailleurs, les deux auteurs se sont probablement côtoyés à Paris. En revanche, nous n'avons pas trouvé un seul point commun entre cet *Hexaemeron* et les commentaires sur la *Genèse* d'Étienne Langton[63].

Dans la deuxième moitié du XIIᵉ siècle, le commentaire biblique tend à se spécialiser et donc à s'éloigner encore plus de celui de l'encyclopédie. C'est probablement une des raisons pour lesquelles il n'y a pas de rapprochement entre encyclopédie et commentaire biblique. Toutefois, l'évolution qui conduit à la spécialisation du commentaire biblique ne touche pas le genre de l'Hexaemeron qui, au contraire, comme le montre l'exemple d'Andreas Sunesen, retrouve par là une plus grande liberté par rapport au texte biblique. La question des genres n'explique donc pas à elle seule que les textes encyclopédiques se soient écartés de la structure de l'Hexaemeron.

---

60. *Historia Scholastica*, *PL* 198.
61. *Glossae super Genesim*, éd. SYLWAN, 1992.
62. Éd. EBBESEN, MORTENSEN 1985.
63. Nous avons consulté les commentaires contenus dans les manuscrits BnF lat. 355 et BnF lat. 14414.

BIBLE ET SAVOIR SCIENTIFIQUE

Le second problème tient au rapport entre la Bible et la science. On le sait, la Bible est, aux yeux des clercs médiévaux, un texte inspiré qui exprime la vérité. Reste toutefois à déterminer dans quel domaine s'exprime cette vérité. Longtemps on a répondu qu'elle en couvrait tous les domaines. Ainsi a-t-il été souvent soutenu que Platon avait eu accès à la *Genèse* lors d'un voyage en Égypte, et qu'il s'en était inspiré pour écrire le *Timée*.

Toutefois, les chartrains, et même Alexandre Neckam, prennent conscience de la difficulté à vouloir fonder sur la Bible le savoir scientifique. La *Philosophia mundi* de Guillaume de Conches est l'ouvrage dans lequel s'exprime le plus clairement la tension entre la Bible et le savoir profane. Tout d'abord Guillaume de Conches recherche un ordre logique pour son développement qu'il est toujours soucieux de justifier, et qui ne correspond pas à celui de la *Genèse* qui est moins abstrait.

Ensuite l'explication que Guillaume fournit de la création n'est pas conforme à celle du texte biblique. Après la disposition des éléments, il décrit la formation des astres qui, dans la *Genèse*, n'apparaissent qu'au quatrième jour ; elle est suivie par l'apparition des oiseaux et des poissons (ce qui correspond dans la Bible au cinquième jour), puis par celle du sec qui, dans l'Écriture, est présent dès le second jour. L'ordre physique ne correspond donc pas ici à celui de la Bible.

Mais c'est surtout à propos de la création de la femme que Guillaume prend le plus nettement ses distances par rapport à la lettre du texte biblique. Après avoir expliqué que l'homme avait été créé par l'ébullition du limon en un lieu où régnait un équilibre des éléments, il ajoute :

> D'autre part, comme ce qui est proche de l'égalité, même à un degré moindre, comporte un certain équilibre, il est vraisemblable que le corps de la femme a été créé à partir du limon voisin. Voilà pourquoi il n'est pas tout à fait le même que l'homme, ni tout à fait différent de lui […]. Voilà ce que veut dire la Sainte Écriture lorsqu'elle enseigne que Dieu fit la femme à partir du flanc d'Adam. Il ne faut pas croire à la lettre que Dieu a retiré une côte au premier homme[64].

Du rapport de la Bible à la science cette citation livre trois aspects. Tout d'abord elle ne nie pas que la Bible exprime la vérité. Cependant le langage de la Bible n'est pas celui de la science puisqu'elle n'use pas seulement de phrases univoques, mais aussi de la métaphore. Par conséquent il est possible de retrouver le savoir scientifique dans la Bible ; c'est même ce savoir qui permet une juste compréhension des Écritures ; en revanche, il serait vain de vouloir fonder sur la lecture biblique un exposé scientifique. Ailleurs Guillaume en explique la raison :

---

64. Éd. MAURACH, 1980 : 38 (trad. LEMOINE, 2004 : 35) : *Sed quoniam, quod est proximum aequalitati, etsi minus, tamen aliquanto temperatum, ex vicino limo terrae corpus mulieris esse creatum verisimile est, et ideo nec penitus idem quod homo […] et hoc est quod divina pagina dicit deum fecisse mulierem ex latere Adae. Non enim ad litteram credendum est deum excostasse primum hominem.*

les auteurs de la vérité ont passé sous silence la philosophie des choses, non parce qu'elle irait contre la foi, mais parce qu'elle n'est pas très utile à l'édification de la foi à laquelle ils travaillent[65].

Certes face aux oppositions qu'il avait suscitées, Guillaume s'est rétracté dans le *Dragmaticon* et a affirmé s'être trompé au sujet de la création de la femme qui, dit-il alors, a bien été créée de la côte d'Adam. Toutefois il demeure manifeste, même dans cet ouvrage, que ce n'est pas la Bible qui fonde le savoir scientifique : tout au plus peut-elle confirmer ce qui a été découvert par ailleurs.

Le cas de Thierry de Chartres est semblable. Comme nous l'avons vu, son intention est de montrer la conformité de la Bible et du savoir scientifique. Il se distingue pour cela de Guillaume de Conches quand celui-ci ne suivait pas l'ordre des six jours, mais il demeure dans la même perspective. Lui aussi ne fonde pas le savoir sur la Bible mais adapte la compréhension de celle-ci au savoir scientifique. Ainsi, après avoir livré son explication conforme au sens "physique", il donne une interprétation littérale dans laquelle il explique que le mot "terre" du premier verset désigne les éléments de la terre et de l'eau, et que le "ciel" désigne l'air et le feu. En revanche, au deuxième verset les "eaux" désignent l'eau ou bien les quatre éléments. C'est donc bien le savoir profane qui permet de comprendre la Bible. De plus, comme Guillaume, Thierry semble parfois embarrassé, notamment pour la création de l'homme et de la femme dont il choisit de ne pas parler. D'ailleurs l'inachèvement de son ouvrage pourrait être un indice de cet embarras, comme si le projet initial s'avérait délicat à réaliser.

Le cas d'Alexandre Neckam pourrait sembler très différent. Contrairement aux chartrains, il n'est aucunement, pour ce qui relève de la science, novateur. S'il cite Aristote, il ne semble pas toujours le comprendre et il en trahit totalement l'esprit[66]. Il s'intéresse davantage aux moralisations qu'à la connaissance naturelle. Il dénonce la vaine curiosité blâmable de ceux qui accordent trop de temps aux arts libéraux[67].

Malgré cela, nous avons vu qu'il éprouvait le besoin de rechercher un "ordre naturel" fondé sur les éléments plutôt que l'ordre du texte biblique présenté comme "artificiel". Lui aussi ne considère donc pas que la Bible livre avant tout une vérité scientifique sur la nature. Deux autres passages du *De naturis rerum* le confirment. À propos de Gn 1.16 qui évoque les deux grands luminaires, Alexandre note ici que la « narration historique » de la Bible se rapproche du « jugement et de l'opinion vulgaire », même si elle ne dit pas explicitement que ce sont les plus

---

65. *Auctores veritatis philosophiam rerum tacuerunt, non quia contra fidem, sed quia ad aedificationem fidei, de qua laborant, non multum pertinebat* (*In Boetium*, éd. Courcelle, 1939 : 85), cité par Gregory, 1975 : 195.

66. Sur cette question : Fumagalli, Parodi, 1985 ; Ribémont, 2002a : 173-174.

67. Éd. Wright (1863 : 283) : *Artium liberalium studia, etsi in se maximam contineant utilitatem, curiosis tamen inquisitionibus multam ingerunt vanitatem. Artes tamen in se commendabiles sunt, sed abutentes ipsis digni sunt reprehensione.*

grands astres[68]. Autrement dit, la Bible ne commet pas d'erreur, mais n'emploie pas un vocabulaire scientifique.

Plus loin, quand il aborde l'élément de la terre, il évoque le verset du Ps 135.6 (*Le Seigneur a établi la terre sur les eaux*) qui pourrait contredire une opinion scientifique, mais il résout de nouveau le problème en disant que le psalmiste s'est exprimé « selon la façon courante de parler, par laquelle on a l'habitude de dire que Paris a été fondée sur la Seine »[69]. De nouveau, il affirme donc que le langage de la Bible n'est pas un langage scientifique. Résumant son propos quelques lignes plus bas, il distingue la façon commune de parler de celle des philosophes[70]. Il explique aussi que le sens du verset devient clair dans le cadre de l'explication mystique : la terre de l'Église a été fondée sur les eaux du baptême ou de l'Esprit saint qui irriguent l'esprit des fidèles[71]. C'est un tel enseignement que vient délivrer la Bible, bien plus qu'un savoir sur la nature, même si les deux ne doivent pas se contredire.

Aussi bien les chartrains qu'Alexandre Neckam admettent donc que le but premier de la Bible n'est pas de fournir un enseignement scientifique. Il est dès lors bien compréhensible qu'ils aient renoncé à suivre l'ordre de l'Hexaemeron pour exposer les réalités de la nature.

Malgré l'intérêt que présente la structure de l'Hexaemeron pour organiser un travail encyclopédique, et malgré l'existence de modèles antiques, il apparaît donc que le lien attendu entre Hexaemeron et encyclopédie ne s'établit pas au XIIᵉ siècle. Le commentaire de la *Genèse* le plus proche des textes encyclopédiques, celui de Rainaud de Saint-Eloi, tire cette caractéristique davantage du caractère encyclopédique de l'exégèse de cette époque, que du fait de porter sur l'Hexaemeron. Au cours du siècle les commentaires de l'Hexaemeron et les ouvrages de type encyclopédique se séparent nettement, ce qui semble s'expliquer par une différence de genre, et plus profondément par le statut accordé au texte biblique. Toutefois l'évolution du commentaire biblique dans la seconde moitié du XIIᵉ siècle, en renonçant à l'ambition encyclopédique de l'exégèse, et en limitant donc le domaine de celle-ci, a peut-être permis paradoxalement une reprise

---

68. Éd. WRIGHT (1863 : 49-50) : *Luna inter magna luminaria, secundum supradictorum seriem non videtur annumeranda. Sed visus judicium et vulgarem opinionem sequitur historialis narratio, quanquam non maxima luminaria dixerit Moyses ista duo, sed magna.*

69. Éd. WRIGHT (1863 : 159) : *Movebitur aliquis super hoc quod dicit propheta, Dominum firmasse terram super aquas. Ex hoc enim videbitur haberi posse aquas esse inferiores terra, cum tamen Alfraganus dicat, unam esse sphaeram aquarum et terrae. Sancti igitur expositores referunt illud prophetae ad cotidianum usum loquendi quo dici solet Parisius fundatam esse super Secanam.*

70. Éd. WRIGHT (1863 : 159-160) : *Quod vero in rubrica dixi nullus perperam intelligat, credens me docere velle aquam non esse sub terra eo loquendi genere quo vulgus uti solet. Nonne enim antipodes sub pedibus nostris esse dicuntur. Si tamen philosophice loqui volueris, non magis sunt sub pedibus nostris quam nos sub pedibus eorum.*

71. Éd. WRIGHT (1863 : 159) : *Mystice vero illud prophetae intellectum, planum erit. Terra namque sanctae ecclesiae fundata est super aquas baptismales, super aquas etiam donorum Spiritus Sancti mentes fidelium irrigantium.*

de cette structure par l'encyclopédie. D'une part, en effet, la forme littéraire de l'Hexaemeron s'est retrouvée à nouveau distincte de celle de l'exégèse, comme le montre le cas d'Andreas Sunesen, ce qui a évité à ses utilisateurs l'obligation de recourir aux contraintes de l'exégèse. D'autre part, puisque l'exégèse ne prend plus en charge toute la portée du texte biblique, celui-ci se trouve en quelque sorte disponible pour de nouvelles utilisations. Ces deux considérations ont pu contribuer à faciliter la reprise de cette structure au siècle suivant.

ENCYCLOPÉDIES MÉDIÉVALES ET NATURE SUPRALUNAIRE : DIRE LE CIEL ET CALCULER LE TEMPS

BERNARD RIBÉMONT

POLEN EA 4710, Université Orléans, 45000 Orléans

Même si Cicéron connaissait bien l'astronome Poseidonios, on ne peut guère le soupçonner d'avoir dans son œuvre manifesté un goût particulier pour l'astronomie. Cependant, lorsque le rhéteur romain entend donner une leçon d'éthique qui s'appuie sur l'autorité morale de Scipion l'Ancien, il compose le *Songe de Scipion*, dans lequel il intègre quelques éléments concernant les sciences du ciel. Plus de quatre siècles après, Macrobe s'appuie sur le texte de Cicéron pour proposer un large discours à caractère encyclopédique, dans lequel la cosmologie tient bonne place. Sept siècles plus tard encore, au cœur de la prétendue « renaissance du XIIᵉ siècle »[1], le commentaire de Macrobe fait partie du groupe des œuvres les plus glosées par les *magistri* du temps, mais aussi de celles dont on retrouve les traces dans les phénomènes d'insertion savante que l'on enregistre dès les premiers textes fictionnels du XIIᵉ siècle, comme le *Roman de Thèbes* ou le *Roman d'Eneas*, donnant naissance à ce que j'ai appelé ailleur un « encyclopédisme littéraire »[2]. De ces trois exemples, je retiendrai tout d'abord un lien existant entre un discours à teneur astronomique ou cosmologique et un discours moralisateur ; ensuite l'impulsion encyclopédique qu'un tel discours peut produire.

Les grandes encyclopédies naturalistes du XIIIᵉ siècle, comme le *Speculum naturale* de Vincent de Beauvais ou le *De proprietatibus rerum* de Barthélemy l'Anglais entendent offrir une large vision de la nature ; mais, en dépit des affirmations sur les causes secondes, telles qu'on en trouve dans la *Philosophia mundi* de Guillaume de Conches, malgré l'assimilation progressive du savoir aristotélicien, l'approche encyclopédiste de la nature demeure étroitement liée à une étude des *res* qui demeure finaliste ; on est encore loin de la mécanique de l'univers. Aussi, la nature n'est pas neutre : dire la nature procède d'une intention, morale, religieuse, politique.

C'est aussi par la science que l'on peut accéder à Dieu : Gossuin de Metz prétend que les hommes « ja connoissance n'avroient ne de Dieu ne de sa poissance se il n'enqueroient avant en ses œuvres tant comme il en pourroient savoir »[3]. Dans une

---

1. Je me permets de renvoyer à mon ouvrage RIBÉMONT, 2002a.
2. Voir à ce propos mon introduction RIBÉMONT, 2002b.
3. Éd. PRIOR, 1913 : 70.

problématique classique chez les victorins, l'histoire naturelle s'inscrit dans un processus de rachat. C'est ainsi par exemple que la première version du *Speculum naturale* de Vincent de Beauvais comportait un livre (XVIII) s'intitulant *De scientiis et artibus homini datis ob miseriae remedium*. Thomas de Cantimpré, quant à lui, met en perspective la prédication et l'apprentissage des propriétés des choses. Pour lui, parler des *proprietates rerum* est un moyen d'éveiller les âmes brutes (*ad evigilationem brutarum mentium*[4]). La science induit la conscience.

D'autre part, il apparaît de plus en plus clairement au cours du XIIIe siècle que la classe au pouvoir doit être cultivée : le thème de l'*illitteratus rex asinus coronatus est*, popularisé au XIIe siècle par Jean de Salisbury, est un lieu commun qui se développe dans la foisonnante littérature des débats du clerc et du chevalier et qui s'affirme avec force au XIVe siècle dans la plupart des traités didactiques, dans lesquels les clercs imposent la suprématie de leur savoir. Les textes encyclopédiques n'échappent pas au mouvement : Gossuin de Metz, reprenant le thème de la *translatio studii*, – que l'on trouve aussi chez Alexandre Neckam –, note que « chevalerie suit touz jourz clergie la ou ele va adès » (p. 78). Dans sa dédicace au roi Charles V, le traducteur du *De proprietatibus rerum* affirme clairement cet idéal de « sapience » :

> Selon la verité des divines Escriptures et humaines, entre toutes les humaines perfections que cuer royal doit desirer, le desir de sapience doit par raison tenir le premier lieu.

Donner un large éventail des choses de la nature correspond donc bien à une intention de conseil politique, dans la tradition des Miroirs des princes et ce n'est pas un hasard si des ouvrages à caractères encyclopédiques comme le *Livre dou Trésor*, *Placides et Timéo*, le *Welsche Gast* de Thomasin von Zerclaere comportent des conseils aux princes. Le *Livre dou Trésor* de Brunetto Latini offre à cet égard un exemple particulièrement intéressant : le livre I en effet peut être considéré comme une encyclopédie sur la nature à part entière[5] ; les livres II et III, en revanche, sont à mettre dans le courant de la réception/traduction de l'*Éthique* et de la *Politique* d'Aristote, et donc s'inscrivent dans une problématique qui dépasse l'encyclopédisme : l'encyclopédie sur la nature apparaît ici comme propédeutique à l'apprentissage de l'art oratoire, de l'éthique et du gouvernement du prince.

Observer le ciel, c'est évidemment regarder en haut, donc s'élever vers le domaine de Dieu : le chapitre *De firmamento* du *De naturis rerum* d'Alexandre Neckam est révélateur, qui présente une comparaison entre le ciel et la sainte Église. Le physicien se hisse ainsi vers les données les plus nobles de l'étude de la nature[6] – et le fait que l'astronomie apparaisse comme l'ultime art du *quadrivium*

---

4.   Voir éd. BŒSE, 1974 : 107-154.
5.   Sur la définition de ce genre, cf. RIBÉMONT, 2001.
6.   Pour les médiévaux, le cosmos fait partie de la nature et les sciences du ciel des sciences de la nature. La nature est en fait l'ensemble des choses créées par Dieu.

est symbolique en ce contexte ; quant au prince, tourner son regard vers le ciel le guide vers le chemin de la hauteur, de la majesté et de la modestie en même temps. Le *Livre du chemin de long estude* de Christine de Pizan, qui se clôt sur un plaid, tenu par des figures allégoriques, visant à trouver le meilleur prince, débute par une montée dans les cieux. On enregistre ici une réexploitation du thème biblique de l'échelle de Jacob, agrémenté de l'influence de Dante, qui s'évase vers une vision politique du gouvernement.

L'étude des corps célestes facilite une réflexion de type moral et philosophique et, davantage, il contribue à soutenir cette réflexion, comme T. LITT (1963) l'a très bien illustré dans le cas de Thomas d'Aquin. Par exemple, le seul débat sur le nombre des sphères célestes pose au XIIIᵉ siècle le problème non seulement de la structure de l'univers, mais aussi de celle du royaume de Dieu et des substances séparées. Les sciences du ciel bénéficient donc d'un statut particulier (RIBÉMONT, 1991 : 283-300). Dès la deuxième moitié du XIIᵉ siècle, en outre, leur importance scientifique est accrue grâce à l'apport de l'astronomie et de l'astrologie arabes. On sait quel pouvoir possèderont au XIVᵉ siècle les astrologues patentés des puissants du royaume, conduisant des hommes comme Nicole Oresme, Philippe de Mézières ou Pierre d'Ailly à prendre la plume pour dénoncer leur puissance. Les corps célestes sont donc au centre de multiples débats et constructions philosophiques ; leur attrait s'exerce sur la littérature et leur empreinte se marque dans la langue : "astreux" est synonyme d'"heureux", "favorable" ; le français moderne conservera l'adjectif « désastreux ».

Les sciences du ciel jouissent donc d'un statut particulier : c'est pourquoi elles font partie des invariants thématiques des encyclopédies sur la nature, avec souvent une place privilégiée, comme l'illustre l'*Image du monde* de Gossuin de Metz. Un indice de cette position se lit dès le texte fondateur de l'encyclopédisme médiéval, les *Étymologies* d'Isidore de Séville. D'un point de vue quantitatif tout d'abord il apparaît que, dans le livre III, la place de l'*Astronomia* est bien plus importante que celle attribuée à la *Musica* et à la *Mathematica*, cette dernière incluant arithmétique et géométrie, mais aussi, pour une part, un discours sur le *quadrivium*. Mais plus révélatrice peut-être est la tentative d'Isidore de fournir des éléments classificatoires plus précis et d'une certaine façon novateurs, à propos de science du ciel. L'évêque de Séville en effet est le premier à formaliser une distinction *astronomia/astrologia* rapatriant ainsi l'astrologie dans le *quadrivium*. Si l'astronomie est classiquement définie comme l'étude des mouvements du ciel et des planètes et de leurs causes (3.27), l'astrologie est décomposée en deux parties : l'*astrologia naturalis* d'une part, qui est caractérisée par l'étude du mouvement et de la position des étoiles (c'est une science mathématique) ; d'autre part l'*astrologia superstitiosa*, soit l'astrologie divinatoire, qui comporte un savoir réel, mais dangereux et qu'il faut éviter (LEJBOWICZ, 1991 : 173-212 et 1988 : 213-276).

Ces distinctions posées, Isidore passe en revue un certain nombre d'éléments concernant l'astronomie : sphère céleste, mouvement des planètes, axes du monde, parties du ciel, cercles de la sphère céleste, grandeur du soleil et de la lune, distance des planètes, course des planètes, noms des étoiles. Les rubriques sont sommaires, mais ont, de façon très synthétique, une teneur scientifique qui exclut souvent la pratique étymologisante. Les encyclopédistes post-isidoriens reprendront la plupart de ces chapitres qu'ils développeront selon différentes directions, en fonction de leurs préoccupations particulières, mais aussi de leur attitude face à la philosophie naturelle d'Aristote et aux astronomes arabes.

Je vais tenter de dégager, à partir de quelques exemples tirés d'un corpus des encyclopédies sur la nature, quelles sont les principales approches que les encyclopédistes post-isidoriens ont pu avoir de la nature céleste ; je n'examinerai pas ici les encyclopédies moralisées, ni les moralisations à proprement parler, pour me pencher sur l'écriture "rationnelle" de la nature céleste, telle qu'on la trouve chez des auteurs comme Barthélemy l'Anglais ou Brunetto Latini, cette "rationalité" renvoyant à une tentative de description des phénomènes assez neutre et détachée de considérations religieuses ; sans omettre cependant l'arrière-fond de la présence et la toute puissance du Créateur.

Je partirai de la double nature du ciel : d'un côté, il est le lieu par excellence du sacré, de l'éternel, de la perfection ; Aristote et les chrétiens peuvent s'accorder sur ce point. D'autre part, le ciel est observable, lieu de mouvements complexes qui appellent la mathématisation. Plus loin, le mouvement des planètes, du soleil et de la lune pour être précis, est en rapport direct avec l'organisation d'un temps double qui régit la société médiévale : le temps de l'activité humaine et le temps liturgique, ce dernier imposant la science complexe du comput. Que ce soit du point de vue du calcul du temps comme de celui de la compréhension du mouvement des planètes, le ciel présente à l'homme de science une face si complexe qu'elle en demeure mystérieuse : l'astronome ne tente-t-il pas surtout de « sauver les phénomènes » ? Ainsi, observer, lire, écrire le ciel impose deux axes d'investigation qui peuvent aisément se rencontrer : celui du sacré, du religieux, et celui de la physique mathématique. L'étude des chapitres des encyclopédies consacrés à la nature céleste révèle que la démarche des auteurs médiévaux fut effectivement conditionnée par ces deux pôles, sans qu'il soit possible de déterminer une attitude globale : il existe toujours une pression du religieux, assumée de façons différentes selon les encyclopédistes, en particulier en fonction de l'influence des astronomes arabes.

ASTRONOMIE, COSMOLOGIE ET CRÉATION

La première démarche que j'enregistre doit être mise en relation, dans une certaine mesure du moins, avec celles qui sont à l'œuvre dans les encyclopédies moralisées sur la nature, comme le *De rerum naturis* de Raban Maur ou, plus tard le *Reductorium morale* de Pierre Bersuire. Le regard vers le ciel autorise un discours qui s'évade de l'astronomie et de l'astrologie pour s'ancrer, d'une part, dans la moralisation, d'autre part, dans la tradition hexamérale, c'est-à-dire dans un commentaire qui renvoie explicitement à l'œuvre et à la puissance de Dieu. Le cas le plus marqué est évidemment celui du *De naturis rerum* d'Alexandre Neckam, texte complexe qui relève de l'encyclopédie sur la nature comme du commentaire biblique, sur la *Genèse* et l'*Ecclésiaste* surtout. Les propos d'Alexandre sont ainsi très souvent assortis de remarques liées à la tradition de l'*Hexameron*. La plupart des chapitres sont donc moralisés, avec l'établissement de correspondances : les sept planètes correspondent aux sept dons du Saint-Esprit, les étoiles représentent les forces de l'esprit, etc. Ceci n'empêche pas Neckam de donner des informations plus rationnelles, même si ces dernières relèvent du niveau le plus courant : le chapitre VIII de la première partie est ainsi dévolu à la grandeur relative des planètes : Jupiter est trois fois plus gros que le Soleil, Saturne quatre fois, etc. Il peut même s'engager sur la voie de notions plus complexes : dans le chapitre IX, sur le mouvement des planètes, du Soleil en particulier, Neckam se lance dans un développement touchant à la philosophie naturelle au sujet de la nature de ce mouvement et de sa relativité par rapport à celui du ciel des fixes, discussion pour laquelle Neckam convoque Aristote. De telles notions complexes peuvent même être utilisées pour appuyer une moralisation : au chapitre XIII par exemple, Neckam explique que le Soleil est synonyme de vaine gloire parce que son cercle est excentrique. Certes, il n'explique pas à son lecteur ce qu'est un excentrique, mais, citant le mot, il signifie une science de haut niveau qui renvoie implicitement à Hipparque et Ptolémée.

La "pression" que peut exercer la nature céleste, en termes de références morales et exemplaires, se mesure aussi par la présence d'un ensemble de remarques qui s'infiltrent au milieu de considérations techniques. Tel est le cas dans l'*Image du monde* de Gossuin de Metz. Cette œuvre, qui connaît une rédaction en vers et une en prose, consacre une part importante à l'astronomie et à la cosmologie. Dans l'ensemble, le texte de Gossuin s'inscrit bien dans la tradition "rationnelle" des encyclopédies sur la nature, excluant la moralisation. Mais l'encyclopédiste n'en glisse pas moins quelques remarques à caractère exemplaire ; s'inspirant d'Alexandre Neckam, il note que si la Lune a des taches, c'est pour rappeler la faute d'Adam (Wright, 1863 : 156). En énonçant les jours, qui tiennent leur nom des planètes, il indique que le dimanche, « doit l'en faire chose qui plaise a Nostre Seigneur » (Wright, 1863 : 159). Lorsqu'il disserte sur la course du firmament, il fait allusion à la musique céleste et en profite, en s'inspirant de la *Musica theorica* de Bède, pour souligner le rôle de Dieu :

> Dont aucun furent jadis qui disoient que li enfant oient cele melodie quant il rient en dormant. Car l'en dit qu'il oient chanter les anges Dieu en paradis ; par quoi il ont tel joie en dormant. Mais de ce ne set nus la verité, fors Diex qui tout puet savoir, qui les estoiles mist el ciel et qui leur fist avoir tel poir (Wright, 1863 : 159).

Dans les longues dissertations qu'il consacre aux éclipses, il réserve un chapitre particulier, assez développé, à l'éclipse « qui avint a la mort de Jhesu Crist » (Wright, 1863 : 171). Celle-ci s'oppose à la science, comme le constate saint Denis qui, dit Gossuin, était savant en astronomie et comprit donc qu'il s'agissait d'un miracle.

Le discours sur le ciel laisse en fait très aisément affleurer des considérations qui se rapportent à l'histoire sainte. On peut le mesurer chez un auteur comme

Barthélemy l'Anglais, dont l'approche est le plus souvent particulièrement rationnelle. C'est ce qui apparaît dès le début du livre VIII, dans le long chapitre consacré au monde en général. Barthélemy y propose une typologie, en référence aux autorités : Boèce, Martianus Capella, le *Timée*, Augustin, Aristote, Grégoire. Les classifications sont opérées selon des principes de philosophie naturelle et de commentaire biblique et s'entrelacent principes aristotéliciens, données platoniciennes sur le microcosme et le macrocosme et éléments issus de commentaires sur la Genèse. Le deuxième chapitre, *De celorum distinctione*, est également largement tramé par des considérations bibliques, mettant à contribution la glose et l'*Hexameron* de Basile. Cette pression "biblique" apparaît encore plus nettement chez le traducteur français du *De proprietatibus rerum*, Jean Corbechon, qui opère des choix et, le plus souvent, condense le latin, par résumé et omission. Voici par exemple le début du chapitre II :

> Il est temps que, a l'aide de Dieu, nous mectons la main a descripre aucunes proprietez du ciel et de ses parties. Le ciel est le lieu et l'abitacion des angels, et des bonnes et beneurees personnes, sicomme dit Bede. Selon la doctrine des sains, il est un ciel visible et un autre invisible. Le ciel visible est a moult de noms, sicomme dit la glose sus le .x\ chapitre du livre [de Deuteronome] ou dit Moises : « le ciel est a ton Dieu et le ciel du ciel aussi ». Et David dit ou Psaultier que le ciel du ciel est a Dieu et la terre est aux filz des hommes[7].

Ou l'introduction du chapitre III :

> Le .vi\ ciel est le ciel d'eaue ou cristalin, qui est formé par la puissance divine des eaues qui estoient desus le firmament. Car, selon la sainte Escripture, il avoit eaues dessus le firmament [qui furent fais si legieres et si soubtilles que elles furent converties en nature de ciel ; et pour ce, ces iaues demeurent la, fermes et subtiles, et sont assises dessus le firmament] (f. 125a).

Preuve *a contrario*, on remarquera que, dès que la matière s'éloigne des catégories de la *Genèse*, n'intervient plus ce type de considérations, et Barthélemy compile alors ses sources scientifiques, arabes et aristotéliciennes, mâtinées d'Isidore de Séville dont les propos servent souvent de simple introduction. Chez l'auteur du *Placides et Timéo*, qui s'intéresse assez peu à l'astronomie, on remarque une tendance analogue : l'introduction de remarques sur les planètes, entraîne aussitôt une référence à l'œuvre du Créateur un assez long discours sur les anges (éd. Thomasset, 1980 : 57 *sq.*) ; plus loin, les indications de mesure du soleil et de la lune impliquent de nouvelles digressions sur la création des âmes et sur la hiérarchie des anges.

On pourra donc retenir que le discours sur le ciel s'inscrit naturellement pour les encyclopédistes dans la perspective de l'œuvre des deuxième et quatrième jours, qui pèse lourdement, même chez les plus scientifiques, même chez ceux qui, tels Barthélemy l'Anglais, en réfèrent largement aux astronomes et astrologues arabes. La part du religieux oscille donc entre, d'un côté, la moralisation

---

7.   BnF 16993, f. 123a.

qui inscrit la nature céleste dans la plus haute symbolique renvoyant à Dieu et, en conséquence, ouvre la voie à un discours moralisateur, et, d'un autre côté, l'examen de cette nature en rapport avec la Création, dans la tradition – au demeurant proche de celle des encyclopédies sur la nature – des *Hexameron*.

COSMOS ET INVARIANCE ENCYCLOPÉDIQUE

Comme j'ai tenté de le montrer ailleurs, le genre encyclopédique, en tant que famille historique, se construit aussi sur un certain nombre d'invariants. Parmi ceux-ci, il y a ceux que l'on pourrait appeler des "invariants thématiques", qui seraient donc les *loci communes* du genre. Dans les chapitres réservés à la nature céleste, apparaissent de tels invariants que l'on peut me semble-t-il voir selon trois catégories : 1) le général ; 2) le commun observable ; 3) l'exceptionnel observable.

Le général

Sous cette dénomination, j'entends des considérations portant sur le cosmos et son organisation. Tous les encyclopédistes notent que la terre est sphérique, au centre du monde, qu'elle est petite en regard des autres astres, qui, au nombre de sept, tournent autour de la terre. Ils donnent l'organisation des sphères homocentriques, selon la hiérarchie établie dès l'Antiquité et fixée par Aristote puis Ptolémée : Lune, Mercure, Vénus, Soleil, Mars, Jupiter, Saturne. Le plus souvent figurent aussi des informations sur le mouvement circulaire et sur le mouvement relatif des planètes et du ciel des fixes. Sur cette matière, les auteurs se livrent parfois à certains développements assez étoffés. C'est le cas chez Alexandre Neckam, qui part de l'exemple d'une mouche et d'une roue pour expliquer que les planètes ont un mouvement propre, comme le firmament. Une question du *Livre de Sydrac* « Le soleill fait il son tour par lui ou le firmament le fait tourner ? » (éd. E. RUHE, 2000 : 141) résume ce type d'interrogation apparemment complexe si l'on en juge par les réponses peu claires de Neckam ou du Philosophe Sydrac. Barthélemy l'Anglais, en s'appuyant sur Al-Farghani, propose une réponse plus technique et plus claire, telle qu'elle apparaît dans le condensé de Corbechon :

> Selon un maistre que on appelle Alfragan, l'espece est la rondesce du corps du ciel [ou] sont contenues les estoilles fermes et fichiees, et est ceste espece entre (f. 126va) deux poles, dont l'un est en septentrion, qui n'est onques mucié quant à nous ; et est appellé le pole artique ou le pole de bise, qui est tout un ; l'autre est appellé le pole antartique, qui n'est onques veu de nous, ou pour ce qu'il est trop loing, ou pour la terre qui est entre nous et lui. Entre ces deux poles, le ciel se muet et se tourne, et de son mouvement, les estoilles qui sont en lui fichees se mouvent d'orient en occident et arriere d'orient en occident, en l'espace de .xxiiii. heures.

> L'espece du ciel si se tourne si hastivement que, se les planectes ne (s)[l]e retardoient, ilz destruiroient tout le monde. Et pour ce, Alfragan dit que les .vii.

planectes ont un mouvement ordonné qui actrempe la hastiveté du mouvement du firmament et le retarde. L'espece du ciel se tourne obliquement entour un moien que on appelle axe, qui est une ligne faicte par ymaginacion, qui [passe] tout droit par le milieu de l'espece et s'estent entre les deux poles.

Dans cette catégorie d'invariants, il faut bien entendu ranger le zodiaque, qui semble exercer une véritable fascination. Je vais donc développer plus particulièrement cette rubrique, à titre d'exemple.

Le zodiaque des encyclopédistes

Les constellations du zodiaque ont en fait un statut spécial parce qu'elles sont attachées à la course du Soleil, ce qui leur confère une dimension à caractère sacré, magique, mythique que pourra développer l'astrologie. Isidore de Séville ne s'étend guère sur le cercle zodiacal, mais ce dernier figure dans les sentences des *Étymologies*:

> *Zodiacus autem circulus est, qui ex linearum quinque angulis, et ex una linea constat* (3.45).

Le chapitre IX du *De proprietatibus rerum* est dévolu au zodiaque. C'est un chapitre développé, qui donne beaucoup de précisions techniques accompagnées de données astrologiques. Les encyclopédistes médiévaux ont quasi systématiquement consacré une rubrique au zodiaque, en offrant, à partir du XIIIᵉ siècle, des développements importants reposant sur la connaissance d'ouvrages arabes.

Dans le Livre I du *Livre dou tresor* qui, je le rappelle, constitue une encyclopédie sur la nature, le notaire florentin Brunetto Latini consacre deux chapitres au zodiaque. Il choisit de délivrer pour son lecteur, censé être un prince idéal, une information technique et rationnelle. Au chapitre CX de la première partie de l'ouvrage, il explique que l'on peut, d'après l'*Almageste* de Ptolémée, reconnaître 1 022 étoiles. Parmi celles-ci, il en distingue douze particulières, qui, dit-il, sont appelées « signaus » (éd. Carmody, 1948 : 95), dont il donne les noms latins. Puis il précise que « Cist .xii. signaus ont el firmament .i. cercle, en quoi il se tornoient environ le monde, ki est apelés zodiake ». Il indique ensuite que chaque signe fait 30 degrés, les douze faisant 360 degrés. Il signale enfin que c'est à travers ce cercle que se meuvent les planètes dans le firmament, puis il passe en revue chaque planète. Dans le chapitre suivant, Brunetto explique en détail la course du soleil dans le zodiaque en relation avec le calcul du temps, ce qui lui permet d'expliquer le découpage des mois et le bissexte. Il attribue ce découpage à la peine qu'avaient les gens du commun avec des calculs complexes :

> Mais por ce k'il estoit grief a savoir as communes gens ce poi ki est outre les .xxx. jors, fu il establi par les anciens sages ke li .i. mois eussent .xxx. jors et li autre en eussent .xxxi. (éd. Carmody, 1948 : 97).

Dans *Le Livre de Sydrac,* le zodiaque apparaît à plusieurs reprises. La question 236 (« De quel vertu sont les planetes et de quel grant ») permet d'indiquer comment chaque planète passe dans les signes zodiacaux et d'offrir au lecteur quelques données sommaires d'astrologie sur chaque planète : Jupiter est ainsi une planète « de richesce et d'avoir et de marchaandise et de sens et de savoir et de boen los entre la gent ». À la question 416, le roi demande « comment se partent les .xii. signes et les .vii. planetes et de quele nature et de quele complexion il sont ? ». Sydrac énumère en réponse la liste des sept planètes, à qui il associe le ou les signes correspondants, par exemple Gémeaux et Vierge pour Mercure. Il ajoute alors les qualités qui en découlent : toujours pour Mercure, chaud et humide côté Gémeaux, chaud et sec côté Vierge. Il en déduit des considérations générales de type astrologico-médical :

> Et comme la planete (*le soleil*) qui gouverne le monde passe parmi les signes et la perssonne est né en quelque signe que ce soit, celle perssonne sera de la complexion au signe et de la nature au planete segont l'eure et le point.

En sus de ces généralités, l'ouvrage contient beaucoup de références au zodiaque plus techniques, avec lesquelles l'auteur entend donner à son lecteur des notions d'astronomie et de comput. Chez Vincent de Beauvais, chez Barthélemy l'Anglais, comme chez Brunetto Latini, le zodiaque connaît un long développement mettant à contribution des données astronomiques et astrologiques.

Le commun observable

Il s'agit ici d'expliquer des choses que chacun peut voir aisément. C'est pourquoi les encyclopédistes réservent une place particulière au soleil et à la lune. Le soleil jouit d'un statut particulier qui remonte à la plus haute Antiquité et qui demeure actif au Moyen Âge : Brunetto Latini, par exemple, souligne que le soleil « est plus beaus et plus dignes des autres » (éd. CARMODY, 1948 : 97). Gossuin de Metz explique que le soleil est « li droiz voiles de toutes les autres estoiles. Car c'est la plus fine de toutes, et enlumine toutes les autres par la grant clarté qui est en lui » (éd. PRIOR, 1913 : 176). Plus loin, ce même Gossuin établit une comparaison avec la royauté terrestre :

> Aussi comme l'en voit d'un roi qui est plus sires et plus puissanz endroit soi pour sa hautesce que nus autres de ses genz. Et si li ont il souvent mestier, comme cil qui aidier li doivent. Car que plus est prés de ses genz, tant est il plus forz et plus puissanz ; et que plus s'esloingne de ses genz, tant fait il mains de sa besoingne. Autretel vous di je du souleill… (éd. PRIOR, 1913 : 176).

Le mouvement du Soleil et celui de la Lune fournissent donc des rubriques obligées des encyclopédies.

L'exceptionnel observable

Dans cette catégorie, il convient de ranger les phénomènes célestes se produisant peu souvent, mais accessibles à l'observation, comme les étoiles filantes, les comètes, les éclipses. De façon traditionnelle, les comètes et étoiles filantes sont traitées dans les chapitres concernant la sphère de l'air et donc dans les parties météorologiques des encyclopédies compilées majoritairement des *Quaestiones naturales* de Sénèque, du *De natura rerum* d'Isidore et des *Météorologiques* d'Aristote. Les éclipses font l'objet de longs développements et semblent évidemment, elles aussi, fasciner les auteurs. Les explications sont en général assez bonnes et justes. Le cas le plus marquant est peut-être celui de Gossuin de Metz, qui, particulièrement pédagogue, renvoie explicitement à des schémas qui figurent dans les manuscrits de l'*Image du monde*.

Une fois donnée cette distribution des contenus, je voudrais me pencher sur deux questions qui affleurent dans les exemples que nous venons de voir. Il apparaît en effet que les encyclopédistes se livrent à des digressions de nature astronomique et mathématique, certaines complexes ; comment dès lors peut-on appréhender leur niveau scientifique ? La deuxième question a trait à la présence de l'astrologie qui permet, à la marge, de mesurer l'influence des traités arabes.

L'ASTROLOGIE

Deux attitudes se détachent chez les encyclopédistes, et ce de façon assez nette. Certains ne manifestent pas le moindre intérêt pour l'astrologie, tels Gossuin ou Brunetto Latini : très peu ou aucun développement sur les signes du zodiaque, pas de mention concernant les maisons, l'influence des planètes sur la santé, le comportement, etc. D'autres au contraire, comme Barthélemy l'Anglais ou l'auteur du *Sydrac*, y consacrent de longues rubriques. Ainsi, les questions 973 à 1064 du *Livre de Sydrac* sont toutes dévolues à des problèmes de nativité et d'horoscope. Voici un exemple de discours, à propos du signe du Taureau (question 976) :

> Se Thaurus y aura esté, il sera moult tres durement bel homme de perssonne et rude. I aura art de labour de terre, et si sera povre homme et aura grosse parole, et si aura tres durement grant maladie en sa joenesce […]

> Et se l'enfant est femelle, elle sera moult tres durement belle femme, et sera folle de son cors. Et aura seingnal a la tetine. Elle sera em perillg de mourir em pechié…

Dans le *De proprietatibus rerum*, à la suite du chapitre sur le zodiaque en général, viennent douze chapitres, chacun consacré à un signe, à forte teneur astrologique, tirés principalement d'Abu Mash'ar (Albumasar) et de Masha'allah ibn Athari al-Basri (Misalath). Voici l'exemple du Bélier chez Jean Corbechon :

> Le .x^e. chapitre du signe du Mouton

Apres ce que nous avons traictié des figures du zodiaque en general, c'est bon que nous recueillons en especial leurs natures, en prenant notre commancement au signe du Mouton.

Le Mouton est un signe orientel, qui est ainsi appellé pour ce : car, aussi comme le mouton en gesant se tourne egaument sus les deux costez, aussi quant le soureil est en celle partie du zodiaque qui est appellé le Mouton, il est equinoce et sont les jours et les nuiz egalz. Selon ce que dit Misael, le Mouton est un signe mascle et journal, qui a nature de feu, et est instable. La maison de Mars ou .xix°. degré est son exaltacion. Le soureil est sa maison par jour et par nuit, Jupiter et Saturne participe avec euls. Il est de la premiere triplicité. La premiere face est avec Mars, la seconde est au soureil et la tierce est a Venus.

Le signe du Mouton ou (f. 128vb) corps humain si a la seigneurie sus le chief et sus la face. Il fait venir moult de cheveux et fait le corps court et la face longue, les oeilz pesans, les oreilles petites, le coul lonc. Et si est maison de vie en la nativité de la personne, car, aussi comme ce signe monte de bas en hault et va de tenebres a lumiere, aussi celui qui est né en ce signe se lieve de tenebres et vient a vie parfaicte, se il n'est d'autre part empeschié. Par la vertu de ce signe, les choses muciees viennent a lumiere, et les choses secretes viennent a cognoissance des saiges.

Si comme raconte Abumasar ou *Livre du mouvement des estoilles*, ou tiers ou quart degré du Mouton, se lieve le signe de la Livre, et ou .v°. degré se lieve une estoille qui est appellee Almareth, et une autre qui est appellee Alpheta. Et font l'air moult sery. Et ou .xx°. degré se couche Pliades que nous appellons l'estoille pouciniere. Quant le soleil ou la lune ou aucune autre planecte entre ou premier degré ou le .ii°. ou le tiers ou signe du Mouton, il sera mué e(t)[n] vent et froit et tempeste. Et ou .xxix°. et .xxx°. degré, il fera grant chaut.

De façon générale, le savoir astrologique diffusé par les encyclopédies sur la nature est, comme souvent dans ces ouvrages, à caractère le plus rationnel possible, excluant donc toute considération magique. Le poids de l'astrologie arabe pèse assez lourd dans la compilation, surtout en regard du succès considérable de l'*Introductorium maius* D'Albumasar, traduit d'abord par Jean de Séville en 1133, puis par Hermann de Carinthie en 1140. Se diffuse ainsi un savoir moyen intégrant non seulement des données à caractère mathématique, mais aussi des connaissances astrologiques et astrologico-médicales, liées aux questions de nativité, d'horoscope. L'astrologie judiciaire est rejetée, conformément aux injonctions de l'Église, mais une astrologie considérée comme scientifique a sa part dans ce réseau de connaissances, dont on trouve le reflet en de nombreux textes, latins comme vernaculaires. Ainsi, au xii° siècle, Alain de Lille cite directement Albumasar dans son *Anticlaudianus*[8] et, dans le pseudo-ovidien *De vetula* (xiii° s.), traduit en français au xiv° siècle et qui pourrait être l'œuvre de Richard de Fournival, les données albumasariennes sont utilisées dans une veine historico-astrologique.

---

8.   Voir à ce sujet Cruz Pontes, 1986 : 631-637.

La présence marquée ou non de l'astrologie dans les chapitres traitant de nature céleste est certes liée à l'intérêt particulier de tel ou tel compilateur, mais elle est surtout un indice d'intégration des traductions arabo-latines. Ainsi, l'*Image du monde* ne contient pas de véritables données astrologiques mais, plus généralement, Gossuin reste dans une lignée isidorienne, sans toutefois pratiquer l'étymologisme d'Isidore. Selon lui, le prince des philosophes est Platon qui « fu li hons el monde qui fu de plus parfonde clergie » (éd. Prior, 1913: 183). Si Gossuin emprunte quelques éléments aux *Quaestiones naturales* d'Adélard de Bath, ouvrage dans lequel il pourrait puiser des éléments de physique aristotélicienne, ses sources principales sont les Pères, Isidore, Bède ou Alexandre Neckam. Dans ses mesures des dimensions de la Terre, de la distance de la Lune et du Soleil au globe terrestre, Gossuin ne reprend pas les chiffres de l'*Almageste*, bien qu'il affirme à propos du soleil que le nombre annoncé a été prouvé par Ptolémée. Ce dernier annonce 605 fois le diamètre de la Terre alors que Gossuin donne 585 fois. La plupart des mesures de Gossuin viennent en fait du *De Naturis rerum* d'Alexandre Neckam. On compte dix références à l'auteur de l'*Almageste*, mais qui ne prouvent pas une lecture de l'*Almageste*, et un chapitre[9] consacré à l'astronome alexandrin, dans lequel le discours n'a rien de scientifique: Gossuin étale des généralités, mêlées d'affabulations au sujet du personnage, comme il le fera plus loin pour Virgile, lui aussi créateur de merveilles, par astronomie, dit l'auteur. On pourrait faire des remarques analogues au sujet de Brunetto Latini. Lorsqu'il décrit le mouvement des planètes, l'auteur de l'*Image du monde* reproduit les connaissances les plus communes en ce domaine. Les planètes, attachées à leur sphère, tournent autour de la Terre dans le temps de leur révolution de façon régulière et uniforme. Gossuin ne se penche absolument pas sur les phénomènes de station et de rétrogradation, ni de précession des équinoxes, pourtant bien connus de Ptolémée et des astronomes arabes. Dans une version italienne anonyme de l'*Image du Monde*, adaptée elle aussi de l'*Imago Mundi* d'Honorius, le cours irrégulier des planètes est par contre mentionné:

> […] inpacciate per li radij del sole, deuentano animali, cio senza regula, ouero che retornano in retro, o uero e stationarie, cio che stano (Finzi, 1894: 2).

Ce qui souligne bien combien l'exposé de Gossuin des connaissances en ce domaine reste limité.

Niveau scientifique – données calculatoires

Nous l'avons vu, la nature céleste est aussi appréhendée par les encyclopédistes de façon souvent précise, démonstration à l'appui – comme dans le cas de l'éclipse – ou même avec procédés calculatoires. Ici encore, on peut parler d'une certaine invariance et d'un goût particulier pour la mesure, tel qu'il s'exprime

---

9.	VIII de la troisième partie de l'*Image du Monde*.

dans l'exposé des distances entre planètes, des mesures de la terre et du soleil ou bien encore dans les parties computistes, souvent reliées au discours sur la course du soleil.

Brunetto Latini au chapitre CX du Livre I du *Tresor* donne ainsi de grandes précisions. Pour chaque planète, il précise en effet les notions de ce que l'on nomme aujourd'hui les périodes synodiques et les périodes sidérales. Partant de la planète la plus éloignée de la Terre, Saturne, il se livre à des explications détaillées sur les divers mouvements de l'astre :

> Car Saturnes […] vait par tot les .XII. signaus en un an et .XIII. jors. Et sachiés que a la fin de cel tens ne revient il pas el leu et el point mesmes dont il s'estoit meus, ains retorne en l'autre signal aprés, ou il recommence sa voie et son cors, et ensi fait tosjors jusc'a .XXX. ans poi s'en faut, en tel maniere k'il revient au premier point dont il se mut (éd. CARMODY, 1948 : 96).

Les mesures modernes donnent pour Saturne respectivement un an et treize jours, et 29,46 années. Pour expliquer ces mouvements, Brunetto emploie deux expressions qui reviennent systématiquement pour toutes les planètes. « aller per tot les .XII. signaus » correspond au mouvement synodique et le « cors » de l'astre correspond au mouvement sidéral. Mais pour le cas de la Lune, Brunetto est assez gêné. Il veut en effet rendre compte de trois mouvements de cette planète : la période synodique, la période sidérale et la révolution draconétique (mouvement du nœud lunaire, point d'intersection entre l'orbite lunaire et l'écliptique). Il annonce des chiffres connus des Anciens, qu'il tient de ses lectures, mais il inverse les notions au niveau de son vocabulaire. Le « cors » devient la révolution synodique et la traversée du zodiaque le mouvement sidéral. Plus exactement, Brunetto se trompe dans la correspondance valeurs numériques/champ lexical. Cet exemple illustre le problème de vocabulaire auquel est systématiquement confronté un auteur médiéval voulant faire œuvre scientifique en langue vulgaire. On peut noter sur l'exemple de la Lune comment Brunetto est plus proche que Gossuin d'un savoir scientifique authentique. L'explication des mouvements se veut plus précise, dans un esprit proche du *De Sphera* de Sacrobosco ou de commentaires de savants médiévaux : Thomas d'Aquin par exemple, au livre II de son commentaire du *De Caelo*, explique la révolution draconétique. Mais ni Gossuin, ni Brunetto, ni Barthélemy l'Anglais ne rentrent dans les détails du système ptoléméen, et aucun ne cherche à expliquer les notions d'épicycle, de déférent et d'équant.

En dépit d'une certaine fascination et pour la typologie (Barthélemy l'Anglais) et pour des données calculatoires (Gossuin, Brunetto), les encyclopédistes ne parviennent pas à se hisser au niveau de la science contemporaine. Même s'il existait des introductions à l'*Almageste*, des ouvrages accessibles comme le *De sphera* de Sacrobosco et ses traductions vernaculaires, des textes au caractère encyclopédique sur l'astronomie comme le *De mundi celestis terrestrisque constitutione* du pseudo-Bède (éd. BURNETT, 1985), les auteurs d'encyclopédies sur la nature restent en retrait et distillent un ensemble de connaissances banalisées. Peut-être par souci de vulgarisation pour un public jugé trop peu savant en la matière, peut-être parce que le niveau scientifique de nos auteurs ne leur permettait pas d'aller plus loin, sans doute aussi parce que leur intention n'est pas là. Brunetto Latini, lorsqu'il veut inscrire dans son encyclopédie des données de comput, étroitement liées donc au mouvement de la Lune et du Soleil, révèle bien que l'enjeu n'est pas fondamentalement scientifique, au sens moderne du terme. Les chapitres CXI et CXVIII du Livre I du *Livre dou Tresor* demandent un réel effort de lecture afin de déterminer comment Brunetto expose ce qu'il ne comprend pas ou qu'il a mal lu. L'encyclopédiste veut expliquer la course du soleil dans le zodiaque, l'année lunaire et l'année solaire, l'épacte et les modes de calculs computistes avec les Lettres dominicales, les réguliers et les concurrents. Il confond réguliers et concurrents et surtout ne comprend absolument pas, tout comme l'auteur du *Sydrac*, la différence entre une année de comput et une vraie révolution solaire. L'encyclopédiste croit que le découpage en 28 ans est une réalité astronomique, alors qu'elle n'est qu'un artifice de calcul. Il compile donc des données éparses chez Bède et probablement Helpéric, sans comprendre la teneur exacte des calculs. Il restitue ainsi une sorte d'enveloppe, un vocabulaire calculatoire qui se coule dans ce qui peut paraître une précision arithmétique, mais qui n'est somme toute qu'énonciation, scientifiquement parlant amphigourique. On peut hésiter entre deux interprétations : ou bien, effectivement, l'encyclopédiste ne comprend pas ses sources ou bien ce qui importe le plus à ses yeux est de fournir un ensemble de termes scientifiques.

L'exposé de la nature céleste est donc révélateur de tendances profondes travaillant l'encyclopédisme médiéval : une "pression" du religieux, ce dernier le plus souvent évacué des chapitres sur la nature, mais qui affleure sans cesse et qui apparaît dans sa nécessité dans les gloses marginales du *De proprietatibus rerum*. Un goût pédagogique indéniable, tel qu'illustré particulièrement par Gossuin de Metz, avec un réel souci d'explication rationnelle et pédagogique des phénomènes observables. Enfin, le plus délicat à évaluer, une fonction d'autorité reposant sur la tradition, sur une fascination pour des sciences non maîtrisées qui ont une place privilégiée, non parce qu'il s'agit de fournir un accès directement exploitable à ces sciences, mais parce qu'elles font partie et d'un système de représentation de l'autorité et, sans doute, d'une nécessité relevant du "devoir dire". On revient alors curieusement, à partir du *quadrivium*, au *trivium* et au langage et, même sans étymologie, à une tradition isidorienne que semble imposer la complexité, dans le cadre de laquelle l'encyclopédie quitte le terrain du didactique explicatif pour celui du purement énonciatif.

LES ENCYCLOPÉDIES ET LES SCIENCES NATURELLES
DANS LE MONDE ARABE MÉDIÉVAL (XIIᵉ-XIVᵉ SIÈCLE)

JEAN-CHARLES DUCÈNE
École Pratique des Hautes Études, ivᵉ section

Si l'encyclopédisme (PARET, 1966 ; PELLAT, 1990 ; TAHMI, 1998) apparaît dans la littérature arabe à partir du ixᵉ siècle pour donner une série d'œuvres importantes jusqu'à la fin du xᵉ siècle, on peut remarquer que les sciences naturelles n'y ont guère de place, à une exception près. En effet, ces encyclopédies peuvent se situer entre deux pôles, à savoir un pôle littéraire, où l'enjeu est l'agrément du lecteur par la diversité des sujets abordés mais en évitant toute technicité, et un pôle administratif caractérisé par la classification ou la mise en ordre des connaissances utiles au *kātib*, au fonctionnaire de l'empire. À la limite, seule la géographie s'invite dans ces œuvres pour ouvrir les horizons vers une réalité naturelle. En revanche, les différents domaines des sciences naturelles (ULLMANN, 1972 : 5-144) comme la zoologie, la minéralogie et la botanique, pour ne pas parler de la médecine, sont bien abordées mais dans le cadre de monographies, qui s'appuient soit sur la traduction d'ouvrages antiques, soit sur des observations et des réflexions plus originales. En aucune manière, ces sciences n'entrent dans une entreprise plus globale, à une exception près, celle constituée par les *Épitres* des *Ikhwān al-safā'*, les Frères de la pureté. Il s'agit d'une sorte d'encyclopédie collective ismaélienne, à l'inclination néoplatonicienne très marquée, élaborée à Basra à la fin du xᵉ siècle. Dans ce cas, les connaissances sont classées en disciplines et on retrouve quatre sections, allant du concret vers l'abstrait : les sciences propédeutiques, les sciences naturelles, les sciences psychiques et intellectuelles et finalement la métaphysique (MARQUET, 1990 ; BAUSANI, 1978)[1]. Le caractère philosophique particulier de l'œuvre l'a empêché d'avoir une continuation.

Il faut ainsi attendre le début du xiiᵉ siècle pour que les sciences naturelles s'intègrent dans un projet plus exhaustif d'exposition des connaissances, que l'on peut appeler cosmographies ou encyclopédies de sciences naturelles. Cependant, il ressort de l'introduction de ces ouvrages que la première motivation qui présida à leur rédaction fut moins épistémologique que religieuse, ou plus précisément fidéiste. En effet, leur but plus ou moins explicite était de décrire, d'ordonner, de manière exhaustive autant que faire se peut, la création. Et c'est ici que les sciences naturelles vont se retrouver, puisqu'elles permettent de rendre intelligible une partie du créé. En outre, ces ouvrages ne sont pas l'œuvre de spécialistes,

---

1.   Les connaissances physiques sont issues principalement de la *Physique* d'Aristote.

Encyclopédire : formes de l'ambition encyclopédique dans l'Antiquité et au Moyen Âge, éd. par Arnaud ZUCKER, Turnhout, 2013, *(Collection d'Études Médiévales de Nice, 14)*, pp. 201-212.
© BREPOLS 🐝 PUBLISHERS   DOI 10.1484/M.CEM-EB.1.101797

mais appartiennent plus à la littérature scientifique populaire, opposée à une littérature scientifique savante. Ce sont des compilations qui rendent accessible une
littérature de spécialistes.

Origines et caractéristiques

On doit tout d'abord souligner que ces ouvrages en tant que représentants
d'un genre particulier auront une durée de vie de près de quatre siècles, car on en
retrouve jusqu'au XVIᵉ siècle, mais les derniers exemples sont surtout des abrégés
ou des compilations (Ducène, 2006a). En revanche, ce qui semble toujours
présent, et ceci dès le XIIᵉ siècle, c'est la motivation pieuse, dévotionnelle de ces
ouvrages. La création est décrite moins dans le but de la connaître que dans celui
d'amener le lecteur à glorifier le génie du créateur. On a mis en rapport l'émergence de ce courant piétiste avec la diffusion d'un islam plus dévotionnel et du
soufisme. On doit remarquer qu'au moins deux des auteurs qui nous intéressent,
al-Qazwīnī et al-Dimashqī, avaient des liens avec le soufisme ; le premier, sans
être soufi, a rencontré Ibn al-'Arabī à Damas, alors que le second était, lui, soufi.
Une étude comparative des deux points de vue (Ducène, 2005) nous a cependant
amené à nuancer cette convergence, car la contemplation soufie a finalement pour
but de transcender la création, alors que nos encyclopédistes ont plutôt tendance
à l'étendre par leur exhaustivité.

Une première manifestation de cette inclination se retrouve dans le "Livre de
l'avertissement et de la réflexion" du pseudo-Ǧāḥiz[2] dont le but avoué est d'énumérer
les merveilles de la nature comme des preuves de la sagesse divine. L'attribution fait
réellement difficulté mais le texte a le mérite d'exister. Avant de se lancer dans son
énumération, il cite des ouvrages syriaques et grecs comme modèle – sans que l'on
puisse les identifier – mais aussi un ouvrage pehlevi écrit à l'époque omeyyade par
un certain Yasū (?) Maṭrān Fāris. Bien qu'il ne donne pas de titre, on peut souligner
que B. Radtke (1998 : 323-325) a mené la comparaison entre ce genre d'ouvrage
et l'exégèse nestorienne. La réflexion de l'homme et la lecture de la nature mènent
à la croyance que Dieu est le créateur de l'univers et situent l'homme à sa place.
C'est une première étape dans une éducation plus générale, dont le deuxième pas
est l'étude des livres, et le dernier l'étude des Évangiles (Reinink, 1997). L'ouvrage
n'a cependant aucun plan et se contente d'une succession d'exhortations sapien-
tiales du genre : « Réfléchis sur les levers du soleil, réfléchis aux étoiles », etc. Il
commence avec le ciel, le soleil, la lune et il passe ensuite à la terre, aux montagnes,
puis aux minéraux, aux plantes et aux animaux, et finalement au corps humain.

La première œuvre à esquisser cette perspective mais sans revendiquer
une quelconque exhaustivité (Ducène, 2006b : 18-21), est la *Tuḥfat al-albāb*
("Réjouissement des cœurs") d'Abū Ḥāmid al-Gharnāṭī (1080-1168). L'ouvrage

---

2.   *Manuscrit British Museum*, Or. 3886, ff. 4a à 40 a ; Rieu, 1894 : 466.

connaît trois rédactions, pour être finalement terminé avant le 22 mars 1162 (TAUER, 1950 : 299 ; DUCATEZ, 1985 : 149). L'auteur avait été sollicité par des imams qui désiraient qu'il enregistre « les merveilles » qu'il avait vues durant ses voyages.

L'ouvrage est constitué de quatre chapitres *Description du bas-monde et de ses habitants, Description des merveilles des pays et des étrangetés des édifices, Description des mers et de leurs animaux merveilleux* et *Description des excavations, des tombeaux et des ossements qu'ils contiennent jusqu'au jour de la résurrection.*

C'est à la fois un recueil d'observations personnelles, de citations littéraires et de témoignages de tiers. Dans son introduction, Abū Ḥāmid explique sa démarche en disant que les êtres humains sont doués de raison en proportion différente selon la volonté de Dieu ; l'homme intelligent doit prendre connaissance de ces merveilles car elles ont été distribuées sur la terre pour être des Signes de Dieu qui invitent à la réflexion et à la contemplation, comme le dit le Coran :

> Que de signes dans les cieux et sur la terre près desquels les hommes passent et se détournent (XXV, 46) ;

> Parcourez la terre et considérez comme il a commencé la création (XXIX, 19/20).

Il continue en expliquant que celui qui s'intéresse aux propriétés particulières des choses s'intéresse à Celui qui les y a mises. L'évocation des merveilles de la création devient ici œuvre pie, mais la classification n'a rien de rationnel et l'auteur n'a pas en vue d'être exhaustif. Les sciences naturelles pointent à peine derrière la mention des phénomènes naturels que l'observateur a perçus dans les trois règnes, au hasard de ses périgrinations, et relatés ici dans le désordre.

Ce sont des ouvrages issus du monde iranien[3] qui commencent à y mettre de l'ordre car l'énumération des choses créées, par son ordonnancement, prend un tour encyclopédique. Dans l'état actuel de la documentation[4], le premier ouvrage à développer la perspective encyclopédique couplée à une aspiration spéculative est un ouvrage iranien écrit en 1175 par un certain Muḥammad b. Maḥmūd b. Aḥmad Ṭūsī Salmānī, auteur du *'Aǧā'ib al-maḫlūqāt wa-ǧarā'ib al-mawǧūdāt*, « Les merveilles des choses créées et les faits miraculeux des choses existantes » (éd. SUTÛDA, 1387)[5]. Ce titre deviendra éponyme du genre.

Dans l'introduction, l'auteur explique son but :

> L'homme ne goûte pas de plaisir plus vif que celui de contempler ce qu'il n'a jamais vu : ce désir est réalisé par les voyageurs. C'est ainsi qu'Alexandre parcourut l'univers ; de même, Jésus se transportait dans les diverses régions du monde et en observait les merveilles [...]. Nous avons donc composé cet ouvrage parce

---

3. Pour une approche générale des encyclopédies persanes, voir VESEL, 1986 et 2008.

4. Un ouvrage antérieur iranien, encore inédit, la *Tuḥfat al-ǧarā'ib* de l'astronome Muḥammad b. Ayyūb Ṭabarī (mort en 1092 ou 1126) selon un ms. conservé à Tashkent, jalonne le mouvement qui aboutit aux ouvrages du XIIᵉ siècle, (AFSHAR, 1985) ; dans l'étude de KOWALSKA (1967) l'auteur n'est pas encore identifié et est considéré comme arabe.

5. Voir RADTKE, 1987 ; VESEL, 1986 : 33-34 ; MASSÉ, 1944 ; SEZGIN, 2011 : 54-55.

que tout homme n'a pas la possibilité de parcourir l'univers pour voir ce qu'il ne connaît pas. Nous parlerons des merveilles du monde – choses vues et entendues ; nous en présenterons des images dans la mesure du possible [...] afin qu'en y regardant vous réfléchissiez à l'action du créateur (MASSÉ, 1944 : 8-9).

L'ouvrage se développe selon un plan en dix chapitres qui montre une volonté d'être complet et d'intégrer tous les éléments de la création. En reprenant la matière de ces chapitres nous retrouvons dans l'ordre : le monde supralunaire et les esprits ; les éléments "feu" et "air" ainsi que les phénomènes atmosphériques ; l'eau et la terre, les mers, les rivières, la description de la terre et un lapidaire ; le monde habité (villes et monuments) ; le monde végétal selon l'ordre aphabétique ; la production humaine, les choses créées, les tombes et les trésors ; les êtres humains ; les démons ; les oiseaux ; les quadrupèdes. Le classement des éléments sublunaires reste imprécis et le règne du vivant reçoit une subdivision peu cohérente. En outre, la substance des notices est moins descriptive et vire à l'anecdote littéraire.

Cet ouvrage a certainement eu une influence sur l'ouvrage arabe qui inaugure le mouvement dans cette langue, à savoir la cosmographie d'al-Qazwīnī.

AL-QAZWĪNĪ ET SES *MERVEILLES*

La cosmographie d'al-Qazwīnī (*ca* 1203-1283)[6], à laquelle S. VON HEES (2002 et 2006) a rendu justice en lui reconnaissant un aspect d'encyclopédie de sciences naturelles, marque le début d'un développement littéraire très important. L'ouvrage, qui porte le même titre que celui de Muḥammad b. Maḥmūd al-Salmānī, *Les merveilles des choses créées et les faits miraculeux des choses existantes* possède un plan beaucoup plus rigoureux qui a pour effet de rendre cohérente la structure de l'univers et de situer chaque élément de la création à sa place dans ce système. Passer en revue la structure revient à dénombrer de manière exhaustive les choses créées. C'est finalement à une physique aristotélicienne simplifiée que revient le rôle de présider à cette organisation (PETERS, 1968 : 106 et 118-119). En outre, dans l'exposé de l'ensemble de la nature al-Qazwīnī a le souci d'une clarté volontairement didactique. Si les sciences naturelles sont ici pleinement prises en compte, le but énoncé par l'auteur reste le même, *i.e.* observer la création pour découvrir la sagesse du créateur :

Le sens de cette observation est de réfléchir sur ce qui est compréhensible, c'est de regarder les choses sensibles, c'est de voir la Sagesse [de Dieu] et Son ordre afin de conserver Ses vérités, car elles constituent les délices d'ici-bas et les joies de l'au-delà. Pour cette raison, le Prophète a dit : Montre-moi les choses comme elles sont, et chaque fois que l'observateur y arrête son regard, la guidance, la certitude, la lumière et la confirmation des dons d'Allāh augmentent [...] (WÜSTEFELD, 1849 : 4).

---

6.   Voir WÜSTENFELD, 1849 ; LEWICKI, 1978 ; SEZGIN, 2011 : 56-65 ; BELLINO, 2008.

Si al-Qazwīnī s'arrête expressément aux merveilles et aux étrangetés, c'est que ces faits extraordinaires marquent plus l'observateur, mais toute la création reste une merveille que seule l'habitude du regard nous a fait oublier. Le but final est bien de frapper les esprits de la sagesse divine et de l'exiguïté de la compréhension humaine. Pour éviter toute ambiguïté, al-Qazwīnī définit les quatre mots du titre dans quatre prologues d'où il ressort que « la merveille », 'aǧab (pl. 'aǧā'ib), est un sujet de perplexité qui se présente à l'homme quand il est impuissant à reconnaître la cause de la chose ou la manière donc cette cause agit sur la chose (WÜSTEFELD, 1849: 5) suit l'exemple de l'abeille qui parvient à faire des cellules hexagonales dans sa ruche sans règle ni compas. Quant au corps même de l'ouvrage, il est constitué de deux parties, la première traitant du monde supralunaire, c'est-à-dire des sphères célestes, de la lune, de ses influences (les marées), des éclipses, des planètes et de la sphère des fixes (le zodiaque), puis de l'empyrée et des anges. Ce dernier élément étant bien sûr la marque musulmane de sa pensée. Il passe enfin aux problèmes de chronologie et aux saisons. Il donne les calendriers des Arabes, des Persans et des Grecs. La seconde partie est consacrée au monde sublunaire, d'abord aux éléments en général, puis à chacun d'eux en particulier avec ses manifestations. Ainsi, nous avons le feu et ses phénomènes (météores ignés, etc.), l'air (nuage, arc-en-ciel, pluies, vents, tonnerre, éclairs) et l'eau. Cette section (WÜSTEFELD, 1849: 101) intègre des développements géographiques et zoologiques en nous donnant la description des différentes mers, des îles qu'on y trouve ainsi que des poissons ou animaux exotiques. Enfin, la terre et ses manifestations sont traitées d'abord par le truchement de la géographie, avant qu'il ne s'arrête sur des questions de géologie et d'orogenèse. Dans les paragraphes concernant les tremblements de terre, il soutient qu'ils sont provoqués par des vapeurs qui s'échappent de la terre avant que le froid n'ait pu les liquéfier. Comme la surface de la terre ne présente pas d'ouverture, elle se met à trembler comme un corps malade dont les humeurs cherchent à s'en échapper par les pores de la peau et qui tremble. Il termine cette partie par quatre sections concernant la formation des montagnes et la transformation de la terre en montagne et celle de la terre ferme en mer. Puis il passe à l'origine des fleuves, des sources et des puits. Il y donne une énumération des montagnes, des fleuves et des sources, selon l'ordre alphabétique.

Les quatre éléments une fois énoncés et détaillés, l'auteur passe aux trois règnes de la nature, qui sont notamment constitués par la composition des éléments simples, et marqués par une caractéristique. Il faut savoir que les minéraux ne grandissent pas et ne peuvent ni sentir ni se mouvoir; le végétal croît, mais ne se déplace ni ne sent; enfin l'animal grandit, bouge et sent, et le plus complet est l'homme car il est doué d'âme. Il y a un enchaînement entre ces trois règnes qui montre la sagesse du créateur. Celui-ci a donné à chaque être les facultés qui lui étaient nécessaires pour exister sans lui en attribuer qui seraient à sa charge ou inutiles. Il y a des êtres entre les ordres: le palmier-dattier se situe entre le végétal et l'homme. Les trois règnes se subdivisent eux-mêmes. Dans les minéraux, il distingue les très compacts de ceux qui ont une composition lâche; et parmi les premiers il fait la différence entre les malléables (or, argent, cuivre, plomb, fer, étain et zinc) et les non malléables, où il énumère cent quarante-sept "pierres" avec leurs caractéristiques naturelles et magiques, allant du mercure au rubis. Chez les végétaux, il distingue deux classes, les arbres et les plantes, énumérés par ordre alphabétique. Et finalement (WÜSTEFELD, 1849 : 301), il parvient aux animaux où sept catégories sont distinguées[7], l'homme, les djinns, les bêtes de somme, les ruminants, les carnassiers, les oiseaux, les insectes et reptiles mis ensemble. Pour l'homme, al-Qazwīnī aborde l'âme, la génération, l'embryon, l'anatomie et ses facultés.

D'une manière générale, l'influence de cet ouvrage fut importante car on en trouve de très nombreux manuscrits, et il fut traduit en persan, et plus tard en turc. Sa popularité vient du fait qu'il rassemble et vulgarise des connaissances dans un projet global, bien défini, sans que l'exhaustivité ne soit une méthode suivie par principe. En outre, on doit souligner que les manuscrits seront généralement illustrés, ce qui fit aussi beaucoup pour sa diffusion (L'ÉTRANGE, 2001 : 34-36 ; BERLEKAMP, 2011 : 18-22), alors que cela ne pouvait que le rendre plus cher. L'exemple le plus ancien est le manuscrit de Munich (Cod. Or. 464) qui est contemporain de l'auteur et montre déjà un programme iconographique.

Au sein même de la littérature arabe encyclopédique, son influence se marque par l'orientation globalisante des ouvrages qui lui feront suite, bien souvent avec cet aspect fidéiste en filigrane.

Évolution du genre après al-Qazwīnī

Deux axes se dessinent parmi les œuvres qui voient le jour dans le courant du XIVe siècle : soit le projet d'al-Qazwīnī est continué, les subdivisions supplémentaires venant s'ajouter aux catégories déjà existantes, parfois avec un classement nouveau ; soit, les sciences naturelles se retrouvent intégrées dans des encyclopédies bien plus vastes où l'aspect édifiant s'atténue nettement, l'intérêt portant simplement sur les connaissances. Dans ce dernier cas, les sciences naturelles constituent un prologue qui dresse en quelque sorte le théâtre où l'homme sera amené à évoluer ou dans lequel il a évolué, lorsque la tonalité de l'encyclopédie est historique.

---

7.   Il faut savoir que la taxinomie animale médiévale en islam ne procède pas de la systématique classique mais qu'elle s'est formée en s'appuyant sur un embryon de zoologie arabe préislamique, surtout conservée sous forme lexicographique, une influence du donné coranique et un développement littéraire au IXe siècle.

LES ENCYCLOPÉDIES DE SCIENCES NATURELLES

Ǧamāl al-Dīn al-Waṭwāṭ al-Kutubī al-Warrāq (1235-1318)[8] et son *Manahiǧ al-fikar wa-mabāhiǧ al-ʿibar* (*Les voies de la méditation et les réjouissances des exemplarités instructives*) succèdent parfaitement à al-Qazwīnī. L'auteur vécut la majeure partie de sa vie en Égypte sans que nous en ayons les détails, et fut un homme de lettres et un poète qui exerça des professions en rapport avec le livre[9].

Si le titre a certainement été choisi pour son assonance, il signifie bien le but de l'ouvrage. Le terme *ʿibar* en particulier désigne des "exemples édifiants", dont on peut retirer un enseignement moral. Ce n'est cependant pas un ouvrage comme les autres, car ici l'investissement littéraire est beaucoup plus grand et se rapproche de la norme culturelle des belles lettres arabes, de l'*adab*. Les éléments cités et décrits sont accompagnés de nombreuses citations d'œuvres poétiques. Il existe deux rédactions, la seconde étant le *Nuzhat al-ʿuyūn fī arbaʿat funūn* (*L'agrément des yeux dans les quatre arts*), résumé de la première avec des additions. Le plan de l'œuvre montre bien le modèle opératoire qu'est devenue la physique aristotélicienne. Des quatre parties du traité, la première est consacrée au monde supralunaire et les trois autres au monde sublunaire. Ainsi la première partie traite du ciel et se subdivise en neuf sections pour aborder successivement : la création du ciel et sa forme, les planètes, les étoiles fixes, les mansions lunaires, les phénomènes célestes et leurs origines, la nuit et le jour, les mois et les années, les saisons ainsi que les fêtes (éd. SEZGIN, 1990 : 205). La deuxième partie aborde la terre et se répartit à son tour en neuf subdivisions pour parler de sujets essentiellement géologiques et géographiques. La troisième partie (éd. AL-ḤARABĪ, ʿABD AL-RAZZĀQ AḤMAD, 2000) est consacrée aux êtres vivants et elle suit aussi une taxinomie proprement arabe, mais l'auteur s'attache à mettre en valeur les bénéfices et les inconvénients des quatre-vingt-dix animaux cités. Enfin, la dernière partie touche aux plantes dont des aspects variés sont utilisés en guise de caractéristiques classificatoires (utilisation, caractère légumineux, présence de graines, fruits à écorce, fruits à noyaux, plantes odoriférantes ou à résines). Après la description de la plante, l'auteur s'arrête à sa culture et à ses usages médicaux.

Cet ouvrage d'al-Warrāq est une des sources essentielles du *Nuḫbat al-dahr fī ʿaǧāʾib al-barr wa-l-baḥr* (*Choix de ce que le monde nous offre en fait de merveilles de la terre et de la terre*) de Shams al-Dīn al-Dimashqī (1256-1327), qui affiche une plus grande inclination fidéiste. L'auteur vivait dans la Syrie des mamelouks, et était imam et soufi. Dès le début de l'introduction, il présente Dieu comme le créateur de ce qui existe dans l'univers et sur terre, en citant une série de versets coraniques, qui auraient pu être des passages obligés. Cependant à l'entame du premier chapitre, il présente en ces propres termes la création qu'il va décrire comme le résultat de la Sagesse divine, en parlant de la terre :

---

8. Voir éd. ʿABDULLAH, 2006 : 127-132 ; SEZGIN, 2011 : 67-69 ; éd. SEZGIN, 1990.
9. "al-kutubī" signifie littéralement "celui en rapport avec les livres", "le libraire" et "al-warrāq", "le papetier".

placée au milieu de la sphère, elle est entourée d'eau, exceptée la portion qui s'en élève, et qui, par la grâce de Dieu, est devenue l'habitation des êtres vivants. […] Dieu a fait de la partie qui s'élève de l'eau l'habitation des animaux terrestres, comme de ses bas-fonds couverts d'eau, la demeure des animaux aquatiques. Par la volonté de Dieu, chaque élément entoure l'autre, à l'exception de l'eau, que la bonté de Dieu contient pour rendre la terre habitable (Mehren, 1874 : 4).

Al-Dimashqī est cependant moins exhaustif que son modèle et limite son propos à la terre, offrant un ouvrage essentiellement géographique hormis un chapitre consacré aux minéraux. Les animaux et les plantes ne sont mentionnés qu'au hasard des descriptions des régions, mais ne sont pas traités systématiquement.

La *Tuḥfat al-ʿaǧāʾib wa-ṭurfat al-ġarāʾib*

Une œuvre inédite mais qui se situe chronologiquement à la suite d'al-Qazwīnī et d'al-Warrāq est celle qui porte comme titre *Tuḥfat al-ʿaǧāʾib wa-ṭurfat al-ġarāʾib* (*Le don des merveilles et le cadeau des étrangetés*)[10]. L'ouvrage était attribué anciennement à [Maǧd al-Dīn] Abū l-Saʿādāt al-Mubārak ibn Muḥammad al-Shaybānī Ibn al-Aṯīr al-Ǧazarī (1149-1210), mais il date au plus tôt du deuxième quart du XIVe siècle (Kowalska, 1967 : 12 et Sellheim, 1976 : 179) puisqu'il cite al-Qazwīnī et al-Warrāq (mort en 1318). R. Sellheim l'attribue à Ibn Shabīb al-Ḥarrānī. Les manuscrits connus montrent l'existence de deux recensions[11], variant dans leur plan, quoiqu'elles présentent toutes les deux une division en quatre parties :

Tableau synoptique des recensions du *Tuḥfat al-ʿaǧāʾib*	
Ms. de Londres, Add. 7497, cop. 1532	Ms. de Berlin, ms. 6163, cop. en 1591
f. 1a : Chapitre sur les éléments supérieurs : les astres, les planètes, les anges, etc.	f. 2a : Chapitre sur les éléments supérieurs et inférieurs Deux subdivisions : les astres, planètes, les anges, etc. ; les phénomènes atmosphériques.
f. 17b : Chapitre sur les éléments inférieurs. Dix subdivisions : phénomènes atmosphériques, unités de temps, fêtes	f. 40b : Chapitre sur le monde et le temps. Trois subdivisions : généralités ; unités de temps ; fêtes.

10. British Library n° 383 ; voir Cureton, Rieu, 1846 : 184 ; Sezgin, 2011 : 69-70.
11. Seul le ms. de Londres British Museum 1322, copié à Baghdad en 1215/1800, donne un cinquième chapitre, apparemment de nature narrative à en croire son titre, *Chapitre cinquième sur les secrets, les informations et les nouvelles (Al-maqāla al-ḫāmisa fī l-sīr wa-aḫbār wa-l-bashar)*.

f. 43a: Chapitre sur les merveilles des régions et les étrangetés des mers et des rivières. Sept subdivisions: énumération des pays (ouest – est – sud – nord); mers; rivières; sources; puits; montagnes; pierres	f. 64a Chapitre sur les merveilles des régions et les étrangetés des mers et des rivières. Sept subdivisions: villes; mers, rivières, sources; puits; montagnes; pierres
f. 94a: Chapitre sur les corps générés provenant des mines, des plantes et des animaux Trois subdivisions: minerais, plantes et animaux	f. 149a: Chapitre sur les corps générés provenant des mines, des plantes et des animaux Trois subdivisions: minerais, plantes et animaux

Les deux recensions ont gardé le dernier chapitre qui détaille les trois régnes de la nature alors que le reste de l'ouvrage présente une organisation différente. La compilation est aussi une caractéristique de plus en plus prégnante de ces ouvrages avec la conséquence également d'une simplification de l'information. Or, *Le don des merveilles et le cadeau des étrangetés* apparaît lui-même, en toute vraissemblance, comme source d'Ibn al-Wardī, mais il est confondu avec celui d'al-Qazwīnī sous le titre de *'Aǧā'ib al-maḫlūqāt* (SELLHEIM, 1976: 179).

LE *ǦĀMIʿ AL-FUNŪN WA-SALAWAT AL-MAḤZŪN*

Enfin, un quatrième ouvrage inédit est à citer dans cette catégorie: le *Ǧāmiʿ al-funūn wa-salawat al-maḫzūn* (*Recueil de matières diverses pour servir de consolation à l'homme affligé*; SEZGIN, 2011: 74-75), attribué à un certain Muḥammad al-Ḥarrānī (mort en 1295), mais à dater en réalité du deuxième quart du XIVe siècle, d'après les sources qu'il cite. Cependant à l'heure actuelle, la comparaison de plusieurs manuscrits[12] ne permet pas d'avoir une idée correcte de l'ouvrage car certaines divergences indiqueraient l'existence de deux recensions ou peut-être aussi une mauvaise attribution pour certains ms.

Quoi qu'il en soit, nous donnons la structure de l'ouvrage à partir des ms. de Paris et de Saint-Pétersbourg, qui concordent, en s'écartant de celui de Gotha (A. 1516). C'est bien entendu un ouvrage de compilation, où l'on retrouve parmi les sources notamment al-Qazwīnī et al-Warrāq. L'ouvrage est subdivisé en quatre parties. La première traite de prolégomènes et touche à des questions de littérature pieuse. La deuxième aborde à la fois le monde supralunaire et sublunaire ainsi que les phénomènes qui y ont lieu. La troisième se consacre au temps et à la chronologie, et enfin la quatrième s'intéresse aux merveilles que l'on rencontre sur terre et dans les mers. Elle a sept subdivisions thématiques mais une seule peut être considérée comme un lapidaire, les autres touchant aux îles, aux constructions, etc. Les animaux ne sont pas regroupés mais apparaissent au hasard de leur localisation.

---

12. Le ms. de Saint-Pétersbourg donne un texte analogue dans son développement. (ROSEN, 1881: 175-177); un autre ms. se trouve à Londres (ms. Or. 6299; voir ELLIS, EDWARDS, 1912: 37).

En sortant du XIVe siècle, nous pourrions énumérer d'autres ouvrages qui continuent sur la lancée amorcée ici. Malheureusement, ils ne témoignent plus guère d'originalité et réarrangent plutôt un matériel "littéraire" déjà existant. En revanche, dans le courant du XIVe siècle, en parallèle à ces ouvrages centrés sur les sciences naturelles, on a vu aussi se développer des encyclopédies beaucoup plus exhaustives mais qui englobent néanmoins une partie consacrée aux sciences narturelles.

LES ENCYCLOPÉDIES MAMELOUKES

Comme R. BLACHÈRE (1970) l'a souligné[13], ces encyclopédies sont l'œuvre de fonctionnaires ayant occupé des postes importants dans l'administration et donc à même de savoir quels étaient les besoins des services ou les exigences des souverains. On peut considérer que les parties consacrées à la "nature" sont plus de l'ordre de la culture générale que de l'impératif pratique. Le premier auteur est al-Nuwayrī (1279-1333), qui nous a laissé la *Nihāyat al-arab fī funūn al-adab* (*Les éléments les plus précieux dans diverses branches du savoir*)[14]. Il eut une carrière de fonctionnaire dans les États mamelouks, tant en Égypte qu'en Syrie. Son encyclopédie est divisée en cinq parties qui se subdivisent elles-mêmes. C'est l'ouvrage d'al-Warrāq qui lui a inspiré la division thématique, à laquelle il ajoute l'histoire et il y puise également une part de son matériel. La première partie touche à l'univers et à ses éléments, en donnant des notions de géographie physique et de géologie. La deuxième traite de l'homme en tant qu'être vivant, la troisième est une zoologie empruntée à al-Warrāq, la quatrième s'intéresse à la flore, et enfin la cinquième est consacrée à l'histoire. Ce qui constitue néanmoins vingt et un volumes sur trente et un.

Dans son introduction, il explique que son désir de rédiger cet ouvrage lui est venu face aux lacunes qu'il a constatées dans sa culture et dans celle de ses confrères fonctionnaires. Ce sont donc les fruits de ses lectures, réarrangés selon un ordre pertinent. Il suit cependant une pensée fidéiste en inscrivant l'homme dans l'acte de création dont il devient le centre. Le ciel et la terre ont été créés pour l'Homme. Cette orientation est néanmoins corrigée par une volonté de faire une œuvre plus littéraire, et aussi par une nette volonté de chroniqueur. Dans les parties précédant l'histoire, l'auteur « fait la synthèse entre trois types de préoccupation d'ordre naturaliste, médical et littéraire. Il décrit donc l'animal ou la plante, mentionne ses vertus médicales et autres, les légendes qui ont cours à son sujet et les poèmes dont il a été l'objet » (CHAPOUTOT-REMADI, 1995 : 161).

Le second auteur à nous intéresser est Ibn Faḍl Allāh Al-ʿUmarī (1301-1349). Fils et parents de fonctionnaires aux services des Mamelouks, il se vit confier lui-même plusieurs postes à responsabilité par le sultan Muḥammad ibn Qalawūn.

---

13. Voir aussi CHAPOUTOT-REMADI, 1990.
14. Voir CHAPOUTOT-REMADI, 1995 et AL-NUWAYRĪ, 1923.

Son encyclopédie, *Masālik al-abṣār fī mamālik al-amṣār* (*Voies des regards sur les royaumes dotés de métropoles*), est probablement l'entreprise la plus ambitieuse de toutes celles du Moyen Âge musulman car c'est une encyclopédie géographique, littéraire et historique où sont résumées toutes les connaissances utiles à l'honnête homme. Elle est divisée en deux grandes parties : une première partie cosmographique et descriptive, puis une seconde « consacrée à l'Homme en tant qu'être vivant en société et se livrant, de ce fait, à la culture de l'esprit » (BLACHÈRE, 1975 : 533). Dans l'ensemble, l'esprit littéraire prédomine dans l'expression, au détriment de la technicité, et ce sont les thèmes classiques de la littérature arabe (*adab*) qui président au choix de la deuxième partie. L'aspect piétiste a été oblitéré par une orientation plus exhaustive vers la culture biographique et historique. Les sciences naturelles n'en forment qu'une composante. L'ouvrage (IBN FAḌL ALLĀH, 2008) traite dans l'ordre de la géographie (4 vols.), des lecteurs du coran et des trationnistes (1 vol.), des juristes (1 vol.), des philologues (1 vol.), des ascètes (1 vol.), des philosophes et des médecins (1 vol.), des musiciens (1 vol.), des vizirs (1 vol), des secrétaires (2 vols.), des poètes (6 vols.), des animaux (1 vol.)[15], des plantes (1 vol.), des minéraux (1 vol.), des religions (1 vol.), et enfin de l'histoire (4 vols). Chacune de ses parties se subdivise en chapitres et sous-chapitres. Par exemple, la partie consacrée aux animaux en signale cent soixante-neuf et les classe en six subdivisions, en prenant comme modèle al-Qazwīnī ; mais au sein de ces subdivisions aucune règle ne préside à l'énumération, pas même l'ordre alphabétique. On a ainsi les montures, le bétail (*na'am*), les animaux carnassiers et restés sauvages, les oiseaux, les insectes et les animalcules et finalement les animaux marins. C'est bien entendu un ouvrage de compilation et, parmi ses sources, nous retrouvons Ibn Bayṭār (mort en 1248), auteur d'un important ouvrage de pharmacopée, al-Qazwīnī et Ǧāḥiẓ – mais al-Qazwīnī a été utilisé comme répertoire et son style amendé, que son projet lui-même n'a pas été poursuivi.

Il est manifeste que les sciences naturelles prennent un aspect encyclopédique au début du XIIe siècle sous une impulsion qui leur est étrangère et qui relève plus de l'édification ou d'un regard contemplatif sur le monde, mais la structure de la présentation, en adoptant un ordre remontant à la physique classique, aristotélicienne, finit par faire de ces ouvrages des présentations exhaustives de l'univers ou de la Création, selon le point de vue adopté. Cette physique n'est que légèrement adaptée à des spécificités musulmanes, avec le classement nécessaire des anges ou des jinns.

Les textes représentatifs sont l'ouvrage d'al-Qazwīnī, du soufi al-Dimashqī et l'anonyme *Don des merveilles*. Il est probable que la relative simplicité du propos, dénué de tout aspect technique ou mathématique (notamment en astronomie), a répondu à une attente du public visé. Peut-on aller plus loin dans la définition des causes qui ont amené cet esprit contemplatif ? On doit constater qu'il est présent

---

15. Voir IBN FAḌL ALLĀH, 1996.

en Islam depuis la révélation mais ne trouve une telle expression qu'au moment
où le monde musulman, est frappé par les malheurs du temps, comme l'invasion
mongole. Par ailleurs, il se développe aussi à une époque où la pensée religieuse
musulmane s'ankylose, se répète ou se raidit. Il se peut que ce courant en soit une
conséquence, comme l'extension du soufisme en fut une autre…

Une fois lancé, le mouvement prend deux directions : la première ajoute ou
développe l'aspect littéraire – tendance propre aux Belles Lettres arabes médiévales, comme chez al-Warrāq, mais l'édification du lecteur reste en ligne de mire ;
l'autre direction organise des projets plus vastes, des encyclopédies aux domaines
plus étendus, comme celle de Nuwayrī ou d'al-'Umarī. Les sciences naturelles ne
sont plus qu'un élément parmi d'autres et ne répondent plus à une nécessité de
la structure du projet. Ce sont, pourrait-on dire, des passages obligés pour l'auteur, mais dont le public se passerait probablement. En revanche, l'absence des
trois règnes de la nature chez al-Qazwīnī aurait désiquilibré son projet et l'aurait
rendu incohérent.

Au niveau de la méthode, on constate aussi qu'au milieu du XIVe siècle, la
compilation a déjà donné ses meilleurs résultats. Des notices démarquées d'auteurs antérieurs sont réinvesties dans des projets plus vastes mais avec leur
logique. Par la suite, les auteurs compilent plus qu'ils ne développent. En une
génération, un ouvrage de synthèse est devenu lui-même source première pour un
autre ouvrage de synthèse. Ce défaut marque les ouvrages ultérieurs. Les sciences
naturelles avant le XIIe siècle restaient affaires de spécialistes ou pénétraient
parfois les Belles-Lettres après avoir été littéralisées, mais leur incorporation
dans un ensemble structuré, où elles avaient leur cohérence en y apportant une
part de validité, leur a permis de montrer leur légitimité. Une fois présentes dans
les projets encyclopédiques, elles y restent, même si elles ne font plus que de
la figuration.

Troisième partie

LE TRAITEMENT LEXICAL DU RÉEL

La lexicographie n'est pas seulement un format ou un genre accidentel de l'encyclopédisme. Elle semble être un cadre natif de son expression un type inévitable de sédimentation et d'incorporation des connaissances et, en tout cas, l'époque des Lumières en marque d'une certaine façon l'apothéose. Comme si, par vocation intime, la lexicographie, en s'augmentant, en se détaillant, en proliférant, devenait encyclopédie, tour et tournis des savoirs. Car les mots permettent immanquablement de couvrir le monde. Cette prolifération en discours universel, à partir de l'ancrage lexical, est extrêmement claire dans les œuvres naturalistes de la Renaissance (comme celle de Conrad Gesner), mais elle est sensible bien avant. Elle s'épanouit à l'époque antique, dans la constitution d'une métascience englobante qui assure la promotion et la police des textes et du sens, appelée "philologie" à l'époque alexandrine, et qui s'empare durablement de tous les discours, quelle qu'en soit la nature, littéraire comme scientifique. Avant d'être la connaissance totale du monde ou l'articulation de tous les domaines de savoir, l'horizon de l'encyclopédiste fut, en bonne partie, la maîtrise complète des mots et des sens, et des pouvoirs et usages qu'ils tiennent impliqués en eux. À côté de la voix historique ou "voie des objets" (données du monde, ou productions et opérations humaines) la lexicographique ou "voie des mots" est celle que suit dans ses *Étymologies* Isidore, parrain des encyclopédistes médiévaux et saint patron... des informaticiens. Son entreprise archéologique exemplaire, qui embrasse un vaste cercle de sciences encore jamais solidarisées, procède d'une démarche étymologique qui reflète et détermine une conception extrême de la *vis verbi*.

Les mots, *mentis signa* (*Etym.* 1.9), ne sont pas seulement les indices permettant d'identifier le réel et de discourir sur lui, de le "discipliner", – ils sont des dépôts de sens, dont l'examen et l'inventaire permet de décrire toutes choses. Le credo étymologique veut que dans le signe se concentrent les sens et l'essence vraie (ἔτυμος) des choses, comme le dit Varron :

> *Verbum dictum est quasi a uerum boando, hoc est uerum sonando.*
>
> Le mot est formé, par à peu près, sur "crier le vrai", c'est-à-dire : "faire retentir la vérité" (*De Lingua Latina*, fr. 130) ;
>
> *uerba* a *ueritate* dicta esse testis est Varro (selon Donat, *Comm. Terence, Adelphes*, ad 952).

Isidore adopte ce principe, qui sous-tend tout discours lexicographique quand il a une extension ou une vocation encyclopédique, et propose un exposé qui se révèle à la fois extérieur et intime : extérieur, car l'ouvrage est un inventaire, découpé en unités souvent très brèves, dans un style pauvre, voire en partie télégraphique ; et intime, car il naturalise la langue (ou verbalise le monde) offrant, presque mécaniquement, la clé étymologique (et fondamentalement tautologique) pour les signes de la langue, qui sont les signes des choses. La définition étymologique d'un mot, « qui nous initie à la connaissance et aux principes des choses » (Varron, *LL* 5.8), comme on le voit dans les *Lexica* aussi bien que les *Etymologica* (étiquettes entre lesquelles on ne peut identifier de différence marquée) n'est pas le sens littéral, mais déjà le sens allégorique, et sans difficulté peut s'étendre aux deux autres sens canoniques prêtés par l'exégèse à l'Écriture, en revêtant une valeur tropologique et anagogique. Grands friands de *glossai* (mots rares et obscurs), philologiquement attachés à signaler, débrouiller ou embrouiller les usages des mots, les lexicographes opèrent simultanément un morcellement des savoirs (par la distribution des informations selon les lemmes) et un regroupement des connaissances, dans un vaste ensemble où tout devient "mots clés" : soit en inventoriant l'œuvre d'un auteur, soit en étendant leur filet sur un pan plus vaste de littérature, voire l'ensemble de la langue, qui reste d'ailleurs, au fond, essentiellement un ensemble littéraire. Un simple lemme, et surtout les usages déformants ou équivoques qu'il a pu susciter ainsi que les interprétations philologiques et les réemplois, est l'occasion d'aspirer tout un nuage d'informations. Cette approche philologique joue un rôle crucial dans le développement de cette ambition folle, car elle semble fournir un moyen commode et économique de synthétiser une production de textes, de sens et de connaissances profuses et diffuses.

Si la question de l'ordre apparaît déterminante dans cette logique lexicale, le dispositif des philologues n'est pas nécessairement alphabétique. C'est très généralement le cas, peut-être dès Callimaque et Aristophane de Byzance (quoique subordonné en tout cas à un ordre thématique), courant à l'époque de Galien, d'Érotien et de Festus (Ier siècle), mais la première œuvre conservée en grec, l'*Onomasticon* de Pollux (IIe siècle) est aussi la seule œuvre lexicographique grecque conservée qui n'a pas une *structure onomastique*, n'offrant pas de séquence alphabétique de lemmes, mais des *groupements thématiques* de synonymes ou de termes techniques. C'est la période byzantine, héritière de générations de compilations croisées, qui offre, avec le Moyen Âge central en Occident, les lexiques les plus nombreux et les plus riches, parfois assez volumineux et étendus pour que l'on puisse les qualifier d'encyclopédiques, comme le *Lexicon* de Photius (IXᵉ siècle), le dictionnaire de la *Souda* (Xᵉ siècle) ou l'*Elementarium* de Papias. Mais les ouvrages qualifiés de « lexicographiques » ne sont pas non plus nécessairement des « dictionnaires », car ils relèvent d'une démarche conceptuelle qui déborde même la lexicologie, et correspondent à des objets littéraires de statuts très divers dans l'axiologie moderne et la discrimination des genres.

Le premier article propose une critique historique de la notion d'encyclopédie, à travers l'étude des formes lexicographiques assimilées généralement à des encyclopédies, et développe l'idée que la constance notionnelle qu'on prête au terme est une illusion provoquée par la prégnance des acceptions modernes. En partant des définitions lexicographiques usuelles des deux termes d'encyclopédie et de dictionnaire, est soulignée la distance qui sépare de l'idéal encyclopédique, comme moyen rationnel d'accéder par un système des connaissances à la compréhension totale de l'univers, à la fois les ouvrages lexicographiques antiques (y compris les *Étymologies* d'Isidore, qui n'offrent qu'un assemblage de traités et non un système), et les productions contemporaines. En étudiant de près le rapport existant à Rome entre dictionnaire et encyclopédie, et les procédures définitionnelles, qui sont l'occasion de rassembler une somme composite d'informations culturelles (à travers les usages grammaticaux et lexicographiques d'Aulu-Gelle et de Verrius Flaccus), l'auteure montre l'absence de véritable glossaire ou dictionnaire jusqu'à la fin du Moyen Âge, excluant même l'*Elementarium* de Papias, compilation alphabétique de gloses, tenu généralement pour le premier dictionnaire. Elle souligne le caractère tardif (au XVIIᵉ siècle) du passage pour *l'encyclopédie* d'un sens pratique de propédeutique à celui, matériel, d'ouvrage synthétique, et l'obstacle théorique que constitue l'ordre alphabétique, généralement adopté, pour la construction encyclopédique qui se doit d'être systématique.

La seconde contribution porte sur le projet littéraire et la perspective culturelle d'Athénée, auteur d'une encyclopédie (*Les Deipnosophistes*), qui prend la forme d'un colloque de convives érudits. À partir d'une situation, celle du banquet, qui est dans l'antiquité l'occasion d'exhibitions savantes et de partage inspiré des connaissances, l'auteur déploie une érudition générale à laquelle rien *a priori* ne doit échapper, à travers un ballet de sujets suscités par des questions linguistiques en rapport avec le festin, et traitées scientifiquement et extensivement. Athénée organise souvent sa matière encyclopédique sous forme de lexiques et de catalogues, mais en procédant à une mise à distance parodique et comique de la langue et des usages des grammairiens, avec des jeux lexicographisants, qui montrent sa dépendance étroite et sa fréquentation assidue des travaux des lexicographes antérieurs. Agglomérant autour de citations d'auteurs un ensemble de gloses et commentaires, qui manifestent le mode de prolifération des lexiques, il montre comme son entreprise est soumise à une pulsion de remémoration publique, servant de voie de restitution et de partage du savoir. L'ouvrage de ce brasseur de mots recèle une véritable réflexion sur les anomalies de la langue à travers ses usages textuels, et sur la fonction mémorielle des ensembles lexicographiques.

La troisième enquête porte sur le *Liber glossarum*, somme alphabétique des arts libéraux (VIIIe-IXe siècle), constituée de 27 000 entrées nourries de sources variées, parmi lesquelles figurent Isidore, ainsi que des auteurs patristiques, des ouvrages médicaux, naturalistes, et naturellement grammaticaux, qui font l'objet d'un référencement marginal méticuleux. En raison de ses énormes dimensions, qui ont découragé la critique contemporaine et lui valent d'être encore en partie inédit, l'œuvre a donné lieu à de nombreuses réductions, dont fait partie le célèbre *Elementarium* de Papias, et compte une descendance considérable. L'auteur étudie de manière détaillée l'entrée *vox* du *Liber*, construite à partir d'un extrait d'Augustin, et qui témoigne d'une fidélité à la doctrine de Priscien, pour illustrer la richesse des sources et la diversité des traitements culturels, grâce à une confrontation du texte et des sources qui éclaire sur la méthode d'*excerptio* et de *compilatio*. Cet océan de mots, dont l'ambition déborde largement le cadre strictement lexical du recensement de lemmes et de la définition de termes, témoigne du souci encyclopédique à l'époque carolingienne.

La quatrième étude s'attache aux « encyclopédies alphabétisées », et montre à travers un certain nombre d'exemples que les lexiques de la grande période encyclopédique appartiennent à un âge qui voit la réorganisation de la notion et des méthodes de l'étymologie, conçu comme un formidable outil herméneutique. L'ambition encyclopédique paraît intrinsèque au genre lexicographique, qui privilégie l'aspect référentiel et une vision téléologique, et dont les œuvres participent à une aspiration de classification des connaissances de l'ensemble du monde extraverbal, sur la base d'une homologie des *res* et des *signa*, même si leurs critères ne coïncident pas forcément avec ceux de la science. Elles attestent d'une persistance jusqu'au XIIIe siècle, dans la pratique "grammaticale" et le mode d'appréhension savant des *verba*, de la conception isidorienne, qui allie analyse formelle et conception ontologique du langage. L'examen micrologique de series de contenus étymologiques présents dans les lexiques latins des XIe-XIIIe siècles (en particulier ceux de Papias et de Hugutio de Pise), illustre l'importance de *l'expositio*, mise au service de la rhétorique et de l'allégorie, et permet de décrire tant les procédures multiples dont la pratique étymologique disposait dans ces siècles, que les choix de la lexicographie par rapport à d'autres genres textuels.

ENCYCLOPÉDIE ET DICTIONNAIRE :
AFFINITÉS ET DIFFÉRENCES

CARMEN CODOÑER

Université de Salamanque

Pour communiquer, nous dépendons des mots. Dans le titre de cette collaboration, j'en emploie deux qui appartiennent, en principe, à une langue "spécialisée", et qui, de ce fait, doivent être précis : dictionnaire et encyclopédie[1]. Il s'avère alors nécessaire de commencer par le sens qui est aujourd'hui attribué à ces deux mots. Pour ce faire, j'ai utilisé des dictionnaires équivalents dans les quatre langues qui m'ont semblé les plus usitées : le français[2], l'anglais[3], l'italien[4] et l'espagnol[5]. La première définition correspond à l'entrée du mot dictionnaire et la deuxième à celle du mot encyclopédie :

Français :

(D) Recueil d'unités significatives de la langue… rangées dans un ordre convenu, qui donne des informations sur les signes. 2. Dictionnaire encyclopédique contenant des renseignements sur les choses, les idées désignées par les mots et traitant les noms propres.

(E) Ouvrage dans lequel sont exposées de façon méthodique des connaissances.

Anglais :

(D) Book explaining, usually in alphabetical order, the words of a language or words and topics of some special subject, author, etc. word book, lexicon.

(E) Literary work giving information on all branches of knowledge or of one subject, usually arranged alphabetically.

Italien :

(D) Opera in cui sono raccolti, per lo più, in ordine alfabetico, i vocaboli e le locuzioni di una lingua spiegati nella stessa lingua e tradotti in una diversa.

(E) Opera in cui sono raccolte e ordinate sistematicamente nozioni di tutte la discipline o di una in particolare.

---

1. LE GOFF (1994 : 25) affirme : « […] je note le problème des rapports entre encyclopédie et dictionnaires : car on peut commettre quelques erreurs, et en particulier pour la période moderne et contemporaine […] ».
2. *Le Nouveau Petit Robert*, 1993.
3. *The Concise Oxford Dictionary of current English*, 1987.
4. *Il Nuevo Dizionario Italiano Garzanti*, 1984.
5. *Diccionario de la Real Academia Española*, 2001.

Encyclopédire : formes de l'ambition encyclopédique dans l'Antiquité et au Moyen Âge, éd. par Arnaud ZUCKER, Turnhout, 2013, (*Collection d'Études Médiévales de Nice, 14*), pp. 217-244.
© BREPOLS ❧ PUBLISHERS   DOI 10.1484/M.CEM-EB.1.101798

Espagnol :

(D) Libro en que por orden comúnmente alfabético se contienen y explican las dicciones y explican las dicciones de uno o más idiomas, o las de una ciencia, facultad o materia determinada. 2. Catálogo de noticias importantes de un mismo género ordenado alfabéticamente.

(E) Obra en que se trata de muchas ciencias. 2. Conjunto de tratados pertenecientes a diversas ciencias o artes.

La première remarque à faire est l'utilisation d'un terme différent pour désigner le référent de chacune des définitions, à l'exception de l'italien (qui emploie 'opera' dans les deux cas[6]).

Les désignations du « dictionnaire » : 'book', 'libro' contrastent avec celle de l'« encyclopédie » ('literary work', 'obra'). Le français, lui, n'attribue pas de catégorie physique au dictionnaire et définit l'encyclopédie comme un 'ouvrage'. Les mots employés donnent, dans chaque cas, des impressions différentes. Pour le dictionnaire, la notion qui domine est celle d'objet matériel destiné à la lecture ('book', 'libro') ; tandis que dans le cas de l'encyclopédie, on met en avant la créativité propre aux écrits : 'literary work', 'obra', 'ouvrage'.

Pour définir l'objet du dictionnaire, le français utilise une périphrase qui indique en même temps l'objet et les caractéristiques de l'élément défini : 'recueil d'unités significatives' ; les autres langues, les termes 'words', 'vocaboli e locuzioni' et 'dicciones'. Apparemment, les auteurs de ces définitions tiennent à introduire des termes techniques pour préciser l'objet du dictionnaire ; cela est particulièrement sensible dans le cas du français et de l'espagnol, et un peu moins en italien. C'est le français qui, dans sa définition du dictionnaire, manifeste le plus le caractère non littéraire de celui-ci, en employant une périphrase technique qui situe nettement le référent dans le domaine de la technique

La perspective change quand on passe à l'objet de l'encyclopédie. On a ici affaire à 'des connaissances' 'all branches of knowledge' 'nozione di tutte le discipline' 'ciencias'. Il n'y a pas de place, ici, pour du technolecte : c'est de science qu'il s'agit et, dans cette mesure, ce qu'offre l'encyclopédie, c'est : 'to give information on', d''exposer de façon méthodique', de 'raccogliere e spiegare sistematicamente', de 'tratar de'. Nous sommes bien loin des simples 'explain', 'donner des informations sur', 'spiegare', 'explicar' employés pour le dictionnaire.

En somme, le dictionnaire, dans la vision actuelle, est une compilation de termes – et non pas de mots – doués de sens, expliqués et exposés selon un ordre qui est explicitement, sauf dans la définition française, alphabétique. Une réflexion sur les définitions précédentes nous conduit à nous représenter un livre contenant de nombreux termes, dans un ordre donné, qui reçoivent chacun une définition ou un équivalent.

L'encyclopédie est, quant à elle, présentée sous un tout autre angle ; à partir du moment où son objet est la science, ce dont s'occupe l'encyclopédie et qui retient

---

6.   Je fais abstraction pour le moment des deuxièmes acceptions.

son attention sont les explications qui mènent à la compréhension des notions et des phénomènes scientifiques. Sa fonction n'est pas d'identifier un mot avec son référent, mais plutôt d'exposer et d'expliquer, de sorte que le mode d'exposition adopté ne se confond pas avec une convention extérieure (comme l'ordre alphabétique, par exemple), mais est inhérent à la nature même de l'objet étudié. Par conséquent, l'exigence exprimée dans les dictionnaires français et italien (« de façon méthodique » et « raccolte e ordinate sistematicamente ») ne renvoie pas au mode de présentation, mais caractérise plutôt son approche de l'objet, et le développement même des entrées n'est pas soumis à cet ordre.

La définition de nos deux termes dans le dictionnaire espagnol *DRAE* offre en quelque sorte le condensé de ce qui précède :

1. (D) Libro en que por orden comúnmente alfabético se contienen y explican las dicciones de uno o más idiomas, o las de una ciencia, facultad o materia determinada.

2. (E) Obra en que se trata de muchas ciencias.

Cette longue définition proposée par le dictionnaire espagnol véhicule bien plusieurs idées. Tout d'abord, le dictionnaire explique des *dicciones* correspondant à n'importe quelle science, faculté ou matière, puisque l'encyclopédie « traite » de ces sciences. D'autre part, l'idée d'encyclopédie que donnent les différents dictionnaires n'implique pas l'existence d'un niveau particulier dans les informations transmises par ce type d'ouvrage ; le caractère approfondi ou superficiel de la présentation dépend au fond du destinataire. Et, de fait, pendant la première moitié du xxᵉ siècle, les élèves de l'école primaire n'utilisaient qu'un seul livre où l'on trouvait toutes les connaissances de base sur les différentes matières, destinées à être développées par la suite et séparément dans le secondaire[7]. Cet outil d'accès au savoir a été remplacé par de petits traités séparés pour chaque matière ; traités qui, une fois rassemblés, pourraient former une encyclopédie à l'ancienne, capable de transmettre les connaissances jugées essentielles pour comprendre toute une série de phénomènes, faits naturels et abstraits constitutifs du « savoir ». Cette possibilité de s'adapter à différents niveaux favorise l'existence simultanée d'encyclopédies scolaires et d'encyclopédies visant à satisfaire les besoins de personnes possédant déjà une éducation avancée.

Finalement, sous le terme d'encyclopédie, on peut désigner n'importe quel ouvrage traitant de n'importe quelle science ou matière comprise dans les encyclopédies scolaires, pourvu naturellement que soit précisée la science concernée : Encyclopédie de Mythologie Classique, de Musique, etc.

Cependant, quel que soit le type d'encyclopédie, celle-ci est toujours soumise à un facteur déterminant : l'idée que l'on se fait du "savoir" au moment de la rédaction, dans un espace temporel délimité. C'est pourquoi un *compendium* de ce genre peut changer de contenu selon l'époque et les destinataires.

---

7. Cette situation concerne l'Espagne. (NDE)

En conclusion, l'objet et le contenu de l'encyclopédie sont définis et, malgré l'absence d'indication sur la forme à adopter pour l'exposition de ceux-ci, la façon de traiter le sujet est nettement caractérisée, dans les deux cas mentionnés ci-dessus. Quant au mode de présentation, les Anglais optent résolument, mais non exclusivement, pour l'ordre alphabétique, influencés peut-être par le modèle de l'*Encyclopedia Britannica*. Le reste des définitions ne fait pas allusion à cette question. Et, dans les dictionnaires français et espagnol, une deuxième acception est introduite à l'intérieur de la définition du terme 'dictionnaire', le « dictionnaire encyclopédique », qui est situé dans une sorte de terrain vague et foncièrement ambigu.

ROME. VARIANTES LEXICOGRAPHIQUES

Je voudrais commencer par esquisser rapidement le rapport existant à Rome entre dictionnaire et encyclopédie, si tant est que ce rapport a jamais existé[8]. Pour ce faire, je partirai des différentes possibilités de présentation d'une encyclopédie, en donnant à ce terme un sens très proche de celui qu'il a dans l'*Encyclopédie* (DDA) : présentation conjointe de divers savoirs qui prétendent englober tous les domaines de savoir, dans l'idée qu'ils répondent à une structure unique. En même temps, je voudrais examiner si le concept de dictionnaire, tel qu'on l'emploie aujourd'hui, a eu des antécédents en latin, dans la mesure où le latin a pu être considéré comme une langue "vivante".

La différence qui existe pour nous entre dictionnaire et encyclopédie est évidente : sens des mots, d'un côté, développement de sujets, de l'autre. Cependant, dans la conception contemporaine, il est difficile d'expliquer comment l'addition de plusieurs traités monographiques, comme dans le cas de Varron, peut recevoir le nom d'encyclopédie. Quant au dictionnaire, aucun dictionnaire monolingue actuel n'est comparable à celui de Papias, de sorte qu'il est nécessaire, lorsqu'on étudie ce dernier, de se déprendre de nos représentations immédiates et d'essayer de nous imprégner de l'idée qu'il existe des principes du « dictionnaire » qui sont formellement éloignés de toute base théorique actuelle.

De nos jours, outre le modèle lexicographique de type dictionnaire, il existe un autre type lexicographique qui réunit des principes caractéristiques du dictionnaire et de l'encyclopédie, des genres plutôt éloignés à l'origine : le dictionnaire encyclopédique. Il propose un traitement "lexico-thématique" de toutes sortes de questions, du sens d'un mot simple dans sa définition, tel que "table", en passant

---

8.   Je tiens à prévenir d'emblée que je ferai ici toujours référence aux dictionnaires monolingues, mon propos étant d'analyser le processus à travers lequel les listes de mots, qu'elles suivent un ordre thématique ou alphabétique, ont acquis progressivement une systématicité interne et une mise en forme externe assimilables à ce que l'on entend aujourd'hui par "dictionnaire". C'est pourquoi des travaux comme celui de Boisson *et al.* (1991) ne semblent pas pertinents, vu qu'ils considèrent comme dictionnaire « any non-random lexical list », bien que je partage l'idée selon laquelle « dictionaries and encyclopaedias share common origins ».

par un article sur le "cinéma" qui peut occuper plusieurs colonnes. Naturellement, la méthode lexicographique s'impose dans certaines entrées et l'encyclopédique dans d'autres, bien que la première soit, pour ainsi dire, obligatoire et compatible avec la seconde, compte tenu du fait que, naturellement, le traitement lexical se limite à la définition du lemme qui est proposé en entrée (CODOÑER, 2012).

Il est évident que les Romains n'avaient pas de leurs œuvres la même idée que nous ; mais en outre ils n'attribuaient pas la même importance à la différentiation des genres, tant dans le domaine littéraire que dans celui auquel nous nous intéressons ici, et que l'on pourrait considérer comme "grammatical". Alors que nous utilisons des vocables variés pour désigner les différents types de produits lexicographiques – dictionnaires (monolingues et bilingues), dictionnaires de synonymes, d'antonymes, étymologiques, vocabulaires, glossaires – les compilations lexicographiques sont rarement mentionnées ou nommées en latin ; et quand elles le sont, il est difficile de percevoir la différence que note les mots employés pour les divers objets lexicographiques.

Cela dit, mon objectif est plutôt de saisir le sens que revêtaient pour les usagers de l'époque ces œuvres à caractère lexicographique, les raisons pour lesquelles on recourait à elles, et s'il existait différents types de recueils, même si ces types ne recevaient pas une dénomination particulière. Dans ces conditions, il est absolument nécessaire de laisser de côté la terminologie actuelle.

Aulu-Gelle et le IIᵉ siècle

Dans son livre 18, Aulu-Gelle nous livre un chapitre révélateur sur cette question. Ce chapitre (7.3) porte sur une anecdote, comme on en trouve tant dans les *Nuits Attiques*. Favorinus demande au grammairien Domitius, connu comme *Insanus* en raison de son mauvais caractère, si le mot latin qu'il emploie comme équivalent d'un terme grec est une traduction correcte. Voici la réponse que fait Domitius à cette question :

> *Nulla, inquit, prorsus bonae salutis spes reliqua est, cum uos quoque philoso-*
> *phorum inlustrissimi, nihil iam aliud quam uerba auctoritates uerborum cordi*
> *habetis. Mittam autem librum tibi, in quo id reperias quod quaeris. Ego enim*
> *grammaticus vitae iam atque morum disciplinas quaero, vos philosophi mera*
> *estis, ut M. Cato ait, mortualia ; glossaria namque colligitis et lexidia, res taetras*
> *et inanes et friuolas tamquam mulierum voces praeficarum Atque utinam, inquit,*
> *muti omnes homines essemus ! minus improbitas instrumenti haberet.*

> « C'en est fait ! Voilà que les plus illustres des philosophes ne s'occupent plus que des mots, que de la valeur des mots. Je t'enverrai un livre où tu pourras trouver une réponse à ce que tu demandes. Moi, grammairien, je m'occupe de morale, vous autres, philosophes, vous n'êtes plus, comme disait M. Caton, que des vocabulaires de langues mortes : vous recueillez des mots, des obscurités, des sons aussi vides, aussi frivoles que les chants des pleureuses d'enterrement. Plût à Dieu que nous fussions tous muets ! l'iniquité aurait moins de moyens de se répandre ».

Il convient ici de souligner deux aspects : le premier est l'intensif *quoque*, qui signale clairement que l'intérêt pour le lexique est si répandu à cette époque que "même" les philosophes ont cédé à cette obsession. Le deuxième concerne la double terminologie avec laquelle on désigne les livres consacrés au lexique : *glossaria* et *lexidia*. Ce que Domitius reproche au philosophe Favorinus (personnage qu'admire Aulu-Gelle), c'est de ne s'occuper que des mots et des *uerborum auctoritates* ; autrement dit de la question de savoir quels sont les *auctores* qui garantissent que l'emploi que l'on fait d'un mot est bien l'emploi correct et précis de ce mot. D'après le grammairien, il s'agit d'une époque obnubilée non seulement par l'usage précis des mots, mais aussi par la recherche d'une certification assurée par l'emploi que les *auctores* en ont fait.

Malgré sa réaction vive, Domitius envoie à Favorinus le livre promis, un livre qu'il possède et qui atteste donc que le grammairien a traversé lui aussi cette phase propre à son époque, bien qu'il l'ait depuis dépassée et se consacre désormais à l'étude des *uitae atque morum disciplinae*, c'est-à-dire à l'éthique.

D'après Aulu-Gelle, un peu plus loin dans le même ouvrage (18.7.5), le livre en question est celui de Verrius Flaccus[9], un livre qui, d'après l'auteur (§ 8), ne contient pas d'exemples – autrement dit n'inclut pas d'*auctoritates* ; c'est Aulu-Gelle qui va les introduire.

> *Exempla in eo libro scripta non erant* […] *Sed nos postea Favorino desideranti harum omnium significationum monumenta et apud Ciceronem, sicut supra scripsi, et apud elegantissimos ueterum reperta exhibuimus.*

> Le livre envoyé par Domitius ne contenait aucun exemple […]; mais plus tard, j'ai trouvé dans Cicéron, que je viens de citer, et dans les auteurs les plus purs, des exemples de ces diverses significations, et je les ai montrés à Favorinus, qui désirait les voir.

Les mots de Domitius acquièrent dans ce passage tout leur sens. La seconde moitié du IIe siècle voit la diffusion et la floraison de toutes sortes de compilations lexicographiques, des simples glossaires aux compilations les plus volumineuses. D'après Aulu Gelle, le traité de Verrius Flaccus faisait partie de ces dernières, mais il lui manquait au moins, en l'occurrence, un élément fondamental : les *auctoritates*.

En étudiant la conception de l'auteur des *Nuits Attiques* sur le traitement du lexique, telle qu'elle se manifeste dans les nombreuses explications de mots qu'il présente, même si celles-ci ne sont pas organisées comme des *glossaria* ou des *lexidia*, on parviendra à cerner son point de vue sur la question.

Par exemple, quand il traite de l'*indutiae* (1.25), il donne d'abord la définition de Varron pour la corriger ensuite. Les deux définitions qu'il donne sont les suivantes :

> *Indutiae sunt pax castrensis paucorum dierum* […] *indutiae sunt belli feriae* (1.25.1).

> *Indutiae* (trêve), c'est une paix entre deux camps d'une durée de quelques jours […] *Indutiae*, ce sont les vacances de la guerre.

Et voici le reproche qu'Aulu-Gelle adresse personnellement à Varron :

---

9. *Misit autem paulo post Fauorino librum, quem promiserat – Verri, opinor, Flacci erat –, in quo scripta ad hoc genus quaestionis pertinentia haec fuerunt* (Aulu-Gelle, *NA* 18.7.5).

Sed lepidae magis atque iucundae breuitatis utraque definitio quam plana aut proba. Nam neque pax est indutiae […] *neque in solis castris neque* paucorum *tantum* dierum *indutiae sunt* [exemple de Claudius Cuadrigarius]. Indutiarum *autem uocabulum qua sit ratione factum iam diu est, cum quaerimus. Sed ex multis, quae audimus aut legimus, probabilius id, quod dicam, uidetur.* Indutias *sic dictas arbitramur, quasi tu dicas* inde uti iam. *Pactum indutiarum eiusmodi est, ut in diem certum non pugnetur nihilque incommodetur, sed ex eo die* postea uti iam *omnia belli iure agantur. Quod igitur dies certus praefinitur pactumque fit, ut ante eum diem ne pugnetur atque is dies ubi uenit* inde uti iam *pugnetur, idcirco ex his, quibus dixi, uocibus, quasi per quendam coitum et copulam nomen indutiarum conexum est* (1.25. 3-4 & 12-16).

Ces deux définitions paraissent plus remarquables par leur laconisme élégant et spirituel, que justes et complètes. La trêve n'est point une paix de quelques jours, […] et elle ne s'établit pas seulement entre deux camps, et souvent elle dure plusieurs jours. […] Je cherche depuis longtemps quelle peut être l'étymologie du mot *indutiae* (trêve). Parmi toutes celles que j'ai lues ou recueillies, je vais citer celle qui me paraît la plus vraisemblable. Je pense que le mot *induciae* est formé de trois mots *inde uti iam* (après ce jour comme auparavant). En effet, la convention appelée trêve consiste à ne point combattre jusqu'à un certain jour fixé, à s'abstenir de toute hostilité de part et d'autre ; mais aussi on stipule « qu'à partir de ce jour, tout se passera selon les lois de la guerre ». On détermine le jour jusqu'auquel toute hostilité sera suspendue, « après lequel on reprendra les armes ». Des mots *inde uti iam*, réunis en un seul, on a formé le mot *indutiae*.

Il étaye et commente les définitions en faisant appel à l'*auctoritas* (Claudius Quadrigarius), à l'–"étymologie" (*inde uti iam*) suivie de son explication, qui corrobore l'idée de l'exemple, et à l'autorité d'un autre grammairien.

Deux autres passages d'Aulu-Gelle, encore, confirment le poids de l'*auctoritas* même lorsqu'il s'agit de l'usage d'un terme chez des auteurs comme Virgile :

Non enim primus finxit hoc uerbum Vergilius insolenter, sed in carminibus Lucreti inuento usus est non aspernatus auctoritatem poetae ingenio et facundia praecellentis (NA 1.21.5).

Ou pour critiquer l'incorrection d'un terme :

Sicut tunc amico nostro : « barbare inquit dixisti pluria ; nam neque rationem *uerbum hoc neque* auctoritates habet » (NA 5.21.5).

Même si, dans ce dernier passage, Aulu-Gelle octroie une valeur semblable à la *ratio*, qui équivaut à peu près à l' "étymologie", l'*auctoritas* se dessine comme un principe dominant dans son traitement du lexique[10].

---

10. HOLFORD-STREVENS (2003 : 178) affirme que « *Auctoritas* is the highest principle in Gellius' eye : neither *ratio* nor *consuetudo* can take its place », ce qui n'implique pas un rejet des deux autres principes.

Glossaria et lexidia

Dans son intervention, Domitius nous parle de la prépondérance des *glossaria* et *lexidia*, deux termes qui peuvent être redondants, ou bien désigner deux types de lexiques: glossaire et vocabulaire[11]. Pour *glossaria,* l'identification du référent est relativement claire. Nous avons des définitions de ce terme depuis Varron.

Si l'on recherche les définitions de *glossa/glossema*, nous sommes tentés d'intégrer Papias, au moins partiellement, parmi les auteurs de gloses:

> *Quod addit templa ut si<n>t tesca, aiunt* sancta *esse qui* glossas *scripserunt* (Varron, *LL,* 7.2.10).

> *Camilla<m> qui* glossemata *interpretati dixerunt administram (Ibid.,* 7.34).

> *Protinus enim potest interpretationem* linguae secretioris, *quas Graeci* glôssas *vocant, dum aliud agitur, ediscere et inter prima elementa consequi rem postea proprium tempus desideraturam* (Quintilien, 1.1.35).

> *Qui* caput ad laeuam *didicit* glossemata *nobis praecipit*[12] (Suétone, *Gramm.* 22).

> *Aelius Stilo omnium rerum putamen.* Glossematorum *autem scriptores, fabae grani quod haereat in fabulo* (Festus, 170*L* Navcvm).

> *Antiqui, ut Ateius philologus in libro* glossematorum *refert, montem confragosum uocabant, ut aput Liuium (Trag.* 21): « Sed qui sunt hi, qui ascendant altum ocrim? » et (Trag. 32): « celsosque ocris aruaque putria, et mare magnum », et […] (Festus, 198*L* Ocrem).

> Ast *apud antiquos uariam uim contulit uocibus, pro* atque, *pro* ac, *pro* ergo, *pro* sed, *pro* tamen, *pro* tum, *pro* cum, *ut in* glossis antiquitatum legimus scriptum (Charisius, 297.24*B*).

> *Buttubata. Hoc Plautus pro nihilo et pro nugis posuit, ut in* glossis ueterum (Charisius, 315.25).

> *Hanc (sc.* Glossam*) philosophi aduerb[i]um dicunt, quia uocem illam, de cuius requiritur, uno et singulari uerbo designat […] ut conticiscere est tacere*[13] (Isidore, *Etym.* 1.30.1).

Jusqu'au VII[e] siècle la seule définition conservée est celle d'Isidore de Séville, et il s'agit de l'interprétation du sens de glose au singulier: une glose concrète, un mot équivalant à un autre mot. Dans le reste des textes, l'interprétation varie: le sens de *glossa* au pluriel change d'un auteur à l'autre. Il existe une différence entre l'emploi de Quintilien et Suétone et celui des auteurs spécialisés dans le

---

11. *Le nouveau Petit Robert*, 1993. Glossaire: Dictionnaire qui donne l'explication de mots anciens, spéciaux ou mal connus; Vocabulaire: 1. Dictionnaire succinct qui ne donne que les mots essentiels d'une langue; Dictionnaire: recueil d'unités signifiantes de la langue (mots, termes, éléments…) rangées dans un ordre convenu, qui donne des définitions, des informations sur les signes.

12. A propos d'un grammairien pointilleux qui corrigeait toujours l'usage de certains mots qu'il considérait trop "vulgaires".

13. Cf. Alcuin, *Gramm. (PL* 101, 858C): *Glossa est unius uerbi uel nominis interpretatio, ut* catus, *id est,* doctus.

domaine de la grammaire. Chez les deux premiers, *glossa* et *glossema* indiquent des gloses isolées, destinées à l'apprentissage des enfants (Quintilien) ou soumis à la critique (Suétone). Chez les grammairiens, l'usage n'est pas le même. En effet, lorsque Varron dit : *qui glossas scripserunt* ; Festus : *glossematorum autem scriptores* ou *in libro glossematorum* ; ou Charisius : *in glossis antiquitatum legimus scriptum* et *in glossis ueterum*, ils ne font pas référence à une série éparse de gloses déterminées mais plutôt à des recueils consacrés à cette fin : rassembler des termes désuets (ce à quoi Charisius fait allusion à travers *antiqui* et *ueteres*) en expliquant leur signification.

Nous retrouvons chez Diomède le terme employé au pluriel, mais cette fois avec un sens différent :

> *Grammaticae officia* […] *lectio* […] *enarratio est obscurorum sensuum quaestionumue explanatio, uel exquisitio, per quam unius cuiusque rei qualitatem poeticis* glossulis *exsoluimus* (*GLK* 1.426.26).

> *Genera locutionum sunt quinque, rationale, artificiale, historicum,* glossematicum *commune* (*GLK* 1.440.3).

Diomède parle ici du commentaire, pour lui la *glossa* est l'explication d'un passage obscur, compliqué – sens que l'on retrouve dans l'expression "gloser un texte"[14]. Et le style dont il parle ensuite, après celui qu'il a donné pour le style "historique", s'apparente à celui du commentaire, proche du style simple.

On trouve enfin un autre sens chez Martyrius, un grammairien probablement du ve siècle. Il suffira d'un passage pour déterminer le sens que ce vocable a pour lui (*GLK* 7.167.9)[15] :

> *Praeterea excipi cognouimus haec quae subiecta sua cum interpretatione reddemus, quae nusquam nisi in* diuersis cottidianis glossematibus *repperi, batiola potérion, basus* φαλλός […] *batulus* […] *Haec nos, quoniam lecta non inuenimus, inscrutata relinquimus.*

Ici, comme en d'autres endroits du texte, la correspondance mot grec/mot latin nous conduit sur le terrain des glossaires destinés à offrir des équivalences de mots dans les deux langues[16], si abondants à partir de la fin de l'Antiquité tardive. Le grammairien ne trouve pas ces mots dans les textes, mais dans des compilations

---

14. C'est encore la signification du terme dans le volumineux commentaire médiéval juridique : *Magna glossa.*

15. Voir d'autres passages du même auteur : *Bam et uocalibus aliis interuenientibus in prima syllaba nullius nominis enuntiari cognoui, nisi in* glossematibus bamma ὀξύγαρον, *atque bambalo* ὁ ψελλιστής, *quae per b mutam scribuntur* (7.174.9) ; *barba et quod in* glossematibus *inueni bargina* […] (7.175.4) ; *Vas monosyllabum recognoui solum, que per v litteram loco scribitur consonantis, ut vas. Bassus etiam, id est grassus, in* glossematibus *repperi et per b mutam scribi cognoui* (7.176.14) ; *bissum etiam, quod integrum significat* ἀκέραιον, *per be mutam in glossematibus repperi. uos longa, si pronomen fuerit, per u uocalem pro* […] (7.177.10).

16. Ce type de glossaires occupe quatre volumes du *CGL* de G. Goetz.

de gloses courantes. Il s'agit de termes, dans ce cas vulgaires, qui ont leur corres-pondance dans le grec de tous les jours[17].

La *glossa* ou le *glossema* consisterait en l'interprétation d'un mot difficile à comprendre (*linguae secretioris*), par le biais d'un autre, d'usage plus courant, comme il ressort des exemples provenant de deux auteurs aussi éloignés dans le temps que Varron et Isidore : *tesca/sancta* et *catus/doctus*. Mais, simultanément, on observe qu'il existe, chez les auteurs de grammaires, une grande variété de sens pour les termes relatifs aux compilations de lexique. Une conclusion s'impose : les glossaires comme genre ou sous-genre grammatical, tels qu'on les conçoit aujourd'hui, n'existent pas de façon univoque avant le vᵉ siècle au moins. En outre, ce genre d'œuvres ne reçoit jamais la dénomination de *glossaria*, mot dont l'emploi reste limité au passage cité d'Aulu-Gelle.

Reste encore à savoir à quoi fait référence Aulu-Gelle à travers le mot *lexidia*. Si la glose, au singulier, recherche l'équivalence entre un terme rare et un autre d'usage courant, la *lexis* est tout simplement la façon de dire en grec un "mot"[18] et équivaut aux mots latins : *dictio, locutio, uerbum*[19] :

> *Quam lepide* lexis *compositae ut tesserulae omnes arte pauimento atque emble-mate uermiculato* (Lucilius, *Sat.* V. 84).
>
> *Barbarismos est barbaros* lexis*, id est barbara* dictio (Charisius, 350.4B, ex Cominiano).
>
> *Est in infinitum haec* lexis *polysemos* (Servius, *Aen.* 4.321).

Si *lexis* est l'équivalent de *dictio*, les *lexidia* seraient donc des recueils de mots sans caractère particulier : des lexiques et des dictionnaires monolingues, ou probablement bilingues, comme la question posée par Favorinus à Domitius pourrait l'indiquer[20]. Néanmoins, étant donné qu'aucun des deux mots (*glossaria* ou *lexidia*) n'apparaît ailleurs que dans le passage signalé d'Aulu-Gelle, et vu

---

17. On trouve pourtant, dans l'index de Charisius, à l'intérieur du controversé livre V, les titres suivants, au chapitre 15 : *De idiomatibus. Synonyma Ciceronis indifferenter. Glossemata per literas Latinas ordine composita. Glossemata idem significantia.* Et à l'endroit du texte correspondant au développement des deux derniers titres, on trouve un *De latinitate* composé de constructions latines où le sens des mots est constitué de la somme des éléments qui les forment : *ardua res, anima tua quod cupit, antiquae uetustatis instar, abdomini natus* […] (404B) ; et un *Glossulae multifariae idem significantes*, qui rassemble des phrases du type précédent, qui ont une signification semblable : *Ad hoc negotium non accedo. Abstineo me hac re. Non interuenio huic rei. Non adiungo me negotio* (408B). Si l'on doit attribuer à Charisius le livre V, il proposerait la première distinction entre *glossa* et *glossemata*, – une distinction absente des autres auteurs.

18. Varron lui donne un sens différent, proche de celui de composition : *poema est* lexis *enrythmos, id est, uerba plura modice in quandam coniecta formam ; itaque etiam* distichon epigrammation *uocant* poema (Varro, *Sat.* 398).

19. Cassiodore, dans son *Commentaire aux Psaumes* (*CCL* 97-98), emploie fréquemment la phrase κατὰ λέξιν latine ad **uerbum**.

20. Voir Aulu-Gelle, *NA* 18.7.2 : *ei Domitio Fauorinus noster cum forte apud fanum Carmentis obuiam uenisset atque ego cum Fauorino essem, "quaeso" inquit "te, magister, dicas mihi, num errraui, quod, cum uellem* δημηγορίας *Latine dicere, 'contiones' dixi ? dubito quippe et requiro, an ueterum eorum, qui electius locuti sunt, pro uerbis et oratione dixerit quis 'contionem'."*

que le passage d'Aulu-Gelle a clairement une tonalité ironique, on peut être pratiquement sûr que ces mots ont été forgés par Aulu-Gelle et attribués à Domitius. Il s'agit de termes péjoratifs (comme le suggère l'emploi de *lexidia*) dont l'existence en dehors de ce passage est sujette à caution.

AUTEURS DE COMPILATIONS LEXICOGRAPHIQUES

Verrius Flaccus

Le vrai problème qui se pose lorsqu'on traite de questions lexicographiques est la tendance à parler des mots comme s'il s'agissait de concepts homogènes et d'engager son traitement lexical selon un point de vue unique. Or le mot n'est pas une réalité univoque. Il y a des substantifs, des verbes, des adjectifs, des particules ; parmi les substantifs, certains désignent des objets, d'autres des institutions, des réalités physiques, des concepts, etc. Et il en va de même avec les autres catégories grammaticales. Par conséquent, le traitement lexicographique des termes ne peut non plus être unique, s'il n'existe pas d'abord une méthode de traitement lexicographique : la lexicographie. En outre, les besoins qu'éprouvent les êtres humains changent selon l'endroit et le moment. C'est pourquoi les genres littéraires évoluent, disparaissent ou surgissent au fil du temps. Lorsqu'on parle de la tradition lexicographique latine, on se réfère souvent à Verrius Flaccus/ Festus, Aulu-Gelle et Macrobe, comme les vecteurs d'annotations à caractère lexical (BERTINI, 1981). Nonius Marcellus entre également dans la catégorie des lexicographes, tout comme Fulgence[21]. On perçoit également l'influence des lexicographes chez Isidore de Séville, et on cite parmi les dictionnaires ceux de Papias, Osbern de Glouscester, Giovanni Balbi et Ugutio de Pisa. Mais si tous, de façon plus ou moins centrale, s'occupent de lexique, la plupart des entrées de Verrius/Festus ne peuvent toutefois pas être comparées avec celles d'un "glossaire" ; de la même façon que, bien souvent, deux entrées d'un même glossaire (ou de Verrius/Festus) ne sont pas comparables.

Cette difficulté posée, passons à Verrius/Festus. Selon Aulu-Gelle, l'œuvre de Verrius Flaccus peut être considérée comme un *glossarium*, vu qu'il s'agit du livre que Domitius prête à Favorinus pour dissiper ses doutes. Cependant, il y a lieu de se demander à quel point la définition que l'on a vu de *glossa* cadre avec un recueil d'entrées comme celui-ci (150.13*L*)[22]:

---

21. Je laisse de côté les *Hisperica Famina* et Virgilius Maro grammaticus, vu que l'aspect lexical de ces ouvrages est absolument lié à des problèmes extérieurs à la simple lexicographie.

22. On ignore quelle est la partie qui correspond à Festus dans la réélaboration de l'ouvrage original de Verrius Flaccus. Aulu-Gelle fait clairement référence à Verrius quand il parle de *glossarium*, et signale qu'il ne donne pas d'exemples. Nous nous référons à Festus.

> MAMERTINI appel<lati sunt ha>c de causa, cum †de toto Samnio grauis incidis-
> set pestilentia, Sthennius Mettius eius gentis princeps, conuocata ciuium suorum
> contione, exposuit se uidisse in quiete praecipientem Apollinem, ut si uellent eo
> malo liberari, uer sacrum uouerent, id est, quaecumque uere proximo nata essent,
> immolaturos sibi ; quo facto leuatis post annum uicensimum deinde eiusdem
> generis incessit pestilentia. Rursum itaque consultus Apollo respondit, non esse
> persolutum ab his uotum, quod homines immolati non essent : quos si expulissent,
> certe fore ut ea clade liberarentur. Itaque i iussi patria decedere, cum in parte ea
> Si<ciliae> consedissent, quae <nun>c Tauranica dicitur, forte <labo>rantibus
> bell no<u>o Messanensibus auxilio uenerunt ultro, eosque a<b eo> liberarunt
> prouinciales : quod ob <me>ritum eorum, ut gratiam referrent, et in suum corpus,
> communionemque agrorum inuitarunt eos, et nomen acceperunt unum, ut dice-
> rentur Mamertini, quod coniectis in sortem duodecim deorum nominibus, Mamers
> forte exierat : qui lingua Oscorum Mars significatur. Cuius historiae auctor est
> Alfius libro primo belli Carthaginiensis.

Il faut tout d'abord noter que l'entrée est ici un nom propre, vocable pour
lequel il est impossible de trouver d'équivalent et dont il est en outre très difficile de donner une définition succincte. C'est pourquoi les dictionnaires actuels
laissent de côté les noms propres, qui trouvent refuge dans les encyclopédies ou
les dictionnaires encyclopédiques. Mais, au delà de cette différence, par ailleurs
notable, il est intéressant de voir la façon dont le lemme est développé. La "définition" part de l'étymologie. Mais il s'agit d'une "étymologie" à laquelle il ne
faut pas attribuer le sens qu'elle a aujourd'hui. L'étymologie va au-delà de la
provenance du mot, elle touche surtout la compréhension de l'origine du référent. Et en cela elle diffère aussi d'une entrée d'encyclopédie, telle que nous la
concevons aujourd'hui. C'est l'anecdote qui entoure l'étymologie grammaticale
(*Mamers*) qui s'avère ici intéressante, vu que, sans elle, l'attribution du nom serait
impossible. L'étymologie, dans la conception de Verrius/Festus, allie dérivation
phonique et raison historique – laquelle étaye et confirme cette dérivation. Les
différentes "étymologies" proposées par Verrius/Festus pour Rome en sont un
bel exemple :

> ROMAM appellatam esse Cephalon Gergithius (qui de aduentu Aeneae in Italiam
> uidetur conscribisse) ait ab homine quodam comite Aeneae. Eum enim occupato
> monte, qui nunc Palatinus dicitur, urbem condidissem atque ea Rhomem nomi-
> nasse. Apollodorum in in Euxenide ait, Aenea et Lauinia natos mayllem, Mulum,
> Rhomumque, atque ab Romo urbi tractum nomen. Alcimus ait, Tyrrenia Aeneae
> natum filium Romulum fuisse, atque eo ortam Albam Aeneae neptem, cuius filius
> nomine Rhodius condiderit urbem Romam. Antigonus, Italicae historiae scrib-
> tor, ait, Rhomum quendam nomine, Ioue conceptum, urbem condidisse in Palatio
> Romaeque ei dedisse nomen [...] historiae Cumanae compositor, Athenis quosdam
> profectos Sicyonem Thespi[ad]asque, ex quibus porro ciuitatibus, ob inopiam
> domiciliorum, compluris profectos in exteras regiones, delatos in Italiam, eosque
> multo errore nominatos Aborigines ; quorum subiecti qui fuerint †caeximpa-
> rum† uiri, unicarumque uirium imperio montem Palatium, in quo frequentissimi

consederint, appellauisse a uiribus regens Valentiam : quod nomen aduentu Euandri Aeneaeque in Italiam cum magna Graece loquentium copia interpretatum, dici coeptum Rhomen. Agathocles, Cyzicenarum rerum conscribtor, ait, uaticinio Heleni impulsum Aenean, Ascani filiam, nomine Rhomen, eamque, ut Italia sint Phryges potiti et [h]is regionibus maxime, quae nunc sunt uicinae Vrbi, prima<m> omnium consecrasse in Palatio Fidei templum ; in quo monte postea cum conderetur urbs, uisam esse iustam uocabuli Romae †nomen† causam eam quae priore, unde ea locum dedicauisset Fidei. Ait quidam Agathocles conplures esse auctores, qui dicant Aenean sepultum in urbe Berecynthia proxime flumen Nolon, atque ex eius progenie quendam nomine Rhomum uenisse in Italiam, et urbem Romam nominauerunt (326L).

Cependant les noms propres ne sont pas les seuls mots inclus dans le "glossaire" de Verrius/Festus. Et si l'on prend un autre terme, en l'occurrence un nom commun, la situation change par rapport au nom propre :

No>xia, ut Ser. Sulpicius Ru<fus ait, damnum significat in XII.> Apud poetas autem, et oratores ponitur pro culpa ; at noxa peccatum, aut pro peccato poenam, ut Accius in Melanippo *(429) : « tete esse huic noxae obnoxium ». Item, cum lex iubet noxae dedere, pro peccato dedi iubet. Caecilius in* Hypobolimaeo Chaerestrato *(85) : « Nam ista quidem noxa muliebrest, magis quam uiri ».*

Noxia, comme le dit Servius Sulpicius Rufus, signifie 'dommage' dans les douze Tables. Et chez les poètes et les orateurs, le terme est employé pour 'faute'. *Noxa* <signifie> 'la faute' ou 'le châtiment' pour une faute, comme on le voit dans la *Mélanippe* d'Accius (429) « tu es coupable de ce délit ». De même, lorsque la loi ordonne d'accomplir un châtiment, elle exige qu'il soit accompli pour une faute. Caecilius dans *Hypobolimaeus Chaerestratus* (85) : « Cette faute est plus dans le genre d'une femme que d'un homme ».

Comme on pouvait s'y attendre, le développement de cette entrée ne ressemble pas à celui de l'exemple précédent. Par ailleurs, elle ne répond pas non plus au sens qu'a aujourd'hui pour nous le mot 'glose', même si, comme l'a noté Aulu-Gelle, elle pourrait éventuellement correspondre au lemme d'un *glossarium*. Ce que l'on constate, en tout cas, c'est que l'essentiel de la notice repose sur une équivalence : *damnum/culpa*, qui varie selon le type d'écrit dans lequel elle apparaît (juristes, poètes ou auteurs de prose) ; elle est suivie d'un quasi-synonyme contemporain (*noxa*), et s'appuie sur des *auctoritates* : Servius Sulpicius Rufus qui cite la Loi des Douze Tables pour le sens juridique, et Accius et Cecilius pour le quasi-synonyme *noxa*. À l'instar des interprétations de termes qu'on trouve chez Aulu-Gelle, les définitions ou équivalences de mots s'appuient sur le recours aux exemples (*auctoritates*), à l'étymologie *(ratio)* et à l'autorité d'autres grammairiens.

Mais nous trouvons aussi, dans le même ouvrage, des entrées de ce type :

Recipie apud Catonem (inc. 56), pro recipiam, ut alia eiusmodi complura. Redemptitare item, ut clamitauere, Cato idem in ea, qua egit de signis et tabulis honorem †temptauere†, *ait, libere facta benefactis non redemptitauere. Repvlsior secunda conlatione dixit Cato in ea, quae est contra Cornelium apud*

populum : « *ecquis incultior, religiosior, desertior, publicis negotis repulsior ?* »
RATISSIMA *quoque ab his quae rata dicimus ; unde etiam rationes dictae. Cato* in
Q. Thermum *: « Erga rempublicam multa beneficia ratissima atque gratissima »*
[…] RITVS *est mos comprobatus in administrandis sacrificiis.* RECEPTVS *est, quem
sua sponte ciuitas alienum adsciuit* (364L).

RECIPIE chez Caton pour *recipiam*, comme bien d'autres formes de ce type.
REDEMPTITARE également, comme *clamitauere* : Caton, là où il traite des statues
et des peintures, dit : †*temptauere*† l'honneur, et non pas *redemptitauere* par des
récompenses ce qui fut fait librement. REPVLSIOR est employé par Caton dans
le deuxième procès <contre Scipion>, quand il dit devant les juges : « Est-il
quelqu'un de plus fruste, de plus superstitieux, de plus inculte, de plus répu-
gnant en politique ? » RATISSIMA est employé aussi à partir des choses qui sont *rata*
(confirmées), et de là le mot *rationes* (raisons). Caton dans le *Contre Q. Thermus* :
« De nombreux *beneficia* envers l'État tout à fait avérés et parfaitement dignes de
reconnaissance » […] RITVS : une habitude établie dans la célébration des sacri-
fices. RECEPTVS : une personne étrangère à une communauté qui a été accueillie par
celle-ci de façon volontaire.

Les quatre premières notices constituent des entrées grammaticales, donnant
des usages qui probablement n'existent plus, mais que l'on peut retrouver dans les
textes. Rien de plus éloigné de nos lexiques et de ce que l'on entend aujourd'hui
par glose. Les deux derniers termes sont, de tous ceux que l'on a vus, les seuls
qui semblent avoir été d'un usage courant au IIe siècle ; or, si l'on observe de plus
près ces définitions – qui ne sont pas des équivalences –, on s'aperçoit qu'elles
répondent à des acceptions très particulières de ces termes et, dans le cas de *recep-
tus*, elle est donnée au passé (*adsciuit*). Quant à la définition de *mos,* il faut bien
voir qu'il s'agit d'une acception que l'on ne retrouve déjà plus dans des textes
classiques, mais qui est dérivé du contexte. Cela peut signifier que la définition
est suscitée par l'interprétation d'un texte précis, autrement dit d'un commentaire.

Après avoir analysé quelques rares exemples chez Verrius / Festus, il s'avère
impossible d'admettre la simplification qui consiste à considérer le *De uerborum significatu* comme un "glossaire" ou comme un "dictionnaire". Le seul point
commun de toutes les entrées semble être la présence du lemme dans des textes
anciens, ou la nécessité d'expliquer l'origine ancienne de certains termes d'usage
courant, en général des noms propres (M*amertini, Roma*) ; on peut même retrouver la localisation du tombeau de Numa Pompilius sous l'entrée correspondant à
ce nom propre (178*L*). L'impression qui se dégage est que l'auteur de cet ouvrage
est un passionné de l'antiquité, un antiquaire qui, après avoir recueilli des milliers
de citations ou d'idées présentes dans des textes déjà peu connus, a décidé de les
classer par ordre alphabétique afin d'en faciliter l'usage. La diversité des sources
et des intérêts qui , à chaque fois, ont guidé son choix vers tel ou tel mot, explique
qu'il ne traite pas les termes de façon similaire. Le manque d'homogénéité est
visible et, plus que d'un glossaire ou dictionnaire, il faudrait parler d'une somme
d'informations sur des mots qui contribuent à la connaissance du passé romain.

Il est difficile d'imaginer le destinataire d'un vocabulaire centré sur les antiquités et réordonné alphabétiquement. Ce que dit Suétone (*Gramm.* 17) de Verrius Flaccus peut toutefois nous orienter. Lorsque les élèves accomplissaient un travail sur un sujet proposé par lui, le vainqueur recevait comme prix un livre ancien, beau ou rare :

> *Id* (sc. *Praemium) erat liber aliquis antiquus, pulcher aut rarior*; et il poursuit : *quare ab Augusto quoque nepotibus eius praeceptor electus, transit in Palatium cum tota schola, uerum ut ne quem amplius posthac discipulum reciperet.*

> C'est aussi pour cette raison que, choisi par Auguste pour être le précepteur de ses petits-enfants, il emménagea au Palais avec son école au complet, mais à la condition de ne plus admettre de nouveaux élèves.

Verrius fut le précepteur des descendants d'Auguste, c'est-à-dire des hommes destinés à régner sur un peuple dont ils se devaient de connaître l'histoire. Ce qui pourrait expliquer, en partie, le caractère disparate et hétérogène d'une recherche qui fait toujours le lien avec le passé et qui va des textes aux institutions. La sélection est en partie la conséquence d'un penchant personnel, même s'il faut supposer qu'elle a été grandement orientée par le sentiment de responsabilité du maître concernant les apprentissages nécessaires à l'éducation de ces disciples en particulier. Il n'y a pas de traitement uniforme des termes, car l'importance des lectures à pesé sur le choix et, parmi elles, l'importance variable des termes (en fonction de leur signification) a influé sur la présentation des mots. Par conséquent, le *De uerborum significatu,* dans sa forme actuelle, ne peut être considéré comme représentant un type concret de lexique, car il est déterminé par un concept éloigné de ce qui fait le sens de ce mot aujourd'hui.

LES PRÉCURSEURS DU DICTIONNAIRE

Première apparition du terme dictionarius *: Jean de Garlande*

La première définition de *dictionarius* que nous connaissons est celle de Jean de Garlande (SCHELER, 1865 : 144)[23].

> *Dictionarius dicitur libellus* ista *a dictionibus magis necessariis quas tenetur quilibet scolaris non tantum in scrinio de lignis facto, sed in cordis armariolo retinere, ut ad faciliorem orationis constructionem et ad enuntiationem possit peruenire. Primo sciat uulgaria nominare. Licet igitur a membris humani corporis inchoare, rerum promptuarium euoluendo.*

Indépendant de tout ordre alphabétique, le concept de dictionnaire pour Jean de Garlande est lié à l'apprentissage des termes de base qui désignent les êtres et les objets parmi lesquels se déroule la vie d'un étudiant. L'ordre y est thématique :

---

23. Voir BLATT, RUBIN, 1981, pour une traduction anglaise.

le corps humain, les métiers – l'état de clerc y figure comme un métier – avec les instruments et objets fabriqués ou mis en vente. Le 'Dictionnaire', dès sa première apparition en tant que tel, apparaît tout simplement en rapport avec la *dictio* : le mot.

La caractéristique du dictionnaire est d'expliquer les mots, de leur donner un sens. Le latin, outil de communication à l' "école", requiert un apprentissage. L'ordre donné au dictionnaire dépend de l'objectif visé. Si l'intention, comme dans le cas de Jean de Garlande, est d'offrir une liste de mots qui servent à l'étudiant pour faire face aux besoins liés au contexte où il vit, l'ordre alphabétique est peu efficace. Ce qui convient ici, c'est l'organisation par thèmes, situations, circonstances. Comme les dictionnaires sommaires destinés aux touristes de passage, où est indiquée la façon de se comporter dans une cafétéria, une gare de trains ou de bus, ou dans un magasin.

Par conséquent, si l'on suit Jean de Garlande, les définitions des mots sont censées identifier les objets avec le substantif latin correspondant : elles apprennent à nommer. Mais vu qu'il s'agit d'un dictionnaire monolingue, la place du lemme est inversée : il faut identifier l'objet et lui donner un nom. Le choix de l'ordre thématique, par champs sémantiques, est le plus adapté. À partir de Jean de Garlande, les dictionnaires qui suivent un ordre alphabétique se font plus fréquents, sous le nom de dictionnaire, lexicon, vocabulaire, etc.

Le texte considéré comme le premier dictionnaire : Papias

Bien que la première occurrence attestée de *dictionarius* soit de Jean de Garlande, on considère l'ouvrage de Papias comme le premier "dictionnaire". Il s'agit d'un nom donné par les spécialistes, puisque les divers titres des manuscrits (*elementarium, alphabetum, Papias vocabulista, breviarium, elementarium siue glossarium, glossimatum*) rendent compte de l'idée que les scribes – voire l'auteur lui-même – se faisaient de cette œuvre.

L'éditrice des lemmes de la lettre *A,* V. DE ANGELIS (1977 : I), indique elle aussi au début de son introduction, comme la véritable innovation de Papias par rapport à des glossaires comme celui de Ansileubus ou le *Liber Glossarum*, le fait d'avoir introduit « il metodo derivatorio ». De son côté, O. WEIJERS (1989)[24], qui reconnaît cette dimension dérivationnelle, ajoute un intérêt de l'auteur pour une alphabétisation qui se rapproche de l'actuelle. En somme, aucune des deux spécialistes ne s'interroge sur le fait que cette œuvre est appelée, par antonomase, *Dictionnaire*. On peut donc se demander si le fait d'appeler "dictionnaire" l'ouvrage de Papias ne vient pas de ce qu'il présente une ressemblance plus grande avec nos dictionnaires qu'avec les compilations lexicales précédentes. Ainsi, on ne peut admettre de considérer que le dictionnaire est un genre défini par des traits particuliers qui le distinguent d'autres compilations (glossaires, vocabulaires, lexiques).

---

24. Voir aussi DALY, 1967 : 71-72 et BERTINI, 1981.

Dans la deuxième acception française du mot 'encyclopédie', on trouve une précision intéressante, que voici :

> Dictionnaire encyclopédique contenant des renseignements sur les choses, les idées désignées par les mots et traitant les noms propres.

La conséquence immédiate est que le dictionnaire (non encyclopédique) n'admet pas, sauf indication spéciale, de noms propres. Ce qui est logique, vu que les noms propres n'ont pas d'équivalent ou de définition, et qu'ils n'admettent de description ou d'identification que sous forme de paraphrase. Or ce trait, indispensable à la distinction entre encyclopédie et dictionnaire, est non pertinent dans l'œuvre de Papias, où l'on peut trouver des entrées telles que celles-ci (Papias, *Elementarium*, vol. III) :

150 *anir*   *graece vir*

151 *Anius*   *mons Boetiae*

152 *annit*   *incumbit*

153 *anitas*   *adulta, interdum senecta*

154 *aniticia*   *graece corona*

Un terme grec et son équivalent latin (150) ou l'inverse (154), un nom propre géographique (151), un verbe sous une forme personnelle (152), et un mot obsolète (153) avec son équivalent courant. La question que l'on peut donc se poser est la suivante : en quoi ces entrées sont-elles différentes de celles d'un glossaire ? Quelle est la raison qui a valu à Papias l'honneur d'être considéré comme le premier auteur connu d'un dictionnaire ? Simplement à cause de son ordre alphabétique perfectionné ? Pour avoir introduit la *deriuatio* ?

A côté de ce genre d'entrées – de simples gloses –, qui constituent la majorité, on trouve des lemmes qui sont développés différemment :

AB

> 60. **ablatiuus** *casus dicitur quia per eum nos auferre aliquid cuiquam significamus. hic ultimus ponitur quia a Latinis repertus est et ideo Latinus dicitur. Graeci uero ablatiuum non habent sed pro eo utuntur genitiuo.*

> 82. **Abram** *prius uocatus pater uidens populum, propter Israel tantum : postea Abraham quod transfertur pater multarum gentium quod erat adhuc futurum per fidem.* gentium *autem non habetur in nomine, sed iuxta illud (Vulg. Gen. 17.5)* « patrem multarum gentium posui te ».

> 85. **Abrech** *hebraeum uerbum quidam dicunt esse et hoc sermone transferri patrem tenerum :* ab *quippe dicitur pater,* rech *delicatus uel tenerrimus.*

> 95. **abs** *praepositio c q t praeponitur : q in appositione ut* abs *quolibet,* c et t *in compositione, ut* abscondo, abscendo, abstraho. *a ab abs eandem fere significationem habent, sed differunt, ut supra diximus.*

> 110. **Absirtus** *frater Medeae fuit quem fugiens cum Iasone interfecit, a cuius nomine ibi in Colcho dicitur fluuius ex illa parte maris.*

AC

5. **Achademia** *uilla fuit frequenti terraemotu concussa, distans miliario ab Athenis,*
hanc philosophi elegerunt ut illorum timore a libidine se continerent. interpreta-
tur uero tristitia populi, quia ibi Neptunus bello superatus nauigio aufugit. in hac
Plato docuit ; post cuius obitum eius schola in tres partes est diuisa : qui in ea
uilla remanserunt Achademici sunt dicti, qui uero ciuitatem Athenas sunt ingressi
Stoici nuncupantur quia in Stoa id est in porticu philosophabantur. tertia secta ad
diuersa loca gratia ueritatis discernendae migrando nullamque habens certam
sede Peripatetici dicuntur : nam peri *circum* pathon *calco graece dicitur.*

Il s'agit d'entrées qui se réfèrent à des noms propres et à des questions grammaticales. Dans aucun des deux cas on ne peut parler de glose. Papias donne des
informations qui s'ajoutent au sens par équivalence donné au lemme. On pourrait
parler de glose si *Absirtus* était défini seulement par l'équivalent *frater Medeae*,
ou *abs* par *praepositio*, etc. Papias ajoute pour ces entrées des explications super-
fétatoires pour une glose et non pertinentes dans un dictionnaire, se rapprochant
nettement des entrées de dictionnaires encyclopédiques.

Dans le premier volume de Papias, consacré à *A-AE* et qui regroupait un total
de 476 entrées, nous avons aussi des entrées qui (outre celles déjà mentionnées)
répondent au schéma que nous venons de voir, comme par exemple :

AB 2 *abacus*, 12 *abanech* (*Isid.* 19.21.2 *abanet*), 29 *abellana*, 37 *Abidos* ;

AC 26 *achates*, 38 *accentus*, 52 *Acheron*, 66 *accidens*, 68 *accidentia*, 72 *Achilles*,
74 *Achilleus* (*gr.*), 115 *aconitum*, 131 *Acrocerauni*, 147 *actiua uerba* (*gr.*),
176 *accusatiuum* ;

AD 1 *ad*, 6 *Adam*, 112 *adverbium* ;

AE 15 *Aegyptii*.

La présence de ces entrées confirme ce qui a été dit plus haut ; aux simples
équivalents ou définitions viennent s'ajouter des noms propres et des questions de
grammaire, ainsi que des entrées portant sur des objets qui méritent une description
relativement détaillée. Ce sont justement ces dernières entrées que l'on pourrait
considérer comme typiques d'un dictionnaire : *AB* 12 *abanech*, 29 *abellana*,
AC 26 *achates*, 115 *aconitum*. Des mots désignant des objets dont la description est indispensable pour les identifier : un accessoire utilisé par les prêtres
(*abanech*), deux plantes (*abellana*, *aconitum*), une pierre précieuse (*achates*).

L'idée qui se dégage du "dictionnaire" de Papias est celle d'un grand effort
accompli pour rassembler par ordre alphabétique des informations qui sont, à plus
de 90 %, des gloses empruntées à des glossaires, auxquelles viennent s'ajouter
des informations provenant de scolies, de commentaires ou de passages d'Isidore de Séville faciles à localiser au moyen des index/sommaires des *Étymologies*
qui existaient déjà au XIIᵉ siècle, et qui accompagnaient l'œuvre ou bien étaient
transmis au moyen de glossaires. Autrement dit, un ensemble de mots recevant
un traitement hétérogène, allant du traitement propre à la glose – largement

dominant –, à celui que l'on peut trouver dans les dictionnaires et qui aboutit, par moments, à des développements typiques d'une encyclopédie.

Ainsi, quand nous parlons de "dictionnaire" à propos de l'ouvrage de Papias, qui date du xie siècle, nous réduisons ou assimilons la réalité présentée par Papias à une notion de dictionnaire qui lui est étrangère. Et l'on s'interdit du même coup de comprendre le sens qu'avait pour les hommes du xie siècle un recueil de mots comme le sien. Il y a lieu de se demander si la dénomination de "dictionnaire" appliquée à l'ouvrage de Papias ne répond pas simplement au désir de mettre la main sur l'origine d'un genre qui se trouve désormais parfaitement défini.

Giovanni Balbi. Le Catholicon

Le passage au *Catholicon* de la fin du xiiie siècle (1286) représente un écart important. Un « dictionnaire » constitue la dernière partie de la grammaire de Giovanni Balbi, comme s'il s'agissait du clou de l'ouvrage. Le traitement qu'il donne aux entrées est déjà proche de la norme actuelle pour les dictionnaires de latin : lemme suivi des marques de déclinaison ou de conjugaison, le cas échéant, étymologie, définition et, parfois, exemples. Sont présents des lemmes de toutes les catégories grammaticales, déclinables comme indéclinables. Mais il s'éloigne de notre conception d'un dictionnaire dans la mesure où il introduit des noms propres et dans le traitement qu'il réserve à des personnes, des lieux et des institutions ; dans ces cas-là, G. Balbi emploie la description. Il s'agit d'entrées thématiques, où l'objet défini l'emporte sur le mot. Ce n'est pas le sens qui est visé, vu qu'il n'existe pas, mais l'individu ou l'objet qui constitue l'entrée.

LES PRÉCURSEURS DE L'ENCYCLOPÉDIE

Rome. Ier siècle avant J.-C. – VIe après J.-C.

Si l'on se fonde sur ce que "encyclopédie" veut dire pour nous, la question du rapport possible entre les genres cultivés à Rome et les œuvres bien identifiées comme des encyclopédies ne repose pas sur la considération du format extérieur, mais plutôt sur celle du contenu. Dans cette perspective, correspond au titre et à la catégorie d'"encyclopédie" tout traité ayant pour objet une "science", ou plusieurs traités portant sur plusieurs "sciences" mais présentés comme les parties d'une seule œuvre. Dans cette catégorie on inclut d'habitude les *Disciplinarum nouem libri* de Varron, le *De nuptiis Philologiae et Mercurii* de Martianus Capella et l'*Historia Naturalis* de Pline. En élargissant le critère aux traités portant sur une seule discipline ou matière, on pourrait inclure également la *Medecine* de Celse ou l'*Architecture* de Vitruve.

Cependant, ce qui définit l'encyclopédisme, et non pas l'Encyclopédie, est absent des traités romains rangés sous la rubrique "encyclopédie". Dans les nombreuses remarques et réflexions portant sur les ensembles de sciences que l'on trouve chez les auteurs latins à partir du Iᵉʳ siècle avant J.-C., on ne leur reconnaît jamais d'autre intérêt que de constituer un groupe de disciplines essentielles pour une formation propédeutique. En fonction du moment où ce "genre" est abordé, les connaissances seront conseillées pour la formation du futur orateur ou de l'écrivain; même Vitruve présente l'architecte comme un homme qui se doit de connaître préalablement l'ensemble des matières qui composent le "cycle éducatif".

Avec le temps, ce cycle se définit de plus en plus et, au Vᵉ siècle déjà, on trouve une série fixe de matières qu'on a tendance à identifier avec le concept d'encyclopédie qu'on vient d'exposer. La situation reste cependant la même: ce "cycle" sera toujours considéré comme un système de connaissances ayant pour but l'éducation complète de l'homme, sans que l'objectif aille au-delà d'une formation intellectuelle complète permettant d'exercer le métier ou l'activité la plus prestigieuse du moment. Car la destination change: la philosophie, la compréhension de la Bible (une sorte d'encyclopédie, elle aussi)…; quoi qu'il en soit, ce cycle est toujours considéré comme un outil qui fournit les clés de l'étude d'une matière ou d'un objet déterminé. La forme adoptée est toujours celle des traités, puisque chaque matière a de la valeur par elle-même et est indépendante, et que le total est conçu comme une somme et non comme une combinaison de savoirs. C'est pourquoi, justement, adopter un ordre alphabétique n'aurait pas de sens.

Antiquité Tardive et Moyen Âge

On pourrait considérer les *Étymologies* d'Isidore de Séville comme le premier ouvrage visant à donner une vision du monde, même si elles ne dressent aucune hiérarchie ou rapport entre les différentes disciplines traitées. Cependant, l'intention d'Isidore semble être de fournir au lecteur toutes les connaissances afin qu'il puisse comprendre le monde tel qu'il a été transmis dans les œuvres de ses prédécesseurs, vu que l'interprétation de l'univers, du point de vue chrétien, ne repose pas sur le savoir. Une des prémisses explicites de l'encyclopédie fait aussi défaut dans ce cas: sa forme est toujours celle de traités qui, rassemblés, forment un Tout relativement cohérent.

Les encyclopédies ultérieures suivent la ligne d'Isidore de Séville, c'est-à-dire qu'elles essayent de cumuler tout le savoir de leur époque[25]. L'ordre d'exposition diffère dans la mesure où la structure de l'ouvrage s'adapte non seulement aux conceptions du savoir dominant au moment de la rédaction de ces œuvres, mais aussi au but concret assigné à ces œuvres. Quoi qu'il en soit, elles constituent, comme dans l'Antiquité, un préliminaire, un instrument voué à passer à des savoirs d'une plus grande importance. L'encyclopédie n'est pas ici un but en

---

25. Sur les Encyclopédies dans l'occident médiéval et la bibliographie correspondante, voir Twomey, 1988; cf. aussi Ribémont, 1999a.

soi ; elle cherche souvent des finalités spécifiques : pédagogiques dans les mains du *magister* ; fournisseuse d'*exempla* dans le cas des prédicateurs, et objet d'un usage privé pour les laïcs et le clergé régulier[26].

Quant à la forme, même si l'ordre alphabétique est employé par les auteurs dans certains chapitres, la cohérence thématique est totale et l'intention explicite : recueillir tout le savoir sur l'homme et son environnement. Ce dernier peut être l'univers créé par Dieu ou s'étendre au monde créé par l'homme, soit intellectuel (sciences et techniques), soit vital (histoire). La cohérence entre les parties est donnée par Dieu créateur de l'homme, à la fois créature et créateur. Nous ne nous arrêterons pas au xvᵉ siècle et à la première moitié du xvɪᵉ, période très intéressante pour tirer des conclusions sur les éléments pouvant contenir le germe de l'*Encyclopédie* (Perotti, Valla, Maffei, etc.), puisque, du point de vue des chercheurs spécialistes de l'encyclopédie, il s'agit clairement d'une période de transition[27].

Depuis quelques décennies, dans le langage spécialisé des philologues et des spécialistes en littérature, le terme "encyclopédisme" est devenu courant pour se référer au mouvement producteur d'encyclopédies de divers acabits. De sorte que parler d'"encyclopédisme" médiéval est devenu une façon de se référer à la tendance d'inclure dans une œuvre, en suivant une méthode ou une autre, les connaissances considérées comme indispensables à la compréhension du monde. Cependant, on pourrait dire que l'idée de départ de l'*Encyclopédie*, qui est de construire par le biais d'un ordonnancement systématique des savoirs – conformément à une méthode – une voie d'accès par la raison a la compréhension de l'univers, est absente des prétendues "encyclopédies" antérieures et même postérieures.

L' ENCYCLOPÉDIE

Les prédécesseurs. xvɪᵉ siècle

Encyclopédie

Celle-ci correspond, à peu près, à l'idée que l'on se fait aujourd'hui d'un dictionnaire et d'une encyclopédie : elle propose des définitions qui réduisent l'encyclopédie à un simple traité scientifique consacré à l'ensemble des savoirs considérés comme "sciences", ou à l'un d'entre eux, à cette époque-là. Or, ce n'est pas l'idée qu'évoque pour nous la notion d'"encyclopédisme", qui va bien au-delà et renvoie directement à la création d'un terme destiné à nommer une nouvelle façon de concevoir la transmission de la science[28].

---

26.   TWOMEY (1996) donne les siècles vɪɪ-xɪɪ pour le premier objectif, le xɪɪɪᵉ siècle pour le deuxième et le xvᵉ pour le troisième. Il se produit, selon cette distribution, une progression vers une autonomisation de l'encyclopédie.

27.   Voir MELCZER, 1988 ; CÉARD, 1997 ; CHARLET, 2005.

28.   Pour une histoire du mot 'encyclopédie' à partir de Quintilien voir RUIZ DE ELVIRA, 1998.

La première apparition connue du terme date du XVIᵉ siècle, quand Paul Scalich emploie "encyclopédie", qui jusqu'alors faisait référence au cycle complet d'éducation[29], pour désigner le *livre* qui contient un exposé du cycle des matières constituant cette éducation. Son *Encyclopaedia seu orbis disciplinarum* date de 1559, dans la deuxième moitié du XVIᵉ siècle. L'équivalence établie entre *Encyclopaedia* et *orbis disciplinarum* indique très clairement qu'il s'agit ici d'une simple transposition n'impliquant aucune modification du concept d'encyclopédie comme un ensemble de traités nécessaires à l'éducation. Quoique d'ambition modeste, l'œuvre de Johann van Wowern en 1603 (*De polymathia tractatio*) est digne d'intérêt en raison du chapitre qu'il consacre au mot 'encyclopédie', dont voici la définition: *Sed ἐγκυκλοπαιδείαν siue κυκλοπαιδείαν dixerunt seriem omnium artium colligatam et connexam a perfectissima et capacissima circuli figura… Ita harum artium orbis perfecto et continuo circulo comprehensus* (Wowern, 1604: 211)[30]. L'idée exprimée dans la définition est traditionnelle, exception faite d'un détail important: l'encyclopédie est passée du statut de préparation de base visant à l'accès à de plus grandes connaissances à celui de réservoir de tous les savoirs qui intègrent le Savoir.

Le titre d'Encyclopédie a été choisi plus tard par J. H. Alsted (1610, 1649) pour deux de ses œuvres, l'une dédiée à la Philosophie et l'autre à l'ensemble des sciences. La deuxième œuvre d'Alsted (*Scientiarum omnium Encyclopaedia*) va dans le même sens que la précédente: il s'agit d'une somme des différents traités portant sur toutes les matières qui, selon le moment et l'auteur, intègrent le cercle de l'éducation. Le génitif déterminatif (*scientiarum omnium*) réduit le sens d'"'encyclopédie" à celui de Scalich et Wowern. Dans sa préface, l'auteur déclare que, à la demande d'hommes bien placés, il a complété l'encyclopédie de "Philosophie" originale en y rajoutant le reste des spécialités:

> *Deinde quia magni uiri petierunt, vt in secunda hac editione **totam Encyclopaediam** certa methodo comprehenderem, id est* tres superiores facultates, artes mechanicas & farragines facultatum (*ea enim omnia **pertinent ad Encyclopaediam***) *adiungerem Encyclopaediae Philosophicae, visum fuit faciendum, ut illorum petitioni annuerem, & ex Encyclopaedia imperfecta, facerem Encyclopaediam perfectam, seu ex bona (ita enim illi aiebant) meliorem. Adeoque omnium γνώμων varietatem hoc volumine comprehenderem.*

On voit, dans ce paragraphe, que "encyclopédie" prend l'une ou l'autre de ses significations – cycle de matières ou œuvre contenant ce cycle de matières – en fonction du contexte; j'ai signalé en gras les endroits correspondant au concept de "cycle complet d'éducation" tandis que dans le reste des cas, il existe une espèce de flottement entre "cycle d'éducation" et "œuvre écrite". C'est le moment où l'on passe d'un sens à l'autre: du contenu au contenant, du cycle des sciences

---

29. Voir Quintilien, *Inst.* 1.10.1: *nunc de ceteris artibus, quibus instituendos, priusquam rhetori tradantur, pueros existimo, strictim subiungam, ut efficiatur orbis doctrinae, quam Graeci* enkuklion paideian *uocant.*

30. L'ensemble du chapitre 24 (p. 209-212) est consacré à la notion.

constituant l'éducation à l'œuvre qui transmet ces sciences. D'une certaine façon, la création du mot procède du besoin de nommer un genre qui, dans un certain sens, existe déjà[31].

XVIIe et XVIIIe siècles

Encyclopédie/Dictionnaire

L'encyclopédisme a quelques devanciers, juste avant Diderot et D'Alembert, et son origine est à chercher au sein des premiers « dictionnaires » français. L'un d'eux est celui de P. RICHELET (1694) qui, dans son titre étendu, qui porte en tête le mot *Dictionnaire*, comprend une énumération des objectifs qui coïncident avec ceux d'un dictionnaire simple, et qui présente un intérêt particulier, vu qu'il s'agit d'un dictionnaire monolingue français (REY, 2006)[32]. Mais Furetière, avec son *Dictionnaire Universel, contenant généralement tous les mots françois tant vieux que modernes et les termes de toutes les sciences et des arts* […] de 1690[33], est plus représentatif de ce courant qui précède l'édition de *l'Encyclopédie Française*.

L'auteur de la Préface (dont la publication est posthume) fait remarquer le succès des Dictionnaires à ce moment-là et, concernant celui de l'Académie, il souligne quelques aspects particuliers que présente ce dernier par rapport aux autres. L'un d'eux réside dans le fait d'étayer les définitions « par des exemples, par des applications, par des traits d'histoire ». Le développement du lemme comprend la réfutation ou la confirmation de ce qui y est dit, et l'auteur de la préface ajoute :

> On ramasse cent belles curiositez de l'Histoire Naturelle, de la Physique experi-
> mentale, & de la pratique des Arts. Ce ne sont pas de simples mots qu'on nous
> enseigne, mais une infinité de choses, mais les principes, les regles & les fon-
> dements des Arts et des Sciences : de sorte qu'au lieu d'amplifier l'idée de son
> Ouvrage, l'Auteur l'a retressie, quand il a dit en dediant ses Essais au Roy *qu'il*
> *avait entrepris l'Encyclopedie de la langue Française.*

Puis la préface compare l'ouvrage de Furetière avec ceux d'Estienne et de Du Cange, et, en outre, la révision du *Catholicon* avec l'ouvrage de Josse Badius Ascensius. Pour P. Bayle, auteur de la préface, il n'existe pas de différence entre "dictionnaire" et "encyclopédie", la seconde se démarquant uniquement par son ampleur, et le fait de compléter la définition succincte du dictionnaire par

---

31. Les circonstances socio-culturelles qui favorisent l'apparition de l'*encyclopaedia* sont exposées de façon succincte par FOWLER (1997 : 7-8).

32. *Dictionnaire françois, contenant generalement tous les mots et plusieurs remarques sur la langue françoise ; les expressions Propres, figurées et burlesques, la Pronontiation des Mots les plus difficiles, le Genre des Noms, la Conjugaison des Verbes, leur régime, celui des adjectifs & des Prépositions. Avec les Termes les plus connus des Arts & des Sciences. Le tout tiré de l'usage et des bons auteurs par Pierre RICHELET.* Une notice brève, mais éclairante, sur Richelet et Furetière se trouve chez BRAY (1990 : 1796-1798 et 1800-1801).

33. On trouve une notice sur ce personnage dans GRENTE (1954 : 442-444).

des informations de type et d'origine divers. L'addition de l'adjectif « universel » indique, dès le titre, le genre tout à fait particulier de ce Dictionnaire. La phrase que Furetière est censé prononcer dans sa dédicace au Roi est à cet égard remarquable : l'ampleur considérable de l'ouvrage et l'insertion d'informations permettant une plus vaste compréhension des réalités sont perçues comme conférant du coup une portée moindre à l'ouvrage, qui est présenté par l'auteur non comme un véritable « dictionnaire » mais comme une "encyclopédie"[34].

Plus tardive et presque contemporaine de l'*Encyclopédie*, l'ouvrage de l'anglais Ephraïm Chambers présente, dès son titre, la possibilité des deux intitulés : *Cyclopaedia, or, An universal dictionary of arts and sciences…*[35]. Comme chez Furetière, la dénomination de dictionnaire est accompagnée de l'adjectif « universel ». Il s'agit donc d'un dictionnaire qui s'intéresse à tous les mots de la langue, quelle que soit leur nature. Le titre complet exprime une volonté clairement encyclopédique, qui prend le mot comme point de départ : ce qui est d'abord mentionné est la définition du terme, mais toute la suite met l'accent sur le contenu : « account of the things », « figures, kinds, properties, productions, preparations, and uses », « the rise, progress, and state of things », « the several systems, sects, opinions », pour conclure par : « the whole intended as a course of ancient and modern learning ».

Le moyen de transmission choisi ne peut être autre que le mot, d'où l'indispensable définition. L'objectif est un parcours dans le savoir et ce qui compte est le « account of ». La longue préface mentionne les sources puis la difficulté à trouver une forme capable de conférer au matériel réuni l'idée d'Unité. Les lexicographes ne se posent pas la question de donner une structure à leurs ouvrages, et ne semblent même pas s'être aperçus des inconvénients de leur système par rapport au discours continu. Chambers souhaite intégrer le lexique dans un système cohérent et considère les résultats obtenus par les lexicographes antérieurs comme des centons.

Afin de résoudre ce problème et que le lecteur perçoive le rapport entre les éléments traités, l'auteur va établir un rapport entre eux. Un organigramme initial, dans lequel les matières prennent la place qui leur correspond à l'intérieur du tout, transforme chacune des matières en petit *tout* dans le grand *Tout*. Le lien sera établi par une référence, du général au particulier, des prémisses aux conclusions, de la cause à l'effet. S'ouvre ainsi une communication entre les différentes parties de l'ouvrage, de sorte que l'ordre naturel de la science retrouve la place que lui avait retirée l'ordre alphabétique, réduit ici à un recours technique néces-

---

34. Il faut se rappeler ici que la présentation de Bayle est centrée sur la défense de l'ouvrage de Furetière face au *Dictionnaire de l'Académie*, sur sa nature différente et le fait qu'il n'y a pas de coïncidence et donc de concurrence entre les deux.

35. *Cyclopaedia, or, An universal dictionary of arts and science : containing the definitions of the terms, and accounts of the things signifyed thereby, in the several arts, both liberal and mechanical, and the several sciences, human and divine : the figures, kinds, properties, productions, preparations, and uses, of things natural and artificial : the rise, progress, and state of things ecclesiastical, civil, military, and commercial : with the several systems, sects, opinions, &c : among philosophers, divines, mathematicians, physicians, antiquaries, critics, &c : the whole intended as a course of ancient and modern learning*, London, 1751[7] (1728[1]).

saire. Pour la première fois, l'ordre alphabétique apparaît comme un obstacle au Dictionnaire, puisque le Dictionnaire n'est pas conçu ici comme un simple lexique mais comme le témoin d'un système intellectuel véhiculé par une langue ; et on tâche de compenser la rupture que l'ordre alphabétique impose dans l'exposition grâce à un système de renvois permettant de restituer l'ordre logique sur lequel repose le Tout.

Comme chez Chambers, le titre de cette œuvre nommée par antonomase *Encyclopédie* est double : *Encyclopédie ou Dictionnaire raisonné des sciences, des arts et des métiers*. De même que chez Furetière et Chambers l'alternative à *Encyclopédie* n'était pas *Dictionnaire* mais *Dictionnaire Universel/Universal Dictionary*, ici *dictionnaire* est accompagné du participe *raisonné,* précisant l'orientation qu'on a voulu donner au dictionnaire. La précision « *des sciences, des arts et des métiers* » exprime l'idée implicite dans « universel », le participe (raisonné) présentant la méthode utilisée dans l'élaboration – méthode exposée par Chambers dans son introduction, mais qui n'était pas affichée dans le titre. Le souci d'allier volonté "encyclopédique" et présentation alphabétique, à l'instar de Chambers, constitue ici une préoccupation centrale. En effet, à la fin du *Discours préliminaire*, on lit :

> Il nous reste à montrer comment nous avons tâché de concilier dans ce diction-
> naire l'ordre encyclopédique et l'ordre alphabétique.

Ce dictionnaire est indépendant de l'ordre adopté, et l'ordre alphabétique choisi aurait pu être l'ordre "encyclopédique", esquissé au début de l'*Encyclopédie* et expliqué dans le *Discours préliminaire*. L'ordre adopté est celui d'un dictionnaire en général, mais il est indépendant de *ce* Dictionnaire, qui se présente comme « Encyclopédie » ou « Dictionnaire raisonné des sciences et des métiers ». L'ordre alphabétique peut y être considéré comme un moindre mal. Le *Discours Préliminaire* tâche d'expliquer la raison du double titre en l'identifiant aux buts recherchés par cet ouvrage :

> Comme *Encyclopédie,* il doit exposer autant qu'il est possible, l'ordre & l'enchaî-
> nement des conoissances humaines : comme *dictionnaire raisonné* il doit contenir
> sur chaque Science et chaque Art, soit libéral, soit méchanique, les principes géné-
> raux qui en sont la base, et les détails les plus éssentiels, qui en font le corp et la
> substance. Ces deux points de vue, d'*Encyclopédie* et de *Dictionnaire raisonné*,
> formeront donc le plan et la division de notre discours préliminaire.

Le rapport existant entre toutes les formes de savoir doit être fragmenté pour être exposé, et en même temps l'ouvrage doit parvenir autant que possible, en tant qu'encyclopédie à présenter de manière organique l'ordre hiérarchique exis-tant entre les différentes catégories de connaissance. Pour la forme, nous sommes face à un dictionnaire dont chacune des entrées a du sens séparément ; la préci-sion « raisonnée » est la clé qui indique la méthode suivie dans l'élaboration de chacune des entrées et suggère que chacune des entrées relatives à une "science et métier" est soumises à un traitement rationnel. Or l'accueil réservé à l'*Ency-clopédie* repose justement sur la forme adoptée : l'ordre alphabétique. En effet,

C.-J. Panckoucke, auteur de l'encyclopédie intitulée *Encyclopédie méthodique ou par ordre de matières*[36], place en tête de son introduction les mots de Voltaire qui font l'éloge du procédé du dictionnaire :

> La méthode des Dictionnaires, inconnue à l'antiquité, est d'une utilité qu'on ne peut contester : ils sont faits pour être le dépôt des Sciences ; et l'Encyclopédie imaginée par MM. D'Alembert et Diderot [...] malgré ses défauts, en est un assez bon exemple.

Il établit ensuite la différence qu'il y a entre dictionnaire et encyclopédie et conclut qu'ils sont incompatibles. En effet, il reproche à l'*Encyclopédie* d'avoir appliqué la présentation du "dictionnaire" au tout constitué par ce qui est une "encyclopédie". Et Panckoucke entend, avec cette nouvelle encyclopédie, adopter un ordre différent, par matières – ce qui ne signifie pas un refus de la forme "dictionnaire" :

> [...] parce que l'Encyclopédie étant un Dictionnaire, on ne peut pas tirer des Traités Didactiques de ce genre d'ouvrage, quelque parfaits qu'ils puissent être d'ailleurs [...] (PANCKOUCKE, 1783 : 4).

> L'Encyclopédie étant un Dictionnaire, on ne peut donc changer la forme primitive ; on ne peut que diviser ce Dictionnaire universel en autant de *Dictionnaires Encyclopédiques* qu'il renferme de parties principales ; et c'est l'objet qu'on se propose dans l'entreprise qu'on annonce. On s'est attaché à réduire ces Dictionnaires au plus petit nombre possible, en groupant les objets qui ont entre eux une analogie sensible, & qui ne peuvent s'éclairer, se soutenir & s'expliquer par leur rapprochement (PANCKOUCKE, 1783 : 6).

> Ainsi ces Dictionnaires particuliers formeront des touts séparés dont la collection composera l'ensemble de l'Encyclopédie (PANCKOUCKE, 1783 : 4).

En réalité, aussi bien dans l'*Encyclopédie* de Diderot et D'Alembert que dans celle de Panckoucke, la deuxième partie du titre sert uniquement à définir la forme adoptée pour « l'Encyclopédie » (*i. e.* respectivement *ordre de matières* et *Dictionnaire raisonné des sciences, des arts et des métiers*). Même si Panckoucke ne semble pas établir de différences entre "encyclopédie" et "dictionnaire", l'"encyclopédie", dans le texte cité, correspond bien à *l'ensemble du savoir*, et l'œuvre est bien la somme des volumes qui, comme chez Diderot et D'Alembert, suivent un ordre alphabétique, – autrement dit gardent la forme d'un dictionnaire. Chez Diderot et D'Alembert, cependant, l'expression "dictionnaire raisonnée" équivaut à "Encyclopédie" ; tandis que Panckoucke fait du "dictionnaire" le mode de présentation de l'"Encyclopédie", ce qui lui permet de doter chacun des volumes-dictionnaire d'une présentation et d'un programme propres, bien que l'ordre alphabétique soit maintenu dans le corps de chaque volume.

La révolution de l'*Encyclopédie* provient fondamentalement du désir préliminaire de justifier rationnellement le fait que l'exposition du contenu de l'œuvre,

---

36. *Encyclopédie méthodique ou par ordre des matières ou Bibliothèque complète de toutes les conoissances humaines*, Liège, 1783.

qui suit un ordre alphabétique, répond à une structure rationnelle du savoir qui est perceptible dans les sciences. La connaissance doit apporter à l'homme la compréhension de la raison ultime qui donne sa cohérence au monde. C'est-à-dire que l'encyclopédie est ici perçue comme un ensemble de toutes les sciences (ce qui n'a rien de nouveau) et l'encyclopédisme comme un moyen rationnel d'accéder à la compréhension de l'Univers. À partir de l'*Encyclopédie Française*, le mot "encyclopédie" prend des connotations spécifiques qui dérivent du sens que l'on a voulu donner à la compilation des savoirs, à ce qu'on a appelé "l'esprit encyclopédique", transmis dans le *Discours préliminaire*[37].

On pourrait dire que c'est l'"esprit encyclopédiste" qui crée la différence entre dictionnaire et encyclopédie, en donnant à "encyclopédie" la valeur que lui attribue l'esprit responsable de la conception de l'œuvre, et en reléguant le "dictionnaire" à la fonction de simple support[38]. Dans les premiers temps de l'"encyclopédie" conçue de cette manière, le titre donné à l'ouvrage est indifféremment Dictionnaire ou Encyclopédie, quoique la différence entre l'un et l'autre puisse déjà, dans les propos de Panckoucke, être appréciée d'une façon plus ou moins explicite.

Je me suis contentée d'exposer de manière succincte l'organisation (ou la désorganisation) de la première compilation lexicale étendue que nous connaissons, et du premier prétendu "dictionnaire". J'ai tâché de décrire la nature de ce qu'on a considéré comme encyclopédie aux différentes époques. Je souhaitais ici mettre l'accent sur les répercussions possibles de l'emploi de termes qui ont de nos jours un sens bien précis pour traiter de productions relevant d'une mentalité qui remonte à plusieurs siècles. En somme, notre conception ne permet pas de comprendre les phénomènes qui datent de vingt siècles et l'on doit revenir aux textes pour essayer d'atteindre leur sens véritable[39]. Eux seuls permettent de donner une idée de la façon dont les hommes de chaque siècle appréciaient la réalité, quels aspects de la réalité avaient besoin d'être "glosés" ou définis, et quel était le but de ces glossaires, vocabulaires ou dictionnaires. Ces compilations monolingues répondent à une langue que l'on pourrait qualifier de technique, c'est-à-dire utilisée d'abord par des spécialistes et, plus tard, par un certain nombre de personnes dont la langue d'usage n'était pas le latin, mais qui appartenaient à des domaines où la connaissance du latin, en tant que langue de communication et d'acquisition du savoir, était nécessaire. Les formes peuvent coïncider, comme pour l'ordre alphabétique ou le groupement par matières dans les "encyclopédies" de Varron ou Martianus Capella, sans que l'idée visée par ces œuvres soit la même. Cette

---

37. Sur les préfaces et les introductions, voir COLLINOT, 1985.
38. FOWLER (1997 : 10) montre son désaccord avec cette distinction. Je partage en partie seulement son point de vue. Il est vrai que certaines entrées du dictionnaire exigent la description, mais cela tient à l'objet qui doit être défini, puisque certains objets ne peuvent pas être "identifiés" par l'utilisateur sans recours à la description. Dans le cas de l'*Encyclopédie*, tout traitement d'un "objet", qu'il soit ou non scientifique, exige une définition préalable.
39. Pour une réflexion sur ce point, voir ZIMMERMANN, 1994.

visée, chez les auteurs cités, est de proposer une formation donnant accès à des tâches supérieures, tâches qui vont varier, elles aussi, avec les siècles.

L'*Encyclopédie* est la conséquence de l'encyclopédisme, qui n'a que peu de rapport avec l'intention de rassembler tout le savoir dont les hommes ont besoin pour accéder à un niveau supérieur dans la société ou dans le savoir, ou, plus tard, de réunir tout ce que l'on connaît sur l'univers afin d'être une source possible de renseignements ou de servir *ad maiorem gloriam Dei*. De même, l'encyclopédisme a peu à voir avec les encyclopédies actuelles, qui visent la divulgation de toute sorte de thèmes intéressant le public du moment.

Les dictionnaires actuels répondent au besoin de réguler l'emploi du lexique, tout comme la grammaire sert à réguler l'emploi de la langue. La forme sous laquelle il se présente aujourd'hui est le résultat d'un effort en ce sens. Ce qu'on appelle le *Dictionnaire des Autorités*[40] est un parfait exemple de cet effort pour figer le lexique en fonction de l'usage suivi par les bons auteurs. Par la suite, cet objectif a été modifié, mais il est évident que les usages recueillis dans les dictionnaires répondent justement à ce souci d'offrir une source sure pour un emploi correct, qui freine et contraint l'évolution naturelle de la langue parlée.

Aucun de ces deux genres ne correspond à des genres de l'Antiquité ou du Moyen Âge – pas plus qu'à des genres de la Renaissance ou des Lumières. Il est possible de trouver ça et là des traits convergents, mais il faut les envisager en faisant abstraction de la réalité que nous connaissons et qui est la nôtre. Ce n'est qu'en opérant de la sorte que l'on peut saisir la trame sous-jacente qui explique les changements et les innovations. On risque sinon de semer la confusion dans l'esprit des gens qui s'intéressent à l'évolution de genres littéraires ou grammaticaux particuliers en projetant sur ces questions des concepts contemporains, sans tenir compte du fait que l'analyse des textes doit être le véritable guide de notre recherche – surtout lorsque nous n'avons pas plus d'informations sur les textes que celles que nous livrent précisément ces textes.

Traduit du castillan par Maria Oliver Marcuello

---

40. Le titre désigne un ouvrage espagnol (NDE): *Diccionario de la lengua castellana en que se explica el verdadero sentido de las voces, su naturaleza y calidad, con las frases o modos de hablar, los proverbios o refranes, y otras cosas convenientes al uso de la lengua* [...]. *Compuesto por la Real Academia Española*, Madrid, 1726.

LA MÉMOIRE ORDONNÉE.
LE MANIEMENT DE LA FORME LEXICOGRAPHIQUE
ET SES EFFETS SUR LA REPRÉSENTATION
DE LA LANGUE GRECQUE, DANS LA FICTION D'ATHÉNÉE

Benoît Louyest
EHESS, Paris

Il ne serait pas faux de dire qu'aujourd'hui Athénée est moins lu que consulté, et qu'il a plus ou moins acquis le statut de ce qu'on appelle par périphrase un "ouvrage de référence". Du moins, la dimension encyclopédique de son *Banquet des Sophistes* ne fait aucun doute : les convives de son repas fictif traitent certes exclusivement de ce qui a un rapport plus ou moins étroit avec les banquets (aliments, vaisselle, divertissements, parasitisme, goût du luxe, possession d'esclaves, etc.), mais ils ont sans cesse le souci d'étoffer leurs discours par des références livresques, de sorte que l'abondance des plats est largement surpassée par la richesse de cette érudition déployée sur les quinze livres de ce « banquet des belles-lettres » (ANDERSON, 2000 : 316). Tels sont les « deipnosophistes », les savants du banquet, dont les propos oscillent entre deux tendances historiques du dialogue de banquet : 1° d'un côté, une série de problèmes, généralement apparentées à un *Stichwort* en rapport avec le déroulement du festin (MARTIN, 1931 : 271), sont examinés sur un mode scientifique par les personnages, qui tranchent la discussion en recourant à des textes de longueur variable, 2° de l'autre, le compilateur offre au lecteur une « réécriture parodique de la littérature de banquet » (LOUYEST, 2009 : 11), exploitant jusqu'au bout l'ambiguïté de ce genre à la fois drôle et sérieux[1].

Au moment où Athénée se fixe à Rome au service du fortuné P. Livius Larensis, probablement dans les années 180 de notre ère[2], l'aristocratie romaine confie la culture à des spécialistes : les sophistes. À cette époque, où les milieux savants écrivent principalement en grec, l'élite intellectuelle délimite les contours de sa culture en s'appuyant précisément sur le passé grec. C'est dans ce courant, appelé "Seconde Sophistique" (ANDERSON, 1997 : 2173-2185) et dont les acteurs jouèrent un rôle prépondérant dans la société impériale (SCHMITZ, 1997 : *passim*),

---

1. Athénée, 15.702b-c. Cette fusion du sérieux et du comique dans le banquet a déjà été signalée (WILKINS, 2000b : 26).

2. La composition du *Banquet des sophistes* est désormais située entre 180 et 195 (HEMMERDINGER, 1989 : 106-117 ; LETROUIT, 1991 : 33-40). L'ancienne datation plaçait l'activité d'Athénée autour de 225, soit une dizaine d'années après le polygraphe Élien.

.

Encyclopédire : formes de l'ambition encyclopédique dans l'Antiquité et au Moyen Âge, éd. par Arnaud ZUCKER, Turnhout, 2013, *(Collection d'Études Médiévales de Nice, 14)*, pp. 242-258.
© BREPOLS ✠ PUBLISHERS   DOI 10.1484/M.CEM-EB.1.101799

que s'inscrit le sophiste Athénée, né à Naucratis – tout comme le lexicographe Pollux – et qui a étudié à Alexandrie. Son ouvrage, le *Banquet des Sophistes*, a été considéré à juste titre par les hellénistes comme une formidable compensation du naufrage des manuscrits à travers les siècles[3]. De fait, Athénée cite textuellement un nombre incroyable d'œuvres antiques qui seraient autrement perdues, comme la *Gastrologie* d'Archestrate, le traité *Sur les poissons* de Dorion, des fragments de poètes comiques peu connus comme Dioclès ou Aristonyme, des historiens mineurs comme Mnaséas ou Mélanthios, mais également un certain nombre de lexicographes dont les remarques viennent étayer les affirmations des convives[4].

Mais les études des vingt-cinq dernières années, insistant sur la dimension réfléchie et construite de ce banquet (Lukinovich, 1985 : 14-16 ; Lukinovich, 1990 : 263-271), ont donné une orientation nouvelle aux recherches sur Athénée. Elles ont mis en lumière la spécificité des techniques d'écriture mises en œuvre par l'auteur et ont permis d'examiner la question même de son « identité auctoriale » (Jacob, 2004a : 147-174). C. Jacob a parfaitement montré comment la méthode de travail du lettré transparaît dans son écriture, en particulier quand les « deipnosophistes » nous livrent – et c'est souvent le cas – la référence de leurs citations, y compris lorsqu'il y a incertitude sur l'attribution du texte. De même, on constate que lorsque l'auteur ne peut ou ne souhaite pas remonter au texte original, il se sert de sources intermédiaires – compilations, monographies, recueil de locutions – dont il intègre les informations dans la fiction de son ouvrage. Et il est frappant d'observer que ces assemblages, ces montages réalisés par le grammairien, au sein d'une structure combinant des formes « narratives » et « encyclopédiques » (Wilkins, 2000b : 35), constituent finalement l'essentiel des conversations.

Cependant, on peut se demander pourquoi, dans certaines parties de son œuvre, Athénée lui-même s'écarte du dialogue et entreprend de composer personnellement, ou dans la bouche de l'un des convives, sous une forme de type lexicographique. En somme, pourquoi décide-t-il, au sein même de sa fiction, *d'organiser sa matière encyclopédique sous forme de catalogues* – alphabétiques ou non – comportant une série de lemmes avec leur définition ? En quoi ces longs morceaux lexicographiques s'éloignent-ils ou au contraire se rapprochent-ils des lexiques traditionnels ? Enfin, la notion de "mémoire des mots" qu'on trouve en maints endroits du banquet permet-elle d'expliquer cette mise en ordre, ce réagencement des textes, sur les plans linguistique et culturel ? Il convient d'examiner comment se présentent les formes lexicographiques dans ce banquet, et quels

---

3.   Intermédiaire de la tradition, Athénée nous a transmis des centaines de fragments d'auteurs anciens dont il ne resterait rien autrement (Desrousseaux, 1956 : 29-30 ; Louyest, 2009 : 15-17).

4.   Parmi les fragments d'ouvrages lexicographiques cités par Athénée, signalons : aux IVe et IIIe siècles avant notre ère, Simias de Rhodes, Philitas de Cos, Nicandre de Thyateires (*Dialecte attique*), Philémon d'Athènes, Amérias, Denys l'Iambe ; aux IIe et Ier siècles avant notre ère, Nicandre de Colophon, Clitarque d'Egine, Timachidas, Tryphon, Didyme (*Lexique comique*) ; aux Ier et IIe siècles, Apion (*Lexique homérique*), Cratès d'Athènes (*Dialecte attique*), Denys fils de Tryphon (*Des noms*), Dorothée d'Ascalon (*Recueil d'expressions*), Héracléon (*Lexique attique*), Pamphile d'Alexandrie (auteur d'une vaste compilation lexicographique), Séleucos d'Alexandrie.

rapports elles entretiennent avec les discours érudits (1) ; le discours scientifique des lexicographes ayant tout lieu de revêtir chez Athénée une dimension ludique, on verra que l'auteur tire précisément parti des caractéristiques et des limites de ce mode d'écriture pour le plier aux visées de son ouvrage (2) ; et si l'on admet que la remémoration et la mise en ordre des mots impliquent une conception particulière de la culture, il faut surtout s'interroger sur les implications théoriques de cet agencement de la langue au sein même de la fiction (3).

Athénée et les lexicographes : rigueur et désinvolture

L'ordre alphabétique, dans la lexicographie antique, se limite généralement à *l'initiale des mots*, contrairement à l'usage de nos dictionnaires actuels. On le voit d'ailleurs encore au début du IVe siècle dans l'*Onomasticon* d'Eusèbe de Césarée, où sont expliqués alphabétiquement les noms de lieux bibliques : le recueil commence par le nom *Ararat* et se poursuit avec une série de noms en *A*- dont la deuxième lettre nous inciterait aujourd'hui à les placer différemment ; mais l'initiale des différents lemmes suit parfaitement l'ordre alphabétique du grec ancien (α, β, γ, δ, etc.)[5]. Chez Athénée, seuls les septième et onzième livres connaissent une organisation strictement alphabétique telle qu'on vient de la décrire, et qui les distingue des autres livres. Dans le premier cas, il s'agit du catalogue alphabétique des poissons (qui diffère donc de l'énumération pêle-mêle et burlesque des poissons du *Quart-Livre* de Rabelais[6]), et dans le second cas, du fameux catalogue alphabétique des vases qui a donné tant de fil à retordre aux archéologues modernes[7]. Aussi le modèle alphabétique est-il loin d'être généralisable à l'ensemble de l'œuvre.

Mais ces deux lexiques alphabétiques ont une caractéristique commune, que l'on trouve habituellement dans la lexicographie : c'est de fonctionner essentiellement *par analogie*, de sorte qu'un poisson ou un vase peut parfaitement renvoyer à un autre, et ainsi de suite, et que le moderne est souvent déçu par la définition proposée. Pour prendre l'exemple des vases, on ne doit pas s'imaginer que chacun des noms représente une forme de vase déterminée et fixée, qui ne changerait ni avec le temps, ni avec le lieu. Au contraire, beaucoup de ces noms sont des équivalents ou des synonymes qui, « chez le même peuple ou chez des peuples différents, étaient pris dans le même sens » (Letronne, 1833 : 9). Les anciens eux-mêmes étaient embarrassés par la dénomination des vases, comme en témoignent

5. L'usage moderne existe pourtant déjà dans l'antiquité, par exemple dans le *Lexique platonicien* rédigé au IIe siècle par le grammairien Timée (cf. Bonnelli, 2004 : 88-89) : ἀγαθοεργοί, ἄγαλμα, ἄγαμαι, etc. Dans d'autres cas, un classement thématique du lexique est considéré comme plus judicieux, par exemple dans le traité *De la matière médicale* de Dioscoride qui critique l'organisation alphabétique choisie par ses prédécesseurs (Dioscoride, 3-4). Quant à Érotien, il préfère composer son *Lexique hippocratique* en suivant l'ordre des occurrences dans le corpus (Érotien, 35-36).
6. Rabelais, *Quart-Livre*, chap. 60 (sur les aliments des « gastrologues »).
7. Par exemple, pour les vases κάνθαρος et καρχήσιον (Love, 1968 : 204-222). Plus généralement, voyez Sparkles, 1991 : 79.

les recueils de synonymes qui leur étaient en partie consacrés (à titre d'exemple, les *Synonymes* du grammairien Simariste sont cités une demi-douzaine de fois par Athénée). Ce type d'écrits visait surtout à donner des équivalents des noms employés par les poètes, diversement interprétés par les auteurs. C'est ainsi que la coupe « théricléenne » (θηρίκλειος) est considérée comme un synonyme du vase καρχήσιον dans un ouvrage du IIIe siècle avant notre ère[8], tandis qu'un historien du IIe siècle avant notre ère semble y voir deux sortes de vases différentes[9].

Athénée intervient lui-même pour dire que Callimaque se trompe, dans son poème élégiaque sur les *Causes*[10], lorsqu'il emploie les vases κισσύβιον et ἄλεισον comme synonymes; car le κισσύβιον n'est qu'un bol en bois, selon le lexicographe Néoptolème de Parium, quasi-contemporain de Callimaque[11], tandis que l'ἄλεισον désigne une coupe, comme le vase δέπας[12]. Le catalogue alphabétique des vases, comme les principales sources lexicographiques qui nous renseignent sur ce sujet – Pollux, la Souda, Hésychius, etc. – consiste souvent en une glose qui ne fait qu'*expliquer un nom par un ou plusieurs autres*, mis à la suite soit comme termes de comparaison, soit même comme termes équivalents. La raison en est simple : les lexicographes avaient à l'esprit des passages poétiques difficiles que leurs travaux devaient contribuer à commenter. Les poètes variant eux-mêmes leurs expressions, il n'est pas étonnant que de telles listes de synonymes aient été établies. On remarque par exemple que le mot κισσύβιον dont on vient de parler est repris à quelques vers d'intervalles chez Homère comme synonyme de σκύφος (bol)[13].

Non content d'emprunter ces séries synonymiques aux lexicographes, Athénée apporte lui-même sa *contribution à l'exégèse des poètes*, en particulier lorsqu'il se mêle des controverses homériques. Parmi les exemples les plus connus figure celui du vase de Nestor, pour lequel Athénée discute du nombre de colombes représentées sur cette coupe, et qui symbolisent la constellation des Pléiades. Dans ce cas précis, on n'a pas simplement affaire à un lemme et à sa définition : un long article critique est placé en position post-définitionnelle dans cette section intitulée *Nestoris* (vase de Nestor)[14], permettant à l'auteur de déployer son propre talent de γραμματικός. À la fin de la section, où le vase est interprété en termes cosmologiques par un grammairien probablement influencé par l'école de Pergame[15], Athénée analyse non sans humour le paradoxe homérique selon lequel Nestor était le seul à pouvoir soulever cette coupe (Athénée, 11.493b-494b) :

---

8.   Il s'agit du grammairien Adaios de Mitylène (Athénée, 11.472a).

9.   L'historien Callixène de Rhodes (Athénée, 5.199a-b).

10. Callimaque, *Causes*, fr. 178 = Athénée, 11.477c.

11. Voir Athénée, 11.476f.

12. Les poètes hellénistiques divergent eux-mêmes sur la signification du mot κισσύβιον, rare après Homère. Cf. Théocrite, *Idylles* 1.27-31 ; Gutzwiller, 2007 : 41.

13. Il s'agit du vase offert à Ulysse par le porcher Eumée (*Odyssée* 14.78 et 112).

14. Sur la distinction entre « définition » et « post-définition », voyez Wooldridge, Lancashire, 1995.

15. Braun, 1973 : 47-54 (sur l'herméneutique d'Asclépiade de Myrléa). Cf. éd. Pagani, 2007 : 17.

C'est là un vase volumineux et pesant, que justement Nestor, ce grand buveur, était capable de porter aisément, suite à une habitude régulière (ἐκ τῆς συνεχοῦς συνηθείας).

Sosibios, le spécialiste des solutions, cite les vers [*Iliade* 11.636-637] :

Un autre aurait eu du mal à la soulever de la table,
lorsqu'elle était pleine ; mais Nestor, le vieil homme, la soulevait sans peine,

puis il écrit textuellement : *On reproche aujourd'hui au Poète d'avoir dit que tous avaient du mal à lever la coupe, à l'exception de Nestor qui y parvenait sans peine. Il aurait semblé absurde qu'en présence de Diomède et d'Ajax, sans oublier Achille, Nestor, pourtant d'un âge avancé, se fût montré plus fort. Néanmoins, en recourant à l'anastrophe* (τῇ ἀναστροφῇ χρησάμενοι)[16], *nous lavons le Poète de ces accusations ; en effet, au milieu de cet hexamètre,*

lorsqu'elle était pleine ; mais Nestor, le vieil homme, la soulevait sans peine,

nous retirons l'expression "vieil homme" afin de la placer au début du premier vers, après "un autre". Nous devons ensuite reprendre les vers rassemblés : Un autre vieil homme aurait eu peine à la soulever de la table, / lorsqu'elle était pleine ; mais Nestor la soulevait sans difficulté. Si donc on place maintenant les mots dans cet ordre, Nestor apparaît comme le seul, parmi tous les hommes âgés, à pouvoir lever sans fatigue la coupe.

Tels sont les termes du spécialiste des solutions, l'admirable Sosibios, auquel le roi Ptolémée Philadelphe joua un vilain tour, à cause de cette fameuse solution et des autres du même acabit. Comme Sosibios recevait de lui une pension, le roi manda ses intendants et leur ordonna de dire à Sosibios, au cas où il se présenterait pour réclamer sa pension, qu'il l'avait déjà reçue. Ce dernier ne tarda pas à venir faire sa demande : et eux de lui répondre qu'ils la lui avaient déjà donnée, sans fournir d'explications. Le voici donc rendu devant le roi, s'en prenant aux intendants. Ptolémée les fit venir et donna l'ordre de prendre avec eux les registres dans lesquels on inscrivait ceux qui recevaient leur pension ; le roi les prit dans ses mains et, après examen, affirma à son tour que Sosibios avait été payé. Voici comment il procéda : les noms inscrits étaient ceux de Soter, Sosigène, Bion et Apollonios : après les avoir observés, le roi déclara : « Admirable dénicheur de solutions, si tu retires le -SO- de Soter, le -SI- de Sosigène, la première syllabe de Bion et la dernière d'Apollonios, tu découvriras que tu as toi-même reçu ta pension, d'après les conceptions qui sont celles de ton esprit. D'ailleurs,

Ce n'est pas dans les ailes d'autrui, mais dans les tiennes

que tu t'es pris – comme le dit l'admirable Eschyle – car tu inventes des solutions en dépit des règles dionysiaques (ἀπροσδιονύσους) ».

---

16. L'anastrophe consiste à transposer une particule après le mot qu'elle régit (Tryphon, *Tropes* 275 ; Apollonios Dyscole, *Conjonctions et adverbes* 531). Par extension, elle désigne un renversement de l'ordre habituel des mots.

Tout en rejoignant la visée herméneutique des glossaires, le savoir philologique déployé ici est une excellente illustration de la façon dont l'écriture lexicographique est utilisée par le compilateur à des *fins comiques*. L'ironie avec laquelle est évoqué le commentaire de Sosibios va en effet au-delà de la simple anecdote, du simple divertissement érudit. Derrière l'absurdité de l'interprétation (en particulier le recours superflu à la figure de l'anastrophe), il est possible de lire une mise en garde contre l'utilisation irréfléchie des outils proposés par la philologie. Du moins, Athénée prend clairement ses distances avec des formes qui lui sont pourtant familières, comme cela transparaît aussi dans son catalogue des poissons, où il s'affranchit à plusieurs reprises de l'ordre alphabétique (LOUYEST, 2009 : 310-312 et 308-309). C'est ainsi qu'au septième livre, après avoir évoqué un poisson proche de la sardine appelé « cuivrée » (χαλχίς) et au moment de passer au carrelet (ψῆττα) comme le voudraient les initiales χ- et ψ-, l'auteur introduit de manière étonnante le poisson appelé « thrace » (θρᾷττα : Athénée, 7.329b), qui aurait dû logiquement trouver sa place à côté du thon (θύννος), parmi les autres mots en θ-. Toutefois, cette entorse à la règle peut encore se justifier par un rapprochement phonétique avec plusieurs espèces de sardines mentionnées comme étant assimilables à la « cuivrée » (χαλχίς) : la θρίσσα et la τριχίς. Le lemme θρᾷττα ne serait donc que le prolongement des remarques sur le terme précédent.

Plus surprenante est la liberté prise avec l'aulopias (αὐλωπίας : Athénée, 7.326b), une sorte de thon qui figure à la lettre τ- du catalogue. L'animal n'est pas autrement expliqué que par une citation du poète culinaire Archestrate, où le mot est précédé de la particule enclitique -τε (équivalent du *-que* latin) élidée en τ', de sorte qu'est ainsi créée une nouvelle espèce de poisson, le « t'aulopias » (ταυλωπίας) ! Ce qui peut donner – s'il est permis de recourir aux possibilités offertes en français par la liaison – la traduction suivante (Athénée, 7.326b) :

> *Du grand et exubérant' aulopias* (νεαροῦ μεγάλου τ᾽ αὐλωπία)...

Il est tout à fait possible que cette lecture erronée du texte soit consciente. Loin de montrer l'ignorance d'Athénée en matière d'ichtyologie – rappelons qu'il a rédigé une monographie (perdue) sur la comédie *Les poissons* d'Archippe (WILKINS, 2000a : 323-335) – cette subtilité langagière révèle plutôt chez l'auteur le souci d'exploiter les possibilités de la langue grecque tout en faisant rire les lettrés de son temps. L'hypothèse d'une entorse volontaire apparaît d'autant plus vraisemblable que l'autorité invoquée est ici Archestrate, poète abondamment raillé (mais aussi abondamment cité) par les convives du banquet, et dont la *Gastrologie* était écrite comme une parodie du style épique (OLSON, SENS, 2000 : *passim*). Autant d'arguments qui nous incitent à dire qu'à son tour, en plaçant l'aulopias à cet endroit, *Athénée parodie l'écriture lexicographique elle-même*. Pour donner une autre illustration de cette visée paralexicographique du discours savant, observons avec quelle malice le grammairien interprète la forme ionienne du mot désignant l'anguille (ἔγχελυς) dans un vers homérique (Athénée, 7.299a-d) :

Suivant le vers d'Homère (*Iliade* 21.353),

> *Anguilles* (ἐγχέλυες) *et poissons étaient accablés,*

Archiloque a écrit sur le même modèle :

> *Tu as reçu maintes anguilles (ἐγχέλυας) aveugles.*

Mais les auteurs attiques, comme le dit Tryphon, s'ils connaissent l'usage des formes singulières en *upsilon*, ne leur font pas correspondre pour autant les formes plurielles adéquates. Aristophane dit bien < au singulier > dans les *Acharniens* [889] :

> *Regardez, mes enfants, l'excellente anguille (ἔγχελυς).*

Et dans les *Lemniennes* :

> *… une anguille (ἔγχελυν) de Béotie.*

Au nominatif, dans les *Convives* :

> *… et lisse comme une anguille (ἔγχελυς).* […]

Mais les formes plurielles, en revanche, ne ressemblent plus à celles du Poète.

Aristophane, dans les *Cavaliers* [864] :

> *Il t'est arrivé exactement ce qui arrive aux pêcheurs d'anguilles (ἐγχέλεις).*

Et dans la deuxième version des *Nuées* [559] :

> *… eux qui ont imité mes comparaisons avec les anguilles (ἐγχέλεων).*

Au datif, dans les *Guêpes* :

> *… mais je n'aime pas les raies, ni les anguilles (ἐγχέλεσιν).* […]

Et à l'accusatif :

> *Un héron, trouvant une buse qui mangeait*
> *une anguille (ἔγχελυν) du Méandre, la lui enleva.*

Quant à Aristote, dans son traité *Des animaux*, il met un *iota* au mot (ἔγχελις). Mais lorsque Aristophane dit, dans les *Cavaliers* :

> *Il t'est arrivé exactement ce qui arrive aux pêcheurs d'anguilles (ἐγχέλεις) :*
> *quand l'étang est calme, ils n'attrapent rien,*
> *mais s'ils remuent la boue dans tous les sens,*
> *ils en prennent. Toi aussi, tu n'attrapes que si tu troubles la cité,*

il montre clairement que l'anguille s'attrape dans le limon (ἐκ τῆς ἰλύος). Voilà justement pourquoi l'anguille, ἔγχελυς, se termine par -υς. C'est donc parce qu'il voulait montrer que même les profondeurs du fleuve étaient atteintes par le feu, que le Poète a dit :

> *Anguilles (ἐγχέλυες) et poissons étaient accablés.*

On appréciera la drôlerie du raisonnement : par quel prodige la forme ionienne pourrait-elle déterminer la profondeur du Xanthe ? Du reste, comment Homère aurait-il pu choisir une terminaison attique ? Et à quoi sert d'énumérer toutes ces variantes pour arriver à cette conclusion, inspirée apparemment par une technique halieutique que décrit Aristophane ? On a peine à croire que l'auteur ait pu se persuader lui-même par un argument si visiblement absurde ; aussi faut-il certainement y voir une nouvelle pique contre les commentateurs soucieux de recourir à tout prix à la grammaire pour expliquer les textes. De cet exemple, comme des précédents, ressort la volonté d'Athénée de *se démarquer ironiquement de la forme lexicographique*, celle-ci apparaissant chez lui sous des traits scientifiques sous lesquels le persiflage est constamment perceptible. Et l'on voit clairement qu'une telle dérision n'est pas dirigée contre l'érudition, mais contre l'interprétation absurde des analogies et anomalies observables dans la langue.

JEUX LEXICOGRAPHISANTS : L'USAGE DU DISCOURS ÉNUMÉRATIF

Athénée n'envisage pas son ouvrage, si sérieux soit-il, indépendamment des notions d'agrément et de divertissement. En ce sens, il s'accorderait parfaitement avec la déclaration de Pollux qui dit au neuvième livre de son onomastique qu'une liste de mots « porte naturellement au dégoût » (ὀνομάτων κατάλογον ἔχοντά τι τῇ φύσει προσκορές), mais qu'il a su la rendre agréable par l'art de la disposition. La méconnaissance de cet aspect explique en partie que les traductions de ce genre d'œuvres soient si rares : à quoi bon, pense-t-on, traduire des listes de mots, *a fortiori* quand il s'agit plus ou moins de synonymes ? Et pourtant, l'auteur revient à plusieurs reprises sur son désir de régaler son auditeur par la ποικιλία, la variété de son discours : il parle, à la fin du livre X, de « varier son propos » (μεταβάλλω τὸν λόγον) et d'offrir à son interlocuteur Timocrate « maints plats inédits » (καιναῖσι παροψίσι καὶ πολλαῖς)[17]. Cette variété divertissante, souhaitée au moins par Athénée, concerne l'ensemble des discours savants de son banquet, mais plus particulièrement les jeux que l'on peut qualifier de lexicographisants, auxquels se livrent tantôt les convives, tantôt le narrateur (WILKINS, 2000b : 28-31). Je pense notamment aux multiples catalogues de personnages qui parsèment l'œuvre.

Dans la section sur les poissons (livres VI à VIII), on trouve notamment un catalogue des amateurs de poissons ; dans celle sur les viandes (livres IX et première partie du livre X), un catalogue des voraces ; dans celle sur les plaisirs (livre XII – milieu du XIV), un catalogue des obèses et un catalogue des hétaïres. Mais la série la plus haute en couleurs est sans conteste celle des flatteurs et des parasites, dont il est question peu après l'arrivée des poissons – dont le nombre considérable a suscité la réaction admirative des flatteurs et des parasites (Athénée, 6.224c). Ceux-ci sont mentionnés à chaque fois, dans le catalogue en question, par leurs noms, ou plutôt par les surnoms que l'on trouve dans le théâtre comique et dont la signification ne lasse pas de faire rire. L'un se nomme l'Alouette, l'autre la Langouste, un troisième Bec-à-Jambon, et ainsi de suite (Athénée, 6.240c-242f) :

> Parmi les parasites dont le nom est connu, il y a d'abord l'Euphorbe (Τιθύμαλλος), qu'Alexis mentionne dans sa *Milésienne* et dans son *Ulysse intriguant* [...]. Timocle, dans le *Centaure* ou *Dexamène* :
>
> > ... *en le traitant d'Euphorbe et de parasite.*

---

17. Athénée, 10.459b-c (citant le poète tragique Métagène).

Et dans les *Cauniens* :

> *C'est déjà servi ? Qu'attends-tu ? Dépêche-toi donc,*
> *mon bonhomme, car l'Euphorbe, qui était bel et bien mort,*
> *est revenu à la vie en mâchant des lupins*
> *à une obole les huit ! C'est vrai que ce type-là,*
> *il ne se laisse pas mourir de faim : quand il a faim,*
> *mon cher, il est persévérant.*

Et dans les *Lettres* :

> *Hélas, malheur à moi ! Comme je suis amoureux ! Par les dieux,*
> *jamais d'un amour aussi violent l'Euphorbe*
> *n'a aimé manger, ni Durondin voler un manteau,*
> *ni Nil voler de la farine, ni l'Alouette battre des… dents*
> *sans payer sa part.* […]

L'Alouette (ὁ Κόρυδος) faisait également partie des parasites dont le nom est connu. […] Alexis, dans le *Démétrios* ou le *Bon ami* :

> *J'ai honte*
> *de l'Alouette : et si on me voyait partager si volontiers*
> *avec lui un repas ? Pourtant, je ne refuse pas,*
> *car lui non plus ne refuse pas, si on l'invite – ou pas.*

Et dans la *Nourrice* :

> A. – *Cette Alouette a pour habitude de dire*
> *des plaisanteries, et veut faire le m'as-tu-vu.*
> B. – *Il a raison : Matuvu* (ὁ Βλεπαῖος) *est un homme riche*[18]. […]

Lyncée de Samos expose dans un ouvrage les faits mémorables de l'Alouette et il dit que son vrai nom était Eucrate. Voici ce qu'il écrit : *Eucrate l'Alouette, un jour qu'il buvait chez quelqu'un dont la maison était délabrée, déclara : « Ici, il faut dîner en tenant le plafond avec la main gauche, comme les Caryatides. » Une autre fois, comme on discutait par hasard du prix élevé des grives en présence de l'Alouette – qui avait la réputation de se prostituer – Philoxène Pique-Jambon dit : « Eh ! bien, moi, je me souviens que l'alouette ne coûtait qu'une obole. »*

Philoxène faisait partie, lui aussi, des parasites, comme l'atteste Axionicos dans le *Chalcidien*. […] Ménandre le mentionne également dans la *Résille*, où il lui donne pour seul nom Pique-Jambon (ἡ Πτερνοκοπίς). […]

Dans son *Trophonios*, Alexis fait mention d'un certain parasite du nom de Moschion et il le qualifie, dans les vers suivants, de « compagnon mâcheur » (παραμασήτην) :

> *… puis Moschion*
> *que les mortels appellent "compagnon mâcheur".*

Dans son *Lutteur-pugiliste*, Alexis énumère des coureurs de dîners (τρεχεδείπνους) :

---

18. Le jeu de mot porte sur le mot Βλεπαῖος, « qui est en vue ».

A. – *Tu avais d'abord Callimédon la Langouste,*
     puis l'Alouette, Dugoujon et l'Homme-au-Son,
     le Maquereau et la Gruau.
B. – *Par l'ami Héraclès!*
     Tu ne parles pas d'un banquet, mais d'emplettes : une femme!

L'Homme-au-Son (Κυρηβίων) était le surnom d'Épicrate, qui était le parent par alliance de l'orateur Eschine, d'après ce que dit Démosthène dans son *Discours sur les forfaitures de l'ambassade*. Anaxandride, dans son *Ulysse*, fait mention d'épithètes (ἐπιθέτων) du même style, que les Athéniens s'amusaient à donner par dérision :

Vous vous raillez sans cesse mutuellement, je le sais bien.
Si quelqu'un est beau, vous l'appelez Mariage-Sacré (ἱερὸν γάμον).
Si un homme est tout petit, vous l'appelez Gouttelette (σταλαγμόν).
Un homme arrive en grande toilette? C'est aussitôt Le Niais (ὄλολυς).
Démocle se promène tout huilé? On le surnomme La Soupe (ζωμός).
Un tel aime être sale et crasseux? Voici Tourbillon-de-Poussière (κονιορτός).
Un flatteur suit quelqu'un partout? On l'appelle La Chaloupe (λέμβος).
Il déambule tout le temps le ventre vide? C'est un Mulet-Jeûneur
(κεστρῖνος νῆστις).

Dans ces truculentes énumérations, assorties d'exemples tirés de la poésie comique ou des anecdotes de Lyncée de Samos, ce qui frappe, c'est le contraste entre la méthode rigoureuse des énumérations onomastiques et la bouffonnerie de ces personnages qui constituent la matière de cette délirante érudition lexicale. Comment ne pas y voir un *jeu ridiculisant la lexicographie* elle-même par le caractère dérisoire de son objet? L'auteur semble pris dans sa propre autodérision, tout comme le personnage de Cynulque, dont les interventions passionnées comportent de virulentes attaques contre la pédanterie et la gourmandise auxquelles il s'adonne pourtant au moins autant que les autres convives (WILKINS, 2000b : 28-30)!

La distance ironique que le dialogue maintient à l'égard de son sujet transparaît encore à la suite d'une autre liste, au cinquième livre du banquet : après avoir énuméré les repas extraordinaires des successeurs d'Alexandre et les dépenses colossales des Ptolémées pour les navires, Athénée ne manque pas de comparer ce modeste « catalogue des vaisseaux » avec celui d'Homère (Athénée, 5.109f). Dans son usage de formes lexicographisantes, le compilateur ne se pose donc pas en simple contemplateur de la littérature, mais affiche l'ambition de *recréer un espace textuel* dans lequel la grande épopée est mise sur un pied d'égalité avec des éléments qui lui sont totalement étrangers, sur la base d'un processus d'analogies – processus qui fonde justement le caractère contradictoire de toute écriture lexicographique.

UNE CONCEPTION DE LA LANGUE ET DE LA CULTURE

Le maniement de la forme lexicographique est subordonné chez Athénée à l'idée de *remémoration* et sous-tend une conception particulière de la langue et de la culture. Rappelons non seulement que le narrateur est censé rapporter en détail le déroulement d'un banquet auquel il a assisté parmi les « deipnosophistes »[19], mais que les convives eux-mêmes insistent sur leurs capacités à se souvenir de tel ou tel passage situé dans l'énième livre de tel traité ou de telle chronique. L'action qui consiste à relater le banquet et celle qui consiste à convoquer les textes pour attester de l'emploi d'un mot sont rendues en grec par un seul et même verbe : μεμνῆσθαι. Voyez par exemple l'introduction du catalogue (non alphabétique) des gâteaux (Athénée, 14.643e-644a) :

> Etant donné que les convives ont énuméré les noms de nombreux gâteaux, je te ferai part (μεταδώσω) de tous ceux dont je me souviens (μεμνῆμαι). Mais je sais également que Callimaque a inscrit dans sa *Table des ouvrages de toutes sortes* les traités d'Égimios, d'Hégésippe, de Métrobe et de Phaïstos sur l'art de faire les gâteaux. Nous aussi, nous allons te faire part (μεταδώσομεν) des noms de ces gâteaux, que nous avons transcrits, mais non pas comme celui qu'Alcibiade envoya à Socrate. Xanthippe ayant piétiné le gâteau, Socrate se mit à rire : « Eh bien !, alors tu ne pourras pas non plus le partager (οὐδὲ σὺ μεθέξεις) ». […] Quant à moi, qui suis amateur de gâteaux, je n'aurais pas permis qu'on infligeât un tel outrage à ce divin gâteau. L'auteur comique Platon, qui mentionne (μνημονεύων) les gâteaux dans sa pièce…

Associant étroitement les notions de mémoire et de partage, ce passage montre notamment qu'Athénée met en œuvre une forme de *restitution du legs culturel qu'il partage* avec ses contemporains, mais en n'offrant à son auditeur que les *reliefs*, les restes que sa mémoire a pu retenir du banquet – l'ensemble de l'ouvrage étant considéré comme une infime partie de ce que les convives ont "réellement" prononcé. Quant à l'organisation de la matière sous forme de catalogues insérés dans les conversations des personnages, elle vient confirmer notre hypothèse selon laquelle le λογοδεῖπνον (pour reprendre l'hapax par lequel l'abréviateur désigne l'ouvrage[20]) n'est pas uniquement un "repas de discours", comme on l'entend d'ordinaire, mais aussi un "repas sur les mots"[21]. Ce que le

---

19. « Athénée met en scène son dialogue en rivalisant avec Platon. Voici, en tout cas, comment il commence : – As-tu participé en personne, Athénée à cette noble réunion de ceux qu'on appelle aujourd'hui les savants du banquet, celle dont on a tant parlé dans la ville, ou l'as-tu racontée à tes amis après l'avoir apprise d'autrui ? – J'y étais en personne, Timocrate. – Voudras-tu donc, à nous aussi, faire part de ces nobles propos tenus coupe en main […] ou faut-il que nous demandions à un autre ? » (Athénée, 1.1f-2b). Sur l'imitation platonicienne (*Phédon*, 57a ; *Banquet*, 172a), voir ROMERI, 2002 : *passim*.

20. Athénée, 1, 1b.

21. À l'inverse, une deipnologie est un « discours sur les repas », comme le poème d'Archestrate (Athénée, 1, 4e).

banquet analyse, ce sont moins les aliments que leurs désignations, d'où le caractère original de cette fiction qui réfléchit sur le langage.

À la suite du catalogue des gâteaux, un quiproquo illustre bien cette perspective dans laquelle se place l'auteur (Athénée, 14.649a-c) :

> « Noble Ulpien, expert des comptes, tu es en possession de mon exposé sur le gâteau ; je te conseille de t'en détacher un peu. »

> Sans attendre, Ulpien prit un morceau et le mangea. Mais tout le monde se mit à rire et Démocrite reprit :

> « Eh, je ne t'ai pas prescrit d'en manger, noble chasseur de mots, mais de n'en manger mie, car c'est dans ce sens que le poète comique Théopompe, dans son *Phinée*, emploie l'expression "se détacher" (ἀπεσθίειν) :

>> *Arrête de jouer aux dés, grand, et à l'avenir,*
>> *sers-toi de blettes. Tes chiures sont toutes dures :*
>> *détache-toi des poissons de roche.*
>> *Le vin nouveau, c'est idéal pour une bonne… décision.*
>> *Si tu fais ça, tout ton être sera plus léger.*

> D'autres, en revanche, emploient l'expression "se détacher" au sens de "prendre pour manger" (ἀπό τινος ἐσθίειν) comme Hermippe dans les *Soldats* :

>> *Hélas, malheur à moi ! Il mord, il mord,*
>> *il va se détacher un morceau de mon oreille !* »

> Là-dessus, le Syrien [Ulpien], convaincu de son erreur et particulièrement mordu, répliqua : « Bien sûr, mais on a servi aussi des pistaches sur nos tables. Si tu me dis chez quel auteur elles sont attestées, je te donnerai non pas "dix statères d'or", pour parler comme le causeur du Pont [Héraclide], mais la coupe que voici. »

Qu'un mot puisse avoir plusieurs acceptions et désigner plusieurs réalités, ou qu'une réalité ait plusieurs désignations, voilà ce qui fascine les savants. En somme, la langue est abordée par les savants du banquet comme un objet d'étude et d'étonnement, *tout comme si elle leur était étrangère*. Le passage ci-dessus, qui joue sur le double sens du verbe ἀπεσθίειν, met surtout en cause l'appartenance d'Ulpien aux « savants du banquet ». Vexé d'avoir été piégé, le convive lance un défi à son interlocuteur, qui devra prouver aussi son érudition en disant chez quel auteur sont attestées les pistaches. Cette question de *l'équivocité* et de *l'homonymie* est omniprésente dans l'œuvre d'Athénée, et dans l'agencement même des citations, il n'est pas rare que soient cités par exemple à la suite le philosophe Platon et le comique du même nom. Qu'on ne s'étonne pas non plus de lire la longue parenthèse prononcée par l'un des convives sur Polémon, ce polygraphe du IIᵉ siècle avant notre ère, à propos de l'ancien sens du mot « parasite » (Athénée, 6.234c-d) :

> Plutarque déclara alors : « Le terme "parasite" (τὸ δὲ τοῦ παρασίτου ὄνομα) était autrefois vénérable et sacré. Du moins, Polémon – de Samos, de Sicyone ou d'Athènes, selon le nom qu'il lui plaira d'avoir, comme le dit Héraclide de Mopsos qui énumère ses noms possibles (καταριθμούμενος αὐτόν) en ajou-

tant encore d'autres cités ; et Polémon avait encore le surnom de Pique-à-Stèles, comme l'atteste Hérodicos, le disciple de Cratès – lorsqu'il écrit sur les parasites, dit […] »

C'est donc sur *la dimension infinie de la langue,* et sur son *altérité* qu'insiste Athénée, problème qu'il a d'autant mieux identifié qu'il est familier des lexiques et a conscience que la lexicographie, sous son aspect descriptif, peut receler une dimension subversive, dans l'altération et la permutation des signifiants et des signifiés. Voilà pourquoi les mots sont réordonnés, réorganisés, suivant un agencement qui ne dépend qu'en apparence de la mémoire des convives, mais qui correspond en réalité à la volonté de l'auteur de mettre en évidence les anomalies, les étrangetés de cette langue qui est pourtant la sienne.

Cette distance de l'auteur vis-à-vis de sa langue et de la masse prodigieuse de connaissances qu'il brasse et transmet, Athénée ne la doit sans doute pas seulement au regard qu'il a acquis en tant que grammairien, mais aussi *au public romain, un lectorat lettré* qu'il fréquente et auquel s'adresse son ouvrage. C'est en effet à Rome et pour Rome qu'est rédigée cette vaste compilation de littérature grecque, Rome dont il voudrait qu'elle soit une nouvelle Athènes. Il est vrai que le rapport du compilateur à Rome et à Athènes semble assez complexe, comme le note G. Zecchini (2007 : 19-27), lorsqu'il signale que contrairement à Harpocration, Athénée ne cite pas les atthidographes, probablement parce qu'il craint d'y trouver trop d'éloges d'Athènes. Mais il faut préciser – et je terminerai sur ce point en citant Athénée – que la mémoire sélective des textes telle qu'elle est pratiquée par notre auteur, si elle ne vise pas à glorifier la civilisation grecque, ne manque pas non plus de mettre en évidence les bizarreries de la langue grecque, jusque dans ses emprunts à la langue latine (Athénée, 3.121f-122a) :

Sur ces paroles, Cynulcos demanda à boire une *décocte*, disant qu'il avait besoin de nettoyer les mots salés avec des flots de douceur. Ulpien, irrité, martelant de sa main le coussin, lui répondit :

« Jusques à quand ne cesserez-vous de proférer des barbarismes ? Cela va-t-il durer jusqu'à ce que je quitte le banquet et rentre chez moi, incapable de digérer vos mots ? »

L'autre reprit :

« Maintenant que je vis dans la Rome impériale, mon excellent ami, j'emploie la langue du pays (ἐπιχωρίῳ κέχρημαι φωνῇ), comme il est d'usage. Après tout, même chez les anciens poètes et historiens qui s'exprimaient dans le grec le plus pur, on peut trouver des mots d'origine perse parce que leur usage était courant, […] et je sais que de nombreux auteurs d'Attique ont employé des expressions macédoniennes, en raison des contacts qu'ils avaient avec les Macédoniens […] »

L'ENTRÉE *UOX* DU *LIBER GLOSSARUM*.
LES SOURCES ET LEUR MISE EN ŒUVRE

ANNE GRONDEUX
Laboratoire d'histoire des théories linguistiques, Université Paris VII Diderot – CNRS

Les rapports entre le genre encyclopédique et celui des lexiques sont complexes à analyser, dans la mesure où il n'est pas toujours aisé de déterminer précisément face à quel type d'instrument l'on se trouve. La question se pose tout particulièrement à l'époque carolingienne, dans un monde où le latin devient, sous l'impulsion des réformes alcuiniennes[1], une langue seconde, apprise de façon scolaire. On peut ainsi se demander ce que l'on recherche alors, en ouvrant un répertoire tel le *Liber Glossarum* : veut-on en effet avoir accès à des mots ou à des choses, à des définitions brutes ou à l'avis éclairé de savants, au vocabulaire ou aux réalités mêmes dont il parle ? C'est dans ce contexte alcuinien de la fin du VIIIᵉ siècle que s'élabore cet instrument de travail colossal qu'est le *Liber Glossarum*, que nous présenterons brièvement ici avant de nous concentrer sur l'entrée *uox* de ce glossaire.

On sait encore peu de chose sur le *Liber Glossarum*, dont on s'accorde généralement à placer la naissance à Corbie, sous le grand abbatiat d'Adalhard, donc entre 780 et 814 (BISCHOFF, 1981). Plus récemment encore, on a supposé que les moines aient pu bénéficier d'un grand travail de dépouillement, réalisé par les moniales de Chelles ou de Soissons, qui leur ont fourni les quelque 65 000 fiches nécessaires à la confection du grand œuvre[2]. Dans le *LG*, chacune des 27 000 entrées latines donne des explications, soit brèves, soit parfois extrêmement longues, qui sont extraites de sources d'une grande variété. Les *Étymologies*[3] d'Isidore de Séville ont été minutieusement exploitées, nous y reviendrons ; mais le *Liber* connaît et utilise aussi son *Liber de rerum natura,* son *Liber officiorum,* ses *Libri de ortu et obitu patrum,* ses *Differentiae.* En parallèle, sont aussi invoqués quantité d'auteurs patristiques comme Augustin d'Hippone (principalement le *De Ciuitate Dei*), Ambroise de Milan (*Hexameron*), Jérôme (surtout les

---

1. Voir en particulier LAW, 1982 : 100 *sq.* ; HOLTZ, 2000 ; HUGLO, 2001.
2. Voir en particulier BISCHOFF, 1966 ; HUGLO, 2001 : 11. Pour la bibliographie sur le *Liber Glossarum* (désormais *LG*), voir GRONDEUX, 2009.
3. Pour les éditions des œuvres mentionnées dans cette contribution, nous renvoyons à la bibliographie finale. Ne figurent en note que des annotations spécifiques (projets d'édition en cours, levée d'ambiguïté lorsque plusieurs éditions sont disponibles, etc.)

Encyclopédire : formes de l'ambition encyclopédique dans l'Antiquité et au Moyen Âge, éd. par Arnaud ZUCKER, Turnhout, 2013, *(Collection d'Études Médiévales de Nice, 14)*, pp. 259-274.
© BREPOLS ❧ PUBLISHERS   DOI 10.1484/M.CEM-EB.1.101800

Quaestiones hebraicae in Genesin), Hilaire de Poitiers[4], Eucher de Lyon, Fulgence de Ruspe, Grégoire le Grand (*Dialogi* et *Moralia*), mais aussi des auteurs profanes comme Orose et ses *Histoires contre les païens*, Eutrope et son *Abrégé de l'Histoire romaine*, des collections de *Differentiae*, les *Synonyma Ciceronis* anonymes, le *Glossaire* dit de Placide, des gloses sur Virgile, ainsi que des sources médicales et grammaticales (comme l'*Ars grammatica* de Donat[5] et les *Institutiones grammaticae* de Priscien de Césarée, nous y reviendrons aussi plus longuement).

Ce qui fait la force du *LG*, comme l'a souligné M. HUGLO (2001), est le fait qu'une bibliothèque qui se procure cette somme peut se dispenser de copier toutes sortes de traités, puisque le travail de dépouillement qui a été effectué permet de retrouver des données savantes, en connaissant en outre leur origine, celle-ci étant indiquée en marge de chaque citation. Ce système d'une grande commodité est censé garantir la fiabilité de l'information véhiculée par le *LG* ; nous verrons cependant que quelques bémols doivent être apportés. Quoi qu'il en soit, le succès a été instantanément au rendez-vous, et le *LG* a largement circulé pendant le Moyen Âge carolingien. Mais paradoxalement le caractère colossal du *LG* est aussi ce qui fait sa faiblesse : sa copie nécessite des forces considérables, en particulier si l'on considère que les exemplaires complets pèsent entre onze et treize kilogrammes. Celui qui est conservé à la Bibliothèque Nationale de Paris[6] se compose ainsi de deux grands volumes (respectivement 115 et 246 feuillets), chaque page comportant 3 colonnes. Le *Liber* a donc donné lieu à des versions abrégées, comme le *Glossarium Salomonis*[7] (*ca* 900) ; le *Summarium Heinrici*[8], vers 1010 ; et surtout le *Vocabularium* ou *Elementarium* de Papias[9] (*ca* 1050), dont la diffusion a mis un point final à la circulation de sa source principale (et muette), le *LG*. Aujourd'hui encore, la taille du *LG* continue de le desservir, en sorte que l'on manque toujours d'une édition intégrale, les deux éditions de W. M. LINDSAY (1926-1931) et G. GOETZ (1894) étant partielles. À cause de l'ampleur du *LG,* W. M. Lindsay a ainsi pris le parti de se contenter d'un système de renvois drastiques, pour chaque lemme du *LG*, aux sources repérées, ce qui masque la méthode rédactionnelle qui nous occupera ici.

Le résultat de cette façon de procéder est que le *LG* est presque totalement ignoré des chercheurs aujourd'hui. Autant l'on se réfère volontiers à Papias ou à Jean de Gênes, parce que l'*Elementarium* de l'un et le *Catholicon* de l'autre

---

4.   Les œuvres complètes d'Hilaire de Poitiers sont en cours de publication dans la collection CCSL depuis 1997. Pour une première approche de cet auteur, on consultera JOURJON, 1992 et surtout HENNE, 2006.
5.   Sur le rôle de Donat dans la tradition grammaticale, on consultera HOLTZ, 1981.
6.   Paris, BnF lat. 11529 et 11530, sigles P1 et P2 ; cf. HUGLO, 2001 : 18-19. Nous fondons notre analyse sur des relevés effectués dans ces deux manuscrits, ainsi que dans le manuscrit Vatican, Pal. lat. 1773.
7.   Saint-Gall, Stiftsbibliothek, 905 ; sur le *Glossarium Salomonis*, ses relations avec le *Liber glossarum* ou encore sa conservation dans un ms. de Saint Gall, voir MCGEACHY, 1938 : 309-318 ; MEINECKE, 1991 : 459-469 ; SCHMUKI, OCHSENBEIN, DORA, 1998 : 100-101.
8.   Sur le *Summarium Heinrici* et ses rapports avec le *Liber glossarum*, voir HILDEBRANDT, DE BIDDER, 1974-1995 (3 vol.) et MEINECKE, 1994.
9.   Une édition critique de Papias a été entreprise (DE ANGELIS, 1977). Trois volumes sont parus, couvrant partiellement les mots ayant pour initiale la lettre A.

sont accessibles dans des reproductions anastatiques des éditions princeps, et même maintenant consultables en ligne dans ces mêmes éditions incunables, autant le *LG* demeure profondément enfoui dans son oubli. On doit ici rendre justice à G. Goetz, qui a procuré, dans son volume d'introduction au *Corpus Glossariorum Latinorum,* paru après les autres en 1923, un plaidoyer en faveur du *LG*, critiquant, citations à l'appui, l'édition de Lindsay. Le fait que ce copieux volume d'introduction soit rédigé en latin n'a cependant pas contribué à faire mieux connaître le *LG*, comme le souligne C. DIONISOTTI (1996: 202-252). Des chercheurs se sont plus récemment attelés à démontrer l'intérêt majeur de cette source pour la connaissance de la pensée carolingienne[10].

L'entrée *uox* a été choisie de façon à illustrer d'une part la richesse des sources du *Liber Glossarum* et d'autre part la complexité de leur traitement[11]. La *uox* est en effet à la croisée d'influences multiples, philosophiques, théologiques, grammaticales, et a été l'objet de débats antiques mentionnés dans les *Nuits Attiques* (5.15) d'Aulu-Gelle, au cœur desquels se trouve la question épineuse de la corporéité ou de l'incorporéité de la *uox*, du son vocal (BARATIN-DESBORDES, 1981: 115-116). L'étude de son traitement dans le *LG* permettra de se faire une idée plus précise de la manière dont un « recueil de gloses », intitulé sous lequel circule cette somme alphabétique des arts libéraux, véhicule en réalité des données de nature encyclopédique.

LES SOURCES DE L'ENTRÉE *UOX* DANS LE *LIBER GLOSSARUM*

Le tableau ci-dessous résume la structure de l'entrée *uox*, dont une analyse détaillée suivra:

Augustin, *De genesi ad litteram libri XII*	*uox materia uerborum est…*
Audax, *Excerpta* + *Quod*, grammaire anonyme[12]	*uox est aer ictus auditu sensibilis…*
Isidore, *Étymologies*	*uox est aer spiritu uerberatus…* *uoces species multae…* *suaues uoces sunt…*
Diomède, *Ars*	*uox est spiritus tenuis auditu sensibilis…*
Suétone, *Prata* ou une source analogue	*nam uocem tam mutorum animalium…*

---

10.   Sur le rôle culturel du *Liber glossarum* à Monza et Milan, voir FERRARI, 1972: 45-53; sur ce rôle à Auxerre, voir GANZ, 1991: 297-312; sur son rôle comme transmetteur de sources et notamment de Végèce, voir VON BÜREN, 2002: 269-287 et VON BÜREN, 2003: vol 5, 39-49; l'édition critique du *LG* est actuellement en cours, coordonnée par l'auteur de ces lignes, et soutenue par le Conseil Européen pour la Recherche (projet ERC StG 263577).

11.   Sur ce passage, voir éd. GOETZ, 1893: 265-266; BARBERO, 1993: 268-269.

12.   Cette grammaire est contenue dans les feuillets 46r-60v du ms. d'Erfurt, Wissenschaftliche Bibliothek, Amplonianus 10, qui a par ailleurs tous les caractères d'un recueil scolaire. On se reportera pour une description complète du ms. à BARBERO, 1993: 253-255. Cette petite grammaire est en réalité une compilation thématique d'auteurs très variés, Donat, Priscien, Isidore, Audax, Sergius, Pompée…

Priscien, *Institutiones grammaticae*	*uocis differentiae sunt quattuor…*
Gloses sur Virgile	*uox dira…*
Gloses indéterminées	*uox dicitur quidquid sonat*

Nous sommes, si l'on admet la datation généralement proposée pour le *LG*, vers la fin du vIII[e] siècle. S'il n'est guère étonnant de voir pris en compte des auteurs comme Augustin, voire Isidore, qui ne devait pourtant pas figurer dans toutes les bibliothèques carolingiennes, il est beaucoup plus surprenant de voir figurer en bonne place des sources comme les *Excerpta* d'Audax, la Grammaire anonyme connue sous le titre *Quod*[13], et surtout la *Grammaire* de Priscien de Césarée. Nous sommes en effet à une époque où cet auteur est encore pratiquement inconnu sur le continent. Ce n'est en fait qu'avec Alcuin, auteur d'*Excerptiones super Priscianum maiorem*, que la situation commence à changer, car son arrivée à la cour de Charlemagne marque le début de la diffusion de Priscien sur le continent, comme l'a montré L. Holtz (2000 : 289-326). Ces *Extraits* réalisés par Alcuin sont en cohérence avec sa *Grammaire*[14], autre œuvre alcuinienne qui suit classiquement le plan de Donat, mais un Donat enrichi grâce à Priscien (Holtz, 2004 : 133-145). On ne peut donc éviter de poser la question du relais qui a mis à la disposition des compilateurs la multitude de sources utilisées dans le *LG*. G. Barbero (1993 : 142-145) a avancé le nom d'Alcuin, en présentant des arguments convaincants pour identifier ce dernier avec le personnage que le *LG* appelle "Paul". Il semble que l'on doive la suivre sur ce terrain, tant les parallèles qu'elle propose sont frappants par leur exactitude.

Un travail de dentellière

Augustin, De genesi Ad litteram libri XII

On trouvera dans le tableau ci-dessous la comparaison entre la première section de l'entrée *uox* du *LG* et sa source, un passage du *De Genesi ad litteram* d'Augustin. Nous indiquons par les caractères gras les interventions du compilateur (colonne de gauche) ; on lira dans la colonne de droite la source, dont les coupes ont été matérialisées par des ratures. Les variantes textuelles des manuscrits[15] sont renvoyées en note.

---

13.   Sur la question des sources, voir Barbero, 1990 : 151-174 et Barbero, 1993 : 253-278.
14.   Pour la confrontation des descriptions grammaticales avec des définitions philosophiques, celle du Boèce du *Peri Hermeneias*, ce qui est une autre innovation de la *Grammaire* d'Alcuin, voir Swiggers, 2004 : 147-161.
15.   Voir *supra* note 6.

Liber Glossarum Codd. P 239uc-240rc, L 347uc-348rc	Source
Agustini *Uox materia ueruorum est, uerua uero formatam uocem indicant. Non autem qui loquitur prius emittit informem uocem quam possit postea colligere adque in uerba formare.*	Auguste, *De genesi ad litteram* 15. 29. ~~Non quia informis materia formatis rebus tempore prior est, cum sit utrumque simul concreatum, et unde factum est, et quod factum est. Sicut enim~~ *uox materia est uerborum, uerba uero formatam uocem indicant; non autem qui loquitur, prius emittit informem uocem, quam possit postea colligere, atque in uerba formare:* ~~ita creator Deus non priore tempore fecit informem materiam, et eam postea per ordinem quarumque naturarum, quasi secunda consideratione formauit; formatam quippe creauit materiam. Sed quia illud unde fit aliquid, etsi non tempore, tamen quadam origine prius est, quam illud quod inde fit; potuit diuidere Scriptura loquendi temporibus, quod Deus faciendi temporibus non diuisit. Si enim~~
Si **autem** *queratur utrum uocem de uerbis an de uoce uerba*[16] *faciamus, non facile quisquam ita*[17] *tardo ingenio repperitur qui non potius uerba fieri de uoce respondeat.*	*quaeratur utrum uocem de uerbis an de uoce uerba faciamus; non facile quisquam ita tardo ingenio reperitur, qui non potius uerba fieri de uoce respondeat.*

Nous sommes ici dans un passage du *De genesi ad litteram* qui expose le mode de création de la matière, en réfutant l'idée que Dieu aurait d'abord créé une matière informe avant de l'informer. Pour ce faire, Augustin propose une comparaison avec la *uox*, le son vocal, qu'un locuteur ne laisse pas sortir informe de sa bouche pour le rattraper ensuite et lui donner la forme des mots. On notera l'habileté avec laquelle le *Liber Glossarum* récupère l'opinion d'Augustin sur la *uox* au détour d'un passage qui parle de tout autre chose, mais offre l'avantage d'être concis et de proposer une réflexion sur la *uox* dans sa matérialité phonique.

Après ces généralités sur le son vocal, nous entrons dans le domaine grammatical, dans une section très longue qui va cumuler plusieurs définitions de la *uox*. On y repère, dans l'ordre, celle d'Audax combinée avec celle de la *Grammaire Quod*; celle du livre III des *Étymologies* d'Isidore; celle de l'*Ars* de Diomède. C'est probablement cette section qui a donné le plus de fil à retordre aux compilateurs, confrontés à la difficulté de juxtaposer des sources qui s'inspiraient au préalable les unes des autres.

---

16.   an de uoce uerba *L*[p.c.]] unde uerba *P*, unde uoce uerba *L*[a.c.]
17.   ita *scripsi*] in *PL*

Anonyme, *Quod + Audax, Excerpta de Scauro et Palladio*

Liber Glossarum Codd. P 239uc-240rc, L 347uc-348rc	Sources
Uox est haer ictus[18] *auditu sensibilis.* **Vocis autem due sunt partes, articulata et confusa. Articulata est** *hominum tantum,* **que scribi potest,** id est 'orator uenit et docuit', *et dicta articula quod articulo*[19] *scribentis comprehendi possit.* **Confusa est que scribi non potest,** *ut puta uelut ouium balatus, equi innitus, mugitus bouis,* **latratus canis** *et* cetera. Sed articulata uox[20] quamquam sit prolixa, oratio soluitur et facit sermonem. Iterum **sermonem soluis** *et facis* **sillabam. Si** uero **sillabam soluas remanet littera** et **iam non procedit**[21] **ultra resolutio.** *Sonos quoque omnes uoces dicimus, ut 'fractasque a litore uoces'. Secundum Stoicos*[22] *autem uox*[23] *corporalis est, qui eam sic definiunt*[24]*, ut nos in principio respondimus. Plato autem non esse uocem corpus putat: 'non enim percussus, inquid, aer, sed plaga ipsa adque percussio, id est uox'. Ex indiuisis corporibus uocem constare dicunt, corpus autem esse aut efficiens aut patiens.*	Les sources de ce passage se repèrent par les codes suivants : En caractères normaux : Audax En soulignés : *Quod* En gras : **Sergius par l'intermédiaire de** *Quod*

On notera ici le travail spectaculaire de dentellière qui a été réalisé sur le premier extrait grammatical, la combinaison d'Audax et de la *Grammaire Quod*. G. Barbero a pu démontrer que plus d'une trentaine de passages du *LG* ont pour source directe cette grammaire, parmi lesquels un extrait de l'entrée *uox* qu'elle a d'ailleurs édité et étudié dans son article[25].

Dans ce passage, on voit se mêler, et de façon relativement harmonieuse, trois sources, Audax, Sergius et *Quod*, mais seulement en réalité deux textes, puisque Sergius est déjà fondu dans *Quod*. G. Barbero a attiré l'attention sur ce passage en soulignant le recours autonome à Audax, qui s'interpénètre de façon continue avec l'extrait de *Quod*.

---

18. ictus *P*] h- *L*
19. articulo *scripsi cum fonte*] -si *PL*, -s\<i\> *b*
20. uox *L*] uo *P*
21. procedit *L*] precedit *P*
22. stoicos *scripsi cum fonte*] sticor *P*, fisicos *L*
23. uox *scripsi cum fonte*] uxor *PL*
24. definiunt *scripsi cum fonte*] defiunt *PL*
25. Sigle *b* dans mon édition, voir colonne de gauche *supra*)

Isidore, Étymologies III

L'extrait d'Isidore qui fait immédiatement suite dans le *LG* est emprunté au troisième livre des *Étymologies*. Il propose une nouvelle définition de la *uox*, ainsi que de longs développements sur les différentes qualités de sons. Nous notons là encore les interventions du rédacteur par les caractères gras. On voit ainsi qu'une longue section du livre III, qui était consacrée aux espèces de la voix et détaillait l'harmonie, la symphonie, etc., a été résumée à grands traits en une phrase, ce qui permet de préserver la structure du passage tout en restant concentré sur la voix humaine. L'extrait d'Isidore se conclut par une mention de la *uox crocodilla*, de provenance inconnue mais qui tendrait à se rattacher à la longue section qui traite plus bas des cris des animaux et de leurs dénominations latines.

Liber Glossarum **Codd. P 239uc-240rc, L 347uc-348rc**	**Source**
Isidorus[26] *Uox est*[27] *aer spiritu uerberatus, unde et uerba sunt nuncupata. Proprie autem uox hominum seu inrationalium animantium, nam in aliis abusiue non proprie sonitum uocem uocari, ut 'uox tube infremuit' 'fractusque ab litore uoces'. Nam proprium est ut litorei sonant scopoli. Et, At*[28] *tuba terribilem sonitum procul aere canoro.* **Vocis species multae, armonia, simphonia, euphonia, diastigmee, diesis, thonus, cantus, arsis et thesis. Vocum autem appellatio multiplex est.** *Suaues uoces sunt subtiles et spisse, clare atque acute. Prespice uoces sunt que longius protrahuntur, ita ut omnem impleant*[29] **continuum** *locum, sicut clangor tubarum. Subtiles uoces sunt quibus non est spiritus, qualis est infantium uel mulierum uel egrotantium, sicut in neruis. Que enim subtilissime corde sunt, subtiles [h]ac tenues sonus emittunt.*	Isidore, *Etym.* 3.20.2 *Uox est aer spiritu uerberatus, unde et uerba sunt nuncupata. Proprie autem uox hominum est, seu inrationabilium animantium. Nam in aliis abusiue non proprie sonitum uocem uocari, ut: 'uox tubae infremuit', (Virg., Aen. 3.556): Fractasque ad litore uoces. Nam proprium est ut litorei sonent scopuli, et (Virg., Aen. 9.503): At tuba terribilem sonitum procul aere canoro…* 3.20.10-14 *Suaues uoces sunt subtiles et spissae, clarae atque acutae. Perspicuae uoces sunt, quae longius protrahuntur, ita ut omnem inpleant continuo locum, sicut clangor tubarum. Subtiles uoces sunt, quibus non est spiritus, qualis est infantium, uel mulierum, uel aegrotantium, sicut in neruis. Quae enim subtilissimae cordae sunt, subtiles ac tenues sonos emittunt.*

---

26. isidorus] *legitur in cod. L*
27. uox est *P] om. L*
28. at *scripsi cum fonte*] ad *PL*
29. impleant *L*] -at *P*

Liber Glossarum Codd. P 239uc-240rc, L 347uc-348rc	Source
Pingues sunt uoces quando spiritus multus simul egreditur, sicut uirorum. Acuta uox est tenuis, alta, sicut in cordis uidemus. Dura uox est que uiolenter emittit sonus[30] sicut tonitruum, sicut [in] incudis sonus[31] quotiens in durum malleus percutitur ferrum. Aspera uox est rauca et que dispergitur per minutos et indissimiles pulsus. Ceca uox est que mox emissa fuerit conticescit[32] atque[33] suffucata nequaquam longius[34] producitur, sicut in fictilibus. Vinnola est uox mollis atque flexibilis, et uinnola dicta a uinno hoc est cincinno molliter flexo. Perfecta autem uox est alta, suauis et clara, alta ut in sublime[35] sufficiat, clara ut aures adimpleat[36], suauis ut animos audientium[37] blandiat. Si ex his aliquid defuerit[38] uox perfecta **non erit.** **Crocodill**a uox acuta.	*Pingues sunt uoces, quando spiritus multus simul egreditur, sicut uirorum. Acuta uox tenuis, alta, sicut in cordis uidemus. Dura uox est, quae uiolenter emittit sonos, sicut tonitruum, sicut incudis sonus, quotiens in durum malleus percutitur ferrum. Aspera uox est rauca, et quae dispergitur per minutos et indissimiles pulsus. Caeca uox est, quae, mox emissa fuerit, conticescit, atque suffocata nequaquam longius producitur, sicut est in fictilibus. Vinnola est uox mollis atque flexibilis. Et uinnola dicta a uinno, hoc est cincinno molliter flexo. Perfecta autem uox est alta, suauis et clara : alta, ut in sublime sufficiat ; clara, ut aures adinpleat ; suauis, ut animos audientium blandiat. Si ex his aliquid defuerit, uox perfecta non est.*

Diomède, Ars

Le *LG* fait suivre l'extrait des *Étymologies* d'un passage, attribué à Phocas, mais qui trouve sa source lointaine dans l'*Ars* de Diomède. Le tableau que l'on trouvera ci-dessous permet de suivre comment la source a été minutieusement découpée, peut-être afin d'éviter des redites, à moins que l'on ait ici aussi affaire à un montage chronologiquement antérieur et analogue à celui de la grammaire *Quod* (voir *supra*).

---

30. sonus] *lege* sonos
31. incudis sonus *L*[p.c.]] *uac. P,* inquadis sonus *L*[a.c.]
32. conticescit *L*] conticessit *P*
33. atque *P*] ac *L*[p.c.], ad *L*[a.c.]
34. longius *V*] longus *P*
35. sublime *scripsi*] -i *PL*
36. adimpleat *L P*[p.c.]] impleat *P*[a.c.]
37. audientium *scripsi*] -dium *PL*
38. defuerit *P*] infuerit *L*

Liber Glossarum Codd. P 239uc-240rc, L 347uc-348rc	Source
Ex regula Foce grammatici	Diomède, Ars 2.1
Uox est spiritus tenuis auditus sensibilis[39]. Fit autem uel exilis **aeris** pulsu uel uerberati aeris ictu. **Igitur interpretatiua uox dicta est et erit scripturalis sonus uel inscriptu-ralis. Uox autem dicta PXRUNAUN**[40] **grece nominata. Vel latine ab eloquio idcirco uox appellata quod uoluntatem animi enun-tiat. Sunt qui** uocis officia tria designant, eloquium, tinnitum, sonum. Eloquium est humane pronuntiationis expressa[41] signifi-catio, facilem sensibus exibens intellectum. Sonus est corporalis collisio repentinum auribus inferens fragorem. Tinnitus est fabricate materiae inlisio tenui sono audi-tionem [h]ac sensum prestans. **Vnde non inmerito eloquium hominum, tinnitum inmobilium**[42]**, sonitum corporalium ple-rique testa**n**tur.**	Uox est, ~~ut Stoicis uidetur,~~ spiritus tenuis auditu sensibilis, ~~quantum in ipso est.~~ Fit autem uel exilis aurae pulsu uel uerberati aeris ictu. ~~Omnis uox aut articulata est aut confusa. Articulata est rationalis hominum loquellis explanata. eadem et litteralis uel~~ scriptilis ~~appellatur, quia litteris conpre-hendi potest. confusa est inrationalis~~ uel inscriptilis, ~~simplici uocis sono animalium effecta, quae scribi non potest, ut est equi hinnitus, tauri mugitus. quidam etiam modu-latam uocem addiderunt tibiae uel organi, quae, quamquam scribi non potest, habet tamen modulatam aliquam distinctionem.~~ ~~Vnde~~ quidam uocis tria officia designant, eloquium tinnitum sonum. eloquium est humanae pronuntiationis expressa signifi-catio facilem mentibus efficiens intellectum ; tinnitus est fabricatae materiae inlisio tenui sono auditionem acuens ; sonus est corporalis conlisio repentinum auribus infe-rens fragorem. ~~Quid quod ueteres omnes sonos uoces dixerunt ? ut « fractasque ab litore uoces ».~~

Les uoces animantium

Suit une section, extrêmement longue, consacrée aux verbes latins désignant les cris des animaux, qui s'inscrit dans la riche littérature des *uoces animan-tium*. La plus ancienne liste connue de ce type figurait dans les *Prata* de Suétone (BENEDIKTSON, 1993 : 377-447). La reconstitution de cette liste perdue a été tentée par A. REIFFERSCHEID (1860 : 247-254)[43] sur la base de celle qui figure dans les *Deriuationes* d'Hugutio de Pise, qui affirme suivre à cet endroit un auteur nommé Sindonius ou Sydonius, que l'on identifie avec Suétone. Il se rencontre cependant bien d'autres listes au Moyen Âge (entre autres celles d'Aldhelm de Malmesbury, Polemius Silvius, Eugène de Tolède[44]...), dont il reste pour l'heure difficile

---

39. sensibilis L] insibilis P
40. PXRUNAUN P] PARAPNHOHN L
41. expressa L] expressas P
42. inmobilium *scripsi*] inmolb- PL
43. Voir MARCOVICH, 1971 (surtout 409-414).
44. Voir MARCOVICH, 1971 : 202, n. 11.

d'apprécier si elles dérivent aussi de celle qu'avait établie Suétone ou de sources non identifiées[45].

Nous transcrivons ci-dessous l'introduction et les lemmes extrêmes de la liste proposée par le *LG* (liste G. de REIFFERSCHEID, 1860 : 250) :

> *Nam uocem [tam] mutorum animalium (quam hominum est* add. P*) esse declarantes*
> *sic efferunt* [V] *si afferunt* P*)*
> *Aquilas clangere*
> *Accipitres plipiare*
> *Vultures pulpare*
> …
> *Edos uebare*
> *Canes latrare*
> *Catulos glattire*
> *Mustelas drinorare*
> *Mures mintare – Sorices desticare*
> *Ranas rabire uel coaxare*

Priscien

La série grammaticale se conclut avec Priscien, dont l'extrait a subi de sérieux remaniements. On trouvera dans le tableau ci-dessous la comparaison du passage emprunté à Priscien avec le texte de cette source (les interventions du rédacteur sont indiquées en gras) :

Liber Glossarum **Codd. P 239uc-240rc, L 347uc-348rc**	**Source**
Ex regula Prisciani grammatici *Vocis differentiae sunt quattuor, articulata, inarticulata*[46]*, litterata* **et** *inlitterata. Articulata*[47] *est que quoartata id est copulata cum aliquo sensu eius qui loquitur profertur,* **ut Arma uirumque cano***. Inarticulata est que* **ab aliquo** *affectu proficiscitur mentis, ut sibilos*[48] *et gemitus hominum. Litterata*[49] *est que scribi potest*[50] *nihil pene significans ut 'coax' 'ora*[51]*'. Inlitterata est que nec scribi potest nec intelligi ut crepitus,* **ut** *mugitus.*	Priscien, *Gramm.* 1.1 *Vocis autem differentiae sunt quattuor : articulata, inarticulata, literata, illiterata. articulata est, quae coartata, hoc est copulata cum aliquo sensu mentis eius, qui loquitur, profertur. inarticulata est contraria, quae a nullo affectu proficiscitur mentis, literata est, quae scribi potest, illiterata, quae scribi non potest. inveniuntur igitur quaedam voces articulatae, quae possunt scribi et intelligi, ut : Arma virumque cano,*

---

45. Voir PERIS, 1998 (surtout n. 11) pour un répertoire de listes de *Voces animantium*.
46. inarticulata] *add. s. l.* P
47. articulata P L[p.c.]] articula L[a.c.]
48. sibilos P] -us L
49. litterata V[p.c.]] littera P L[a.c.]
50. potest *scripsi*] potes PL
51. ora *scripsi*] era PL

Liber Glossarum Codd. P 239uc-240rc, L 347uc-348rc	Source
	quaedam, quae non possunt scribi, intelle-guntur tamen, ut sibili hominum et gemitus : hae enim voces, quamvis sensum aliquem significent proferentis eas, scribi tamen non possunt. aliae autem sunt, quae, quamvis scribantur, tamen inarticulatae dicuntur, cum nihil significent, ut 'coax', 'era'. Aliae vero sunt inarticulatae et illiteratae, quae nec scribi possunt nec intellegi, ut crepitus, mugitus et similia. scire autem debemus quod has quattuor species vocum perficiunt quattuor superiores differentiae genera-liter voci accidentes, binae per singulas invicem coeuntes.
'Uox' autem dicta est a uocando sicut 'dux' a ducendo.	*'uox' autem dicta est vel a vocando, ut 'dux' a ducendo, vel apo toû boô, ut quibus-dam placet.*

Priscien avait introduit une nouveauté dans un ensemble complexe, qui était en réalité un héritage d'un stoïcisme plus ou moins bien compris, une nouveauté qui consistait à lier l'articulation à l'émission d'une signification. Pour lui, héritier proba-blement en cela aussi d'Apollonios Dyscole, comme le suggère F. DESBORDES (1990 : 106), la condition de l'articulation est la liaison avec une intention de signifier ; Priscien justifie cela en donnant comme équivalent d'*articulata* le terme de *coar-tata*, c'est-à-dire *coartata sensu*. Avant Priscien, *articulata* était toujours assimilé à *litterata* et à *scriptilis* ; *articulata* signifiait ce qui peut se décomposer en *articuli* – des séquences phoniques identifiables et donc susceptibles de recevoir une trans-cription écrite : on le voit dans les définitions de Diomède, que n'a pas retenues le *LG*, mais aussi d'Audax, qui figure en bonne place dans le *LG* (cf. *supra* 2.1). Audax dit même : *dicta articulata quod articulo scribentis comprehendi possit.*

Avec Priscien, le changement est radical : un sifflement a beau ne pouvoir rece-voir une transcription graphique, il est quand même porteur de signification pour celui qui l'émet, donc il mérite d'être rangé sous la *uox articulata*. Priscien propose donc de ne plus assimiler des distinctions qui ne sont pas, il est vrai, sur le même plan : il revient ainsi sur l'équivalence *articulata = litterata = scriptilis*. L'exemple du *coax* de la grenouille suffit à montrer qu'une voix peut être mise en lettres sans être pour autant signifiante. Il renonce aussi à l'emploi du terme *confusa*, trop imprécis peut-être, pour lui substituer celui d'*inarticulata*. Là aussi, *inarticulata* est lié à la signification, ou plutôt à l'absence de signification : sera dite *inarticulata* toute voix émise sans intention de signifier. Les rédacteurs du *LG* sont-ils restés perplexes devant ces innovations qui contredisent ouvertement les définitions compilées plus haut dans la même entrée ? C'est en tout cas un moyen terme qui va être adopté, en même temps qu'un bouleversement formel qui aboutit à faire suivre chaque division de la *uox* de l'exemple qui lui est attribué par Priscien.

Divisions de la uox chez Priscien[52]

	Articulée = provenant de la pensée signifiante (hommes)	Inarticulée = non signifiante (animaux, objets)
Scriptible	« Je chante les armes et le héros »	« coax » « cra »
Non scriptible	Sifflement, gémissement	Craquement, mugissement

Divisions de la uox dans le LG

Articulata	Ecrit et compris	« Je chante les armes et le héros »
Inarticulata	Pas écrit mais compris	Sifflement, gémissement
Litterata	Ecrit mais pas compris	« coax » « cra »
Illiterata	Ni écrit ni compris	Craquement, mugissement

Au plan de la doctrine, la solution retenue par le *LG* consiste à suivre Priscien sur sa définition de la *uox articulata* comme une voix liée à la signification : le début de la division est bien repris. C'est ensuite que les choses se compliquent. Manifestement le fait de ranger les sifflements et les gémissements sous la catégorie de l'articulé passe mal ; ces manifestations se trouvent donc basculées sous l'inarticulé ; mais les termes de Priscien deviennent dès lors hautement problématiques, puisque celui-ci définit l'inarticulé comme ce qui est dépourvu de signification : *a nullo affectu proficiscitur mentis*. Qu'à cela ne tienne, il suffit de changer deux petits mots de cette définition pour pouvoir la réutiliser de façon satisfaisante, et la définition devient : *ab aliquo affectu proficiscitur mentis*.

Un autre petit changement, trois fois rien en apparence, intervient un peu plus loin. La *uox litterata* est maintenant qualifiée de *nihil pene significans*, « ne signifiant presque rien ». À première vue le changement est minime. On retrouve sous cette rubrique les exemples désormais classiques des *coax* et autres *cra*, cris de la grenouille et du corbeau. Et après tout, Priscien admettait aussi que l'on pouvait les écrire. La nuance est cependant dans l'adverbe *pene*. Alors que Priscien rangeait ces cris dans la catégorie de l'inarticulé, les considérant comme totalement dépourvus de signification – c'est-à-dire d'une signification intentionnelle de la part de leur émetteur –, le *LG*, par un glissement sur le sens de "signifier", réintègre la *uox litterata* sous la bonne vieille catégorie de l'intelligible : le cri de la grenouille ne signifie presque rien… sauf qu'il y a une grenouille. Il ne signifie

---

52. Voir Desbordes, 1990 : 106.

rien de la part de l'émetteur mais il est signe de quelque chose, que peut décoder le récepteur.

Quelles sont les motivations de ce remaniement en profondeur ? On doit en effet noter qu'aucun autre des extraits retenus pour cette entrée *uox* n'a subi un tel bouleversement, sinon formel, du moins doctrinal. On peut *a priori* penser que les rédacteurs ont voulu faire cadrer la division de Priscien avec les définitions compilées plus haut. Mais il ne serait pas impossible d'y lire aussi une certaine influence du *Peri Hermeneias* de Boèce : la *uox significatiua* est, dans ce cadre totalement différent et difficilement conciliable avec celui de Priscien, celle qui signifie quelque chose non pas en fonction de l'intention du locuteur, mais pour l'auditeur. Ce double héritage posera d'ailleurs des problèmes difficiles aux commentateurs postérieurs de Priscien qui tenteront dans les *Glosulae*[53], au tournant des xıᵉ-xıı ᵉ siècles, une lecture des *Institutiones Grammaticae* à la lumière de Boèce[54]. Pourtant cette hypothèse pose à son tour d'autres problèmes, dans la mesure où Boèce n'apparaît pas dans les sources du *LG*. En supposer une connaissance indirecte nous ramènerait une fois de plus à Alcuin, qui utilise Boèce dans sa *Grammatica*. Pourtant le passage concordant de celui-ci témoigne d'un respect scrupuleux des divisions de Priscien :

> *Quatuor sunt differentiae vocis : articulata, inarticulata ; litterata, illitterata. Articulata est, quae copulata atque coarctata cum sensu profertur, ut :* Arma virumque cano… *Inarticulata, quae a nullo sensu proficiscitur, ut* crepitus, mugitus. *Litterata, quae scribi potest ; illitterata, quae scribi non potest* (*PL* 101, col. 854d).

On remarquera toutefois qu'Alcuin effectue le même remaniement, formel et non doctrinal, qui consiste à remonter l'exemple virgilien de *uox articulata*.

Pour en terminer avec cette question, nous lirons un dernier extrait des *Glosulae*, portant sur la suite de notre passage, lorsque Priscien divise la *uox*. Les *Glosulae* suivent scrupuleusement la lettre du texte, et insistent sur le fait qu'un

---

53. Pour une présentation et une bibliographie détaillées concernant les *Glosulae*, voir Rosier-Catach, 2009² ; Grondeux, Rosier-Catach, 2011.

54. Cf. ms. Metz, Bibl. Mun. 1224, f. 3va : Articvlata (*ad Prisc.* I.1.5.5). *Diffiniens articulatam significationem et ethimologiam ipsius ostendit. Articulata est quae profertur, id est potentialiter apta est proferri ;* coartata (p. 5.6), *id est artata et ligata, hoc quantum ad ethimologiam quod postea apponit est de sensu significationis, scilicet* copvlata ; *et est expositio ethimologiae. Cum quo sit copulata subdit* cvm sensv mentis eivs qvi loqvitvr (p. 5.6-7), *scilicet cum profertur profert eam loquens ad sensum suum designandum, etiam si auditor non intelligat, competenter intelligendum est proferri uocem cum aliquo sensu. Licet enim rusticus proferat hanc uocem 'homo' sine aliquo intellectu significandi, tamen non minus est articulata postquam impositionem significandi suscepit. Et ideo exponimus sic : articulata est quae profertur cum sensu proferentis, idest quae potentialiter apta est proferri ad sensum proferentis demostrandum, licet ille cum aliquo sensu non proferat. Notandum est quod Boethius alio modo accipit significatiuum, quod idem est quod articulatum, alio modo Priscianus ; Boethius enim dicit significatiuum quantum ad auditorem, scilicet quod in animo auditoris aliquem generat intellectum, licet prolator sine aliquo intellectu uocem pronuntiet. Priscianus uero quantum ad intentionem proferentis significatiuum dicit. Boethius dicit etiam uoces naturales significatiuas quantum ad auditorem, Priscianus non significatiuas quantum ad prolatorem.*

sifflement, un gémissement, un crachat même, nouvel exemple dans ce contexte, sont articulés dès lors qu'ils sont émis avec l'intention de signifier quelque chose ; dans le cas contraire, ces manifestations seront dites inarticulées.

> *Nota quia sibilus est uox articulata si ille qui profert eum auditori intendat aliquid per ipsum significare, ut latrones in nemoribus se solent per sibilum conuocare. Similiter gemitus, screatus, si ad aliquid significandum proferantur, articulati sunt. Sin autem natura sola sic exigente fiunt, sunt inarticulatae* (Ibid.).

Au final, il est difficile de dégager une quelconque structure dans cette séquence d'entrées du *LG* traitant du lemme *uox* :
— la *uox* et les *uerba* : matière et forme
— trois définitions : Audax, Isidore, Diomède
— les cris des animaux
— divisions de la *uox*
— exemples virgiliens
— une dernière définition, selon laquelle *uox dicitur quidquid sonat*. Cette brièveté apparaît un peu décevante lorsque l'on songe à tous les raffinements définitionnels qui ont été déployés auparavant.

On a l'impression que l'entrée se compose d'une introduction générale, avec l'extrait d'Augustin, clairement mis à part et invoqué pour sa réflexion sur la matérialité phonique de la *uox*. On passe ensuite à un corpus de définitions techniques pour lequel les grammairiens sont mis à contribution. Viennent ensuite deux sections périphériques d'inégales importance et longueur, l'une consacrée aux cris des animaux, l'autre aux divisions de la *uox*. Tout juste peut-on supposer que l'avantage de placer ici la division de Priscien est qu'elle subsume l'ensemble, par la conjonction des voix humaines, animales mais aussi des choses inanimées, ce qui constitue comme un renvoi à la fin de l'extrait de Diomède.

LES PROLONGEMENTS

On se limitera ici à présenter en parallèle l'entrée *uox* dans le *LG* et dans le *Vocabularium* de Papias, dont l'œuvre, rappelons-le, va éclipser totalement sa source principale, le *LG*.

Papias, *Vocabularium*	Sources
Uox materia uerborum est, uerba uero formatam uocem indicant.	*Liber Glossarum : Uox materia ueruorum est, uerua uero formatam uocem indicant…*
Uox dicitur a uocando uel a boo.	

Papias, *Vocabularium*	Sources
Uox est aeris **ad** *linguam percussio quae per quasdam* **arterias gutturis** *ab animali profertur. Sunt enim* **soni quos** *lingua non percutit, ut tussis, ast non sunt uox, nam de sola linguae percussione uox; sin uero talis percussio ut in* **linguam** *redigat sonum, locutio* **est***; quod si uis quaedam imaginationis addatur, significatiua uox redditur.*	Boèce, *Periherm.* I: *Uox est aeris per linguam percussio quae per quasdam gutturis partes, quae arteriae uocantur, ab animali profertur. Sunt enim quidam alii soni, qui eodem perficiuntur flatu, quos lingua non percutit, ut est tussis… sit linguae sola percussio, uox est; sin uero talis percussio sit ut in litteras redigat sonum, locutio; quod si uis quoque quaedam imaginationis addatur, illa significatiua uox redditur.*
Uox, uocis, inde uocaliter, uocalis, semiuocalis.	
Voco, as; uocari id est dici; uocalis uocabilis, unde componitur aduoco aduocatus ti, euoco, inuoco, reuoco; si uoce componitur uociferor, aris, aequiuocus, ca, cum, aequiuoco, cas, uniuocus, ca, cum.	
Uox est aer **ad linguam** *ictus auditu sensibilis. Plato autem non esse uocem corpus putat. Non enim percussus, inquit, aer sed plaga ipsaque percussio id est uox.*	*Liber Glossarum: Uox est haer ictus auditu sensibilis. […] Plato autem non esse uocem corpus putat: 'non enim percussus, inquit, aer, sed plaga ipsa adque percussio, id est uox'. […]*
Animantium proprie uox est, nam in aliis abusiue. *Vocis* **uero** *species* **sunt** *multae, harmonia, simphonia, euphonia, diastema, dyesis, tonus, cantus, arsis et thesis.*	*Liber Glossarum: Proprie autem uox hominum seu inrationalium animantium, nam in aliis abusiue non proprie sonitum uocem uocari, ut 'uox tube infremuit' 'fractusque ab litore uoces'. Nam proprium est ut litorei sonant scopoli. Et, At tuba terribilem sonitum procul aere canoro.* *Vocis species multae, armonia, simphonia, euphonia, diastigmee, diesis, thonus, cantus, arsis et thesis.*
Uox graece dicta a boo idest sono, uel latine dicta quod uoluntatem animi adnuntiet.	*Liber Glossarum: Uox autem dicta PXRUNAUN (P] PARAPNHOHN V) grece nominata. Vel latine ab eloquio idcirco uox appellata quod uoluntatem animi enuntiat.*
Vel uox a uocando.	Ex Priscien, *Gramm.* I 1
Voces mutorum animalium sic declarantes efferunt. Aquilas clangere… *Ranas rabire uel coaxare*	*Liber Glossarum: Nam uocem tam mutorum animalium esse declarantes sic efferunt:* *Aquilas clangere…Ranas rabire uel coaxare*

On voit ici comment Papias traite le *LG*, coupant de longs passages (la définition d'Augustin est presque entièrement sacrifiée, ramenée à une seule phrase), supprimant les définitions répétitives des grammairiens, reprenant à son compte les coupes faites dans les *Étymologies*, gardant aussi l'interminable développement sur les cris d'animaux, riche en vocabulaire. On remarque enfin comment des nouveautés viennent trouver leur place dans l'entrée : les dérivés du mot *uox*, et surtout Boèce, dont la définition manquait dans le *LG*[55].

Nous avons essayé de souligner ici – à notre tour – l'importance de l'encyclopédie carolingienne, afin de rappeler la nécessité d'éditer et d'étudier le *Liber glossarum*. Le petit passage qui a été sélectionné pose un certain nombre de questions, qui restent pour le moment en suspens, parmi lesquelles s'inscrivent l'inspiration alcuinienne, voire l'emprunt à une source alcuinienne, thèse de G. Barbero. La connaissance du *Liber glossarum*, ne serait-ce que pour les sources mises en œuvre, permet de mieux saisir le paysage intellectuel carolingien. Il témoigne en particulier de l'accès à une variété de sources qui n'étaient pas matériellement présentes comme unités bibliographiques autonomes dans les bibliothèques contemporaines, mais dont la substance était aisément et largement accessible dans le *Liber glossarum*[56].

Inscrire le *Liber* dans une catégorie déterminée n'est pas une tâche aisée. Il évoque le lexique par son ordre alphabétique et non thématique ; il évoque l'encyclopédie par l'ampleur donnée à chaque notice, et par le fait que ses entrées ne se résument pas à des données de nature strictement lexicale. Sa comparaison avec l'*Elementarium* de Papias fait encore davantage ressortir cette spécificité, dans la mesure où Papias élimine en grande partie, mais pas en totalité il est vrai, les développements non lexicaux. La place du *LG* dans la tradition de lexicographie médiolatine est donc assez paradoxale, puisque c'est sa double caractéristique d'encyclopédie alphabétique qui en a fait la matrice de lexiques alphabétiques de volume plus réduit. Ses particularités deviennent encore plus nettes si on le compare aux instruments de type dérivationnel du XIIe siècle, comme les œuvres d'Osbern de Gloucester et d'Hugutio de Pise : autant les rédacteurs du *Liber* ont voulu suivre des chemins balisés et réunir des connaissances effectivement disponibles en une somme à visée encyclopédique, autant les auteurs de *Deriuationes* veulent faire œuvre de lexicographes, en explorant le lexique de façon méthodique et spéculative. Dans le premier cas les mots renvoient à des choses, dans le second cas les mots renvoient à des mots, qui ne sont parfois que des créations *ex integro* nées de la méthode dérivationnelle poussée à son extrême.

---

55. Quelques éléments du *LG* ont ainsi subsisté dans le *Catholicon* de Jean de Gênes ; cf. *Catholicon* sous la vedette *uox* : *Uox uocis dicitur a uoco, cas, et produ. o ante c, sed uoco, cas cor. o ante c. Vel uox secundum quosdam dicitur a boo boas, mutato b in u et ultima o subtracta et addita x. Et dicitur secundum Papias uox quia uoluntatem anumi annunciat, quia uoces sunt note earum que sunt in anima passionum. Uox componitur ut equiuocus, uniuocus, multiuocus ca cum id est synonimus.*

56. Voir, pour la diffusion manuscrite, HUGLO, 2001 : 12-25.

PARCOURS ÉTYMOLOGIQUES ET PARCOURS LEXICOGRAPHIQUES DE LA LATINITÉ MÉDIÉVALE : L'APPORT DE L'ÉTYMOLOGIE À LA CONSTITUTION DU SAVOIR ENCYCLOPÉDIQUE[1]

Laura Biondi

Facoltà di Studi Umanistici – Università degli Studi di Milano

Lexiques et étymologie au Moyen Âge : entre connaissance des *verba* et connaissance des *res*

L'objectif de cette contribution n'est pas de reformuler les acquisitions d'une longue et très fructueuse tradition d'études sur l'étymologie médiévale, une tradition qui, encore récemment, a fourni des mises au point importantes, ni de re-proposer une analyse des lexiques généraux latins des xıᵉ-xıııᵉ siècles faisant le plus autorité, tels que l'*Elementarium doctrinae rudimentum* de Papias, la *Panormia* (ou *Derivationes*) d'Osbern de Gloucester, les *Derivationes* d'Hugutio de Pise et le *Catholicon* de Jean de Gênes, des textes qui depuis longtemps ont fait l'objet de nombreuses études de détail.

Ces œuvres manifestent bien, à plusieurs niveaux et sous plusieurs formes, l'ambition encyclopédique intrinsèque au genre lexicographique, bien qu'elles se situent dans une période qui, embrassant les siècles qui encadrent immédiatement ce que l'on appelle la "Renaissance du xııᵉ", a été définie à juste titre comme étant aussi pour les encyclopédies une phase de "gestation", par rapport au « siècle encyclopédiste », – selon l'expression de J. Le Goff (1994 : 23-40) –, époque de la maturité de l'encyclopédisme.

Ces lexiques reflètent un souci et un esprit encyclopédiques dans la mesure où ils participent à une même aspiration classifiante qui donne raison à Claude

1. Mes remerciements vont à Mᵐᵉ Isabelle Vedrenne-Fajolles et M. Arnaud Zucker, qui m'ont invitée à la journée d'études du CEPAM sur « Encyclopédisme & Lexiques ». Je tiens à témoigner ma reconnaissance aussi à Mᵐᵉ Olga Weijers qui m'a donné cette possibilité, à Mᵐᵉ Marie-France Merger qui a relu la version en français de cette étude et à M. Antoine Pasqualini. Le titre de cet article ne veut pas être ambitieux ; dans sa formulation il voudrait montrer, sous l'angle des lexiques généraux latins rédigés entre le xıᵉ et le xıııᵉ siècles, l'hétérogénéité de la pratique étymologique médiévale qui, dans un cadre notionnel encore pré-scientifique, poursuit et modifie l'héritage conceptuel latin, dans la direction d'une nouvelle formalisation.

BURIDANT (1990: 51) lorsqu'il les définit comme « des encyclopédies alphabétisées ». Cette aspiration est subordonnée à une intention globale qui a pour objet la langue latine comme ensemble ouvert et structuré d'unités discrètes, comme domaine de relations lexicales, formelles et sémantiques; cette aspiration est donc liée à une volonté intellectuelle qui, s'appuyant encore sur les mots en tant qu'objets et moyens d'investigation, cherche à *colligere et ordinare* (« recueillir et organiser ») cet univers qu'est le lexique et à montrer d'une façon ordonnée les liens existant entre ses unités et, plus généralement, l'architecture du latin. Et, suivant une perspective épistémique qui, pour ces œuvres, maintient solidement son ancrage dans les *artes* du *trivium* et dans la *grammatica* en tant que *scientia recte loquendi, et origo et fundamentum liberalium litterarum*[2], cette même aspiration aboutit à *colligere et ordinare* la connaissance de l'ensemble du monde extraverbal, de la multiplicité des *res naturae*, telle qu'elle se manifeste à travers les *signa*. Au cours des siècles (et dans la mentalité des lexicographes) que je considère, l'homologie entre la dimension des *res* et celle des *verba* est une idée encore fondatrice, qui reconnaît dans l'écriture une métaphore de la création divine. La configuration ordonnée de l'ensemble des mots, telle qu'un lexique peut la réaliser, n'est donc qu'un reflet, on le sait, de la configuration du réel; et elle sert à dévoiler, à travers l'analyse des mots, la structure donnée par Dieu à l'univers des choses[3].

Les lexiques médiévaux ne manquent pas de réserver une place à l'énonciation et à l'emploi des contenus étymologiques, et l'étymologie contribue systématiquement à l'intention encyclopédiste, en faisant de ces ouvrages des *summae*[4] où le savoir médiéval, qui s'ouvre progressivement aux connaissances techniques et scientifiques de l'Antiquité, enrichies par la circulation des textes "modernes" arabes et des traductions aristotéliciennes, est recueilli, intégré, inscrit, délimité dans et par une structure qui obéit à des critères linguistiques de classement, qui

---

2. « science de l'expression correcte, et aussi origine et fondement de la culture » selon la définition d'Isidore de Séville, *Étymologies*, 1.5.1.
3. Cette période, où l'intérêt encyclopédique se construit dans la ligne d'un isidorisme affirmé, est encore plus intéressante si on l'observe sous l'angle des lexiques généraux unilingues, qui défendent une science non pas adressée aux *res naturae*, mais aux *verba* en tant que *signa* des *res*. Il ne faut pas oublier que « le XIIe siècle est aussi l'époque d'un regard appuyé sur le langage, sous toutes ses formes, et en particulier sur le plan de son investigation scientifique, au moyen de ces outils que les Anciens ont forgés et qui font partie de ceux de la philosophie. Cet intérêt pour le langage, du point de vue de la tradition encyclopédique, renvoie à Isidore de Séville et à ses *Étymologies*. Le balancement *trivium/quadrivium*, le rapport *trivium*/théologie trouvent un écho dans la place occupée par l'étymologie isidorienne. Comme le *quadrivium* va se détacher du *trivium* dans son ensemble – en développant toutefois les méthodes de la logique –, l'encyclopédie post-isidorienne rompra avec l'étymologie comme système d'explication, pour n'en retenir qu'un savoir, compilé avec d'autres – mais auréolé de l'autorité d'Isidore. C'est la *nature des choses* qui importera plus, finalement d'une façon indépendante de la dénomination des choses » (RIBÉMONT, 2002a: 21-22).
4. Voir RIBÉMONT (2002a: 70): « l'objet de l'encyclopédiste n'est pas de démontrer un système général de la nature, mais d'exposer l'ensemble des choses de la nature (la *collectio rerum*) »; voir aussi RIBÉMONT, 1995a: 23-37.

ne coïncident pas nécessairement avec les critères de la science des *res* et de ses divisions[5].

Statut épistémique et méthodes de l'étymologie médiévale

L'apport de l'étymologie à cette pratique lexicographique découle de sa nature de ressource exégétique et d'outil herméneutique qui, à l'origine, cherche à dévoiler ce qui est le *proprium* d'un mot et qui, par là, entend explorer la réalité (religieuse, naturelle, intellectuelle, technique, quelle qu'elle soit) désignée par le mot même ou à laquelle celui-ci se réfère. Les contenus qui en dérivent font l'objet d'une volonté d'ordonnancement précis et d'une attention à la mise en forme, des propriétés qui ne sont pas du tout accessoires dans un « style ency-clopédique ». Ainsi, ces contenus sont encadrés dans des lemmes qui peuvent se suivre selon l'*ordo* alphabétique – respecté avec plus ou moins de rigueur – comme dans l'*Elementarium*, le *Catholicon* (ou comme dans un dictionnaire spécialisé tel que les *Expositiones vocabulorum Biblie* de Guillaume le Breton) et, comme cela était arrivé avant pour le dixième livre des *Étymologies* d'Isidore, pour le *Liber glossarum* et pour d'autres glossaires du haut Moyen Âge[6]. Il arrive pourtant que ces mêmes contenus soient rangés aussi selon un critère secondaire, associé au classement alphabétique : dans ce cas, c'est la *derivatio* qui, en tant que moyen d'analyse phonomorphologique et/ou sémantique, devient principe structurel classifiant les *verba*, ressource grammaticale qui partage et organise le lexique en créant des familles de mots, des constellations lexicales souvent fort articulées et fort riches. C'est le choix adopté par les auteurs anonymes de *Derivationes* (que Papias connaissait), par Osbern de Gloucester et par Hugutio de Pise – avec plus d'ampleur et d'une manière plus systématique –, lorsqu'ils reconnaissent un mot-vedette comme primaire (*primitivum*) ou simple (*simplex*) et l'appellent à soutenir une architecture complexe de lexèmes (qu'ils pensent être) dérivés (*derivativa*) ou composés (*composita*).

Dans ces lexiques, l'étymologie est, selon la vision isidorienne, aussi bien une pratique linguistique s'inscrivant dans les ressources de la grammaire qu'une pratique de connaissance (et même de création), à travers les mots, du système des savoirs, du monde et de leur rôle dans le dessein de Dieu. Elle est un mode de

---

5.   On ne peut qu'approuver Bernard Ribémont (1995a : 25-26) lorsqu'il affirme que « Le XIIᵉ siècle demeure en effet très largement sous la domination des sciences du langage et un homme comme Jean de Salisbury le résume bien en notant dans son *Metalogicon* (1.1) que tout homme privé de langage redevient une brute ». De même (*Ibid.* : 12-13) : « Cet engouement pour la nature ne doit pas pourtant faire oublier que le maître demeure avant tout un *grammaticus* […]. Le *trivium* […] reste encore premier dans l'ordre des sciences. Si la nature est objet d'investigation scientifique, c'est avant tout au moyen de la glose, du commentaire, dans lesquels sont mises en œuvre les qualités du maître du langage et de la logique […]. Le XIIᵉ siècle ne voit pas la fondation de la science moderne ; lorsque d'observations il est question, c'est avant tout d'''observation livresque'' qu'il s'agit ».

6.   Voir Codoñer, 1986 et 1998 ; et la contribution d'Anne Grondeux dans ce volume (p. 259-274).

cognition qui permet à la fois de questionner la langue latine et ses structures, et de saisir ou de restituer la relation de correspondance et de convenance qui existait – comme le pensaient déjà les traditions stoïciennes, sémitique et judéo-chrétienne et comme les milieux "cratylistes" médiévaux continuent de le penser – entre le langage et le réel. En accueillant ces modalités épistémiques, Papias, Osbern de Gloucester, Hugutio de Pise et Jean de Gênes s'insèrent pleinement dans la tradition encyclopédique fondée par Isidore[7], et ils manifestent encore très bien et très profondément leur "isidorisme", tant au niveau des contenus reçus et des citations plus ou moins explicites des *Étymologies* (devenu le texte-source faisant le plus autorité[8] à côté des œuvres de Priscien ou de Donat pour la grammaire[9]), qu'au niveau de la conception et de la méthode étymologiques issues des écrits de l'évêque sévillan[10]. En effet, si l'on compare les lexiques de Papias ou d'Osbern avec ceux d'Hugutio de Pise, de Jean de Gênes ou de Guillaume le Breton, et bien que ces derniers appartiennent à un siècle, le XIIIe, qui voit désormais la constitution d'un encyclopédisme "post-isidorien"[11], l'importance reconnue à Isidore ne semble pas s'être atténuée.

Cependant, ces lexiques appartiennent à une période qui voit non seulement la construction du genre encyclopédique, mais aussi la réorganisation de la notion et des méthodes de l'étymologie. La datation de ces phénomènes n'est pas sans conséquence. Elle contribue à faire peser sur leur structure et sur leurs contenus les éléments d'innovation et de continuité, de coexistence et de variété typiques des phases de transition, – ce qui a rendu et rend encore ces textes très intéressants, tant du point de vue du genre encyclopédique en gestation et de l'histoire

---

7.   Sur l'encyclopédisme d'Isidore comparé avec l'ouvrage de Cassiodore, voir au moins FONTAINE, 1981 ; FONTAINE, 1986 ; RIBÉMONT, 2001 : 15-81.

8.   « [Les] *Étymologies* […] peuvent être considérées comme un immense glossaire nominal, non pas alphabétique mais étymologique et thématique […] C'est un glossaire encyclopédique, qui ne privilégie pas l'œuvre littéraire, mais puise à toute sorte de sources » (HOLTZ, 1996 : 20).

9.   Dans ces œuvres, étymologie et grammaire sont liées en tant que dimensions coopérantes à l'intention lexicographique. Leur osmose est possible dans la mesure où l'étymologie est synchronologique (et achronologique) et ses procédés coïncident au moins partiellement avec ceux de la *Wortbildung*, de la formation du mot : on applique par exemple les critères de *adiectio*, *detractio*, *immutatio*, *transmutatio* pour décrire tant les rapports, monoglottiques et synchroniques, entre primitif et dérivé, que les *mutationes* phonomorphologiques qu'on suppose entre un mot latin et un mot grec, ancêtre en diachronie, modèle ou correspondant alloglotte quel qu'il soit. Pour l'importance de la grammaire dans les glossaires, voir MARINONI, 1955 : XIV-XXIV ; MARINONI, 1988 ; DELLA CASA, 1981 : 40-45 ; BURIDANT, 1986 : 9-46 ; HOLTZ, 1996 : 1-21.

10. Par exemple, Papias montre qu'il adhère totalement aux méthodes étymologiques de l'évêque sévillan lorsqu'il cite la classification isidorienne (*Étymologies*, 1.29.3-5) dans le lemme *etymologia* de son *Elementarium*, et qu'il la propose encore une fois lorsqu'il conclut la description de *derivatio*, ce qui peut suggérer pour lui une interprétation encore (ou presque) synonymique ou au moins intégrée des deux mots. Pour l'*Elementarium*, cette étude utilise la réimpression anastatique (Papias, 1966 ; 1976) de l'édition de Venise de 1496.

11. « Là où le mot était une cheville ouvrière chez Isidore, il deviendra chez nombre de ses successeurs un emblème derrière lequel une connaissance plus "naturaliste" ou plus moraliste des choses de la nature pourra se faire jour et s'imposer comme objet premier. L'étymologie fonctionnera alors surtout comme le signe du rattachement à une tradition fondée sur l'autorité d'Isidore » (RIBÉMONT, 2001 : 83).

de la lexicographie que de la réflexion étymologique pour laquelle ces textes démontrent combien elle peut prendre des directions variées.

La pensée linguistique du Moyen Âge occidental dispose d'un large éventail de procédures qui toutes réflètent des conceptions différentes – mais pas nécessairement perçues comme antagonistes – de ce qui est ou doit être l'étymologie[12]. Cette hétérogénéité, que l'on a très bien exploitée dans les recherches actuelles, est imputable, d'une part, à la persistance de l'héritage ancien, gréco-latin et judéo-chrétien, transmis au Moyen Âge surtout à travers le classement isidorien[13], et d'autre part à l'apport complémentaire des maîtres médiévaux.

De la synthèse isidorienne, le Moyen Âge hérite une étymologie "large" issue de la convergence de deux approches. La première consiste en une analyse formelle du mot s'appuyant sur sa structure phonomorphologique, et sur la possibilité d'entrevoir des rapports de dérivation et de composition avec d'autres unités, selon une perspective synchronologique, horizontale, monoglottique ou, éventuellement, plurilingue[14]. La seconde, en une analyse "ontologique": l'étymologie dite *veriloquium et origo*, qui cherche à atteindre la connaissance de la réalité extralinguistique à travers l'investigation sémantique et référentielle (qui dévoile les rapports *ex causa*, *ex origine*, *ex contrariis* liant les *verba* aux *res*)[15]. Cette conception "large" connaît un renouvellement, je dirais plutôt un ajustement épistémique, lorsque l'*ethimologia* devient selon la définition donnée par Pierre Hélie dans sa *Summa super Priscianum* au plus tard au milieu du XIIe siècle:

> *expositio alicuius vocabuli per aliud vocabulum, sive unum, sive plura magis nota, secundum rei proprietatem et litterarum similitudinem ut* lapis *quasi* ledens pedem, fenestra *quasi* ferens nos extra[16]

> l'exposition d'un vocable par un autre vocable, qu'il y en ait un ou plusieurs, qui soit plus connu que lui, en fonction de la propriété de la chose [*i. e.* la signification] et de la similitude des lettres, comme *lapis* [pierre] pour ainsi dire *laedens* [frappant] *pedem* [pied], *fenestra* [fenêtre] pour ainsi dire *ferens nos extra* [nous portant dehors];

---

12. Parmi ceux qui ont mis en lumière les fondements épistémiques et les méthodes de l'étymologie ancienne et médiévale, il ne faut pas oublier R. KLINCK, P. ZUMTHOR, R. H. BLOCH, M. E. AMSLER, et il faut citer les volumes de la *Geschichte der Sprachtheorie* parus sous la direction de P. SCHMITTER, les articles recueillis dans *Lexique* 14, 1998, numéro consacré à *L'étymologie de l'Antiquité à la Renaissance* et coordonné par Claude BURIDANT. Rappelons également les contributions récentes d'A. GRONDEUX (2000: 239-262), W. BELARDI (2002); et celles présentées aux congrès de Sienne (BENEDETTI, 2001), d'Oxford (NIFADOPOULOS, 2003) et de Naples (MANCO, SILVESTRI, 2011).

13. Sur cet héritage ancien transmis essentiellement par Isidore de Séville, voir FONTAINE, 1978: 113-144. Voir aussi FONTAINE, 1979; FONTAINE, 1981: 97-103; FONTAINE, 1983: vol. 1, 40-44 et 96; FONTAINE, 1983: vol. 2, 871-873. La bibliographie sur ce thème est très vaste; je me permets de signaler au moins les contributions (et la bibliographie qu'elles donnent) de CODOÑER, 1985; CODOÑER, 1986; CODOÑER, 1998 et dans ce volume (p. 217-244); AMSLER, 1989; WEIJERS, 1996: 157-167; RIBÉMONT, 2001: 39-81.

14. C'est « la zone *philologique*, plus proprement grammaticale », comme l'a souligné BURIDANT (1998: 18-19).

15. Voir KLINCK, 1970; AMSLER, 1989: 133-171.

16. Lorsque Pierre Hélie commente le chapitre *De voce* de Priscien dans sa *Summa super Priscianum* (dans éd. REILLY, 1993: 1.70.87-90); pour la traduction, voir ROSIER-CATACH, 1998b: 222.

et lorsque, dans le même temps, les limites entre l'étymologie, procédure spéculative atteignant la *rei proprietas* à travers la *litterarum similitudo*, et les autres procédures, *derivatio* et *compositio,* en tant que moyens d'analyse morphologique et monoglottique, d'une part, et *translatio* interlinguistique, d'autre part, se trouvent revues[17]. L'*expositio* n'augmente pas la palette des mécanismes concrets de l'étymologie, parce que tant la décomposition synchronique du tissu formel du mot que l'analyse paraphrastique introduite par *quasi* étaient connues non seulement d'Isidore, mais aussi déjà de Cassiodore[18] et de l'Antiquité latine[19]. Cependant, la réflexion médiévale sur les rapports entre les différentes méthodes qui coexistaient déjà sous la désignation d'*ethimologia* prélude à la conception de l'*ethimologia* comme moyen de décrire les *partes orationis absolute*[20], donc en fait comme une morphologie selon les présupposés idéologiques de la *grammatica speculativa*. C'est précisément dans cette perspective que cette réflexion représente, me semble-t-il, un changement de la « Blickrichtung der *etymologia* »[21], parce qu'elle conduira à la séparation des destins de toutes ces pratiques : l'*expositio* au service de la rhétorique et de l'allégorie, la *derivatio*, la *compositio* et la *translatio* au service d'une analyse grammaticale synchronologique, monoglottique ou plurilingue.

---

17. On retrouve la définition d'*expositio* dans les gloses *Promisimus* et *Tria sunt* au même chapitre de Priscien, ce qui prouve l'existence d'un débat dans les milieux culturels les plus brillants du XIIe siècle ; voir HUNT, 1958 ; ROSIER-CATACH, 1998b : 222-223 (pour la glose *Tria sunt*) ; COPELAND, SLUITER, 2009 : 356-357 (pour *Promisimus*) et 357-358 (pour *Tria sunt*). Au XIIIe siècle, ce thème continue à intéresser des intellectuels tels qu'Évrard de Béthune, Hugutio de Pise, Jean de Garlande, Jean de Gênes, qui manifestent aussi des divergences d'opinions à l'égard des procédures étymologiques. Ainsi la définition d'*expositio* donnée par Hugutio (*Derivationes*, 2, E 136.1) diffère de celle de sa source, Pierre Hélie, parce qu'elle admet que l'*expositio* puisse utiliser des mots *in eadem lingua vel diversis*. À ce propos, voir KLINCK, 1970 : 13-19, 65-70 ; NIEDEREHE, 1976 ; WEIJERS, 1989 : 147-149 ; WEIJERS, 1990 : 200-201 ; WEIJERS, 1991 : 73-82 ; ZAMBONI, 1989 : 24-28 ; REYNOLDS, 1996 : 82-87 ; BURIDANT, 1998 ; ROSIER-CATACH, 1998a ; ROSIER-CATACH, 1998b ; GRONDEUX, 2000 : 239-262 ; COPELAND, SLUITER, 2009 : 339-366.
18. Cassiodore introduit avec *quasi* des locutions descriptives ou des syntagmes-valise qui réinterprètent comme composé l'*explicandum* (Cassiodore, *Expositio psalmorum*, 37.12 l.238 : *amicus* […] *quasi animi aequus*) ; parfois, il introduit avec *quasi* des mots existants (*Ibid.*, 65.15 l. 319-320 : *hircus* […] *dictus est quasi hirsutus*).
19. Elle appartenait aussi à l'étymologie stoïcienne, comme le montre l'explication *volpes* […] *quod volat pedibus* que Varron (*De Lingua Latina*, 5.101, dans éd. COLLART, 1954) hérite de son maître Stilon. Pour ces aspects v. aussi MAGALLÓN GARCÍA, 1996 ; SÁNCHEZ MARTÍNEZ, 2002.
20. Dans l'introduction au *Catholicon*, Jean de Gênes écrit (*Catholicon*, col. 1) : *Partes siquidem grammatice sunt quatuor. scilicet orthographia ethymologia diasintastica et prosodia*.
21. KLINCK, 1970 : 15 : « Erklärtes Ziel der Etymologie ist bis Petrus Helie das Ursprungswort. Bei ihm hat sich die Blickrichtung der *etymologia* verändert. Das Wort wird nicht mehr nach seinem Ursprung befragt. Petrus Helie löst die Etymologie aus ihren sprachwissenschaftlichen Bindungen, um sie dem Bereich der *expositio* unterzuordnen ». En effet, la cohabitation de ces différentes méthodes d'analyse du lexique, qui appartiennent à la tradition étymologique et grammaticale latine, suggère d'atténuer l'affirmation de Roswitha Klinck et de considérer ce changement de la *Blickrichtung* comme une forme d'ajustement des limites reciproques entre des procédures coexistantes. Cette atténuation avait été envisagée déjà par L. Reilly éditeur de Pierre Hélie (1.33).

En effet, les divergences de pratiques et de formulations étymologiques ne correspondent pas nécessairement à une hiérarchie de valeurs. Celles-ci sont intégrées en tant que stratégies herméneutiques possibles, souvent équivalentes, convergentes et pour cette raison interchangeables, et proposées comme modalités explicatives différentes d'un *continuum* ouvert qui pourrait être étendu à l'infini[22]. La coexistence – parfois l'intégration – de ces différentes modalités semble caractériser l'approche médiévale de l'investigation étymologique, comme l'affirme R. KLINCK (1970 : 69-70) :

> Die mittelalterliche Form der Wortableitung löste jedoch nicht die aus der Antike überlieferten Etymologien ab. Beide Arten blieben nebeneinander bestehen und wurden von den etymologischen Sammelwerken des 12. und 13. Jahrhunderts in gleicher Weise aufgenommen [...] Die Haltung der Autoren des 12. und 13. Jahrhunderts gegenüber dem reichen und vielfältigen Etymologienmaterial war unterschiedlich. Zum Teil übernahmen sie aus den etymologischen Sammelwerken Wortableitungen, die in einigen Fällen bis auf Aelius Stilo zurückreichten ; zum Teil bildeten sie nach den alten Tropen neue Etymologien, die mit den Anschauungen der christlichen Lehre besser übereinstimmten ; zum Teil machten sie von der Möglichkeit Gebrauch, mit Hilfe der *expositio*-Etymologie Wortdeutung und Schriftexegese aufs engste miteinander zu verbinden.

Dans les lexiques que je considère, non seulement le polymorphisme et le flottement à la fois épistémique et procédural émergent d'une façon très évidente, mais ces différentes conceptions de l'étymologie et les méthodes corrélées (analyse morphologique selon les critères de la *derivatio* et de la *compositio*, ou étymologie ontologique, speculative et paraphrastique) peuvent coexister[23], sans s'exclure réciproquement[24]. Ce fait est indéniable, aussi bien dans l'attitude de Papias, qui juxtapose souvent des interprétations divergentes, que dans l'attitude d'Hugutio de Pise, qui les distingue à l'aide de signaux métalinguistiques. Puisque l'étymologie maintient encore sa valeur herméneutique, ces interprétations sont très proches, et elles peuvent concrètement cautionner l'étude du *signum* et de la *res*. Cela est également possible parce que ces lexiques restent encore et avant tout des instruments d'investigation linguistique et que l'encyclopédisme n'est qu'une valeur ajoutée venant enrichir un cadre qui reste grammatical[25]. Il me

---

22. Parfois, au contraire, comme le souligne C. BURIDANT (1990 : 48), l'étymologie ontologique peut répondre à une fonction philologique, qui « rattache les mots à leur sémantisme originel comme à un point fixe, un point d'ancrage solide, au sens dont rend compte la dérivation », tandis que l'étymologie par *expositio* répond à une « fonction philosophique ». Mais, dans bien des cas, il est difficile de tracer « une frontière absolue ».

23. Cependant, leur séparation devait être évidente pour Osbern de Gloucester et les auteurs de *Derivationes* auxquels il fait référence dans la *Lettre à Amélin* (GATTI, 2001 : 19.3 et 22.8). Elle est explicitée par Hugutio de Pise dans le prologue aux *Derivationes* (2, 3-4) et quand il cite la définition de Pierre Hélie (2, E 136.1) ; voir HUNT, 1950 ; RIESSNER, 1965 : 46-75.

24. C. BURIDANT (1990 : 47) parle de « prolifération dynamique de l'étymologie ».

25. RIBÉMONT (2002a : 26) : « On peut dire qu'il y a toujours une forme d'esprit encyclopédique sous-jacent à celui du grammairien ».

semble que la "placidité" avec laquelle les lexicographes accumulent les contenus étymologiques ne peut pas être expliquée en dehors de cette perspective ; leur attitude par rapport à l'éventail de ces différents parcours herméneutiques pourra être utilement illustrée à travers un choix d'exemples.

ENTRE *COMPOSITIO* ET *ETYMOLOGIA* :

Lupercus

Parfois, la co-présence de différentes procédures peut signifier une équivalence sur le plan de la fonction interprétative et de l'efficacité explicative reconnue à l'étymologie, comme le montre le cas de *Lupercus*.

Dans l'*Elementarium*, Papias enregistre le lemme *Lupercal* :

> *Lupercal appellatur locus ubi pan deus colitur. cui sollennia ludicra celebrantur quae luperca<lia> uocantur ubi meretrices conueniunt* (*Elementarium*, s.v. *Lupercal*)

Il donne un *interpretamentum* qui explicite le rapport entre *Lupercal*, en tant que lieu où Lupercus-Pan[26] est adoré (*locus ubi pan deus colitur*), le dieu *Lupercus* et les fêtes qui voient la présence de *meretrices*[27]. Le contenu du lemme coïncide avec celui du glossaire de Placidus (*Lupercal sic appellatur locus ubi pan deus*

---

26. Sur cette identification, voir Papias, *Elementarium*, s.v. *Lupercus*: *Lupercus deus luporum ipse est et Pan : unde lupercal : prisc.* Pour la dérivation de *Lupercal* du théonyme, Papias fait allusion aux *Institutiones* de Priscien (*GL* : vol. 2, 123.12-15): *In al desinentia denominativa, si primitiva [eorum] penultimam natura vel positione habuerint productam, ea quoque longam habent paenultimam : […] lupērcus lupērcal*. Dans le même contexte morphologique *Lupercal* est signalé dans Phocas (*Ars de nomine et verbo*, *GL* 5, 414.16-17), dans les *Ps.-Aurelii Augustini regulae* avec un *interpretamentum* lié au vers de Virgile (dans éd. MARTORELLI, 2011 : p. 23, 25 § 24 [*GL* 5, 500.35-37]: […] *Lupercal Lupercalia, quae sunt sacra illius genii qui Pan vocatur ; unde et Virgilius de ipso loco "et gelida monstrat sub rupe Lupercal"*), dans Boniface, *Ars grammatica*, 25.292: *Al syllaba, ut* […] *lupercal*), Aldhelm de Malmesbury (*Epistola ad Acircium*, *PL* 89 col. 211C: *Inter neutralia :* […] *lupercal*) et Raban Maur (*Excerptio de arte grammatica Prisciani*, *PL* 111 col. 629A: *In al desinentia denominativa* […] *longam habent penultimam* […] *lupercus, lupercal*).

27. Papias présuppose et utilise l'acception « meretrix » de *lupa*, qu'il enregistre dans deux lemmes isidoriens (s.v. *Lupa*: *Lupa meretrix a rapacitate dicta* ; s.v. *Lupa*: *Lupa animal a lupo uel meretrix : unde lupanar*). Cette acception est attestée, depuis Denys d'Halicarnasse, Tite Live et Plutarque, en particulier par Lactance, qui identifie *Lupa* avec *Acca Larentia*, femme de *Faustolus* (*Divinae institutiones,* dans éd. BRANDT, 1890 : 1.20.2): *Faustoli uxor* […] *propter vulgati corporis vilitatem lupa* […] *id est meretrix, nuncupata est*), par Servius (*In Verg. Aen.* 3.647: *LUSTRA cubilia : unde etiam lupanaria* lustra *dicimus, ubi habitant lupae, id est meretrices, dictae ab obscenitatis et odoris similitudine* ; 4.151) et Isidore (*Étymologies*, 10.163: *Lupa, meretrix, a rapacitate vocata, quod ad se rapiat miseros et adprehendat* ; cf. 18.42.2: […] *et lupanar vocatum ab eisdem meretricibus, quae propter vulgati corporis levitatem lupae nuncupabantur : nam lupae meretrices sunt a rapacitate vocatae, quod ad se rapiant miseros et adprehendant*). Sur cette acception, d'où la "fable" des frères Romulus et Remus allaités par une louve, voir PERUZZI 1976 ; *ThlL* 7.2 col. 1859, s.v. *lupa* ; *CGL* 6.661 s.v. *lupa, lupanar, lupercal* et simm. ; *Gloss.L.* 2, *Abavus*, LU 23, 24, 25 ; 3, *Abstrusa*, LU 22, 23 ; 1, *Ansil.*, LU 331 (*ex* Isidore, *Étymologies*, 10.163), 340, 343 et *passim*.

colitur cui sollemnia ludicra celebrantur que luperca<lia> uocantur) et la *lectio luperca* (pour *lupercalia*)[28] qu'on peut lire dans les deux textes peut suggérer leur rélation directe ou l'emploi d'une source commune[29]. Pour *Lupercal*, Papias semble faire allusion à une étymologie (*locum colere*)[30], sans la proposer directement. Au contraire, il sait et déclare que *lupus* correspond au grec λύκος[31], ce qui avait été affirmé également par Isidore (*Étymologies*, 12.2.23) et que, à travers le Sévillan, Hugutio de Pise n'ignore pas[32].

En effet, pour *Lupercus*, dont il connaît le rapport d'identification avec *Pan*, ce dernier propose deux étymologies intégralement latines : (1) *quasi lupos arcens a pecoribus*, qu'il voit comme une *compositio* de *lupus* et *arceo*, et (2) *quasi lucum colens*, qu'il qualifie d'*ethimologia*[33] :

> *Lupus componitur cum arceo et dicitur hic Lupercus -ci, idest Pan vel sacerdos Panis, et dicitur Lupercus quasi lupos arcens a pecoribus, quia Pan deus est pastorum et lupos arcet a pecoribus ; unde hoc Lupercal -lis, festum vel templum Panis, vel fossa pastoralium ludorum in luco quasi theatrum facta ; quod autem dicitur Lupercus quasi lucum colens ethimologia est*[34].

La première proposition, *quasi lupos arcens a pecoribus*, semble remonter au commentaire de Servius à l'*Énéide* (8.343, éd. Thilo, Hagen, vol. 2) :

> GELIDA MONSTRAT SUB RUPE LUPERCAL *sub monte Palatino est quaedam spelunca, in qua de capro luebatur, id est sacrificabatur : unde et lupercal non nulli dictum putant. alii quod illic lupa Remum et Romulum nutrierit : alii, quod et Vergilius, locum esse hunc sacratum Pani, deo Arcadiae, cui etiam mons Lycaeus in Arcadia consecratus est. et dictus Lycaeus, quod lupos non sinat in oves saevire.*

---

28. *CGL* 5, 82.9.
29. Il faudra, en effet, intégrer *luperca<lia>* dans le texte de Papias.
30. Cf. *CGL* 4, 256.9 (*Gl. cod. Sangallensis* 912) : *Luperci pastores qui sacra incybi nudi colebant*.
31. Cf. Papias, *Elementarium*, s.v. *Liceus* : *Liceus deus paganorum* […] *lupus enim lycos* λύκος *graece dicitur* ; s.v. *Lycos* : *Lycos* λύκος *graece lupus* ; s.v. *Lupus* : *Lupus a graeco translatum est. graece nam lycos dicitur quod rabie rapacitas quicquid inuenerit trucidet. Alii autem dicunt ideo dictus quia quasi leonis sit ei uirtus in pedibus. Unde quicquid presserit pede non uiuit. Ambro.* Papias dépend vraisemblablement d'Isidore (*Etymologiae*, 12.2.23, dans éd. André, 1986) : *Lupus Graeca diriuatione in linguam nostram transfertur. Lupos enim illi* λύκους *dicunt :* λύκος *autem graece a moribus appellatur, quod rabie rapacitatis quaequae inuenerit trucidet. Alii lupos uocatos aiunt quasi leopos, quod quasi leonis, ita sit illi uirtus in pedibus ; unde et quidquid pede presserit non uiuit* , sans pouvoir exclure la médiation de *Gloss.L.* 1, Ansil., LU 359. L'étymologie grecque était affirmée par Festus, 6.8 (éd. Lindsay, 1913) : *lupus, quod venit ex Graeco* λύκος (et 106.24) ; voir Maltby, 1991 : 352 s.v. *lupus*.
32. Éd. Cecchini *et al.* (2004 : [2] 64.1-9) : *Licos grece, latine dicitur lupus ab aviditate vel rapacitate, quia rabie rapacitatis que invenit trucidat* […] *Item a lico hic lupus dicitur apud nos ; vel dicitur lupus quasi leopos* […]. Sur Hugutio de Pise, voir les articles parus dans le n° 64 de ALMA en 2006 : 242-275.
33. Éd. Cecchini *et al.*, 2004 : [2] 64.19-20.
34. Isidore traite des *Luperci* et des *Lupercalia* à propos des *feriae* du mois *Februarius* (*De natura rerum*, 4.4.28 dans éd. Fontaine, 1960) : *Februarium autem a februis, sacris Lupercorum, appellauerunt* (étymologie qui sera accueillie par Papias). Sur les *Februaria* et le rapport avec les *Luperci* v. les sources anciennes recueillies dans Maltby, 1991 : 227 s.v. *februarius*.

ergo ideo et Euander deo gentis suae sacravit locum et nominavit lupercal, quod
praesidio ipsius numinis lupi a pecudibus arcerentur.

Il ne s'agit que de l'une des trois explications fournies par le scoliaste ; mais
c'est vraiment celle qui, avec l'histoire de l'arcadien Évandre et du mont Lycée
où Pan était vénéré, constitue la prémisse à l'*interpretamentum* admis aussi
par Hugutio de Pise, peut-être directement mais certainement pas à travers la
médiation de Papias[35], ni de celle d'Osbern de Gloucester. En tout cas, il est intéressant de souligner qu'aux yeux du lexicographe de Pise, l'explication fournie
par Servius a la même efficacité interprétative que la seconde proposition, *quasi*
lucum colens, qu'il considère comme une *ethimologia*. C'est cette seconde interprétation, par contre, qui peut venir d'Osbern de Gloucester (éd. BUSDRAGHI *et al.*,
1996 : 1, L 15.38-42) :

> *Item a luceo hic lucus ci .i. densum nemus per antifrasim .i. per contrarium eo*
> *quod ibi minime luceat[36], unde […] et hic lupercus ci .i. sacerdos Iovis lucum*
> *eius colens, et hoc lupercal lis .i. fossa pastoralium ludorum in luco quasi thea-*
> *trum facta.*

Osbern, en effet, explique *Lupercus* en tant que *sacerdos Iovis*[37] *lucum eius*
colens (ce qui est proche de l'allusion de Papias, qui présente cependant *locum*
et qui relie *colere* au dieu parce qu'il analyse *Lupercal* en tant que nom du lieu
et non *Lupercus*, le nom du *sacerdos qui colit* le *lucum*), en identifiant le *luper-*
cal avec la *fossa pastoralium ludorum in luco quasi theatrum facta*[38]. C'est de
cet "arrangement" que dépend Jean de Gênes. Pourtant, il ajoute une informa-

---

35. Papias enregistre (*Elementarium*, s.v. *Licaeus*) : *Licaeus : Licaeus λυκαιος mons Archadiae*.
36. Osbern de Gloucester l'écrit, en rattachant *lucus* à *luceo*, comme le fera aussi Hugutio de Pise, par le
    biais du trope *per contrarium* bien connu de la tradition latine.
37. Osbern connaît la relation entre *Lupercus* et *Iuppiter* (*Ibid.*, 1, c 11.4-7 ; c 82 ; d 72 ; f 44 ; l 121). Le
    dieu était vénéré comme *Lycaeus* en Arcadie sur le mont Lycée : Pline, *HN* 4.21 : *Lycaeus, in quo*
    Lycaei Iovis delubrum ; Augustin, *De civitate Dei*, 18.17 l.12-18 : *Nec idem propter aliud arbitratur*
    historicus [*scil.* Varron, dans *GRF* : vol. 1.189, p. 250] *in Arcadia tale nomen adfictum Pani Lycaeo*
    et Ioui Lycaeo nisi propter hanc in lupos hominum mutationem, quod eam nisi ui diuina fieri non
    putarent. Lupus enim Graece λύκος dicitur, unde Lycaei nomen apparet inflexum. Romani etiam
    Lupercos ex illorum mysteriorum ueluti semine dicit exortos.
38. Osbern de Gloucester, *Derivationes*, 1, l 122 : *Lupercal, fossa pastoralium ludorum in luco facta*.
    C'est probablement d'Osbern que Hugutio tire cette indication. Elle semble présupposer pour
    theatrum l'acception déjà connue d'Isidore (*Étymologies*, 18.42.1) : *Idem vero theatrum, idem et*
    prostibulum, eo quod post ludos exactos meretrices ibi prostrarentur. Idem et lupanar vocatum ab
    eisdem meretricibus ; (*Ibid.*, 19.26.2) : *Ludices a ludis, id est theatris, uocatas quidam existimant :*
    quum enim egrediebatur de ludi prostibulo iuuenes, horum uelamento tegebant caput et faciem, quia
    solet erubescere qui lupanar intrauerit (cf. *CGL* 2, 586.55 : *domus meretricum uel theatrum* ; Remi
    d'Auxerre (*Commentarius in Prisciani De nomine* : 445.2, p. 22.10-12) : *Inuenitur etiam arcubus,*
    quod significat fornix fornicis, unde fornicatio, quae alio nomine dicitur lupanar et theatrum et
    arenaria). Hugutio de Pise écrit (*Derivationes*, 2, T 72.10-11) : *Item a theoro hoc theatrum* […] *Item*
    theatrum dicitur prostibulum et lupanar, quia post ludos exactos meretrices ibi prostituerentur, cf. Jean
    de Gênes, *Catholicon*, s.v. *theatrum* : *Theatrum. a theoro* […] *Item theatrum dicitur prostibulum et*
    lupanar quia post ludos exactos meretrices prostituerentur ibi […].

tion sur la prosodie de la pénultième syllabe venant de la grammaire tardolatine[39] (*Catholicon*, s.v. *Lupercal*) :

> *Lupercus. a lupus et arceo. es. componitur hic lupercus. ci. .idest. pan uel sacer-dos panis. Et dicitur lupercus quasi lupos arcens a pecoribus. quia pan est deus pastorum et lupos arcet. Unde hoc lupercal .lis. penultimam producta. festum uel templum panis. uel fossa pastoralium ludorum. in luco quasi theatrum facta. quod autem dicitur lupercus quasi lucum colens ethymologia est ;*

et il confirme la validité de la différence epistémique et métalinguistique introduite et soulignée par Hugutio de Pise, qui avait expliqué *Lupercus* à travers deux procédures différentes, *ethimologia* et *compositio*, proposées comme moyens équivalents pour l'herméneutique du mot, sans introduire aucune hiérarchie de valeur.

Sed potius est ethymologia : litigo et levigo

Parfois, la co-existence de procédures typologiquement différentes peut se résoudre par un choix qui, le plus souvent, est en faveur de l'étymologie conçue comme *expositio*, comme cela arrive tant pour *litigo* que pour *levigo*, si l'on compare les renseignements fournis par les lexicographes médiévaux.

Papias consacre à la forme verbale *litigo* un article dont la structure est encore proche de la glossographie, avec des définitions et des informations de nature synonymique, métalinguistiquement rendues à travers *id est*, enrichies d'une notation de morphologie nominale introduite par *inde* (*Elementarium*, s.v. *litigare* : *Litigare : idest de lite agere idest altercari. placitari. inde litigium*). Osbern de Gloucester, de son côté, se limite à ce dernier aspect lorsqu'il écrit : *Lis -tis, inde litigo -as* (*Derivationes*, 1, L 49.1-2), en faisant simplement allusion au rapport dérivatif (*inde*) entre *lis* et *litigo*, donc en appliquant la *disciplina derivationis* au niveau strictement morphologique. Hugutio de Pise intègre ces deux perspectives tout en ajoutant des précisions complémentaires :

> *et inde* [*scil.* de *lis*] *litigo -as, contendere, litem agere ex quibus uidetur compositum, uel potius sit ethimologia : litigo, idest litem ago* (*Derivationes*, 2, L 74.5).

Analyser *litigo* comme *compositum* de *lis* et *ago*, en effet, sous-entend une segmentation qui n'était pas ignorée de Papias dans son *interpretamentum* (*id est de lite agere*), mais qui se prête chez Hugutio à une remarque métalinguistique concernant la divergence d'opinions entre ceux qui qualifient *litigo* de composé et ceux qui, d'une manière plus correcte selon Hugutio de Pise, y reconnaissent un produit de l'*ethimologia* (*litigo, id est litem ago*).

Pour la forme verbale *levigo*, Papias (*Elementarium*, s.v. *leuigare*) donne seulement une longue série de synonymes, selon la méthode glossographique (*Leuigare : polire. linire. dealbare lucem facere uel lenere* [*sic*]) et non pas une étymologie, tandis qu'Osbern de Gloucester ajoute au contenu sémantique (*idest*

---

planare) la dérivation du verbe *levo* (*Item a levo levio as, et levigo as .i. planare, et ab istis verbalia. Derivationes*, 1, L 11.15-16). Encore une fois c'est Hugutio de Pise qui prend position en faveur de l'*ethimologia* (*levem ago*), qu'il semble préférer (*sed potius*) à la *compositionis ostensio* de *levis et ago*:

> A *levis pro plano levigo -as, idest applanare, limpidare, levem, idest planum, facere, et videtur esse compositum a levis et ago -gis, sed potius est ethymologia – levigo, idest levem ago – quam compositionis ostensio* (*Derivationes*, 2, L 57.4).

Lacrima

Parfois aussi, Hugutio de Pise se place à la fin d'une tradition qui paraît bien plus riche en possibilités explicatives, et il ne donne pourtant qu'une seule étymologie parmi celles qui circulaient, en soulignant le statut épistémique de son choix.

De *lacrima*, par exemple, il ignore l'origine grecque[40], connue d'Isidore[41] (*Lacrimas quidam a* laceratione mentis *putant dictas; alii existimant ideo quod Graeci* δάϰϱυα *vocant*)[42], de Raban Maur (*Lacrymas* [...] *alii existimant ideo, quid Graeci darsiria [dacrya] vocant*)[43], du Pseudo-Hugues ([...] *alii lacrymas dici existimant, ideo quod Graeci* δάϰϱυα *vocant*)[44] et de Papias (*Lachrymae a laceratione mentis uel ut alii dicunt a graecis* δάϰϱυον)[45] qui, probablement, la tire du Sévillan[46]. Il ignore aussi le rapport – spécifique au latin – avec *lacrimor* connu d'Osbern[47]. Et lorsqu'il écrit:

> Item a lacero hec lacrima -e, quia lacerat mentem, unde lacrima quasi lacerans mentem, et est ethimologia[48]

---

40. Le rapprochement avec le grec est traditionnel, cf. Festus, 60.5: *Dacrimas pro lacrimas Livius saepe posuit, nimirum quod Graeci appellant* δάϰϱυα; Marius Victorinus, *GL* 6, 26.1-4: *communionem* [...] *habuit 'l' littera cum 'd' apud antiquos, ut* [...] *dacrimis et lacrimis* [...]; *est et communio cum Graecis, nos lacrimae, illi* δάϰϱυα [...]; de même, *CGL* 2, 497.8; 523.8; 545.50; 3, 560.21; voir MALTBY, 1991: 323-324 s.v. *lacrima*.

41. *Étymologies*, 11.1.41.

42. Cf. aussi Isidore, *De differentiis* dans éd. CODOÑER (1992: 1.231): *Lacrimas autem a laceratione mentis dictas* (= 1.227, dans *PL* 83 col. 34A). Dans son commentaire, C. Codoñer renvoie aux *Scholia Bembina* (éd. MOUNTFORD, 1934 18-19) à Térence, *Eunuchus* 67: (*lacrimiola*) *lacrima dicta quod mentis <la>ceratione nascatur*.

43. *De universo* 6.1, dans *PL* 111, col. 150D-151A.

44. *De bestiis et aliis rebus* 3.60, dans *PL* 77, col. 122B.

45. *Elementarium*, s.v. *lachrymae*.

46. Ces auteurs connaissent aussi l'explication « per effectum » *lacerans mentem* qui sera utilisée par Hugutio: Raban Maur, *De universo* (*Ibid. = 61*): *Lacrymas quidam a laceratione mentis putant dictas* [...]; Pseudo-Hugues, *De bestiis et aliis rebus* (*Ibid. = 3.60*): *Lacrymas a laceratione mentis quidam putant dictas* [...].

47. Osbern de Gloucester, *Derivationes*, 1, L 29.1-6: *Lacrimor aris verbum deponens, inde* [...] *hec lacrima me*. Hugutio de Pise, en effet, "renverse" le rapport entre *lacrimor* et *lacrima* (2, L 9.19) *Item a lacrima lacrimor -aris, quod antiqui dicebant lacrimo -as*; et son choix sera accepté par Jean de Gênes pour *lacrima*.

48. Hugutio de Pise, *Derivationes*, 2, L 9.18.

Il fait appel au lien avec *lacero* et *mens* enregistré déjà par ses *auctoritates* (Isidore[49] et Papias), mais il ajoute une précision qui reconnaît l'*ethimologia* (*quasi lacerat mentem*) dans l'explication *ex causa* présente chez Isidore et chez Papias, et qui sera proposée aussi par Jean de Gênes (*Lacrima. me. fe. ge. dicitur a lacero. as. quia lacerat mentem. Unde et lacrima quasi lacerans mentem. et est ethymologia*)[50].

C'est le même procédé que Hugutio de Pise exploite pour *iudex*, qui relève selon lui de l'*ethimologia* :

> Item ius hic et hec iudex -cis, et iudex quasi ius dicens populo vel iure disceptans, et est ethymologia[51] ;

bien que dans ce cas la double solution spéculative introduite par *quasi* soit déjà adoptée par Isidore (*Iudices dicti quasi ius dicentes populo siue quod iure disceptent. Iure autem disputare est iuste iudicare. Non est autem iudex si non est in eo iustitia*)[52] et par Papias, qui en tient compte (*Iudex dictus quasi ius dicens populo siue quod iure disceptet. iure autem disputare est iuste iudicare : non est autem iudex si non est in eo iustitia*)[53].

Quand les parcours divergent

Les cas que l'on vient d'analyser montrent comment l'étymologie, avec la variété de ses procédures, peut coopérer à l'intention encyclopédiste du lexicographe. Cependant, le parcours lexicographique diverge parfois du parcours étymologique. Cela peut enfin déterminer des difformités qui, sans modifier l'efficacité de l'étymologie par rapport à la connaissance du sens et du référent d'un mot, diminuent sa valeur argumentative sur le plan strictement linguistique : une valeur qui, au contraire, se maintient dans des contextes où l'étymologie assure la *correctio* du signifiant, ainsi que son adéquation au signifié et au référent. Il s'agit notamment des traités orthographiques et des *artes lectoriae*, qui ont eux-mêmes recours à l'étymologie en tant que critère de correction, héritant ainsi de la fonction qui avait permis à Varron de choisir entre *delirus* et *delerus* par rapport au primitif *lira* (*delirus placet Varroni, non delerus : non enim, ut quidam existimant, a graeco tracta uox est, παρὰ τὸ ληρεῖν, sed a lira, id est sulco*[54]), à Quintilien de distinguer *etiam barbara ab emendatis* […] *ut cum Triquetram dici Siciliam an Triquedram, meridiem an medidiem*[55], et à Caper de légitimer *exsul* et

---

49. Selon Riessner, 1965 : 51.

50. *Catholicon*, s.v. *lacrima*.

51. *Derivationes*, 2, I 112.17. Jean de Gênes accueille cette explication pour *iudex*. Le rattachement à *ius* est connu aussi d'Osbern de Gloucester (*Derivationes*, 1, I 3.13-17) : *Item ab hoc nomine quod est ius* […] *hic iudex cis*.

52. *Étymologies*, 9.4.14 dans éd. Reydellet, 1984. Cf. 18.15.6.

53. *Elementarium*, s.v. *iudex*.

54. *Ap.* Velius Longus, *GL* 7, 73.2-3 (*GRF* 275 p. 295).

55. *Institutio oratoria*, 1.60.30. Sur ce thème, voir Siebenborn, 1976 ; Desbordes, 1990 ; Desbordes, 1998.

formosus (*Exsul cum addito* s *scribendum est etymologiae causa, a* solo *quoniam venit* ; et *Formosus sine* n *scribendum est ab etymologia, quod est a forma*[56]).

Dans l'ensemble de ses procédés, l'étymologie se présente en outre aux auteurs de ces traités comme un moyen pour sauvegarder la *proprietas* d'un latin qui est désormais une langue apprise, mais qui est cependant la langue de la *Divina pagina*, manifestation du *Verbum* révélé aux hommes. La motivation *ethimologiae causa*, en même temps que la différentiation des homonymes, permet la *correctio* du signifiant et peut contribuer à la découverte de la vérité cachée d'un mot. Jean de Garlande dans son *Ars lectoria Ecclesie* affirme en effet : *scripturam, lector, vocum tibi mutat origo*[57].

Ainsi, dans son *De nota aspirationis*, rédigé entre la seconde moitié du XIe et le milieu du XIIe siècle, le maître italien Apulée déclare que la conformité entre primitif et dérivé, qui avait été recommandée surtout par Priscien, est nécessaire :

> *Sciendum quoniam quotienscunque dictionem aliquam aspirandam, omnes etiam dictiones ab ea venientes volumus intelligi, ut habito, habilis, habaena : et caetera quae ab hoc verbo veniunt*[58] ;

et il affirme :

> *Abundo quod in plerisque locis aspiratum invenitur scriptorum vicio tribuendum est cum ab praepositio aspiratione careat. unde componitur undo undas quod dirivatur ab eo quod est unda*[59].

Aimeric de Gâtine dans son *Ars lectoria* souligne la même exigence de correspondance au niveau des *litterae* :

> *Sciendum quoque quia numquam ponetur* h *in diriuativo, nisi sit et in primitivo. Vicium ergo faciunt qui in nomine* arca/huius arce/hanc arcam h *inscribunt. Nam primitivum eius* arceo h *caret ; unde et* arx/arcis, *idest* turris, *similiter. Sed et* arcanus *ab* arca *dirivatum* h *habuisset*[60] ;

et il consacre également son traité aux *mutationes* qui rendent opaque cette correspondance.

Ces contenus ne sont pas absents des lexiques : Papias, Hugutio de Pise, Jean de Gênes[61] soulignent qu'il faut écrire *abundo* (non pas *habundo*) à cause de

---

56. *De orthographia, GL* 7, 95.16-17 et 95-18.
57. Au vers 710 dans éd. Marguin-Hamon, 2003.
58. Apulée, *De nota aspirationis* (éd. Osann, 1826 : 2).
59. *De nota aspirationis* dans ms. Reims, BM 432, f. 82v.7-9, cité dans Biondi, 2011 : 76.
60. Aimeric de Gâtine, *Ars lectoria,* 2.80 (Reijnders, 1971 : 119-137 ; et 1972 : 41-101, 124-176). Cette observation phonographique manque chez Hugutio, qui reprend seulement la relation ontologique (*ex causa*) entre arceo et arx (*Derivationes*, 2, A 308.12 : *Item ab arceo hec arx -cis pro roca, quia arceat hostem*) posée par Isidore (*Étymologies*, 15.2.32 : *Arces sunt partes urbis excelsae atque munitae. Nam quaecumque tutissima urbium sunt, ab arcendo hostem arces vocantur*, et 18.9.5 : *arces dicuntur a quibus arcentur hostes*) connue aussi de *Gloss.L.* 1, *Ansil.*, AR 123 et de Papias (*Elementarium*, dans éd. de Angelis, 1980 : 3, AR 39, 44, 46, 49).
61. Du reste, ce sont des *grammatici* qui écrivent des *artes*, comme Papias, Hugutio de Pise, aussi auteur du *Rosarium*, du *De dubio accentu* et de la *Summa artis gramatice* (pour l'attribution de ce dernier ouvrage, voir Pérez Rodríguez, 1998 : 479-484), ou qui insèrent un lexique dans une véritable *summa grammaticalis*, comme cela arrive pour la *quinta pars* du *Catholicon* de Jean de Gênes.

l'étymologie *ab unda,* et leur opinion s'accorde avec celle d'Apulée, d'Aimeric de Gâtine, de Pierre Hélie (et en dernière analyse avec celle de Priscien). De la même façon, le rapprochement interlinguistique et la conscience des rapports de *conversio* phonomorphologique entre grec et latin sont aussi connus des lexicographes, qui mettent à profit les règles héritées des Anciens : ainsi, *s* peut rendre l'esprit rude comme cela arrive pour *sex* par rapport à ἕξ, le digraphe *ph* correspond au grec φ, le latin *-us* correspond au grec -ος et *ae* correspond à αι du grec. Toutefois, l'emploi de ces données n'est pas constant. Elles peuvent dépendre de multiples facteurs : l'importance des contenus faisant autorité, le souci de l'information morphologique (indication de dérivés, explicitation des catégories grammaticales, formes de la conjugaison de l'entrée lexicale), ou l'expansion des contenus descriptifs (qui font appel tant à l'expérience qu'aux valeurs symboliques et allégoriques). La comparaison entre les observations sur la prosodie de *sepelio* exposées par Hugutio de Pise dans son *De dubio accentu* (*Gratia istorum verborum dicimus breviter quod erudit, sepelit debet dici ut acua<n>t antepenultimam : habent enim penultimam brevem*)[62] et leur place dans ses *Derivationes* (*Sepelio -is -livi -pultum, licet inveniatur et -pelitum, idest mortuum condere, unde sepultus -a -um ; quod autem dicitur sepultus quasi sine pultu, idest sine pulsu*[63], *ethimologia est et non compositio vel derivatio*[64] [...] *Sepelio et eius composita activa sunt et corripiunt hanc sillabam -pe- et scribuntur per unum l et faciunt supinum in -pultum*)[65] peut montrer, me semble-t-il, cette diversité de perspective dans l'approche du même auteur.

L'approche du lexicographe : suffoco, Erebus *et* haeresis

Mais il y a aussi des situations différentes. Ainsi, le passage d'Hugutio de Pise concernant *suffoco* dans ses *Derivationes,* ([...] *suffoco -as, id est sub fauce capere et strangulare. Et sunt activa et producunt sillabam hanc fo-*)[66] correspond à celui

---

62. Éd. Cremascoli, 1978 : 82.220-222. Il y a une correspondance aussi entre les indications sur *saltim* et *saltem* (voir *Ibid.* 84.237-238 et les observations de l'éditeur). Pour la prononciation de *sincerus,* Hugutio de Pise se réfère à son traité (*Derivationes,* 1, C 137.13-14 : *Sed si quis velit has et alias dictiones de quarum accentu dubitatur recte accentuare, consulat opusculum quod de earum accentu conscripsimus*).

63. Cf. Isidore de Seville, *Étymologies,* 10.262 : *Sepultus dictus est eo quod sit sine palpatione, vel sine pulsu, id est sine motu,* et 11.2.35 : *Sepultus autem dictus, eo quod iam sine pulsu et palpitatione est, id est sine motu. Sepelire autem est condere corpus.*

64. Cette étymologie de dérivation isidorienne est très connue du Moyen Âge ; cf. au XIIᵉ siècle Jean Beleth, *Summa de ecclesiasticis officiis,* 159.28-29 : *Sepulcrum dicitur quasi sine pulsu, quia qui ibi sepeliuntur, quasi sine pulsu sunt ;* au XIIIᵉ siècle Guillaume Durand, *Rationale divinorum officiorum,* 1.5.6 : *Sepulcrum dicitur quasi sine pulsu, quia qui ibi sepelitur pulsu caret uel est locus ubi ossa conduntur,* et chez Jean de Gênes (*Catholicon,* s.v. *sepultus*) qui dépend de Hugutio de Pise. Au contraire, elle n'est pas indiquée par Osbern de Gloucester, qui donne des renseignements morphologiques (*Derivationes,* 2, S 56.1-5 : *Sepelio is ivi itum tu verbum activum, unde sepultus a um, quod componitur insepultus, et hec sepultura e, et hoc sepulcrum cri* [...]).

65. 2, S 93.1-4.

66. 2, F 53.67.

du *De dubio accentu* (*sed suffoco as et prefoco as debet dici ut accentus sit super penultimam*; *est enim longa procul dubio, quod patet illo versu Ovidii in libro in Ibin*: « *prefocent anime noxia mella viam* »; *et sunt composita a sub vel pre et fauce, quasi sub fauce capere et stringere et strangulare. Alii dicunt quod similiter penultima in illis potest corripi, et tunc componitur a focus, quod ex auctoritate non dicunt*)[67], où la *compositio a sub et fauce*, connue également de Papias[68], justifie une prononciation *suffoco* avec *-fō-* longue et exclut le rapport avec *fŏcus* et, donc, une prononciation *suffŏco* qui circulait (il dit: *quod ex auctoritate non dicunt*, et en effet Évrard de Béthune distingue [à propos des *verba primae coniugationis*]: *Strangulo suffŏco, exstinguo suffŏco dicas,/Quod bona sit ratio fauxque focusque probant*)[69]. Mais, dans les *Derivationes*, Hugutio de Pise n'enregistre pas cette seconde donnée: *suffoco -as, idest sub fauce capere et strangulare. Et sunt* [*scil. suffoco et prefoco*] *activa et producunt hanc sillabam fo-*[70].

Les vicissitudes lexicographiques de *Erebus* et *haeresis* sont également intéressantes.

Papias explique *Erebus* en ces termes:

> *Erebus proprie est pars inferorum: ubi qui bene uixerunt morantur. Nam ad helysium non nisi purgati perueniunt. Erebus inferorum profunditas et recessus*[71].

Il semble associer deux sources: le commentaire servien (*EREBI Erebus proprie est pars inferorum, in qua hi qui bene vixerunt, morantur. nam ad Elysium non nisi purgati perveniunt*)[72] et le passage où Isidore (*Erebus inferorum profunditas atque recessus*)[73] avait inséré une autre citation du scoliaste (*EREBUM inferorum profunditatem*)[74].

Bien que Papias montre qu'il travaille par accumulation, en associant les données serviennes de tradition directe avec celles qu'il pouvait lire à travers Isidore, sa dépendance à l'égard des *Étymologies* est évidente. Papias ne fait pas explicitement allusion à l'origine grecque du mot, et c'est le même choix qu'avait fait Isidore. Je pense qu'il ne s'agit pas d'une méconnaissance banale de la nature d'emprunt d'*Erebus*; je crois plutôt que cette information n'était pas nécessaire

---

67. Dans éd. Cremascoli, 1978: […] 82.222-83.228.
68. Papias, *Elementarium*, s.v. *suffoco*: *Suffoco as. producit penultimam. Componitur nam ex sub et fauces.* C'est de Hugutio que dépend le lemme du *Catholicon*, où Jean de Gênes ajoute aussi l'opinion de Bene de Florence, (voir éd. Cremascoli, 1978: 83 *ad* 222-228).
69. *Graecismus*, 15, v. 65-66.
70. *Derivationes*, 1, F 53.67. Jean de Gênes commente en ces termes (*Catholicon*, s.v. *suffoco*): *sed non omnes recipiunt istam compositionem.*
71. *Elementarium*, s.v. *Erebus*.
72. Servius, *In Vergilii Aen.* 6.404 (éd. Thilo, Hagen, vol. 2). Cf. aussi Servius, *In Verg. Georg.* 4.470: *EREBI DE SEDIBUS IMIS: de interioribus tenebris inferorum* (et *Schol. Bern. Verg. Georg.* 4.471); Servius, *In Verg. Aen.* 4.26 (éd. Thilo, Hagen, vol. 2). Cf. *CGL* 2, 434.4 (*Gloss. Graeco-Latinae*): Σκότος *erebum*.
73. *Étymologies*, 14.9.6. Cf. *Gloss.L.* 1, Ansil., ER 69 (qui pourrait être la source de Papias); Raban Maur, *De universo* 13.22 (*PL* 111 col. 374A): *Erebus inferorum profunditas atque recessus*.
74. Servius, *In Verg. Aen.* 4.510 (éd. Thilo, Hagen, vol. 2).

dans l'économie de l'analyse isidorienne, qui veut expliquer le référent mais en l'interprétant dans une optique christianisée et moralisante.

L'isidorisme de Papias se manifeste dans l'omission d'un élément (la nature d'emprunt du mot) qu'il n'oublie pas d'expliciter lorsqu'il le trouve indiqué par sa source, comme pour le cas des deux étymologies grecques, ἀπὸ τοῦ ταρταρίζειν et ἀπὸ τῆς ταραχῆς, proposées pour *Tartarus* par le Sévillan dans le même chapitre *de inferioribus*.

Papias écrit :

> *Tartarus dicitur : uel quia ibi omnia turbata sunt uel quod est uerius* ἀπὸ τοῦ ταρταρίζειν *idest a tremore frigoris. illic enim fletus et stridor dentium locus inferorum confusus*[75].

Il associe les données isidoriennes[76] :

> *Tartarus uel quia omnia illic turbata sint,* ἀπὸ τοῦ ταρταρίζειν[77] *aut, quod est uerius,* ἀπὸ τῆς ταραχῆς, *id est a tremore frigoris, quod est algere et rigere, scilicet quia lucem solemque caret ;* […] *Tartarizin enim horrere et tremere apud Graecos legitur. Illic enim "fletus et stridor dentium"*[78],

c'est-à-dire les deux étymologies grecques qui intègrent la description du Tartare et qu'Isidore pouvait lire chez Servius[79], et la référence à Matthieu, 8.12, avec les contenus qu'il trouvait dans le *Liber glossarum* (*Tartarus : locus apud inferos tenebris confusus, ubi impiorum animae detruduntur*[80], qui correspond au lieu isidorien)[81], et qui étaient attestés aussi dans l'*Abolita* (TA 9 : *Tartarus : locus*

---

75. Papias consacre un lemme à l'hétéroclisie du mot (*Elementarium*, s.v. *Tartarus*: *Tartarus singulariter et tartara pluraliter idem significat*), un thème très connu des grammairiens latins tels que Cledonius (*Ars*, GL 5, 39.24), Consentius (*De nomine et verbo*, GL 5, 345.12-13), Diomède (*Ars*, GL 1, 327.2), Priscien (GL 2, 176.16), et des maîtres médiévaux. Parmi ceux-ci, Alexandre de Villedieu (*Doctrinale*, v. 382 : *Tartarus ater habet plurale -ra, vinaque dant -rum*), Évrard de Béthune qui, en s'occupant des *nomina mixta*, affirme (*Graecismus*, 12, v. 9) : *Tartarus a tare quasi deficiens bonitate*, et Hugutio de Pise (*Derivationes*, 2, T 41) : *Tartarizin grece, latine dicitur horrere et tremere, unde hic Tartarus, sed in plurali hec tartara, scilicet profundissimus locus infernorum, de quo neminem extraxit Deus*.

76. *Étymologies*, 14.9.8 (éd. SPEVAK, 2011).

77. Pour l'inversion des deux étymologies grecques dans la première partie du texte d'Isidore voir le commentaire de O. Spevak, *ad loc.* (éd. SPEVAK, 2011 : 170). Au contraire, Papias les propose d'une façon correcte, celle de Servius.

78. Cf. Raban Maur, *De universo*, 13.23 dans *PL* 111 col. 374D : *Tartarus, vel quia omnia illic turbata sunt, apo tes taraches aut (quod est verius) apo ton tartarizein, id est, a tremore frigoris, quod est algere et frigere scilicet, quia luce soleque caret* […] *Tartarizein enim horrere et tremere apud Graecos legitur. Illic enim fletus est et stridor dentium* ; Honorius Augustodunensis, *De imagine mundi*, 1.37 dans *PL* 172 col. 133B : *Hic dicitur Tartarus ab horrore, et tremore, quia ibi est fletus et stridor dentium* […] *Hujus profunditas et recessus dicitur Erebus, draconibus et igneis vermibus plenus*.

79. Cf. Servius, *In Verg. Aen.* 6.577 : *TARTARUS vel quia omnia illic turbata sunt,* απο της ταραχης : *aut, quod est melius,* απο του ταρταριζειν, *id est a tremore frigoris ; sole enim caret* (de là également Lactantius Placidus, *in Statii Achill.* 134 p. 492-493, dans éd. JAHNKE, 1898).

80. *Gloss.L.* 1, TA 255 et TA 256.

81. Cf. *Gloss.L.* 1, Ansil., ER 68 : *Erebo : locus aput inferus (-os) ubi sceleratorum animae concluduntur.* Parmi les sources du Moyen Âge v. Remi d'Auxerre, *Commentum Einsidlense in Donati artem maiorem*, GL 8, 237.6 ; Sedulius Scottus, *In Donati artem maiorem* dans éd. LÖFSTEDT, 1977 : 2.120.72-73, 84-87 :

apud inferos tenebris confusus ubi impiorum animae detruduntur, TE 20: *tene-bris confusus ubi impiorum animae detruduntur*)[82].

Mais revenons à *Erebus*, dont l'origine grecque – en dépit du silence d'Isidore et de Papias – était bien connue de la tradition grammaticale tardolatine, en particulier des *Catholica* de Probe (*Erebos Graecum est, quod poterit Latine Erebus dici*)[83] et de Priscien, qui dans les *Institutiones* s'en occupait à propos des règles de conversion morphophonétique :

> *Graeca, quae apud Graecos in* ος *desinentia mutant* o *in* u, *secundae sunt declinationis* […] *Ovidius in XIIII metamorphoseon: « Et Noctem Noctisque deos Ereboque Chaoque Convocat », id est ab Erebo et a Chao, sicut a pelago*[84].

Cette origine était bien connue également des glossaires bilingues comme les *Hermeneumata Einsidlensia*[85]. Par conséquent, les données pouvaient circuler, et circulaient de fait, dans les milieux scolaires du Moyen Âge. À l'exception des glossaires tels que l'*Abolita* ou celui dit d'Ansileube, qui se limitent à définir le mot par synonyme, l'origine grecque de *Erebus* est affirmée plus ou moins directement par nombre d'ouvrages grammaticaux entre le XIe et le XIIIe siècles, où *Erebus* se prêtait à des considérations prosodiques et/ou orthographiques.

Les auteurs des *artes lectoriae*, par exemple, rappellent *Erebus* pour le distinguer, au moins prosodiquement, de son homonyme *haerebo* (le futur de *haerere*) : Aimeric de Gâtine écrit :

> *Item a* […] *hereo/herere' futura producuntur* '[…] *herebo' et* '[…] *erebus' corripiunt obliquos* '[…] *érebo'*)[86];

tout comme Seguin :

Tartarus est profunda pars inferni, et dicitur tartarus απο του ταρταριζειν, *id est a stridore uel a tremore ; omne enim profundum frigus habet ; ex frigore autem nascitur tremor*; Étienne de Bourbon, *De diversis materiis predicabilibus*, 1.4.2 dans éd. BERLIOZ, EICHENLAUB, 2002: 77.323-324: *IX°, est locus tumultuosus. Unde et Tartarus dicitur a strepitu.* Guillaume le Breton résume cette longue tradition étymologique et grammaticale (*Expositiones vocabulorum Biblie*, 2.772, s.v. *Tartarus*): *Tartarus dicitur infernorum locus profundissimus, unde deus neminem extrahit. Et dicitur a tartarizin grece, quod est horrere vel tremere. "Illic enim fletus et stridor dentium"* […] *Ita dicit Ysidorus Ethimologiarum* […] *Et est etheroclitum in genere. In singulari enim dicitur hic tartarus et pluraliter hec tartara, rorum. In Doctrinale (382) ponitur iste versus differentialis, Tartarus ater habet plurale ra, vinaque dant rum, quia hoc tartarum dicitur fex vini*; pour cette acception de *tartarum*, voir aussi le glossaire latin-français du ms. Montpellier H 236, T II, l.32-33 dans éd. GRONDEUX, 1998 (*Hic Tartarus .ri et pluraliter hec Tartara – idem est quod Infernus, a *tare quod est defectus*, et l. 34: *Hoc tartarum .ri – gallice lie de vin*; l.35: *Tartarus ater habet plurale -ra, vinaque dant -rum*) et le dictionnaire de Firmin le Ver (éd. MERRILEES, EDWARDS, 1994: 493, s.v. *Tartarus*).

82. *Gloss.L.* 3. Il ne faut pas oublier Servius, *In Verg. Aen.* 6.135: *TARTARUS: locus inferorum profundus*; 6.543: *IMPIA TARTARA: ubi puniuntur impii.*
83. *GL* 4, 20.11. Le témoin B présente *herebos* et *herebus*.
84. *GL* 2, 271.15-272.3.
85. *CGL* 3, 237.16: ὁ Ἔρεβος *Erebus*.
86. *Ars lectoria*, 1.134.

Nomen 'herebum', idest "infernus", corripit 'huic hérebo' et uerbum 'hereo' futurum producit 'herébo')[87];

et l'auteur anonyme d'un autre art de lecture précise en ces termes:

Item per contrarium 'Pérgamus, héremus […] Hérebo, Árabas, cácabis' cum nomina sunt, breviantur […] "Hereboque chaoque"; "o utinam celique deis Herebique libéret")[88].

Plus tard, Alexandre de Villedieu écrira:

Ante b longa fit e: fiat tibi testis ephebus;/deficit hic Erebus, Hesebon, simul et terebinthus/additur elleborus[89];

il en est de même pour Jean de Garlande:

Te, Michael, Herebo non herebo, faciente[90];

et pour Roger Bacon:

E ante b producitur, ut ephébus […] excipiuntur herebus, hesebon. Ouidius: ante fores herebi[91].

En outre, Apulée justifie explicitement la graphie *Herebus* avec *h*- en vertu de son origine grecque:

E. ante .r. aspiramus in Herebus, heresis, hereticus […] sequentes scilicet Graecos[92].

Son choix est hyperhellénisant – le modèle grec n'a pas l'esprit rude –, mais il n'était pas isolé, comme le montrent certains glossaires[93] qui enregistrent le mot avec *h*.

Dans le cas de *Erebus* il faut admettre, me semble-t-il, une indifférence qui n'est ni fortuite, ni totalement attribuable aux choix personnels de Papias (qui dans son *Ars grammatica* avait puisé chez Priscien les règles de *conversio* entre les noms grecs en -ος et les latins en -*us*, valables aussi pour *Erebus*)[94]. Mais il s'agit plutôt d'une indifférence qui se présente comme structurelle, comme une tendance partagée entre les lexicographes, propre à un genre qui est en train de se constituer et qui, progressivement, modifie et reconsidère, sans jamais le nier, son rapport avec l'étymologie et, de ce fait, avec l'attention à certains aspects de la grammaire. Une indifférence si forte que, lorsqu'il interprète *Erebus* dans ses *Derivationes*, Hugutio de Pise suggère une étymologie latine intégrale en insérant *herebus* (avec *h*) dans une constellation lexicale très vaste, c'est-à-dire la famille de *haerere*:

---

87. *Ars lectoria*, 2.95 (éd. Kneepkens, Reijnders, 1979).
88. *Ars lectoria*, 1.395-415 (éd. Sivo, 1979: 67-68).
89. *Doctrinale*, v. 2017-2019.
90. *Ars lectoria Ecclesie*, v. 222. E. Marguin-Hamon (2003) traduit: « Comme tu le fais, ô Michael, en Enfer ('Herebo'), je ne m'attarderai pas ('herebo') ».
91. *Grammatica Graeca* (éd. Nolan, Hirsch, 1902: 113 [*Pars 2, Dist.* 6.2]).
92. *De nota aspirationis*, 18.
93. *Gloss.L.* 1, *Ansil.*, HE 115; 2, *Abavus*, HE 7; 3, *Abstrusa*, HE 14; 5, *Abba*, HE 17; *AA*, H 96. Cf. aussi *CGL* 4, 85.45; 243.24; 523.56 (*Affatim*); *CGL* 5, 300.14.
94. Cf. Papias, *Ars grammatica*, 5.121 (éd. Cervani, 1998: 116 [*ex* Priscien, *GL* 2, 271.15-17]); *Ibid.*, 6.21 (éd. Cervani, 1998: 123). Dans la *praefatio* (p. 5), Papias déclare sa dépendance à l'égard des *Prisciani dispositionem summamque*.

> *Item ab hereo hic herebus -i, infernus, quia nimis adhereat illi quem capit, et est*
> *herebus proprie Tartarus, scilicet profundissimus locus infernorum, de quo dicitur*
> *quia in inferno nulla est redemptio : de illo loco neminem extraxit Christus*[95].

Haerere est l'unité lexicale centrale (le *nucleus*) par rapport à une architecture d'éléments qui manifestent différents degrés de cohérence formelle et/ou sémantique avec leur noyau primitif, mais qui sont considérés comme étant liés à ce dernier car tous sont *derivata* ou *composita*. Dans cette hiérarchie, l'étymologie trouve sa propre raison d'être en tant que principe de classement et outil explicatif de la *res* à travers le *verbum*, mais elle n'a pas de fonction argumentative ; au contraire, elle semble introduire des considérations d'ordre religieux[96].

Après l'équivalence synonymique entre *Herebus* et *infernus*, Hugutio de Pise suit les traces d'Isidore en proposant une étymologie ontologique *ab haerendo* qui reproduit et utilise le rapport *ex causa*. Je n'ai pas trouvé de sources pour ce rapprochement (par exemple Osbern de Gloucester ne s'en occupe pas), mais en tout cas l'*interpretamentum* donné par Hugutio de Pise, *quia nimis adhaereat illi quem capit*, est choquant. Il fait appel à une ressemblance phonoacoustique latin-latin entre *herebus* et *haerere*, qui présuppose entre *explicandum* et *explicans* une convergence sémantique et référentielle, ressemblance qu'il renforce à travers une moralisation : *de illo loco neminem extraxit Christus*. Il n'y a aucune trace de l'origine grecque, ni de l'attention prosodique qui mettait en garde les lecteurs contre l'homophonie entre nom et verbe ; une attention qui se maintiendra même après lui.

De fait, ce rapport "moralisé" avec *haerere* aura un certain succès dans la lexicographie : il est affirmé à la lettre ou presque par Jean de Gênes :

> *Herebus. ab hereo es hic herebus bi .idest. infernus. quia nimis adhereat illi quem*
> *capit. Et est herebus proprie tartarus scilicet profundissimus locus inferorum*
> (*Catholicon*, s.v. *Herebus*).

Dans son *De diversis materiis praedicabilibus*, composé entre 1250 et 1261, Étienne de Bourbon accueille uniquement la valeur religieuse du lien supposé entre *haerere* et *Erebus* et l'utilise, à travers un choix lexical (*haesio*) qui tend à

---

95. *Derivationes*, 2, H 17.9. Cf. également Hugutio, *Derivationes*, 2, T 41 : *Tartarizin grece, latine dicitur horrere et tremere, unde hic Tartarus, sed in plurali hec Tartara, scilicet profundissimus locus infernorum, de quo neminem extraxit Deus* […]. Pour *Herebus* Hugutio n'utilise pas Osbern, qui ne considère pas ce mot-vedette (il élimine en effet de nombreux mots qui, d'après lui, ne sont pas latins ; voir Cremascoli, 2001 : 172).

96. Ainsi, l'expression *in inferno nulla est redemptio* est employée par Bernard de Clairvaux par exemple dans le sermon 42 (*Sermones de diversis*, 42.5 p. 259.3 vol. 6.1 [éd. Leclercq, Rochais, 1975]). Elle est connue, parmi d'autres, aussi de Aelred de Rievaulx (*Homiliae de oneribus propheticis Isaiae*, 14.8 [éd. Raciti, 2005 : 127.103-104] : *quae quidem plaga insanabilis* [*scil. mors aeterna*] *est, quia in inferno nulla est redemptio*), de Petrus Cantor (*Verbum adbreviatum*, 2, 57.87-88 *Textus conflatus* [éd. Boutry, 2004]), d'Étienne de Bourbon (*De diversis materiis predicabilibus*, [éd. Berlioz, Eichenlaub, 2002 : 1, 4.5 108. 1128-1129] : *Ibi Beda : "Apud infernum nulla est redemptio neque doloris mitigatio"*).

l'expressivité et à l'intensification de l'image, pour décrire un référent tout à fait chrétien :

> *VIII°, est asper et uenenosus. Unde dicitur Herebus, et ab hesione uermium et serpentum*[97].

La polysémie reconnue à *haerere* (*Hereo -es hesi hesum tria significat, idest inniti et dubitare et morari sive manere*)[98] permet d'autres jeux de construction. En vertu des significations « *inniti vel dubitare* », Hugutio de Pise insère également *haeresis* et *haereticus* dans la même constellation lexicale :

> *Item ab hereo pro inniti vel dubitare hec heresis -sis, idest divisio ab unitate fidei, quia nimis adhereat illis, vel quia facit illos dubitare in fide quos invadit ; vel heresis interpretatur divisio, et est grecum* […] *Vel heresis dicitur quasi elesis ab eligendo, quia id sibi unusquisque eligat quod melius esse illi videtur, ut perypatetici, epicurei, stoici vel, sicut alii, qui perversum dogma cogitantes arbitrio suo, ab ecclesia recesserunt ; inde ergo heresis dicta est ab electione quam quisque arbitrio suo, ad instituenda vel suscipienda quelibet, ipse sibi eligit* (*Derivationes*, 2, H 17.10-12),

bien qu'il fasse allusion à la nature d'emprunt de *haeresis* (il écrit en effet *vel heresis interpretatur divisio, et est grecum*)[99], qui depuis saint Jérôme était répandue[100] et qui avait été affirmée par Isidore, dans ses *De differentiis* :

> *Inter heresim et scisma.* […] *haeresim autem esse longe alia opinantem quam ceteri aliamque sibi ac longe dissimilem peruersi dogmatis instituentem culturam.*

---

97. *De diversis materiis predicabilibus*, 1.4.2 (éd. Berlioz, Eichenlaub, 2002 : 76.297-298). Étienne de Bourbon poursuit en ces termes (*Ibid.*, 1.298-304) : *De quibus Deut. 32: " Dentes bestiarum immittam in eos cum furore trahentium, atque serpentium".* Ysa. *14 c: "Subter te sternetur tinea et operimentum tuum <erunt> uermes" ; et in fine* Ysa. *: "Vermis eorum non morietur". Item, Eccli. VII d: "Vindicta impii uermis et ignis" ; et eiusdem X c: "Homo cum morietur, hereditabit bestias, serpentes et uermes".*
98. Hugutio, *Derivationes*, 2, H 17.1. Cf. Papias, *Elementarium*, s.v. *haerere* : *Haerere : arctissime insidere infigi. permanere per h. scribitur obstupescere. stare. im(m)orari ; Ibid., s.v. haereo : Haereo res haesi haesum. priscianus. inde dicitur haesito. tas. componitur cohaereo. inde cohaerentia. inhaereo. adhaereo.* Ainsi aussi Guillaume le Breton (*Expositiones vocabulorum Biblie*, 1.309, s.v. *Hereo*) : *Hereo, heres, hesi, herere, hesum, hesu tria significat, scilicet inniti, dubitare, et morari sive manere.*
99. Klinck, 1970 : 127-128 ; Riessner, 1965 : 58.
100. Cf. par exemple Jérôme, *In epistolam ad Titum*, 3.10 (*PL* 26 col. 597B) : *Haeresis Graece ab electione dicitur, quod scilicet unusquisque id sibi eligat quo ei melius esse videatur* (cf. *Ad Gal.* 3.5.19-21) ; Tertullien, *De praescriptione haereticorum*, 6 (*PL* 2 col. 18B) : *haereses dictae graeca voce, ex interpretatione electionis, qua quis, sive ad instituendas, sive ad suscipiendas eas utitur*), avec le signifié « *secta* » aussi Eucher de Lyon, *Instructiones*, 2.160.11 (*PL* 50 col. 822A) : *ex Graeco* […] *Haeresis, secta* ; voir *ThlL* 6.3 col. 2501-2506, s.v. *haeresis* ; Klinck, 1970 : 127-128 ; André, 1971 : 34, 48, 54 ; Maltby, 1991 : 268, s.v. *haeresis* ; Stotz, 1996 : 3, 83-84 pour la variante *heresis*. L'origine grecque est affirmée par certains grammairiens médiévaux, tels que Seguin qui rappelle *haeresis* parmi les mots grecs à propos de la quantité de *e ante s* (*Ars lectoria*, 2.176) et Apulée. Favorable à *h-* est l'*Orthographia Bernensis* 2 (*GL* 8, 299.1-2) : '*Hodie* ' '*hodiernum* ' '*heres* ' '*hereditas* ' '*haeresis* ' […] *per h litteram*, tandis que *CGL* 5, 521.48 condamne *h-* (Exc. ex cod. Vat. 1469) : *Eresim Cicero sine aspiratione scribi debere ait* (cf. *GRF* p. 421).

> *Heresis autem Graece ab electione dicitur, quod scilicet unusquisque id sibi eligat quod melius esse uideatur* (1.17, *PL* 83 col. 282),

et ses *Etymologiae* :

> *Haeresis Graece ab electione vocatur, quod scilicet unusquisque id sibi eligat quod melius illi esse videtur, ut philosophi Peripatetici, Academici, et Epicurei et Stoici, vel, sicut alii qui perversum dogma cogitantes arbitrio suo de Ecclesia recesserunt. Inde ergo haeresis, dicta Graeca voce, ex interpretatione electionis, qua quisque arbitrio suo ad instituenda, sive ad suscipienda quaelibet ipse sibi elegit. Nobis vero nihil ex nostro arbitrio inducere licet, sed nec eligere quod aliqui de arbitrio suo induxerit* (8.3.1-2),

et acceptée aussi par Papias :

> *Haeresis graece ab electione dicitur quia scilicet unusquisque sibi eligat id quod melius ei esse uidetur*[101].

Cependant, avec la complicité d'une intention moralisante, Hugutio de Pise ajoute aux possibilités explicatives une interprétation latine, celle de *haerere*, qu'il pouvait lire dans les glossaires et chez Osbern.

En effet, le rapport avec *haerere* avait été adopté par les gloses du ms. Vatican 3321 (*Heresis doctrina arerendo* [*sic* !])[102], par *Abstrusa* (*Haeresis* : *doctrina* ; *ab haerendo*)[103], par le *Liber glossarum* (*H<a>ereses (-is)* : *doctrina* ; *ab <h>aerendo dicta*)[104] et par Osbern (*Item ab hereo hic hereticus ci. Et notandum quod hereo dicitur quandoque pro dubito, et tunc inde venit hic hereticus ci eo quod in fide dubitet, et inde hec heresis is, quod componitur heresiarcha e .i. heresis princeps, et hesito as .i. dubitare*)[105]. Jean de Garlande écrit lui aussi : *Hereticus quando dicetur ab hereo, longes*[106], en faisant indirectement allusion à des étymologies différentes.

Encore une fois, le choix des lexiques encyclopédiques privilégie l'aspect référentiel, une lecture chrétienne, une vision téléologique, tandis que l'adhésion à l'*intepretatio Graeca* et la motivation strictement linguistique sont préférées par Apulée (*De nota aspirationis*, 18), qui justifie dans *haeresis* le graphème <h>, *sequentes Graecos*, ou par Seguin, qui rappelle la prosodie de l'emprunt :

---

101. *Elementarium*, s.v. *haeresis*. Cf. Papias, *Elementarium*, s.v. *haeretici* : *Haeretici dicuntur : qui de domino uel creatura siue de Christo uel ecclesia praue sentiunt : ac dehinc conceptam noui erroris perfidiam pertinaci prauitate defendunt* ; puis Guillaume le Breton (*Expositiones vocabularium Biblie*, 1.310, s.v. *Heresis*) : *Heresis dicitur divisio ab unitate fidei et est grecum et interpretatur divisio. Aliqui tamen dicunt quod dicitur ab hereo, es, quod est dubitare. Unde Papias, heresis doctrina vel secta ab herendo dicta. Item heresis grece, electio latine quia unusquisque eligit sibi quod melius sibi videtur esse. Unde hereticus, ca, cum. Et secundum Papiam heretici sunt "qui de deo vel de creatura sive de Christo vel ecclesia prava sentiunt ac deinde conceptam novi erroris perfidiam pertinaci pravitate defendunt"*.

102. *CGL* 4, 85.57.

103. *Gloss.L.* 3, HE 20.

104. *Gloss. L.* 1, HE 132.

105. *Derivationes*, 1, H 3.31-36.

106. *Compendium Gramatice*, 3, v. 717 (éd. Haye, 1995).

Breuis e ante s, ut '[…] héresis, génesis'. Et hec omnia et similia Greca faciunt accusatiuum in -im et ablatiuum in -i)[107],

ou enfin par Évrard de Béthune qui l'enregistre parmi les *nomina exorta a Graeco* (*Ast diuisio sit heresis, fit hereticus inde*)[108].

Au-delà des différences de genre, de finalité et de stratégies textuelles, on peut entrevoir dans cette divergence un reflet des vicissitudes de l'étymologie : de Papias à Jean de Gênes, en passant par Osbern de Gloucester et Hugutio de Pise, la conscience de la distance entre des modalités étymologiques différentes devient plus évidente et est signalée dans le métalangage lexicographique. Cela peut entraîner aussi une distribution différente des contenus étymologiques dans la structure lemmatique : la *scientia derivationis* confiée à un composant morphologique[109], l'*expositio* et l'appel à l'interprétation symbolique et ontologique (religieuse et moralisante)[110] et à la description de la *res* confiés à un composant sémantico-référentiel. Il ne s'agit pas d'une polarisation ; il est possible d'observer une intersection fréquente, qui peut parfois déterminer l'omission des données d'ordre phonétique et graphique – que j'ai essayé de décrire –, des données qui peuvent être moins organiques, et pour cette raison secondaires dans l'économie lexicographique.

---

107. *Ars lectoria*, 2.176.

108. *Graecismus*, 8, v. 131. Évrard de Béthune, *Graecismus*, 10, v. 149 : *Est heresis secta, nomen trahit a seco uerbo*. Alexandre de Villedieu écrit (*Doctrinale*, v. 1809-1811) : *e super r brevis, ut series, hera sive ceraunos,/ sic et herilis, herus, heresis ; tamen excipis heros,/ h[a]ereo* […].

109. Qui se trouve à côté de prosodie, orthographe et syntaxe comme l'affirme Jean de Gênes (*Catholicon*, initio, col. 1 : *Sub ista comprehenduntur octo partes orationis et earum accidentia*) ; voir PERCIVAL, 1998 : 176.

110. Ainsi elle devient *figura ethimologica* comme nous l'apprend E. R. Curtius, *genus interpretationis* fondamental aussi bien pour l'exégèse chrétienne que pour la foi, ou bien encore pour la création littéraire. C'est de là en effet que dérivent les *expositiones* telles que *Deus* (*Dans Eternam Vitam Suis*), *Roma* (*quasi Radix omnium malorum avaricia*), *homo* (*Homo quasi habens omnia manu Omnipotentis*) qui seront, en effet, l'objet de la critique de Roger Bacon, voir notamment BOURGAIN, 1989 : 317-331 ; ROSIER-CATACH, 1997 ; ROSIER-CATACH, 1998a ; GRÉVIN, 2002.

Quatrième partie

L'ENJEU PATRIMONIAL ET DIDACTIQUE

Toute la littérature gréco-latine de type savant ou scientifique manifeste une attention particulière pour les questions pédagogiques et les problèmes liés à la transmission des connaissances. Cette perspective double déborde donc largement la problématique encyclopédique, mais ces deux aspects apparaissent profondément solidaires dans les ouvrages qui visent une diffusion extensive du savoir. Le terme de *compilation*, qu'Isidore assume pour qualifier son travail, nous apparaît aujourd'hui souvent comme péjoratif – soustractif presque –: il témoigne d'une démarche davantage quantitative que qualitative, signe de la nature résiduelle, volontairement ancillaire et conservatrice de la somme, ce puzzle réduit et reconstitué du savoir. En soi, pourtant, la concentration et la synthèse de données éparses (que les Grecs appellent συναγωγή ou συλλογή) et que le terme latin *compilatio* exprime de façon ambiguë et évolutive, sont une manipulation très précieuse. Elle est même une opération essentielle à la fois d'un point de vue patrimonial, et d'un point de vue pédagogique. L'ordonnancement et l'abrègement constituent le programme minimal de reconduction culturelle, une mise à jour ou une acclimatation, au fil des générations, de la littérature, surtout lorsque la production écrite est soit excessive – trop importante pour être transmise telle quelle (pour des raisons matérielles ou économiques) –, soit inaccessible en l'état au lectorat potentiel (par rareté, éloignement, etc.), soit caduque dans sa forme, son dispositif littéraire, etc. – mais non son contenu.

Par ailleurs, les procédures compilatoires, diverses et souvent confuses dans la pratique, n'excluent pas nécessairement une rénovation des connaissances ou une actualisation du savoir. C'est ce que suggèrent en tout cas les habitudes de lecture-écriture. L'annotation, glose ou scholie, qui produisit dans l'antiquité plusieurs genres littéraires à part entière, est une manie de lecteur, une pulsion de lettré qui exprime le passage insensible de la lecture à l'écriture: écho et réponse du lecteur, elle se fond dans le texte jusqu'à s'y fondre ou parfois l'envahir si bien que la copie, elle-même, ou la réduction de texte, peut être une amplification. Que l'on considère les ouvrages médiévaux labellisés ou les œuvres antiques, qui peuvent mériter cette appellation d'encyclopédie, il est rare que le retraitement textuel des matériaux antérieurs (même dans le cas d'exploitation intensive et globalement littérale comme pour Vincent de Beauvais ou Arnold de Saxe) ne s'accompagne pas d'une certaine originalité litté-raire et intellectuelle. Dans la mesure où les encyclopédies sont des œuvres savantes, c'est naturellement au premier chef la qualité, l'importance et l'actualité de leur information, que l'on pourrait dire "technique" ou "scientifique", qui mérite d'être envisagée, par rapport aux autres œuvres, spécialisées, ou dont l'objet est réduit. Mais il existe apparemment, au moins dans les formes médiévales, comme un conflit de programmes : l'encyclopédie, somme du savoir autorisé, semble condamnée à témoi-gner d'un savoir fossile ; cet observatoire de toute connaissance ne semble pouvoir embrasser que le regard de ses prédécesseurs. S'agissant de la nature des données (souvent fragmentées en unités de savoir ou propositions simples), la fonction atten-due des œuvres encyclopédiques n'est pas d'offrir aux lecteurs des connaissances inédites et, au-delà des aspects formels ou structurels particuliers qu'elles proposent, les apports scientifiques ou théoriques sont généralement minces.

La fonction didactique ou pédagogique, qu'atteste l'amalgame fréquent entre encyclopédie (ou proto-encyclopédie) et arts libéraux, semble inscrite plus clai-rement dans l'acte de naissance du projet encyclopédique. La faculté pédagogique, qui est pour Aristote le signe même de la connaissance, est la mission officielle de ces *scholar readers's digest* que sont les encyclopédies médiévales. On connaît le début des *Étymologies* d'Isidore :

> *Disciplina a discendo nomen accepit : unde et scientia dici potest. Nam scire dictum a discere, quia nemo nostrum scit, nisi qui discit* ;

et la déclaration de Diderot en 1751 dans le Prospectus :

> Le but d'une encyclopédie est de rassembler les connaissances éparses sur la surface de la terre ; d'en exposer le système général aux hommes avec qui nous vivons, et de le transmettre aux hommes qui viendront après nous ; afin que les travaux des siècles passés n'aient pas été inutiles pour les siècles qui succèderont ; que nos neveux devenant plus instruits, deviennent en même temps plus vertueux et plus heureux ; et que nous ne mourions pas sans avoir bien mérité du genre humain.

Ce vœu d'instruction est diversement affiché par les auteurs d'encyclopédie. Mais, au-delà de cette déclaration de principe presque conventionnelle, les œuvres à carac-tère encyclopédique sont construites non seulement sur une certaine représentation du savoir, mais aussi sur une conception de la transmission et de l'enseignement décelable en particulier dans les stratégies d'organisation et d'information et les dispositifs rhétoriques et stylistiques mis en œuvre. Plus profondément que dans les intentions affichées, les encyclopédistes sont confrontés, pratiquement et nécessairement, à des choix didactiques dans la méthode générale et l'exposé des connaissances, la formule de vulgarisation ou de reconditionnement du savoir.

L'objet de la première communication est d'appréhender la musique grecque antique sur le long terme en étudiant tout particulièrement l'importance de la littérature latine tardo-antique dans la réception, la synthèse et la transmission d'un millénaire de théorie musicale. Elle montre en particulier que la survie de certaines caractéristiques terminologiques et conceptuelles de la musique grecque chez les théoriciens carolingiens doit beaucoup aux encyclopédistes latins de la fin de l'Antiquité qui constituent, dans ce domaine comme dans bien d'autres, un maillon essentiel de la diffusion des connaissances scientifiques au premier Moyen Âge latin. La science musicale, présente et synthétisée dans de nombreux textes techniques ou de commentaire à titre d'excursus, comme un outil, devient à l'époque tardo-antique l'objet de monographies (avec Augustin ou Boèce) et surtout un élément central et structurant de complexes encyclopédiques, chez Martianus Capella, Cassiodore et Isidore, qui tâchent d'en proposer une version unifiée. La *musica*, science cardinale du *quadrivium*, est par ces auteurs-relais soustraite aux spécia-listes et aux philosophes, surtout néo-platoniciens, qui favorisent une conception essentiellement pythagoricienne. Sans renoncer à cette dernière, les encyclopédistes latins accordent une place à la réaction aristoxénienne, qui forme l'autre courant essentiel de la théorie musicale. Ils constituent donc un vecteur irremplaçable, éga-lement par la transposition linguistique (en latin), qui représente dans ce domaine très hellénique un enjeu important, et permettent un renouvellement de la lecture des textes et des théories. Même si la version encyclopédique de ce savoir apparaît souvent appauvrissante, elle est capable de produire également des contresens tech-niques féconds pour la réinvention de la musique à l'époque carolingienne.

La seconde étude propose une histoire et une description des encyclopé-dies chinoises, ou plus exactement des « livres de catégories », *leishu* (qui sont un équivalent approximatif de nos encyclopédies), depuis le IIe siècle jusqu'au XIXe siècle. Ils révèlent une grande difficulté d'organisation et d'identification, y compris dans la production littéraire chinoise où ils constituent un genre inclas-sable, et sont plutôt assimilés à des ouvrages "pédagogiques". Ils sont, par leurs caractéristiques formelles et leur contenu, des expositions des grandes lignes du savoir du monde, par le biais de citations tirées des ouvrages du canon confucia-niste et des histoires officielles. Ces florilèges à caractère généraliste fondés sur la compilation surtout d'ouvrages historiques et littéraires, et qui assurent princi-palement une tâche de conservation, portent souvent des titres proches de ceux de la tradition occidentale et arabe (jardin, océan, miroir…). À partir du VIIe siècle, et du recueil appelé *Beitang Shuchao*, qui assume un rôle de manuel, gorgé de formules littéraires, pour la rédaction d'essais, ce courant de production apparaît non plus seulement attaché à l'exhibition du savoir, mais aussi à une transmission plus utilitaire. Mais lorsqu'apparaissent ces encyclopédies *utilitaires* destinées à un public plus large, les objectifs comme les sources restent généralement les mêmes, traduisant une constance et un conservatisme dans le contenu et les objec-tifs, centrés sur les pratiques lettrées et les missions administratives. Au manuel moral et politique global pour les gouvernants, d'initiative impériale, et consti-tuant un élément politique de prestige et de culture, viennent s'ajouter surtout à partir du XIe siècle des compilations plus pragmatiques émanant de la sphère privée, mais de taille beaucoup plus modeste. Un invariant de cette littérature, jusqu'au XIXᵉ siècle, est la faible intégration des données techniques et scientifiques de la culture du temps, les sources spécialisées, à l'exception des textes agricoles, demeurant le plus souvent étrangères aux compilations générales.

La troisième contribution s'attache à l'analyse des choix structurels dans la présentation des connaissances, élément essentiel à leur bonne transmission, à partir de quatre encyclopédies en langue française écrites au XIIIᵉ siècle qui assurent une précieuse transposition du domaine savant des traités latins vers la langue vulgaire : l'*Image du monde* de Gossuin de Metz, le *Livre de Sydrac*, le *Livres du Tresor* de Brunetto Latini, et *Placides et Timéo*. Les deux premiers ont une orientation plus personnelle, les deux autres plus politiques, mais la visée commune, et exprimée au seuil de l'ouvrage, dans des recommandations qui mettent l'accent sur le rôle de l'éducation générale dans la formation spirituelle et morale. Deux objets d'analyse sont considérés : premièrement, les remarques programmatiques données par l'auteur dans le prologue et au cours du texte ; deuxièmement, et de façon souvent coordonnée, l'organisation matérielle des éléments péritextuels de repérage qu'on trouve dans les manuscrits (table des matières ou de récapitulation, schémas), et des éléments paratextuels (titres, rubriques, décoration). La question de l'ordre, et donc la nécessité d'une progressivité pédagogique apparaît comme une préoccupation centrale et explicite, même lorsqu'il est plus délicat, comme dans les textes dialogués. Les auteurs conscients que le processus initiatique qu'ils élaborent exige la présence d'un guide instructeur invitent donc le lecteur à un parcours suivi, dans l'ordre d'un texte, conçu pour les mener vers les secrets des philosophes et la sagesse. *L'image du monde* de Gossuin pousse très avant cette obsession d'accompagner le lecteur, en doublant la table des matières initiale d'une récapitulation finale qui la reprend. Ces ouvrages didactiques dont l'ambition reste dans l'ensemble, sur le plan scientifique, très modeste, car ils entendent permettre une représentation globale et simple du monde, autrement dit non problématique, se donnent comme des voies balisées vers l'accession à des arts de vivre selon le Bien (*artes vivendi*).

Le quatrième article propose une analyse de la fonction éducative et parénétique de la première partie du *Reductorium morale* du bénédictin Pierre Bersuire. Cet ouvrage, qui réunit dans une synthèse pédagogique un commentaire moralisé d'Ovide et des mythes païens, une exégèse allégorique de la Bible et une encyclopédie morale, est souvent considéré comme un outil destiné au prédicateur, fournissant à la fois des informations factuelles, des *exempla*, des références bibliques et des canevas de commentaires, à la façon des outils des prédicateurs dominicains qui en sont des modèles indépassables. Bersuire, qui suit l'ordre du *De proprietatibus*, va au-delà du programme de Barthélemy : en s'attachant à tous les éléments de la création et en s'appuyant sur des techniques nouvelles (dictionnaires, concordancier), il s'efforce de manifester le sens des choses et des mots, à la fois dans le détail et par l'ensemble, afin de tracer pour l'homme un itinéraire spirituel. Cette œuvre ne construit donc pas tant un manuel qu'un "guide" rédigé en vue d'inciter à un regard sur le monde et les écritures, et plus encore sur soi-même, – et dans lesquels prime le cheminement spirituel du lecteur, qui est constamment guidé par une exemplaire analyse tropologique des textes.

LA MUSIQUE GRECQUE DANS LA LATINITÉ TARDIVE : COMPILATION ET TRANSMISSION D'UN MILLÉNAIRE DE THÉORIE MUSICALE

Jean-Baptiste Guillaumin
Université Paris-Sorbonne, EA 4081, Rome et ses renaissances

L'harmonie est le degré élémentaire de la théorie musicale, elle est obscure et difficile, surtout à vrai dire pour ceux qui ne savent pas lire le grec […]. C'est pourquoi je m'efforcerai d'être le plus clair possible dans ma façon de rendre la teneur des écrits d'Aristoxène.

C'est ainsi que Vitruve, à la fin du Iᵉʳ s. av. J.-C., aborde dans son *De architectura* les éléments de théorie musicale qui constituent la base d'une digression sur la construction d'un système de résonateurs dans les théâtres[1]. Si cette citation n'appartient pas à la période que nous étudierons ici, elle permet néanmoins de poser d'emblée les enjeux fondamentaux de la théorie musicale aux yeux des Romains : il s'agit d'une science difficile, nécessitant un haut degré de spécialisation ; sa langue "naturelle" est le grec ; quelques auteurs, en nombre très restreint, sont considérés comme des références incontournables dans cette discipline (dans le cas que nous évoquons ici, il s'agit d'Aristoxène de Tarente, disciple d'Aristote, actif autour de 330 av. J.-C., considéré par la plupart des théoriciens grecs comme le musicien par excellence – ὁ Μουσικός[2]). Si ces considérations de Vitruve traduisent les représentations des Romains de l'époque classique, elles conservent toutefois toute leur valeur dans l'Antiquité tardive : de fait, la musique restera considérée comme une science difficile réservée à des spécialistes raisonnant essentiellement en grec ; quant aux autorités, elles n'évoluent guère et acquièrent, par cet éloignement temporel croissant, le statut de véritables mythes. Cette contribution se donne pour objet de présenter une synthèse de la théorie musicale grecque dont héritent les encyclopédistes latins de la fin de l'Antiquité, et de montrer comment des pratiques de compilation – parfois incomplète ou erronée – des sources grecques aboutissent finalement à la constitution d'un corpus de textes en latin qui sera à l'origine de la redécouverte de la théorie musicale par les érudits carolingiens. L'exemple de la musique nous permettra ainsi d'illustrer

---

1. Vitruve 5.4.1 : *Harmonia autem est musica litteratura obscura et difficilis, maxime quidem quibus graecae litterae non sunt notae.* […] *Itaque ut potuero quam apertissime ex Aristoxeni scripturis interpretabor* (éd. Saliou, 2009 : 11).
2. Sur cet auteur, voir Bélis, 1986.

Encyclopédire : formes de l'ambition encyclopédique dans l'Antiquité et au Moyen Âge, éd. par Arnaud Zucker, Turnhout, 2013, *(Collection d'Études Médiévales de Nice, 14)*, pp. 303-322.
DOI 10.1484/M.CEM-EB.1.101802

quelques enjeux généraux de la transmission des sciences et, en particulier, de montrer en quoi les phénomènes de traduction et de compilation peuvent contribuer à faire émerger de nouvelles lectures d'une même science dans un contexte culturel radicalement nouveau.

UN MILLÉNAIRE DE THÉORIE MUSICALE EN GREC :
QUELLE PLACE POUR LES AUTEURS LATINS ?

Quelques jalons

Avant de détailler les mécanismes de la transmission encyclopédique de la théorie musicale grecque chez les auteurs latins, il convient de poser quelques jalons, chronologiques et thématiques, pour apprécier la répartition des œuvres de théorie musicale dans l'Antiquité[3]. Si Aristoxène de Tarente, nommé dans l'extrait de Vitruve cité ci-dessus, est souvent présenté comme le musicien par excellence, il n'est toutefois pas, loin s'en faut, le découvreur de cette science. On peut considérer que les premières spéculations musicales organisées en forme de science remontent à l'école de Pythagore, si ce n'est à Pythagore lui-même : pour schématiser, cette première approche fait de la musique une section à part entière des mathématiques, dont l'objet est l'étude des rapports entre nombres entiers. Ainsi, pour ne mentionner que les éléments les plus célèbres, la consonance d'octave correspond au rapport double, la consonance de quinte au rapport hémiole (c'est-à-dire de 3 à 2), la consonance de quarte au rapport épitrite (de 4 à 3), ce qui permet une série de spéculations sur les "beaux" rapports numériques inhérents à la musique[4]. Bien qu'elle constitue une théorie mathématique à part entière, cette conception laisse relativement peu de place à la pratique musicale elle-même, et tend à considérer la musique comme une harmonie abstraite dont la matérialisation sonore n'est qu'une copie imparfaite. Si l'on ne conserve aucun écrit de Pythagore lui-même, ces théories sont connues par certains fragments attribués à Philolaos ou à Archytas de Tarente, et elles inspirent profondément certains dialogues platoniciens, en particulier le *Timée* (notamment le fameux passage de la constitution de l'Âme du Monde selon les rapports de base de l'harmonie : 35 b-36 b).

C'est contre ce postulat pythagoricien que réagit Aristoxène de Tarente, disciple d'Aristote, lorsqu'il compose ses *Éléments harmoniques* et ses *Éléments rythmiques*, formant un système complet capable d'expliquer l'ensemble de la

---

3. Pour des références complémentaires sur ces questions, voir éd. GUILLAUMIN, 2011 : XXIII-LXII.

4. On peut se représenter la nature de ces rapports numériques en considérant les longueurs de deux cordes de même section et de même tension (une corde deux fois plus longue sonnera à l'octave inférieure, une corde une fois et demie plus longue à la quinte inférieure, etc.), ou encore en travaillant sur les fréquences (un *la* 440 Hz est une octave au-dessus d'un *la* 220 Hz).

science musicale. Comme l'écrit A. BÉLIS (2005 : 1477)[5], cette systématisation permettant de présenter la musique, à partir de ses éléments les plus simples, jusqu'aux structures les plus compliquées, constitue une véritable « révolution épistémologique » qui aura des conséquences sur l'ensemble de la réflexion antique. Dans le domaine de l'harmonique, par exemple, Aristoxène impose ainsi un ordre de présentation des notions, allant de l'élément le plus simple (le son) jusqu'à la structure théorique la plus complexe (composition mélodique), en passant par les intervalles (bornés par les sons), les systèmes (répartition des intervalles au sein d'une échelle mélodique), les genres (fondés sur la nature des différents intervalles utilisés), les tonalités (transposition des systèmes) et les modulations (pouvant porter sur les systèmes ou sur les genres). Au centre de cette théorie de la musique se trouve la notion de « grand système complet[6] », sorte de « gamme » qui définit les intervalles entre les différents sons utilisés en musique, sur une échelle totale de deux octaves sans hauteur absolue, décomposée en tétracordes (groupes de quatre notes dont les deux extrêmes forment une quarte). Au sein de ce système, les sons peuvent être soit fixes (à certains degrés importants de la gamme, correspondant aux bornes des tétracordes et à la « note ajoutée » au grave, le « proslambanomène »), soit mobiles (à l'intérieur des tétracordes). Les intervalles entre les sons mobiles dépendent du genre (diatonique, chromatique ou enharmonique[7]). Pour fixer les idées sans entrer dans des développements qui seraient hors de notre propos, nous donnons ci-dessous une représentation en notation moderne du « grand système complet » dans le genre diatonique, sur lequel nous aurons à revenir plus loin. Les rondes indiquent les sons fixes ; les noires les sons mobiles ; les cinq tétracordes, symbolisés par les liaisons, sont nommés au-dessus de la portée.

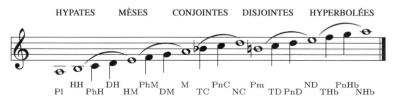

Pl : proslambanomène
HH : hypate des hypates
PhH : parhypate des hypates
DH : lichanos diatonique des hypates
HM : hypate des mèses
PhM : parhypate des mèses

DM : lichanos diatonique des mèses
M : mèse
TC : trite des conjointes
PnC : paranète diatonique des conjointes
NC : nète des conjointes
Pm : paramèse

TD : trite des disjointes
PnD : paranète diatonique des disjointes
ND : nète des disjointes
THb : trite des hyperbolées
PnHb : paranète diatonique des hyperbolées
NHb : nète des hyperbolées

---

5. Voir également BÉLIS, 1986, en particulier le chapitre sur les « trois révolutions aristoxéniennes » (« faire de l'harmonique une physique ; lui donner un langage nouveau ; la doter d'une méthode démonstrative »), p. 131-230.

6. Le nom et la description complète du τέλειον σύστημα ne figurent pas dans les textes conservés d'Aristoxène, mais l'utilisation quasi systématique de cette nomenclature chez les théoriciens postérieurs laisse penser à une émergence dans le milieu aristoxénien.

7. Le genre diatonique procède par demi-ton, ton et ton ; le genre chromatique, par demi-ton, demi-ton et ton et demi ; le genre enharmonique, par quart de ton, quart de ton et diton.

On peut donc dire qu'à partir de la fin du IVᵉ s. av. J.-C., la théorie musicale est fixée en tant que science autonome ; de fait, elle n'évoluera à peu près pas jusqu'à la fin de l'Antiquité, ce qui permet de résumer l'histoire de la musique antique, selon les termes d'A. BÉLIS (1996 : 355), à « l'histoire d'un schisme » opposant une approche mathématique, d'origine pythagoricienne, et une approche plus concrète, fondée sur les sens (κατ' αἴσθησιν) et considérant la musique comme une science autonome, qui est celle du courant aristoxénien. Malgré quelques tentatives de compromis entre ces deux positions à partir du IIᵉ s. apr. J.-C. (parmi lesquelles on mentionnera tout particulièrement celle du pythagoricien Claude Ptolémée, qui cherche dans ses *Harmoniques* à concilier approche mathématique et perception empirique), ce clivage épistémologique, correspondant à deux manières antagonistes d'appréhender la nature la musique, ne disparaîtra jamais totalement des spéculations musicales antiques.

Pour illustrer la permanence de cette opposition, plus de huit siècles après son apparition, il suffit de parcourir l'*Institution Musicale* de Boèce et de constater que plusieurs chapitres sont explicitement dirigés contre les conceptions aristoxéniennes :

> *Aduersum Aristoxenum demonstratio superparticularem proportionem diuidi in aequa non posse atque ideo nec tonum,*

> Démonstration, contre Aristoxène, qu'un rapport superpartiel ne peut être divisé en deux parties égales et par conséquent le ton non plus[8] (3.1) ;

> *Aduersum Aristoxenum demonstrationes diatessaron consonantiam ex duobus tonis et semitonio non constare integro nec diapason tonis sex,*

> Démonstrations, contre Aristoxène, qu'une consonance de quarte ne se compose pas de deux tons entiers et d'un demi-ton entier, ni une octave de six tons (3.3) ;

> *Quid sit armonica regula uel quam intentionem armonicae Pythagorei uel Aristoxenus uel Ptolomaeus esse dixerunt,*

> Ce qu'est la règle harmonique, ou quelle fin les Pythagoriciens, Aristoxène ou Ptolémée assignèrent à l'harmonique (5.3).

Nous reviendrons plus loin sur le projet de Boèce ; on se limitera pour l'instant à constater que ces deux approches concurrentes se maintiennent durant l'ensemble de la période antique, ce qui semble constituer une première caractéristique générale de la science musicale gréco-latine.

---

8.   Toutes les traductions françaises de l'*Institution musicale* utilisées dans cet article sont tirées de éd. MEYER, 2004.

Après Aristoxène, de nombreux théoriciens, beaucoup moins connus et géné-ralement peu nommés par leurs successeurs, présentent des synthèses techniques sur la musique ; on constate toutefois que les innovations y sont rares et s'insèrent généralement dans le plan d'étude en sept parties inauguré par Aristoxène (voir ci-dessus). On peut ainsi mentionner les auteurs parfois qualifiés de "théoriciens alexandrins", qui en réalité écrivent au début de l'ère chrétienne. La plupart de ces auteurs sont rassemblés dans l'ouvrage intitulé *Musici scriptores graeci* (éd. VON JAN, 1895) : on citera, entre autres, l'*Isagoge* (Introduction) de Cléonide (p. 179-207), celle de Gaudence (p. 327-350), ou encore celle d'Alypius (p. 367-406). En ce qui concerne le courant pythagoricien, dont l'approche mathématique se trouve formalisée dans le traité euclidien sur la Κατατομὴ κανόνος ou *Sectio canonis* (p. 148-166), il semble s'effacer quelque temps puis réapparaître au IIe s. apr. J.-C. – soit dans son intégralité (dans le *Manuel d'harmonique* de Nicomaque de Gérasa, éd. VON JAN, 1895 : 235-265), soit légèrement adapté pour faire une place à la perception empirique (dans les *Harmoniques* de Claude Ptolémée) –, avant de susciter un nouvel engouement dans le cadre des théories médio- puis néoplatoniciennes, à partir du IIIe et surtout du IVe s. apr. J.-C. Comme on l'a vu, Boèce, qui écrit en contexte néoplatonicien, assume pleinement son attachement à la conception mathématique pythagoricienne et récuse l'approche aristoxénienne des intervalles.

Chronologie des traités latins

Il apparaît donc clairement que les cadres essentiels de la théorie musicale antique sont en grec. Le "schisme" évoqué apparaît entre deux courants qui s'ex-priment en grec, à une époque (le IVe s. av. J.-C.) où la littérature latine n'existe pas encore. Il est d'autant plus intéressant de chercher à mettre en évidence les processus par lesquels se constitue une littérature technique sur la musique en latin, face à cette science musicale dont la langue naturelle est le grec.

Si l'on considère la répartition de ces adaptations en latin, on constate immédiatement qu'elles sont l'apanage de théoriciens assez tardifs. En effet, à l'exception de Vitruve (dont la longue digression, au livre 5, constitue, comme il l'explique lui-même, une adaptation d'Aristoxène[9]), et de Varron (dont l'ou-vrage perdu, les *Disciplinarum libri*, comportait vraisemblablement une section musicale[10]), les encyclopédistes latins classiques ne semblent guère s'être inté-ressés à cette science : on ne trouve ainsi que des développements anecdotiques dans l'*Histoire naturelle* de Pline (notamment un paragraphe sur l'harmonie des sphères, en 2.84) et quelques mentions historiques dans l'*Institution oratoire* de Quintilien (1.10.9-33), mais rien qui relève d'une théorie musicale à proprement parler. C'est essentiellement à partir du IIIe s. que les développements de théorie

---

9. Vitruve 5.4.1 ; voir le passage cité ci-dessus en introduction.
10. Sur la prudence qui s'impose dans la reconstitution du contenu de cet ouvrage, voir HADOT, 2005 : 156-190 et 333-373.

musicale en latin semblent prendre leur essor. On peut classer ces textes en trois grands ensembles thématiques : des *excursus* de théorie musicale dans un projet apparemment sans rapport ; l'utilisation de la science musicale comme élément de commentaire encyclopédique et philosophique ; les développements de musique au sein d'un projet encyclopédique plus vaste.

Excursus *de théorie musicale dans un projet apparemment sans rapport*

Comme chez Vitruve (avec l'architecture), on retrouve un *excursus* de théorie musicale au service d'un projet plus large dans le *De die natali* de Censorinus (10.1-12) ; il s'agit, comme le nom l'indique, d'un traité « sur le jour natal », que son auteur composa en 238 pour l'anniversaire de l'un de ses amis. Dans ce traité, fortement empreint de pythagorisme, il est question, au-delà des considérations encyclopédiques et des spéculations astrologiques sur la naissance, de la répartition des jours de la grossesse selon des proportions harmonieuses ; c'est dans ce cadre que Censorinus développe un *excursus* théorique assez complet sur la musique[11]. D'une certaine manière, l'*excursus* musical joue le rôle d'un faire-valoir permettant de soutenir l'image centrale de l'harmonie du monde, qui sous-tend les préoccupations astrologiques de l'auteur. Si le *De die natali* n'est évidemment pas un traité de musique, il trouve dans les mathématiques musicales un argument d'autorité pour étayer le propos général. Ce type de rapport à la science musicale insiste ainsi sur l'hégémonie incontestée de la théorie en langue grecque, qui fournit des éléments permettant d'enrichir des développements en langue latine.

La science musicale comme élément de commentaire

Un autre type de présentation de développements de théorie musicale apparaît avec l'essor de la littérature de commentaire, dans deux ouvrages portant sur le même texte, le *Songe de Scipion* de Cicéron, commenté par deux auteurs de la fin du IVe et du début du Ve s. : Favonius Eulogius et Macrobe. Dans les deux cas, le passage de la *République* de Cicéron dans lequel Scipion entend l'harmonie des sphères (*Rép.* 6.18) fournit le prétexte d'une synthèse portant sur la théorie musicale. C'est même l'un des deux seuls points qu'aborde Favonius Eulogius (dont le commentaire est beaucoup moins complet que celui de Macrobe). Dans les deux cas également, les auteurs reconnaissent – en partie, sans doute, par *topos* de modestie – que le genre du commentaire leur interdit d'envisager un exposé structuré[12] ; en réalité, il s'agit toutefois bel et bien de synthèses qui visent à une

---

11. Cf. Cens. 10.1 : « Mais pour que ces notions soient plus claires à comprendre, il me faut dire quelques mots sur les règles de la musique et plus particulièrement sur celles qui sont ignorées des musiciens eux-mêmes » (trad. ROCCA-SERRA, 1980 : 13).

12. Fav. Eulog. XXVIII : *Scio me, uir doctissime, reprehendi posse in hac temeritatis audacia, qui haec iam diu scolis obolita non meditata lucubratione sed tumultuaria digesserim. Sed habeant alii scientiae gloriam* (« Je ne suis pas sans savoir, homme plein de science, que l'on peut me blâmer pour mon audace, pour cette témérité qui m'a induit à ressasser des lieux communs d'école. Loin

certaine exhaustivité, en fournissant en tout cas beaucoup plus d'éléments que nécessaire pour la compréhension du texte en question.

Développement de musique au service d'un projet encyclopédique plus vaste

À côté de ces développements "prétextes" (qu'il s'agisse d'*excursus* comme chez Vitruve ou Censorinus, ou de commentaires comme chez Favonius Eulogius ou Macrobe), on voit apparaître une tendance qui va dominer l'Antiquité tardive, et qui consiste à insérer un développement à part entière sur la musique dans un ensemble encyclopédique solidement structuré.

On attribue à Censorinus, probablement à tort, un traité intitulé, dans les manuscrits, *Epitoma disciplinarum* (éd. SALLMANN, 1983 : 61-86) : ce traité est intéressant pour notre propos dans la mesure où, pour la première fois, la musique est présentée comme un chapitre d'un ensemble encyclopédique plus vaste, constitué de développements (parfois rudimentaires) sur la physique, l'astronomie, la géométrie, la musique et la métrique. Autre aspect fondamental, ce développement commence par un éloge d'Aristoxène (*clarissimus cum peritia tum eloquentia*, éd. SALLMANN, 1983 : 72), ce qui permet d'insister une nouvelle fois (comme le faisait déjà Vitruve) sur la dette reconnue envers ce πρῶτος εὑρέτης.

Cette volonté d'insérer un chapitre (voire un livre) sur la musique au sein d'un vaste ensemble encyclopédique se manifeste de manière encore plus nette chez Augustin, Martianus Capella, Boèce, Cassiodore et Isidore. Tous ces auteurs encyclopédiques tardo-antiques ont en effet pour point commun de réserver un long développement à la théorie musicale dans une œuvre de longue haleine. Chez Martianus, Cassiodore et Isidore, le développement sur la musique est une partie d'un seul et même ouvrage (respectivement livre IX des *Noces de Philologie et de Mercure*, chapitre 5 du livre II des *Institutions*, chapitre 15 à 23 du livre III des *Étymologies*[13]) ; chez Augustin (*De Musica*) et Boèce (*De Institutione Musica*), en revanche, il se présente sous la forme d'une œuvre à part entière, même si cette œuvre fait partie d'un ensemble plus vaste destiné à englober un large champ du savoir : les arts libéraux chez Augustin ; les quatre sciences mathématiques chez Boèce.

Qu'il s'agisse d'un développement au sein d'un ouvrage encyclopédique, ou encore d'un livre à part entière inclus dans un projet encyclopédique, la réalité est toutefois assez proche : la musique n'est plus conçue comme un *excursus* plus ou moins décoratif, mais comme un élément faisant partie intégrante de réflexions

---

de suivre un plan préparé, j'ai dit les choses ainsi qu'elles me venaient. Mais à d'autres la gloire que confère la science ! », éd. et trad. VAN WEDDINGEN, 1957). Macr., *Comm.* 2.4.12 : *Nec enim quia fecit in hoc loco Cicero musicae mentionem, occasione hac eundum est per uniuersos tractatus qui possunt esse de musica, quos, quantum mea fert opinio, terminum habere non aestimo* (« Ce n'est pas parce que, dans ce passage, Cicéron a fait allusion à la musique, qu'il faut en faire l'occasion de couvrir l'ensemble des développements possibles sur la musique – développements qui, d'après mon opinion personnelle, n'ont pas de fin », éd. et trad. ARMISEN-MARCHETTI, 2003).

13. Ces chapitres de l'édition LINDSAY (1911) correspondent aux chapitres 14-22 de l'édition de GASPAROTTO, GUILLAUMIN, 2009.

encyclopédiques. À ce propos, il est intéressant de lire la justification donnée de cette pratique par Augustin dans ses *Retractationes* :

> À l'époque où j'allais recevoir le baptême à Milan, j'entrepris même de rédiger des livres sur les disciplines, interrogeant les personnes de mon entourage qui ne se détournaient pas des études de ce genre : je désirais parvenir – ou mener –, en quelque sorte par des pas assurés, à travers les réalités corporelles jusqu'aux réalités incorporelles. Mais parmi ces disciplines, j'eus seulement le loisir de terminer un livre sur la grammaire, qui a ensuite disparu de ma bibliothèque, et, sur la musique, six volumes à propos de la partie qu'on appelle le rythme. Mais ces six livres, je les ai écrits une fois baptisé et une fois rentré d'Italie en Afrique, puisque je n'avais fait que m'initier à cette discipline à Milan. Des cinq autres disciplines auxquelles, de la même façon, je m'étais initié là-bas – dialectique, rhétorique, géométrie, arithmétique, philosophie –, seules restaient des ébauches que nous avons elles aussi perdues ; mais je pense que certains les ont encore[14].

La formule la plus caractéristique de ce projet est sans aucun doute *per corporalia ad incorporalia*, qui annonce d'emblée la tonalité néoplatonicienne de la démarche. L'encyclopédisme a ainsi pour fonction de permettre à l'homme, par la connaissance des sciences portant sur des choses concrètes, de s'élever jusqu'à l'incorporel, c'est-à-dire au raisonnement pur : on se trouve ainsi dans un schéma d'ascension par la connaissance qui caractérise la conception néoplatonicienne de la science telle qu'elle devait apparaître dans le traité – perdu – de Porphyre intitulé, dans la mention qu'en fait Augustin (*De Ciuitate Dei* 10.29), *De regressu animae*, et telle qu'on la voit, allégoriquement, dans la description de l'ascension céleste de Philologie chez Martianus Capella[15].

Ce type d'approche de la place de la musique dans l'organisation du savoir apparaît également chez d'autres encyclopédistes tardifs :
— Chez Martianus Capella, on peut mettre en évidence par de nombreux aspects du récit allégorique (motif de l'apothéose et de l'ascension céleste de Philologie en particulier) le mouvement néoplatonicien, latent dans le passage des *Retractationes* d'Augustin cité ci-dessus, d'élévation par la connaissance[16], ainsi que le rôle fondamental de l'Harmonie dans la cohésion de l'univers (rôle issu en particulier de spéculations sur la théorie de l'âme du *Timée*) : ces

---

14. Augustin, *Retr.* 1.6 (trad. personnelle) : *Per idem tempus, quo Mediolani fui baptismum percepturus, etiam disciplinarum libros conatus sum scribere, interrogans eos qui mecum erant atque ab huiusmodi studiis non abhorrebant, per corporalia cupiens ad incorporalia quibusdam quasi passibus certis uel peruenire uel ducere. Sed earum solum de grammatica librum absoluere potui, quem postea de armario nostro perdidi, et de musica sex uolumina, quantum attinet ad eam partem quae rithmus uocatur. Sed eosdem sex libros iam baptizatus iamque ex Italia regressus in Africam scripsi, inchoaueram quippe tantummodo istam apud Mediolanium disciplinam. De aliis uero quinque disciplinis illic similiter inchoatis – de dialectica, de rethorica, de geometrica, de arithmetica, de philosophia – sola principia remanserunt, quae tamen etiam ipsa perdidimus ; sed haberi ab aliquibus existimo.*

15. Sur cette lecture néoplatonicienne du cycle des sept sciences, voir HADOT, 1984 : 101-136 (à propos du *De Ordine* d'Augustin).

16. Voir en particulier HADOT, 1984 : 137-155 et HADOT, 2005 : 391-410.

deux aspects, croisés, justifient la place de choix qui est réservée à la musique dans le neuvième et dernier livre des *Noces de Philologie et de Mercure*[17].

— Chez Boèce, qui reprend, au début de l'*Institution arithmétique* (1.1), une théorie de Nicomaque de Gérasa, perdue mais citée par Jamblique dans son *In Nicomachi Arithmeticam introductionem* (8.3 – 9.1 Pistelli), la place de la musique découle d'une conception ontologique de la connaissance ; ainsi, alors que l'être (τὰ ὄντα chez Nicomaque-Jamblique, *essentia* chez Boèce) se divise en quantité discrète (τὸ ποσόν, *multitudo*) et en grandeur continue (τὸ πηλικόν, *magnitudo*), on peut définir l'arithmétique comme la science de la quantité en soi, la musique comme la science de la quantité en relation (étude des rapports numériques inhérents aux intervalles), la géométrie comme l'étude de la grandeur immobile et l'astronomie comme l'étude de la grandeur en relation. Dans la mesure où la quantité est implicitement considérée comme plus noble que la grandeur, on peut dire que la musique arrive en deuxième position parmi les quatre sciences mathématiques qui permettent d'accéder à l'être.

— Dans ses *Institutions,* Cassiodore reprend cette conception boécienne, en qualifiant la musique de « science qui traite des nombres en relation que l'on trouve dans les sons » (2.3.6) et en la classant dans la *pars doctrinalis* de la *pars inspectiua* (spéculative) de la philosophie (2.3.4), au même titre que l'arithmétique, la géométrie et l'astronomie.

On peut alors donner quelques éléments de conclusion sur cette répartition des textes de théorie musicale dans la littérature latine : dans un premier temps, les Romains semblent ne pas avoir éprouvé la nécessité de traduire ni d'adapter les textes grecs, réservant aux savants hellénophones une science réputée difficile. Puis la théorie musicale apparaît comme un outil (ou un agrément ?) au service de développements plus précis (l'architecture chez Vitruve, les considérations encyclopédiques sur le jour natal chez Censorinus) ou de commentaires érudits (Favonius Eulogius, Macrobe) dont rien ne laisse supposer de prime abord qu'ils nécessitent un développement structuré de théorie musicale. Enfin se développe, assez tardivement, une tendance à insérer des traités de théorie musicale à part entière dans des ensembles encyclopédiques plus vastes ; il est certes possible que cette pratique reprenne ce que l'on pouvait lire dans l'œuvre de Varron, avant sa perte ; mais la concentration de ces grandes sommes encyclopédiques dans l'Antiquité tardive, expliquée par une vision globale de la connaissance telle que l'exprime Augustin dans le second livre du *De ordine*[18], incite à considérer que ce regroupement de toutes les sciences – dont la musique – dans un même ensemble structuré (qu'il s'agisse d'une ou de plusieurs œuvres formant un tout) relève d'une approche néoplatonicienne fondée sur l'idée d'une ascension par la connaissance et d'une totalité organique du savoir. Cette présentation historique étant faite, on peut à présent en venir à une approche plus synthétique en considérant les différentes modalités de l'adaptation des théories grecques dans le domaine latin.

---

17. Pour plus de précisions sur ces questions, nous renvoyons à Guillaumin, 2009.
18. Voir en complément l'analyse de Hadot, 1984 : 101-136.

L'ADAPTATION DES THÉORIES GRECQUES EN LATIN

On pourra relever deux modalités d'adaptation de ces théories : la compilation, d'une part, consistant à aller chercher dans différents textes grecs les éléments nécessaires pour réélaborer une théorie musicale ; la traduction, d'autre part, qui se contente d'adapter des traités grecs en latin. Ces deux aspects ne sont du reste pas exclusifs l'un de l'autre, puisque des traités que l'on définit comme des compilations recourent souvent à des procédés de traduction. Il convient toutefois de remarquer que ces différents types d'adaptation, par compilation ou par traduction, relèvent souvent d'enjeux différents de ceux des textes d'origine : comme on a déjà pu l'entrevoir par l'intermédiaire de l'approche historique, les traités latins ont tendance à présenter la théorie musicale dans le cadre d'un projet encyclopédique plus vaste et leurs auteurs sont rarement des spécialistes de celle-ci.

Compilation

Le premier procédé qui vient à l'esprit lorsque l'on envisage l'encyclopédisme latin – et à plus forte raison l'encyclopédisme dans la latinité tardive – est la compilation ; de fait, les auteurs scientifiques se trouvent souvent devant une matière déjà constituée depuis plusieurs siècles, qu'il s'agit de présenter de manière pédagogique pour un lectorat souvent peu versé dans les spéculations théoriques les plus ardues. Cette remarque est particulièrement vraie pour le domaine de la théorie musicale dans lequel, comme on l'a vu, quelques auteurs restent considérés durant toute l'Antiquité comme des autorités incontestées.

Les textes grecs eux-mêmes relèvent déjà, pour la plupart, de réécritures et de compilations de matériaux trouvant leur origine chez Aristoxène de Tarente pour l'approche concrète (κατ' αἴσθησιν) de la musique, et chez les pythagoriciens pour tout le domaine concernant la mathématique musicale. Ainsi, des œuvres aussi variées que la *Musique* d'Aristide Quintilien (probablement du IIIᵉ s. apr. J.-C.[19]) et les Anonymes de Bellermann (traités datant peut-être du IIᵉ ou du IIIᵉ s. apr. J.-C.[20], qui doivent leur nom à leur premier éditeur, au milieu du XIXᵉ s.) restent très fortement inspirés, aussi bien dans leur structure que dans leur terminologie, de l'œuvre d'Aristoxène. On peut prendre comme exemple caractéristique l'énumération des sept parties de l'harmonique – sons, intervalles, systèmes, genres, tropes, modulations, composition mélodique –, énoncée par Aristoxène (*Harm.* 44) et reprise dans ses grandes lignes, entre autres, par les Anonymes de Bellermann (§ 20) ainsi que par Aristide Quintilien (1.5). Cette pratique de la compilation, déjà largement utilisée dans le domaine grec, va prendre une dimension toute particulière dans la latinité tardive.

---

19. Datation retenue par l'éditeur du texte (MATHIESEN, 1983 : 10-14).
20. L'éditeur du texte (NAJOCK, 1975 : VI) suggère que le second anonyme n'a guère pu être écrit avant le IIᵉ s. alors que le premier peut être plus ancien.

Lorsque Martianus Capella, au début du Ve s., donne la parole à l'allégorie Harmonie dans le cadre de ses *Noces de Philologie et de Mercure* (neuvième et dernier livre de ce récit allégorique), il suit en grande partie le livre I d'Aristide Quintilien (selon des procédés de traduction que nous aborderons plus loin), mais le complète par un certain nombre de considérations manifestement issues d'autres sources. Si l'on constitue un tableau synthétique des sources techniques de Martianus Capella[21], on peut tirer une série de conclusions sur sa pratique de la compilation, puisque l'on y trouve :

— Un noyau central suivi : Aristide Quintilien (qui sert de source à la plupart des paragraphes du traité technique, entre 9.931 et 9.994). La présentation pourrait rester cohérente si l'on supprimait tout ce qui ne relève pas du traité d'Aristide Quintilien, puisque Martianus en reprend aussi bien la structure que les détails principaux.

— Un parallèle avec les Anonymes de Bellermann pour certains développements comme la mention des trois sens du terme φθόγγος (9.939-940) ; il est possible que les Anonymes soient une source indirecte de Martianus, mais dans la mesure où ils sont eux aussi une compilation fondée notamment sur de nombreux éléments aristoxéniens, on peut également supposer une source commune.

— Des ajouts d'anecdotes portant sur les effets de la musique. La présence de sources latines est plus claire dans ce domaine (au point que l'on a parfois pensé[22] qu'il fallait trouver l'origine de ces développements anecdotiques chez Varron, explicitement cité par Martianus en 9.928).

— Des points plus étonnants constituant des ajouts à la théorie sans attestation parallèle : c'est le cas, en particulier, du développement de 9.962-963 sur la théorie des pentacordes, qui n'apparaît sous cette forme dans aucune autre source conservée (éd. GUILLAUMIN, 2011 : XCIX *sq.*). La compilation de Martianus laisse donc apparemment la place à l'innovation personnelle, ou du moins à des théories non canoniques.

De manière générale toutefois, les écarts de Martianus par rapport aux théories bien connues (et largement répandues par les phénomènes de compilation antérieurs) introduisent des difficultés supplémentaires dans la compréhension du texte, comme si l'auteur peinait à assembler en un seul système théorique des éléments divergents et comme s'il n'avait pas sur la matière qu'il expose le recul nécessaire pour y ajouter de manière cohérente des développements de son cru.

Cette pratique de la compilation se retrouve de manière encore plus claire chez Cassiodore ou Isidore, dont les exposés sur la musique sont assez proches l'un de l'autre, partageant même, mot pour mot, un certain nombre de remarques. La pratique de la compilation est d'emblée revendiquée par Cassiodore, qui énumère, dans l'avant-dernier paragraphe de son chapitre sur la musique (*Inst.* 2.5.11),

---

21. Pour le détail de ce tableau, voir GUILLAUMIN 2011 : CIV-CV, ainsi que l'apparat des sources de l'édition WILLIS, 1983.

22. Théorie, notamment, de WILLE, 1967, qui consacre tout un chapitre (p. 413-420), à « Varros verlorene musiktheoretische Schrift » et reconstitue un contenu supposé.

quelques grands noms du domaine (sans remonter, chose assez peu fréquente pour être soulignée, aux autorités traditionnelles généralement mises en avant) :

> Chez les Grecs, ce sont Alypius, Euclide, Ptolémée et d'autres qui ont établi les bases incontestables de l'enseignement [de la musique]. Chez les Latins, l'illustre Albinus a rédigé un ouvrage qui résume brièvement le sujet. Nous nous souvenons de l'avoir eu en bibliothèque à Rome et de l'avoir lu avec attention. Si par hasard l'invasion païenne l'a enlevé, vous avez Gaudence. Une lecture attentive et répétée de son ouvrage vous ouvrira les portes de cette science. On dit encore qu'Apulée de Madaure, lui aussi, a donné en latin les enseignements de cette matière. Notre père Augustin a écrit aussi un *Sur la musique* en six livres. Il y démontre que la voix humaine a par nature des rythmes et une harmonie qui peut se moduler en syllabes longues ou brèves. Censorinus, également, a traité en détail des accents qui sont nécessairement dans les paroles que nous prononçons et qui, selon lui, relèvent de la musique[23].

Même si plusieurs des traités énumérés ne sont pas parvenus jusqu'à nous[24], ce paragraphe nous renseigne clairement sur la nécessité, aux yeux d'un auteur tardif comme Cassiodore, de recourir à plusieurs sources, aussi bien grecques que latines, qui embrassent toute l'étendue du domaine scientifique en question, depuis des traités dans la plus pure tradition aristoxénienne, comme l'*Isagoge* d'Alypius, jusqu'à des ouvrages imprégnés de mystique pythagoricienne, comme le *De die natali* de Censorinus, explicitement mentionné en 2.5.1 (alors que l'allusion du passage cité ci-dessus pourrait désigner plutôt l'*Epitoma disciplinarum* du Pseudo-Censorinus, qui évoque plus directement les questions de voix et d'accents).

À propos de la musique d'Isidore, on a parfois songé (SCHMIDT, 1899) à une source commune à laquelle auraient puisé tour à tour Augustin, Cassiodore et Isidore. Des travaux plus récents ont montré qu'il fallait plus probablement supposer une utilisation d'Augustin et de Cassiodore par Isidore : J. Fontaine, en particulier, récuse l'hypothèse d'une source commune en la qualifiant de « mirage », et montre au contraire que, malgré l'utilisation probable de Cassiodore par Isidore, l'œuvre de ce dernier se caractérise par un appauvrissement des théories : « N'ayant plus ici la ressource des indications bibliographiques [que l'on trouve chez Cassiodore], Isidore a résolument tranché dans le vif de la tradition. Il a rompu avec la technicité des *Introductions harmoniques* dont Cassiodore

---

23. Cassiodore, *Inst.* 2.5.11 (trad. FERRÉ 1999) : *Quam apud Graecos Alypius, Euclides, Ptolomeus et ceteri probabili institutione docuerunt ; apud Latinos autem uir magnificus Albinus librum de hac re compendiosa breuitate conscripsit, quem in bibliotheca Romae nos habuisse atque studiose legisse retinemus. Qui si forte gentili incursione sublatus est, habetis Gaudentium, quem si sollicita intentione relegatis, huius scientiae uobis atria patefaciet. Fertur etiam Latino sermone et Apuleium Madaurensem instituta huius operis effecisse. Scripsit etiam et pater Augustinus de Musica sex libros, in quibus humanam uocem rithmicos sonos et armoniam modulabilem in longis syllabis atque breuibus naturaliter habere posse monstrauit. Censorinus quoque de accentibus qui uoci nostrae ualde necessarii sunt, suptiliter disputauit, quos pertinere dicit ad musicam disciplinam ; quem uobis inter ceteros transscriptum reliqui.*

24. Pour des précisions sur ce point, voir *infra*.

conservait encore l'admiration respectueuse, et comme à regret. Il garde pourtant le scrupule de ne pas rompre complètement les attaches mathématiques de la musique » (FONTAINE, 1983 : (1) 418). Cette remarque met en évidence l'une des limites de la compilation : lorsque les sources elles-mêmes ne sont plus comprises, cette pratique aboutit nécessairement à une œuvre manquant de cohérence interne, dans laquelle certains éléments considérés comme importants sont plaqués sur l'ensemble sans véritable intégration des données. Lorsque, au livre III de ses *Étymologies*, Isidore aborde quelques questions liées aux mathématiques musicales (éd. LINDSAY, 1911 : 3.23.1 ; ou éd. GASPAROTTO, GUILLAUMIN, 2009 : § 22), il le fait en quelque sorte à la manière d'un repentir, après la partie essentielle de son exposé, et en reprenant des notions déjà exposées dans le cadre de l'arithmétique, qui n'apportent aucun élément décisif pour la compréhension de la musique : l'appareil conceptuel nécessaire pour présenter une théorie mathématique complète de la musique, comme celle que l'on trouve dans l'*Institution musicale* de Boèce, semble ainsi avoir disparu du contexte intellectuel dans lequel écrit Isidore.

Traduction

Cette pratique de la compilation, dont on a cherché ci-dessus à mettre en évidence la portée, s'accompagne nécessairement d'un effort de traduction, puisque l'essentiel de la matière musicale provient de traités grecs. Le texte de Cassiodore cité plus haut à propos des sources de la compilation dit assez l'importance de ces procédés de traduction : ainsi, parmi les divers auteurs mentionnés, deux sont explicitement présentés comme des traducteurs du grec au latin. Il s'agit d'Albinus, que Cassiodore dit avoir consulté, et d'Apulée, qui aurait traduit Gaudence en latin. On trouve également chez Cassiodore une allusion à un certain Mutianus, *uir disertissimus* qui aurait traduit le traité de Gaudence (*Inst.* : 2.5.1). Si aucune de ces trois œuvres (Albinus, Apulée, Mutianus) n'est conservée, leur mention indique toutefois le développement d'une théorie musicale en latin, par traduction des traités grecs. L'un des aspects de la traduction d'Albinus est du reste connu par un bref chapitre de l'*Institution musicale* de Boèce intitulé *Quibus nominibus neruos appellauerit Albinus* :

> Albinus traduisit les noms des cordes en latin : il appela *principales* (principales) les hypates, *mediae* (moyennes) les mèses, *coniunctae* (conjointes) les synemmènes, *disiunctae* (disjointes) les diezeugmènes, *excellentes* (excellentes) les hyperbolées. Mais ne nous arrêtons pas plus longuement à un écrit étranger à notre entreprise[25].

Cette allusion est intéressante à plusieurs égards : d'une part, elle confirme l'effort de traduction des notions grecques en latin. Les entités dont il est ques-

---

25. Boèce, *Mus.* 1.26 (trad. MEYER, 2004) : *Albinus autem earum nomina Latina oratione ita interpretatus est, ut hypatas principales uocaret, mesas medias, synemmenas coniunctas, diezeugmenas disiunctas, hyperboleas excellentes. Sed nobis in alieno opere non erit inmorandum.*

tion ici sont les cinq tétracordes (groupes de quatre cordes embrassant chacun un intervalle de quarte) constitutifs du "grand système complet", c'est-à-dire de la gamme sur laquelle se fonde la musique antique : hypates, mèses, conjointes, disjointes, hyperbolées[26]. D'autre part, et malgré cet effort de traduction, elle laisse entendre que les noms grecs étaient assez familiers aux théoriciens latins pour être conservés tels quels : la manière un peu abrupte dont Boèce paraît écarter cette traduction (*non erit inmorandum*) montre qu'il entend se contenter des noms techniques reçus, traditionnellement exprimés en grec.

Il serait trop long d'exposer ici les différentes techniques de traduction du vocabulaire musical grec en latin ; nous nous limiterons donc à une synthèse réalisée sur le livre IX de Martianus Capella, qui a donné lieu à un glossaire gréco-latin publié en introduction de l'édition de ce volume (éd. GUILLAUMIN, 2011 : LXX-LXXVI). De fait, nous croyons pouvoir distinguer trois types de traductions, en comparant le texte de Martianus à ses sources grecques (et en particulier à Aristide Quintilien, qui est la source la plus suivie, comme nous l'avons montré plus haut) :

— Des traductions explicites, introduites par les locutions *id est* ou *hoc est*, ou parfois par des formulations plus larges insistant sur le processus de traduction. Exemple :

> *Quorum [sonorum] primus dicitur apud Graecos* προσλαμβανόμενος, *apud Romanos uero, quia eadem uoce nos uti summus Iuppiter statuit, idem dicitur adquisitus,*

> Le premier de ces sons s'appelle, chez les Grecs, le προσλαμβανόμενος [proslambanomène], et chez les Romains (comme le Très-Haut Jupiter a décidé que nous utiliserions le même terme), le "son ajouté" (9.931).

L'exemple introduit une réflexion sur le procédé de traduction des termes techniques dans la mesure où Martianus insiste sur la formation semblable des deux termes[27] (préfixe προσ- = *ad-* et participe passif λαμβανόμενος = *quisitus*).

— Des traductions implicites par glissement du terme grec au terme latin (au sein d'un même paragraphe). Exemple :

> *Faciunt intentio uel remissio, patiuntur acumen et grauitas. Productio autem est (hoc est epitasis) uocis commotio a loco grauiore in acutum locum, anesis uero contra,*

> Les causes sont la tension ou le relâchement ; les effets, l'acuité et la gravité. L'extension – c'est-à-dire l'*epitasis* – est le mouvement de la voix d'une position grave vers une position aiguë, et l'*anesis* est le contraire (9.940).

Martianus laisse donc au lecteur le soin de développer la correspondance, parfois au prix d'imprécisions terminologiques : le terme ἐπίτασις se trouve

---

26. Voir plus haut notre schéma du « grand système complet diatonique » en notation moderne.
27. Nous éditons la leçon de tous les manuscrits, *statuit*, plutôt que la correction de WILLIS, 1983 : *uetuit*. Martianus semble en effet insister sur le parallélisme entre les deux termes, et non sur leur différence. Voir éd. GUILLAUMIN 2011 : 154.

ainsi traduit, dans deux phrases consécutives, à la fois par *productio* et par *remissio*, ce qui semble prouver que la terminologie latine n'est pas fixée.

— Des traductions implicites sans référence, pour lesquelles il convient de se reporter au texte source. Exemple :

spissum uero dicitur trium sonorum compositiua quaedam qualitas,

On appelle "densité" [pyknon] un certain type d'agencement de trois sons (9.945).

On peut mettre en évidence ici une correspondance manifeste avec un passage d'Aristide Quintilien (1.6) :

Πυκνὸν μὲν οὖν ἐστι ποιὰ τριῶν φθόγγων διάθεσις (*spissum* = πυκνόν ; *compositiua qualitas* = ποιὰ διάθεσις).

On constate du reste que Martianus n'hésite pas à forger un *hapax* (l'adj. *compositiuus*[28]) et à inverser le rapport entre l'adjectif et le substantif (ποιά devenant *qualitas*).

Si l'on généralise les conclusions tirées du cas particulier de Martianus Capella (qui fournit sans doute l'exemple le plus abouti de traduction en latin du vocabulaire grec de la musique), on peut donc affirmer que la traduction des termes techniques est, pour les auteurs latins tardifs, un enjeu important, mais qu'elle donne lieu à des inventions apparemment non normalisées, puisque certains termes restent à l'état d'*hapax* dans la suite de la tradition. En somme, ce mouvement de traduction, qui n'aboutit pas à la constitution d'un système terminologique latin faisant autorité aux yeux de la postérité[29], témoigne d'un besoin réel à une époque où les domaines linguistiques grec et latin tendent à se séparer à la suite de la dislocation politique de l'Empire, mais en même temps d'une suprématie de la terminologie grecque dans le domaine musical, ce qui semble rendre caduques toutes ces tentatives et expliquer l'apparent désintérêt de Boèce, mentionné plus haut, pour les traductions d'Albinus.

L'emploi des procédés de compilation et de traduction dans les textes latins tardifs témoigne donc, de la part des auteurs de cette époque, d'une tentative de faire émerger une théorie autonome en langue latine tout en reconnaissant leur dette envers leurs précurseurs grecs, qui sont à la fois les inventeurs et les continuateurs de la théorie musicale, et dont aucun latin de l'époque classique n'aurait songé à contester l'hégémonie. On pourra ainsi, pour terminer, poser la question de la postérité de ces textes latins de théorie musicale et montrer en quoi le moment historique que constitue l'Antiquité tardive joue un rôle clef dans la transmission de la théorie musicale au Moyen Âge occidental.

---

28. Cf. *ThL* 3, 2143. Sur l'emploi paradoxal d'*hapax* au sein même du traité scientifique de Martianus, voir GUILLAUMIN, 2012 : 580-582.

29. Les théoriciens médiévaux, notamment, préféreront dans l'ensemble utiliser les termes grecs.

La transmission au Moyen Âge

À l'époque carolingienne, l'engouement pour la théorie musicale et la méconnaissance assez large du grec conduisent les érudits à recourir aux auteurs considérés comme des références dans ce domaine, et facilement accessibles : Boèce et Martianus en particulier. Ainsi, lorsque Hucbald de Saint-Amand, à la fin du IXᵉ s., énumère, dans son *Traité de musique*, les noms des cordes, c'est-à-dire des notes de la gamme, il le fait en s'appuyant sur Boèce et sur Martianus :

> La signification des noms de ces cordes a été abordée au moins succinctement par Boèce, mais Martianus en donne une explication plus claire. Proslambanomenos : signifie *ajouté*, parce que cette corde fut ajoutée après toutes les autres. Hypate : *grave*, ou principale...[30]

Martianus et Boèce sont donc considérés comme deux autorités complémentaires, avec l'idée que Martianus est plus accessible que Boèce et peut donc, en quelque sorte, servir de propédeutique à l'étude de la musique.

L'engouement carolingien pour la théorie musicale grecque en latin

L'intérêt carolingien pour la théorie musicale antique se traduit en premier lieu par la constitution de manuscrits glosés illustrant les propos abstraits des théoriciens tardo-antiques à l'aide de figures plus parlantes pour le lecteur médiéval. Ainsi, certains manuscrits carolingiens de Martianus Capella, dont le texte lui-même ne comprend pas de support visuel à la démonstration, sont agrémentés de schémas (probablement inspirés, au moins indirectement, par l'*Institution musicale* de Boèce) qui explicitent par exemple la théorie des intervalles consonants et de leur correspondance avec des rapports mathématiques, ou encore la disposition des tropes (ou tons de transposition). Dans le manuscrit de Besançon, B. M. 594 (seconde moitié du IXᵉ s.), on trouve par exemple, au f. 78r, en marge du développement sur les intervalles consonants (9.933), un schéma qui résume la composition de la quarte (de rapport mathématique épitrite – *epitrita proportio* –, c'est-à-dire de 4 à 3), formée de trois intervalles (*spatia*), un demi-ton (symbolisé par la lettre S) et deux tons (lettre T). Nous reproduisons ci-dessous le schéma en question en face du texte commenté (tel qu'il figure dans le manuscrit) :

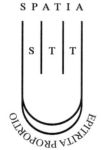

> *Ex supra dictis itaque sonis, qui et singulis et omnibus tropis rite conueniunt, symphoniae III, quarum prima est diatessaron, quae latine appellatur ex quattuor. Et recipit sonos quattuor, spatia tria, productiones duas et dimidiam (nam sonum id est tonum productionem uocaui).*

---

30. Hucbald de Saint-Amand, *Traité de Musique*, (dans éd. Chartier, 1995 : 192) : *Interpretatio autem horum nominum succincte quidem a BOETIO attacta, planius autem Martianus exsequitur. Proslambanomenos : adquisitus, quoniam post omnes hic additus est neruus. Ypate : grauis uel principalis...*

On le voit, ce schéma résume de manière beaucoup plus claire le contenu du propos, sans entrer dans les subtilités terminologiques de Martianus (la différence entre les termes utilisés, par exemple *proportio* dans le schéma au lieu de *ratio* dans le texte, indique une réflexion carolingienne fondée sur la contamination de sources différentes). Autre exemple caractéristique de cette réception, la théorie antique des tropes fait l'objet de diagrammes accompagnant le texte antique dans certains manuscrits. On trouve ainsi, à la fin (f. 200v) du manuscrit de Cologne, Dombibliothek 193, datant de la fin du IXe ou du début du Xe siècle, un diagramme présentant l'échelonnement des quinze tropes et précédé de la mention suivante (totalement étrangère au texte de Martianus Capella):

> *Hi sunt tropi XV hoc est formae carminum qui peraguntur in cithara XXVIII cordarum.*

Une légende est même fournie à gauche du diagramme pour en faciliter la lecture:

> *Cordae sunt quae uergunt a fronte paginae in eius imam partem. Lineae uero quae porriguntur a laeua in dexteram termini sunt troporum.*

Sur la question des diagrammes représentant les tropes dans les manuscrits carolingiens, on renverra à l'étude de C. MEYER (1998), qui présente et commente cinq planches représentant les diagrammes transmis par cinq manuscrits différents. L'existence même de ces schémas et diagrammes, étrangers au texte antique, traduit donc une même volonté de visualiser de manière efficace les théories exposées au sein de développements parfois difficilement accessibles à la simple lecture. Ainsi, le travail exégétique directement réalisé sur le support matériel que constitue le manuscrit témoigne du dynamisme des études sur la théorie musicale antique à l'époque carolingienne.

Dans ces conditions, on ne s'étonnera pas que, pour décrire la mélodie d'un *Alleluia*, Hucbald de Saint-Amand prétende s'appuyer sur la terminologie antique[31]:

> Voici donc la même formule ainsi notée: $AL^iLE^mLV^p{}_p{}^mIA^c{}_f$. La lettre *i* représente la mèse, *m*, la lichanos des mèses. Entre celles-ci prend place un intervalle d'un ton. *p* représente la parhypate des mèses, également distance de la lichanos des mèses par un ton; le second *m* représente encore la lichanos des mèses, mais résonant au-dessus de la parhypate des mèses; *c*, quant à lui, représente l'hypates des mèses, à distance d'un demi-ton de la parhypate des mèses; *f*, la dernière lettre, symbolise la lichanos des hypates, à un ton de l'hypate des mèses.

---

31. *Ibid.: Hoc itaque modo:* AL^iLE^mLV^p{}^m{}_pIA^c{}_f. *Est enim .i. mese, .m. lichanos meson. Inter quas toni spatium patet. .p. parhypate meson. Quae a lichanos meson similiter distat tono .m. similiter lichanos meson, supra parhypate meson sonans .p. item ad parhypate meson inclinatur .c. autem est hypate meson, semitonio a parhypate meson distans. .f. ultima lichanos hypaton seruans tonum ad hypate meson.*

Les données musicales du IXᵉ s. (en l'occurrence un *Alleluia* dans le ton *protus authente*, pour utiliser la terminologie médiévale), se trouvent donc réinterprétées, de manière quelque peu artificielle, d'après les termes des théoriciens antiques[32].

Histoire d'un contresens fécond

Cette vitalité des études carolingiennes sur la musique antique, mise au service de développements théoriques nouveaux sur les pratiques musicales contemporaines (en particulier ecclésiastiques), aboutit également à des contresens féconds qui se répercuteront dans la suite de l'histoire de la musique ; c'est le cas, notamment, de toute la théorie des « modes grecs » associés à des aspects d'octave[33], qui apparaît dans l'*Alia musica*, un traité anonyme de la fin du IXᵉ s. (parfois attribué, probablement à tort, à Hucbald de Saint-Amand). Dans la théorie antique, formalisée par Aristoxène et développée ensuite par de nombreux théoriciens et compilateurs[34], les adjectifs désignant des peuples (dorien, phrygien, lydien, auxquels s'ajoutent ensuite iastien et éolien) font référence à une hauteur où l'on « pose » (par θέσις) le grand système complet, qui en soi n'est qu'un ensemble d'intervalles entre des sons-fonctions sans hauteur absolue (notion de δύναμις). Ces tropes (ou tons de transposition) ne modifient pas les rapports entre les notes du système, et ne constituent donc pas des "modes" au sens moderne du terme. Dans l'état le plus systématique de la théorie (présenté par exemple par Martianus Capella en 9.935, mais pas par Boèce qui, en *Mus.* 4.15-17, se limite à un ensemble de huit tropes), on a quinze tropes échelonnés de demi-ton en demi-ton sur une octave et un ton. Les cinq tropes principaux mentionnés ci-dessus sont en effet complétés par cinq tropes à la quarte inférieure (préfixe *hypo-*) et par cinq tropes à la quarte supérieure (préfixe *hyper-*). On a donc, du grave à l'aigu : hypodorien, hypoiastien, hypophrygien, hypoéolien, hypolydien, dorien, iastien, phrygien, éolien, lydien, hyperdorien, hyperiastien, hyperphrygien, hyperéolien, hyperlydien. Si l'on considère que la note la plus grave de la voix humaine est le *fa* en bas de la clef de *fa* (selon la « convention de Bellermann »), on fait coïncider cette note avec le proslambanomène du trope hypodorien, ce qui donne la θέσις hypodorienne du grand système complet, que l'on peut représenter ainsi (selon les mêmes conventions graphiques que dans la représentation du grand système complet sans hauteur absolue proposée plus haut) :

---

32. Si, pour la commodité de l'interprétation, on ajoute à l'ensemble un niveau supplémentaire d'anachronisme en recourant à des portées modernes, cela donne la représentation suivante :

    Al-   -le -lu-   -ia

33. Sur cette question difficile, voir CHAILLEY, 1960 et CHAILLEY, 1979 : 115-119.

34. Cf. Arist. Quint., *Mus.* 1.9 pour l'histoire de cette théorie. On laisse ici de côté les harmonies les plus anciennes (celles des πάνυ παλαιότατοι selon le terme d'Aristide Quintilien), dont font partie celles qu'évoque Socrate dans la *République* de Platon (399 a *sq.*).

Pl   HH PhH DH HM PhM DM   M   TC PnC NC Pm   TD PnDND THbPnHbNHb

Il serait hors de notre propos de décrire ici l'ensemble de l'échelonnement des tropes. On ne prendra donc que l'exemple du trope lydien pour étudier les étapes du contresens carolingien. Ce trope (quatre tons et demi à l'aigu de l'hypodorien) a comme proslambanomène *ré* (milieu de la clef de *fa*), ce qui donne :

Pl   HH PhH DH HM PhMDM   M   TC PnC NC   Pm   TD PnD ND THbPnHbNHb

La difficulté vient du fait que certains théoriciens antiques[35] recourent aux mêmes appellations pour désigner la répartition des intervalles dans l'octave médiane, commune à tous les tropes – soit, dans notre représentation, l'octave qui va du *fa* en haut de la clef de *fa* au *fa* en bas de la clef de *sol*. En lydien, par exemple, on a donc la répartition suivante[36] (T désigne un ton et S un demi-ton) : T T S T T T S. L'aspect d'octave lydien est donc celui qui se caractérise par la répartition des intervalles qui correspond à ce que l'on appellerait, de manière ana-chronique, un "mode de *do*", et que l'on peut également retrouver en parcourant le grand système complet de la parhypate des hypates à la trite des disjointes[37].

Or les érudits carolingiens, en raison de cet aspect complexe du système antique et de l'utilisation problématique du terme *modus* par Boèce[38], en viennent à confondre tropes et aspects d'octave, considérant, à partir d'un passage de Martianus Capella lu de façon erronée (9.954), que les huit aspects d'octave peuvent être obtenus et échelonnés en parcourant le grand système complet du grave à l'aigu : ainsi l'octave allant du prosblambanomène à la mèse (ce que nous appellerions "octave de *la*") serait le "mode hypodorien" (puisque le trope hypodorien est défini comme le plus grave), et le « mode lydien » (que nous avons pris comme exemple) correspondrait à l'aspect d'octave allant de la parhypate des mèses à la trite des hyperbolées (ce que nous appellerions "octave de *fa*"). Dans la mesure où ces répartitions des intervalles dans l'octave correspondent à des réalités musicales utilisées dans le domaine ecclé-siatique (plain-chant), les théoriciens carolingiens de la musique croient redécouvrir des appellations antiques pour qualifier leur propre pratique musicale : le contresens carolingien sur les textes théoriques antiques est ainsi à l'origine de la réinvention d'une nomenclature des modes que l'on qualifie parfois de "pseudo-modes grecs".

---

35.   Voir par exemple Arist. Quint., *Mus*. 1.8.
36.   Dans ce type de découpe de l'octave, on ne considère que le tétracorde des disjointes.
37.   Voir le schéma proposé au début de cette communication.
38.   Voir notamment Boèce, *Mus*. 4.15.

Ce contresens pourrait paraître anecdotique, si on ne le trouvait à l'origine de tout un pan de la terminologie musicale moderne. Ainsi, lorsque Beethoven donne comme sous-titre au troisième mouvement de son quinzième quatuor à cordes, *op.* 132, « in der lydischen Tonart » (« en ton lydien »), il ne fait que réutiliser cette appellation pseudo-antique forgée par les carolingiens et acceptée ensuite comme un gage d'ancienneté, bien qu'elle ne corresponde en rien à la théorie musicale antique. Ce cas particulier lié à l'histoire des conceptions musicales permet ainsi de prendre la mesure, plus généralement, de l'influence que peuvent avoir les contresens dans la transmission et dans la réinvention des théories scientifiques.

Ce panorama de la musique grecque antique et de sa transmission par l'intermédiaire de la latinité tardive nous permet de tirer quelques conclusions sur les procédés à l'œuvre dans la diffusion des textes encyclopédiques ; on a pu montrer, d'une part, que l'histoire de la science musicale antique s'appuie en premier lieu sur deux grands noms qui en fixent les tendances essentielles pour un millénaire : Pythagore (ou plutôt son école) et Aristoxène. On peut dire que, passé le IVe s. av. J.-C., la transmission de la théorie musicale se résume essentiellement à une réécriture des conceptions de ces deux courants (parfois fusionnés chez certains auteurs "syncrétiques"). Si l'on ajoute à cela l'idée, profondément ancrée dans la littérature latine, du caractère indépassable de la science grecque, on comprend alors que les théories musicales de la latinité tardive procèdent essentiellement par traduction et par compilation, les innovations proprement dites étant assez rares. Les œuvres de Martianus Capella, de Boèce et, dans une moindre mesure, de Cassiodore et d'Isidore, fixent pour la postérité l'état d'une science vieille de presque un millénaire, avec une terminologie qui, malgré un certain nombre de tentatives de traduction systématique et malgré un clivage linguistique de plus en plus marqué à partir du Ve s., reste essentiellement figée en grec. On a vu également que la plupart de ces textes tardifs de théorie musicale relèvent d'un projet encyclopédique qui dépasse la seule musique et trouvent leur cohérence dans une conception organique du savoir, tournée, dans une perspective néoplatonicienne, vers la recherche de l'unité de la connaissance. Or ce sont précisément ces œuvres tardo-antiques, conçues selon un projet philosophique et relativement étranger à la pratique musicale, qui constitueront les meilleures voies de la transmission et de la réinvention de la musique à l'époque carolingienne. Sans Martianus, sans Boèce, sans Cassiodore, les érudits carolingiens, en l'absence d'un accès facile aux traités grecs, auraient probablement manqué des matériaux conceptuels nécessaires pour formaliser leur théorie musicale, fût-ce au prix de contresens féconds. Dans le domaine musical comme dans les autres domaines scientifiques, la latinité tardive joue donc un rôle clef à la fois comme synthèse de l'ensemble de l'Antiquité et comme vecteur privilégié de diffusion à la postérité.

DE L'INNOVATION DES ENCYCLOPÉDIES CHINOISES ?

Jean-Pierre Drège
École pratique des hautes études, CRCAO

L'habitude chinoise de classifier, parfois à outrance, les livres comme les objets, les notions, les arguments ou les slogans que l'on nombre et numérote, entretient un lien direct avec la conception des *leishu*, les « livres de catégories », que l'on traduit généralement en français par encyclopédies[1]. Ce que recouvre cette dénomination de *leishu* n'est pas très homogène, puisque sont périodique-ment regroupés sous ce vocable des ouvrages de taille, de contenu et de structure différents. Mais dans la plupart des cas, on peut avancer que les encyclopédies chinoises consistent en une réunion d'extraits de textes, un peu à la manière des florilèges occidentaux. Cependant, les « livres de catégories » ont le plus souvent un caractère généraliste que n'ont pas forcément les florilèges, du moins dans une première période. À vrai dire, les délimitations que l'on peut faire entre les divers types d'ouvrages composites desquels relèvent les *leishu* ne sont pas fixes. Il est possible de s'en rendre compte en étudiant les catalogues des bibliothèques impériales depuis le VIe siècle comme les bibliographies modernes où l'on perçoit rapidement l'embarras des auteurs pour former une catégorie cohérente de *leishu*, en sachant au passage que les bibliographes ont à ranger les livres dans une caté-gorie, en principe à l'exclusion d'une autre, et que les catégories bibliographiques sont relativement peu évolutives[2].

La première encyclopédie généraliste, établie vers 220, à l'initiative de Cao Pei (187-226), premier souverain des Wei (règne 220-226) qui succédèrent aux Han postérieurs (25-220), n'a laissé que des traces indirectes.

> L'empereur, qui aimait les études littéraires, dit-on, s'adonnait aux compositions et aux relations ; il rédigea lui-même une centaine de chapitres pour les transmettre aux générations futures. Il fit en outre compiler par les lettrés les Classiques et les tradi-tions en les organisant suivant des catégories, ce qui donna plus de mille chapitres. L'ouvrage fut appelé *Huanglan*, Ce qu'a examiné l'empereur (Chen, 1959 : 2, 88).

Les Occidentaux ont souvent traduit *Huanglan* par « Miroir de l'empereur », en référence probablement aux diverses encyclopédies latines portant le nom de *Speculum*, quoique le terme *lan* ne prenne jamais le sens de miroir, mais soit

---

1. Sur les encyclopédies chinoises, on peut consulter le numéro hors série de la revue *Extrême-Orient Extrême-Occident*, « Qu'était-ce qu'écrire une encyclopédie en Chine ? », Paris, 2007. Voir aussi Kaderas, 1998.
2. Cf. Drège, 1991.

Encyclopédire : formes de l'ambition encyclopédique dans l'Antiquité et au Moyen Âge, éd. par Arnaud Zucker, Turnhout, 2013, (*Collection d'Études Médiévales de Nice, 14*), pp. 323-334.
© BREPOLS ⬥ PUBLISHERS   DOI 10.1484/M.CEM-EB.1.101803

compris généralement avec la signification d'examiner, accepter, voire tenir en main. Le *Huanglan*, qui s'est perdu partiellement, puis en totalité avant le VIIe siècle, comptait apparemment plus de mille chapitres ou rouleaux et plus de huit millions de caractères (pour mémoire, une feuille de rouleau contenait environ 400 à 500 caractères, soit un ensemble moyen de 16 000 à 20 000 feuilles de papier, chaque rouleau comptant en moyenne de 16 à 20 feuilles)[3]. Au milieu du VIe siècle, il ne comportait plus que 680 chapitres ou rouleaux, et vers 580 seulement 120. Mais cette première encyclopédie aura une longue descendance. On constate dès l'abord qu'il s'agit d'une part d'un ouvrage recueillant des citations tirées des Classiques et des œuvres historiques officielles, regroupées en une quarantaine de catégories réparties parfois sur plusieurs dizaines de chapitres. On remarque ensuite qu'il émane du cercle très étroit de la cour impériale. Cao Pei, premier empereur des Wei, succédait à son père, Cao Cao (155-220), qui avait mis à mal l'empire des Han finissant et assurait de fait son autorité sur le nord de la Chine. Il avait engagé la reconstruction d'une bibliothèque impériale au cours de la deuxième décennie du IIIe siècle. Dans un premier temps, la bibliothèque, appelée *Département des Écrits secrets* (*bishu*, nom qu'elle allait conserver pendant plusieurs siècles), fut autant un office politique qu'une institution culturelle. C'est Cao Pei qui distingua le grand secrétariat, où l'on traitait des rapports au trône, de la bibliothèque proprement dite, qui conservait les cartes et les archives ainsi que les ouvrages des arts et lettres. La fonction politique de cet organisme n'a évidemment pas disparu, mais s'est déplacée de l'action vers la conservation. L'un des premiers directeurs des *Écrits secrets*, Wang Xiang (mort en 221), fut l'un des principaux compilateurs du *Huanglan*, et Liu Shao (mort vers 240), un autre compilateur du *Huanglan*, fut secrétaire de la bibliothèque[4].

On ignore à peu près tout du contenu du *Huanglan*, mais de toute évidence l'ouvrage était d'un genre nouveau puisque les bibliographes impériaux ne surent trop comment le classer. Plusieurs décennies après sa parution, vers 280, au début de la dynastie des Jin qui avait réuni l'ensemble de la Chine auparavant divisée en "trois royaumes", un nouveau catalogue de la bibliothèque impériale fut rédigé, qui comprenait quatre classes et non plus six comme sous les Han et probablement sous les Wei. Ce catalogue, signé par Xun Xu (mort en 281), répartissait les livres selon des ensembles numérotés (*jia*, *yi*, *bing*, *ding*, soit 1er, 2e, 3e et 4e), qui rassemblaient respectivement :
1. les Classiques ;
2. les ouvrages philosophiques, militaires et techniques ;

---

3. Le début du IIIe siècle coïncide avec le développement du rouleau de papier qui s'est progressivement substitué au rouleau de fiches de bambou et de planchettes de bois. L'usage du papier comme support de l'écrit remonte jusqu'au IIe siècle avant notre ère, mais l'abandon du bambou et du bois n'a été effectif qu'au IIIe, voire au IVe siècle. La restitution proposée ci-dessus concerne un support en papier. Si le *Huanglan* était écrit sur fiches de bambou, le calcul serait différent, on obtiendrait un ensemble d'environ 200 000 fiches de 40 caractères, soit des rouleaux d'environ 200 fiches. On a peine à imaginer comment manipuler et consulter un tel ouvrage.

4. Voir Drège, 1991 : 24-25.

3. les ouvrages historiques, les registres et les écrits divers ;
4. les œuvres littéraires, auxquels venaient s'ajouter, probablement en annexe, un lot de livres sur bambou retrouvés tout récemment dans une tombe.

Ce classement en quatre parties préfigure celui qui allait s'imposer jusqu'au xxᵉ siècle et même jusqu'à nos jours pour les ouvrages chinois anciens. C'est dans la troisième classe que fut placé le *Huanglan*, à la suite des ouvrages d'histoire, et avant les registres, qui correspondaient peut-être aux listes généalogiques, et les œuvres relatant des événements divers. C'est donc une classe de nature plutôt historique. Si le *Huanglan* y figure de manière isolée, c'est sans doute autant en raison de son importance en nombre de rouleaux que par sa nouveauté. Par la suite, les encyclopédies passeront dans la classe des Maîtres ou des Philosophes, parmi les écoles diverses, où l'on rangeait les ouvrages à peu près inclassables, avant que sous les Tang, à partir du viiiᵉ siècle, on ouvre une nouvelle section consacrée exclusivement aux livres de catégories.

Pendant la période qui court du iiiᵉ au viiiᵉ siècle, de nouvelles encyclopédies voient le jour, suffisamment pour qu'on distingue un genre d'ouvrages particuliers. Ce qui apparaît comme nouveau, c'est précisément le type d'organisation de ces ouvrages, beaucoup plus que le contenu de ceux-ci. Lorsqu'est établi un catalogue de la bibliothèque impériale sous la dynastie des Sui, à la fin du viᵉ siècle, on compte une dizaine de titres (probablement onze) qui peuvent être considérés comme des *leishu*. Tous sont perdus, sauf un, auquel il faut ajouter un bref fragment manuscrit. D'après les titres, on constate que ces ouvrages sont toujours composés de citations. Les titres reprennent le terme *lan* emprunté au *Huanglan*, comme dans le *Shengshou tang yulan* (*Ce qu'a examiné l'empereur dans la salle de la Longévité sainte*), ou bien ils expriment l'idée de recueil de citations variées par des termes comme ceux de jardin, *yuan* (*Leiyuan*, le Jardin des catégories, *Shouguang shuyuan*, le Jardin des livres du palais de l'éternelle splendeur), de mer, *hai* (*Shutu quanhai*, les Sources et la mer des écrits et des images), de miroir, *jing* (*Changzhou yujing*, le Miroir de jade de l'île longue), ou bien d'abrégés, *lüe* ou *yao* (*Hualin pianlüe*, Abrégé de l'ensemble [des livres de la bibliothèque] de la Forêt des fleurs ; *Diwang jiyao*, l'Essentiel des collections des empereurs et des princes), voire de listes, *lu* (*Yaolu*, Listes essentielles, *Kelu*, Catalogue des spécialités) et simplement d'extraits, *chao* (*Beitang shuchao*, Extraits des livres de la salle du Nord).

Ce dernier ouvrage, le *Beitang shuchao*, succédait de quelques dizaines d'années au *Xiuwen dian yulan* (*Ce que l'empereur a examiné au palais de la Culture des lettres*) datant des années 570, qui lui-même prolongeait les encyclopédies impériales inspirées du *Huanglan*. L'une des particularités de cette encyclopédie est le nombre de ses chapitres, 360, autant que de jours dans l'année. Cela permettait, dit-on, d'en lire un chapitre chaque jour[5]. Les changements qui s'opéraient de l'une à l'autre des encyclopédies venaient en partie d'un processus cumulatif

---

5. C'est ce qu'indique Tian Xi (940-1004) à l'empereur Taizong des Song (960-1278) en lui suggérant de faire compiler un autre *Yulan* (*Ce qu'a examiné l'empereur*) en 360 juan. Tuo, 1977 : 293, 9791.

par lequel étaient intégrées de nouvelles sources et ajoutés de nouveaux éléments. L'un des problèmes qui se posaient était de répartir ces éléments ou ces citations à partir d'une clef ou d'une entrée, une même citation pouvant apparaître à plusieurs entrées[6].

Le *Beitang shuchao*, attribué à Yu Shinan (558-638), s'étend actuellement sur 160 chapitres, jadis 174. Il n'a pas conservé de préface originelle qui en indiquerait les objectifs et les principes. D'après plusieurs recueils d'anecdotes des Tang, Yu Shinan, alors secrétaire de la bibliothèque impériale, a rassemblé des faits tirés des livres conservés dans une salle située à l'arrière du palais, c'est-à-dire au Nord, pour être utilisés dans les lettres : on donna à ce recueil le nom de *Beitang shuchao*[7]. Il s'agirait donc non de présenter l'état des connaissances, mais de fournir un réservoir de formules littéraires à utiliser dans les essais. Le *Beitang shuchao* comprend 19 catégories dans la version qui nous reste, et 851 sous-catégories, plus ou moins consistantes. Dans chaque sous-catégorie sont présentes des citations elles aussi plus ou moins nombreuses. Chaque citation abrégée est en principe replacée dans son contexte après qu'a été indiqué le titre de l'ouvrage duquel elle a été tirée.

Avec le *Beitang shuchao*, s'opère un glissement dans la fonction des encyclopédies produites au sein de la sphère impériale. Tandis que le *Huanglan* ou le *Xiuwendian yulan* paraissent avoir eu pour objet d'imposer et de répandre, dans une certaine mesure, le savoir en majesté, le *Beitang shuchao* a une fonction plus directement utilitaire que l'on retrouve bientôt dans les décennies qui suivent. Tout au long de leur histoire, les encyclopédies oscilleront entre ces deux tendances, d'une part l'expression d'une philosophie politique et morale dans laquelle les connaissances ne sont pas des connaissances scientifiques, mais le savoir des anciens qui permet à l'empereur de régner sur l'empire, aux fonctionnaires d'en régler les rouages et au peuple de se conduire dans la vie, d'autre part la production de recueils plus ou moins spécialisés ou bien destinés à un public plus large, compilés par des auteurs à titre privé ou commercial.

Pour savoir comment se présente le *Beitang shuchao*, il suffit d'examiner l'une de ses catégories, celle des Lettres, *yiwen bu*. Elle comprend 56 sous-catégories, réparties en 10 sections correspondant à 10 chapitres ou rouleaux (95-104) :

 5. Classiques et canons, *jingdian*
     Livre des Mutations, *Yi*
     Livre des Documents, *Shu*
     Livres des Odes, *Shi*
     Livre des Printemps et Automnes, *Chunqiu*
     Livre des Rites, *Li*

---

6.   C'est en réduisant les entrées multiples que l'on obtint, au début du viie siècle, une encyclopédie plus complète que la précédente, mais d'un volume total réduit d'un tiers. Cf. le propos de Liu Guyan (542-610) cité dans Drège, 2007 : 26-27.

7.   Voir par exemple dans Liu Su, 1979 : 16. On retrouve cette même anecdote en des termes identiques dans d'autres ouvrages de cette époque ou plus tardifs.

6. Doctrine des lettrés, *rushu*
   Histoire, *shi*
   Tableaux, *tu*
   Apocryphes, *chen*

7. Amour de l'étude, *haoxue*
   Érudition, *boxue*

8. Explication, *tanjiang*
   Lecture, *dushu*
   Récitation, *songshu*
   Agilité d'esprit, *minjie*

9. Productions littéraires, *zhushu*
   Noms et principes, *mingli*

10. Discussion sur les écrits, *lunshu*
    Appréciation critique, *lunwen*
    Admiration, *tanshang*
    Remontrances, *jianzheng*

11. Écriture, *xieshu*
    Conservation des livres, *cangshu*
    Correction des erreurs, *kanjiao miuwu*
    Recueil des écrits disparus, *caiqiu yiyi*
    Portage des livres, *daishu fushu*
    Don de livres, *cishu*
    Négligence des études, *feixue*

12. Poésie, *shi*
    Rhapsodies, *fu*
    Éloges, *song*
    Admonitions, *zhen*
    Compositions allusives, *lianzhu*
    Stèles, *bei*
    Éloges funèbres, *lei*
    Oraisons funèbres, *aici*
    Consolations, *diaowen*

13. Décrets, *zhao*
    Mémoires de remerciements, *zhang*
    Mémoire au trône, *biao*
    Écrits, *shuji*
    Tessères, *fu*
    Proclamations, *xi*

14. Pinceau, *bi*
    Papier, *zhi*
    Pierre à encre, *yan*
    Encre, *mo*

Lattes, *ce*
Planchettes de bambou, *jian*
Planchettes de bois, *du*
Tablettes de bois, *zha*
Raclage, *la*
Contrats, *quanqi*
Enveloppes, *zhi*
Sceaux sur argile, *fengni*

À l'examen de la liste des sous-catégories, on constate que malgré l'absence de sous-titres à la catégorie des Lettres, chaque section est centrée sur un domaine particulier, à savoir :
1. les Classiques ;
2. les autres livres (écrits ou images) importants ;
3. la valeur des études ;
4. la composition des écrits ;
5. la lecture ;
6. la critique des écrits ;
7. les pratiques du livre ;
8. les genres littéraires ;
9. les écrits officiels ;
10. les outils et supports de l'écrit. La place d'une littérature officielle ou institutionnelle y est significative.

Tout au long de l'ouvrage, la place des codes sociaux et des normes morales se rattachant au confucianisme est prépondérante. Si, comme on l'a énoncé, le *Beitang shuchao* devait servir à la rédaction d'essais, il est clair qu'il s'adressait à un milieu restreint composé de lettrés écrivant en se servant de citations, voire de formules, puisées aux sources des lettres et de la pensée, c'est-à-dire d'abord le canon confucianiste et les histoires officielles de l'Antiquité. Les faits énoncés ne sont que le prétexte à l'exposé d'un modèle (et, à l'occasion, d'un anti-modèle) de pensée ou de conduite. Qu'il s'agisse de la littérature, de la musique, des vêtements, de la nourriture ou des objets, comme des affaires politiques, tous les éléments concourent à une même perspective. Pour prendre l'exemple des vêtements et couvre-chefs, qui compte trente entrées, les effets qui sont évoqués se rapportent d'abord aux cérémonies, et sont avant tout des vêtements publics[8].

---

8. La liste est la suivante : couvre-chefs, bonnets de cérémonie impériaux, coiffes de dignitaires, bonnets enveloppant la chevelure, cordons de bonnets, épingles pour fixer les bonnets, zibelines, turbans, chapeaux, vêtements règlementaires, habits rouges (portés par le roi en été dans l'Antiquité), vêtements de dessous, vêtements sans doublure, ceintures de cuir, rubans de soie servant à attacher les sceaux à la ceinture, ornements suspendus à la ceinture, pendants de jade, tablettes d'audience pour prendre des notes, souliers à double semelle, vêtements du haut, vêtements du bas, robes, robes fourrées, tuniques courtes, vêtements grossiers, vêtements légers, uniformes militaires, manteaux courts, bonnets de soie, ceintures de chanvre.

On retrouve ce fond de pensée morale dans les encyclopédies destinées à un public plus vaste et particulièrement aux étudiants, mais ces encyclopédies-là n'apparaissent pas dans les catalogues officiels. Elles étaient en effet absentes des bibliothèques impériales, et ce n'est que par le hasard de la découverte, en 1900, d'une grotte bouddhique dans une oasis des confins de la Chine occidentale, à Dunhuang, que l'on en connaît plusieurs exemples qui sont demeurés cachés pendant quelque neuf siècles[9].

Les deux principales encyclopédies générales qui succèdent au *Beitang shuchao*[10] sous la dynastie des Tang, le *Yiwen leiju* (Collection par catégories d'œuvres littéraires) et le *Chuxue ji* (Notes pour l'entrée dans les études), au VIIe et au VIIIe siècle, sont compilées sur ordre impérial, non par un seul homme mais par un groupe de lettrés, dans le même but de servir à la rédaction d'écrits, dans le cas du *Chuxue ji*, plus particulièrement par les enfants des milieux princiers.

Au XIe siècle, sous la dynastie des Song, époque d'une véritable renaissance qui vit se développer la technique xylographique de reproduction du livre, qui en accrut la diffusion, et par conséquence la production, la compilation d'encyclopédies est d'abord le fait du prince, ou plutôt de l'empereur. Elle est l'un des éléments d'une politique de prestige qu'exercèrent deux des premiers empereurs des Song, Taizong (règne 976-997) et Zhenzong (règne 997-1022) dans laquelle la culture, les lettres et les arts occupèrent une place déterminante. Trois grandes encyclopédies, toutes trois en mille chapitres, marquèrent les règnes de ces deux empereurs : le *Taiping yulan* (Ce qu'a examiné l'empereur à l'ère de la Grande Paix) compilé entre 977 et 983, le *Wenyuan yinghua* (Florilège du jardin des lettres) achevé en 987 et le *Cefu yuangui* (Leçons tirées du palais des livres) compilé entre 1005 et 1013[11]. Ces trois titres n'ont pas le même objectif. Le *Wenyuan yinghua* a une vocation littéraire, avec une perspective socio-politique, intégrant décrets, mémoires, épitaphes et poèmes. Le *Cefu yuangui* a des ambitions plus politiques de justification du système des Song, après la fin du conflit avec les Qidan dans le nord de la Chine ; ce dernier ouvrage proposait un réservoir d'exemples de vertu et d'excellence (*demei*) définissant les relations entre le prince et ses sujets, le souverain et ses ministres et ses fonctionnaires (*junchen*)[12]. Seul le *Taiping yulan* se présente comme une encyclopédie générale dont le but affiché est d'aider l'empereur à la conduite de l'empire :

---

9. Cf. Drège, 2007 : 28-29 et Drège, à paraître.
10. Je mets à part ici une encyclopédie spécialisée telle que le *Tongdian* (Documents généraux), due à Du You (735-812), destinée non à un public lettré mais aux administrateurs dans l'exercice de leurs fonctions.
11. On peut délaisser le *Taiping guangji* (Notes étendues de l'ère de la Grande Paix), présenté souvent en association avec le *Taiping yulan*, mais qui, par son contenu purement littéraire et plus particulièrement narratif, en fait au mieux une encyclopédie spécialisée. Sur ces trois encyclopédies, voir Kurz, 2001 : 289-316 et Kurz, 2007 : 39-76.
12. Voir la déclaration de l'empereur Zhenzong en 1007 en visitant le bureau de compilation de l'ouvrage rapportée dans Wang, 1977 : 54, 36a. J. Kurz, qui donne une traduction anglaise de ce passage, indique par erreur la p. 42b.

Nous aspirons à la voie des empereurs et des princes dans nos desseins impériaux. Nous sommes confus de n'avoir pas consulté les études pénétrantes des anciens. Autrefois il y eut « Ce qu'a examiné l'empereur (*Yulan*) »[13], mais les divisions et les entrées, les faits et les catégories sont si nombreux et si détaillés qu'il est difficile de les passer en revue[14].

Cet obstacle est en fait un cliché qui permet à l'empereur de proposer une œuvre nouvelle sans bousculer l'ordre établi. En se situant dans la continuité de ses prédécesseurs et plus particulièrement des empereurs qui ont laissé des traces imposantes, il n'est possible que de procéder à des améliorations. Le *Taiping yulan*, inspiré du *Xiuwen dian yu lan*, mais aussi du *Yiwen leiju* et du *Wensi boyao* (*L'essentiel des lettres et des idées*) des Tang, a gagné en volume. Ses mille chapitres sont pourtant moins nombreux que les 1 200 du *Wensi boyao*. L'organisation reprend plus ou moins celle du *Yiwen leiju*, avec quelques éléments nouveaux, notamment 22 chapitres sur les Barbares. La proportion des catégories, qu'il est difficile de comparer puisque leur nombre diffère, indique que certaines catégories ont été subdivisées ou bien regroupées et que le nombre des chapitres du *Taiping yulan* est dix fois celui du *Yiwen leiju*, ce qui montre une évolution. Les affaires humaines, vaste catégorie où sont traitées les parties du corps aussi bien que les diverses activités humaines, de la parole à la piété filiale ou au rêve, restent la principale catégorie (passant de 20 % à 14 % de l'ensemble). Les catégories les mieux représentées restent les thèmes liés aux empereurs, à l'administration et aux fonctionnaires, aux rites et cérémonies, à la musique. L'art militaire, curieusement peu présent dans le *Yiwen leiju*, atteint 9 % du *Taiping yulan*. Le taoïsme fait son apparition, probablement parce qu'au début des Song cette religion avait la faveur des empereurs. On sait en effet que la collecte des ouvrages du taoïsme fut ordonnée par Taizong dans les années 980 et que le canon fut présenté au trône en 1019. Zhang Junfang (xie s.), qui fut l'un des artisans de cette opération, fut aussi le principal compilateur d'une encyclopédie taoïque, le *Yunji qiqian* (*Bibliothèque des nuages aux sept étiquettes*) qui est considéré par K. Schipper (1981 : X) comme un compendium des techniques de Longue Vie à l'usage de l'empereur. La présence de données sur les Barbares des quatre orients pourrait exprimer une ouverture nouvelle au monde étranger qui n'aurait pas de précédent, si cette thématique n'était depuis longtemps traitée dans les histoires officielles, ne serait-ce que pour exposer un ordre du monde dans lequel sont définies les relations entre le Royaume du Milieu et les Barbares sur le modèle des rapports entre souverain et vassal en instituant un système tributaire.

Les grandes encyclopédies impériales des Song profitèrent de l'expansion du livre imprimé, mais avec un nombre d'éditions relativement restreint, en raison de la quantité de texte à reproduire. Pourtant, à côté de ces ouvrages prestigieux, les encyclopédies compilées dans un cadre privé allaient se multiplier, avec pour

---

13. *Yulan* renvoie ici sans aucun doute au *Xiuwen dian yulan*, Ce que l'empereur a examiné au palais de la Culture des lettres, encyclopédie qui a servi de modèle à la rédaction du *Taiping yulan*.

14. Cité par Kurz, 2007 : 45, d'après Wenying, 1984 : 41, et Jiang, 1981 : 17, 5a.

but essentiel de préparer aux concours officiels de recrutement des fonctionnaires. Le recrutement des fonctionnaires est précisément l'objectif affiché par
Wang Yinglin (1223-1296) auteur du *Yuhai*, (*La Mer des jades*), une encyclopédie
en 100 chapitres, qui ne fut imprimée que près d'un siècle plus tard. La plupart
des encyclopédies privées sont de dimensions modestes, de l'ordre d'une vingtaine de chapitres, mais d'autres sont plus vastes, comme le *Gujin shiwen leiju*
(*Collection par catégories de faits et de textes anciens et récents*), dû à Zhu Mu
(mort après 1246) qui atteint 170 chapitres, et fut complétée sous la dynastie des
Yuan par 66 nouveaux chapitres.

Privées ou publiques, les encyclopédies n'évoluent guère dans leur contenu
comme dans leurs objectifs. Les auteurs se contentent d'ajouter des citations
d'ouvrages plus récents. Mais les questions techniques et scientifiques, telles
qu'on les perçoit dans le monde moderne, ne sont pas abordées en tant que
telles. Il faut attendre la fin du XVIᵉ siècle pour disposer d'encyclopédies illus-
trées, bien que le livre illustré soit enraciné dans la production imprimée depuis
ses origines, l'image ayant même probablement précédé l'écrit dans la technique
xylographique. Coup sur coup, deux ouvrages voient le jour, d'abord le *Tushu
bian* (*Compilation des images et des écrits*) que prépara Zhang Huang (1527-
1608) à Nanchang (province du Jiangxi) dans le cadre de son enseignement au
sein de l'académie de la Grotte au cerf blanc (*Bailu dong shuyuan*). Les images
y sont relativement peu nombreuses et le plus possible exprimées sous forme de
schémas et de diagrammes, mais une particularité de l'ouvrage est d'inclure la
carte du monde de Matteo Ricci (1552-1610), le fameux missionnaire jésuite,
imprimée en 1584, *Yudi shanhai quantu* (*Carte complète des monts et des mers
de la Terre*) qui modifiait sensiblement la représentation du monde qu'avaient les
Chinois de cette époque. Zhang Huang avait rencontré Ricci à Nanchang en 1585.
Malgré les efforts des jésuites installés auprès des empereurs de la nouvelle
dynastie Qing (1644-1911) pour renouveler l'image de l'empire et du monde, il
ne semble pas que la cartographie chinoise ait été influencée radicalement avant
la fin du XIXᵉ siècle[15].

À la même époque, c'est-à-dire au début du XVIIᵉ siècle, Wang Qi (docteur
en 1565), compilait une autre encyclopédie très largement pourvue d'images,
cartes, portraits, schémas, dessins de toutes sortes, *Sancai tuhui* (*Les dessins des
trois puissances de l'univers*)[16]. Il s'agit presque d'une suite d'images commen-
tées, en 106 chapitres, qui fut achevée en 1609, après avoir été complétée par Wang
Huisi, fils de Wang Qi, et imprimée peu après. Le contenu reste imprégné par la
tradition. S'il est tenu compte de sources nouvelles, les perspectives restent celles
du passé. La vision du monde, par exemple à travers l'image et la description des
peuples étrangers, ne se détache pas de celle de l'Antiquité : à côté de royaumes

---

15. Ce point de vue est développé dans AMELUNG, 2007: 685-726.
16. Wang Qi est également l'auteur d'une autre encyclopédie, le *Xu Wenxian tongkao* (Suite à l'Étude
    générale des documents importants) en 264 chapitres, qui prolongeait le *Wenxian tongkao* (Étude
    générale des documents importants) de Ma Duanlin (1254-1325), l'une des trois encyclopédies
    spécialisées dans les affaires administratives.

reconnus, avec lesquels l'empire chinois entretenait des relations plus ou moins fréquentes, figurent des ethnies imaginaires décrites dans le *Shanhai jing* (*Livre des monts et des mers*) de l'Antiquité. Ce trait propre aux encyclopédies tient au caractère cumulatif de ces compilations. Il est nécessaire de se référer aux textes de l'Antiquité, qu'il s'agisse des Classiques confucianistes ou d'ouvrages d'autre nature. On retrouve une coexistence d'éléments qui s'empilent et qui finissent parfois par se redoubler. Cette accumulation est particulièrement visible dans la vaste encyclopédie du *Gujin tushu jicheng* (*Compilation des images et des écrits anciens et récents*), achevée en 1726 et imprimée en caractères mobiles de bronze en 1728. L'ensemble comprenait 10 000 chapitres. Plus que de simples citations, l'œuvre contenait des extraits d'une multitude d'ouvrages et offrait nombre d'illustrations reprises dans divers livres dont le *Sancai tuhui*. Trois siècles plus tôt, au début du xvᵉ siècle, une encyclopédie encore plus vaste, comprenant près de 23 000 chapitres avait été compilée sous l'ère Yongle (1403-1424) pendant laquelle régna l'empereur des Ming Chengzu. Cette encyclopédie, nommée *Yongle dadian* (*Grands documents de l'ère de la Joie éternelle*) n'avait connu que deux exemplaires manuscrits, dont un seul a survécu à la dynastie des Ming avant de disparaître presque entièrement lors de l'insurrection des Boxeurs en 1900. Le *Tushu jicheng* n'avait, pas plus que le *Yongle dadian*, vocation à être diffusé largement puisque 64 exemplaires seulement de cet ouvrage furent imprimés pour distribution à quelques personnalités choisies.

Depuis les origines jusqu'à la fin du xixᵉ siècle, les encyclopédies chinoises n'ont que peu varié dans leurs principes, à de rares exceptions près. L'une d'elles est représentée par le *Gezhi jingyuan* (*Examen approfondi de la nature des choses*) de Chen Yuanlong (1650-1736), en 100 chapitres, qui délaisse à peu près totalement la cour, l'administration, les rites, les lois, pour se concentrer sur les choses et leur utilisation. Dans cet ouvrage imprimé en 1735, les catégories retenues sont les suivantes : le ciel, la terre, le corps, les chapeaux et vêtements, les palais et maisons, les boissons et nourriture, les étoffes, les bateaux et les voitures, les règles de la cour (les instruments utilisés à la cour), les objets précieux, les instruments des lettres, l'armement, les objets rituels, les instruments de musique, les outils de l'agriculture et du tissage, les objets quotidiens, les objets de la maison, les coffrets à parure, les parfums et objets de toilette, les céréales, les légumes, les arbres, les plantes, les fleurs, les fruits, les oiseaux, les quadrupèdes, les animaux aquatiques, les insectes. Si l'on compare la liste des entrées de la section relative aux instruments des lettres avec celle des Lettres du *Beitang shuchao* détaillée plus haut, on constate d'abord qu'ici ce sont exclusivement les objets de lettrés qui sont traités. En voici la liste : pinceaux, papier, encres, pierres à encre, livres, calligraphies, rouleaux peints, sceaux, repose-pinceaux, manches de pinceaux, coffrets à pinceaux, coffrets à pierres à encre, godets à eau pour encriers, coffrets à encres, vermillon, presse-papier, couteau à tailler les tablettes, règles, divers. Ce qui intéresse l'auteur, et par conséquent le lecteur, ce sont exclusivement les objets et leur usage dans un contexte qui est celui du gentilhomme de l'époque, c'est-à-dire un monde qui s'est ouvert aux marchands et aux hommes d'affaires, dont les goûts pour les lettres et pour les arts, et l'intérêt pour les collections, ont fait évoluer certaines encyclopédies.

Pour nouveau qu'il soit, cet intérêt pour l'usage des objets trouve son origine dans des ouvrages à prétention encyclopédique plus anciens. Dès la dynastie des Song, puis sous les Yuan et les Ming, apparurent des sortes de ménagiers contenant recettes et procédés divers faits de citations et classés par catégories, tels que le *Jujia biyong shilei quanji* (*Les affaires indispensables à la maison en version intégrale*) en dix sections dû à un auteur inconnu des Yuan. Souvent, comme les almanachs, qui font fonction d'ersatz d'encyclopédies dans lesquelles se trouvent toutes sortes de recettes, ces ouvrages étaient trop vulgaires pour figurer dans les catalogues officiels et, sans former une littérature souterraine, restaient hors des circuits lettrés.

Il ne faut pas croire pour autant que toute préoccupation technique ait été absente de la conscience lettrée. Bon nombre de lettrés occupaient des fonctions administratives qui les mettaient au contact de questions liées à leur gestion des préfectures ou des districts, de nature agricole ou autre. Et certains notaient dans leurs écrits au fil du pinceau, *biji*, divers procédés ou recettes. Mais, d'une manière générale, la part de la technique dans les grandes encyclopédies reste réduite. Cela n'étonne pas pour ce qui est des encyclopédies populaires, mais c'est également le cas pour le *Gezhi jingyuan* du XVIIIe siècle. Parmi les objets du lettré, on y découvre par exemple quelques informations sur la fabrication des pinceaux et de l'encre, ou bien sur le montage des livres, des estampages et des peintures, mais rien sur la fabrication du papier, pas plus que sur la technique xylographique, alors même que l'imprimerie est dûment citée. Cela tient, d'une part, à ce que l'auteur ou les auteurs ne sont généralement pas des spécialistes, mais des lettrés "généralistes"; cela tient, d'autre part aux sources mêmes des données reproduites : les encyclopédies puisent leurs citations dans des ouvrages lettrés et non dans des ouvrages techniques comme le *Lu Ban jing* (*Livre de Lu Ban*), traité de charpenterie et d'ébénisterie (XVe siècle)[17], le *Yingzao fashi*, manuel d'architecture de Li Jie (1035-1108)[18], le *Tiangong kaiwu* (*L'exploitation des œuvres de la nature*) de Song Yingxing (1587- ?)[19]. Y font exception les ouvrages d'agriculture dont surtout le *Qimin yaoshu* (*Techniques essentielles pour la population*), ouvrage d'agriculture de Jia Sixie (VIe siècle), qui est souvent cité, à la fois en raison de son ancienneté (dans le cas des encyclopédies tardives) et en raison de l'importance de l'agriculture dans la société.

La gigantesque encyclopédie du *Gujin tushu jicheng* du XVIIIe siècle mentionnée plus haut n'eut pas de successeur. D'abord diffusée de manière restreinte du vivant même de l'empereur Yongzheng (règne 1723-1735) puis de son successeur, Qianlong (règne 1736-1795), l'ouvrage allait connaître une nouvelle

---

17. Voir Ruitenbeek, 1996.
18. Voir Demiéville, 1925.
19. Cf. Sun, Sun, 1966.

diffusion, d'abord dans les années 1860, où une nouvelle édition aurait vu le jour, probablement en xylographie, puis dans les années 1880 à Shanghai, lorsque les frères Major en donnèrent une édition en petit format en typographie métallique. Le tirage ne dépassa pas cent exemplaires, mais cela suffit à donner du grain à moudre aux sinologues de tous pays qui puisèrent à loisir dans ce vaste réservoir du savoir. Cependant, l'idée même de « livres de catégories », *leishu*, avait vécu. Le savoir, les sciences et les techniques occidentales entraient en force et bousculaient le monde chinois. Les nouvelles encyclopédies, aux ambitions plus restreintes, allaient être organisées d'autre façon, en se calquant sur les encyclopédies occidentales postérieures à celle de Diderot et d'Alembert, puis de Panckoucke, et elles allaient aussi porter un autre nom, celui de *baike quanshu*, « les cent spécialités au complet ».

ORDONNER LES ÉLÉMENTS DU SAVOIR : L'EXEMPLE DES PREMIERS « LIVRES DE CLERGIE » EN LANGUE FRANÇAISE (XIIIᵉ SIÈCLE)

CHANTAL CONNOCHIE-BOURGNE
Université d'Aix-Marseille, CIELAM/CUER MA

Les auteurs[1] de ces textes médiévaux en langue française qu'on nomme communément des « encyclopédies » ne prétendent pas à l'exhaustivité des connaissances qu'ils compilent et vulgarisent ; ce serait une tâche peut-être impossible, illusoire, et assurément inutile ; elle manquerait en effet son but, qui est d'informer le public sur quelques acquis scientifiques à partir desquels il peut se former une image globale du monde. Dès le prologue[2], cette intention est revendiquée en même temps qu'est exposée la disposition qui ordonne le texte. Certes, ces présentations liminaires varient selon la forme de discours choisie : des quatre grands textes de vulgarisation scientifique en langue vulgaire produits dans la seconde moitié du XIIIᵉ siècle, les deux premiers, à savoir l'*Image du monde* de Gossuin de Metz (éd. CONNOCHIE-BOURGNE, 1999)[3] et le *Livre du Trésor* de Brunetto Latini (éd. CARMODY, 1948 ; éd. BALDWIN, BARRETTE, 2003 ; éd. BELTRAMI *et al.*, 2007)[4], livrent plus précisément à leurs lecteurs l'orientation de leur développement, en parties et chapitres, que ne le font les auteurs (anonymes) des deux suivants, présentés sous une forme dialoguée : le *Livre de Sydrac le philosophe ou La Fontaine de toutes sciences* (éd. RUHE, 2000)[5] et *Placides et Timéo ou Li secrés as philosophes* (éd. THOMASSET, 1980)[6]. Les indications que fournissent ces quatre auteurs sur la conception de leur œuvre jouent sur des effets rhétoriques en même temps qu'elles répondent aux exigences du genre médiéval des traités scientifiques et, à ce titre, elles gagnent à être considérées comme sincères. Les clercs conçoivent et tracent des images du monde qui échappent pour une part à des

---

1. J'emploie le mot dans son acception commune de "producteur" d'un texte originel, même si celui-ci comme celui-là demeurent presque toujours inaccessibles pour la période médiévale.
2. Sur l'écriture des prologues BAUMGARTNER, HARF-LANCNER, 2002.
3. La première rédaction, en vers octosyllabiques, est datée de janvier 1245 (ancien style) ; c'est celle que je prends ici comme objet d'étude. La seule version éditée à ce jour est celle de la mise en prose de la première rédaction (éd. PRIOR, 1913).
4. Ces éditions remplacent CHABAILLE, 1863. Tous les éditeurs avancent la date de 1265.
5. Cet ouvrage a été écrit en Terre sainte entre 1268 et 1290. Le manuscrit de base (déb. XIVᵉ) est celui de Londres, British Library, Add. 17914 (référencé, p. X de l'Introduction, sous le sigle *L* : « Londres, British Museum, Add. 17914 »).
6. L'œuvre est datable de la dernière décennie du XIIIᵉ siècle, avant 1304 ; cf. éd. THOMASSET, 1980 : LXXXIII-LXXXIV.

Encyclopédire : formes de l'ambition encyclopédique dans l'Antiquité et au Moyen Âge, éd. par Arnaud ZUCKER, Turnhout, 2013, *(Collection d'Études Médiévales de Nice, 14)*, pp. 335-348.
© BREPOLS ❧ PUBLISHERS   DOI 10.1484/M.CEM-EB.1.101804

projets convenus d'acquisition du savoir : et cela, du seul fait qu'elles émigrent du domaine savant des traités en latin vers celui d'une littérature en français destinée à des laïcs immergés dans les soucis et les plaisirs du siècle. Opérer une sélection dans la somme des connaissances qu'ils possèdent constitue le premier travail ; les silences sont aussi signifiants que la longueur des développements ou leur distribution dans l'ensemble de l'œuvre. Ainsi, l'ordre de présentation des éléments du savoir à transmettre naît-il d'une tension entre ce qu'il convient de dire et ce qui s'impose comme mode d'écriture.

D'une part, on voit s'établir, dans la volonté d'instruire que le clerc affiche, un ordre de présentation des connaissances choisies et offertes. Face à des laïcs, il ordonne les éléments du savoir de façon plaisante, afin de les aider à mener leur vie selon le Bien.

D'autre part, un soin particulier est apporté à l'organisation matérielle de l'ouvrage afin d'en rendre la lecture plus aisée et plus efficace. L'examen des manuscrits que nous conservons de ces œuvres laisse parfois entrevoir comment ils ont pu être lus, ou consultés. La réception, qui s'y manifeste partiellement, n'a certainement pas été toujours conforme aux vœux des auteurs ; mais, une fois produit, tout texte devient un bien commun dont on peut user librement ; et ce décalage, loin d'être regrettable, témoigne de l'intérêt qu'il a suscité et de sa vitalité.

Telles sont les approches que je propose ici de ces « livres de clergie », comme on les désigne à l'époque, « mis en roman » et à ce titre pionniers, dans la seconde moitié du XIIIe siècle[7].

LES PROLOGUES

Le prologue justifie le projet de son auteur : instruire son public pour une vie meilleure, que ce soit celle d'un être qu'on porte à faire son salut personnel ou celle d'un homme destiné à gouverner d'autres hommes, dont il est responsable. Le but avoué relève donc d'une morale individuelle et d'une politique dont le lien est assuré par le simple fait que l'individu, anonyme ou puissant, montre un exemple.

L'*Image du monde* s'adresse délibérément à des individus à qui on rappelle l'urgence du salut de l'âme ; il est nécessaire qu'ils dirigent leurs efforts vers le Bien, et qu'ils suivent la loi divine afin de gagner la « joie pardurable » du paradis. Plaire à Dieu, l'Éternel, l'Immuable, plutôt que plaire au monde éphémère et voué à la disparition, oriente la vie du chrétien. L'un des moyens offerts au laïc est précisément la connaissance des créatures ; elle lui permet d'accéder à la reconnaissance du Créateur, de sa Bonté, de sa Puissance et de sa Sagesse. Le lecteur va « aprendre cele clergie/dont mieux vaudra toute sa vie » (éd. CONNOCHIE-BOURGNE, 1999 : v. 3-4).

---

7.   Sur la vulgarisation des savoirs, voir JACOBI, 1986 ; JACOBI, SCHIELE, 1988 ; RIBÉMONT, 1999b.

Cette conversion de vie à laquelle le lecteur est convié avec austérité est mise en scène d'une façon plus séduisante dans le prologue du *Livre de Sydrac* ; le récit très circonstancié qui en est fait fonde le dialogue qui s'instaure entre le roi mécréant, Boctus, et Sydrac, le philosophe au service du Dieu de la Bible. Le païen, aussi puissant fût-il, avait un voisin dont il redoutait la force ; prévoyant une attaque et une invasion, il décida de construire une tour à ses frontières de Bactriane, face aux territoires ennemis[8]. Mais, malgré tout le savoir de ses clercs, il ne put jamais l'ériger, car les murs élévés pendant le jour s'écroulaient la nuit. En désespoir de cause, il fit enfin appel au sage Sydrac, qui entreprit d'abord de le faire renoncer aux idoles, se convertir à la foi des prophètes et reconnaître la puissance du Dieu créateur. Il lui fit voir La Trinité au cours d'une séance de type magico-religieux, et implora Dieu afin qu'il accomplisse un miracle en détruisant les idoles. Alors seulement, le roi converti posa au sage philosophe des questions sur le monde et sur l'homme, négligeant le souci de la construction de sa tour. Le contenu scientifique et moral du dialogue renforça la foi du roi néophyte ; et la tour contre l'ennemi (dont on comprend enfin qu'il est l'Ennemi suprême, Satan) put enfin être dressée. Cette histoire exemplaire invite le lecteur à considérer l'ac-quisition des connaissances comme le moyen de résister au pouvoir du diable et de fortifier son âme. La connaissance des créatures va de pair avec l'amour du Créateur.

Différents encore sont les prologues des deux autres textes : l'auteur s'adresse à un interlocuteur socialement défini, fils de roi dans le cas du dialogue de *Placides et Timéo*, futur gouverneur de cité, en l'occurrence de Florence, dans celui du *Livre du Trésor*.

Le prologue du *Placides et Timéo* est pour une part narratif. Une *laudatio temporis acti* (« Jadis fu uns tamps que … ») évoque ces temps heureux où ceux qui avaient le pouvoir possédaient aussi le savoir :

> Et […] pensoient les anchiens a avoir l'un l'autre et baillierent leurs enfans li haut homme de l'anchienne vie a nourrir as philosophes pour apprendre sapience et sens (éd. Thomasset, 1980 : 3, § 7).

Cette contextualisation étant faite, l'auteur fait le récit du choix d'un disciple par le philosophe Timéo. Amené à éduquer les fils d'un empereur, Timéo décèle en lui un tempérament mélancolique et lui préfère un fils de « petit roi » de meilleure complexion. Le jeune Placides étant appelé à succéder à son père à la tête de ce petit royaume (dont le nom est "tu") doit être instruit de la marche des sphères du monde et des phénomènes naturels qu'on peut y observer. L'auteur, sous la figure du philosophe Timéo, s'adresse donc ensuite à un lecteur, fictivement à un élève, destiné à régner en roi instruit, nous dirions "éclairé".

Bien que celui pour qui Brunetto Latini dit écrire ne soit pas davantage défini (il est qualifié d'« ami » et présenté comme appelé à assurer de hautes responsa-

---

8. Pour une étude de ce récit, voir Connochie-Bourgne, 2005 : 163-176.

bilités politiques[9]), il s'apparente, dans la métaphore inaugurale du livre, à un roi qui se doit d'amasser un trésor, fait ici de savoir, d'éthique et d'art du discours, trésor qui lui permettra de mener les hommes sur le droit chemin du Bien, dans une société reflétant l'harmonie de la Création.

Au seuil de leur ouvrage, les clercs informent le lecteur, pour qui ils vulgarisent le savoir, qu'ils subordonnent ce dernier à une prise de conscience du bon ordre du monde et, par conséquent, à une volonté de faire régner sur terre, en soi et au sein d'une société humaine, la justice naturelle, qui prend son origine dans le Créateur. En un sens, l'*Image du monde* et le *Livre de Sydrac* ont la même orientation individuelle, alors que le *Livre du* T*résor* et le *Placides et Timéo* ont une visée plus politique[10].

Les prologues annoncent aussi la disposition de l'œuvre, dont on attend qu'elle serve le dessein de l'auteur. Même si les textes dialogués laissent la porte ouverte à l'insertion de nouvelles questions et à l'accroissement de leur nombre, une structure que nous supposons originelle n'en apparaît pas moins. Les différences qui s'établissent entre les témoins manuscrits d'une même œuvre conduisent souvent à distinguer des versions longues et des versions courtes[11], ou des textes de base, censés êtres les plus proches de l'original, et des textes amplifiés ou abrégés[12]. Nous recherchons, même si nous sommes conscients des pièges que nous tend notre moderne rationalité[13], la forme première, voulue par l'auteur et plus conforme à son projet. L'approche des textes médiévaux requiert prudence et mesure, car parlant de "l'auteur", on sait qu'on parle peut-être d'un autre, copiste en mal d'écriture, auteur second rectifiant sans se faire connaître le texte d'origine… La notion d'auteur unique serait aussi à critiquer; ne peut-on imaginer, pour de tels travaux de compilation, des "collaborateurs" répondant à la demande d'un commanditaire? Encore pourrions-nous supposer un commanditaire soucieux de disposer la matière dans un ordre qu'il nous revient de déceler! Cela étant, toute version a son unité propre, son ordre.

Gossuin de Metz précise que ce « livres de clergie[14] » qu'est l'*Image du monde* est divisé en 55 chapitres répartis en trois parties: 14 pour la première partie, 19 pour la deuxième et 22 pour la troisième. Voici un exemple de ces annonces:

---

9.   Plusieurs hypothèses ont été émises pour identifier ce dédicataire; la plus récente est celle de J. BOLTON HOLLOWAY (1993: 60-63) qui a proposé de voir en lui Charles d'Anjou.

10.   Étudiant la personnalité de l'auteur, C. A. THOMASSET (éd. 1980: LXXXIV, et n. 90) écrit: « Il est certain que l'auteur est un intellectuel qui a dû se poser la question cruciale: "Comment vivre?" ».

11.   Par exemple, l'*Image du monde* a connu au moins trois versions successives (deux en vers et une en prose); du *Livre de Sydrac*, on recense au moins deux versions: il est difficile de déterminer laquelle est la première, de la version courte ou de la version longue.

12.   Il existe, pour chacune de ces œuvres, des manuscrits qui contiennent des amplifications, que nous jugeons telles; elles ne constituent pas des digressions. Mais leur présence n'implique pas que nous ayons affaire à un texte second.

13.   Sur ces présupposés que nous avons, voir CARRUTHERS, 2002: 231, n. 1.

14.   Cette appellation figure dans le titre de certains manuscrits. En voici un exemple (Bruxelles, Bib. Roy. Albert 1er, 11186): *El livres de clergie en roumans ki est apielés l'ymage del monde…*

> La premiere partie contient .XIIII. chapistres et .VIII. figures sanz le prologue. Li pre-
> miers chapistres est de […].

Brunetto Latini rassemble en trois livres le nombre non annoncé des chapitres de son *Livre du Trésor* :

> Cest livre est apelez Tresor. Car si come li sires qui viaut en petit lieu amasser
> choses de grandisme vaillance […], i met les plus chieres choses et les plus pre-
> cious joiaus qu'il puet selonc sa bone entencion […]. Et la premiere partie de cest
> tresor est autresi comme de deniers contans […]

Après avoir comparé ces deniers, dont la possession est fondamentale, à la partie théorique de la philosophie, base de la philosophie pratique, Brunetto Latini continue :

> Et si come sens deniers n'auroit nulle moieneté entre les heuvres des gens, qui
> adreçast les uns contre les autres, autresi ne puet nus hom savoir des autres choses
> pleinement se il ne set ceste premiere partie dou livre. La seconde partie qui tracte
> de vices et de vertus est de preciouses pieres, qui donent a home delit et vertu […]
> La tierce partie dou tresor est de fin or, c'est a dire que ele enseigne a home a parler
> selon la doctrine de rethorique[15] […] (éd. BELTRAMI *et al.*, 2007 : 4).

À l'inverse, pour exprimer la façon dont se succèdent les questions soit de Placides, soit de Boctus, il faut beaucoup d'acuité de la part d'un lecteur moderne, mû par un irrépressible *désir d'ordre.* Il faudrait comparer les diverses versions de chacun de ces deux textes pour déterminer une structure première sur laquelle seraient venues se poser des extensions, des digressions, de nouvelles questions. Dans l'introduction à son édition, C. A. THOMASSET (éd. 1980 : XXIX) a proposé, avec prudence, une composition en quatre « directions » à la suite du prologue et du récit introductif aux questions :

> Avec une certaine volonté de simplification, on peut découvrir quatre directions :
> I- Dieu, la Création, l'homme et sa place dans le monde (§ 25-218 de l'édition[16]),
> II- La reproduction de l'espèce humaine : physiologie, pathologie, embryologie…
> (§ 218-347),
> III- Météorologie (§ 347-386),
> IV- Histoire de la transmission des lois, naissance de la civilisa-
> tion féodale… (§ 386-420).

Suivent deux conclusions de type narratif, toutes deux bi-partites. L'une revient au récit initial (§ 421-425), mais suscite un développement sur les quatre complexions (§ 426-431), l'autre achève le récit encadrant (§ 432-436) et se pro-longe[17] par des considérations sur le gouvernement des princes (§ 437-489). On

---

15. Le manuscrit DVIII de la Biblioteca Capitolare de Vérone (ms. V²) sert de base à cette édition accom-
    pagnée d'une traduction en italien.
16. C'est moi qui précise les numéros des paragraphes.
17. Ce prolongement apparaît dans le manuscrit BnF, fr. 1543, qui sert de base à l'édition. C. A. THOMASSET
    (éd. 1980 : LXXIX) écrit à son propos : « L'édition comportera le "Gouvernement des Princes", bien
    que son développement exagéré soit le fait d'un remanieur ».

peut voir se dessiner dans cette œuvre un itinéraire intellectuel de Dieu à l'homme, soumis dans sa chair aux lois naturelles, qui régissent aussi le monde. C'est ainsi que la transition opérée entre la deuxième et la troisième partie met l'accent sur la souffrance des créatures : le froid et le vent font souffrir les végétaux (§ 347-386) tout comme l'homme. À cette douloureuse condition des êtres du monde sublunaire, l'homme n'échappe que par la recherche de la sagesse, bien salutaire qu'il se doit de partager. L'enchainement des questions suit un ordre, largement représenté dans la littérature didactique (du Créateur aux créatures, pour retourner au Créateur), mais il n'est pas exposé dans le prologue où il est simplement conseillé de lire attentivement :

> ...quiconques lirra ent*entieument* ce livre [...], jamais ne sera jours que il n'en soit plus soubtieus en toutes coses (éd. THOMASSET, 1980 : 2, § 5).

Découvrir la composition des textes, sans pouvoir s'appuyer sur les indications que fournit le prologue, relève d'une lecture critique que je ne développerai pas ici. Il m'importe en effet de montrer d'abord ce que l'auteur énonce, en prenant le parti de le suivre avec la plus grande confiance possible, car c'est le moyen de comprendre comment il entend fournir à son lecteur une sorte de mode d'emploi de l'œuvre.

Pour les dialogues, nous pourrions avoir l'illusion que le lecteur peut aller et venir au gré de son humeur ou de sa curiosité, ouvrant les feuillets au hasard ou choisissant une réponse qu'il aurait préalablement pointée dans une liste des questions (qui cependant, il faut le rappeler, ne figure pas dans tous les manuscrits). Cette pratique ne serait pas efficace pour donner une orientation morale à la lecture. Par exemple, dans le *Livre de Sydrac*, une question peut avoir des réponses complémentaires réparties en divers endroits : pour se représenter ce qu'est le purgatoire, il faut se reporter à quatre questions qui portent dans l'édition d'E. Ruhe les numéros, 430, 435, 477 et 525. Encore faudrait-il y ajouter les réponses aux questions 71 et 429. Si le lecteur moderne bénéficie de l'index thématique fourni en fin d'édition par D. Ruhe, le lecteur médiéval, lui, ne disposait que de la liste des questions insérée dans certains manuscrits entre le premier et le second prologue et cette possible consultation ne suffisait pas à lui donner tous les éléments que Sydrac livre au roi Boctus sur tel ou tel sujet. Tout ce qu'il faut savoir sur les anges, autre exemple, est distribué dans plus de vingt passages. À l'inverse, on trouve des suites compactes de questions touchant par exemple aux vertus des plantes ou des pierres précieuses[18].

Dans le dialogue entre Placides et Timéo, on ne peut davantage se contenter sur un sujet d'un seul échange de question et réponse : il faut suivre le lien logique d'une question à l'autre. La question de Placides portant sur le terme « corps », employé pour les éléments, engendre un développement nouveau du maître qui complète la réponse précédente :

---

18. Le travail d'emprunt (avec traduction) et de compilation est visible en ces passages. Cf. CARRUTHERS, 2002 : 183-226.

Maistres, ce dist Placides, j'ay bien entendu ce que vous m'avés dit et bien me plaist, mais quant plus parlés a moy, plus sui esmerveilliés. Vous me dites des elemens qu'i sont assis li un corps sur l'autre, et je ne cuidoie mie que les elemens eussent corps. Quel corps a l'iaue, quel corps a li airs et quel corps a li fus ? Ce sont merveilles ! (éd. THOMASSET, 1980 : 26-27, § 65).

L'étonnement (noté avec insistance par les mots « esmerveilliés » et « merveilles ») est exemplaire de la position de l'élève, puisqu'il suscite le désir de connaître. Le lecteur est saisi dans ce mouvement qui exclut l'éparpillement ; une libre circulation dans la liste des questions ne permettrait en aucun cas de suivre le cheminement requis pour parvenir au but recherché[19].

Pour les deux œuvres non dialoguées, la recommandation de suivre le déroulement du texte est clairement exprimée. En pédagogue averti, Gossuin de Metz donne ce conseil :

Qui bien veult entendre cest livre
Et savoir comment il doit vivre
Et aprendre cele clergie
Dont miex vaudra toute sa vie,
Si lise tout premierement
Et adés ordeneement
Si qu'il ne lise riens avant
S'il n'entent ce qui est devant.
Ainsi porra le livre entendre,
K'autrement ne puet nus aprendre (éd. CONNOCHIE-BOURGNE, 1999 : v. 1-10).

L'ordre de la lecture est nécessaire pour une bonne compréhension du « livre de clergie ». Le sens de l'adverbe « ordeneement » est développé par les deux propositions qui suivent ; une défense de poursuivre la lecture est clairement exprimée, si n'est pas respectée la condition nécessaire d'avoir compris le texte déjà parcouru. L'acquisition du savoir est progressive : la rime « avant »/« devant » y insiste encore ; son temps est continu : qui s'engage (« premierement ») sur cette voie se doit de la suivre sans cesse (« adés »). La lecture n'est efficace qu'à ce prix.

Ce caractère indissociable des étapes à franchir est exposé par Brunetto Latini ; il est le seul à prendre soin de justifier l'organisation tripartite de son *Livre du Trésor*. La métaphore initiale qui donne son titre à l'œuvre non seulement est largement développée dans le prologue, comme nous l'avons vu, mais elle est de plus reprise à la jonction des deux autres parties. Le dernier chapitre de la première partie rappelle l'image des deniers :

Et por ce dit li maistres que la premiere partie de son tresor est en deniers contanz.
Et si come les genz ne porroient pas chevir lor beseignes et lor mercheandises sens monoie, tout autresi ne porroient il savoir la certeineté des humanes choses se il ne

---

19. Sur les pratiques de lecture au Moyen Âge, voir BOUCHET, 2008. Sur l'art de lire (étudié en particulier dans le *Didascalicon* d'Hugues de Saint-Victor), voir CARRUTHERS, 2002 : 128.

seüssent ceste premiere partie dou conte. Mes si se taist li maistres des choses qui appartien[en]t a theorique, qui est la premiere science dou cors de philosophie, et viaut torner as autres sciences, c'est a pratique et a logique, por amasser la seconde partie de son tresor, qui doit estre de pieres preciouses, et conclure toute la premiere partie de son *Livre du Trésor* (éd. BELTRAMI *et al.*, 2007 : 326).

L'ouverture de la deuxième partie confirme ce pacte de lecture que l'auteur a annoncé et ne rompt pas le fil métaphorique :

Quant li maistres ot finee la premiere partie de son livre [...], il volt maintenant ensivre la matire, selonc la promesse que il fist en son prologue de devant [...]. Et ce est la seconde partie dou Tresor, qui doit estre de pierres preciouses [...] (éd. BELTRAMI *et al.*, 2007 : 330).

Cette deuxième partie elle même se termine par l'annonce de la troisième :

Mes si se taist li contes a parler de ceste matire, car il viaut comencier la tierce partie de son livre, por enseignier la science de bone parleure, selonc ce que il dit en son prologue devant (éd. BELTRAMI *et al.*, 2007 : 630).

La métaphore est abandonnée mais le souci de tenir promesse en amassant les parties de son trésor est exprimé au début de la troisième partie. À la fin de la deuxième partie, Brunetto Latini voulait « ensivre sa matire », il affirme maintenant sa volonté d'accomplir l'œuvre commencée :

Après ce que maistre Brunetto Latini ot complie la seconde partie de son livre, [...] il li fu avis que tout ce estoit une euvre coupee se il ne deïst [de] la tierce science, ce est politique, qui enseigne coment hom doit gouverner la cité, car citez n'est autre chose que unes genz assemblees por vivre a une loi et a un governeor (éd. BELTRAMI *et al.*, 2007 : 634).

Des analogies sont posées : le fondement du trésor, ce sont les pièces de monnaies, les deniers, et c'est la philosophie théorique ; viennent ensuite les pierres précieuses, et ce sont les vertus analysées par la philosophie pratique ; enfin, plus précieux que tout cela, vient l'or, auquel est comparé l'art de rhétorique, dont la connaissance fonde la politique. La maîtrise de la parole restitue à l'homme une part de son état adamique : créé à l'image de Dieu, il a le don de nomination ; par son discours, il met en ordre la vision qu'il reçoit du monde (1re partie), sa vie morale (2e partie), et la société des hommes qu'il est appelé à gouverner (3e partie).

Le trésor s'acquiert selon un ordre logique, qui établit une hiérarchie qui va des deniers à l'or le plus fin. Aux plans intellectuel et moral, qui n'a pas de savoir théorique ne peut ni comprendre ni exercer la philosophie pratique. Mais la connaissance des lois de la nature (et de l'histoire des hommes) serait acquise en pure perte si elle ne trouvait à aider l'homme à se diriger lui-même et à gouverner la cité selon le Bien.

Aux seuils de ces quatre œuvres, est fortement exprimée la façon dont elles sont ordonnées au double sens du terme, c'est-à-dire structurées et organisées en fonction d'une finalité. Le but recherché et le chemin à suivre pour y parvenir, sont en parfaite relation d'interdépendance.

L'organisation matérielle des ouvrages

L'organisation matérielle du manuscrit prend en charge le lecteur afin qu'il puisse s'adonner à sa lecture avec intelligence.

Des éléments péritextuels[20] figurent dans la plupart des manuscrits : table des matières, récapitulation des chapitres ou liste des questions. Mais chacune de ces œuvres s'est dotée d'une présentation spécifique. De plus, d'une époque à l'autre, des changements se produisent ; ils sont dus à la publication d'autres textes de vulgarisation en langue vernaculaire ou en latin, à l'évolution du public, des techniques de vente des libraires, de la pratique de la lecture, en bref : à l'évolution de la société et de son rapport à l'écrit[21]. Du XIIIe au XVe siècle, on voit par exemple apparaître dans les manuscrits une liste des questions ou une table des matières qui n'avaient pas été ressenties auparavant comme utiles voire nécessaires ; c'est le cas pour le dialogue de *Placides et Timéo*. Certes, on peut faire l'hypothèse que, dans les manuscrits les plus anciens, les feuillets contenant ces éléments peritextuels ont disparu, alors qu'ils ont subsisté dans les manuscrits tardifs ; on peut aussi imaginer que le texte était, à l'époque de sa publication, à l'extrême fin du XIIIe siècle, lu à haute voix par un clerc lisant, qui n'avait pas besoin de ce support pour conduire son public ; on peut aussi penser que le public lisait ou écoutait docilement la suite des questions et réponses, au cours de séances successives de lecture. Un feuillet après l'autre, il s'instruisait ; et rien ne devait interdire ensuite de revenir sur tel ou tel point. Le feuilletage d'un manuscrit peut être fait par le clerc lisant comme par le lecteur individuel. Il n'en demeure pas moins que nous ignorons s'il y avait une liste des questions dans les premiers manuscrits de *Placides et Timéo* ; elle ne nous est pas parvenue, certains feuillets, le plus souvent les premiers, ayant disparu ; dans les manuscrits de la fin du XVe siècle qui en présentent effectivement une[22], elle se trouve avant le texte et les questions y sont numérotées.

Bien plus complexe est la tradition manuscrite du *Livre de Sydrac*. Un catalogue des questions est placé entre le premier prologue, prologue à proprement parler, qui raconte la transmission du savoir de Sydrac, c'est-à-dire la mise par écrit du dialogue, et le second prologue, récit de la conversion du roi Boctus, qui met en scène ce dialogue. Les questions sont numérotées dans l'ordre de leur apparition ; ainsi faut-il parcourir cette liste pour aller lire la réponse qui est fournie dans le corps du texte, où chaque question est aussi numérotée. La

---

20. Ils font partie du péritexte (cf. Genette, 1987) du fait qu'ils sont situés de part et d'autre du texte pour aider le lecteur à y avancer ou s'y retrouver.

21. L'ouvrage de Vanwijnsberghe (2000) fournit sur la question un bon exemple à la réflexion.

22. Dans le manuscrit de Wolfenbüttel (Herzog-August Bibliothek, 1628), elle occupe les six premiers feuillets ; dans le manuscrit de Paris (BnF, fr. 212) elle est écrite sur les treize premiers feuillets ; l'édition princeps chez Vérard vers 1504 en fournit une sur les six premiers feuillets. Cf. éd. Thomasset, 1980 : XVIII-XXIV et LXXII : l'éditeur conclut que les versions *B3* et *B4* (datées de la fin du XVe siècle) constituent un « remaniement » et que leur présentation relève d'une démarche « qui a consisté à diviser le texte en chapitres, puis à faire précéder chacun de ces chapitres d'un titre ».

consultation du livre est ainsi facilitée, quoiqu'elle puisse encore nous paraître lente. Cette liste est partie intégrante du *Livre de Sydrac* et fait office dès l'origine de table des matières, comme si, une fois le seuil du premier prologue franchi, liberté était donnée d'aller et venir dans le texte[23]. Le lien entre l'auteur et le lecteur est alors discontinu, car, rappelons-le, elle peut laisser échapper le sens de l'œuvre, son "orientation"; la parole auctoriale n'est que ponctuellement autoritaire, la curiosité du lecteur pouvant se satisfaire comme en gambadant et certes plus librement que dans le cas de *Placides et Timéo*, où le maître renvoie son disciple – son lecteur – à des questions préalablement traitées, afin qu'il relie ensemble des éléments de savoir dispersés.

Les cas de l'*Image du monde* et du *Livre du Trésor* fournissent d'autres vues encore sur cette organisation matérielle des livres. Pour ce dernier ouvrage, la tradition manuscrite offre des exemplaires, et notamment les premiers manuscrits connus postérieurs de peu à la parution initiale de l'ouvrage[24], où la table des matières initiale précède le titre et l'incipit, qui constitue la première phrase du prologue. Cette table des matières énumère les chapitres successifs et numérotés des trois parties du livre. La difficulté pour les éditeurs que nous sommes réside dans la non-coïncidence entre la suite des chapitres annoncée dans cette table et l'ordre de leur apparition au fil du texte. Nous ignorons dans quel manuscrit apparaît pour la première fois l'addition d'une table, mais elle semble avoir été ensuite reproduite telle quelle, paresseusement, sans que soit vérifié si ses rubriques étaient en conformité avec celles du corps du texte. Aucun manuscrit ne satisfait de ce point de vue nos exigences éditoriales.

La présentation de l'*Image du monde*, enfin, est unique dans notre corpus : après l'incipit, viennent le prologue et la table des matières, qui annonce le

---

23. Cf. éd. E. RUHE (2000 : XV) : « Die Schwierigkeit, einen so umfangreichen enzyklopädischen Text zu benutzen, der getreu der Rahmenfiktion des Dialogs zwischen dem überaus wissbegierigen König Boctus und seinem geduldigen Partner Sydrac sprunghaft die Themen wechselt, versuchten die Handschriften und Drucke durch ein Register aller Fragen zu mindern, das zwischen erstem und zweiten Prolog eingeschaltet wurde. Diese Auflistung in der Reihen folge der Fragennummern machte es zwar leicht möglich, vom Inhaltsverzeichnis aus die entsprechende Passage im voluminösen Text aufschlagen zu können, den Überblick über die Themen, die interessierten, musste sich aber jeder Benutzer selbst verschaffen, indem er die Registerkolumnen durchlas. »

24. Voir les introductions aux éditions successives citées à la note 3. La plus récente, celle qui a été publiée en 2007 à Turin aux éditions Giulio Einaudi, offre comme texte de base celui du manuscrit V² (ms. DVIII della Biblioteca Capitolare di Verona) qui contient des listes de rubriques que l'éditeur ne reproduit malheureusement pas (cf. éd. BELTRAMI *et al.*, 2007 : XXXI). En 2003, S. Baldwin et P. Barrette signalent leur choix de ne pas éditer les listes de rubriques figurant dans leur ms. de base (conservé à Madrid, bibliothèque de l'Escurial, L-II-3) et le justifient ainsi (éd. BALDWIN, BARRETTE, 2003 : LI) : « The lists of chapter titles in the manuscript (called lubriques) are not complete, and are at variance as well with the actual chapter titles in the text ; we have chosen not to include them because of what we believe to be their limited importance. » Ils rappellent ensuite les choix différents faits par les précédents éditeurs, P. Chabaille et F. J. Carmody : « Chabaille did not include such a list for his base manuscript, and while Carmody did so, it is difficult to see to what end, for he edits the list with documentation from other such lists in other manuscripts, without apparent reference to the actual chapter titles in his own edited text, producing in the end a list of items different from the internal chapter titles. We see little to be gained from such a procedure. »

contenu chapitre après chapitre, les dotant d'un adjectif ordinal, précisant le cas échéant les subdivisions de tel ou tel chapitre. Le lecteur doit savoir d'emblée vers quoi il sera conduit, ce qu'il apprendra et dans quel ordre. Si réel a été ce souci chez Gossuin de Metz qu'il a terminé son ouvrage par un chapitre de « recapitulation » ou « recors », qui reprend la table des matières initiale avec quelques variations, car celle-ci est en prose et sans commentaire alors que celle-là est en vers octosyllabiques – comme toute l'œuvre –, et amplifiée par des considérations morales qu'une longue conclusion achève. À l'intérieur du texte, l'ordre des titres est conforme à celui de la table des matières et de la « recapitulation ». Cinquante-cinq chapitres sont annoncés puis rappelés. Mais il arrive que, pour des raisons certainement fortuites, les rubriques internes manquent ou soient ajoutées dans les marges après coup : le copiste n'avait pas réservé d'espace pour leur tracé, ou bien le rubricateur n'a pu exécuter son travail. Parfois, les titres ont été placés par un lecteur attentif à une date postérieure à celle de la copie ; parfois, l'espace laissé aux rubriques est resté vierge ; parfois, enfin, seule une lettrine signale le début d'un chapitre. Ces accidents peuvent frapper toute copie de manuscrit. À l'inverse, quelques titres ont été subdivisés, parce que les chapitres qu'ils intitulaient étaient trop longs et touffus. L'exemple le plus remarquable est fourni par le chapitre 2 de la deuxième partie :

> El secont chapistre commence la mappemonde. Si parle d'Aise la grant, de paradis terrestre ou il siet, d'Ynde et de la diversité des genz et des bestes qui l'habitent et des pierres et des contrees, d'Aise la menour, des genz, des poissons et des arbres qui la sont[25].

Ce titre est récrit dans la « recapitulation » de la manière suivante :

> Premiers de paradis terrestre,
> D'Inde, des diversités granz,
> Des arbres, des bestes, des genz,
> Des oisiaus et d'aucuns poissons,
> Et des choses que nous avons (éd. Connochie-Bourgne, 1999 : 933, v. 6480-6484, f. 43a).

Les besoins du rythme et de la rime font disparaître l'ordre de succession des descriptions consacrées aux réalités étranges et lointaines du continent asiatique, ordre qui est annoncé dans la table des matières et, du coup, réduisent leur nombre. Un titre aussi long que celui-là demande à être subdivisé. Deux solutions se présentent : soit adopter le parti d'intituler d'abord tout ce qui relève de la description d'« Aise la grant », puis tout ce qui appartient à celle d'« Aise la menour » ; soit procéder à des coupes plus nombreuses, qui permettent de regrouper les éléments d'une même catégorie : les « genz », les « bestes », les pierres, les plantes, sous le nom d'« Inde » qui englobe « Aise la grant » et « Aise la menour[26] »… Quelles

---

25. Éd. Connochie-Bourgne, 1999 : 760. Le manuscrit de base est conservé à Florence, Biblioteca Medicea-Laurenziana, Ashb. 114. Le passage cité se trouve au f. 1b.

26. On remarque toutefois que le chapitre sur les pierres n'est plus mentionné.

que soient les solutions adoptées, une telle présentation dénote une visée essen-tiellement pédagogique ; elle permet une lecture aisée et rapide de l'ensemble.

Concourent également à ordonner la lecture de ces manuscrits la présence d'un paratexte (Genette, 1987) fait de titres courants, de rubriques, de schémas ou encore d'éléments "décoratifs", qui balisent le parcours du lecteur. Les rubriques qui rougissent les titres des chapitres attirent le regard, qui se perdrait, sinon, dans les lignes du texte tracées à l'encre brune, et donnent ainsi un rythme à la lecture. Titres courants placés en marge de tête et rubriques courent tout au long des pages de la plupart de ces manuscrits dès le XIIIe siècle. La décoration de la page par des lettres capitales coloriées, des lettrines ou des enluminures signalent le découpage en parties ou chapitres. Pour illustrer cela, je m'en tiendrai à deux exemples. Le manuscrit BnF, fr. 1160 du *Livre de Sydrac* (famille a, version courte, XIVe)[27] a été décoré d'une manière fort simple, mais pertinente : trois grandes initiales ornées ouvrent respectivement le premier prologue, le second prologue puis la réponse de Sydrac à la première question du roi Boctus ; ensuite, ce sont des lettrines alter-nativement bleues et rouges qui indiquent les réponses du philosophe. Dans la version longue, éditée par E. Ruhe (ms. L, Londres, British Library, Add. 17914 ; déb. XIVe), la situation de dialogue est représentée sur une enluminure au début du texte (f. 1ra) et au début du second prologue (f. 12va). Pour rare qu'elle soit, cette décoration n'est pas moins significative : la première enluminure introduit au livre tout entier, la seconde au récit encadrant le dialogue, récit à valeur méta-phorique qui exemplifie l'acte de lecture, puisque le parcours des questions et de leur réponse permet d'amasser des éléments de savoir comme autant de pierrres qui formeront les murs de la tour. Le savoir s'élève comme la tour ; comme elle, il permet de résister aux forces démoniaques, ennemies du Bien. Néanmoins ces éléments de décoration ne permettent pas un maniement plus facile de la suite des questions et ne rendent visible que l'existence des deux prologues. L'ordre qui préside à l'ensemble reste à découvrir ; de nouvelles recherches apporteront sans doute des éléments de réponse quant à l'organisation de cette matière abondante et complexe.

La présence de schémas au sein d'un « livre de clergie » excite peut-être moins la sensibilité que des enluminures, mais elle soutient le travail de représentation que demande la lecture du texte. Des figures cosmographiques et géographiques sont présentes dans le *Livre du Trésor*[28] et l'*Image du monde* ; mais cette dernière œuvre est la seule à les annoncer dans le prologue. Est impressionante la volonté qu'a Gossuin de Metz de guider sans relâche l'esprit de son lecteur. En ce sens, ce premier texte de vulgarisation scientifique est exemplaire d'une écriture qui cherche à ressembler, par son organisation, au contenu ordonné qu'elle décrit, celui du monde. L'incipit annonce vingt-huit schémas :

---

27. Voir Minervini, 1977 : 539-570.
28. L'édition italienne (éd. Beltrami *et al.*, 2007) offre douze reproductions empruntées à différents manuscrits ; parmi elles on retrouve, comme on peut s'y attendre, des schémas identiques à ceux des manuscrits de l'*Image du monde*. Des modèles circulent.

Cils livres est un roumanz qui est apelez Ymage du monde. Il contient par tout .LV. chapistres et .XXVIII. figures sanz quoi li livres ne porroit pas estre legierement entenduz, qui est devisez par .III. parties.

Ils sont présentés comme nécessaires à une meilleure et plus facile compréhension du texte. En effet, l'auteur les intègre dans son discours à des fins de représentation visuelle : ils sont toujours annoncés dans le corps du texte en sorte que le lecteur/auditeur doit les regarder au moment de la lecture (et à cet endroit de la page). Lorsque le texte appelle une figure, c'est qu'il la reconnaît comme inhérente à sa construction ; elle vient compléter un développement qui cherche à persuader aussi par le recours aux sens. Le parcours du regard sur le dessin prend valeur d'expérience ; il nécessite aussi un effort d'imagination, car sa forme évoque, comme dans le miroir des astronomes, celle du monde ; il permet de voir ce qui échappe à notre vue bornée. Le schéma est forme miniaturisée d'un objet insaisissable, du fait non seulement de sa grandeur (dans le domaine de la géographie), mais aussi de son éloignement (dans le domaine de l'astronomie), et de sa forme sphérique et close au regard – il faut en effet en imaginer l'intérieur, où s'emboîtent les sphères constitutives du cosmos. Une progression se fait de la figure 1, qui représente les quatre sphères emboîtées des quatre éléments, à la figure 28, la dernière, qui est une mappemonde cosmique. Ce parcours de type pédagogique s'accompagne de l'ascension de l'esprit à travers les sphères pour aller de la créature à son Créateur, ascension mystique vers l'invisible Un, origine et fin de la multiplicité. Or, ce parcours se fait en trois temps qui correspondent aux trois parties de l'œuvre : dans la première partie, le lecteur est instruit de Dieu et de la Création, puis de l'histoire des hommes en quête du savoir perdu par Adam et progressivement retrouvé grâce aux astronomes anciens ; la deuxième partie place en imagination le lecteur sur terre, lui offre le spectacle de la diversité des créatures terrestres, aquatiques, aériennes et enfin ignées ; enfin, la troisième partie l'invite à poursuivre son voyage philosophique, à la recherche de la sagesse et dans le désir du retour à Dieu par la traversée des sphères, véritable odyssée :

Ci fenist l'image del monde.
A Dieu commence, a Dieu prent fin,
Qui ses biens nous doint en la fin ! (éd. CONNOCHIE-BOURGNE, 1999 : 936, v. 6574-6576, f. 43c).

Ainsi, la suite des figures rend-elle compte de la disposition des éléments du savoir, rangement méthodique qui procéde par progression à travers les sphères constitutives du monde, dans un premier mouvement de descente de Dieu vers la terre, où vit l'homme peccamineux, et dans un second de retour à Lui par le salut de son âme.

La présentation matérielle de ces manuscrits est le fruit de la réflexion conjuguée du copiste, du libraire, du rubricateur, de l'enlumineur, parfois sans doute de l'auteur, en vue de proposer un sens de lecture ; ils fabriquent un dispositif qui satisfait aussi le goût d'un public. Ainsi la répartition des lettrines tient-elle compte plus d'une fois des attentes et des goûts des lecteurs : par exemple, certains manuscrits témoignent du goût du public pour les merveilles de l'Orient, d'autres pour l'astronomie, d'autres encore pour les arts libéraux. Les enluminures accompagnent les chapitres concernés. Cette capture du regard ne va pas forcément à l'encontre du but exprimé dans le prologue. Chemin faisant, le lecteur rencontre des images qui contribuent à enrichir sa mémoire.

Par ailleurs, l'observation des interventions de lecteurs, que portent quelques manuscrits : *notae*, manipules, accolades et autres signaux, montre l'intérêt qu'ils ont porté à ces œuvres. L'éditeur du *Livre de Sydrac* (éd. E. RUHE, 2000 : XIV-XV) a observé, par exemple, que les repères des lecteurs étaient concentrés de façon significative autour du thème des femmes et que, dans le catalogue des questions, sont marquées d'une croix celles qui y correspondent (avec censure sur la menstruation, la lèpre, la gale, l'homosexualité)[29]. Le bel ordre voulu par l'auteur a certainement été plus d'une fois dérangé par des lecteurs ne partageant pas les mêmes soucis intellectuels et spirituels, mais ces chemins de traverse peuvent aussi les ramener à l'essentiel : la recherche d'un art de vivre.

Les assertions des clercs dans leur prologue et les marques qu'ils donnent de leur stratégie d'écriture permettent de se représenter la façon dont ils ont procédé pour mettre en ordre une partie de leur savoir et diriger ainsi leurs lecteurs. Or, cette expérience de lecture est désirée active, en étroite relation avec celui qui a élaboré le texte. Le récepteur idéal assimile la leçon, c'est-à-dire se l'approprie progressivement au point d'être transformé au terme de sa lecture. Par ailleurs, l'organisation matérielle des manuscrits donne un aperçu d'usages de lecture majoritairement en accord avec la « matiere » de ces « livres de clergie » et renforce leur caractère éthique. L'accès aux *Secrés as philosophes*, à la *Fontaine de toutes sciences*, au *Tresor*, à la contemplation d'une *Image du monde* ne peut se faire qu'avec l'aide d'un guide, « maistre » ou « philosophe ». La mise en ordre du savoir ne procède pas d'une volonté d'instruire pour instruire – ce serait pure vanité – mais de prendre en charge la vie du lecteur, de l'orienter.

---

29. Ces constats sont faits sur le manuscrit londonien BL, *Add.* 17914.

TRADITION ET MORALISATION CHEZ PIERRE BERSUIRE

Denis Hüe

Université de Rennes 2, Centre d'Études des Textes Médiévaux

En dehors de la traduction des *Décades* de Tite-Live[1], qui suscite un intérêt grandissant, l'œuvre de Pierre Bersuire est relativement peu étudiée[2]. Elle a été, il est vrai, peu accessible pendant longtemps, et il semble, pour l'essentiel, qu'en dehors de quelques éditions fragmentaires[3], les choses aient peu changé, à l'exception de la mise en ligne par la Bibliothèque de Munich de deux éditions du *Reductorium morale super totam Bibliam* (éd. Zeiner, 1474 ; éd. Koberger, 1517). L'œuvre est pourtant particulièrement révélatrice de l'effort qui est fait tout au long du xive siècle pour donner à la connaissance du monde une dimension tout à la fois ordonnée et chrétienne ; elle se caractérise, de plus, par une curiosité grandissante, et la capacité à intégrer non seulement ce qui est reçu comme relevant du savoir, mais ce qui est du registre de la fable ou des simples occupations humaines.

Rappelons brièvement que, pour l'essentiel, l'œuvre de Bersuire est latine et comprend principalement un *Reductorium morale*[4], ouvrage qui se divise en deux ou trois parties d'inégale longueur. La première est une sorte d'encyclopédie moralisée, qui est ce sur quoi nous allons nous pencher ici ; la seconde, un livre du *Reductorium* qui prend assez tôt une réelle autonomie, au point non seulement d'être diffusé indépendamment des parties qui le précèdent, mais aussi d'être absent de la plupart des éditions du *Reductorium* : c'est le livre XV, *De poetarum fabulis*, ou *Ovidius moralizatus*, qui est un commentaire suivi des *Métamorphoses*

---

1. Sur Bersuire il faut renvoyer tout d'abord à la synthèse toujours d'actualité de C. Samaran, J. Monfrin (1962 : 259-450). Cf. par ailleurs F. Duval et F. Vielliard (2007) consacré à l'étude et à la description approfondies de tous les témoins, manuscrits et imprimés, de la traduction par Pierre Bersuire ainsi que de ses remaniements. Une bibliographie régulièrement tenue à jour est disponible sur le site de l'Arlima (http://www.arlima.net/mp/pierre_bersuire.html).

2. L'étude présentée ici a suscité l'agacement de certains rapporteurs qui, tout en reconnaissant le sérieux de ma démarche, ont nié que Bersuire pût avoir composé autre chose qu'un recueil d'*exempla*. Il n'est pas tant question de nier cette dimension (par ailleurs due probablement plus à sa réception qu'à l'ambition profonde de l'auteur) que de montrer qu'elle n'est pas exclusive ; pour la dimension proprement homilétique, le vaste travail opéré dans le *Repertorium* montre à la fois qu'elle n'est pas absente du propos de notre auteur, et qu'elle a reçu ailleurs son traitement principal.

3. Les premiers chapitres du livre XV du *Reductorium Morale* ont été édités par Engels (1966) ; voir éd. Reynolds (1977 : 62-89) ; éd. Van der Bijl (1971 : 25-48).

4. Le *Reductorium morale* dans son ensemble, c'est-à-dire l'encyclopédie communément reçue sous ce nom, et qui comprenait dans l'esprit de son auteur le commentaire linéaire de la Bible et d'Ovide, sera cité dans l'édition des *Opera omnia* de Bersuire (Keerberg, 1609).

Encyclopédire : formes de l'ambition encyclopédique dans l'Antiquité et au Moyen Âge, éd. par Arnaud Zucker, Turnhout, 2013, *(Collection d'Études Médiévales de Nice, 14)*, pp. 349-364.

© Brepols ❧ Publishers   DOI 10.1484/M.CEM-EB.1.101805

d'Ovide. C'est sur ce texte que se sont portés les efforts des éditeurs. La troisième partie de ce volet de l'œuvre de Bersuire est le *Reductorium morale super totam Bibliam*[5], suite de commentaires allégoriques de l'ensemble de la Bible. Il faut ajouter à cette somme composite un *Repertorium morale*[6], qui propose des commentaires et des moralisations à partir des mots mêmes de la Bible, classés par ordre alphabétique, et quelques œuvres perdues, dont une *Cosmographia sive mappa mundi*.

Dans toute son œuvre latine, Bersuire fait preuve d'une extrême intelligence analytique et d'une capacité à appréhender les textes et les choses qui le placent parmi les meilleurs lecteurs de son temps. Il permet de saisir, au-delà des questions habituelles de vision du monde et de mentalités médiévales – notions floues dans leur définition comme dans leur durée – des modes de pensée, des procédures d'analyse, des attitudes d'intellection des choses, qui sont à la fois radicalement distincts de ce que nous pratiquons aujourd'hui, et en même temps extrêmement pertinents, "à leur façon", à son monde. Nous avons la chance, de plus, de pouvoir croiser ces démarches avec celles de quelques auteurs immédiatement contemporains, comme Opicinus de Canistris ou Evrart de Conti[7], sans parler de Pétrarque bien sûr, et d'en mesurer la parenté. Bersuire se présente comme un être de grand savoir et de grand talent, d'une pensée et d'une clairvoyance rares ; mais en même temps, ses algorithmes intellectuels sont représentatifs, par leur exemplaire clarté, d'une période du Moyen Âge qui s'étend du XIIIe jusqu'au moins le début du XVIe siècle.

Cette radicalité de la pensée concourt, presque obsessionnellement, à la même finalité : il est nécessaire que l'homme comprenne le monde pour intégrer les attentes divines ; il est indispensable qu'il comprenne les messages innombrables qui lui sont adressés par le monde, par les événements, par les fables même, et qu'il soit à même de se convertir et de faire son salut. Ce qui est la finalité du message, c'est le salut ; ce qui constitue sa matière, c'est l'homme ; ce qui suscite le message enfin, c'est le matériau signifiant de la Création, la marque constante de la parénèse divine qu'il nous importe de déchiffrer.

Je me propose de le faire en parcourant le *Reductorium* et le *Repertorium*, non pas tant pour redire ce qui a été déjà souvent et bien dit[8], mais pour m'attarder sur quelques passages que j'espère révélateurs d'une attitude et d'une démarche spécifiques.

---

5.   Une édition est disponible en ligne sur le site de la bibliothèque de Munich ; on citera à partir de l'édition de KEERBERG (1609).

6.   Édité à Nuremberg, sans marque d'éditeur, 1494. Le texte est disponible sur le site de la bibliothèque de Münich.

7.   Cf. SALOMON, 1936 ; HÜE, 1993 : 129-158 ; 1995 : 105-131 ; ROUX et LAHARIE, 1997. Pour Évrart de Conti, on renverra à l'édition critique de F. GUICHARD-TESSON, B. ROY (1993), ainsi qu'au *Livre des échecs amoureux* (éd. LEGARÉ, 1991).

8.   TESNIÈRE, 1993 : 225-242 ; 2000 : 7-24 ; on pourra consulter également HÜE, 1999 : 41-57.

Le *Reductorium*, une œuvre et pas un répertoire

On l'a dit, le projet de Bersuire est ambivalent, et gardera constamment la double orientation qui fait sa spécificité : d'une part, c'est un grand érudit, un savant compilateur et lecteur, qui rassemble une multitude de connaissances dans des domaines très variés ; et, à ce titre, son œuvre est totalement encyclopédique, par le souci qu'elle a de s'attacher à tous les éléments de la Création : non seulement ceux que l'on connaît et qu'ont explorés les traités moraux, mais aussi les inouïs qui nous étonnent ; au-delà de cela, il s'attache, autant qu'aux textes sacrés, aux textes profanes qui nous divertissent. D'autre part, son œuvre est constamment et obsessionnellement tournée vers une interprétation, une herméneutique du monde qui nous entoure. Mais cette obstination n'est pas sienne : le monde est signifiant, ce n'est pas l'auteur qui impose ou force le sens des choses ; d'où cette confiance dans l'analyse, toujours fine et brillante, et capable de constamment revenir au vrai poids des choses, qui font signe et nous renvoient à nous-mêmes.

Le plan du *Reductorium* reprend celui du *De proprietatibus rerum*[9]. Il en suit la matière et l'ordre, mais ne nomme pas Barthélemy l'Anglais sinon comme le *magister proprietatibus*[10]. En revanche, il explique très clairement comment il prend des libertés avec cette matière, qui ne lui inspire pas de respect particulier ; sa première vie de Franciscain l'a accoutumé à une pratique de l'œuvre de Barthélemy, qui est une source privilégiée parce que pratique :

> *Aliquos etiam libros ex certa scientia transposui, ut in duo volumina aequalius partirentur. Aliquae etiam sunt in libro de proprietatibus materiae, quas valde succincte posui, sicut est liber de infirmitatibus, et liber de arboribus de quibus notabiliora extraxi, magis vero communiora dereliqui. […] aliqua etiam sunt, quae in pluribus augmentavi. Multa quae alibi reperta sunt, superaddidi, sicut patet de piscibus de quibus idem magister de proprietatibus parum tractat* (éd. Keerberg, 1609 : 2b).

> J'ai déplacé certains livres en connaissance de cause, pour qu'ils soient mieux répartis en deux sections ; certaines matières se trouvent dans le *Livre des propriétés*, que j'ai rapportées très brièvement, comme dans le livre des maladies, et le livre des arbres, dont j'ai extrait les éléments les plus notables, et délaissé les plus communs. […] Il y en a quelques autres que j'ai augmentés en plusieurs lieux ; je les ai enrichis de beaucoup de choses trouvées ailleurs, comme on le voit pour la partie sur les poissons, dont l'auteur des *Propriétés* parle peu.

---

9. Édition de Frankfurt, 1964, qui est le facsimilé de l'édition de 1601. Gallica propose la numérisation de plusieurs manuscrits et éditions, tant du texte latin que de la traduction de Jean Corbechon. On a utilisé ici la numérisation de la Bibliothèque Interuniversitaire de Médecine de Paris. Une édition tant du texte latin que de sa traduction française est en cours sous la responsabilité de Joëlle Ducos, Baudouin Van den Abeele et Bernard Ribémont.

10. Cette formule prouve, s'il en était besoin, que Bersuire s'appuie sur Barthélemy l'Anglais lui-même, au travers éventuellement de Marc d'Orvieto et de son *Liber de Moralitatibus*, comme on me le fait remarquer ; mais ce n'est pas ce dernier qu'il mentionne. Cf. éd. Etzkorn, 2005.

Dans sa démarche, Bersuire annonce clairement une recomposition d'un projet encyclopédique qui dépasse dans son ampleur celui de Barthélemy l'Anglais, puisqu'il n'est pas seulement question de rassembler du savoir et moins encore de suivre servilement une source : il est question plus encore de lui donner du sens, et de servir non pas le livre ou le monde pour lequel on donne des clefs, mais le lecteur, l'homme lui-même[11]. Le projet du *Reductorium* ne doit pas se résumer à la reprise de Barthélemy et à la constitution d'une œuvre encyclopédique, même étendue à l'appendice, le livre XIV sur les merveilles ; il faut garder à l'esprit que, pour Bersuire, l'ensemble du *Reductorium* comportait, en plus, un commentaire complet d'Ovide et un commentaire complet de la Bible.

Pour Bersuire, il y a une continuité étonnante de l'ordre du savoir, une capacité à intégrer l'ensemble de la création divine et des artefacts humains. Son ouvrage commence par Dieu, comme nécessairement dans une encyclopédie médiévale ; mais, alors que la grande question est de savoir que dire de Dieu, Bersuire désamorce son discours avec une sorte d'amusement :

> *Deus, quia propriae speculationis est, de rebus subjective et materialiter loqui, in quantum scilicet sunt reducibiles transsumptive ad aliquem intellectum moralem, ideo cum Deus sit Illud ad Quem omnia reducuntur, absurdum videretur mihi, de quo hic capitulum facere et proprietates Ejus ad alia proposita adducere, nisi viderem Scripturam benedictum nomen Suum aliquando ad homines, aliquando ad angelos applicare* (éd. Keerberg, 1609 : 4a).

> Dieu – puisque le propre de la spéculation est de parler des choses subjectivement et matériellement, dans la mesure où elles peuvent être orientées vers une compréhension morale – du moment que Dieu est celui vers qui toutes choses sont ramenées, il m'a paru absurde de faire un chapitre sur lui et de ramener ses propriétés à d'autres propositions, si je ne voyais pas l'Écriture appliquer son nom béni tantôt aux hommes, tantôt aux anges.

Pourquoi parler de Dieu ? Bersuire souligne cette idée avec les mots parents de *reducibiles* et de *adducere* : pourquoi parler, puisque tout nous guide vers Lui, puisqu'il ne guide vers rien d'autre que Lui ? Ce serait absurde, s'il n'y avait invitation à la *bénédiction* de son nom, exactement à un *bien dire* auquel il importe que l'homme s'applique.

En même temps qu'il va être discours encyclopédique, propos parénétique, le projet de Bersuire est bien, tout à la fois, de *bénir* et de *bien dire* : la louange relève de la rhétorique, elle est œuvre.

---

11. Voir l'introduction de Barthélemy « [...] cest œuvre compiler, laquelle est prouffitable a moy et par advanture aux autres qui n'ont pas congnoissance des proprietez des choses qui sont expertes es livres des saintcz et des philosophes, lesquelles proprietez valent a entendre les obscuretez des escriptures qui sont baillees couvertement du sainct esperit soubz figures et paraboles et semblances des proprietez des choses naturelles [...] » (trad. Corbechon, 1528, f. a .ij., a.ij. v.). On voit bien que le projet est orienté vers une meilleure intelligence des écritures plus que vers un cheminement intérieur.

Bersuire se nourrit des citations, celles des théologiens comme celles des encyclo-pédistes, et c'est en contrepoint d'une ou de plusieurs œuvres qu'il édifie son propre monument. Cette démarche, qui nous paraît aujourd'hui en deçà de ce que nous appe-lons "une œuvre", est pourtant ce qui constitue, pour une bonne part du Moyen Âge, une façon normale de travailler et de diffuser du savoir, qu'il s'agisse des *Enarrationes in Psalmos* d'Augustin ou de l'*Histoire ecclésiastique* de Pierre le Mangeur, ou même des commentaires d'Averroès sur Aristote, dont Villon parlera plus tard.

L'attention portée à la langue, aux balancements rhétoriques, à l'équilibre des périodes le prouve : le *Reductorium* ne doit pas être exclusivement ramené au rang d'un aide-mémoire à l'usage du prédicateur ; à vrai dire, Bersuire n'a pas la culture pragmatique dominicaine, et n'a sans doute pas pensé d'abord à un usuel com-parable au *Tractatus de diversis materiis predicabilibus* d'Étienne de Bourbon[12]. Franciscains comme bénédictins ont une attention à l'écriture, et souhaitent, plutôt que d'outiller les prédicateurs, porter à méditer les lecteurs. Bien sûr, les éléments qui sont rassemblés ici peuvent nourrir le travail d'un prédicateur ; mais, si nous les rapprochons d'un *Ci nous dit* (éd. BLANGEZ, 1979 et 1986) ou du traité d'Étienne de Bourbon, deux différences apparaissent immédiatement : d'une part, les *mirabilia* sont interprétés, ce qui n'est pas le cas dans les recueils d'*exempla* ; d'autre part, ils ne sont pas rassemblés selon leur finalité apologétique, mais bien selon leur matière elle-même ; on se souvient que, chez Étienne de Bourbon, la matière est organisée selon les sept dons du Saint Esprit, c'est-à-dire selon une finalité parabé-tique explicite : s'il fallait se servir de l'œuvre de Bersuire comme d'un répertoire d'histoires morales, nous aurions bien du mal à les retrouver, selon les besoins de notre enseignement, dispersées qu'elles sont dans l'ensemble de l'œuvre.

D'autre part, Étienne de Bourbon ne tire pas d'enseignement de ses anecdotes : leur classification même implique qu'elles vont servir à un type de discours particu-lier, sans qu'apparaisse le détail de ce que l'on peut en tirer. Le travail de Bersuire, au contraire, est de tirer de chaque chose un enseignement, et plus souvent plusieurs ; à ce titre, il n'est pas tant question de composer un répertoire prêt à l'usage que de dévoiler à chaque fois, avec un émerveillement renouvelé, l'infinie signification du monde, ses infinies significations. Ce qui compte ici, c'est surtout la capacité à dégager ce que j'appellerais une valeur absolue, une potentialité signifiante d'un objet, d'une his-toire, d'un élément ; de cette valeur absolue, Bersuire tire des significations à l'usage des prêtres et des hommes, tantôt positives, tantôt négatives ; il n'est pas question de dégager un sens, mais un réseau où tout se répond de façon symphonique, articulée, motif par motif, par la copule *vel dic* : « ou bien disons, ou bien mettons que ».

Dans le cas de Bersuire, on voit bien que ce feuilletage organisé des sens n'a pas qu'une fonction utilitaire ; je le comprends plutôt à la façon des polyphonies du temps – je pense précisément aux Motets de Machaut – où trois discours dis-joints et en résonance secrète forment une même harmonie[13].

---

12. On pourra consulter sur le sujet l'édition partielle d'A. LECOY DE LA MARCHE, 1877 ; et plus récemment éd. BERLIOZ, 2006.

13. Voir à ce propos les pages éclairantes sur les Motets de Machaut de S. Huot, notamment HUOT, 1994 : 222-238.

Un aller-retour

La structure de l'ouvrage le prouve, nous sommes face à un livre qui demande à être lu, face à une œuvre littéraire, qui n'appelle pas la lecture fragmentaire que l'on suppose trop souvent, dans la mesure où des éléments semblent se répondre et construire une progression de sens. C'est ce que l'on va tenter de montrer maintenant.

Ce premier point doit sans doute être souligné, dans la mesure où ce qui est de l'ordre du savoir est généralement circonscrit dans une taxinomie rigoureuse. Sans avoir à rappeler les efforts menés pour organiser et hiérarchiser ce qui est de l'ordre du savoir, à commencer par les diagrammes ou poésies nous montrant les sept arts libéraux – nous savons à quel degré de raffinement arrivera la scolastique du xve siècle avec Henri de Gand, et Francis Bacon plus tard encore (Hüe, 1990 : 17-56)… – on sait qu'il y a toujours une frange marginale d'objets qui sont intégrés comme relevant du savoir, sans qu'on soit à même de les placer dans une taxinomie ou une arborescence. Les *Parva naturalia* d'Aristote sont[14], à l'extrémité de son œuvre, un peu l'équivalent de ce que sera le livre XIX du *De proprietatibus rerum*, qui ajoutera aux catégories abordées par le Stagirite les notions de poids et de mesure, et s'occupera des œufs et du beurre. La démarche de Bersuire qui, après le livre XIII de son *Reductorium* consacré aux *rerum acce-dentibus*, ajoute un livre *De naturae mirabilibus*, revient à élargir encore le champ du savoir encyclopédique, et à intégrer des éléments qui jusqu'ici n'y avaient pas trouvé place de façon systématique et exhaustive[15].

Double démarche, donc, qui élargit encore le champ de ce qui relève du savoir ou de l'enseignable, et qui pourrait continuer de façon assumée la dislocation, le côté de plus en plus anecdotique des choses rapportées. On quitterait ainsi – et c'est de cette façon que ce livre XIV est généralement compris – l'organisation de Barthélemy l'Anglais pour le désordre d'un Gervais de Tilbury. Le livre XIV ne serait guère plus qu'un *Divertissement pour empereur* à la façon de Gervais, ou une variante des *Nuits attiques* à la manière d'Aulu-Gelle.

En même temps, sa classification est d'ordre pratique et témoigne d'une nouvelle approche de catégorisation. On se situe, jusqu'à lui, ou dans un ordre divin, hexahéméral et chronologique, ou dans un ordre qui cherche à passer de l'idée à ses manifestations : à chaque fois, le savoir est placé comme hors du monde, inaccessible à l'homme qui ne fait que l'entrevoir. C'est bien la leçon qui est donnée dans les *Noces de Mercure et de Philologie* de Martianus Capella, où médecine et architecture sont exclues de la suite des arts libéraux, parce qu'elles ne se soucient que de l'homme et de son agrément (Hüe, 1990), et ne s'inscrivent

---

14. Les *Parva Naturalia* sont cinq petits traités marginaux du Stagirite, et souvent édités en fin de ses œuvres. On consultera également éd. Grellard, Morel, 2010.

15. Les *mirabilia* présents dans les encyclopédies médiévales – et il s'agit le plus souvent de textes florilèges (Gervais de Tilbury ou Thomas de Cantimpré) – ne sont que rarement rassemblés de façon systématique, et moins encore glosés en termes moraux.

pas dans la connaissance du projet divin. L'objectif de Bersuire ne relève pas d'un édifice abstrait, mais d'un souci d'efficacité parénétique, comme le dit clairement le prologue au livre XIV :

> *Quia Deus quotidie facit magnalia in Aegypto, mirabilia in terra Cham, terribilia*
> *in marie Rubro, itaque illi qui navigant mare in navibus, facientes operationes in*
> *aquis multis, ipsi viderunt opera domini, et mirabilia ejus in profundo, hinc est*
> *quod de mundi mirabilibus intendo aliqua dicere, ipsaque ad mores ad spiritualem*
> *intelligentiam reducere, ut sic quanto ipsae res magis novae, mirabiles, et insoli-*
> *tae praedicantur, tanto possint animum plus movere...* (éd. KEERBERG, 1609 : 586).

> Parce que Dieu fait chaque jour de grandes choses en Égypte, des choses admi-
> rables dans la terre de Cham, des choses terribles dans la Mer Rouge, c'est
> pourquoi ceux qui parcourent la mer sur les vaisseaux, sillonnant diverses eaux,
> ceux-là ont vu les œuvres du Seigneur et ses merveilles dans les abysses, c'est
> pour cela que j'ai l'intention de dire quelques mots des merveilles du monde, et
> de les ramener à la morale, et à l'intelligence spirituelle, car plus ces choses sont
> nouvelles, admirables et insolites, plus elles peuvent émouvoir l'esprit...

C'est pour éduquer l'homme que Bersuire rassemble ces diverses merveilles, qui ont dès lors une double légitimité, inscrites qu'elles sont désormais dans le champ du savoir et du moral, et trouvant à l'intérieur de ce champ une organisation, basée sur le cheminement de l'homme, sur une sorte d'itinéraire spirituel qui va le guider d'une région l'autre selon un ordre alphabétique, *secundum titulos regionum*; de plus, après 58 chapitres qui vont de l'Afrique à la Vulande[16], Bersuire enchaînera sur les merveilles de l'homme, celles des animaux terrestres, et reviendra aux éléments en développant successivement leurs manifestations : marques dans le ciel, merveilles du feu, merveilles des oiseaux dans l'air, merveilles aquatiques...

On reconnaît là quasiment le chemin inverse de celui qui avait été parcouru tout au long des treize premiers livres, ceux qui suivaient l'ordre du *De proprietatibus rerum*. Bersuire a rebroussé chemin, revenant sur les animaux et les plantes, puis sur les humeurs et les éléments, et ensuite sur l'homme lui-même : nous découvrons à nouveau, après la Création comme merveille, les *magnalia*, les *mirabilia* et les *terribilia* qui la couronnent et ramènent l'homme à une admiration sans bornes ; ce n'est qu'ensuite que le livre se poursuit en traitant des merveilles humaines et bâtiments exceptionnels. Le livre se clôt sur les monstres et les prodiges, et il est révélateur que la dernière histoire ramène l'homme vers Dieu son créateur, et propose pour dernière merveille le récit de Marcus Curtius :

> *Valde magnum prodigium recitat Orosius anno 384 ab urbe condita contigisse.*
> *Dicit enim quod accidit Romae quaedam horrenda pestis, qua biennio perseve-*
> *rante, homines utriusque sexus morbis variis interibant. Romanis ergo pro morbo*
> *sedando remedia a diis petentibus, subito in medio urbis terra dissiluit, vastoque*

---

16. « *Vulandia est regio in montibus Norvegiae, cuius cives sunt saevi et barbari, magicis artibus occupati...* » lib. XIV, cap. LVIII (éd. KEERBERG, 1609 : 627).

prorupta [?] *inferna hiantia subito patuerunt. Diis ergo respondentibus, quod hias illa terra seu horrenda vorago sibi dare aliquem vivum hominem expetebat, ac sibi non sufficeret pestilentia mortuos devorasse, nisi etiam aliquos vivos suis faucibus exhauriret. Marcus Curtius, vir eques armatus communi cladi consulens, improbis terrae faucibus se injecit, et sic terrae et inferis pro populo satisfecit, et cessante peste, terra iterum se reclusit, illum vitium equitem in suis visceribus sepelivit* (éd. KEERBERG, 1609 : 670).

Orose mentionne un grand prodige, en l'an 384 de la fondation de Rome. Il dit, en effet, qu'il arriva dans la ville une épidémie horrible qui dura pendant deux ans, et que les êtres des deux sexes périssaient de diverses maladies ; alors que les Romains demandaient aux dieux le moyen d'apaiser la maladie, la terre s'ouvrit brusquement au milieu de la ville, et les enfers largement béants s'ouvrirent. Les dieux répondirent alors que cette terre ouverte, cette gueule horrible demandait un homme vivant, et qu'il ne lui suffisait pas d'avoir dévoré les morts de l'épidémie, si elle n'engloutissait pas aussi dans sa gorge quelques vivants ; alors, Marcus Curtius, chevalier tout en armes, considérant le désastre collectif, se jeta dans la gueule vorace de la terre, et satisfit ainsi la terre et les enfers au nom du peuple : l'épidémie cessa, la terre se referma, et ensevelit cet homme vivant dans ses entrailles.

Ainsi s'achève le *Reductorium*. Il s'était ouvert sur une interrogation sur Dieu, il se boucle sur cette merveille, qui renvoie au Christ, que préfigure avec évidence Marcus Curtius ; mais prenons-y garde, cette conclusion n'est malgré tout pas indifférente, et on aurait pu, somme toute, conclure aussi bien sur les colosses de Memnon par exemple, préfigurant la voix de l'Esprit Saint, figure classique que Bersuire ne semble pas avoir évoquée[17]. Si Bersuire a conclu son œuvre en 1342, cet épisode d'épidémie est prémonitoire – ce qui dans sa logique n'aurait rien d'étonnant ; mais il a plus probablement été ajouté après la grande peste de 1348. Dans ce cas, on devine l'actualité d'une telle merveille, qui renvoie aux effrois que chacun alors a traversés ; on devine combien la figure de Marcus Curtius peut marquer les foules, combien elle est évidemment une figure christique, montrant l'homme innocent qui se sacrifie pour le plus grand nombre. On voit enfin plus clairement comment la mémoire des choses anciennes permet de découvrir le sens des choses actuelles : ce qui s'est autrefois passé à Rome préfigure, en même temps que le salut, ce qui s'est passé du temps même de Bersuire et de ses premiers lecteurs.

Le *Reductorium* nous montrait en ouverture un Dieu commencement et fin de toute chose, en dehors du temps, qui pouvait être un modèle de l'homme et l'inviter à se dépasser. Il conclut en nous montrant un homme qui illustre le sacrifice divin ; dans sa réflexion enfin, il invitera non seulement à lire le Christ derrière Marcus Curtius, mais également le prélat – et ce sont les derniers mots du chapitre, du livre et du volume :

---

17. Elle est absente de son chapitre sur l'Égypte.

Vel dic quod talis eques dicitur esse quilibet praelatus, quia scilicet utilitatem communem debet utilitati privatae praeferre, et pro liberatione populi non debet mortis exhorrere. Ad Rom 9 Optabam ego anathema fieri pro fratribus meis (éd. Keerberg, 1609 : 670).

Ou bien mettons que le prélat doit être semblable à ce chevalier, puisqu'il doit préférer le bien public au sien propre, et pour la libération du peuple ne doit pas avoir la mort en horreur : (Rom 9) *je préférais subir l'anathème pour mes frères.*[18]

Ne faut-il pas lire ici un écho des turbulences qui ont scandé la vie des Papes en Avignon ? Ainsi, la boucle est bouclée : le monde présente une cohérence complète, et tout existe sous le regard de Dieu, qui non seulement nous aime et nous sauve, mais nous fait vivre dans un univers où tout nous parle de Lui, où tout nous renvoie à nous, à nos faiblesses et à nos efforts pour le trouver. Il y a dans l'ensemble du *Reductorium* une sérénité, malgré les turbulences des hommes et les vices de chacun : il semble qu'il suffise de lire et de comprendre pour que chacun, rappelé dans le droit chemin, arrive au salut.

L'élargissement du champ, le *Repertorium*

En même temps, il importe de distinguer les niveaux d'enseignement de cette œuvre : Bersuire ne cherche pas à nous apprendre une méthode de lecture, alors même que sa rigueur finit par donner au lecteur des cadres et des modèles.

Ces cadres sont de deux types. Le premier est l'adoption d'un ordre des mots permettant de suppléer, puis de remplacer un ordre des choses. Pour ce faire, deux méthodes sont en concurrence chez Pierre Bersuire. La première est celle toute scolastique du commentaire suivi qui, s'il saute à l'occasion quelques passages, s'inscrit dans une paraphrase linéaire, une "lecture parallèle" au texte. On est alors dans la tradition de la *glossa*, de l'*enarratio*, de la postille. Qu'il s'agisse du *Reductorium super totam Bibliam* ou de l'*Ovidius Moralizatus*, la démarche est la même et l'auteur traque le sens au fil du texte, dans des lectures systématiquement attentives au détail en même temps qu'à la diversité des significations morales de l'ensemble. Il laisse penser qu'il suit l'ordre adopté dans le *De proprietatibus rerum* pour composer son *Reductorium morale* :

Et dico, quod ista prima pars continet librum de proprietatibus rerum, diversos libros mundi mirabilium, fabulas et aenigmatas poetarum, quasdam figuras sanctarum Scripturarum (éd. Keerberg, 1609 : *prologus*, 1b).

Je dis que cette première partie contient le *Livre des propriétés des choses*, divers livres des merveilles du monde, des fables et des énigmes des poètes, certaines figures des Saintes Écritures.

---

18. Cf. Rom 9, 3 : *Optabam enim ego ipse anathema esse a Christo pro fratribus meis, qui sunt cognati mei secundum carnem.*

Même si, on va le voir plus loin, cet ordre n'est suivi que de très loin, on discerne par cette identité d'appellation une façon pour Bersuire de mettre ses pas dans ceux de Barthélemy l'Anglais, comme il les mettra dans ceux d'Ovide ou de la Bible ; l'ordre du texte génère et légitime l'ordre du commentaire.

La deuxième méthode est plus pragmatique, mais s'appuie en même temps sur la dimension médiate de la réflexion épistémologique / théologique : il n'est pas possible de déterminer un ordre arbitraire des choses, et il n'y a pas non plus, *a priori*, de logique des choses, qu'elle soit organique ou chronologique ; il n'est pas même certain qu'il y ait une logique du texte – j'entends par là qui le dépasse et l'organise au-delà de lui-même. L'ordre des mots devient alors, par sa convention même, une sorte de mode de repérage qui fonctionne parfaitement, sans préjuger de la matière même : à défaut d'un ordre discernable, l'ordre des mots fournit une boussole, un guide arbitraire. Un travail comme le *Repertorium morale* constitue une des premières tentatives pour superposer à une logique narrative les raccourcis et les rapprochements que permet une approche dictionnairique.

Il est évident que, dans une telle démarche, Bersuire suit le chemin tracé par Jean de Gênes et son *Catholicon*[19] : bien sûr, son *Repertorium* fonctionne comme un dictionnaire, en ce qu'il est organisé alphabétiquement ; mais, la mission de Bersuire n'est pas de donner le sens premier des mots, même s'il le fait à l'occasion, et le propos tenu constitue un apport effectif, pas une aide ponctuelle. Il est plutôt, et cela ne nous étonnera pas, dans la continuité du travail qu'avait mené Jean Hautfuney[20] : les tables qu'avait constituées ce dernier, pour permettre un emploi plus aisé du *Speculum historiale* de Vincent de Beauvais, renvoient expressément à un texte donné, comme au bout du compte le fait Bersuire, dont le propos semble tourné vers la Bible.

C'est du moins ce qu'il semble. Mais par rapport à ces deux œuvres, qui sont indiscutablement parentes, Bersuire propose quelque chose de nouveau et d'organiquement différent ; dans la relation d'un dictionnaire au mot, ou d'un index à une œuvre, c'est un jeu d'aller-retour d'un type précis qui s'établit :

Dans le cas du *Catholicon* et de tout dictionnaire, l'usager part d'une œuvre *O* pour consulter un usuel *U* qui l'éclairera sur un mot et rendra l'œuvre plus intelligible, pour permettre un retour vers la suite de *O*. Le dictionnaire de mots a une fonction universelle et a pour mission de permettre l'éclaircissement de tous les textes. Virtuellement et sauf distraction ou oubli, un aller-retour suffit à éclaircir une situation : le sens découvert dans l'usuel se retrouve dans l'œuvre lue.

Dans le cas d'un index comme les tables de Jean Hautfuney, je pars de l'usuel *U* qui donnera par ordre alphabétique les raccourcis permettant de trouver dans l'œuvre *O* la matière pertinente à ma requête. Cette relation exclusive n'est utilisable qu'avec un système de références stable et précis ; elle peut être réitérée si

---

19. Composé à la fin du xiiie siècle par un Dominicain. On s'appuie sur l'édition de Venise (1487) disponible sur le site de la bibliothèque de Munich.
20. Voir P*aulmier*-F*oucart*, 1980 : 19-263 ; éd. P*aulmier*-F*oucart*, 1981 : 7-208.

l'index donne plusieurs références, si je mène plusieurs enquêtes. Le sens recherché va se construire dans ma réflexion, à partir du matériau textuel rassemblé.

Dans le cas du *Repertorium*, ce qui est étonnant, c'est que les entrées, qui pourraient avoir pour mission de fabriquer un concordancier et un répertoire, excluent presque intégralement cet aspect. Si l'on trouve quelques références, elles sont incomplètes et peu précises; il ne s'agit pas d'un index, il ne s'agit pas non plus exactement d'un dictionnaire, dans la mesure où l'éclaircissement proposé n'est ni définitionnel – il ne s'agit pas d'un dictionnaire de *mots* –, ni factuel – il ne s'agit pas d'un dictionnaire encyclopédique qui parlerait des *choses*. Le *Repertorium*, suscité par l'œuvre *O*, propose dans une organisation aisée à pratiquer une interprétation personnelle et nourrie d'un nom ou d'une notion présente en un ou plusieurs endroits de la Bible : le sens recherché est fourni par l'œuvre consultée, l'*Usuel* n'implique pas a priori de retour sur l'œuvre. Davantage, il n'est pas un outil de construction du sens, il présente ce sens. Ici, si l'on reprend la typologie dessinée plus haut, tout se passe comme si le jeu d'allers-retours entre le livre et l'usuel impliquait un aboutissement sur l'usuel, qui offre au bout du compte plus que le livre en ce qu'il l'explicite et lui donne une profondeur qu'il était difficile de percevoir par soi-même. Le dialogue d'une œuvre à son usuel se conclut sur le dialogue d'un lecteur et d'un *Repertorium* qui lui parle de lui. On le voit, nous sommes ici dans une dynamique qui distingue radicalement Bersuire de la démarche dominicaine à la finalité toujours utilitaire, orientée vers l'aide au prédicateur ; c'est autre chose, et pensé autrement, qui est en jeu. Malgré l'ampleur du volume, malgré le projet d'exhaustivité qui s'y affiche, la démarche reste radicalement distincte de celle qu'appliquent les dominicains qui cherchent constamment à faire somme, à rassembler toutes les informations sur un sujet donné et à organiser un savoir immédiatement assimilable à des fins d'enseignement. Le projet de Bersuire n'est peut-être pas tant de faire somme que de faire *sens*.

C'est pour cette raison qu'il ne faut pas sous-estimer le travail stylistique et rhétorique de Bersuire, en ce que ses entrées sont à chaque fois à considérer comme des œuvres à part entière. Prenons pour exemple la première phrase de l'article Abel :

> ABEL : *nota quod Abel fuit ab Adam genitus, ovibus deditus, offerens celitus, a fratre perditus* (éd. KEERBERG, 1609 : *ad verbum*).

> Abel : Noter qu'Abel fut engendré par Adam, destiné à garder les brebis, faisant des offrandes au ciel, détruit par son frère.

Le résumé de la vie du personnage biblique va donner le cadre de l'ensemble du développement, puisque c'est à partir de ces éléments que Bersuire va moraliser le personnage. Mais, tout d'abord, ce seront les assonances léonines qui permettront de scander, non seulement pour la mnémotechnie, mais également pour l'esthétique, une sorte d'ouverture de l'article, une annonce de plan qui entraînera un développement en plusieurs temps (*vel dic*) : l'un renvoyant à Abel comme figure christique, l'autre lisant la figure du prêtre derrière celle d'Abel, la dernière nous montrant qu'il signifie l'homme vain, misérable et malheureux.

Et dico quod per Abel potest intelligi Christus, quem Adam id est Deus genuit, qui ovibus id est fidelibus profuit, qui seipsum in holocaustum obtulit, quem frater suus Chain id est populus judaicus occidit et de medio sustulit. Luc XI, a sanguine Abel justi etc.

Vel dic quod hec dictio significat bonum ecclesiasticum vel praelatum, qui cum sit pastor ovium et Deo sacrificium offert a fratre suo Chayn id est a populo laicorum quotidie molestatur vel per infamationes occiditur et gravatur.

Vel dic quod Abel significat hominem, quia Abel interpretatur luctus, vanitas vel miserabilis, quare scilicet homo naturaliter est vanus, miserabilis, luctuosus etc. Ideo de homine potest dici illud gen iiii Ubi est frater tuus etc. quod dicit iste non habet existentiam longam, immo transit ut vanitas et recedit (éd. KEERBERG, 1609 : ad verbum).

Et je dis que par Abel on peut comprendre le Christ, qui a été engendré par Adam, c'est-à-dire Dieu, et qui s'est dévoué à ses brebis, c'est-à-dire à ses fidèles ;
Qui s'est offert en sacrifice, et que son frère Caïn, c'est-à-dire le peuple juif, a tué et soustrait au monde, (Lc XI :) « Du sang d'Abel le juste etc. »[21]

Ou bien, disons que ce mot signifie le bon ecclésiastique ou le prélat qui, alors qu'il paît ses brebis et offre un sacrifice à Dieu, est blessé chaque jour par son frère Caïn, c'est-à-dire par le peuple des laïcs et opprimé et tué par les médisances.

Ou bien, disons qu'Abel signifie l'homme, parce qu'Abel peut être compris comme le chagrin, la fragilité et la misère, parce que l'homme est de sa nature fragile, misérable et malheureux etc. De même on peut dire de l'homme (Gn 4 :) « où est ton frère, etc. » ce qui signifie qu'il n'a pas une longue vie, mais qu'il passe au contraire et disparaît comme chose fragile…

Il est certain que la construction parallèle des propositions facilite en latin les effets d'assonances et de rimes internes à la phrase ; il n'en est pas moins vrai que Bersuire recherche ces effets et en fera une des caractéristiques de l'ensemble de sa prose : une formulation balancée donne naissance à un développement nourri et équilibré, où l'on ne mentionne pas les sources, qui affleurent toujours cependant.

Ainsi la phrase *Abel interpretatur luctus, vanitas vel miserabilis* participe d'une longue tradition de commentaire et d'explicitation du sens du nom en hébreu, qui commence dès Jérôme : *Abel, luctus, sive vanitas, vel vapor, aut miserabilis*[22] et que l'on retrouvera à diverses reprises, tout au long du Moyen Âge, parfois sous une forme abrégée où ne reste que *luctus* et parfois *vanitas*. Cette

---

21. De façon intéressante, le verset ne renvoie pas à Luc 11.51 mais à Mt 23.35. Bersuire cite de mémoire, et ce qui compte pour lui est plus un sens global qu'une précision absolue. Par ailleurs, paradoxalement, une erreur de ce type dans les références bibliques montre une familiarité telle qu'on ne vérifie même plus sa source.

22. Saint Jérôme, *Liber nominum Hebraicorum scripturae sacrae*, PL 23, col 1146 ; on la retrouve sous diverses formes, y compris chez Raban Maur, *Commentarium in Genesi*, et dans la *Glossa ordinaria* : *Abel namque luctus interpretatur, vel vapor. quia luctus fuit parentibus vel tanquam vapor cito dispáruit* (PL 113, col. 98). Pour cette tradition des gloses, on pourra consulter le site Glossae.net, qui vise à mettre en ligne ces outils essentiels.

tradition est attestée par exemple chez Jean de Gênes, qui, une fois n'est pas coutume, intégrera ce nom propre dans son dictionnaire, sous la pression sans doute de la tradition scolastique : *Abel interpretatur luctus, vel pavor seu vanitas, aut miserabilis* (éd. 1487, *ad verbum*)[23]. Ce n'est pas à lui que Bersuire a repris cette mention, mais probablement à la tradition de la *Glossa ordinaria*[24], puisqu'il ne cite pas sa source. Si le matériau est connu, il est consciemment recomposé, y compris dans le renvoi à la Bible : l'entrée renvoie bien sûr à Gn 4 et à Lc 11, mais omet les autres références[25].

C'est donc à un travail original, autant dans la forme que dans le fond, que se livre Bersuire, une œuvre d'écrivain qui non seulement s'inscrit dans la continuité de techniques nouvelles (dictionnaire, concordancier), mais les utilise à des fins précises et innovantes.

ÉLÉMENTS DE CONCLUSION

Au carrefour des préoccupations homilétiques d'un Vincent de Beauvais, d'un Thomas d'Aquin et d'un Étienne de Bourbon, l'œuvre de Bersuire rencontre par bien des aspects les préoccupations des dominicains, mais se caractérise par une attitude et une identité spécifiques. Il n'est pas question pour lui de fabriquer un outil homilétique, mais bien de chercher un sens global et qui unifie le monde sous le regard de Dieu ; le cheminement de l'homme – et plus exemplairement encore le cheminement du clerc – semble inscrit dans chacun des moments de la Création, et il lui appartient de les dégager et d'en donner le sens, de façon à faciliter le chemin de chacun d'entre nous.

On sait que Bersuire était estimé de Pétrarque, et cela fait justice de l'aspect poussiéreux que l'on attache souvent à son œuvre ; humaniste, Bersuire l'est autant que l'illustre amant de Laure, même s'il n'a ni son éclat ni son érudition. Pour lui, cependant, il y a entre l'ensemble des choses humaines et leur signification morale la même évidence qui fait passer d'une lecture amoureuse du *Canzoniere* à une lecture mystique. Ce qui fait l'intérêt de Bersuire, c'est sa capacité à intégrer dans le même regard chaleureux la *Bible*, Ovide et la Création, boussoles permettant à l'homme de poursuivre sa route vers Dieu.

Son œuvre, *Reductorium* ou *Repertorium*, n'a pas pour mission de fournir un prêt-à-penser à un prédicateur en manque de matériel ; au contraire, elle est irriguée par un regard constant, une démarche tout à la fois curieuse, attentive, inventive et rigoureuse, qui cherche à dégager une signification des mots autant que des choses, et s'inscrit exemplairement dans la dynamique des milieux avi-

---

23. On notera, au passage, la métathèse qui transforme *vapor* en *pavor*, présente dans au moins deux éditions de Jean de Gênes.
24. Publiée sous le nom de Walafrid Strabo (*PL* 113, col. 98), mais d'après Smalley (1941 : 44-46 et 224-230) due surtout à Anselme de Laon.
25. Mt 23.35 ; Heb. 11.5 ; 12.35.

gnonnais. Le goût des sommes et des index ne participe pas tant d'une attitude de coupe réglée propre à la scolastique que de l'appropriation d'un nouveau rapport au texte qui caractérise cette période, voire d'un nouveau rapport à l'espace.

C'est ce qu'il rappelle longuement et de façon circonstanciée dans la préface à l'ensemble de son œuvre, où, après avoir souligné la part des *exempla* dans sa première partie et l'originalité de ses interprétations, après avoir présenté les matières, tant au sens moral qu'au sens littéral, qu'il développe dans sa deuxième partie, il s'attache au propos de sa troisième partie :

> *Ut et sic primum opus sit sicut lapidicina vel puteus, ad materiam haurien-dum, secundum opus sit sicut quoddam aedificium, ad exhaustam materiam collocandum, tertium vero opusculum erit sicut ostium, ad dictum aedificium subintrandum : Igitur in istis tribus, intendo laborum meorum seriem terminare ut sic opus ingenii mei, quod a tribus animae dependet potentiis, possim ad Trinitatis gloriam ordinare.*

En sorte qu'ainsi cette première œuvre soit comme une carrière ou un puits pour extraire la matière, que la seconde soit comme un édifice où disposer la matière extraite, et que la troisième soit comme une porte pour permettre de s'introduire dans l'édifice ; donc, dans ces trois, j'ai l'intention d'achever la série de mes travaux, pour qu'ainsi l'œuvre de mon intelligence, qui résulte des trois facultés de l'âme, je puisse l'ordonner à la gloire de la Trinité.

Il reprend un peu plus loin :

> *Circa denominationem vero operum praedictorum notandum est quod quia in isto primo opere proprietates naturales deducuntur ad mores, ideo ipsum opus morale reductorium nomino. Quia in secundo opere inveniuntur matieriae tractatae et elucidatae, et secundum vocabulorum naturam per alphabeti ordinem explica-tae, ideo ipsum morale repertorium baptizo. Tertium vero opusculum quia per quasdam remissiones et reductiones multa continebit sub brevibus eritque quasi modus et directio, ut aliis quis utatur, ideo ipsum morale breviarium seu directo-rium, si vitae comes fuerit, appellabo* (Préface, t. I, p. 2).

À propos des intitulés des œuvres déjà mentionnées, il faut noter que, parce que dans cette première œuvre on applique les propriétés naturelles aux mœurs, je l'ai nommée *réductoire morale* ; parce que dans la deuxième se trouve une matière étudiée et éclairée selon la nature des mots, et expliquée selon l'ordre de l'alphabet, je l'ai appelée pour cette raison *répertoire moral*. Le troisième petit ouvrage, parce que par ses quelques renvois et ses résumés il contiendra beaucoup en quelques pages, sera comme un guide et un compas à celui qui s'en servira, je l'intitulerai *bréviaire* ou *directoire moral*, en tant qu'il sera le compagnon d'une vie.

Ce n'est donc pas une collection d'*exempla*, mais une œuvre, un édifice que propose Bersuire, organisé dans un dessein précis, et cela quand bien même le *breviarium morale* nous est inaccessible.

J'ai eu l'occasion de montrer ailleurs (HÜE, 1999 : 41-57) comment se met-taient en place, dans ce milieu, une approche nouvelle de la perspective comme de la cartographie ; le monde que tient le Christ de Simone Martini dans le porche de Notre-Dame des Dombs est une belle sphère, qui accueille les éléments ; les cartes spirituelles imaginées par Opicinus de Canistris s'appuient sur le tracé juste des meilleurs portulans de l'époque ; il n'est jusqu'au mont Ventoux, escaladé par Pétrarque, dont le sommet ne permette d'envisager le monde différemment, entre la méditation d'Augustin et la contemplation du Mont Blanc. À chaque fois, la carte précise le territoire, le dessin vise à réduire et à donner sens, à rendre intelligible par une vision d'ensemble ce que nous ne pouvons discerner dans l'univers qui nous entoure ; mais, à chaque fois également, le détail d'un dessin, un objet du quotidien ou la citation d'un livre nous donnent les clefs qui éclairent le sens global.

C'est, je crois, ce qui caractérise cette bascule constante entre le plan d'ensemble et l'analyse de détail, cette oscillation entre un *Reductorium*, qui ramène et reconduit l'ensemble du monde matériel et du monde des idées à une même perspective, en dégageant un plan général éclatant de simplicité, et un *Repertorium*, qui offre à chaque mot – et souvent à chaque chose – le détail indiscutable d'un projet et d'une signification.

Cinquième partie

FORMULES DIALOGIQUES ET FORMES OUVERTES

L a dialectique informe intrinsèquement la démarche philosophique, qu'elle s'affiche dans une forme dialogale ou qu'elle prenne la forme d'un échange différé avec la tradition, dans le commentaire, l'exégèse ou la réfutation, qui aide la rationalité à se construire. Si la plupart des encyclopédies se présentent comme un soliloque d'autorité à l'intention du lecteur, la tentation existe, dans une filiation éminemment philosophique, de montrer à l'œuvre le processus double d'apprentissage et d'enseignement, à travers un échange qui construit à deux le savoir, en le fondant sur le questionnement qui en est la source. Cette formule de construction d'une *paideia* remonte, pour la conception théorique, aux dialogues platoniciens, et se traduit par une abondante littérature d'*Erotapokriseis* (*Quaestiones et Solutiones*), qui en développe la logique dans une formule littéraire que l'on peut faire remonter aux *Problemata* d'Aristote. La démarche pédagogique ou initiatique est essentiellement fondée sur un dialogue, qui est nécessairement le contexte posé ou supposé de l'ouvrage de savoir, et qui peut être mimé à l'intérieur de l'œuvre savante. Les ouvrages encyclopédiques sont au fond, par principe, des réponses à une demande, éventuellement vague, et à une aspiration à la connaissance, de la part d'un destinataire prêt à apprendre dont elles ont à satisfaire les attentes. La mise en scène dramatique ou dialogique d'un discours didactique, pratiquée de longue date par les auteurs chrétiens (Origène, Eusèbe, Pseudo-Justin…), constitue une matrice discursive qui offre la possibilité d'une construction dynamique, et l'occasion d'une autre forme de… plaisir. L'introduction du lecteur ou du disciple – qui peut être simulé dans un discours suivi – dans le jeu encyclopédique, par les possibilités de diaphonie et de variation de tons et de posture, permet d'assouplir la litanie des formules d'autorité, de diluer le poids de la pédanterie savante, et d'animer ces sommes d'information d'un souffle ludique, en suggérant aussi au lecteur de régler son rapport au savoir sur le modèle interactif qui lui est proposé en spectacle.

Mais cette représentation théâtrale voire polyphonique du savoir constitue une menace, pour deux valeurs cardinales de l'écriture encyclopédique. La continuité de l'entretien ne peut conjurer la discontinuité des sujets et des questions, et si la *disputatio* littéraire et la *varietas* sont des outils rhétoriques officiels de la péda-gogie, elles mettent en péril, lorsqu'elles portent sur une matière complexe qu'il faut précisément organiser pour la rendre accessible, la compréhension profonde de l'ensemble visé. Elles accroissent en somme d'une dimension le problème de la conciliation, qui semble au cœur de la démarche encyclopédique, entre la diver-sité (des formes et des idées) et l'unité (du sens et du monde). Certes, la formule dialogale ou conviviale se justifie et montre son efficacité dans les projets intel-lectuellement ouverts, qui favorisent la mise en concurrence des opinions, comme dans les *Propos de table* ou autres traités de questions naturelles ou morales de Plutarque, qui permettent à des représentants des divers courants philosophiques d'opposer leurs théories et d'aiguiser leurs arguments ; elle constitue également une utile motivation au savoir, en ce qu'elle encourage chez le lecteur, invité à participer à distance à ce partage, des pratiques conversationnelles de reprise et discussions autour de sujets qui sont donnés non pour clos mais comme objets de débat. Mais il semble y avoir dans cet agencement spectaculaire – au reste souvent artificiel – une forme de contradiction avec l'exposé d'un savoir ordonné ; et l'ex-clamation de Macrobe, au seuil du *vademecum* complet de connaissances (*totum scientiae supellex*) qu'il propose sous forme de *Miscellanea*, apparaît en l'occur-rence comme une élégante mais illusoire analogie : « Considère de combien de voix un chœur est composé – et cependant toutes ces voix n'en forment ensemble qu'une seule » (*praef.* 7).

L'autre pilier encyclopédique que remet apparemment en cause cette formule est le fondement de l'autorité. Le savoir exhibé dans les encyclopédies provient d'une culture acquise de façon non systématique et procède d'un itinéraire de savoir personnel, mais cette formation subjective est souvent dissimulée, dans les dispositifs encyclopédiques typiques, pour offrir une impression d'objectivité. Pourtant, dans l'interlocution qui développe, au-delà d'une simple exhibition du savoir, la possibilité d'une argumentation et d'une démarche active, l'auteur ency-clopédiste reste le maître d'une orchestration du scénario d'apprentissage qui se révèle, compte tenu de la prévalence dans son projet d'écriture de l'enjeu péda-gogique, un artifice. Le dialogue "encyclopédique", comme l'*ordo neglectus*, est une feinte persuasive pour insinuer le produit d'une pensée déjà construite, qui se glisse dans un déguisement. Et le choix dramatique n'est, en fait, ni un obstacle à la machine didactique, ni une dénaturation de la posture d'autorité magistrale : le processus diaphonique contribue efficacement, à sa manière, à construire l'auto-rité du discours du maître, dans la mesure où son auteur est libre de redéployer un savoir traditionnel, tout en intégrant l'attente et les questions du destinataire, et peut refonder une posture incontestable de savoir à partir des idéaux et des modèles culturels. À travers les formes limites ou ouvertes de l'encyclopédie, se manifeste un trait constitutif de son discours et l'ambivalence de sa démarche, entre la simulation d'un soliloque absolu et le simulacre d'un dialogue.

La première étude confronte deux œuvres disparates et érudites de l'antiquité tardive (les *Nuits Attiques* d'Aulu-Gelle, et les *Saturnales* de Macrobe), composées autour de conversations ou de questions anecotiques, éclairant l'une par l'autre. En reposant la question du regard porté par Macrobe sur les *Nuits Attiques*, qui sont pour lui une source majeure, et en comparant le projet respectif des deux auteurs, est étudiée, avec un regard rétrospectif, la poétique d'Aulu-Gelle, en suivant des axes généraux (notamment ceux de l'ordre et de la structure), mais aussi à partir des modalités de la transmission des savoirs et de l'ambition dont procèdent leurs programmes. Également portés par l'ambition de restituer un savoir multiple, à la fois acquis et construit, qui épouse la diversité de la curiosité et des savoirs anciens, et le souci de transmettre à leur enfant un capital de connaissances personnelles, les auteurs expriment dans leur préface respective des revendications opposées : l'une au désordre, dans le but d'offrir une récréation (*NA*) ; l'autre à l'ordre, dans l'intention de proposer une leçon de culture générale (*Sat.*). Cette divergence de *dispositio* permet de mesurer combien la possibilité d'un ordre – et celle d'un désordre – peut être problématique dans ces œuvres affines qui pratiquent le culte des savoirs anciens, sous une forme exiguë et micrologique. L'analyse met enfin en lumière d'évidents réseaux thématiques de l'œuvre d'Aulu-Gelle dans son ensemble (car il procède lui aussi à une digestion synthétique et organisatrice du savoir), et la récurrence de certains motifs structurants, et d'éléments manifestant une vision globale et un souci de construction.

La seconde communication analyse à travers quatre textes de la fin du XIIIe siècle (*Placides et Timéo, Le Livre de Sydrac, L'Image du Monde, Li Livres dou Tresor*) le fonctionnement et la portée du dispositif dialogique dans le discours encyclopédique. Le clivage entre encyclopédies dialogales et monologales, commode parce qu'il permet de classer à moindres frais les traités sur la nature du Moyen Âge, demeure cependant purement formel. L'encyclopédiste se dotant d'un partenaire discursif virtuel, on s'aperçoit en effet très vite que les secondes utilisent les mêmes stratégies argumentatives que les premières (dont le recours à la question, à l'objection ou bien encore à la répétition) et que, par un juste retour des choses, les encyclopédies dialogales, qui disposent pourtant de deux sujets parlants physiquement distincts, empruntent à leur tour aux encyclopédies monologales les objections simulées ou les questions anticipées. Les enjeux de ce dialogisme interlocutif sont de taille, et la relation complexe qui se construit, à chaque étape de l'apprentissage, entre l'enseignant et l'enseigné – entre le maître et l'élève dans les encyclopédies dialogales, entre l'encyclopédiste et son auditoire dans les autres – et qui vise à instaurer l'interlocuteur en nouvelle autorité, n'est qu'un leurre, le clerc n'ayant de cesse d'inverser les rôles et de brouiller les pistes afin de maintenir sous son contrôle son partenaire discursif qui, bien que fictif, joue un rôle déterminant dans la construction du savoir, et sans lequel il ne saurait y avoir de transmission.

Le troisième article porte exclusivement sur l'une de ces encyclopédies "dialogales", intitulée *Le Livre de Sydrac* autrement dit *Le livre de la fontaine de toutes sciences*, qui repose en partie sur l'encyclopédie échevelée connue sous le nom de *Secretum secretorum* (du Pseudo-Aristote). Ce « miroir des princes » singulier, qui participe au transfert de la connaissance des clercs dans la langue vulgaire, et lui assure donc une diffusion plus large dans la société, aborde de nombreux domaines de la vie pratique et du savoir vivre, et est marqué dans l'ensemble par un esprit pragmatique, qui le fait alterner entre exposés descriptifs et prescriptions. Il tire sans doute de ses choix discursifs et didactiques (dans le cadre du genre ancien et répandu au Moyen Âge du dialogue didactique) une bonne partie de son succès public : c'est le disciple qui guide par ses (1 227) questions l'entretien, évoluant par déplacements associatifs ou sauts arbitraires, sans que le maître (Sydrac) n'en fixe ni l'ordre ni les limites. Cette ouverture totale de l'horizon de questionnement, en expansion virtuellement infinie (et qui se traduit historiquement par l'amplification d'une seconde version, qui fait le double de la première, avec des ajouts ultérieurs), constitue une élasticité menaçante pour l'œuvre et, par son déficit d'ordre, une infraction à la mission d'organisation des savoirs dont on fait un critère du genre. Mais cette encyclopédie décomplexée et paradoxale, qui trouve peut-être dans sa tâche de transposition en langue vulgaire une occasion de liberté et de subversion, s'adapte formellement au niveau de culture et aux formes de vie de l'époque – et permet ainsi de bien l'appréhender.

La dernière contribution présente du même monstre encyclopédique une approche différente. Cette œuvre atypique, pas son manque de systématicité et son cadre dramatique, et qui développe dans un long entretien l'histoire de la conversion du roi Boctus, relève d'un savoir narratif, mais qui permet néanmoins l'exposé de connaissances traditionnelles et l'intégration d'un savoir considérable. Principalement à travers les données des deux prologues, sont étudiées toutes les manœuvres et astuces savantes, jouant sur les conventions de l'époque, qui permettent à l'auteur de construire la légitimé de Sydrac, personnage – fictif – donné pour un prophète de l'ancien temps, et de forger son autorité. Guidée par les analyses de Lyotard (dans sa *Condition postmoderne : Rapport sur le savoir*) qui pose la question des moyens de légitimer la science, discréditée dans le contexte postmoderne par l'épuisement des « métarécits » qui la validaient (et en particulier les constructions totalisantes illustrant l'histoire de l'esprit universel), l'étude montre l'habileté d'un texte qui, grâce au maniement des codes didactiques et à des allusions intertextuelles, joue sur les deux tableaux de la narration et de la leçon, de la diversité et de l'unité.

LE PROJET D'AULU-GELLE ET SA LECTURE PAR MACROBE : DE LA *DISPARILITAS* AFFECTÉE À LA RECHERCHE D'UN ORDRE CACHÉ ?

Benjamin Goldlust

Université Lyon III – Jean Moulin, HiSoMA (UMR 5189)

À première vue, Aulu-Gelle et Macrobe ont de très nombreux points communs : attachés au passé, à la culture romaine et même à l'archaïsme, ils ont tous deux composé des œuvres de compilation, relevant des traditions didactique et antiquaire, que l'on consulte ponctuellement souvent plus qu'on ne les lit. L'auteur des *Nuits Attiques* (éd. MARACHE, 1967 ; éd. JULIEN, 1998) est d'ailleurs l'une des sources favorites de Macrobe dans les *Saturnales*[1], un banquet particulièrement stylisé qui réunit, pour de savantes conversations portant sur l'ensemble des domaines du savoir, des érudits, souvent membres de la haute aristocratie sénatoriale connue pour son traditionalisme. L'auteur des *Saturnales* utilise très fréquemment les *Nuits attiques* et sa pratique de la compilation a souvent conduit la *Quellenforschung* de la fin du XIXe siècle (LINKE, 1880 ; WISSOWA, 1880) à voir en lui un pillard – jugement que la critique contemporaine a pertinemment nuancé. D'ailleurs, c'est parfois pour se distancier ostensiblement de lui – en apparence – que Macrobe cite Aulu-Gelle. C'est dans ce cadre complexe que se pose, par exemple, la question d'un ordre de composition, délibérément refusé dans les *Nuits Attiques* (du moins si l'on suit la lettre du texte d'Aulu-Gelle, ce qui, au demeurant, ne va pas du tout de soi) ; et au contraire délibérément revendiqué dans les *Saturnales* qui, typiquement néoplatoniciennes, sont habitées par une obsession de l'organicité subsumant la multiplicité des savoirs épars. En revenant, après l'étude ancienne de TÜRK (1965 : 381-406), sur la lecture d'Aulu-Gelle par Macrobe, à la lumière des principaux passages programmatiques et métapoétiques, nous tenterons ici une comparaison de leur projet respectif, pour aborder, avec un regard rétrospectif, la question d'une poétique d'Aulu-Gelle, en suivant des axes généraux (la question de l'ordre, la structure, la finalité), mais aussi à partir de critères thématiques plus précis, à commencer par celui des modalités de la transmission des savoirs et de l'ambition (didactique ? encyclopédique ?) dont procèdent leurs programmes.

---

1.   Dans l'attente de l'édition des *Saturnales* dans la CUF, que nous préparons en collaboration, l'édition de référence est celle de KASTER (2011), qui remplace avantageusement WILLIS (1963). Pour une traduction française des *Saturnales*, voir BORNECQUE et RICHARD, 1937. Une nouvelle traduction française, nourrie de notes, a été entreprise par GUITTARD (1997). Pour une approche littéraire de l'œuvre de Macrobe, voir GOLDLUST, 2010.

Encyclopédire : formes de l'ambition encyclopédique dans l'Antiquité et au Moyen Âge, éd. par Arnaud ZUCKER, Turnhout, 2013, *(Collection d'Études Médiévales de Nice, 14)*, pp. 369-380.
© BREPOLS ⹊ PUBLISHERS   DOI 10.1484/M.CEM-EB.1.101806

CONVERGENCES, IMITATION ET CRÉATION

Il convient, dans un premier temps, d'insister sur la légitimité d'une lecture parallèle des deux œuvres. Plusieurs axes peuvent être retenus, et d'abord celui de la personnalité de leurs auteurs. De part et d'autre, on distingue, en effet, un profond attachement au passé. MARACHE avait montré (éd. 1967: XVIII-XIX) que l'art d'Aulu-Gelle provient notamment du choix des mots (plus que de la recherche d'un ordre ou d'une structure, selon lui, ce qui pourrait sans doute être un tant soit peu nuancé) et de son goût pour l'archaïsme, en particulier. Ce jugement esthétique trouve un écho évident, chez Macrobe, dans le catalogue établi par un convive du banquet macrobien, Rufius Albinus, pour faire l'éloge de la connaissance que Virgile a des poètes archaïques (*Sat.*, 6.1-4). Cette leçon de poétique entend montrer combien la connaissance du passé, dont le personnage macrobien déplore la disparition et la méconnaissance chez ses contemporains, a vocation à nourrir le présent. D'une manière générale, d'ailleurs, la *Weltanschauung* d'Aulu-Gelle est comme synthétisée dans la célèbre formule macrobienne, programmatique de l'ensemble des *Saturnales*, que l'on trouve en 3.14.2: *Vetustas quidem nobis semper, si sapimus, adoranda est.* Mais l'on doit également songer à un jugement mis par Macrobe dans la bouche du jeune grammairien Servius à propos des conséquences de la méconnaissance des auteurs anciens et de leur langue:

> *Bene, inquit Seruius: haec tibi quaestio nata est ex incuria ueteris lectionis. Nam quia saeculum nostrum ab Ennio et omni bibliotheca uetere desciuit, multa ignoramus, quae non laterent, si ueterum lectio nobis esset familiaris* (*Sat.*, 6.9.9).

> Très bien, dit Servius, ta question s'explique par notre indifférence pour la vieille langue. Notre siècle, en effet, se désintéresse d'Ennius et de tous les auteurs anciens; dès lors, nous ignorons une foule de choses qui ne nous échapperaient pas, si la lecture des auteurs anciens nous était familière

Pour ce qui relève, de plus, du genre littéraire, de l'orientation et de la finalité de leurs œuvres respectives, le lecteur ne peut que relever une communauté de vues entre Macrobe et Aulu-Gelle, en particulier s'agissant des modalités complexes de leur inscription dans plusieurs traditions, sans en considérer aucune comme exclusive (GOLDLUST, 2010: 315-321). La convergence de plusieurs formes est évidente de part et d'autre: celle de l'érudition, du dialogue et des conversations dites sérieuses, celle des miscellanées, des *mirabilia*, des mémorables, des formes du genre encyclopédique (encore que, en toute rigueur, Aulu-Gelle ne puisse être qualifié d'encyclopédiste en raison du caractère non-systématique de son entreprise édificatrice), des traités didactiques, des recueils d'*exempla* et d'anecdotes, sans même parler de l'importance proprement constitutive que revêtent, dans les deux œuvres, les différentes sortes de citations, de paroles au second degré, de paroles empruntées, rapportées ou alléguées (GOLDLUST, 2010: 327-358).

Du point de vue de la réception, Aulu-Gelle et Macrobe sont typiquement deux auteurs que l'on consulte, mais que l'on ne lit pas, des « antiquaires » pris en

compte la plupart du temps très succinctement pour vérifier tel ou tel détail d'érudition. Pourtant, chez l'un comme chez l'autre, des motifs littéraires reviennent
de façon cohérente, de manière à créer des réseaux de sens, des esquisses de
structure et une forme de continuité dans la façon dont ils font l'aveu de leur
admiration pour leurs maîtres et leurs prédécesseurs, et de leur goûts littéraires
qui, parfois, se recoupent même. Deux exemples corrélatifs suffisent à le montrer :
celui de Virgile et de Fronton. Virgile est, en toutes choses, le maître de Macrobe
qui le considère comme un *uates* ayant construit une œuvre qui possède à la fois
la riche multiplicité et l'unité cosmique de la nature (*Sat.*, 5.1.18). Pour Aulu-
Gelle, Virgile est un virtuose du style, puisqu'il voit en lui un modèle d'élégance
(éd. MARACHE, 1967 : XXII). Symétriquement, le maître d'Aulu-Gelle, Fronton
(ASTARITA, 1993 : 190-196 et HOLFORD-STREVENS, 2003 : 131-132), retient aussi
tout l'intérêt de Macrobe. Dans le cadre de la quadripartition originale des genres
de style qu'il propose au livre 5 des *Saturnales*[2], en rupture avec la tripartition
classique dont, soit dit en passant, Aulu-Gelle est encore tributaire[3], Macrobe
considère Fronton comme le modèle d'un style, le style sec :

> *Quattuor sunt, inquit Eusebius, genera dicendi : copiosum, in quo Cicero domina-
> tur : breue, in quo Sallustius regnat ; siccum, quod Frontoni adscribitur ; pingue
> et floridum in quo Plinius Secundus quondam et nunc nullo ueterum minor noster
> Symmachus luxuriatur* (*Sat.*, 5.1.7).

> Il y a, dit Eusèbe, quatre genres d'éloquence : le genre abondant, où Cicéron est
> passé maître ; le genre concis où Salluste est roi ; le genre sec qui se recommande
> du nom de Fronton ; le genre riche et fleuri avec, autrefois, la luxuriance de Pline
> le Jeune et celle, aujourd'hui, de Symmaque, qui ne le cède à aucun ancien.

Du point de vue de l'orchestration globale des conversations, enfin, il y a chez
Aulu-Gelle, comme chez Macrobe, d'évidents efforts de mise en scène ; surtout,
les *Nuits Attiques* comportent un banquet (17.8), dans lequel il est d'ailleurs question, dans le cadre des conversations de table, du gel des liquides – à l'occasion
du gel d'une burette d'huile pendant le dîner –, sujet également abordé dans
les *Saturnales* à la faveur d'une question du jeune Aviénus à laquelle répond le
médecin Disaire en *Sat.*, 7.12.24-37.

Mais si l'on entre à présent dans les structures fines et que l'on se fonde sur
sa préface, l'œuvre d'Aulu-Gelle présente aussi des éléments de comparaison
féconds avec le programme de Macrobe. TÜRK (1965 : *passim*) notait déjà un
certain nombre de convergences entre les deux projets. Les deux auteurs sont
des érudits ayant une bonne connaissance de la littérature grecque et latine. À

---

2. Voir *Sat.*, 5.1.17 : *Quattuor sunt, inquit Eusebius, genera dicendi : copiosum, in quo Cicero dominatur :
   breue, in quo Sallustius regnat ; siccum, quod Frontoni adscribitur ; pingue et floridum in quo Plinius
   Secundus quondam et nunc nullo ueterum minor noster Symmachus luxuriatur.*
3. Voir *Noct. Att.*, 6.14, notamment 1-2 : *Et in carmine et in soluta oratione genera dicendi probabilia sunt
   tria, quae Graeci "charakteras" uocant nominaque eis fecerunt "hadron", "ischnon", "meson". Nos
   quoque, quem primum posuimus, "uberem" uocamus, secundum "gracilem", tertium "mediocrem".*

partir de leurs nombreuses lectures, ils ont tous deux pris des notes qu'ils ont utilisées d'une manière ou d'une autre. Enfin, ils dédient l'un comme l'autre leur ouvrage à leurs fils. La critique a eu majoritairement tendance à penser que Macrobe ne cite jamais Aulu-Gelle, ce qui est peut-être discutable dans un cas (en raison d'un risque de confusion entre Aulu-Gelle et l'annaliste Cnaius Gellius) et mériterait sans doute une nouvelle analyse (GOLDLUST, 2010: 254; GOLDLUST, 2012: *passim*). Du moins Macrobe n'a-t-il évidemment pas besoin de faire explicitement référence à l'auteur des *Nuits Attiques* pour le démarquer. On pourrait même penser, d'une manière générale, que c'est dans les rares cas où l'élément emprunté est anodin et ne donne pas lieu à une élaboration littéraire nouvelle que Macrobe prend le soin de préciser sa source.

L'une des manifestations les plus évidentes de cette liberté créatrice par rapport à un modèle éventuel reste l'important travail de correction de ses sources auquel se livre Macrobe. L'article de TÜRK (1965), cité plus haut, semble d'ailleurs avoir été pendant longtemps la seule étude qui ait eu l'ambition de réévaluer en faveur de Macrobe les jugements catégoriques de la *Quellenforschung*. Quelques exemples particulièrement édifiants permettent d'en juger. Dans les *Nuits Attiques* (1.8.5-6), Aulu-Gelle rappelle un mot célèbre de Démosthène sur la fameuse courtisane Laïs dont il souhaite s'offrir la compagnie. Mais d'après Macrobe, les services de Laïs sont moins onéreux que d'après Aulu-Gelle: un demi-talent, c'est-à-dire 3 000 drachmes, au lieu de 10 000 drachmes. Dans le détail, TÜRK (1965: 399-400) est parvenu à montrer que, lorsque la prose d'Aulu-Gelle se distingue par son caractère très général et flou, Macrobe met tout son soin à faire disparaître ses imprécisions dans les passages qu'il réécrit.

LES TÉMOIGNAGES MÉTAPOÉTIQUES : REPRISES, ÉCARTS, DÉMARCATIONS

À la lumière d'une étude antérieure (GOLDLUST, 2009: 275-293), il faut s'arrêter plus longuement sur le cas de la préface d'Aulu-Gelle pour éclairer rétrospectivement son projet à partir de la lecture et de la réécriture qu'en propose Macrobe. On sait que *Sat.*, *Praef.*, 2-9 a pour source directe Gell., *NA*, *Praef.*, 2-3. Si, dès la première phrase, Macrobe s'adresse directement à son fils Eustathe pour lui dédier les *Saturnales*, Aulu-Gelle n'a pas recours, quant à lui, au procédé de l'adresse directe au dédicataire, mais soumet également son projet à l'exigence d'édifier ses enfants. Suivant une démarche tout à fait caractéristique de la littérature savante, Macrobe envisage les *Saturnales* comme une immense leçon qui aura la multiplicité de la nature pour permettre à son fils de recevoir l'éducation générale et pratique à laquelle doit prétendre tout rejeton de l'aristocratie sénatoriale constituant alors l'élite païenne. Aulu-Gelle, au contraire, conçoit les détails d'érudition dont son œuvre est pourvue comme une *remissio*, une manière de délassement destinée à divertir ses enfants des affaires.

[…] *iucundiora alia reperiri queunt, ad hoc ut liberis quoque meis partae istius modi remissiones essent, quando animus eorum interstitione aliqua negotiorum data laxari indulgerique potuisset* (NA, Praef., 1).

[…] on peut trouver des agréments plus grands, il faut que des récréations de cette sorte soient procurées à mes enfants eux aussi, pour le moment où, quelque répit leur étant donné par leurs affaires, leur esprit pourra s'y relâcher et s'y complaire.

Par ailleurs, l'étude du témoignage des auteurs sur la technique de composition de leurs ouvrages respectifs peut remettre en cause, à première vue du moins, la légitimité du rapprochement global qui a été opéré entre la préface des *Saturnales* et le début de celle des *Nuits Attiques*. Il est vrai que, pour écrire une œuvre érudite reposant pour une part non négligeable sur la compilation, les deux auteurs furent conduits à manier, directement ou indirectement (ce qui repose la question, en partie insoluble, de la composition de la bibliothèque de Macrobe), maints ouvrages, sources plus ou moins directes de leur travail. Aulu-Gelle fait ainsi état de ses lectures de livres grecs et latins et, lorsque Macrobe fait également allusion à ses lectures, y compris en utilisant à l'occasion le même vocabulaire qu'Aulu-Gelle (comme l'image du *penus*, le « garde-manger littéraire »), il va de soi que l'on doit parler d'emprunt direct de la part de Macrobe. Mais le retour d'un terme fait aussi émerger de profondes différences, tant il est vrai que, dans l'Antiquité tardive en général et sous la plume de Macrobe en particulier, les modalités de la réinsertion et de l'adaptation d'une image, d'une thématique ou d'une forme reprise comptent bien plus que la reprise en elle-même.

Si Aulu-Gelle conçoit son ouvrage comme un *penus*, ce dernier a été écrit, selon l'auteur, dans une forme capricieuse, au gré des lectures, bref sans principe de composition préalablement défini. Si l'on relit la phrase d'Aulu-Gelle, dont Macrobe retient deux éléments (la lecture d'ouvrages latins et grecs et l'image du *penus*), on remarque une mise en avant très nette de deux adverbes (*indistincte atque promisce*) caractérisant la méthode concrètement suivie par l'auteur pour écrire son ouvrage, à partir de ses notes de lecture.

Nam proinde ut librum quemque in manus ceperam seu Graecum seu Latinum uel quid memoratu dignum audieram, ita quae libitum erat, cuius generis cumque erant, **indistincte atque promisce** *annotabam eaque mihi ad subsidium memoriae quasi quoddam litterarum* **penus** *recondebam, ut, quando usus uenisset aut rei aut uerbi, cuius me repens forte obliuio tenuisset, et libri, ex quibus ea sumpseram, non adessent, facile inde nobis inuentu atque depromptu foret* (NA, Praef., 2).

Toutes les fois que j'avais en main un livre grec ou latin, ou que j'entendais rapporter quelque chose de remarquable, dès que mon attention était frappée et sur quelque sujet que ce fût, je prenais des notes sans ordre et sans suite. C'étaient, pour ainsi dire, des provisions littéraires, que je mettais en réserve pour aider ma mémoire : ainsi, quand j'avais besoin d'un fait ou d'un mot, et que ma mémoire me faisait défaut ou que je n'avais pas à ma disposition les livres originaux, j'avais un moyen facile de les trouver et de les mettre au jour.

C'est donc manifestement un principe d'écriture aléatoire, si l'on suit la lettre du texte – ce qui pose des problèmes de méthode sur lesquels nous devrons revenir – qui a guidé la composition des *Nuits Attiques*. Macrobe, qui avait en tête (et sans doute également aussi sous les yeux !) la préface de son devancier pour écrire la sienne, s'est inspiré de lui ponctuellement peut-être pour mieux prendre ses distances dans la conception d'ensemble de son projet. Autant Aulu-Gelle avoue avoir procédé sans ordre et sans suite (*indistincte atque promisce*), autant le néoplatonicien Macrobe est obsédé par l'organicité.

Macrobe utilise d'ailleurs les mêmes adverbes qu'Aulu-Gelle, mais précisément pour les dépasser et mettre un terme à ce qu'il considère comme du désordre dans les notes de lecture. Il manifeste alors son exigence d'une authentique composition :

> *Nec indigeste tamquam in aceruum congessimus digna memoratu : sed uariarum rerum disparilitas, auctoribus diuersa confusa temporibus, ita in quoddam digesta corpus est, ut quae **indistincte atque promiscue** ad subsidium memoriae anno-taueramus in ordinem instar membrorum cohaerentia conuenirent* (*Sat.*, *Praef.*, 3).

> Et ce n'est pas sans ordre que j'ai réuni comme en tas ces choses dignes de mémoire ; mais ces matériaux disparates, pris à différents auteurs et à diverses époques, je les ai ordonnés en un corps, tel que les notions recueillies par moi sans ordre et pêle-mêle, pour aider ma mémoire, forment un ensemble bien cohérent comme les membres d'un tout.

Face à ce procédé de reprise, qu'on ne peut imaginer fortuit, nous nous étions demandé (GOLDLUST, 2009 : 279-280), rétrospectivement de façon peut-être un peu trop tranchée, si, en l'occurrence, Macrobe n'a pas préalablement utilisé Aulu-Gelle afin de montrer à ses lecteurs érudits qu'il avait connaissance de la préface des *Nuits Attiques*, qu'il avait conscience d'avoir des devanciers, mais qu'il mettait tout son zèle à apparaître manifestement original, en suscitant une polémique auctoriale avec Aulu-Gelle, qu'il remet en cause sur son propre terrain en écrivant une manière d'art poétique en acte.

UNE POLÉMIQUE AUCTORIALE ?

Avec du recul, une précision nous semble toutefois nécessaire, qui pose une vraie question de poétique : il ne faut sans doute pas exagérer le caractère sys-tématique de l'opposition à Aulu-Gelle, qui n'est probablement pas si frontale que la lettre même du texte peut le laisser entendre. Il est vrai qu'en formalisant l'opposition, le lecteur se fonde sur ce que dit Aulu-Gelle dans sa préface qui est, de façon tout à fait topique, marquée par le *locus humilitatis* et l'*excusatio propter infirmatem*. Tout cela est par trop topique et ne doit donc sans doute pas être pris totalement au pied de la lettre. Quoi qu'il en soit, l'on doit aussi, parallèlement, se demander s'il n'y a pas, chez Aulu-Gelle, une forme de recherche, presque artistique, de la *neglegentia*, fût-elle à l'occasion *diligens*, dans le corps des *Nuits Attiques*, qui réponde à un souci d'organisation supérieur à ce que l'on pourrait croire. Pour notre part, lorsque nous envisageons l'hypothèse d'une opposition entre Macrobe et Aulu-Gelle, nous ne songeons pas tant aux modalités de la structuration de leurs œuvres en elles-mêmes, qu'aux témoignages liminaires des deux auteurs dans leurs préfaces respectives, en notant le retour des mêmes termes et le fait que Macrobe les refond au nom d'un principe d'unité. En l'occurrence, l'enjeu n'est peut-être pas de savoir si la composition d'Aulu-Gelle est aussi désordonnée qu'il le dit dans une préface si fortement marquée par la topique de l'humilité qu'elle apparaît parfois comme de la fausse humilité ; ce qui compte est plutôt de savoir que Macrobe y a vu, et peut-être en partie à tort, un désordre qu'il n'a pas voulu reproduire dans les *Saturnales*.

Si donc il y a "polémique auctoriale", c'est, selon nous, à partir du regard porté par Macrobe sur Aulu-Gelle, plus qu'à partir de la méthode objective de composition des *Nuits Attiques*. La question reste en tout cas très délicate à trancher. J. Fontaine lui-même n'hésita pas à prendre au sérieux le témoignage d'Aulu-Gelle. Dans sa dernière étude consacrée au projet isidorien, le grand spécialiste de la littérature tardive caractérise de fait les *Saturnales* par leur dimension artistique et situe le niveau de la compilation isidorienne entre « l'ambition littéraire de Macrobe » et le « désordre d'Aulu-Gelle » (FONTAINE, 2000 : 333). Il différencie donc les deux, mais en nuançant quelque peu les termes d'une opposition.

ORDRE ET DÉSORDRE

En partant de cette conclusion, nous allons à présent proposer un bilan sur la question du prétendu "désordre" d'Aulu-Gelle, grâce à une lecture comparée des préfaces des *Nuits Attiques* et des *Saturnales*. Du point de vue de la méthode de composition, il convient en premier lieu de distinguer les notes (*annotationes pristinas*) prises à la lecture d'ouvrages souvent difficiles d'accès (d'autant plus que des parchemins déroulés ne donnaient pas le loisir de revenir à un passage intéressant *a posteriori*) et la mise en œuvre qu'il en propose (*commentarii*). Deuxième point : Aulu-Gelle déclare avoir fait œuvre de simplicité directe, et même presque un peu rustique[4] ; mais ce témoignage est-il crédible de la part d'un esprit si fin et cultivé ? Il semble raisonnable d'introduire le doute dans les déclarations préfacielles d'Aulu-Gelle, et l'on trouve là une confirmation des hypothèses formulées plus haut : il y a chez lui une part non négligeable de *locus humilitatis*, et peut-être aussi un peu de fausse modestie. Nous avons d'ailleurs une preuve de ce qu'il ne faut pas le prendre au pied de la lettre : dans sa préface (*NA, Praef.*, 8-9), Aulu-Gelle dit que, pour choisir son titre, il n'a pas cherché l'agrément ni le moindre effet ; or, en disant cela, il cite Pline l'Ancien, dont le titre est beaucoup plus banal. Quoiqu'il prenne complaisamment le soin de s'en

---

4.   *NA, Praef.*, 10 : *Nos uero, ut captus noster est, incuriose et inmeditate ac prope etiam **subrustice** ex ipso loco ac tempore hibernarum uigiliarum Atticas noctes inscripsimus tantum ceteris omnibus in ipsius quoque inscriptionis laude cedentes, quantum cessimus in cura et elegantia scriptionis.*

défendre, Aulu-Gelle retient un titre élégant, cultive l'élégance d'une manière générale – comme l'a montré GALIMBERTI-BIFFINO (2007 : 929-941) – et son titre ne le cède en rien aux titres des autres ouvrages cités dans la préface (*amaltheias keras, copiae cornu…*). De plus, il prend la peine de justifier son choix, la composition de l'ouvrage ayant occupé ses soirées alors qu'il résidait dans la région d'Athènes. Il faut donc manifestement faire la part des choses entre des déclarations liminaires délibérément dévalorisantes, mais profondément topiques, et le projet conçu en abyme (éd. MARACHE, 1967 : XII et 2, note 3). Parallèlement, il est nécessaire d'insister sur une notion très importante : le tri des données, au nom de la sélection des connaissances. D'un côté, Aulu-Gelle fait profession de rusticité et refuse l'ordre ; de l'autre (*Praef.*, 12), il affirme s'être livré à une opération de tri de ses lectures, qui ne peut procéder que d'une classification active :

> […] *ipse quidem uoluendis transeundisque multis admodum uoluminibus per omnia semper negotiorum interualla, in quibus furari otium potui, exercitus defessusque sum, sed modica ex his eaque sola accepi, quae aut ingenia prompta expeditaque ad honestae eruditionis cupidinem utiliumque artium contemplationem celeri facilique compendio ducerent aut homines aliis iam uitae negotiis occupatos a turpi certe agrestique rerum atque uerborum imperitia uindicarent* (*NA, Praef.*, 10).

> Je me suis attaché, sans réserve et jusqu'à la fatigue, à parcourir un nombre infini de volumes, dans tous les moments de loisir que j'ai pu dérober aux affaires ; mais je n'en ai recueilli que bien peu d'extraits ; je n'ai pris que ce qui m'a paru propre, soit à entretenir dans les esprits, libres et dégagés d'autres soins, le goût des connaissances honnêtes, et à leur rendre facile et prompte l'étude des arts utiles, soit à préserver d'une ignorance grossière et honteuse des mots et des choses les personnes dont la vie est préoccupée de travaux tout différents.

Tout porte ainsi à croire qu'un tri concret a été opéré. Dans la même veine, Macrobe imitera dans sa préface la *lettre à Lucilius* 84 de Sénèque, et trouvera dans la métaphore des abeilles l'image industrieuse et méthodique d'une récolte, d'un tri et d'une exploitation organisée des données culturelles, activité en trois temps qui exemplifie particulièrement bien son travail de composition[5].

Pour nous résumer, nous insisterons sur la réelle ambivalence de la préface des *Nuits Attiques*. En effet, Aulu-Gelle : 1) affirme avoir refusé l'ordre ; 2) affirme pourtant avoir opéré une sélection ; 3) et malgré tout, en *Praef.* 18, refuse l'auctorialité quand cela l'arrange (exemple typique de fausse modestie), en disant que si ses lecteurs ne sont pas satisfaits de ce qu'il a écrit, ils n'ont qu'à s'en prendre à ses sources : il ne donne de lui, en l'occurrence, que l'image d'un copieur stérile. L'un des axes de lecture qu'il conviendrait peut-être de retenir serait l'idée de divertissement. L'auteur dit avoir écrit pour délasser ses enfants du poids des charges publiques, les *Nuits Attiques* étant une *remissio*. Le paragraphe 19 met

---

5. *Sat., Praef.*, 5 (adaptation de *Ad Luc.*, 84) : *Apes enim quodam modo debemus imitari, quae uagantur et flores carpunt, deinde quicquid attulere disponunt ac per fauos diuidunt et sucum uarium in unum saporem mixtura quadam et proprietate spiritus sui mutant.*

ensuite en exergue le thème du plaisir de la lecture, et le suivant (20) invite les lecteurs qui sont étrangers au divertissement des muses à ne pas lire les *Nuits Attiques*. Au-delà de ses ambivalences, la notion de divertissement réapparaît encore au paragraphe 23 :

> *Quantum autem uitae mihi deinceps deum uoluntate erit quantumque a tuenda re familiari procurandoque cultu liberorum meorum dabitur otium, ea omnia subsiciua et subsecundaria tempora ad colligendas huiusce modi memoriarum delectatiunculas conferam* (NA, Praef., 25).

> Pendant le reste des jours qu'il plaira aux dieux de m'accorder encore, tous les moments de loisir que me laisseront le soin de mes affaires domestiques et l'éducation de mes enfants, toutes les heures dont je pourrai disposer librement, je les consacrerai à recueillir les matériaux de nouveaux mémoires.

En ce qu'elle permet d'établir une certaine distance, mi-amusée et mi-ironique, par rapport à l'idée de transmission du savoir, cette notion de divertissement constitue peut-être un ferment d'unité dans cet ouvrage qui se déclare pourtant si mêlé.

LES *NUITS ATTIQUES* : RÉSEAUX, SÉRIES, « FILS ROUGES »

Après cette interprétation du texte même de la préface, nous terminerons par quelques réflexions plus macroscopiques concernant la question d'une structuration des *Nuits Attiques*, justement à partir du paragraphe 25. Ce paragraphe donne des sommaires des différents chapitres ou articles, donnant aussitôt (*statim*) au lecteur une idée globale du contenu.

> *Capita rerum, quae cuique commentario insunt, exposuimus hic uniuersa, ut iam statim declaretur, quid quo in libro quaeri inuenirique possit* (NA, Praef., 25).

> J'ai rassemblé ici les titres des différents chapitres, afin que le lecteur puisse voir sur-le-champ les sujets que j'ai traités, et la place qu'ils occupent dans chaque livre.

En reprenant le principe des *capita rerum* de Pline l'Ancien (VARDI, 2004 : 174), Aulu-Gelle a donc, malgré toutes les critiques de structuration disparate, une vision d'ensemble, prospective de son œuvre, et sait où il va. L'existence des sommaires est la preuve de l'existence d'une idée globale de son œuvre, même si elle peut être reconstruite *a posteriori*. D'autre part, il existe d'évidents réseaux thématiques de structuration de l'œuvre dans son ensemble, d'autant qu'il y a, finalement, un nombre assez limité de sujets qui reviennent sans cesse et donnent une forme d'unité. Prenons deux exemples :
— l'histoire et l'évolution de la langue : 1,16 ; 2,3 ; 2,13 ; 2, 17 ; 2,19 ; 3,12 ; 3,14 ; 3,19 ; 4,1…
— la critique littéraire : 1,4 ; 2,5 ; 2,6 ; 2,27 ; 3,3…

Parallèlement à ces sujets généraux, on constate la récurrence de motifs thématiques :

— question de religion : 1.12 ; 1.19 ; 2.28 ; 4.5 ; 4.6 ; 4.9…
— question concernant le pythagorisme : 1.1 ; 1.9 ; 3.17 ; 4.11…
— droit et questions de procédure : 1.22 ; 2.4…

Dans un article sur l'importance de la tradition antiquaire dans les *Nuits Attiques*, Stevenson (2004 : 123 *sq.*) a noté que la matière antiquaire apparaît, sous une forme ou une autre, dans approximativement 120 articles (un tiers du total) : elle est donc un "fil rouge" de l'ensemble. On peut proposer ainsi la classification suivante : vie quotidienne (costume, musique, nourriture… : 15 fois) ; questions juridiques (35 fois) ; institutions religieuses (27 fois) ; institutions politiques (22 fois) ; institutions militaires (11 fois). Plusieurs classifications sont possibles, mais toutes sont aisées.

On peut également distinguer des séries cohérentes, qui finissent par imposer le retour d'un sujet. Certains chapitres se font ainsi écho et sont conçus en parallèle : 1.17 (sur l'égalité d'âme avec laquelle Socrate supporte sa femme) et 2.1 (sur l'endurance physique de Socrate) ; 2.5 (sur le style de Platon et de Lysias) suivi en 2.6 d'une étude sur les mots de Virgile qu'on dit sans énergie et sur ce qu'on répond à ces accusations impudentes. On a d'ailleurs affaire ici à des émanations de la tradition anti-virgilienne (Canto Llorca, 1991 : 29-44 ; Goldlust, 2008 : 1049-1050), comme on en retrouve dans les *Saturnales* et Aulu-Gelle ne manque pas de défendre Virgile contre ces accusations, comme le fera Macrobe. Mais, après cette première approche de critique virgilienne, le thème revient :
— 5.8 : défense des vers de Virgile que le grammairien Hygin avait incriminés
— 7.6 : sur un reproche d'Hygin à Virgile (écho à 5.8)
— 10.16 : sur les erreurs commises sur l'histoire romaine que Hygin à relevées chez Virgile (écho à 5.8 et 7.6)

Une poétique latente à reconstruire

Il existe aussi un certain nombre de transitions naturelles comme, par exemple, entre 1.17 et 1.18 (à partir de la figure de Varron). Plus nettement encore, la récurrence d'un motif peut contribuer à la structuration directe de l'œuvre. On en trouve un exemple intéressant dans l'importance accordée aux dissertations de Favorinus, en particulier au début, voire à l'ouverture des livres qui, comme l'a montré Holford-Strevens (2003 : 35), fait l'objet d'un soin d'orchestration réel et reçoit souvent un traitement privilégié du fait de la présence de figures prestigieuses. Le relevé suivant met en lumière le rôle de ces "charnières d'excellence" :
— 12.1 : dissertation de Favorinus (en l'occurrence, et comme souvent, Aulu-Gelle raconte une histoire dont il a été le témoin oculaire – *nobis praesentibus*). Ce chapitre, très long, est exemplaire du soin spécifique que reçoivent les chapitres introductifs de chaque livre.
— 14.1 : pendant de 12.1 (très long exposé de Favorinus)
— 14.2 : concernant aussi Favorinus

— 17.10 : jugement de Favorinus sur l'imitation de Pindare par Virgile pour décrire l'Etna
— 18.1 : *disputatio* contradictoire avec Favorinus pour juge
— 20.1 : Favorinus est encore là, dans un long débat juridique avec Sextus Caecilius sur les lois des Douze Tables.

Le motif des conversations de Favorinus est ainsi un ferment de structuration du recueil. Aussi est-il tout à fait légitime de suivre ASTARITA (1993 : 28 *sq.*) lorsqu'elle remarque qu'il existe deux ordres de structuration distincts dans l'œuvre : d'une part, celui des *commentarii*, considérés intrinsèquement (chaque *commentarius* comportant un exposé et une discussion sur les opinions de différents *auctores*, un exposé sur la façon dont Aulu-Gelle en est venu à aborder ces questions, l'indication de ses sources et la présentation de sa position personnelle sur la question) et, d'autre part, l'ordre des miscellanées, les *Nuits Attiques* constituant une somme de petites structures, chacune organique en soi, dont la juxtaposition constitue une macro-structure qui répond malgré tout à des principes fédérateurs.

Ce second ordre de composition procèderait en trois temps bien identifiés : la récolte de la matière, le regroupement des sujets par affinité, et la juxtaposition des *commentarii*. D'ailleurs le regroupement par affinité des sujets (phase 2) est explicitement confirmé en 17.21.1.

> *Vt conspectum quemdam aetatum antiquissimarum* […] *haberemus* […]*, excerpebamus* […]*, easque nunc excerptiones nostras uariis diuersisque in locis factas cursim digessimus* (*NA* 17.21.1).

> Pour que nous ayons une certaine vue d'ensemble des temps les plus anciens […], nous avons extrait […], et les extraits que nous avions faits en des endroits variés et différents, nous les avons mis en ordre rapidement.

L'auteur des *Nuits Attiques* opère ainsi une distinction claire entre deux phases de travail : les développements sur des points précis extraits de livres (*excerpebamus*) de façon désordonnée (*uariis diuersisque in locis*), puis le réagencement de ces développements après leur digestion (*digessimus*). Le *digessimus* de 17.21.1 s'oppose d'ailleurs au *indigeste* de *Praef.* 3 (que reprend Macrobe pour le nier) : à son corps défendant, et malgré la topique et les assauts de fausse modestie, Aulu-Gelle reconnaît donc la notion d'ordre dans ce mouvement de classement et de digestion synthétique, que Macrobe – obsédé par l'organicité néoplatonicienne – n'a sans doute pas pris la peine de chercher dans les méandres des *Nuits Attiques*, échaudé qu'il était par les déclarations liminaires d'Aulu-Gelle qu'il avait sans doute eu le tort de prendre trop au pied de la lettre. Pour être plus attentif à ces bribes éparses d'un ordre qui n'est pas donné une fois pour toutes mais qui est toujours à rechercher et à reconstruire, Macrobe aurait du lire les *Nuits Attiques* comme un lecteur contemporain doit lire les *Essais* de Montaigne : en faisant abstraction de la fausse humilité, des manifestes complaisants revendiquant un désordre capricieux, et en partant à la quête d'une poétique latente mais bien réelle.

LA VOIX DE L'AUTRE[1] DANS LA CONSTRUCTION DU SAVOIR (*PLACIDES ET TIMÉO, SYDRACH, L'IMAGE DU MONDE, LI LIVRES DOU TRESOR*): QUELLES STRATÉGIES DISCURSIVES POUR QUELS ENJEUX?

CHRISTINE SILVI
Université de Paris-Sorbonne (Paris IV)

Il est courant, pour ne pas dire banal, de répartir les œuvres didactiques du Moyen Âge en deux grands groupes: d'un côté, il y a celles qui s'inscrivent dans la longue tradition des *Quaestiones*[2] et qui se présentent comme une conversation entre un maître et son disciple, c'est-à-dire comme un échange dyadique où chacun des interlocuteurs prend la parole à tour de rôle; de l'autre, on trouve des textes qui, ressemblant à une sorte de long monologue, prennent la forme d'un discours émis par un seul locuteur, l'encyclopédiste lui-même[3]. Il est néanmoins possible de réévaluer ce clivage, si l'on admet que le discours monologal, dans la mesure où il simule des échanges[4], peut lui aussi être considéré comme une sorte de dialogue. L'importance de la forme dialoguée, véritable outil d'ap-

---

1. L'"autre" dont il sera ici question est l'interlocuteur, terme que nous employons à dessein pour faire écho au deuxième type d'auditoire défini par PERELMAN, OLBRECHTS-TYTECA, 1970: 39-40, comme « formé, dans le dialogue par le seul *interlocuteur* auquel on s'adresse ». Personnage en effet introduit dans le dialogue – et nous verrons que, dans les textes qui nous occupent, cette notion est centrale – et jouant un rôle déterminant dans l'interaction, non seulement parce que son discours est très souvent à l'origine du discours du locuteur, mais aussi parce qu'il est constitutif de ce discours, l'interlocuteur réfère pour nous au sujet sélectionné ou non par le locuteur, mais ayant pris connaissance du message délivré par ce dernier. Il peut donc s'agir d'un allocutaire nommément cité, récepteur attitré et choisi par le locuteur, comme c'est le cas dans les encyclopédies dialogales où ce rôle est tantôt assumé par Boctus ou Placides, destinataires du message de leur maître, tantôt par le maître quand l'élève devient à son tour locuteur. Mais il peut s'agir aussi, dans les encyclopédies monologales notamment, de tout auditeur / lecteur susceptible d'avoir accès au discours du locuteur/encyclopédiste et d'entrer en interaction avec lui.
2. La littérature sur le sujet est pléthorique. On se reportera par exemple à l'ouvrage incontournable de LAWN, 1963.
3. C'est cette dichotomie qui est adoptée par CONNOCHIE-BOURGNE (1996: 57), lorsqu'elle déclare que les encyclopédies « se présentent soit sous une forme dialoguée […], soit sous une forme descriptive ».
4. Cette condition, essentielle pour notre propos, n'est cependant pas indispensable si l'on considère, comme nous y invitent les analyses bakhtiniennes, que la notion de dialogal s'articule sur celle de monologal. Pour une explication de cette idée fondamentale, voir BRES (2005: 51): « l'unité monologale est à comprendre, quelle que soit sa taille, comme un "tour de parole" d'un genre particulier. Les répliques antérieure et ultérieure sont absentes de la structure externe, mais n'affectent pas moins sa délimitation. On pourrait dire que, dans le dialogal, les tours de parole antérieurs et ultérieurs sont *in praesentia*, alors que, dans le monologal, ils sont *in absentia*. »

Encyclopédire: formes de l'ambition encyclopédique dans l'Antiquité et au Moyen Âge, éd. par Arnaud ZUCKER, Turnhout, 2013, *(Collection d'Études Médiévales de Nice, 14)*, pp. 381-402.
© BREPOLS ⊛ PUBLISHERS   DOI 10.1484/M.CEM-EB.1.101807

prentissage, dans les processus didactiques, n'étant pour le Moyen Âge plus à démontrer[5], il peut paraître intéressant de mettre en relation les deux catégories de textes encyclopédiques mentionnées précédemment et les différents types de dialogues répertoriés dès le XIIe siècle, à savoir le *dragmaticum*, le *didascalicum* et l'*enarrativum*[6]. De la forme des deux premiers, il est tentant de rapprocher les encyclopédies dialogales qui, impliquant la présence de plusieurs locuteurs, font intervenir au moins deux personnages physiquement distincts, en règle générale un élève, qui n'a de cesse de poser des questions à un maître, qui y répond de son mieux. Elles sont représentées dans notre *corpus* par deux textes très populaires au XIIIe siècle, le *Placides et Timéo* (éd. THOMASSET, 1980; désormais *P. et T.*), entretien entre un petit prince et son précepteur, et le *Sydrac*, ouvrage dans lequel les questions posées par le roi Boctus alternent avec les réponses fournies par le philosophe qui donne son nom au traité[7]. Quant au dernier type de dialogue, sa structure de discours continu prononcé par un seul à destination d'un auditeur qui, privé du droit à la parole, semble se contenter d'écouter, l'apparente aux encyclopédies monologales telles l'*Image du Monde* de Gossuin de Metz (éd. PRIOR, 1913; désormais *I. du M.*) ou le *Livres dou Tresor* de Brunetto Latini (éd. CARMODY, 1975; désormais *L. du T.*). Une étude minutieuse des stratégies discursives à l'œuvre dans ces traités rend à nouveau inopérante une telle tentative de classement, la façon dont les textes sont présentés important finalement fort peu. Car, qu'il soit monologal ou dialogal, le texte de vulgarisation est, dans sa structure même, dialogique[8]. Nous ne parlons pas ici du dialogisme interdiscursif, constitutif de tout type de discours[9], mais des rapports que le discours du locuteur entretient avec celui de l'interlocuteur[10], partenaire réel ou fictif qui accompagne le locuteur dans sa recherche de la vérité. On constate très vite en effet qu'en dépit

---

5.   Voir la thèse de CARDELLE DE HARTMANN (2007), qui fournit un *corpus* complet des dialogues latins composés entre le XIIe et le XVe siècle et en définit le mode de fonctionnement.

6.   Sur ces trois formes de dialogues héritées de l'Antiquité, mais dont la théorisation médiévale est sans doute due à Guillaume de Conches, et sur leur tradition, voir éd. RONCA (1997: introduction, p. XII-XV): *Sunt igitur teste Boecio tria genera collectionis: didascalicum quod fit inter magistrum et discipulum, didascalus enim est magister; dragmaticon id est interrogationum, dragma enim est interrogatio; enarratiuum, quod fit inter loquentem et audientem, continua enim oratio est.* On se reportera aussi à la typologie, plus tardive, proposée par Jean de Gênes dans son *Catholicon*, qui s'inspire largement de celle de Guillaume de Conches, mais qui est plus explicite quant aux définitions à donner aux trois formes de dialogues possibles (voir CARDELLE DE HARTMANN, 2007: 43-47).

7.   Voir pour la version longue, qui est celle que nous citerons au cours de cette étude, éd. E. RUHE, 2000; et, pour la version courte, l'édition partielle de STEINER, 1994.

8.   Dans le cadre de cette étude, nous nous en tiendrons à une définition large de la notion de dialogisme. Celle empruntée à CHARAUDEAU, MAINGUENEAU (2002: 175) nous semble convenir tout à fait: « Concept emprunté par l'analyse du discours au Cercle de Bakhtine, et qui réfère aux relations que tout énoncé entretient avec les énoncés produits antérieurement ainsi qu'avec les énoncés à venir que pourraient produire ses destinataires. »

9.   Nous partirons du postulat selon lequel « tout discours baigne dans l'interdiscours et dans la parole de l'autre, comme instance présente de dialogue, ou comme position reconstruite, que le locuteur fait parler dans son dire. Le dialogisme et l'intertextualité sont des fonctionnements ordinaires du langage » (DÉTRIE, SIBLOT, VÉRINE, 2001: 105).

10. Il s'agit donc d'étudier ici le dialogisme interlocutif, notion qui sera définie plus loin.

des différences formelles mentionnées plus haut, la voix de l'autre se fait partout entendre[11]. Énonciateur tour à tour dominant et dominé, dont les points de vue réels ou imaginés sont déterminants dans l'élaboration des dispositifs d'apprentissage, l'interlocuteur, par ses interventions, participe activement à la construction du savoir. La distribution des rôles est cependant savamment orchestrée par l'encyclopédiste, qui a parfaitement conscience des enjeux du dialogue fictif qu'il élabore et dont nous allons à présent voir le mode de fonctionnement.

Du dialogal…

Dans les encyclopédies dialogales, textes qui fonctionnent à la manière d'un petit théâtre à deux personnages dans lequel l'apprentissage est « mis en scène »[12], le disciple assume plusieurs rôles. D'abord, celui de poser des questions[13]. C'est ainsi que le roi Boctus assaille son interlocuteur de plus de 1 200 questions dans la version longue du *Sydrac* et de 611 dans la version courte. Sans établir une typologie détaillée[14], nous dirons que questionner, c'est d'abord demander une information. Si la question est avant tout un acte initiatif qui nécessite une réaction verbale, certaines sont plus initiatives ou plus réactives[15] que d'autres. Dans le *Sydrac*, énorme catalogue d'énoncés interrogatifs juxtaposés, parfois sans aucun lien entre eux, les questions sont le plus souvent initiatives. Et même lorsqu'elles sont liées thématiquement, leur regroupement vise à épuiser le sujet traité et non à créer un enchaînement de questions et de réponses s'appelant l'une l'autre. Il arrive néanmoins qu'une réponse soit à l'origine d'une nouvelle question. C'est ainsi que l'on peut considérer comme réactive la question 917 (« Quel don doit le roy faire a ses gens d'armes ? ») qui rebondit sur le dernier élément contenu

---

11. Comme c'est également le cas dans les traités sur la nature du XIIe siècle écrits en latin. Nous en avons sélectionné trois de structure dialogale dont nous signalerons en notes les points communs avec le *P. et T.* et le *Sydrac* : le premier, le traité d'Honorius Augustodunensis, *Clavis physicæ*, (éd. Lucentini, 1974 ; désormais *C.P.*), est un dialogue entre un *Magister* et son *Discipulus* ; le deuxième, les *Quaestiones naturales* d'Adelard De Bath (éd. Burnett, 1998 ; désormais *Q.N.*), est constitué d'un entretien entre un oncle et son neveu ; le troisième, Guillaume de Conches, *Dragmaticon Philosophiae* (éd. Ronca, 1997 ; désormais *D.P.*), déjà cité, est un dialogue entre un *Dux* et un *Philosophus*. Pour que la comparaison avec nos encyclopédies soit complète, nous ajouterons un texte que la forme monologale apparente à l'*Image du Monde* de Gossuin et au *Livres dou Tresor* de Brunetto. Il s'agit de la *Philosophia* de Guillaume de Conches (éd. Maurach, 1980 ; désormais *P.*).
12. Formule de Moulis (1993 : 343), qui, dans son article, fait une large place à l'étude du *Placides et Timéo* en tant que dialogue didactique.
13. Dans le *D.P.*, le rôle de questionneur est clairement assigné par le *Philosophus* au *Dux* – *et tu, qui heri interrogasti, hodie interroga.* (2. 1-4) – qui l'a d'ailleurs explicitement revendiqué au début du traité : *Dux : Quoniam officium interrogandi michi est iniunctum,* […] (1.2-1). Il en est de même dans les *Q.N.* : *Adelardus : Quoniam ad hoc conveni ut questioni solutio subiceretur, tuum erit quamcumque agi volueris proponere, meum discutere* (p. 118).
14. Voir « Typologie des questions et construction d'une image du destinataire », dans Silvi, 2003b : 284-288.
15. Le caractère initiatif l'emporte sur le caractère réactif lorsque la question détermine plus ce qui suit qu'elle n'est déterminée par ce qui précède. Sur ces notions, voir Kerbrat-Orecchioni, 1992 : 253.

dans la réponse donnée à la question 916 (« Coment pourroit un roys guier son ost que il peust guaaingnier son ennemi ? »), réponse dans laquelle le philosophe conseillait au roi de faire des « dons » à ses soldats[16]. Les choses sont tout à fait différentes dans le *Placides et Timéo*, œuvre construite et élaborée. La question, essentiellement réactive, révèle un élève intéressé par ce qui vient de lui être enseigné et qui est désireux d'en savoir plus. Sa demande témoigne alors d'un sentiment d'incomplétude, d'une curiosité nouvelle, éveillée par la réponse que le maître lui a faite. Sa question se fait demande de précision, comme dans cet exemple où Placides, qui vient d'assister à une leçon sur les organes génitaux masculins et l'origine du sperme, demande :

> — Maistres, ce dist Placides, or vous souviengne de vostre parole. Si me dites qui est spermes et dont il est et dont il vient et raison pour quoy en droit sperme a plus engenrement que en icelle cose clere que vous me dites qui vient et deschent par une autre voie (*P. et T.*, § 232) ;

ou dans cet autre qui fait suite à un long exposé sur le Minotaure[17] :

> — Maistres, dist Placides, ce monstre qui avoit autre figure que de corps humain, je seusse volentiers, se il vous pleust, comment il peut naistre de corps de femme (*P. et T.*, § 333).

Ailleurs, la question est initiative, comme celle du § 217 (« Maistres, ce dist Placides, est homs fais ou engenrés ? »), qui prend certes place dans un long développement sur l'être humain, mais qui, se trouvant rejetée après une étude consacrée à l'homme-microcosme, donne au dialogue une autre direction, le maître étant obligé d'aborder, pour satisfaire la demande qui lui a été faite, la création et la reproduction de l'espèce humaine. Les exemples ne sont néanmoins pas toujours aussi tranchés. La question posée par Timéo au § 103 :

> — Maistres, ce dist Placides, pour Dieu, qui m'avés dit que les uns corps sont animés et les autres non, c'est a dire qui ont ames, dites moy se les elemens qui sont corporeux sont animés ou non

est tout à la fois initiative et réactive dans la mesure où, enchaînant sur la thèse que le maître a longuement démontrée – il y a des corps qui sont « animés » et d'autres qui ne le sont pas – et introduisant une nouvelle thématique qui va elle aussi être traitée de façon très approfondie, elle détermine autant le développement qui la suit qu'elle est déterminée par celui qui la précède. Parfois encore, la question n'est pas demande d'information, mais demande de confirmation, l'élève n'étant finalement pas sûr d'avoir bien compris ce que le maître vient de lui expliquer, comme dans cet exemple où la question de Placides révèle sa crainte d'avoir mal interprété ce qui lui a été dit :

> — Ha, maistres, ce dist Placides, volés vous donques dire que les ames soient faites enchois que les cors soient fais ? (*P. et T.*, § 224)

---

16. Autres questions réactives dans le *Sydrac* : q. 918, 971, 972, 1159, 1160, 1171…

17. On se reportera également aux § 37, 187, 233…

Quant à la forme que prennent les questions, elle est variable. S'il est vrai que cet acte de langage est, dans la majorité des cas, exprimé directement, c'est-à-dire par des marqueurs lexicaux :

— Or me dites, s'i vous plaist, s'il sont engenrés tout a une fois ou a deux ou a plui- seurs fois. (*P. et T.*, § 306);

— Et je vous demande savoir comment homs par nature est plus fol li uns que li autres, pour quele raison et comment ce peut estre (*P. et T.*, § 423).

ou morphosyntaxique[18] :

— Comment se pardonnent les pechiez? (*Syd.*, q. 301);

— Dorment li poisson en l'eaue? (*Syd.*, q. 586)[19]

il peut aussi l'être de façon indirecte. C'est notamment ce qui arrive lorsque l'élève avoue son ignorance à son maître :

— je ne say que est nature, ...

Dire à quelqu'un que l'on ne sait pas quelque chose, n'est-ce pas une façon détournée de lui demander de nous en informer[20]? Et Placides, qui veut sans doute s'assurer que son aveu d'ignorance a été bien interprété, le fait suivre d'une demande polie mais ferme, destinée à en expliciter la force illocutoire :

..., si vous pri que vous le me veuillés enseignier (*P. et T.*, § 14).

Après ces quelques remarques rapides concernant la typologie des questions, il convient de s'interroger sur leur fonction dans l'économie générale de ces dialogues. Il apparaît très vite que le questionnement participe à la dynamique du texte didactique, en constituant même le moteur. Ce sont les interrogations de l'élève qui sont à l'origine du discours du maître et qui en conditionnent l'orientation, comme n'a de cesse de le dire Timéo qui subordonne constamment

---

18. Les mêmes types de structures se retrouvent bien évidemment dans les encyclopédies latines. Dans les *Q.N.*: *Nepos : Quero itaque qua ratione herbe a terra nascantur. Que enim causa est vel edoceri potest, cum primum plana et immobilis sit terre superficies; quid, inquam, est quod inde movetur, surgit, crescit, et ramos extendit? Licet enim si libet ut pulverem aridum colligas, subtiliterque cribratum in testeo vel eneo vase reponas, deinde accessione temporum cum herbas inde surgere videas, cui id nisi mirabilis divine voluntatis mirabili effectui imponas?* (p. 92); dans la *C.P.*: *Discipulus : Hos modos rogo ut singillatim edisseras* (6, p. 5); *Et quid est motus?* (65, p. 45). Le disciple du dialogue d'Honorius n'a d'ailleurs de cesse de clamer son désir d'apprendre – *scire desidero* (*C.P.* 5, p. 5); *scire velim* (*C.P.* 17, p. 13; 23, p. 16); *audire velim* (*C.P.* 21, p. 15; 23, p. 15); *nosse cupio* (*C.P.* 49, p. 31); *nosse desidero* (*C.P.* 49, p. 31) –, tout comme celui du *D.P.* – *scire desidero* (2. 3-2; 2. 3-5...) – qui, lui aussi, abreuve son maître de questions: *Cum dicas istas particulas diuisas non fuisse creatas, dic in quo et cum quo sunt create* (*D.P.* 1. 7-1); *Unde contingit quod lunae splendor in una accensione maior quam in alia apparet?* (*D.P.* 4. 14, 11)...

19. STEINER (1994: 4) a souligné et sommairement étudié la syntaxe particulière du système de l'interrogation dans le *Sydrac*.

20. On trouve le même tour dans les textes latins. Voir *D.P.*: *Quod transferri non potuit, scio; sed an in eodem loco existens moueatur, nescio* (2. 6-7).

l'acte de réponse, qui lui incombe, à l'acte de demande, attribué à Placides[21] qui est, de ce fait, présenté comme détenant l'initiative discursive[22] :

— A ce que vous me demandés, je vous respon (*P. et T.*, § 104) ;

— mais selon ce que vous me demandés me couvient il respondre (*P. et T.*, § 186) ;

— A ce que vous m'avés demandé, je vous respons et ay ja fait (*P. et T.*, § 226)[23].

Sans doute est-il soucieux de justifier le contenu de son discours et de montrer qu'il respecte bien le pacte initialement conclu avec Placides, tel qu'il a été défini au début de leur entretien :

— Maistres, dist Placides a Timéo, vostre merchi. Vous estes mon maistre, si me devés enseignier et apprendre (*P. et T.*, § 14).

« Enseignier et apprendre », autrement dit « rendre response » (*P. et T.*, 179) à toutes les questions que je me pose et que je vous pose –, et tel qu'il est d'ailleurs rappelé incidemment par Placides un peu plus tard, alors que Timéo, agacé par une question jugée pernicieuse, risquait de le rompre :

— Ha, biaus dous maistres, dist Placides, vous me dites au commencement, quant je ving premierement entour vous, que je devoie demander ce dont je me doubtoie, […] (*P. et T.*, § 266).

Méthode d'enseignement ayant un rôle important à jouer dans la formation des esprits, la question est un moyen privilégié d'accéder à la connaissance, et par

---

21. Sydrac, qui se livre à l'analyse sémique du lexème « philosophe », fait même de l'association de ces deux actes de langage un des traits pertinents constitutifs de la définition de ce mot : « Le philosophes est celui qui est sages et enlettré et qui <u>respont</u> du tout ce que l'en li <u>demande</u>, cist est apelez philosophes » (q. 547 ; c'est nous qui soulignons).

22. Cette initiative discursive laissée à l'élève est d'ailleurs exacerbée tant dans les *Q.N.* que dans le *D.P.*, puisqu'elle est tout à la fois revendiquée par le disciple et explicitement acceptée par le maître. Ainsi peut-on lire dans les *Q.N.* : *Adelardus : Et quoniam prima questio ratione soluta est, si quid de ceteris ambigis, propone* (p. 94) ; *Nepos : Nunc ergo ad arborum naturas veniamus* (p. 100) ; *Nepos : De his hactenus satis dictum sit. Nunc vero illud querere destino, quare omnia que ruminant et sepum habent, a posteriori prius accumbant parte et a priori posterius* (p. 106) ; *Nepos : His que proposita sunt solutis, ad alia inquirenda affector* (p. 128) ; *Nepos : Hactenus ista sufficienter quidem tractate sunt. Illud nempe quare homines in senectute precipue canescant,* […] (p. 130)… On trouve des structures équivalentes dans le *D.P.* : *Dux : Cum de nomine constet, de re procede* (1. 2-2) ; *Dux : Sed ad cetera procede* (1. 4-5) ; *Philosophus : Iuxta tuum placitum interroga* (2. 1-4)…

23. Voir aussi § 134, 171, 181, 224, 262, 278, 290, 302, 331… Sur le schéma "question-réponse" dans lequel s'inscrit l'enseignement oral dès l'Antiquité, voir HADOT, 1982 : 1-5. Ce schéma sera d'ailleurs mis en exergue dans les pages de titre des imprimés. Ainsi peut-on lire par exemple dans celle de l'édition du *Sydrac* donnée en 1531, à Paris, par G. DU PRÉ et P. VIDOUE, (exemplaire BnF, 8-S-1764) : « Mil III vingtz et quatre demandes, avec les solutions et responses a tous propoz. » En revanche, dans celles annonçant le *Placides et Timéo*, traité faisant alors partie d'une compilation, seul l'acte de demande est évoqué : « Sensuit le cuer de philosophie : contenant plusieurs demandes et questions proposees par le saige Placides au philosophe Tymeo. » Il faut attendre le prologue pour trouver mention des deux actes complémentaires que constituent la question et la réponse : « tu trouueras en ce livre nommé le cuer de philozophie plusieurs demandes et questions de Placides au philozophe tymeo et les responces contenues en icelluy. » (éd. VÉRARD, *ca* 1504).

là à la vérité[24], comme le déclare à maintes reprises Timéo, désireux sans doute d'inciter son élève à se livrer sans relâche à cet exercice :

— Placides, dist Timéo, qui bien demande, bien veut savoir. Pour ce dist Aristotes que doubter de cascune cose n'est mie non pourfitable, mais pourfitable. Et c'est raisons, pour ce que qui doubte, il demande ; qui demande, il set, se il veut retenir (*P. et T.*, § 104)[25].

La question posée est d'ailleurs évaluée en fonction de sa valeur heuristique par le maître qui, avant de répondre à la demande d'information qui lui est faite, réplique[26], c'est-à-dire réagit à l'énonciation, manifestant une attitude tantôt favorable :

— si me plaist que si bien savés demander (*P. et T.*, § 58) ;

— Pour ce me plaisent vos demandes (*P. et T.*, § 59) ;

tantôt défavorable :

— Placides, or me redoubte de vostre male pensee. Grant peril et grant paine a en jone home conseillier. Vous estes plus fol que je ne cuidoie ou vous le demandés par orgueil ou par despit teles demandes. Et sachiés que je moult m'en merveille de ce que vous demandés et m'en tieng a mal contens et pour mal paié (*P. et T.*, § 266) ;

---

24. Sur le « questionner » comme attitude fondamentale de l'homme en quête de savoir et comme méthode de recherche de la vérité, voir VIOLA, 1982 : 11-30. Timéo n'hésite d'ailleurs pas lui aussi à questionner à son tour son élève aux § 182, 223, 312, 378, afin de lui faire découvrir, par lui-même, la vérité. Il en est de même dans les encyclopédies latines. Voir par exemple *C.P.* : *Magister : Et ut clarius tibi eluceat, dic michi : mentis naturam, cui inest discipline peritia, simplicem esse arbitraries an non ?* (250, p. 198).

25. Voir également le § 351 : « Dieux vous doint tant savoir que vous, sur ce et sur autre cose, aucunne cose sachiés enquerre et demander, car qui demande, si aprent, si comme je vous ay autre fois dit ! ».

26. Sur la différence réponse / réplique, voir DUCROT, 1981 : 104. On trouve le même type d'évaluation des questions de l'élève par le maître dans les *Q.N.* : *Adelardus : Discrete quesivisti* (p. 106) ; *Adelardus : Equum postulas, si attente audis quod interrogas* (p. 174). Il convient de noter que, dans le *Placides et Timéo*, si la question de l'élève est souvent évaluée, en revanche, la réponse qui lui est fournie ne l'est jamais, exception faite toutefois des réfutations par lesquelles le fils du petit roi exprime un désaccord qui porte toujours sur l'énoncé, c'est-à-dire sur le contenu de la réponse qui lui a été proposée et qu'il conteste. Cette situation n'a rien à voir avec celle qui est représentée dans le dialogue des *Q.N.* où les jugements formulés par le neveu sur la pertinence des réponses de son oncle sont pléthores, comme le prouvent les citations suivantes qui révèlent un élève tantôt satisfait tantôt insatisfait : *Nepos : Itaque teneo quod volo* (p. 106) ; *Nepos : Insipienti satis dictum esset, michi vero nequaquam. Neque enim quod ambigebam dissolvis* (p. 120) ; *Nepos : Licet ea que reddis intellectu difficilia sint, tamen quoniam ab absurditate tuentur obiecta, non censeo esse refutanda, magisque cetera de quibus subdubitatur subdere affector* (p. 200) ; *Nepos : Quam bene dixisti ! Nam nec verum tacuisti, et locum questioni subdende dedisti* (p. 200) ; *Nepos : Teneo quod querebam* (p. 218). À noter que, dans le *D.P.* comme dans la *C.P.*, le disciple, qui se pense capable de porter un jugement sur la valeur de vérité des propositions assertées par le maître, et qui n'hésite d'ailleurs pas à exprimer son assentiment, fait parfois preuve d'un véritable esprit critique, sachant même, à l'occasion, se montrer redoutable. Voir *C.P.* : *Discipulus : Assentio* (27, p. 18) ; *Discipulus : Ita constat* (49, p. 31) ; autres exemples empruntés au *D.P.* : *Dux : Concedo* (2.6) ; *Dux : Quod dicis, dic apertius* (1.6-5) ; *Dux : Hoc michi sufficit* (1.7-5) ; *Dux : Durus est hic sermo, sed unde illi contradicam non habeo* (2.2-6) ; *Dux : Non est philosophica, sed uulgaris et puerilis haec ratio* (2.3-3)…

sa réaction étant, comme il le reconnaît lui-même, déterminée par les motivations qui ont poussé son interlocuteur à l'interroger :

> Je ne me couresche mie ne me courcheray ja tant que vous me demanderés par humilité, mais je me courcheroie, se vous me demandiés par orgueil (*P. et T.*, § 312).

Afin d'anticiper ces éventuelles interventions réactives et évaluatives qui, si elles visent souvent à encourager le disciple à poursuivre dans la voie du questionnement, peuvent, lorsqu'elles sont négatives, être perçues comme inhibantes, l'élève va avoir recours à des actes encadrants, subordonnés bien sûr à l'acte directeur que constitue la question[27]. Si les demandes sont toujours faites de façon brute dans le *Sydrac*, elles sont, dans le *Placides et Timéo*, parfois accompagnées d'interventions à fonction interactive de préparation, précautions oratoires indispensables pour prouver au maître que l'élève n'est pas animé de mauvaises intentions à son égard et que son but n'est pas de lui déplaire :

> — Biaus douls maistres, dist Placides, par amours, or me dites et ne vous desplaise :
> [...] (*P. et T.*, § 310).

C'est là une façon polie et habile trouvée par l'élève pour excuser par avance sa maladresse dans la formulation de sa question ou l'embarras que sa demande pourrait causer à celui à qui elle est adressée. Ces interventions préparatoires sont rendues d'autant plus nécessaires que la question est perçue comme un acte de sommation, qui met en demeure de répondre celui à qui elle est posée[28], et qui l'oblige à poursuivre la conversation dans la direction imposée par celui qui en est l'énonciateur[29]. C'est ce qui explique que Timéo, souvent tenté par la digression, y renonce, se sentant contraint de donner avant toute chose la réponse qu'on lui a demandée :

> — Des vens et des nues et de leur nature et de leur poestés vous traiterons plus par loisir et ordonneement, car il couvient revenir a vous rendre response (*P. et T.*, § 179) ;

> — A nostre matere nous couvient revenir et respondre a ce que vous avés demandé (*P. et T.*, § 290) ;

> — Chi après vous monsterons la raison pour quoy et comment ce peut estre par nature, mais avant nous couvient respondre a toute vostre demande (*P. et T.*, § 302)[30] ;

Taxème de position haute[31] qui « convie d'autorité son destinataire à répondre » (KERBRAT-ORECCHIONI, 1971 : 28), elle peut en effet être ressentie comme un acte

---

27. Sur la différence entre l'acte directeur et l'acte subordonné, voir KERBRAT-ORECCHIONI, 2005 : 60 et MOESCHLER, 1985 : 88.
28. Sur cette obligation de réponse, voir DUCROT, 1981 : 99-103.
29. Comme l'a bien montré DUCROT (1981 : 100), l'obligation liée à l'interrogation n'est pas nécessairement identifiable à une obligation de type social ou moral : « En posant la question, on ne prétend pas forcément que l'allocutaire mérite une sanction ou qu'il commet une faute au cas où il ne répondrait pas : on présente simplement son absence éventuelle de réponse comme l'excluant des rapports discursifs que l'on prétend établir avec lui. En d'autres termes, la "morale" à laquelle s'opposerait un destinataire récalcitrant est celle qui régit la conversation instaurée entre lui et le locuteur. »
30. Voir aussi § 171, 224, 278…
31. Sur le statut taxémique de la question, sur lequel nous aurons l'occasion de revenir, voir KERBRAT-ORECCHIONI, 1971 : 28-30.

menaçant qui place le questionneur en position dominante. Cela explique sans doute pourquoi Placides accompagne ses questions de séquences préliminaires qui en atténuent le caractère autoritaire et péremptoire :

— Maistre, pour Dieu, dist Placides, or me dites, s'il vous plaist, pour quoy […] (*P. et T.*, § 320) ;

— si vous pri que vous me dites le raison pour quoy (*P. et T.*, § 208)[32] ;

et qui présentent la réponse qu'il sollicite non comme un acte dû mais comme un acte d'amour :

— Maistres, par amours, dist Placides, or me dites comment […] (*P. et T.*, § 113)[33] ;

L'élève a également recours à de telles précautions oratoires quand il assume son second grand rôle, lequel consiste à objecter[34]. Ces tours sont rendus d'autant plus nécessaires ici qu'il s'arroge un droit dont il ne dispose légitimement pas, n'ayant ni compétence particulière ni connaissance sûre qui lui permette de s'opposer à son maître, nanti quant à lui de l'autorité que lui confère son grade ou son titre, et qui peut donc revendiquer, ès qualités, la fonction de celui qui dit vrai et qui, en tant que tel, ne doit pas être contredit. Néanmoins, la fiction du dialogue didactique, qui inscrit les deux protagonistes dans une relation de type enseignant-enseigné, donne à l'élève la possibilité d'objecter en toute légitimité[35]. Ainsi le disciple, qui, on l'a vu, s'arroge le droit de demander des informations et d'exiger des explications, peut-il également, à condition toutefois de prendre quelques précautions dans leur formulation[36], émettre des objections qui se traduisent, en règle générale, non par une réfutation directe[37], qui constituerait une nouvelle menace pour l'interlocuteur, mais par la voie détournée de la question polie, qui présente

---

32. L'emploi du verbe « prier » est fréquent (§ 14, 266…). Quant au tour « s'il vous plaist », lui aussi récurrent dans le *P. et T.* (§ 306, 363…), il n'est pas ici une simple formule de politesse lexicalisée : en sollicitant l'accord de celui à qui la demande est adressée, le questionneur laisse entendre qu'une réponse n'est donnée que si cela agrée à celui qui la donne, comme le prouve l'emploi du verbe « plaire » au subjonctif imparfait (« se il vous pleust ») au § 333 cité plus haut. Bien que les questions soient généralement posées sans ambages dans les traités latins, elles sont parfois accompagnées de tours les modalisant. Voir par exemple *D.P.* : *Dux : Nisi tibi est molestum, quod quaero explica* (2. 5-4) ; *Modo, si placet tibi, de regionalibus explica* (5. 2-14).

33. Voir aussi § 126, 273, 310, 327, 365, 377…

34. Pour une étude détaillée des mécanismes de l'objection, nous renvoyons à SILVI, 2006 : 49-78, article auquel nous empruntons ici quelques éléments.

35. Sur le contrat de devoirs et de droits réciproques qui lie les partenaires engagés dans une telle relation, voir BOISSAT, 1971 : 263-294.

36. Taxème de position haute qui attaque la face positive de celui à qui elle est adressée, l'objection ne peut en effet être maniée qu'avec d'infinies précautions par l'élève qui se doit de respecter une « déontologie de l'objection », parfaitement mise en place dans le *P. et T.* Sur ce point, voir SILVI, 2006 : 51-55.

37. Les réfutations directes sont très rares en effet. On en trouve par exemple une au § 344, lorsque Placides réplique à Timéo, qui vient d'affirmer que tout nait et meurt dans la douleur : « Biaus douls maistres, dist Placides, sauve vostre parole, il n'est mie ainsi. Au naistre de fleurs d'abres ne des feulles n'est point doleur. »

finalement le moins de risques interactionnels. Et, comme précédemment, Timéo est invité à « respondre » aux « demandes » de Placides :

— Biaus douls maistres, vous m'avés dit que les elemens ont corps. […] Coment, maistre ? Je voy que les oisiaus vont parmi l'air sans achouper et il sont haut et nous bas, et si les veons nous bien. Et se li airs eust corps, il m'est avis qu'il se hurtassent et que le corps de l'air nous tausit leur veue. Si vous pri que vous le m'enseigniés (*P. et T.*, § 78) ;

— Biaus douls maistres, dist Placides, or ne vous soit mal se je vous fais une demande et par amours, se m'i respondés. Vous me dites que […], mais je voy que […]. Et je voy d'autre part que […], dont me samble que […] (*P. et T.*, § 265)[38] ;

L'objection résulte, comme l'illustrent ces exemples, d'une contradiction, à laquelle l'élève n'était bien sûr pas préparé, entre une vérité, celle que le maître vient de lui révéler, et ce que lui, Placides, « vo[it] », ce qui lui « samble », ce qui lui « est avis », ces deux opérateurs épistémiques, censés modaliser l'objection et la rendre moins abrupte, renvoyant aussi bien à ce que l'élève, qui est alors victime d'une perception erronée parce qu'intuitive du réel, croit voir qu'à ce auquel il croit, c'est-à-dire, dans ce denier cas, aux idées préconçues qui sont vraisemblablement aussi celles qui sont communément admises. L'objection s'accompagne le plus souvent de la ré-énonciation immédiate, par Placides, de la proposition de Timéo avec laquelle il n'est pas spontanément tombé d'accord. La reprise en écho est ici de nature dialogique, car polémique, dans la mesure où elle manifeste un *dissensus* de la part de l'élève à l'égard de l'assertion antérieure du maître[39]. La reprise du discours de Timéo dans l'intervention de fonction illocutoire réactive – celle de Placides qui suit ce discours –, se fait invariablement par l'emploi du verbe "dire" qui en indique très clairement le caractère diaphonique[40]. Il y a, certes, reformulation[41],

---

38. Voir aussi § 57, 103, 187, 209…

39. Sur ces notions, voir BARBÉRIS, 2005 : 159-161 : « L2 reprend le propos tenu antérieurement (les mots que vient de prononcer L1), mais il le réénonce en interprétant l'énoncé de L1 à sa manière, et en le faisant dialoguer avec son propre point de vue. Remaniement marqué d'hétérogénéité, voire reprise polémique, telles sont les caractéristiques qui se dégageront des échos de nature dialogique. » (p. 160).

40. ROULET *et al.*, 1991 : 71 : « Dans une structure diaphonique, l'énonciateur ne se contente pas de réagir, sans le toucher, à une parole présente ou de se référer à des paroles absentes, il commence par reprendre et réinterpréter dans son propre discours la parole du destinataire [c'est nous qui soulignons], pour mieux enchaîner sur celle-ci. » Voir aussi (*Ibid.* : 78) : « La construction diaphonique permet à l'énonciateur de signaler ce qu'il a retenu, ou veut bien retenir, du discours de l'autre, la manière dont il l'interprète, la pertinence qu'il lui attribue du point de vue argumentatif et/ou interactionnel. » On trouve bien évidemment des reprises diaphoniques également dans les encyclopédies latines. Voir *Q.N.* : *Nepos* : *At non sic extorquebis. Si enim ex frigiditate, ut dicis, hoc eis accidit, cur inquam oves, cum calide complexionis sint, idem tamen exigunt* (p. 106) ; dans le *D.P.*, on se reportera à la longue réplique du *Dux* commençant par *Memini superius te dixisse mundum ad similitudinem oui esse compositum* […] (3.2-1), où le rappel des propos antérieurs du philosophe sert à souligner une contradiction entre la thèse soutenue par ce dernier et l'opinion commune. Voir aussi 5.2-15 où on trouve une reprise diaphonique du même type.

41. La reformulation est la première caractéristique de la construction diaphonique. Voir ROULET et al., 1991 : 79.

mais il y a aussi et surtout répétition[42], procédé à la base de la pédagogie médiévale, et essentiel dans la stratégie de véridiction. L'auteur du traité, qui, on l'aura
compris, se cache derrière ses deux personnages, y a recours dans le but d'imposer
une vérité qui corresponde à sa propre conception du réel. Sans doute cherche-t-il
à prouver, par ce rabâchage, que ses propositions sont vraies. Placides emploie les
tours « vous m'avez dit que » / « vous me dites que », pour objecter, bien sûr, mais
aussi pour conclure[43], fût-ce de façon erronée, comme dans cet exemple où le lien
interactif avec le discours de Timéo est marqué par le connecteur « donques » :

> — Ha, maistres, ce dist Placides, vous m'avés dit que c'est miroirs de perdurableté,
> qui luist en toutes coses et toutes coses sont en lui, donques nous voit il et nous
> lui (*P. et T.*, § 34).

Ces constructions, que la proposition du maître soit remise en cause où qu'elle
soit à la base d'une inférence[44], perpétuent la situation dialogale[45], non seulement
parce qu'elles permettent à l'élève de "revenir" sur ce qui vient d'être asserté,
mais surtout parce qu'elles fournissent au maître une nouvelle occasion de répéter,
pour la justifier ou la compléter, la thèse qui vient d'être contestée ou qui a été mal
interprétée. C'est ainsi que l'assertion reformulée au § 34 par Placides est réitérée
par Timéo qui confirme, en le répétant, son dire initial :

> — Voirs est, ce dist Timéo, qu'il est miroirs de perdurableté, qu'il reluist en tout et
> tout reluist en lui, …

---

42. Exemples de répétition par l'élève d'une assertion antérieure du maître introduite par le verbe « dire »
et servant de support à une objection : § 57, 93, 187. Voir également le long § 209 où Placides, qui
conteste la thèse de Timéo selon laquelle l'homme est la seule créature douée de raison, ponctue son
discours de trois « membre vous » (« que vous me contastes » / « que vous me deistes » / « que vous
me dites »), qu'il fait à chaque fois suivre d'un résumé des exposés qui lui ont été faits précédemment
(le récit de la corneille ingénieuse qui occupe les § 84-87 ; les mœurs du crapaud traitées au § 189 ;
celles de la couleuvre dont il a été question au § 190). Ces rappels sont censés prouver que la thèse
nouvellement introduite par le maître est fausse.
43. Autre conclusion erronée formulée par Placides, celle du § 208 où l'élève ose affirmer, en dépit de
l'assertion du maître selon laquelle l'homme est la seule créature à être raisonnable et donc à posséder
la faculté de discerner le bien du mal : « donque est il apparissant que elles [les bêtes] sevent qui leur
faut et qui boin leur est et me samble que elles ont raison. »
44. Ce qui n'est bien sûr pas incompatible avec le fait que Placides, qui n'est pas l'énonciateur de la
proposition qui est le point de départ de l'inférence, ne prenne pas en charge l'assertion introduite
par « vous dites que ». Cette idée a été développée par Ducrot (1984 : 155-156), qui conclut en ces
termes : « C'est là ce qui me permet de parler d'une argumentation par autorité : l'énonciateur de *P*
[le maître dans nos exemples] joue le rôle d'une autorité en ce sens que son dire suffit à justifier L [le
locuteur, ici Placides] de devenir à son tour énonciateur de *Q*, en se fondant sur le fait que la vérité
de *P* implique ou rend probable celle de *Q*. On voit ainsi que l'assertion de *P*, même si L n'en est pas
l'auteur, a pour effet de donner à la proposition *P* une efficacité supplémentaire : […] le fait qu'elle ait
été assertée lui confère ainsi un des privilèges essentiels reconnus par les logiciens aux propositions
vraies, le droit d'être à la base d'une inférence. »
45. Sur cette fonction, essentielle selon nous dans le dialogue didactique, voir Salvan (2005 : 273) :
« *Dites-vous* sert donc autant à reprendre qu'à susciter à nouveau le dire de l'autre, donc à perpétuer
une situation dialogale […]. »

et qui décompose ensuite son assertion en propositions qui vont être expliquées à Placides afin de corriger la conclusion à laquelle ce dernier avait abouti :

> …mais vous entendés malement ; il reluist en tout, car il voit tout et connoist et set, et tout reluist en lui, car sentir nous couvient se force et, sans se lueur, nous ne poons rien, ains nous couvient sentir se lueur en ce que il nous fait aller et parler. […] Mais il ne nous a mie donné force que nous le puissons en ceste vie veoir ; pour ce ne savons nous a dire en quelle fourme Dieus est (*P. et T.*, § 34-35)[46].

Nous sommes bien ici en présence de « questions-échos »[47], qui, tout en invitant le maître à répondre, c'est-à-dire à invalider l'objection ou la conclusion fausse qui vient d'être formulée par son interlocuteur et à défendre sa propre thèse, instaurent un dialogisme montré[48] : le dialogue n'est alors plus seulement externe, marqué par l'alternance des tours de parole, il se réalise aussi dans l'interaction, à l'intérieur du discours de Placides, de son propre discours avec celui de Timéo. Parce que la diaphonie est ici explicite et effective[49], la parole du maître apparaît, dans ces constructions en chaîne, comme ré-assertable à l'infini. Point de départ de nouveaux raisonnements, elle acquiert le statut tant convoité d'argument d'au-

---

46. Voir aussi le § 78, où l'objection de l'élève est l'occasion pour le maître de répéter, sous des formes variées et à de très multiples reprises (§ 79 : 2 fois ; § 80 : 2 fois ; § 81 ; § 82 : 2 fois ; § 83 ; § 87 ; § 100), l'assertion contestée afin de faire la démonstration de sa vérité. On trouvera une analyse détaillée de cet exemple dans SILVI, 2003b : 314-315.

47. Formule empruntée à BARBÉRIS (2005 : 162) qui poursuit ainsi : « Dans la question-écho, L2 produit une reprise qui invite L1 à répondre, alors que dans la réponse-écho, L2 enregistre (dialogiquement ou non) un propos de L1, sans inviter celui-ci à produire un tour supplémentaire. »

48. Dialogisme que nous nous garderons bien de caractériser ici autrement que comme consistant « à rendre manifeste, au niveau du discours, l'existence de cette pluralité de voix qui demeuraient invisibles dans le dialogisme constitutif » (Définition du dialogisme montré donnée par VION, 2005 : 152). D'aucuns, considérant qu'il y a présence d'un énoncé antérieur dans l'énoncé en cours, y verraient du dialogisme interdiscursif, d'autres – voir par exemple SALVAN, 2005 : 278 – du dialogisme interlocutif immédiat. Sur ces notions, voir CHARAUDEAU, MAINGUENEAU (2002 : 176) : « Tout discours est, on l'a vu, doublement dialogique, et ce double dialogisme inscrit deux types de relations : celles que tout énoncé entretient avec les énoncés antérieurement produits sur le même objet (relations interdiscursives) ; celles que tout énoncé entretient avec les énoncés de compréhension-réponse des destinataires que l'on anticipe (relations interdiscursives). » Il serait néanmoins nécessaire ici de compléter la définition du dialogisme interlocutif. C'est ce que fait d'ailleurs BRES (2005 : 53, n. 6), qui inclut dans l'interlocutif « l'interaction avec l'énoncé antérieur de l'interlocuteur lorsqu'on se situe dans le dialogal ».

49. Nous renvoyons aux notions développées par ROULET *et al.*, 1991 : 82. La diaphonie est explicite dans la mesure où il y a reformulation (quand ce n'est pas répétition fidèle) des paroles du maître. Elle est effective parce qu'elle « renvoie toujours à un discours effectivement produit par le destinataire [ici le maître] avant le discours de l'énonciateur [ici l'élève] et repérable dans le co-texte ».

torité[50]. Citée aussi bien par l'élève que par le maître lui-même[51], elle devient une parole de référence, c'est-à-dire un « dire monumentalisé » (RIFFATERRE, 1980 : 4).

... AU DIALOGIQUE

Qu'en est-il de la question et de l'objection dans les textes monologaux, qui, eux, ne connaissent pas l'alternance des tours de parole ? Existe-t-il, dans ces traités, une instance énonciative qui prenne en charge les rôles traditionnellement assumés par l'élève ? Autrement dit, que se passe-t-il quand l'autre n'est pas physiquement présent, c'est-à-dire quand le maître, en l'occurrence ici l'encyclopédiste, est seul en scène ? Si l'on part du principe que tout discours, même monologal, a fonda-mentalement une structure d'échange[52] et que l'on rapporte son fonctionnement à un tour de parole dialogal, on peut considérer que le *Livres dou Tresor* et l'*Image du monde* ont été conçus comme une réponse[53] très développée, puisque s'étendant sur plusieurs dizaines de feuillets dans les manuscrits, apportée à un interlocuteur qui aurait *demandé* à Brunetto Latini et à Gossuin de Metz de lui fournir un exposé aussi complet que possible sur le monde. On aurait cependant tort de croire que la présence de l'interlocuteur n'est, dans ces textes, à aucun moment effective, le dis-

---

50. Selon DUCROT, 1984 : 153-158, nous sommes en présence ici de la première forme d'argumentation par autorité appelée « autorité polyphonique », dont le mécanisme général comporte deux étapes : « a) Le locuteur L montre un énonciateur (qui peut être lui-même ou quelqu'un d'autre) assertant une certaine proposition P. Autrement dit, il introduit dans son discours une voix – qui n'est pas forcément la sienne – responsable de l'assertion de P. [...] b) L appuie sur cette première assertion une seconde assertion, relative à une autre proposition Q. Ce qui signifie deux choses. D'une part, que le locuteur s'identifie avec le sujet qui asserte Q. Et d'autre part, qu'il le fait en se fondant sur une relation entre les propositions P et Q, sur le fait que l'admission de P rend nécessaire, ou en tout cas légitime, d'admettre Q. » Cette définition appelle deux remarques : d'une part, qu'elle soit répétée pour être d'abord réfutée ou pour servir de support à une conclusion fausse, c'est bien l'assertion par le maître de la proposition P, qui finit de toute façon toujours par être admise pour vraie, qui légitime l'assertion de la proposition Q par l'élève ; d'autre part, le maître, qui répète à son tour son propos initial pour en démontrer la vérité, dialogue, de façon consensuelle bien sûr, avec son propre discours : assumant pleinement son assertion antérieure, il en démontre le bien-fondé. Il y a donc bien constructions diaphoniques en chaîne, qu'elles soient le fait de Placides ou de Timéo lui-même.
51. Lorsque le sujet parlant dialogue avec son propre discours, on parle d'autodialogisme.
52. Voir la démonstration de ce principe dans ROULET, 1982 : 65-84. Cet auteur a montré (p. 70), que même un discours monologal isolé, autrement dit tout texte qui n'est pas constituant d'une conversation comme peut l'être un texte informatif ou assertif, doit être considéré « comme la réalisation d'un échange, car l'intervention d'information ou d'assertion réagit toujours à un problème ou à une question non verbalisés ».
53. Penser la production de la parole en termes de réponse n'a rien de nouveau, cette idée étant constitutive de la définition du dialogisme telle qu'on la trouve chez M. BAKHTINE pour qui « toute énonciation, même sous forme écrite figée, est une réponse à quelque chose et est construite comme telle. Elle n'est qu'un maillon de la chaîne des actes de parole. Toute inscription prolonge celles qui l'ont précédée, engage une polémique avec elles, s'attend à des réactions actives de compréhension, anticipe sur celles-ci, etc. » (citation donnée dans DÉTRIE, SIBLOT, VÉRINE, 2001 : 84). Sur la rentabilité de la notion de réponse dans l'approche des faits langagiers, voir BRES, 2005 : 58-59.

cours monologal pouvant lui aussi présenter une structure de dialogue et reproduire un échange. Il arrive en effet que la question à laquelle l'encyclopédiste répond, question qui est, notons-le, toujours réactive, soit verbalisée, c'est-à-dire non seulement explicitement formulée, mais tout aussi explicitement rattachée à une source, invariablement les « aucuns », promus pour l'occasion au rang de partenaires discursifs[54], comme c'est le cas dans ces deux exemples empruntés au *Livres dou Tresor* :

> Aucun demandent ke Dieus faisoit ains ke le monde fust fais et ke soudainement il vint en volenté de faire le monde (*L. du T.*, p. 25) ;

> Aucun demandent por coi Dieus laissa nestre le mal, […] (*L. du T.*, p. 26) ;

où la question posée est immédiatement suivie de la réponse de Brunetto, toujours introduite par le tour « je di ke » :

> Mais je di ke novele volenté ne fu ele pas (*L. du T.*, p. 25) ;

> […], et je di por ce ke la biauté de la bone nature fust cogneue par son contraire (*L. du T.*, p. 26) ;

Bien que produit par un seul et même locuteur – l'encyclopédiste –, le discours, parce qu'il enregistre en son sein plusieurs voix énonciatives – celle du locuteur, bien sûr, mais aussi celle de l'interlocuteur qui est aussi l'énonciateur de la question – devient dialogique. Le locuteur va parfois plus loin : non seulement il verbalise la question qui aurait pu rester dans l'implicite discursif et qui est censée être à l'origine de sa réponse, mais il lui arrive aussi d'anticiper la question qui pourrait lui être posée ou l'objection qui pourrait lui être faite en les faisant formuler par un énonciateur virtuel, toujours les « aucuns », avec les réactions desquels il interagit interlocutivement. Et c'est parce que ces questions et ces objections sont tout aussi fictives que les énonciateurs qui en sont responsables que l'encyclopédiste a invariablement recours à la subordonnée hypothétique ou à la forme en « –roie » pour les introduire :

> Et se aucuns me demandoit por quoi on voit plus tost l'espars ke le tonnoire, je diroie, por ce ke le veoir est plus prest ke l'oïr (*L. du T.*, p. 91) ;

> Et ce ne poroit il mie fere s'il [li airs] ne fust moistes et espés. Et se aucuns disoit ke li airs ne fust espés, je diroie ke s'il movoit roidement une verge en l'air, ele sonnera et pliera maintenant por l'espois de l'air k'ele encontre (*L. du T.*, p. 90) ;

> Toutes yaues viennent de mer ; et les douces et les salées, queles qu'eles soient, toutes viennent de la mer et la s'en revont toutes. Dont aucuns porroit demander : « Puis que eles viennent toutes de la mer, comment ce est que yaue douce en vient ? » (*I. du M.*, p. 142)[55].

---

54. Ce qui est loin d'être systématique, les « aucuns » étant en règle générale énonciateurs d'opinions probables (*P. et T.*, § 142 ; *I. du M.*, p. 182, p. 199…) ou, employés alors tantôt seuls tantôt en combinaison, énonciateurs d'affirmations seulement possibles, voire fausses (*P. et T.*, § 388-389 ; *L. du T.*, p. 36 et p. 147 ; *I. du M.*, p. 156, p. 159…).

55. Voir aussi *L. du T*, p. 18 ; p. 24 ; p. 58… On retrouve des tours équivalents dans la *P.* de Guillaume de Conches : *His subiciet aliquis :* […] *? Nos vero dicimus quod,* […]. (1.41) ; *Sed dicet aliquis :* […] *? Cui dicimus* […]. (3.8) ; *Sed quaeret forsitan aliquis :* […] *? Dicimus* […]. (2.26) ; *Sed dicet aliquis :*

Imaginant l'énoncé à venir qu'il serait possible que son interlocuteur produise, il simule un échange qui *pourrait* avoir lieu. Le dialogisme est ici interlocutif et la parole de l'autre est construite de toutes pièces par Brunetto ou Gossuin, tout comme le sujet parlant présenté comme en étant l'énonciateur. Mais ce n'est pas parce qu'il est seul sur la scène énonciative que l'encyclopédiste se dote de partenaires discursifs virtuels, qu'il transforme en énonciateurs, et qu'il se place lui-même dans la position du destinataire. En effet, le *Placides et Timéo*, qui dispose pourtant de deux locuteurs physiquement distincts, n'échappe pas non plus à ces questions et à ces objections fictives, qui ne sont pas, comme on pourrait le croire, l'apanage des encyclopédies monologales. Mais, ici, nul besoin de créer un interlocuteur, dans la mesure où c'est l'élève, instance déjà disponible dans la fiction dialogique, qui tient le rôle de l'énonciateur de ce discours virtuel. Trois cas de figure sont représentés selon que Timéo inscrit dans son propre discours la question que Placides *pourrait* poser :

> Et se vous me demandés que est couleur cristaline, je vous respons que […] (*P. et T.*, § 194) ;

> Se vous demandés pour quoy li crapaus, qui tant habite sous terre et en terre, voit, je vous di que […] (*P. et T.*, § 189)[56] ;

celle qu'il *pourrait vouloir* poser :

> Et se vous volés demander comment nous le poons savoir, je le vous diray (*P. et T.*, § 156)[57] ;

ou celle qu'il *aurait pu* poser, c'est-à-dire la question qui, pour être manquée, n'en était pas moins attendue[58] :

> Tout aussi peussiés avoir demandé pour quoy uns yeuls qui peut veoir .I. denier d'or ou d'argent ou de coivre ou aucunne cose qui est de grosse matere et rude, et il ne peut veoir, quant une pelete vient par aucun cas aucunne fois et naist desseure l'eul, qui est apelee « macula », ce est a dire maille (*P. et T.*, § 98).

L'hétérogénéité énonciative peut également rester implicite, l'énonciateur à qui est imputée la question n'étant pas mentionné[59]. Cette voix non explicitée correspond néanmoins encore à celle de l'interlocuteur. Peuvent notamment être

---

[…]. *Nos vero dicimus* […]. (2.23-25) ; *Sed dicet aliquis :* […]. *Respondemus* […]. (2.45) ; *Quaeritur* […] ? *Cui dicimus quod,* […]. (3.31). Voir aussi 2.50 ; 2.62 ; 3.18 ; 3.33 ; 4.8 ; 4.12 ; 4.21 ; 4.38 ; 4.47 ; 4.49 ; 4.50 ; 4.51 ; 4.53…

56. Voir aussi § 159.

57. Voir aussi § 139.

58. Il s'agit ici d'un contre-argument que l'élève aurait pu opposer à la proposition que le maître vient d'asserter et selon laquelle « on veoit mieuls les coses de pres que de loing ».

59. Dans la *P.*, la question dépourvue d'énonciateur explicite semble même s'imposer d'elle-même : *Hic oritur quaestio :* […] ? *Cui respondendum est,* […]. (2.54-55) ; *Hic oritur quaestio similis praecedenti :* […] ? *Huius solutio facilis est :* […]. (2.58) ; *Habet autem quastionem :* […] ? *Ad quod dicimus,* […]. (3.6). Voir aussi 4.12 ; 4.22…

rangées dans cette catégorie certaines interrogations directes[60] présentes dans le
discours de Timéo :

Qui sont ces deux coses ? L'unne est le feu et l'autre est le son (*P. et T.*, § 264).

ainsi que toutes les questions du type « Ke vous iroie disant ? / Ke vous diroie ? »
que l'on trouve chez Brunetto Latini[61]. Ce ne sont pas de simples questions auxquelles l'encyclopédiste répond après se les être à lui-même posées[62]. Ce ne sont
pas non plus, du moins en ce qui concerne celles que l'on trouve dans le *Livres
dou Tresor*, des énoncés signalant que la parole se tarit et que le locuteur n'a plus
rien à dire[63]. Ce sont des questions auxquelles l'encyclopédiste se croit obligé
d'apporter une réponse, parce qu'il imagine qu'un interlocuteur intéressé, curieux,
insatiable même pourrait les lui poser. L'encyclopédiste est à la fois le locuteur
de la question et son destinataire – il y répond immédiatement d'ailleurs – et son
interlocuteur en est l'énonciateur dans la mesure où c'est lui que l'encyclopédiste
se représente comme lui posant la question : « Quelles sont ces deux choses » ou
« Qu'est-ce que vous pourriez me dire (de plus) ? »[64].

Si ces procédés, que l'on peut d'ailleurs considérer comme des artifices rhétoriques, sont communs à tous nos textes, c'est que les enjeux de ce dialogisme
interlocutif sont de taille. Les énoncés du type « se vous me demandés », « se
aucuns demandoit » qui émaillent ces traités ne sont en effet pas de simples invi-
tations au questionnement, pas plus que les interrogations posées sans marquage
de leur source. Un de leurs buts est sans doute de faire comme si l'élève cherchait
à obtenir des informations, mais ce n'est pas le seul. L'explication selon laquelle

---

60. Certaines et non toutes. Sont à exclure de cette catégorie les questions rhétoriques, fréquentes chez le
maître, ainsi que les questions que Timéo pose à Placides pour tester ses connaissances.
61. *L. du T.*, p. 77 ; p. 79 (2 occurrences) ; p. 81.
62. ROBRIEUX (1998 : 94), considère qu'il s'agit là de la figure appelée « subjection », laquelle « consiste à
présenter une affirmation sous la forme question-réponse, dans un simulacre de dialogue entièrement
pris en charge par l'énonciateur. [...] ce procédé pseudo-polyphonique permet, en posant des
questions auxquelles on répond soi-même, d'éviter la sécheresse d'un monologue et d'établir une
certaine connivence avec le public ».
63. Ces énoncés presque formulaires font généralement figure d'aposiopèse (cf. la définition de cette
figure donnée par VAN MOOS, 1975 : 458 : « l'aposiopèse est le moyen d'arrêter la parole devant
un objet difficile à traiter, dont la dignité peut apparaître ainsi sur le fond de l'incompétence de
l'écrivain. » C'est ainsi que ces questions fonctionnent par exemple dans la littérature arthurienne qui
les voit fleurir. Sur le sujet, voir l'analyse de JAMES-RAOUL, 1997 : 290 *sq*. Il n'en est pas de même dans
le texte encyclopédique, où toute question appelle inéluctablement la parole et où ces tours sont perçus
par le locuteur, qui en est le destinataire, comme une incitation à en dire encore plus, c'est-à-dire à
poursuivre et à terminer l'exposé commencé avant que ladite question ne lui soit posée.
64. Nous nous rallions ici aux analyses proposées par DUCROT, 1989 : 389. Sur les « questions auxquelles
le locuteur répond après les avoir lui-même présentées » (et non posées, la nuance est d'importance !),
on se reportera également à une interprétation plus ancienne du même auteur – mais à méditer en
ce qui concerne les énoncés qui nous intéressent ici –, et qui vise à « traiter ces cas dans le cadre du
discours rapporté (plus précisément, du style indirect libre) », O. DUCROT (1981 : 109, n. 14) se disant
néanmoins « incapable de tracer exactement la démarcation (et pourtant elle existe) entre le style
indirect libre et certains cas d'identification de l'énonciateur à l'allocutaire ».

l'encyclopédiste y aurait recours parce qu'il a pour interlocuteur un élève qui, non encore complètement formé, n'est pas toujours capable de formuler les bonnes questions et les objections que l'on pourrait attendre, nous semble également un peu trop facile. Leur véritable intérêt est ailleurs et est à chercher dans la volonté qu'a le maître de renverser le rapport de places établi par la situation de communication ainsi que dans la fonction pragmatique de l'encyclopédie, qui consiste à inculquer des connaissances, mais aussi à faire comme s'il existait un savoir commun, c'est-à-dire partagé par le maître et son élève et constitué de propositions nouvellement admises par ce dernier ou appartenant déjà à leur univers de croyance respectif. Il nous faut d'abord revenir sur le statut taxémique de la question, acte ambivalent s'il en est. S'il est vrai que cet acte de langage est menaçant pour son destinataire, sommé de répondre, il est tout aussi vrai qu'en posant une question, son énonciateur déclare son ignorance et reconnait implicitement la supériorité de savoir de celui à qui sa demande est adressée. L'énonciateur de la question – l'élève dans le *Placides et Timéo*, les « aucuns » chez Brunetto et Gossuin – se met ainsi dans la position basse de celui qui ne sait pas et confère du même coup au destinataire de sa question la position haute de l'homme compétent, de l'autorité. À ceci près qu'ici, c'est l'encyclopédiste – ou son double dans le dialogue, c'est-à-dire le maître – qui établit ce rapport de places. Le destinataire de la question, c'est lui ; mais c'est aussi lui qui se crée à lui-même cette obligation de répondre, qui va lui permettre de révéler l'étendue de son savoir, le tour de force discursif consistant à faire comme si cette mise en demeure, qui est aussi une mise à l'épreuve, émanait de son interlocuteur. Et c'est doublement qu'il jouit ici de toutes les prérogatives qui s'attachent à la position haute, dans la mesure où, en se posant à lui-même une question, il reprend l'initiative discursive et donc le contrôle du dialogue, qu'il oriente dans la direction qu'il entend lui donner, ce qui lui confère en outre la possibilité d'exposer des arguments[65] à l'appui d'une de ses assertions antérieures ou d'introduire une nouvelle proposition et l'argumentation qui va avec. Pour être potentielle[66], la diaphonie n'en produit pas moins les effets escomptés : amorce d'une contre-argumentation[67] ou simple demande d'information complémentaire, le dire imaginé et imaginaire de l'interlocuteur détermine le discours du maître ou de l'encyclopédiste, au même titre qu'un interlocuteur et un discours réels et sert, dans tous les cas, de point de départ à un autre dire, que celui-ci vienne justifier la thèse initiale du maître ou qu'il représente un

---

65. Les arguments en question peuvent bien sûr être les mêmes que ceux qui ont été initialement donnés à l'appui de la thèse qui est réfutée. C'est ce qui se passe par exemple au § 99 du *P. et T.* où, pour répondre au contre-argument que l'élève aurait pu opposer à sa thèse, le maître, qui fait appel à une « raison » déjà formulée pour étayer son dire, déclare : « Et ce n'est que par ceste raison que je vous ay avant dite, car […]. » On retrouve ici tout l'intérêt de la répétition dans le dispositif argumentatif.

66. Sur la notion de « diaphonie potentielle », voir ROULET et *al.,* 1991 : 83.

67. Comme c'est par exemple le cas au § 189 du *P. et T.* cité *supra* où à la thèse défendue par le maître et selon laquelle sous la terre, élément qui n'a pas de clarté en soi, ne vivent que des animaux dépourvus d'organes de la vision, est virtuellement opposé le cas du crapaud qui, bien que vivant « sous terre et en terre », voit.

nouvel exposé[68]. En rendant explicite ce que M. BAKHTINE (1978 : 103) appelle
« la réplique non encore dite, mais sollicitée et déjà prévue », l'encyclopédiste
se montre capable de devancer les éventuelles questions et de prévenir les objections en leur répondant par anticipation. Mais, en mettant dans la bouche de son
interlocuteur ce qu'il veut bien qu'il dise, en le *faisant* parler, il le prive de la
question ou de l'objection que, peut-être, il aurait aimé dire et à laquelle l'encyclopédiste aurait pu ne pas être capable de répondre. En faisant de l'objecteur le
porte-parole d'un point de vue qu'il détermine et qu'il peut réfuter, et en prêtant
au questionneur un désir d'information que ce dernier n'a peut-être pas mais qu'il
sait pouvoir combler, l'encyclopédiste, partant sans doute du principe selon lequel
on n'est jamais aussi bien servi que par soi-même, se donne le beau rôle. Par
l'instauration de tours de parole fictifs, il s'approprie la parole de l'autre, mais, en
donnant l'illusion de la partager, il garde la main – ou la reprend –, tout en faisant
semblant de la passer. Il demeure ainsi le maître du jeu, c'est-à-dire du discours
et de sa dynamique. Produisant la question, il règne sur l'organisation thématique
de la conversation et, de ce fait, domine l'interaction ; fournissant la réponse, il
oblige son interlocuteur à le croire, c'est-à-dire à intégrer, dans le stock des propositions que ce dernier tient pour vraies, l'assertion que son maître formule[69].
Car la question est aussi, ne l'oublions pas, un acte perlocutoire qui vise à faire
entrer de force un certain nombre d'énoncés dans l'univers de croyance du destinataire : non seulement la réponse qui lui est apportée, mais également toutes les
informations présentes sous la forme de présupposés dans la question que l'encyclopédiste met dans la bouche de son interlocuteur. Il convient de distinguer deux
cas de figure. (1) Ou bien le maître fait comme si son interlocuteur, énonciateur
virtuel d'une question qui l'est tout autant, reprenait, sous forme de présupposés,
le contenu qu'il a lui-même posé dans une assertion antérieure. Lorsqu'au § 159
du *Placides et Timéo*, Timéo déclare :

> Et se vous me demandés pour quoy et comment ce peut estre…

il représente Placides comme reprenant, mais cette fois-ci sous forme de présupposé, la proposition nouvelle que lui-même a introduite au § 158, à savoir que
les salamandres vivent dans le feu. Or, demander pourquoi et comment « ce »
peut être, c'est bien présupposer que *cela* est, c'est-à-dire, en fin de compte, se

---

68. La question fictive permet par exemple d'introduire un petit développement sur la couleur cristalline
    (*P. et T.*, § 194), sur la façon dont l'eau, à l'origine salée, devient douce (*I. du M.*, p. 142) ou encore
    sur les règles du mariage chez le peuple juif (*L. du T.*, p. 58). Le nouvel exposé peut d'ailleurs être
    remis à plus tard comme c'est le cas au § 159 du *P. et T.* : « Et se vous me demandés pour quoy et
    comment ce peut estre, je vous di que autre fois chi après vous en responderons et de ceste nature et
    des natures as autres, et ossi pour quoy les poissons de le mer sont plus douls que ceuls de le douche
    yaue, mais se je m'arestoie ore chi, je m'eslongeroie trop de me matiere, si parlerons de ce dont nous
    avons commenchié. »
69. Voir MOESCHLER (1985 : 96) : « Cependant, la réponse, en tant qu'elle est constituée, généralement,
    d'un acte directeur à valeur assertive, impose généralement des obligations à l'interlocuteur (ici
    obligation de croire vs obligation de répondre). »

déclarer d'accord[70] avec le contenu posé antérieurement par le maître[71]. (2) Ou bien les questions dont l'interlocuteur est présenté comme l'énonciateur virtuel ne reprennent pas un contenu posé par l'encyclopédiste. C'est ce qui se produit dans la question, qui s'apparente d'ailleurs à une objection, qui figure au § 189 du *Placides et Timéo* déjà cité, ainsi que dans toutes les interrogations fictives préfixées par « aucuns » dans le *Livres dou Tresor*. Ici, les informations présupposées sont directement introduites dans l'énoncé virtuel sans avoir au préalable "transité", sous forme de "posés", dans une assertion antérieure de l'encyclopédiste. Mais le résultat est le même : en faisant de ces informations présupposées le cadre de la question de l'interlocuteur, l'encyclopédiste donne l'impression que ces informations, qu'il parvient ainsi à faire passer en force[72], étaient déjà admises par son partenaire discursif, comme si elles appartenaient depuis toujours à son univers de croyance. Or ces informations, présumées incluses dans les compétences encyclopédiques de l'interlocuteur, sont présentées, comme tout présupposé, comme des vérités incontestables[73] sur lesquelles il n'y a plus à revenir et qu'il n'est donc pas utile de démontrer. À moins d'entrer dans la polémique, le destinataire est donc à nouveau contraint d'intégrer dans son univers de croyance ces données qu'il est censé présenter lui-même comme communes aux personnages du dialogue, lui y compris[74] ! En faisant comme si le destinataire prenait en charge l'assertion sous-jacente à la question, comme s'il s'en portait garant[75], l'encyclopédiste réussit à instaurer un dialogue truqué dans lequel la parole de l'interlocuteur est constamment phagocytée et son adhésion préemptée. Il ne s'arrête cependant pas là, et ne se contente pas d'imposer un rôle à son interlocuteur : il parvient à jouer son rôle, ce qui, dans l'interaction, revient à prendre sa place, autrement dit, à parler pour lui. Fusionnant avec son partenaire, il devient son porte-parole, n'hésitant pas à jalonner son propre discours de phrases en « nous » : « nous », c'est-à-dire *moi* locuteur et *toi* destinataire. Qu'il soit convié d'autorité à la recherche de la vérité comme dans cet exemple de l'*Image du Monde* :

> Or nous couvient enquerre après quels lieus il a par dedenz la terre, se ce set enfer ou paradis, et la quele chose vaut mieux et la quele pis (*I. du M.*, p. 139).

---

70. C'est l'accord enfin obtenu qui prouve que la vérité est atteinte. Voir à ce sujet PERELMAN, 1955 : 26-31.

71. Il en est de même avec les questions posées directement. Formuler la question « Qui sont ces deux coses ? » (*P. et T.*, § 264), c'est bien admettre que « ces deux coses », qui ont été introduites dans l'énoncé précédent, – « Tout aussi comme on fiert .II. pierres ensemble, il en naist deux coses qui sont faictes toutes ensemble et en .I. moment » – existent.

72. KERBRAT-ORECCHIONI (1978 : 74) a montré que la présupposition « constitue la ruse langagière par excellence, le procédé le plus éminemment terroriste pour "faire passer" les contenus assertés ».

73. Ou du moins très difficilement contestables. La remise en cause des présupposés, qui fixent le cadre du dialogue, est toujours vécue comme polémique et agressive. Sur ce point, voir DUCROT, 1980 : 91-92.

74. L'existence de ces énoncés virtuels rend nécessaire de donner une définition précise du présupposé. Celle formulée par LARREYA (1979 : 59) nous semble très bien convenir. Cet auteur propose d'appeler présupposé « l'information que le locuteur suppose ou feint de supposer commune à lui-même et au destinataire ».

75. Sur la notion de prise en charge et ses liens avec l'interrogation, voir COTTIER, DE BRABANTER, DENDALE, 2009 : 13.

qu'il soit représenté comme faisant les mêmes expériences et les mêmes observations que l'encyclopédiste :

> Trois cielz sont. L'un est celui que nous veons qui entour nous tourne, [...] (*Sydrac*, *q.* 229) ;

> Alteration est cele oevre de nature ki mue une chose en autre, si come nous veons, en une figue ou autre fruit ki naist de color vert, [...] (*L. du T.*, p. 108) ;

> Car nous veons apertement que la lune prent lumiere quant nous la veons toute plainne (*I. du M.*, p. 174)[76] ;

ou comme étant victime des mêmes impressions fausses et des mêmes perceptions erronées de la réalité :

> Mais pour ce que la lune est plus en bas des autres estoiles, et plus prochaine a la terre, nous samble il k'ele soit grignor ke les autres (*L. du T.*, p. 102)[77] ;

l'interlocuteur est transformé de force en co-énonciateur[78]. Élément d'une chaîne de solidarité dont il est difficile de se détacher, il ne peut qu'accepter cette identification des points de vue… et se taire. Énonciateur d'un discours qui n'est pas le sien, mais qu'il est contraint d'assumer, il n'est plus maître de sa voix[79]. Si, comme l'affirme F. JACQUES (1979 : 259), l'enjeu épistémique du dialogue est d'avoir « une croyance commune », qui, dans nos textes didactiques, n'est rien d'autre que la vérité que le maître cherche à imposer, alors l'encyclopédiste est parvenu à ses fins[80]. Mais l'unisson des voix est illusoire et trompeuse, et il n'y a pas de véritable complicité énonciative : il y a seulement un échange entre deux êtres discursifs[81], dont l'un domine l'autre, autrement dit une leçon donnée par un maître à son élève !

---

76. Voir aussi *P. et T.*, § 195, 378… ; *L. du T.*, p. 102…
77. Voir aussi *I. du M.*, p. 102, p. 132, p. 153, p. 154, p. 170… ; *L. du T.*, p. 95…
78. Imitant son maître, Placides tente lui aussi un coup de force sur les convictions de son interlocuteur. C'est ainsi qu'au § 78 il présente une objection au discours de Timéo en risquant un *nous veons* : « Coment, maistre ? Je voy que les oisiaus vont parmi l'air sans achouper et il sont haut et nous bas, et si les veons nous bien. Et se li airs eust corps, [...] ».
79. Sur l'inclusion, « mécanisme qui déclenche un phénomène d'identification collective » et qui interdit les remises en question, voir LABBÉ, 1985 : 139. Refuser d'assumer cette parole commune, c'est en effet prendre de véritables risques interactionnels et accepter d'entrer dans la polémique. GUESPIN (1985 : 53) a d'ailleurs montré qu'au niveau du langage même il est très difficile de refuser cette complicité énonciative imposée, dans les phrases en *nous*, par le partenaire discursif.
80. Dans les traités latins, cette communauté des points de vue est même clairement affichée par l'élève qui n'hésite pas à se dire d'accord avec son maître. Voir par exemple *D.P.* : *Dux : Concedo.* (2. 6) ; *C.P.* : *Discipulus : Assentio.* (27, p. 18) ; *Discipulus : Ita constat.* (49, p. 31).
81. Au sens que NØLKE, 2005 : 112, donne à cette notion : « On pourra en effet montrer que le locuteur ne construit pas seulement des énonciateurs indéterminés présentant des points de vue, mais des "êtres discursifs" présentés comme étant susceptibles d'être sources de points de vue spécifiques, c'est-à-dire de s'identifier aux énonciateurs mis en scène. »

Une grande place étant réservée, dans les textes encyclopédiques, aux discours d'autrui, la dimension dialogique y est exacerbée[82]. Les structures diaphoniques sont dotées d'une fonction dans l'interaction puisqu'elles permettent au maître de développer plus amplement sa thèse, d'y revenir sous prétexte de répondre à une question ou de réfuter les contre-arguments qui lui sont opposés ou qui pourraient l'être, de la répéter, de la ressasser même pour mieux convaincre l'autre que la proposition qui vient d'être assertée est vraie. Pour autant, l'encyclopédiste ne se contente pas d'écouter – ou d'entendre – des voix : il les fait parler, échange avec elles, leur répond, les devance, les imagine pour, au bout du compte, les faire taire. Il construit ainsi de toutes pièces un échange, ou plutôt un simulacre de dialogue, menant inéluctablement au consensus qui réduit l'interlocuteur au silence. Sans doute n'a-t-il jamais aussi bien vulgarisé qu'après avoir épuisé toutes les interrogations et levé toutes les objections. Lettré mais non savant, il se met lui-même à l'épreuve et se place ainsi dans la position avantageuse de celui qui sait. En montrant qu'il peut répondre aux questions et objections qui lui sont adressées, mais dont il est en fait responsable, il parvient à donner l'illusion qu'il n'est ni un simple traducteur ni un banal compilateur mais qu'il est bien le clerc érudit qu'il prétend être, c'est-à-dire, et pour reprendre l'expression d'Aristote, un « homme compétent »[83]. Comme tout pédagogue qui se respecte, l'encyclopédiste maîtrise triplement l'échange : sa dominance est tout à la fois quantitative, de contenu et interactionnelle[84]. Il occupe, d'un bout à l'autre, la position haute et, quand il donne la parole, c'est pour mieux la contrôler et pour plus vite la reprendre. On aurait cependant tort de minimiser le rôle de l'interlocuteur qui, dans la représentation du dispositif d'apprentissage qui nous est donnée, est prépondérant. C'est en effet en fonction de l'auditoire tel que l'encyclopédiste se l'imagine, tel qu'il le rêve aussi, et donc tel qu'il le construit[85], que le discours est conçu, adapté, transformé. C'est l'absence de savoir de son destinataire, sa curiosité, mais aussi sa naïveté comme son bon sens commun ou son interprétation erronée de la réalité qui justifient l'existence du discours encyclopédique. La connaissance que le locuteur a de cet autre, dont l'altérité est si facilement réductible, lui permet de se mettre à sa place, c'est-à-dire, en fin de compte, de parler pour lui. Le clerc médiéval n'est cependant pas le seul à truquer l'échange puisqu'on retrouve, dans les traités à visée scientifique postérieurs, les mêmes stratégies discursives, les mêmes « invariants didactiques » (MOULIS, 1993 : 344). La question de l'interlocuteur reste le moyen privilégié d'accès au savoir, qu'elle

---

82. Cette exacerbation de la dimension dialogique est d'ailleurs ce qui caractérise l'ensemble des discours scientifiques selon JACOBI, 1986 : 23. Même constat chez JEANNERET (1994 : 297) : « L'ensemble de la communication scientifique est très vivement polyphonique. »

83. C'est ainsi qu'Aristote, dans la *Métaphysique* (8, 1073b 10) appelle les philosophes qu'il interroge par-delà les siècles pour obtenir une réponse aux problèmes qui lui semblent insolubles.

84. Sur ces trois "dominances", caractéristiques notamment des interactions en milieu scolaire et que l'on retrouve à l'œuvre dans le discours encyclopédique, voir KERBRAT-ORECCHIONI, 1992 : 114, n. 1.

85. Sur l'auditoire conçu comme « construction de l'orateur », voir PERELMAN, OLBRECHTS-TYTECA, 1970 : 25 *sq*. Est-il utile de rappeler que « c'est en fonction d'un auditoire que se développe toute argumentation » (*Ibid.*, p. 7) ?

soit posée directement au savant ou au philosophe qui a remplacé le maître du Moyen Âge[86], ou qu'elle soit prêtée par anticipation à un interlocuteur fictif[87]. Les objections, effectivement assertées ou seulement prévisibles et prévues, sont toujours, pour celui à qui l'enseignement est prodigué, un exercice périlleux auquel il se livre avec d'infinies précautions[88], et, pour le savant, l'occasion de réaffirmer son dire antérieur. Les reprises diaphoniques, qui égrènent les discours, monumentalisent certes le dire de l'autre, mais elles sont encore à l'origine d'hypothèses hasardeuses ou de conclusions un peu trop hâtives[89]. Le profane, dépositaire des connaissances scientifiques et techniques accumulées au fil des siècles, est cependant de moins en moins profane et, corollairement, le savant se révèle être de plus en plus savant. Cette représentation extrêmement valorisante de l'autre et de soi nous rappelle que le dialogue didactique n'est rien d'autre qu'une fiction discursive dont les protagonistes ne sont que des images.

---

86. Poser directement une question ne dispense néanmoins pas celui qui en est l'énonciateur de l'entourer de toutes les précautions oratoires requises. Voir par exemple FONTENELLE (1991 : 45) : « Dites-moi, je vous prie, une chose, dit la Marquise, ont-ils autant de peur des Eclipses dans la Lune, que nous en avons ici ? » ; ROHAULT (1671a : 49) : « Mais pour éviter toute sorte d'ambiguïté, & ne laisser rien d'obscur, dites-moy, s'il vous plait le plus distinctement qu'il vous sera possible, ce que vous entendez vous meme, par les accidens des substances. » ; PARROT (1821 : 12) : « Mr. de T. [un profane] Permettez-moi, Monsieur de P. [le savant], de vous interrompre pour vous adresser une prière. [...] Je désirerois connoître les appareils dans lesquels ces opérations se font. » ; PARROT (1821 : 55) : « Mr. de T. Permettez-moi, Monsieur de P. une réflexion et une question. [...] D'où vient donc que cette inflammation fait éclater les vases qui renferment les gaz ? »

87. ROHAULT (1671b : 160) : « L'on pourroit icy demander, pourquoy les parties des sels & des métaux, nagent ainsi indifferemment dans toutes les parties de l'eau commune, ou de l'eau forte, & d'où vient qu'elles ne se précipitent pas au fond des vaisseaux. » ; Cyrano De Bergerac, Voyage dans la lune : « Mais vous me demanderez pourquoi donc le fer, les métaux, la terre, le bois, descendent plus vite à ce centre qu'une éponge, si ce n'est à cause qu'elle est pleine d'air, qui tend naturellement en haut ? Ce n'en est point du tout la raison, et voici comment je vous réponds. » (p. 171).

88. PARROT (1821 : 42) : « Mr. de T. [un profane] Permettez-moi de faire une objection contre cette thèse. Il me semble que même les acides liquides produisent des inflammations spontanées, témoin celle des huiles essentielles par un mélange d'acide sulfurique et nitreux. » ; PARROT (1821 : 62) : « Le Comte C. [un profane] Permettez-moi encore un doute sur la seconde hypothèse. Si l'oxigène, dans le sucre et les autres substances végétales, formoit de l'acide carbonique, l'analyse le découvriroit. »

89. PARROT (1821 : 86) : « Mr. de V. [un profane] Ne nous avez-vous pas dit, Monsieur de P., que le mélange éclate, détonne, jette la terre au loin et s'enflamme. L'inflammation est donc postérieure à la détonation et, la détonation faite, voilà le gaz hydrogène en contact avec l'oxigène de l'air. C'est donc l'air atmosphérique qui fournit l'oxigène, qui allume l'hydrogène. [...] Mr. de P. [le savant] Pas tout-à-fait. » ; PARROT (1821 : 98) : « Le Comte C. [un profane] Mais comme vous nous avez dit que peut-être l'eau peut exister sous une moindre quantité d'oxigène [...], il seroit possible que la masse d'eau eut perdu une petite portion d'oxigène suffisante pour oxider votre plaque de fer, sans dégager pour cela de l'hydrogène. Mr. de P. Cette objection est très spécieuse. [...] Le mercure est un métal et ne peut par conséquent fournir d'autre oxigène que celui de l'air atmosphérique qu'il filtre ici comme l'eau dans les autres expériences. Le Comte C. Mais le mercure ne filtre-t-il pas aussi de l'humidité – pardonnez moi cette nouvelle objection. – Il me semble que [...]. »

STRATÉGIES DE LA TRANSMISSION DE SAVOIR :
L'EXEMPLE DU *LIVRE DE SYDRAC*

Doris Ruhe
Université de Greifswald

Dans son introduction au volume édité par M. Picone (1994), F. Cardini (1994 : 11-12) avance que le Moyen Âge fut une « aetas enciclopedica », mais qu'il s'agit d'une « tradizione enciclopedica senza parola ». Le concept d'encyclopédie, dans le sens qu'on lui confère actuellement, est en réalité une création du début du xvie siècle[1]. La question de savoir ce que la modernité entend ranger sous cette tradition accompagne, depuis le début, les recherches que les médiévistes mènent sur l'encyclopédie. Jusqu'à présent, les critères retenus prennent systématiquement appui, de façon implicite ou explicite, sur les réussites les plus spectaculaires du genre, c'est-à-dire sur les sommes latines de Vincent de Beauvais ou de Barthélemy l'Anglais, notamment, qui ambitionnent de rassembler, tant que faire se peut, et de classer de façon systématique le savoir de leur époque.

Suivant la maxime que Thomas d'Aquin emprunte à Aristote et qui prescrit que le sage a pour devoir de classer (*sapientis est ordinare*), on porte une attention toute particulière aux principes d'ordre qui organisent les textes en profondeur. Partant de cette prémisse, il n'est pas surprenant que le *Livre de Sydrac*, qui juxtapose de très nombreuses connaissances selon des critères difficiles à cerner à première vue, fasse l'objet de remarques critiques, ou se trouve même parfois exclu du champ de la recherche sur l'encyclopédie[2]. Dans le cadre narratif de sa compilation, l'auteur insiste sur le fait qu'il n'a pas eu l'intention de composer le livre en fonction de domaines bien séparés les uns des autres (« il ne porent acorder de metre en cest livre les chapitres qui touchent a une raison les uns aprés les autres »). Il renonce donc en toute conscience au classement comme stratégie permettant de surmonter la complexité – ce que l'on tient habituellement pour le sens et le but même de l'encyclopédie. Il cherche plutôt à conserver la liberté avec laquelle se déroule la conversation (fictive) entre le roi Boctus et le sage Sydrac, telle qu'elle est posée par le cadre. L'ampleur étonnante de la réception qu'a connue le texte nous fonde à supposer que les hommes qui le lisaient souhaitaient moins posséder une somme bien ordonnée qu'ils éprouvaient le besoin de s'orienter dans un vaste champ de savoir.

---

1. Voir Le Goff, 1994 : 24-25. Concernant l'histoire lexicale, voir Henningsen, 1966.
2. Dans sa vaste recherche sur l'encyclopédie médiévale, C. Meier-Staubach évoque le *Tresour* de Brunetto Latini, mais pas le *Livre de Sydrac*.

Encyclopédire : formes de l'ambition encyclopédique dans l'Antiquité et au Moyen Âge. éd. par Arnaud Zucker, Turnhout, 2013, *(Collection d'Études Médiévales de Nice, 14)*, pp. 403-414.
© BREPOLS ∰ PUBLISHERS   DOI 10.1484/M.CEM-EB.1.101808

Au Moyen Âge, les frontières entre les genres qui garantissent le savoir et le mettent à la portée de divers cercles de destinataires sont fluides. Dans le cadre de ses recherches sur le *Secretum secretorum*, R. FORSTER a posé la question des critères permettant d'inclure cet ouvrage dans la catégorie littéraire du « miroir des princes » ou de l'encyclopédie, et plaidé pour que cette « affectation soit révisée selon les versions » (2007: 269), car une séparation nette des catégories ne rendrait pas justice au texte. Dans le cas du *Livre de Sydrac*, des recoupements entre « miroir des princes », dialogue didactique et prétention encyclopédique sont patents – et ce sont précisément eux qui confèrent au texte son caractère singulier. Je fais l'hypothèse que c'est dans le mélange des genres et dans ce qu'il permet aux destinataires de projeter que se situe, parallèlement aux aspects thématiques, le concept stratégique et partant le secret du succès prolongé que le *Livre de Sydrac* a connu. Son auteur se greffe habilement sur des formes littéraires qui avaient jusque-là diffusé le savoir en latin au sein d'une élite cultivée, et il offre à son public de disposer de ce savoir en langue vulgaire. Le titre *Fontaine de toutes sciences* que *Le Livre de Sydrac* porte dans la plupart des manuscrits, revendique la totalité caractéristique de l'encyclopédie, à laquelle le texte s'efforce de satisfaire par le biais de 1 227 questions. C'est à l'analyse de la forme dans laquelle il le fait et au rôle joué par cette forme dans le succès qu'il a rencontré, que les pages qui suivent sont consacrées.

LA FICTION DU MIROIR DES PRINCES

Le dialogue fictif entre le roi Boctus et le sage Sydrac peut se rattacher à un texte qui, peu avant le milieu du XIIIᵉ siècle, a connu un incroyable succès. C'est autour de 1 230 que le *Secretum secretorum* (*Sirr al-asrar*), texte arabe disponible depuis 1 120 dans une traduction partielle en latin de Johannes Hispalensis, fut traduit dans sa presque intégralité par Philippus Tripolitanus (FORSTER, 2006: 109-110). Trois cent cinquante manuscrits témoignent de la popularité de cette compilation de savoirs qui aborde de multiples thèmes, de l'art de gouverner à la médecine, en passant par l'éthique, la physionomie, l'astrologie, l'alchimie et la magie, et dont la version latine servit de base à de nombreuses traductions dans les langues européennes.

Le *Secretum* se présente comme une lettre fictive adressée par Aristote à Alexandre, qui avait sollicité les instructions de son mentor. Les protagonistes que l'auteur anonyme a choisis sont deux figures de grand renom, ce qui place son ouvrage au niveau hiérarchique des personnalités dirigeantes. Dans le *Livre de Sydrac*, la situation de transmission du savoir se trouve également articulée aux figures du gouvernant et du philosophe. Ils portent cependant des noms moins illustres: le roi païen Boctus, tout comme le philosophe Sydrac, qui finit par le convertir au christianisme, n'ont, jusqu'à présent, pu être référés à des personnages historiques. À vrai dire, la figure de Sydrac pourrait bien servir à surenchérir sur le *Secretum secretorum*. Mise en relation avec un livre qui véhicule le savoir, elle suggère un rapport au livre biblique de Jésus Sirach – un témoignage de la littérature sapientiale qui, sous le titre de *Livre de l'Ecclésiastique* (*Ecclesiasticus*), servait de manuel dans la formation des catéchumènes. À la différence du païen Aristote, cette figure s'avère parfaitement adaptée pour assurer la transmission d'une connaissance spirituelle qui conserve toute sa valeur dans la perspective chrétienne.

Les enseignements d'Aristote parviennent à Alexandre sous la forme d'une lettre. Ils participent ainsi de l'aura qui, à cette époque, nimbe le mot écrit et qui se trouve aussi mise en scène de façon explicite dans le *Livre de Sydrac*, au moment où l'histoire de la *translatio* du livre est évoquée. À la différence de ce qui se passe dans le *Secretum secretorum* toutefois, l'auteur expose clairement que la possession du livre ne saurait constituer qu'une première étape pour ceux qui ont soif de savoir. Par un jeu raffiné sur le potentiel respectif de l'écrit et de l'oral, il instaure la figure du sage, sans la compétence interprétative duquel le livre resterait lettre morte (D. RUHE, 2003).

Vu dans le contexte historique de la France au XIIIᵉ siècle, cette constellation s'avère particulièrement parlante. Dans la monumentale biographie qu'il a consacrée à Louis IX, durant le règne duquel, du moins à ce que l'on sait aujourd'hui, le *Livre de Sydrac* a été rédigé, J. LE GOFF (1995 : 605-606) écrit : « C'est le premier roi de France qu'il nous soit donné d'entendre parler en langue vulgaire, en français. » Il ne dit rien de précis sur le degré de connaissance que le roi avait du latin, mais il est probable qu'elle n'allait guère au-delà des formules rituelles de la prière et de la messe. Le savoir de son temps n'étant accessible qu'au travers du latin, ce sont ses conseillers qui lui permirent de s'en imprégner, conseillers dont le plus important, selon Le Goff, était Vincent de Beauvais : « … l''intellectuel' le plus proche de Saint Louis, […] c'est le dominicain Vincent de Beauvais » (*Ibid.* : 587). Le compilateur du monumental *Speculum maius*, qui a rassemblé et ordonné le savoir de son temps dans un ouvrage aux proportions considérables, fut le meilleur passeur que l'on puisse imaginer pour transmettre à un laïc cultivé un trésor de connaissances auquel seuls les clercs avaient, jusque-là, accès. Le titre que Le Goff donne à cette partie de sa biographie, « Un encyclopédiste au service du roi : Vincent de Beauvais » (*Ibid.* : 588), signale de façon évidente le lien étroit qui existe ici entre savoir et pouvoir.

Avec un tel arrière-plan, l'image du roi que le sage, dans le *Livre de Sydrac*, familiarise avec une science livresque qui resterait, sans son secours, quelque peu hermétique, peut parfaitement se lire comme la métaphore du processus de transfert de la connaissance dans cette société. Ce processus ne s'accomplit pas simplement de façon descendante, comme une transmission de haut en bas. Dans un premier temps, le savoir se trouve plutôt transmis d'une élite à l'autre ; les mécanismes d'exclusion que Foucault évoque dans ce contexte sont couplés avec le pouvoir qui permet à celui qui le détient de s'inféoder ceux qui disposent du savoir et sont donc susceptibles de l'aider à surmonter la barrière langagière qui s'oppose à son appropriation. Le *Livre de Sydrac* lève cette restriction en offrant de disposer, dans des proportions inédites à l'époque, du savoir en langue vulgaire. Que cela n'ait pas suffi à écarter toutes les difficultés, cela est évident :

celui qui désirait s'emparer de ce savoir devait pouvoir passer commande d'un manuscrit, ou l'acheter. Il devait en outre être capable de lire, ou avoir dans son entourage une personne capable de le faire. Malgré tout, présenter une somme de connaissances en langue vulgaire réduisait considérablement les obstacles qui s'opposaient à la volonté de savoir.

L'un des critères que R. FORSTER avance pour déterminer l'appartenance d'un texte au genre du miroir des princes est qu'il « s'adresse (au moins dans la fiction littéraire) à un, plusieurs ou tous les princes » (2007 : 258). Le *Livre de Sydrac* remplit cette condition minimale. Le dialogue entre le roi et le sage constitue la principale caractéristique du texte. Le genre du miroir des princes, avec toutes les connotations qu'il autorise, reste ainsi constamment présent. Dans le *Secretum secretorum* ainsi que dans les témoignages tardifs de cette catégorie de texte, l'appropriation du savoir sert en premier lieu à la conservation du pouvoir royal. C'est un savoir de la domination qui est transmis. Si l'accès à ce savoir était jusque-là le privilège des puissants ayant à leur service un conseiller polyglotte, la possession d'un ouvrage se présentant comme un miroir des princes en langue vernaculaire permet à l'homme de condition moins noble d'avoir accès à des secrets qui contribuent à conforter ou à améliorer sa position. Le nombre considérable de noms nobles figurant dans les *ex-libris* manuscrits et dans les catalogues de livres atteste que cette promesse exerçait une véritable force d'attraction sur les cercles aristocratiques (WEISEL, 1993 : 66).

Du point de vue du contenu, il ne fait aucun doute que le cercle de destinataires auquel s'adressait le livre ne se limitait pas aux plus hautes sphères. Des questions telles que « Doit l'en amer la seigneurie ? » (*q.* 466) trahissent la perspective du subordonné, de même que les avertissements très nets qui préviennent de s'engager dans une querelle avec les puissants (*q.* 181), ou l'affirmation du devoir de déférence envers le « seigneur ». Ce sont en outre de multiples questions portant sur les différentes formes d'interaction sociale qui permettent de comprendre que la position de parole n'est pas ici celle du pouvoir.

Dans le *Livre de Sydrac*, la constellation formée, sur le modèle du miroir des princes, par le dialogue entre le roi et le sage n'est en fait rien d'autre qu'une forme de présentation habile, qui installe imaginairement l'individu assoiffé de savoir dans la position du puissant[3], tout en tenant compte, au plan du contenu, du statut d'un public moins privilégié.

---

3. R. FORSTER (2006 : 108) considère que l'attractivité du *Secretum secretorum* arabe est due à un motif similaire : « […] dass das Gefühl vermittelt wird, sich Aristoteles und Alexander durch das Teilhaben am gleichen Wissen anzunähern. » Pour le succès du *Secretum secretorum* cf. aussi WILLIAMS, 2003.

Le dialogue didactique comme forme ouverte

Les textes qui transmettent un savoir sous une forme dialogique s'inscrivent dans une longue tradition, quoiqu'il faille ici distinguer entre différentes formes. Bien que l'un des participants à la conversation soit désigné par « le philosophe », il est évident que le *Livre de Sydrac* ne se rattache pas à la catégorie du dialogue socratique, dans lequel le maître essaye, par ses questions sans cesse renouvelées et ses allusions aux contradictions de l'élève, d'amener ce dernier à prendre par lui-même conscience de ce qui est essentiel. Il se rattache plutôt au sous-genre du dialogue didactique, qui connut un énorme succès au Moyen Âge[4]. Dans cette forme, la fiction de la conversation n'est la plupart du temps qu'un accessoire qui rend la réception d'un contenu déterminé de savoir plus agréable. Des textes de ce genre pouvaient être employés dans des contextes distincts – école, université, cloître, église –, ainsi qu'à des niveaux très différents. Ce qui caractérise toujours les participants, dans un dialogue didactique, c'est la différence entre leur degré d'information : comme l'on peut s'y attendre, c'est le plus souvent un maître et son élève qui sont mis en scène, mais on trouve aussi des conversations entre père et fils, moine et novice ou curé et paroissien.

Ce qui est essentiel pour le caractère du dialogue, c'est la façon dont sont habitées les positions de questionnement : est-ce que le personnage, qui est dans la position de supériorité, est seul à poser les questions, ou est-ce que l'ignorant en a aussi le droit ? Dans le *Livre de Sydrac*, c'est cette dernière situation qui est choisie. On la trouve également représentée dans l'antiquité et l'antiquité tardive, notamment dans les *Partitiones oratoriae* de Cicéron, dans lesquelles il enseigne l'*eloquentia* à son fils, le fils posant de brèves questions auxquelles le père répond de façon exhaustive. Prenant Cicéron pour modèle, Augustin s'est également servi de cette forme dans son *De musica libri sex*, œuvre qui devait constituer une partie de l'encyclopédie des *septem artes* qu'il avait en projet. D'autres auteurs tels que Eucher de Lyon, Iunilius Africanus et Boèce l'utilisèrent pour diffuser des contenus religieux ou philosophiques.

Au Moyen Âge, cette répartition des positions est particulièrement fréquente. Les textes en latin qu'il faudrait citer vont de Alcuin à Aldhelme, de Bède et Raban Maur à Anselme de Canterbury, d'Honorius Augustodunensis à Raymond Lulle et même Frédéric II de Hohenstaufen. La tradition vulgaire est représentée par le *Dialogue de Placides et Timéo*, les *Prophécies Merlin*, le *Livre du roi Modus et de la royne Ratio* de Henri de Ferrières, *La Mendicité spirituelle* de Gerson et par un ensemble de textes de moindre importance comme l'*Enseignement d'un père à son fils*.

Même si cette répartition des rôles dans le dialogue littéraire s'avère tout aussi fictive que celle dans laquelle celui qui s'instruit est interrogé, elle est pourtant caractérisée par une attitude significativement différente non seulement envers

---

4. Concernant le dialogue didactique au Moyen Âge, voir la riche étude de DE HARTMANN, 2007, en particulier les pages 58 à 103.

le savoir à transmettre, mais aussi envers la personne de celui qui reçoit l'enseignement : le contenu à transmettre ne se trouve pas délimité au préalable et réduit
à un pensum défini ; c'est l'ouverture fondamentale de l'horizon de questionnement qui est suggérée.

C'est en ce point que se marque le plus nettement la différence avec les
catéchismes ultérieurs, dont la désignation générique ne cesse, nonobstant certaines différences notoires, d'être appliquée à des formes de dialogue didactique
extrêmement variées, et tout particulièrement quand ils touchent à des questions
religieuses. Les catéchismes transmettent un savoir déterminé, défini par l'Église
et exposé de façon préliminaire dans le cadre des leçons – ni plus, ni moins. Ils ne
concèdent pas à l'élève le droit de poser des questions, le réservant au seul maître.

À l'inverse, le sage Sydrac ne pose aucune limite, ni d'ordre thématique, ni
d'ordre quantitatif, à la soif de savoir du roi. On ne perçoit chez lui aucune volonté
d'orienter la discussion, dans le but de systématiser ou de former des blocs de
thèmes susceptibles d'être traités ensemble.

Le prologue justifie expressément le mélange qui en résulte par la situation de
conversation entre Boctus et Sydrac. À vrai dire, le passage rapide d'un thème à
un autre est tout ce qui rappelle le caractère d'une conversation. Le roi se contente
de poser des questions, il ne commente aucune réponse et n'interrompt jamais
l'enchaînement régulier des questions et des réponses par une remarque incidente.

Dans la tradition du dialogue didactique, le *Livre de Sydrac*, qui se rattache
à un grand nombre d'œuvres à structure dialogique, offre, de par son envergure,
un exemple extrême des possibilités d'extension que peut recevoir la forme générique ainsi constituée : les questions d'un ignorant, qui cherche à se faire expliquer
le monde dans sa diversité et sa propre place au sein de celui-ci, sont potentiellement infinies – du moins quand elles ne sont pas limitées par une autorité qui
se pose comme compétente en la matière et les ramène au canon d'un savoir
autorisé. L'élasticité du genre vient au-devant de ce besoin d'information : le dialogue tel que le présente le *Livre de Sydrac* laisse l'initiative à l'ignorant ; aucune
clôture n'est prévue par le genre et les questions peuvent être étendues à l'envi.
Cette élasticité contredit dans un certain sens l'intention d'un enseignement systématique que servent la plupart des textes de cette nature au Moyen Âge.

Si l'on essaye de déterminer quel était le « Sitz im Leben »[5] d'un texte de
ce genre, c'est, en fait, moins une situation didactique au sens strict qu'il faut
imaginer, qu'une position sociale intermédiaire entre manuel et conversation
d'agrément[6]. La diversité des thèmes couvre un large spectre de l'existence
humaine et dispense des conseils aussi bien dans les domaines d'ordre pratique

---

5. NdT : *Sitz im Leben*, expression allemande dont il est difficile de donner un équivalent satisfaisant
   en français. On peut le traduire par "situation vitale", « situation dans la vie », « milieu de vie ». Il
   désigne le contexte sociologique habituel d'un genre.

6. DE HARTMANN (2007 : 102) constate au sujet du dialogue didactique médiéval une innovation qui
   concerne la réception. Il est détaché d'un contexte spécifique de réception. Les dialogues bâtis sur le
   jeu des questions-réponses ne sont pas des écrits scolaires ou universitaires ; ils s'adressent en priorité
   à un public qui se situe en dehors de ces institutions.

(santé, nutrition, éducation), que, sous l'égide de l'astrologie, dans celui de l'organisation de la vie. Des règles de conduite formulent des conseils en matière de communication humaine, et celui qui prend à cœur les préceptes religieux expliqués par Sydrac peut espérer en la vie dans l'au-delà. La réalité semble devenir maîtrisable lorsque des questions portant sur le lieu le plus sain de la terre (*q.* 326 – celui où l'on se comporte en fonction du climat), le fruit le plus noble (*q.* 847 – « le froument et le vin et l'ouille ») et l'animal le plus beau (*q.* 591 – le cheval) trouvent réponse. C'est l'esquisse d'un ordre de la vie pratique qui assimile des expériences du quotidien, lesquelles ne s'intègrent pas dans un système, mais suivent au contraire la contingence de la vie réelle.

La fiction de la conversation, qui avance de façon associative, mais procède aussi souvent par bonds arbitraires, conditionne la diversité non systématique qui caractérise la majeure partie du *Livre de Sydrac*. Évitant toute austérité dans la présentation, elle renvoie à la valeur de divertissement que la transmission de savoir possède sous cette forme. Le sage accepte pleinement la curiosité de son interlocuteur, il n'insiste jamais sur une suite logique déterminée qui pourrait faire naître le désagrément, et il ne refuse même pas de répondre à des questions qui frisent la plaisanterie, comme quand le roi demande : « Pour quoy ne cria Dieu l'omme que il peust vivre longuement et estre sains et joennes et riches et puissanz et a sa mort alast tout droit em paradis ? » (*q.* 221)

Dans cette perspective, le *Livre de Sydrac* rappelle, sans qu'il faille pour autant y voir une relation d'influence, une littérature fort appréciée dans l'antiquité tardive, la « littérature des *Quaestiones* (*Erotemata*, *Zetemata*, *Problemata*) qui traitent dans un ordre souple de problèmes isolés », ce qui fait que « la réponse peut se développer sous la forme de petits traités » (SCHMIDT, 1977 : 118). Des similitudes se trouvent dans la « loose structure and the add-on nature of this literary form », pour reprendre la formule qu'emploie Y. PAPADOYANNAKIS (2006 : 94), une forme dans laquelle, comme dans le *Livre de Sydrac*, un vaste ensemble de thèmes peut être abordé[7]. C. JACOB qui traite également de ce « "genre" que l'on désigne, commodément, comme "littérature des questions et des réponses" », identifie une fonction possible de cette forme dans son usage en tant que « dispositif qui nourrit la conversation et la réflexion. On les lit et on en discute en société » (2004c : 47). Le jeu des questions et des réponses dans le *Livre de Sydrac* peut également être envisagé dans ce contexte : entre questions de foi et conseils de vie pratiques, entre badinerie et sérieux, entre explications physiques, recettes et instructions pour prédire l'avenir, c'est tout un compendium varié qui est proposé, dans lequel se dessine le savoir du monde auquel les hommes qui n'étaient pas des experts pouvaient, à cette époque, accéder. En liaison avec les réflexions qu'il mène sur ce qu'on appelle « Buntschriftstellerei » (la poikilographie), avec laquelle le *Livre* n'est d'ailleurs pas sans affinités, P. Michel utilise les termes « Infotainment », ou bien encore « Edutainment », évoquant ainsi une forme dans laquelle la transmission du savoir

---

7. Dans le cas de *Quaestiones et responsiones ad orthodoxos* sur lesquelles a travaillé PAPADOYANNAKIS, il s'agit par exemple de « eschatology, cosmology, demonology, magic, etc. » (2006 : 109).

et le divertissement s'allient de façon plaisante[8]. La combinaison de ces deux éléments permettant, par le changement permanent de thème, d'aiguillonner sans cesse la curiosité et d'éviter l'ennui, constitue, à n'en pas douter, un ingrédient important du succès qui a assuré la popularité du *Livre* durant plusieurs siècles.

En ne déterminant pas à l'avance les thèmes abordés et en les faisant dépendre (de façon fictive) de la soif de savoir de celui qui pose les questions, le *Livre de Sydrac* ouvre un vaste horizon. Son envergure illustre de façon extrême les grandes capacités d'extension de la forme dialogique. La façon dont a été transmis le *Livre de Sydrac* corrobore cette conclusion : la version courte, constituant l'état premier du texte, ne suffit plus, à la longue, à satisfaire le désir de savoir des destinataires. Elle fut alors augmentée de questions, qui firent grossir le texte de la moitié de son volume initial. Et de petites séries de questions vinrent, par la suite, compléter cette version longue. La possibilité d'intégrer, selon les besoins, de nouveaux savoirs dans le texte existant, sa nature ouverte donc, a assurément permis à cette œuvre de survivre jusqu'à l'orée de l'âge des Lumières.

VARIETAS VERSUS ORDRE ENCYCLOPÉDIQUE

Ce n'est pas seulement son ampleur qui explique la place singulière qu'occupe le *Livre de Sydrac* parmi les œuvres qui, dans la France du XIIIe siècle, manifestent l'ambition de transmettre un savoir dans la langue vernaculaire. Celle-ci résulte en partie de certains éléments d'ordre thématique[9]. Mais elle est due, pour l'essentiel, à la manière extraordinaire dont le contenu est agencé – manière qui fut la cause de la critique et du rejet dont le texte eut à souffrir jusqu'au XXe siècle. Elle contredit un critère déterminant que la recherche consacrée à la question encyclopédique, de plus en plus intense depuis le milieu des années 80, tient pour caractéristique de cette forme littéraire. « La grande affaire de l'encyclopédiste, c'est l'ordre des choses » (MEIER, 2002 : 511). C'est par cette formule faisant allusion au titre de M. Foucault que C. Meier ouvre sa contribution à un volume sur l'encyclopédie à la charnière du haut Moyen Âge et des temps modernes : elle confère, ce faisant, à l'élément « ordre » une place centrale dans cette forme de

---

8.　https://www.uzh.ch/ds/wiki/ssl-dir/Karidol/index.php?n=Main.Buntschriftstellerei. Consulté le 23. 05. 2013.

9.　Les arguments thématiques qui s'en prennent, pour la plupart, au large espace dévolu à l'astrologie, reflètent le changement d'epistémé qui, un siècle seulement après la rédaction du *Livre,* exclut l'astrologie du domaine de la science sérieuse et l'accuse de superstition et d'hérésie. En témoigne la violente critique de Jean Gerson et Eustache Deschamps (D. RUHE, 1994 : 293). Ce qui est en outre intéressant, c'est la perpétuation, la *longue durée*, de cette exclusion : même dans la *Civilisation de l'occident médiéval* de J. LE GOFF (1964), ouvrage dont l'ambition confine à la représentation exhaustive, l'astrologie n'est jamais mentionnée, alors qu'au vu de la quantité importante de textes qui nous sont parvenus, elle occupait à n'en pas douter une place déterminante dans la pensée médiévale. Elle ne figure pas non plus comme entrée dans le *Dictionnaire des noms, termes et notions* que l'auteur a adjoint à son œuvre.

littérature[10], principe auquel adhèrent également, selon ses recherches, les textes sapientiaux du Moyen Âge. Cette conception sert de base implicite aux jugements négatifs formulés très tôt à l'encontre du *Livre de Sydrac*, jugements qui disqualifient le texte en prétextant son aspect désordonné et chaotique. Et c'est pour cela que la recherche, manifestant une certaine répulsion, s'est durablement abstenue de se confronter à ce texte[11], omettant même, sans sourciller, de relever les traces pourtant bien présentes d'un système d'ordre. D'un point de vue formel, le *Livre* est construit sur le schéma très commun de l'Hexaemeron : il commence par une série de questions portant sur la création du monde et de l'homme, et se termine en traitant de l'Apocalypse et du Jugement dernier. Mais entre ces deux pôles – et il s'agit dans cet espace tout de même d'un millier de questions –, il s'avère impossible d'identifier une organisation systématique du savoir. À côté de gros blocs thématiquement cohérents (qui, entre autres choses, traitent des recettes médicinales, des vertus des plantes et des minéraux, et surtout de l'astrologie), il y a de longs passages dans lesquels on peine à percevoir une cohérence thématique entre les questions qui se succèdent.

Si l'on veut rendre compte de la particularité de ce texte, il faut s'interroger sur les raisons qui ont pu pousser l'auteur anonyme à opter pour cet agencement. Le fait qu'il ait choisi de s'exprimer en langue vulgaire indique clairement qu'il ne s'adresse pas à un public de spécialistes, dont la langue de communication était à cette époque le latin. En outre, le grand nombre d'exemplaires du *Livre* qui se trouvent dans des bibliothèques princières nous apprend qu'il s'adressait en premier lieu aux cercles aristocratiques. Il interpelle un public qui n'avait pas accès aux complexes constructions intellectuelles élaborées en latin, mais n'en prétendait pas moins participer à l'énorme avancée des connaissances que la réception des savoirs greco-arabes avait, pour l'essentiel, rendue possible au XIIIe siècle. Le *Livre de Sydrac*, c'est mon hypothèse, répond à ce désir, en s'adaptant au niveau de culture et aux formes de vie de ceux auxquels il s'adresse. Contrairement à ce qui se passait avec les élites patriciennes des cités-État italiennes auxquelles était destiné le *Tresour* de Brunetto Latini, la fréquentation des documents écrits ne faisait pas partie des occupations de l'aristocratie française de l'époque : c'était la tâche des *clers*. La question se pose de savoir si les nobles français de l'époque disposaient des connaissances préalables leur permettant de consulter un volumineux compendium de savoir organisé de façon systématique afin d'étendre leurs connaissances. Car la discipline intellectuelle qu'exige pareil usage ne constituait pas un trait du profil, comme on dit aujourd'hui, de la classe dirigeante aristocratique française du XIIIe siècle – laquelle n'en renonçait pas pour autant à vouloir participer à l'expansion du savoir. Le *Livre de Sydrac* représente un essai pour combler les attentes du public avec un texte, dans lequel il n'est pas très difficile de rentrer.

---

10. Cf. sur ce point l'article programmatique de P. MICHEL et M. HERREN (2007 : 9-74). Cette recherche, qui n'en est qu'à ses débuts, inclut par ailleurs aussi clairement les « préformes, phénomènes périphériques, produits dérivés, etc… » (p. 9).

11. Cf. sur ce point le verdict assassin de C.-V. LANGLOIS (1926-1928 [Reprint Genève, 1970] t. III : 214) : il s'agirait d'une « confuse et détestable logorrhée d'homme sans instinct et sans culture littéraire ni autre ».

Qu'il cherche dans le même temps à se rattacher aux grands compendiums de savoir de son temps n'est pas seulement attesté par les deux prologues détaillés, qui soulignent la légitimité de l'entreprise[12], ainsi que par la quantité considérable de matériau rassemblé, mais également par le fait que l'auteur anonyme tient, à l'instar de ses prédécesseurs, pour important de permettre à ceux qui fréquentent son ouvrage d'accéder facilement au savoir. Il fait précéder le corpus de questions et de réponses d'un registre où sont listées et numérotées toutes les questions et qui occupe à lui seul 34 pages dans l'édition moderne. S'il est vrai que les numéros permettent d'identifier facilement les articles distincts dans le cours du texte, localiser une référence précise n'en est pas moins une entreprise fastidieuse.

Alors que d'autres textes de cette époque choisissaient de faciliter l'accès en classant les données par ordre alphabétique[13], l'auteur du *Livre* opte pour un chemin nécessitant une moindre « compétence d'intellection » (Vollmann, 2002 : 38). Une lemmatisation alphabétique et son utilisation auraient supposé que les destinataires fussent conscients des lacunes de leurs connaissances et qu'ils auraient pu préciser le sujet qui les intéressait ; c'est ainsi seulement qu'ils auraient pu se reporter directement aux entrées correspondantes. L'attitude du roi est toutefois caractérisée par un besoin d'information qui semble aléatoire. Les questions qu'on lui place dans la bouche lancent une passerelle entre un public moins cultivé, mais curieux, et le niveau de connaissance que l'auteur anonyme estime important pour cette couche sociale. Le registre du *Livre de Sydrac* semble ainsi destiné à une lecture cursive, laquelle vise moins à rechercher un objet connu au préalable qu'à éveiller l'intérêt pour des thèmes attrayants. Comme nous l'avons déjà vu en évoquant l'utilisation de la forme dialoguée, l'impulsion didactique ne cherche pas à constituer un canon de contenus à apprendre, mais à repousser progressivement les frontières du savoir qu'un profane peut acquérir, et surtout à transmettre un trésor d'expériences glané dans la vie quotidienne.

Ainsi, le savoir ne se trouve pas simplement extrait des traités spécifiques qui lui sont consacrés, mais il est adapté aux besoins des profanes et rattaché, autant que faire se peut, à leur expérience de vie. La question « pourquoi y a-t-il de l'eau en haute montagne et même des sources », alors qu'il est notoire qu'elle coule toujours vers le bas (*q.* 198 : « Comment monte l'yaue et sourt en haute montaigne ? ») nous propose un bon exemple de ce fonctionnement. Voici la réponse, qui précise et élargit des déclarations que l'on trouve sous une forme comparable chez Gossouin de Metz, l'une des sources du *Livre* :

> Sydrac respont : La terre a ses veines aussi comme l'omne a ses veines par son cors et en sa teste d'en hault : et partout vet le sanc par les veines ; se un homme se faisoit seignier de la veine de sa teste d'en hault, le sanc en istroit. Autressint est de l'eve en terre : l'yaue vet parmy la terre de lonc et de lé et de hault et de bas ; la ou elle treuve terre veine et foible, elle crieve et ist, soit de bas, soit de hault.

---

12. Voir la communication d'E. Ruhe dans ce volume.
13. Concernant l'alphabétisation dans les manuels médiévaux, voir Vollmann, 2002 : 174-175. Cf. aussi Rouse, Rouse, 1982 : 204-207.

Cette comparaison qui rapproche le savoir du corps, rend le savoir plausible par le biais de l'expérience corporelle – c'est un procédé qui renforce l'accessibilité à la matière proposée et réduit la distance aux connaissances offertes.

Le savoir et la vie pratique sont étroitement liés ; l'accroissement des connaissances trouve fréquemment une transposition immédiate dans la conduite de la vie. Cela ne concerne pas seulement l'astrologie, qui a pour but d'optimiser ici-bas la fortune individuelle (D. Ruhe, 2007), mais également les questions portant sur les obligations religieuses, dont la bonne observation est censée garantir une perspective de vie dans l'au-delà. Il n'y va pas d'une théorie de l'astrologie ou de l'exposition systématique d'articles de foi, mais d'un savoir à portée de la main, qui peut, sans plus, être traduit en action.

Cet esprit pragmatique, qui marque de son empreinte la totalité du texte, se manifeste de façon singulière dans les questions posées au sujet de l'interaction humaine. Les réponses qu'elles reçoivent ne s'appuient pas sur un dogme (moral) préalable, mais analysent au cas par cas les aspects positifs et négatifs d'une façon d'agir. Qu'il s'agisse de savoir s'il est recommandé de prêter quelque chose à un ami, de transmettre de mauvaises nouvelles ou d'être jaloux de sa femme, à chaque fois les avantages et les inconvénients sont examinés et c'est toujours la solution la plus avantageuse pour l'individu qui est préconisée. Dissimuler peut, ainsi argumente Sydrac, s'avérer tout aussi utile que feindre de ne pas savoir.

En introduisant de nombreuses questions, principalement celles qui touchent à l'interaction sociale, par la formule « Doit l'en… », le roi fictif demande explicitement conseil pour déterminer la conduite à tenir. Le *Livre de Sydrac* ne se contente pas, ce faisant, de fournir une description de ce qui est – et il diffère sur ce point de ce que l'on tient pour le propre de l'encyclopédie moderne ; il n'hésite pas à être prescriptif. Au regard des innombrables conseils de conduite concrets que le texte contient – et cela va jusqu'à une sorte de notice de bricolage pour construire une « roe de fortune » permettant d'interroger les étoiles –, il peut, en de nombreux endroits, se lire comme un manuel proposant une orientation pour bien mener sa vie. Il doit, à n'en pas douter, une part de sa popularité au fait qu'il n'hésite pas à aborder un savoir orienté sur la pratique et pour lequel existe une demande sociale.

Une autre raison peut encore être avancée pour expliquer l'engouement que le *Livre* a suscité : elle a directement trait à la disposition du texte, laquelle, pour avoir essuyé les critiques de la postérité qui la trouvait désordonnée, ne résulte pas de l'incompétence de l'auteur, mais bien d'un plan bien conçu. Dans son *Institutio oratoria,* Quintilien avait déjà prôné la *varietas* comme un moyen d'éviter la lassitude du public. Si, comme il apparaît clairement, le principe structurel de la variété domine l'organisation du savoir dans le *Livre de Sydrac*, alors on peut la considérer comme un outil rhétorique permettant d'attirer l'attention de destinataires peu aguerris intellectuellement. S'adressant à eux, il ne fallait pas envisager de traiter avec exhaustivité d'un objet ; passer spontanément d'un thème à un autre, comme c'est le cas dans la conversation fictive, évite de tomber dans la pédanterie académique, et ouvre des possibilités de manipulation ludiques et joyeuses du savoir, possibilités qui constituent, en outre, un réservoir pour la culture de conversation qui était celle de la cour. Il s'insère ainsi dans des pratiques culturelles que l'on entretenait dans le cadre de la cour, et non de l'école et de l'université. N'importe quelle série de questions peut nous permettre d'illustrer ce point :

> *843 : Pour quoi se travaillent la gent volentiers pour veoir la lune novele ?*

> *844 : Qui est plus gentilg, le chien ou le chat ?*

> *845 : Doit un homme reprendre l'autre de quanque il fait ?*

> *846 : Qui est le plus digne ellement qui soit ?*

> *847 : Qui est le plus digne fruit qui soit ?*

> *848 : Qui est la plus vive chose qui soit au cors ?*

> *849 : Coment et pour quoy les sages et les bien enseigniés sont aucunes fois feuls ?*

> *850 : Quantes manieres sont de delit ?*

L'ennui ne pouvait pas s'installer si la conversation, comme ici, passe légèrement d'un objet à un autre. L'habitude des « simples » de saluer la nouvelle lune est jugée irrationnelle et écartée avec un certain sérieux ; on s'entendra sans peine sur le fait que le chat est l'animal le plus noble des deux, puisqu'il est autorisé à dormir dans le lit de son maître, ce qui l'en rend très proche. Un conseil portant sur les relations que l'on entretient avec son prochain se prolonge en une discussion relevant des sciences naturelles et concernant les quatre éléments ; laquelle est suivie par la louange des trois fruits les plus importants de la terre. La réponse que reçoit la question 848 a pour but de provoquer un rire d'acquiescement. La langue et la verge (dont les femmes se trouvent ici également pourvues) sont qualifiées de parties les plus vivantes du corps humain – mais le piquant de l'allusion se voit, au final, tempéré par l'affirmation que la vivacité est l'expression de la « volenté de Dieu ». Le thème de la sexualité qui se trouve ainsi abordé, est ensuite partiellement repris dans les deux réponses qui suivent, mais il reçoit aussi un développement complémentaire par sa mise en perspective avec les autres mouvements pulsionnels, et trouve sa conclusion dans une mise en garde contre le « pechié », consubstantiel au « delit corporel ». On imagine sans peine que l'arrière-plan de cette partie du *Livre*, comme de bien d'autres également, est fourni par le libre déroulement d'une conversation.

Le cercle ouvert par les remarques de C. Jacob sur la littérature des questions et des réponses dans l'antiquité tardive, et notamment sur sa place sociale, se referme ici. Ce que les lecteurs modernes du *Livre de Sydrac* perçurent comme un manque de pénétration rationnelle apparaît, quand on envisage son emploi dans le contexte de la culture de divertissement qui était celle des cours, comme une habile stratégie, qui permit à l'instruction et au divertissement de passer une plaisante alliance.

Traduit de l'allemand par Lambert Barthélémy

LA LÉGITIMATION DU SAVOIR : LE DIALOGUE
ENCYCLOPÉDIQUE *LE LIVRE DE SYDRAC*

Ernstpeter Ruhe

Université de Würzburg

Ce qui a longtemps soutenu le savoir a perdu aujourd'hui toute validité. Dans son essai *La Condition postmoderne*, J.-F. Lyotard a expliqué cette évolution par la crise des grands modèles de pensée totalisants, par l'impossibilité des « métarécits » qui, au travers des Lumières et de l'Idéalisme, ont déterminé la modernité. C'est « l'incrédulité à l'égard des métarécits » (Lyotard, 1979 : 7) qui aurait désormais, dans le monde postmoderne, remplacé la croyance en ce genre de concepts scientifiques universels.

Les récents développements de l'encyclopédie, ceux qui ont été initiés, il y a douze ans, par la création de l'encyclopédie en ligne Wikipedia, attestent au mieux du fait que la multiplicité s'est réellement substituée à l'unité. Se définissant comme un « projet d'encyclopédie collective établie sur internet »[1], Wikipedia se caractérise par une grande capacité de fluctuation et de changement permanent. Chaque jour, de nouveaux articles viennent s'ajouter, quand d'autres font l'objet de corrections ou sont purement et simplement supprimés[2]. Dans le libre jeu qui s'instaure entre les utilisateurs et le collectif d'auteurs auquel tout le monde peut participer, la remise en cause permanente reflète parfaitement ce que Lyotard affirme à propos de la perte d'un métadiscours fondateur d'autorité. La légitimation ne se constitue donc plus que de façon temporaire.

Tout au long de l'époque qui précéda la modernité et lui servit de repoussoir, la validité du savoir reposait de façon stable sur le fondement de la foi. Les encyclopédies médiévales manifestent ce lien indissoluble dès leurs premières phrases : elles se réclament toutes de la religion chrétienne et s'en remettent à Dieu comme à la plus haute autorité imaginable.

Le Livre de Sydrac, encyclopédie en langue vulgaire qui connut un succès extraordinaire et à laquelle les pages suivantes sont consacrées, fait dans ce contexte tout simplement figure d'œuvre-type. Son premier prologue évoque une origine du savoir qui remonte jusqu'à Noé, puis, par l'intermédiaire d'un ange, jusqu'à Dieu

---

1.   http://fr.wikipedia.org/wiki/Wikip%C3%A9dia:Accueil_principal.
2.   Au cours des trois premiers mois de l'année 2006, ce sont chaque jour entre 220 et 723 articles qui furent ajoutés, tandis qu'entre 324 et 2008 articles étaient effacés. Cf. Siemers, 2006 : 1-2 (http://www.karinsche.de/files/wikipedia.pdf). Cf. aussi les statistiques fournies pas Wikipedia, par exemple pour les « reverts ». Les données pour le mois de juillet 2010 sont consultables à l'adresse : http://toolserver.org/~aka/cgi-bin/revstat.cgi?period=672.

Encyclopédire : formes de l'ambition encyclopédique dans l'Antiquité et au Moyen Âge, éd. par Arnaud Zucker, Turnhout, 2013, *(Collection d'Études Médiévales de Nice, 14)*, pp. 415-428.
© BREPOLS ❧ PUBLISHERS   DOI 10.1484/M.CEM-EB.1.101809

lui-même, et qui garantit l'unité du savoir prenant corps dans le livre de Noé. Ce livre que le descendant de Noé, Sydrac, transporte avec lui et dont son dialogue avec le roi Boctus assure la transmission, devient la source du nouveau livre qui porte son propre nom, *Le Livre de Sydrac*, lequel démontre que l'on peut détenir le savoir dans sa totalité. Le titre, *La Fontaine de toutes sciences*, l'annonce sans ambiguïté : c'est là que se situe la source d'où jaillissent tous les savoirs[3]. C'est un savoir foncièrement garanti, et qui garantit en retour. Lorsque, sur la fin, Boctus remercie le philosophe, il insiste sur « la certitude » que Sydrac a su lui apporter en toutes choses qu'il souhaitait connaître et au sujet desquelles personne n'avait, jusque-là, pu le renseigner : « tu m'as dite la certaineté des choses que je desirroie mout de savoir et ne trouvoie home qui dire les me seust » (p. 421)[4].

Il est évident qu'avec ce genre d'œuvre ramenant tout à la religion, nous nous trouvons très loin de « l'incrédulité à l'égard des métarécits ». Il semblera d'autant plus paradoxal que le *Livre de Sydrac*, qui ne doute pas de sa légitimité, s'ingénie à faire de la légitimité un problème : car la figure auctoriale du « phillosophe astronomien » Sydrac (p. 41, § 11) est une fiction, derrière laquelle le véritable auteur anonyme se dissimulera à jamais. Cette construction oblige à des efforts de légitimation particulièrement soutenus, dont le dispositif de double emboîtement du texte témoigne déjà : au prologue succède un récit cadre bien plus volumineux, dans lequel est enchâssé le dialogue entre Sydrac et le roi Boctus, qui comporte 1 227 questions et réponses.

De la sorte, ce sont deux histoires qui nous sont racontées : d'une part, celle du long voyage que le *Livre* a accompli à travers siècles et pays, depuis l'époque pré-chrétienne de sa rédaction jusqu'en l'an de grâce 1243 ; et d'autre part celle qui raconte comment Sydrac convertit le roi Boctus, l'amena à croire en Dieu et en la Trinité, et comment il répondit avec patience à ses nombreuses questions – échange que le roi reconnaissant fit ensuite consigner pour l'éternité dans le *Livre de la fontaine de toutes sciences*. Un continuum chronologique impeccable devait ainsi se déployer sous les yeux du lecteur, s'étendant sur de très longues périodes, dans lequel tous les faits se rapportant à la genèse et à la transmission du texte sont indiqués de façon si précise, qu'il est d'emblée impossible de douter de leur certitude. Clôture de la construction et précision de l'information sont les fondements sur lesquels le *Livre de Sydrac* feint de reposer.

Dès lors que l'on commence à analyser les efforts de légitimation complexes engagés par l'auteur anonyme, on tombe dans le piège qu'il nous tend. Car l'in-

---

3.   Brunetto Latini utilise cette même image de la source dans le prologue de son *Tresor* afin d'expliquer pourquoi il a compilé son ouvrage à partir des écrits des philosophes : « […] philosophie est la racine de cui croissent toutes les sciences que l'en puet savoir, tout autresi come une fonteine dont mainz roissiaus issent et decorrent ça et la, si que les uns boivent de l'un et les autres de l'autre ; mes ce est diversement, car li un en boivent plus et li autre moins sens estanchier la fonteine. » (éd. BELTRAMI *et al.*, 2007 : 6).

4.   Le texte est cité dans l'édition que nous avons établie (éd. E. RUHE, 2000). Voir le même choix lexical dans le *Tresor* de Brunetto Latini, où l'auteur, à la fin de la première partie de son ouvrage encyclopédique, la partie « théorique », constate en résumé : « […] les genz ne porroient […] savoir la certaineté des humanes choses se il ne seussent ceste premiere partie dou conte. » (éd. BELTRAMI *et al.*, 2007 : 326).

sistance sur l'unité fait non seulement oublier que le prologue et le récit cadre donnent une représentation inversée de la chronologie, mais que ce sont en outre deux processus de légitimation du savoir radicalement différents qui sont mobilisés, et qu'il faut impérativement distinguer avec soin si l'on veut comprendre la stratégie poursuivie dans le *Livre*.

J.-F. Lyotard peut sur ce point nous être à nouveau d'une aide précieuse. Dans son essai, il distingue en effet deux formes de savoir, d'une part le « savoir narratif » qui transmet un bien culturel traditionnel, consensuel, et choisit pour ce faire la forme du « récit » (« Le récit est la forme par excellence de ce savoir » ; LYOTARD, 1979 : 38) ; et de l'autre le « savoir scientifique » caractéristique de l'époque contemporaine, qui est orienté vers l'innovation et la découverte de l'inconnu (LYOTARD, 1979 : 43-48). Que le premier concept s'applique merveilleusement au récit cadre du *Livre de Sydrac*, cela est évident et j'en apporterai la preuve au cours de mon analyse (I). En revanche, la conception du « savoir scientifique », tout entière orientée vers la postmodernité, ne peut naturellement pas directement être appliquée à la situation médiévale qui nous intéresse ici. Si l'on prend néanmoins cette notion *cum grano salis medievalis* et qu'on l'adapte aux conditions contemporaines, il devient alors possible de montrer que le prologue se rattache à une pratique d'écriture coutumière du monde scientifique médiéval, dont il s'approprie les procédés de légitimation spécifiques : il s'agit de ce qu'on appelle l'*accessus ad auctores*, vers lequel nous nous tournerons dans la seconde partie de notre contribution (II).

SAVOIR PARTAGÉ : « LE SAVOIR NARRATIF »

Dans le *Livre de Sydrac*, la transmission encyclopédique du savoir s'effectue au sein d'une histoire située dans une époque ancienne et qui a pour scène un Orient lointain, « entre Ynde et Perse » (éd. E. RUHE, 2000 : 39, § 1). Ce sont de bonnes conditions générales pour une fiction, et c'est bien une fiction qui est esquissée. Mais ce sont aussi des conditions idéales pour légitimer de façon optimale ce qui est raconté, du moins lorsqu'on sait les utiliser avec autant d'habileté que l'auteur anonyme : il fabrique du neuf avec des choses familières en mobilisant, à l'arrière-plan de son récit, des intertextes narratifs que son époque tient pour majeurs et qui n'ont besoin d'aucune légitimation supplémentaire. Cette multiplication des matières narratives développe, conformément à la définition de Lyotard, « la prééminence de la forme narrative » en tant que spécificité de la « formulation du savoir traditionnel » (LYOTARD, 1979 : 38).

En traitant du thème de l'idolâtrie et de la conversion à la foi chrétienne, la rencontre entre le roi Boctus et le philosophe Sydrac nous transporte dans le monde de l'Ancien Testament, où ce thème est central[5]. En évoquant certaines associations, l'auteur anonyme fait tout ce qu'il peut pour suggérer ce rapport. Ainsi du nom de

---

5.   Voir par exemple *Exode* 32.20 ; *Nombres* 25 ; *Rois (Samuel)* I.7.3 ; *Paralipomenon* II.14.3 ; 15.8, 15.16.

Sydrac, qui rappelle le livre sapiental de Jésus Sirach. Mais c'est surtout Shadrach, qui s'appelle Sidrach dans la Vulgate, l'un des compagnons du prophète Daniel, qui apparaît comme une filiation particulièrement féconde. Car ainsi que nous avons pu le démontrer ailleurs dans le détail (E. RUHE, 2007 : 70-72), le personnage du « phillosophe astronomien » Sydrac est conçu comme un reflet du prophète lui-même. Tout concourt à suggérer subtilement cette identité : Sydrac conseille un roi, comme Daniel, qui en conseilla d'ailleurs plusieurs, de Nabuchodonosor à Cyrus. Tous deux sont victimes de la jalousie de leurs concurrents à la cour. Et leur foi les met tous deux en danger de mort : la scène d'idolâtrie calque jusque dans les formules employées le modèle biblique. Ce sont encore, à chaque fois, des preuves tangibles de la puissance du Dieu chrétien qui convainquent d'embrasser la nouvelle foi. Et si les deux textes se concluent par la conversion du roi, conversion effective pour Cyrus comme pour Boctus, il n'en demeure pas moins qu'elle ne s'inscrit ni dans un cas, ni dans l'autre, dans la durée[6].

Sydrac est même prophète dans un sens plus étendu que Daniel, puisque Dieu lui a accordé le don de savoir tout ce qui doit se dérouler entre la venue du Christ et la fin du monde. Cette compétence augmentée en matière de connaissance du futur, Sydrac la doit à sa parenté avec une figure centrale de la littérature arthurienne, Merlin, à laquelle Dieu avait donné « pooir et sens de savoir les choses qui estoient a avenir » (éd. MICHA, 1979 : 50). C'est à cette même source que renvoie le thème de la tour qui s'écroule systématiquement, jusqu'à ce que Merlin, ou Sydrac, lève l'enchantement et que la tour tienne debout. Par ailleurs, le vaste recueil des *Prophecies de Merlin* a laissé ses traces dans les prophéties du *Livre de Sydrac*[7].

La quête des herbes devant permettre de lever l'enchantement mobilise encore un autre grand texte narratif : le recueil de fables *Kalila et Dimna*, très connu au Moyen Âge, et qui dérive lui-même d'un miroir des princes d'origine indienne[8]. Dans ce livre, la collecte d'herbes sur les flancs des montagnes de l'Inde mène

---

6.   Contrairement au *Livre de Daniel*, dans lequel la conversion que Daniel obtient des rois doit sans cesse être renouvelée, le roi Boctus reste, dans le *Livre de Sydrac*, fidèle jusqu'à la mort à la nouvelle foi et « converti moult de terres et de provinces » (éd. E. RUHE, 2000 : 421). Mais la dernière phrase nous signale qu'après sa mort ces peuples retournèrent « as ydoles des quelx emfer est plein et sera tout jours. » (éd. E. RUHE, 2000 : 422).

7.   Pour plus de précisions sur le rôle de Merlin dans le *Livre de Sydrac*, voir E. RUHE, 2007 : 68-70 et 72-73. Le don prophétique de Sydrac détermine également le dialogue avec Boctus, mais jamais ne s'établit ce qui ressemblerait, même de loin, à une relation d'égalité entre les interlocuteurs. C'est ce que décrit C. CONNOCHIE (2006 : 126) : « Le dialogue rompt avec la parole prophétique. Celui qui apprend est mis sur le même plan que celui qui sait. Une égalité est postulée. Un échange interactif s'instaure du fait que la raison parle en chacun des deux protagonistes. Le maître n'est plus que celui qui a reçu un savoir ».

8.   Le titre de ce livre de sapience vient des noms des deux chacals qui jouent un rôle déterminant dans le premier chapitre. Avant de parvenir en Occident, le texte fut traduit en de nombreuses langues (en syrien, arabe, perse, hébreux, turc et grec). Au cours de la seconde moitié du XIIIᵉ siècle, à l'époque où parut le *Livre de Sydrac*, il avait été diffusé en Europe occidentale dans deux versions : une version espagnole datant d'environ 1251, produite dans l'entourage d'Alphonse X, dit le Sage ; et une version latine qui avait été achevée entre 1263 et 1278 par Jean de Capoue (voir éd. GEISSLER, 1960). Outre les aspects évoqués précédemment, *Kalila et Dimna* se rapproche du *Livre de Sydrac* par l'agencement du dialogue entre roi et sage, dialogue que le roi, dans les deux cas, entreprend de

à l'amour de la sagesse, à la conversion, et finalement à un nouveau livre qui s'inscrit dans la tradition du dialogue didactique. C'est exactement la structure événementielle qui est mise en place autour du roi Boctus. De plus, l'interprétation allégorique qui est implicitement contenue dans le *Livre de Sydrac* et à laquelle le lecteur doit accéder par lui-même, s'avère explicite dans *Kalila et Dimna*. Ainsi, après que Boctus et son armée ont envahi la verdoyante région des monts aux corbeaux, en Inde, qu'ils y ont défait les hommes cynocéphales et pris possession de leur contrée où les herbes abondent, il cesse d'être question des plantes. Et lorsque vers la fin, la tour peut, au nom de la Trinité, être bâtie jusqu'au faîte et qu'elle ne s'effondre plus, il devient évident que l'« herbe » capable de lever l'enchantement était la vraie foi chrétienne à laquelle Boctus s'est entre-temps converti. Le nom du lieu où l'herbe était censée pousser aurait d'ailleurs dû très tôt indiquer au lecteur la bonne lecture allégorique : c'est « la Montaingne verte dou corbiau, la ou le corbbiau que Noe envoia descouvrir le deluge et trova la charoigne et s'assist » (éd. E. RUHE, 2000 : 41, § 12) – c'est-à-dire le lieu qui, en Gn 8.8, signale la fin du déluge[9], à la suite de quoi Dieu scelle, pour les siècles des siècles, son alliance éternelle avec tous les êtres vivants (Gn 9.1-17). La foi est cette herbe qui a le pouvoir de défaire le charme païen, cette herbe que possède Boctus, sans le savoir, dès lors qu'il s'est converti.

Le « savoir narratif » est, d'après LYOTARD (1979 : 46), « une composante immédiate et partagée […] des […] jeux de langage dont la combinaison forme le lien social ». L'analyse du cadre narratif du *Livre de Sydrac* confirme de façon surprenante cette observation. Le « métarécit » de la religion chrétienne forme le modèle de pensée qui relie les trois grandes histoires de conversion tirées de la Bible, du roman arthurien et du recueil de fables, lesquelles se combinent autour de la figure de Sydrac pour former une fiction. C'est le savoir narratif de l'époque, qui fait partie du substrat culturel et dont la légitimité est intouchable. Ces trois histoires entrelacées avec raffinement, ainsi que celle qui en résulte et se cristallise autour de Sydrac et Boctus, valident la définition du « savoir narratif » que propose LYOTARD (1979 : 43) : « Les récits […] déterminent des critères de compétence et […] en illustrent l'application ».

Le long dialogue entre Sydrac et Boctus, qui occupe le centre de l'histoire cadre du deuxième prologue, dessine précisément une scène idéale de transmission de savoir, dès lors que la question de la compétence est réglée entre les deux protagonistes. Celui qui délivre l'enseignement en s'appuyant sur un livre illustre symbolise le savoir dans sa totalité ; celui qui reçoit l'enseignement se soumet au philosophe, alors qu'il est roi et donc représentant suprême du pouvoir séculier[10]. Ce dialogue ne devient possible que lorsqu'une autre relation de hiérarchie,

---

faire retranscrire dans un livre. Qui plus est, le prologue aborde, à l'instar du *Livre de Sydrac*, le thème des traductions multiples. Sur ce point, voir *infra*. Voir enfin, sur *Kalila et Dimna* comme source de *Sydrac*, l'indication que l'on trouve chez BURTON, 1998 : (I) xlvi.

9.   *Le Livre de Sydrac* s'ouvre sur une évocation du déluge. Voir en particulier la fin du premier paragraphe dans le premier prologue. Voir éd. E. RUHE, 2000 : 1, § 1.

10. Voir sur ce point voir D. RUHE, 2003 (en particulier p. 73).

fondamentale pour l'époque, a été clarifiée : celle de la religion et du savoir. Le « mécréant » doit d'abord être gagné à la foi en la Trinité, afin que, sur cette base, l'édifice de la culture chrétienne, qui est nouvelle pour lui, puisse être érigé. L'allégorie de la tour est là pour attester de la nature inébranlable de cet édifice : au début, lorsque Boctus la construit par ses propres moyens, elle s'effondre systématiquement ; mais, après que le roi s'est converti et que ses nombreuses questions ont trouvé réponse, elle se dresse sur ces fondations, ne s'écroule plus, et commence même immédiatement, en tant que symbole de la nouvelle foi et du nouveau savoir, à rayonner, dans un esprit missionnaire et pacifique, bien au-delà des frontières du monde chrétien.

La prééminence de la religion comme « métarécit » de l'époque se reflète, de façon lourde de sens, dans la structure même du dialogue. Son imposante partie principale, qui, à l'instar d'une conversation, se développe en passant rapidement d'un thème à un autre, est encadrée par l'exposition d'aspects fondamentaux de la religion chrétienne. Ces exposés proviennent de la traduction, largement diffusée à l'époque, de l'*Elucidarium* d'Honorius Augustodunensis[11], un manuel de savoir théologique du début du XIIᵉ siècle prenant la forme d'un dialogue entre *magister* et *discipulus* et dont l'influence s'exerça fortement durant tout le Moyen Âge[12]. La légitimité du cadre théologique ainsi élaboré se trouvait de la sorte parfaitement assurée.

Ce qui est caractéristique du « savoir narratif » pour LYOTARD, c'est la combinaison de l'unité et de la diversité, une « perspective d'ensemble » qui rassemble et organise les compétences et dont les critères se trouvent développés dans le « récit » en une « pluralité de jeux de langage » (1979 : 39). Lyotard illustre cette proposition par une série d'exemples :

> trouvent aisément place dans le récit des énoncés dénotatifs, portant par exemple sur ce qu'il en est du ciel, des saisons, de la flore et de la faune, des énoncés déontiques prescrivant ce qui doit être fait quan(d)[t] à ces mêmes référents ou quant à la parenté, à la différence des sexes, aux enfants, aux voisins, aux étrangers, etc., des énoncés interrogatifs qui sont impliqués par exemple dans les épisodes de défi (répondre à une question, choisir un élément dans un lot), des énoncés évaluatifs, etc (LYOTARD, 1979 : 39).

À lire cette liste de différentes formes de parole et de thèmes, on a l'impression qu'elle a été élaborée pour rendre compte du *Livre de Sydrac*, tant les éléments qui la constituent s'avèrent pertinents pour ce dialogue didactique médiéval. Qu'ils soient si nombreux à pouvoir s'appliquer à ce texte démontre l'ambition encyclopédique de l'auteur anonyme, qui s'est efforcé d'intégrer le savoir le plus large possible. La combinaison des différents "jeux de langage" qu'il pratique dans le cadre de son récit lui permet dans le même temps d'éviter le danger de la pure accumulation de connaissances et de constituer un tout, qui insère le savoir transmis dans un contexte signifiant.

---

11. Voir l'analyse précise de cette source par TÜRK, 2000 : 189-199 et 203-204.
12. Sur la question de la transmission manuscrite voir ERNST, 1989 : 289-312.

Savoir attesté : Le « savoir scientifique »

À l'inverse de la production de pluralité qui est propre au savoir narratif, – ce que le *Livre de Sydrac* confirme de façon éclatante –, le savoir scientifique se distingue, selon Lyotard, par son exclusivité :

> Le savoir scientifique exige l'isolement d'un jeu de langage, le dénotatif ; et l'exclusion des autres. Le critère d'acceptabilité d'un énoncé est sa valeur de vérité. [...] On est donc [...] scientifique si l'on peut proférer des énoncés vérifiables ou falsifiables au sujet de référents accessibles aux experts (Lyotard, 1979 : 45-46).

Le premier prologue du *Livre de Sydrac* provient de ce monde des experts, ainsi que l'atteste le procès-verbal que l'on trouve dans le dernier paragraphe (§ 12). Une assemblée de « maistres et clers » aurait examiné le livre à Tolède en 1243 et aurait consigné le résultat de leur examen dans ce prologue tout en l'augmentant de « l'argument », c'est-à-dire d'un bref résumé du livre (§10-11).

Cette intervention des experts de Tolède est aussi fictive que la figure de Sydrac elle-même et que sa rencontre avec le roi Boctus. Si elle peut néanmoins fonctionner comme une mesure de légitimation supplémentaire, c'est, nous en avons fait l'hypothèse plus haut, parce que le prologue des maîtres et des clercs a été rédigé dans la tradition de l'*accessus ad auctores* et se positionnait ainsi dans une tradition de l'activité scientifique médiévale qui pouvait déjà, au XIIIe siècle, embrasser du regard une longue histoire[13].

Afin de qualifier cette tradition dans le contexte qui est le nôtre, je me contenterai de rappeler brièvement les choses suivantes : dans le cadre de l'enseignement scolaire et universitaire au Moyen Âge, l'*accessus ad auctores* avait, en tant qu'introduction à l'étude des œuvres importantes, pour fonction de répondre aux questions portant sur l'auteur et le texte, de constituer une collection de faits ; il représente ainsi une étape majeure de la pré-histoire de l'historiographie littéraire, telle qu'elle se développe, dans un sens moderne, depuis le XVIIIe siècle. À la base de l'*accessus*, il y a une structure systématique plus ou moins susceptible d'être différenciée. Rémi d'Auxerre, qui vécut entre 841 et 908 environ[14] et composa de nombreux commentaires décisifs sur les textes qui occupaient une place prépondérante dans les activités de formation, distinguait trois schémas connus de son époque. Quatre questions doivent, selon lui, être posées au début de chaque ouvrage, celle de la personne de l'auteur, du lieu où il vivait, de l'époque durant laquelle il fut actif et finalement celle de la *causa scribendi*, de ce qui l'a poussé à écrire son œuvre : *Qvatvor sunt requirenda in initio uniuscuiusque libri : persona*

---

13. Au sujet de l'*accessus* voir les publications de Quain, 1945 : 215-264 (une version légèrement remaniée fut publiée sous forme de livre à New York en 1986), et de Huygens, 1953 : 296-311, 460-484 (une version retravaillée et augmentée a paru à Leyde en 1970). Concernant l'utilisation de l'*accessus ad auctores* dans l'encyclopédie de cette époque, *Le Livre du Tresor* de Brunetto Latini, voir Meier, 1988 : 315-356, en particulier le chap. 2 : « Das Accessusschema », p. 335-342.

14. Voir sur ce point notre monographie (E. Ruhe, 1968 : 16 *sq.*, chap. sur *Expositio Remigii super Catonem*). Les citations *supra* se trouvent aux pages 17-18.

uidelicet, locus, tempus et causa scribendi. Auparavant (*apud antecessores*), on avait l'habitude de poser sept questions : *quis, quid, ubi, quibus auxiliis, cur, quomodo, quando*, c'est-à-dire celles de l'auteur, du texte, du lieu de rédaction, des sources, de ce qui a entraîné la rédaction, de la forme (le texte est-il écrit en prose ou en vers) et enfin celle du moment de la rédaction. Mais aujourd'hui (*apud modernos*), il n'y aurait plus que trois questions à poser : *uita poete, titulus operis et ad quam partem phylosophiae spectet*, celle de la biographie de l'auteur, du titre de son œuvre et celle de son appartenance à l'un des trois registres de la philosophie[15], *in physicam, in lo[g]icam, in ethicam*, ainsi que le précise Rémi (E. RUHE, 1968 : 19, note 4).

Le prologue du *Livre de Sydrac* qui met en scène l'assemblée des doctes de Tolède, s'oriente sur le schéma traditionnel de l'*accessus ad auctores*. C'est ce que je souhaite montrer à présent.

Quis ou *vitae poetae* : au début sont mentionnés des éléments de la biographie de Sydrac, le fait qu'il descende de Japhet, le fils de Noé[16], et qu'il a reçu de Dieu un don particulier, celui de savoir non seulement tout ce qui s'est passé depuis la création du monde jusqu'à son époque – la date de 847 après la mort de Noé est indiquée, ce qui règle la question du *quando* ou *tempus*, non celle du *Livre* lui-même, mais celle de l'époque à laquelle vivait Sydrac –, mais aussi tout ce qui se passera jusqu'à la fin du monde. Dieu a en outre accordé à Sydrac le privilège insigne de voir la forme de la Trinité, ce qui l'aida à convertir un roi païen, et de tout savoir en matière d'astronomie, ainsi que, de façon générale, « de toutes choses esperitueles et corporeles » (§ 3).

Cur ou *causa scribendi* : l'événement qui sert de prétexte à la rédaction, c'est la rencontre avec le roi, qui a envoyé chercher Sydrac « por aucunes besoignes » – rien ne nous en est dit cependant, puisqu'elles doivent être évoquées dans le livre et qu'il n'y a guère de sens à dire deux fois la même chose. Boctus a posé de nombreuses questions à Sydrac, et comme les réponses ont eu l'heur de lui plaire, il a fait consigner l'ensemble dans un livre (§ 4).

Titulus operis : ce livre, Boctus lui aurait donné le titre *Le Livre de la fontaine de toutes sciences,* livre que le lecteur serait censé tenir entre ses mains (§ 4). Si, jusque-là, il n'était pas difficile de déceler la structure de l'*accessus*, les très nombreux développements qui viennent à présent s'ajouter (§ 5-8) s'intègrent mal dans ce schéma. Mais ils trouvent par contre parfaitement leur place dans les stratégies de légitimation mises en place par l'auteur anonyme. Car elles décrivent,

---

15. Les chercheurs attribuent habituellement la première différenciation entre les schémas de question des *antiqui* et des *moderni* à Bernard d'Utrecht. Conrad d'Hirsau l'aurait ensuite reprise dans son *Dialogus super auctores*, ce qu'a montré R. B. C. Huygens, l'éditeur du *Dialogus*, lequel attribue « toute la renommée d'originalité » à Bernard (éd. HUYGENS, 1955 : t. 17, 19). Les citations que je mentionne ici attestent que cette originalité doit en réalité être portée au crédit de Rémi d'Auxerre. Sur ce point, voir aussi E. RUHE, 1968 : 18, note 1.

16. L'indication de C. CONNOCHIE (2006 : 122, n. 14) qui fait de Sydrac un « patriarche, fils de Japhet » repose sur une méprise : Sydrac descend simplement de la « generacion de Jafem, fis de Noe » (E. RUHE, 1968, 1. Prolog, p. 1, § 2). Au sujet de Japhet et de ses enfants, en particulier son fils Ariemaf, voir le début de la partie du *Livre de Sydrac* consacrée à l'astrologie (question 960, p. 315-316).

avec force détails vraisemblables, la longue histoire de la transmission du *Livre* depuis la mort de Boctus, histoire qui démarre en Extrême-Orient à l'époque de l'Ancien Testament et conduit, après la venue du Christ, jusqu'en Espagne où le livre, traduit du grec en latin[17], fut fort apprécié par le roi, qui le fit traduire en arabe, à l'intention et à la demande du bey de Tunis. Ayant par la suite appris l'existence du livre, l'empereur Frédéric se chargea de le faire retraduire de l'arabe vers le latin et c'est une copie de cette traduction que Théodore d'Antioche, le philosophe de l'empereur, se fit secrètement établir pour son usage personnel[18] ; il finit par l'offrir au patriarche d'Antioche, qui le consulta durant toute sa vie. L'un des membres de son clergé, un certain Jehan Pierre de Lyon, en aurait finalement établi une copie puis ramené le texte là où l'histoire de sa traduction en latin avait jadis commencé : « Ensi revint arriere a Tolete… » (§ 8).

L'évidente structure circulaire de cette histoire de réception donne à penser, dans la mesure où elle coïncide parfaitement, trop parfaitement aimerait-on dire, avec le lieu où ce prologue est censé avoir été rédigé par la docte assemblée. Ce qui légitime son activation, c'est le lieu où ce texte était revenu en 1243, vraisemblablement dans une nouvelle version grecque, ce qui engage à le retraduire une nouvelle fois – Tolède était à l'époque réputée pour l'activité de traduction. C'est de là que l'histoire de sa renommée dans l'espace méditerranéen avait pris son envol et c'est de là que le livre doit désormais, examiné et autorisé par les « maistres et clers » de cette cité, entrer dans une nouvelle phase de son histoire et connaître un nouveau succès. Cette espérance semble tout à fait logique après le destin que le *Livre de la fontaine de toutes sciences* a apparemment connu durant plusieurs siècles après la mort de Boctus, s'assurant toujours un intérêt enthousiaste auprès des plus hauts responsables des hiérarchies spirituelle et séculière, ainsi qu'auprès des intellectuels les plus importants – auprès des archevêques, des patriarches, des empereurs, des beys arabes et des philosophes.

Il faut attendre la dernière phrase pour que la perfection de la construction circulaire devienne évidente, ainsi que sa faculté à garantir précisément la fidélité à la structure de l'*accessus*. Cette phrase, on risque de ne pas y prêter beaucoup d'attention, à cause de sa brièveté, qui tranche sur la longue liste égrenant les stations successives de l'histoire de la transmission du livre :

> Ensi revint arriere a Tolete, et si sont translaté de lui plusors de bons livres en autrui non de que ce livre ne l'a pas cescun (§ 8).

Le cercle s'avère ainsi double, car l'histoire de la transmission, qui, par le biais de la traduction du grec, a conduit de Tolède à Tolède, se trouvait, comme il apparaît désormais, au service de la discussion sur le *titulus operis* (« Le roi […] li mist non, 'Le livre de la fontaine de toutes sciences', ce est ce livre », § 4), laquelle trouve enfin son terme, comme le souligne la reprise du terme « ce

---

17. C. Connochie considère que cette indication, qui est tout aussi fictive que les autres, concorde vraisemblablement avec les faits : « le grec semble bien être la langue originelle puisque la première mention de traduction précise […] » (CONNOCHIE, 2006 : 123).

18. Voir sur ce personnage KEDAR, KOHLBERG, 1995 : 165-176 et BURNETT, 1995 : 225-285.

livre » (« ce livre ne l'a pas cescun », § 8). La longue histoire des pérégrinations du livre dans le temps et l'espace avait été présentée comme l'une des multiples transformations opérées par la traduction. En conclusion, il est dit qu'après son retour à Tolède, le livre aurait connu une nouvelle fois ce destin, dans la mesure où de nombreux livres de qualité auraient, en tant que traductions, jailli de cette source. Dans la mesure où ces traductions porteraient un titre différent, tout le monde ne détiendrait donc pas « ce livre », que les maîtres de Tolède, à l'instar de tous les lecteurs qui suivirent, jusqu'à aujourd'hui, avaient sous les yeux quand ils rédigèrent leur prologue.

Derrière cette phrase à la formulation compliquée, et même un peu cryptée, se cache un jeu littéraire raffiné. Le cercle des maîtres entend que soit distingué entre l'original du *Livre de Sydrac* et les livres qui en sont des traductions, mais portent un autre titre. Ces livres présentent nécessairement de fortes ressemblances avec l'original, mais ne lui sont pas pour autant identiques – c'est du moins de la sorte que nous pouvons compléter la pensée lapidaire qui est exprimée. Ainsi, les lecteurs qui consultent ces traductions en croyant qu'ils ont en main l'original se trompent-ils.

Le prologue ne nous dit pas de quelles traductions il pourrait s'agir. Mais nous pouvons aujourd'hui combler cette lacune. Car c'est un jeu ironique original qui s'engage avec l'originalité et qui renverse les rapports. Les lecteurs pouvaient de fait posséder d'autres livres dont le contenu était identique à celui de *Sydrac*, sans posséder pour autant *La Fontaine de toutes sciences*, et ces livres portaient bien effectivement d'autres titres, comme par exemple *Le Lucidaire, L'Image du monde, Le Secré des secrés,* ou *Le Miroir du Monde* : il s'agit de sources auxquelles a puisé *La Fontaine de toutes sciences* et il y en a certainement eu d'autres, qui restent à identifier[19]. Les lecteurs du Moyen Âge étaient immunisés contre ce genre de découvertes qui font la fierté de la recherche moderne, car conformément à la fiction tissée à grand soin autour de Sydrac, le bien-aimé de Dieu, par l'auteur anonyme, son livre si ancien ne pouvait qu'être l'original, le tout dont d'autres auraient ultérieurement détaché des parties et se les seraient appropriées sous de nouveaux titres. La date de rédaction indiquée à la fin du prologue, 1243, ne pouvait que les confirmer dans cette idée. Et cet effet, c'est bien l'auteur anonyme qui en est responsable, lui qui a subtilement joué avec la chronologie véritable et situé la rédaction de son œuvre quelques années avant celle de l'une de ses sources principales, *L'Image du monde* de Gossouin de Metz, qui fut rédigé en 1245.

L'*accessus* pourrait, comme le veut la tradition, trouver ici son terme et le prologue se conclut d'ailleurs sur une prière qui demande à Dieu de placer, à l'avenir, le texte entre les mains de personnes qui s'en remettront à lui « a salvation du cors et de l'ame. Amen » (§ 8). Mais il reste encore deux parties. La première, dont le contenu est identifié par le terme technique *argument* (§ 10-11) est un additif à la question du *Quid* – celle qui porte sur la matière dont traite le dialogue. La longue

---

19. Concernant les sources citées du *Livre de Sydrac*, voir WINS, 1993 : 36-52 (en particulier p. 45-51).

énumération de thèmes, brièvement mentionnés, s'efforce de rendre un tant soit peu justice au foisonnement du dialogue encyclopédique, tout en instaurant une certaine forme d'ordre. Au vu de sa longueur, on comprend en même temps pourquoi l'*argumentum* a été exclu de ce qui forme le prologue en tant que tel. En outre, elle annonce la partie conclusive, dans laquelle ce problème de la mise en ordre de la matière est précisément d'une importance capitale.

Dans le dernier paragraphe (§ 12), les « maistres et clers » de Tolède se présentent comme les auteurs du prologue et de l'« argument » et présentent une nouvelle fois leur texte selon le protocole de l'*accessus ad auctores*, en indiquant la date (« En l'an de Nostre Seignor Jhesu Crist .m.ij.c.xliij. furent fait le prologue et l'argument de cest livre »), le lieu (« a Tolete »), en disant qui est l'auteur (« par plusors maistres et clers ») et en indiquant ce qui les poussa à écrire (« de quoi il virent que cest livres est et sera proufitable as ames et as cors des gens au monde »). Pour conclure, ils justifient trois décisions qu'ils ont prises concernant le texte, endossant ainsi pleinement leur rôle de docte assemblée, à laquelle il incombe d'intervenir aux endroits où l'œuvre qu'ils ont examinée le nécessite.

Il fallait commencer par faire la lumière sur la personne de Sydrac. Bien que Dieu lui ait accordé le don « de profetizier de la venue de Jhesu Crist », il ne saurait être question pour eux de faire du « sage Sydrac » un prophète, puisqu'il est philosophe[20]. Il est patent que l'argumentation tourne en rond, et qu'elle débouche sur une tautologie : le philosophe est philosophe et n'est pas prophète. Cette façon un peu leste de régler un problème nous permet en réalité de prendre conscience du problème qui apparaît bel et bien avec la figure de Sydrac : l'histoire cadre la rapproche en effet, comme nous l'avons indiqué précédemment, de façon très appuyée d'une figure de prophète (sur le modèle de Daniel et de Merlin), sans pour autant jamais pousser l'identification jusqu'à son terme. C'est au moment où ce point délicat est évoqué que le concept de prophète intervient, concept que le texte évite sinon soigneusement, l'ayant, par exemple, habilement contourné juste avant grâce à l'anodin « nonceor as autres » (§ 3). L'auteur anonyme se plaît visiblement à jouer avec le franchissement des lignes et à faire du statut exceptionnel de son personnage principal, le moyen de souligner, dès l'ouverture, et avec insistance, ce que son œuvre a de particulièrement remarquable.

Un deuxième problème se posait avec le manque d'ordre du texte, qui contrariait certainement la passion que la scholastique nourrissait pour le système et aurait, à l'aune des normes qui étaient celles des maîtres, impérativement dû être estompé. Comme aucun accord sur un classement thématique n'était susceptible d'être atteint (« de metre en cest livre les chapitres qui touchent a une raison les uns aprés les autres »), ils auraient renoncé à intervenir et préféré laisser les choses en l'état, telles qu'elles se présentaient dans le cours du dialogue avec Boctus. L'*argument* qui précède le texte et s'efforce péniblement de mettre un

---

20. En raison de cela, Sydrac est appelé depuis l'incipit « Sydrac le philosophe » (E. Ruhe, 1968 : 1 ; voir la rubrique au début du catalogue de questions, p. 5 : « sage philosophe Sydrac », et l'*explicit*, p. 422 : « Syderac, le sage philosophe »).

peu d'ordre témoigne de façon éclairante de la difficulté, voire de l'impossibilité d'une telle intervention systématique – l'une de ses fonctions était sans doute d'ailleurs de faire pressentir l'impossibilité d'une pareille entreprise. Ce qu'il faut retenir, c'est qu'ici encore une particularité est évoquée qui fait de la *Fontaine de toutes sciences* un texte typique de son époque et de son genre, mais atypique pour le monde des érudits. Pour le dire autrement, cela signifie que c'est précisément ce qui est atypique qui devait plaire en dehors du cercle des « maistres et clers » et qui a plu – en témoigne le grand nombre de copies (manuscrites ou imprimées) de ce texte (WEISEL, 1993) – à un public dont le plaisir de lecture n'était pas augmenté par ce qui s'apparentait au systématique, mais par la variation et la diversité.

L'indication finale soulignant que l'assemblée de Tolède avait « aucunes choses glosees de cest livre par la conoissance des choses qui furent avant de nos et par l'art de phylosophie » devait contredire l'impression que les spécialistes qui avaient renoncé à intervenir au plan structurel, l'auraient également fait au plan du contenu, et n'auraient pas élevé le livre au niveau atteint par le savoir de leur temps. Non, ils auraient bien en cela procédé suivant les règles de leur discipline – et derrière l'expression « par l'art de phylosophie » il faut entendre les *septem artes*, dont l'immense trésor de connaissances aurait été nécessaire pour commenter cette œuvre encyclopédique. Nous ne saurons rien des points sur lesquels ils seraient intervenus, du moins aucune indication de ce genre ne figure dans le livre. Il suffit au lecteur de savoir que les sages de « l'escole a Tolete » (§ 8) ont examiné avec attention le livre et, quand cela s'avérait utile, l'ont muni de gloses à son intention. Que ces commentaires n'aient été nécessaires qu'en de très rares endroits (« aucunes choses glosees de cest livre »), cela tient à la dignité de Sydrac – un homme sur lequel Dieu a veillé en lui accordant le don particulier d'omniscience.

Feindre, et s'efforcer de dissimuler à la perfection que l'on feint en présentant la fiction comme historiquement avérée, est une entreprise délicate, qui exige une grande maîtrise artistique pour légitimer ce qui est inventé. La tâche semble proprement impossible quand, comme c'est le cas avec Sydrac, une figure imaginaire se trouve pourvue d'une filiation religieuse des plus illustres et présentée comme élue et inspirée par Dieu. L'auteur anonyme du *Livre de la fontaine de toutes sciences* a visiblement pris plaisir à réaliser ce tour de force, tout en recourant à de nombreux stratagèmes qui lui permettaient de l'accomplir.

Ces stratagèmes, ce sont ceux qu'offrait le savoir de l'époque et dont l'auteur use avec une remarquable habileté. Le récit de la rencontre entre le philosophe et le roi encadre la vaste scène de transmission du savoir. Il correspond à la forme, typique pour le « savoir narratif », des « récits » qui, selon LYOTARD, « définissent […] ce qui a le droit de se dire et de se faire dans la culture, et, comme ils sont aussi une partie de celle-ci, ils se trouvent par là même légitimés » (1979 : 43). L'auteur anonyme du dialogue didactique accroît encore cette légitimité en combinant, autour de l'histoire impliquant Sydrac, diverses matières narratives importantes de l'époque, ce qui permet alors de nimber son héros de l'aura qu'ont les choses garanties et fiables. Une fois qu'il se trouve assuré de cette façon, le savoir qui est proposé recouvre, contrairement au « savoir scientifique », une triple compétence que LYOTARD identifie comme celle du « savoir-dire, savoir-entendre, savoir-faire, où se jouent les rapports de la communauté avec elle-même et avec son environnement » (1979 : 40). Et Lyotard de poursuivre : « Ce qui se transmet avec les récits, c'est le groupe de règles pragmatiques qui constitue le lien social », décrivant ici, force est de le constater, un autre élément essentiel de la légitimation du *Livre de Sydrac*.

Afin de garantir la fiction, ce sont en dernier lieu les possibilités offertes par le « savoir scientifique » de l'époque qui sont mobilisées : la docte assemblée de Tolède se sert des règles de l'*accessus ad auctores* pour l'examen du texte dont elle rend compte dans le prologue. Dès le départ, l'auteur anonyme prouve ainsi sa culture et son habileté qui lui permettent d'utiliser à ses propres fins cette autre tradition de légitimation.

Avoir conçu Sydrac comme un quasi-prophète – ce calcul aventureux s'est avéré payant, ainsi qu'en témoigne la longue histoire de la réception de la *Fontaine de toutes sciences*. Est-ce que la clef du succès ne fut pas précisément ce qui semblait hasardeux ? Dans le *De Civitate Dei*, saint Augustin constate : *Cui enim melius narranti praeterita credimus, quam qui etiam futura praedixit, quae praesentia iam uidemus ?* (XVIII. 40). Puisque Sydrac savait tout, il pouvait non seulement annoncer la venue du Christ, mais aussi certains événements du XIIIᵉ siècle, dans la seconde moitié duquel le texte a vu le jour. A-t-on alors cru au don de prophétie de Sydrac ? Nous savons qu'il y eut au moins une personne qui ne fut pas dupe de la fiction : il s'agit de Jean Gerson, recteur de la Faculté de Paris qui parla un jour incidemment, et avec mépris, de « nescio quis Sydrac » (éd. GLORIEUX, 1973 : 133). Il n'y avait rien d'autre à attendre de la part d'un théologien aussi éminent. Mais Jean Gerson ne faisait pas partie du lectorat auquel l'auteur anonyme destinait son dialogue encyclopédique… et qui, un siècle plus tard, était resté fidèle au texte.

Traduit de l'allemand par Lambert Barthélémy

BIBLIOGRAPHIE

SOURCES PRIMAIRES

ADELARD DE BATH

BURNETT C. (éd.), **1998** – *Adelard De Bath. Quaestiones naturales*, dans BURNETT C., *Conversations with his nephew*, Cambridge / New York / Melbourne (*Cambridge Medieval Classics*, 9), p. 81-235.

AELRED DE RIEVAULX

RACITI G. (éd.), **2005** – *Aelred de Rievaulx. Homeliae de oneribus propheticis Isaiae*, Turnhout (*CC Cont. Med.*, 2D).

AL-BATTANI

Mahometis Albatenii De scientia stellarum de numeris stellarum et motibus liber [traductus a Plato Tiburtino] cum aliquot additionibus Joannis Regiomontani ex bibliotheca Vaticana transcriptus, Bologne, 1645.

PEYROUX J. (trad.), **2003** – *Al-Battani. Livre sur la science des étoiles, avec quelques additions de Jean Regiomontanus, trad. du latin en français, d'après la traduction latine de Plato Tiburtinus du ms arabe de la bibliothèque Vaticane*, Paris.

REGIOMONTANUS J. (éd.), **1645** – *Muḥammad Ibn-Ǧābir al-Battān. De numeris stellarum et motibus*, Bologne.

AL-BITRÛJÎ

CARMODY F. J. (éd.), **1952** – *Al-Bitrûjî. De motibus celorum, critical ed. of the Latin translation of Michael Scot*, Berkeley.

AL-GHUNAIM

'ABDULLAH Y. (éd.), **2006** – *Al-Ghunaim. Arabic Geographic Manuscripts at the Bodleian Library*, Oxford.

AL-WAṬWĀṬ, MUḤAMAD IBN IBRĀHĪM

AL-ḤARABĪ, 'ABD AL-RAZZĀQ AḤMAD (éd.), **2000** – *Al-Waṭwāṭ, Muḥamad ibn Ibrāhīm. Mabāhiǧ al-fikar wa-manāhiǧ al-'ibar*, Beyrouth.

SEZGIN F. (éd.), **1990** – *Al-Waṭwāṭ, Muḥamad ibn Ibrāhīm. Mabāhiǧ al-fikar wa-manāhiǧ al-'ibar*, Frankfurt am Main.

ALBERT LE GRAND (ALBERTUS MAGNUS)

ANGEL M. (trad.), **1995** – *Albert le Grand. Le Monde minéral : les pierres, "De mineralibus" livres I et II*, Paris (*Sagesses chrétiennes*).

BORGNET A. (éd.), **1890** – *Alberti Magni, Ratisbonensis episcopi, ordinis praedicatorum Opera omnia, ex editione Lugdunensi [1651], religiose castigata [...] etiam revisa et locupletata*, vol. 5, Paris (*Mineralium libri V*), p. 1-116.

GEYER B. (éd.), **1960** – *Sancti doctoris ecclesiae Alberti Magni [...] Opera omnia, ad fidem codicum manuscriptorum edenda, apparatu critico notis prolegomenis indicibus instruenda, curavit Institutum Alberti Magni Coloniense*, t. 16. I : *Metaphysica, libri quinque priores*, Aschendorff (*Albertus Magnus Institut*).

GEYER B. (éd.), **1964** – *Sancti doctoris ecclesiae Alberti Magni [...] Opera omnia, ad fidem codicum manuscriptorum edenda, apparatu critico notis prolegomenis indicibus instruenda, curavit Institutum Alberti Magni Coloniense*, t. 16. II : *Metaphysica*, libri VI-XIII, Aschendorff (*Albertus Magnus Institut*).

HOSSFELD P. (éd.), **2003** – *Sancti doctoris ecclesiae Alberti Magni […] Opera omnia, ad fidem codicum manuscriptorum edenda, apparatu critico notis prolegomenis indicibus instruenda, curavit Institutum Alberti Magni Coloniense*, t. 6, pars 1 : *Meteora*, Aschendorff (*Albertus Magnus Institut*).

KITCHELL K. F., RESNICK I. M. (trad.), **1999** – *Albertus Magnus. On Animals. A Medieval Summa Zoologica*, Baltimore.

MEYER E. F., JESSEN C. (éd.), **1867** – *Albertus Magnus. De vegetabilibus*, Berlin (repr. Frankfurt a. M., 1982).

MOULIN I. (trad.), **2009** – *Albert le Grand. Métaphysique, Livre XI, Traités II et III*, Paris (*Sic et non*).

STADLER H. (éd.), **1916-1921** – *Albertus Magnus. De animalibus*, 2 vol., Aschendorff, (*Beiträge zur Geschichte der Philosophie des Mittelalters*, 15-16).

STROICK C. (éd.), **1968** – *Sancti doctoris ecclesiae Alberti Magni […] Opera omnia, ad fidem codicum manuscriptorum edenda, apparatu critico notis prolegomenis indicibus instruenda, curavit Institutum Alberti Magni Coloniense*, t. 7. I : *De anima*, Aschendorff (*Albertus Magnus Institut*).

VERNIER J.-M. (éd. et trad.), **2009** – *Albert le Grand. Livre sur la nature et l'origine de l'âme [Liber de natura et origine animae]*, Paris (*Epistémologie et philosophie des sciences*).

WYCKOFF D. (trad.), **1967** – *Albert the Great. Book of minerals*, Oxford.

ALCUIN
Alcuinus. Grammatica, PL 101, col. 849-902.

ALDHELM DE MALMESBURY
Aldhelmus. Epistola ad Acircium sive Liber de septenario, de metris aenigmatibus ac pedum regulis, PL 89, col. 162-238.

EHWALD R. (éd.), **1984** – *Aldhelmi opera*, Berlin, 1913-1919, 2 vol. (*MGH. Auctores antiquissimi*, 15, réimpr. fac-similé, Munich).

D'ALEMBERT JEAN LE ROND
Discours Préliminaire de l'Encyclopédie, 1976 [1751], Paris.

ALEXANDRE DE VILLEDIEU
REICHLING D. (éd.), **1893** – *Das Doctrinale des Alexander de Villa-Dei. Kritisch-exegetische Ausgabe mit Einleitung, Verzeichniss der Handschriften und Drucke nebst Registern*, Berlin (réimpr. New York, 1974).

ALEXANDRE NECKAM (ALEXANDRE NEQUAM)
WRIGHT T. (éd.), **1863** – *Alexandri Neckam De naturis rerum : libri duo, with the poem of the same author, De laudibus divinae sapientiae*, London (*Rerum Britannicarum Medii Aevi Scriptores*, 34).

ALIA MUSICA
CHAILLEY J. (éd.), **1964** – *Alia Musica (traité de musique du IXe siècle)*, Paris (*Publications de l'Institut de Musicologie*, 6).

ALSTED J. H.
Encyclopaedia philosophica, Lyon, 1610.

Encyclopaedia septem tomis distincta, Herborn, 1630.

Scientiarum omnium Encyclopaideia, Lyon, 1649.

AMBROISE DE MILAN (AMBROSIUS MEDIOLANENSIS)
BANTERLE G. (trad.), **2002** – *Ambrogio. Esamerone*, Rome (*Collana di testi antichi*, 164).

Schenkl C. (éd.), **1897** – *Ambrosius. Exameron. De Paradiso. De Cain et Abel. De Noe. De Abraham. De Isaac. De Bono mortis*, Vienne (*CSEL*, 32, 1), p. 3-261.

Anonyma de musica scripta Bellermanniana

   Najock D. (éd.), **1975** – *Anonyma de musica scripta Bellermanniana*, Leipzig.

Anonymi Ars lectoria

   Sivo V. (éd.), **1979** – *Anonymi Ars lectoria e codice Parisino Latino 8499*, Bari.

Anonymi Montepessulanensis Dictionarius

   Grondeux A. (éd.), **1998** – *Anonymi Montepessulanensis Dictionarius. Glossaire latin-français du ms. Montpellier H236*, Turnhout (*CC Cont. Med.*, Series in-4°, II).

Anonymi artium magistri quaestiones super librum ethicorum Aristotelis

   Costa J. (éd.), **2010** – *Anonymi artium magistri quaestiones super librum ethicorum Aristotelis (MS Paris, BnF, lat. 14698)*, Turnhout (*Studia Artistarum*, 23).

Apollonios Dyscole

   Lallot J. (éd. et trad.), **1997** – *Apollonios Dyscole. De la construction*, Paris (*Histoire des doctrines de l'Antiquité classique*, 19).

Apulée le Grammairien

   Osann F. (éd.), **1826** – *L. Caecilii Minutiani Apuleii De orthographia fragmenta et Apuleii minoris De nota aspirationis et De diphthongis libri duo*, Darmstadt.

Aristide Quintilien

   Mathiesen T. J. (trad.), **1983** – *Aristides Quintilianus : On music in three books*, New Haven / Londres (*Music Theory Translation Series*).

   Winnington-Ingram R. P. (éd.), **1963** – *Aristidis Quintiliani De musica libri tres*, Leipzig.

   Winterbottom M. (éd.), **1970** – *M. Fabi Quintiliani Institutionis oratoriae libri duodecim*, 2 vol., Oxford.

Aristote

De l'Âme

   Jannone A. (éd.), **Barbotin E.** (éd. et trad.), **2009**[4] – *Aristote. De l'Âme*, Paris (*CUF*, 171).

   Tricot J. (trad.), **1969** – *Aristote. De l'Âme*, Paris, 1969.

Éthique à Nicomaque

   Barthélemy Saint-Hilaire J., Gomez-Muller A. (trad.), **1992** – *Aristote. Éthique à Nicomaque*, Paris.

   Gauthier R. A., Jolif J. Y. (trad.), **1958-1959** – *Aristote. Éthique à Nicomaque*, Louvain.

   Gauthier R. A. (éd.), **1972a** – *Aristoteles Latinus. Ethica Nicomachea, translatio antiquissima libri II-III sive "Ethica vetus" et translatio Antiquioris quae supersunt sive "ethica nova", "Hoferiana", "Borghesiana"*, Leiden / Bruxelles (*AL*, 26.1-3, fasc. secundus).

   Gauthier R. A. (éd.), **1972b** – *Aristoteles Latinus. Ethica Nicomachea, translatio Roberti Grosseteste Lincolniensis sive "Liber ethicorum" A. recensio pura*, Leiden / Bruxelles (*AL*, 26.1-3, fasc. tertius).

   Gauthier R. A. (éd.), **1973** – *Aristoteles Latinus. Ethica Nicomachea, translatio Roberti Grosseteste Lincolniensis sive "Liber ethicorum" B. recensio recognita*, Leiden / Bruxelles (*AL*, 26.1-3, fasc. quartus).

   Tricot J. (trad.), **1959** – *Éthique à Nicomaque*, Paris.

   Tricot J. (trad. et index), **2007** – *Aristote, Éthique à Nicomaque*, Paris.

De l'Interprétation
> MINIO-PALUELLO L. *et al.* (éd.), **1965** – *Aristoteles Latinus. De interpretatione vel Peri ermenias, translatio Boethii, specimina translationum recentiorum*, Leiden (*AL*, 2.1-2).

Métaphysique
> TRICOT J. (trad.), **1986** – *Aristote. Métaphysique*, t. II, Paris.

Météorologiques
> GROISARD J. (trad.), **2008** – *Météorologiques*, Paris 2008.

> ROSS W. D., WEBSTER E. W., FORSTER E. S. (éd. et trad.), **1931** – *The Works of Aristotle. Vol. 3. Meteorologica*, Oxford.

Parties des Animaux
> FOLSTER K. *et al.* (trad.), **1951** – *Aristotle's "De anima" in the version of William of Moerbeke, and the Commentary of St Thomas Aquinas*, Londres.

> LENNOX J. G. (trad.), **2001** – *On the parts of Animals*, Oxford.

> PELLEGRIN P. (trad.), **2011** – *Les Parties des animaux*, Paris.

> SIWEK P. (éd.), **1954** – *Aristotelis De anima libri tres*, voll. I-III, Roma (*Pontificia Universitas Gregoriana, textus et documenta, series philosophica*, 9).

Parva Naturalia
> TRICOT J. (trad.), **1999 [1951]** – *Aristote. Parva naturalia suivi du traité pseudo-aristotelicien De spiritu*, Paris.

Physica
> BOSSIER F., BRAMS J., MANSION A. (éd.), **1990** – *Aristoteles Latinus. Physica [translatio vetus et translatio Vaticana]*, Leyde / New York, 2 vol. (*AL*, 7.2).

ARISTOXÈNE
> DA RIOS R. (éd.), **1954** – *Aristoxeni elementa harmonica*, Rome.

> PIGHI G. B. (éd. et trad.), **1959** – *Aristoxeni rhythmica*, Bologne.

ASCLÉPIADE DE MYRLÉA
> PAGANI L. (éd.), **2007** – *Asclepiade de Mirlea. I frammenti degli scritti omerici*, Roma.

ATHÉNÉE DE NAUCRATIS
> KAIBEL G. (éd.), **1887-1890** – *Athenaei Naucratitae. Dipnosophistarum libri quindecim* (3 vol.), Leipzig.

AUDAX
> KEIL H. (éd.), **1880** – *Audacis excerpta de Scauro et Palladio*, GL 7, p. 320-361.

AUGUSTIN
Cité de Dieu
> DOMBART B., KALB A. (éd.), **1955** – *Sancti Avrelii Augustini De civitate Dei libri XI-XXII*, Turnhout (*CC Ser. Lat.*, 48).

> HOFFMANN E. (éd.), **1898** – *Sancti Avrelii Avgvstini episcopi De Ciuitate Dei libri XXII*, Prague (*CSEL*, 40).

Doctrine chrétienne
> MARTIN J. (éd.), **1962** – *Augustin. De doctrina christiana*, II, c. 30 et 40, Turnhout (*CC Ser. Lat.*, 32).

Genèse au sens littéral
> ZYCHA J. (éd.), **1894** – *Sancti Avrelii Augustini De Genesi ad litteram libri duodecim. […]*, Prague-Leipzig-Vindobonae (*Corpus scriptorum ecclesiasticorum latinorum ; Academiae litterarum Caesareae Vindobonensis, xxviii.sectionis iii pars [ii]*).

Musique

FINAERT G., THONNARD F.-J. (éd. et trad.), **1947** – *Augustin. De Musica*, in *Œuvres de Saint Augustin. La Musique*, Bruges (*Bibliothèque Augustinienne*, 1/VII, IV).

Ordre

KNÖLL P. (éd.), **1922** – *Sancti Aureli Augustini Contra Academicos libri tres, De beata vita liber unus, De Ordine libri duo*, Vienne-Leipzig (*CSEL*, 63).

Règles

MARTORELLI L. (éd.), **2011** – *Ps. Aurelii Augustini Regulae*, Hildesheim.

Rétractations

KNÖLL P. (éd.), **1895** – *Sancti Avrelii Augustini Retractationum libri duo*, Vienne (*CSEL*, 36).

AULU-GELLE

HOSIUS K. (éd.), **1959** – *Auli Gellii Noctium atticarum libri XX*, Stuttgart.

JULIEN Y. (éd. et trad.), **1998** – *Aulu-Gelle. Les Nuits Attiques*, Paris, t. 4 (*CUF*, 345).

MARACHE R. (éd. et trad.), **1967-1989** – *Aulu-Gelle. Les Nuits Attiques*, Paris, t. 1-3 (*CUF*, 189, 235, 288).

BACON, ROGER

NOLAN E., HIRSCH S. A. (éd.), **1902** – *The Greek Grammar of Roger Bacon and a Fragment of His Hebrew Grammar Edited from the Mss with Introduction and Notes*, Cambridge.

BARTHÉLEMY L'ANGLAIS

Bartholomaeus Anglicus. De genuinis rerum coelestium, terrestrium et infrarum proprietatibus libri XVIII, […] *procurante Georgio Bartholdo Pontano a Braitenberg*, Frankfurt, 1601 (éd. anast., 1964) .

CORBECHON J. (trad.), **1528** – *Barthélemy l'Anglais. Le proprietaire en françois*, Paris.

VAN DEN ABEELE B. *et al.* (éd.), **2007** – *Bartholomaeus Anglicus. De proprietatibus rerum. Volume I : Prohemium, Livre I-IV*, Turnhout (*De diversis artibus* 78, *NS* 41).

VENTURA I. (éd.), **2007b** – *Bartholomaeus Anglicus. De proprietatibus rerum.Volume VI : Livre XVII*, Turnhout (*De diversis artibus* 79, *NS* 42).

BÈDE LE VÉNÉRABLE

BURNETT C. (éd.), **1985** – *Pseudo-Bede. De mundi celestis terrestrisque constitutione*, Londres.

FRAIPONT J. (éd.), **1955** – *Bedae venerabilis opera. Pars III, Opera homiletica, Pars IV, Opera rhytmica*, 1 vol., Turnhout (*CC Ser. Lat.*, 121).

JONES C. W. (éd.), **1975-1980** – *Bedae venerabilis opera. Pars VI, Opera didascalica*, 3 vol., Turnhout (*CC Ser. Lat.*, 123A-123C).

BERNARD DE CLAIRVAUX

LECLERCQ J., TALBOT C. H. et ROCHAIS H.-M. (éd.), **1975** – *Sermones de diversis*, dans *Sancti Bernardi opera*, vol. 6.1, Rome.

BERSUIRE, PIERRE

Berchorii Repertorium morale, Nuremberg, 1494.

ENGELS J. (éd.), **1966** – *Petrus Berchorius. Reductorium morale, Liber XV : Ovidius moralizatus, cap. I, De formis figurisque deorum. Textus e codice Brux., Bibl. Reg. 863-869 critice editus*, Utrecht.

HUISCH J. W. (éd.), **1731** – *Petri R. P. Berchorii Pictaviensis Ordinis Benedicti S., Dictionarium, vulgo Reductorium morale (…)*, Cologne.

KEERBERG J. (éd.), **1609** – *Opera omnia Petri Berchorii totam S. Scripturae, morum, naturae historia complectentia*, Amsterdam.

KOBERGER P. (éd.), **1517** – *Morale reductorium super totam Bibliam: fratris Petri Berthorii Pictavensis…*, Nüremberg.

REYNOLDS W. (éd.), **1977** – « *De formis figurisque deorum* / From On the images and figures of the gods », *Allegorica*, 2.3, 1977, p. 62-89.

VAN DER BIJL M. S. (éd.), **1971** – « Petrus Berchorius, *Reductorium morale*, liber XV : *Ovidius moralizatus*, cap. II », *Vivarium*, 9, p. 25-48.

ZEINER J. (éd.), **1474** – *Liber Bibliae moralis, seu Reductorium morale super totam Bibliam F. Petri Berchorii*, Ulm.

BIBLE

FROEHLICH K. (intro.), **GIBSON M. T.** (éd.), **1992** – *Biblia latina, cum glossa ordinaria, facsimile reprint of the editio princeps, [chez] Adoph Rusch of Strassburg, 1480-1481*, 4 vol., Turnhout.

BOÈCE

Institution arithmétique

    GUILLAUMIN J.-Y. (éd. et trad.), **1995** – *Boèce. Institution arithmétique*, Paris, (*CUF*, 329).

Institution musicale

    FRIEDLEIN G. (éd.), **1867** – *Boetii De institutione arithmetica libri II., De institutione musica libri V*, Leipzig.

    MEYER C. (trad. et notes), **2004** – *Boèce. Traité de la musique*, Turnhout.

BONIFACE

GEBAUER G. J., LÖFSTEDT B. (éd.), **1980** – *Bonifatii Ars grammatica*, Turnhout (*CC Cont. Med.*, 133B).

BRUNETTO LATINI

BALDWIN S., BARRETTE P. (éd.), **2003** – *Brunetto Latini. Li livre dou Tresor*, Arizona Center for Medieval and Renaissance studies, Tempe (Arizona).

BELTRAMI P. G., SQUILLACIOTTI P., TORRI P., VATTERONI S. (éd.), **2007** – *Brunetto Latini. Tresor*, Torino.

CARMODY F. J. (éd.), **1948** – *Brunetto Latini. Li livre dou Tresor*, Berkeley / Los Angeles, (rééd. Genève, 1998).

CHABAILLE P. (éd.), **1863** – *Li livre dou Tresor par Brunetto Latini*, Paris, 1863.

RIBÉMONT B., MENEGALDO S. (trad.), **2013** – *Brunetto Latini. Le Livre du trésor*, livre I, Paris, 2013.

BUFFON

De la manière d'étudier et de traiter l'Histoire naturelle. Premier discours de l'Histoire naturelle, générale et particulière, avec la description du Cabinet du Roy, Paris, 1986 (1re éd., 1749).

CASSIODORE

ADRIAEN M. (éd.), **1958** – *Cassiodorus. Expositio psalmorum I-LXX*, Turnhout (*CC Ser. Lat.*, 97).

FERRÉ, 1999 – *Cassiodore. Institutions, livre II : introduction, traduction et commentaire*, thèse soutenue en 1999 à l'Université de Saint-Étienne.

CENSORINUS

ROCCA-SERRA G. (trad.), **1980** – *Censorinus. Le jour natal*, Paris (*Histoire des doctrines de l'Antiquité classique*, 5).

SALLMANN N. (éd.), **1983** – *Censorini de die natali liber ad Q. Caerellium. Accedit Anonymi cuiusdam epitoma disciplinarum fragmentum Censorini*, Leipzig.

CHAMBERS E.

Cyclopaedia, or, An universal dictionary of arts and sciences : Containing the Definitions of the Terms, and Accounts of the Things Signify'd Thereby, in the Several Arts, both Liberal and Mechanical, and the Several Sciences, Human and Divine: the Figures, Kinds, Properties, Productions, Preparations, and Uses, of Things Natural and Artificial; the Rise, Progress, and State of Things Ecclesiastical, Civil, Military, and Commercial: with the Several Systems, Sects, Opinions, etc; among Philosophers, Divines, Mathematicians, Physicians, Antiquaries, Criticks, etc.: The Whole Intended as a Course of Ancient and Modern Learning, Londres, 1728., London, 1571.

CHEN SHOU

Chen Shou, Sanguo zhi [Histoire des Trois Royaumes], Weishu [Livre des Wei], Pékin, Zhonghua shuju, 1959.

CI NOUS DIT

BLANGEZ G. (éd.), **1979** – *Ci nous dit. Recueil d'exemples moraux*, Paris, t. 1.

BLANGEZ G. (éd.), **1986** – *Ci nous dit. Recueil d'exemples moraux*, Paris, t. 2.

CONRAD DE HIRSAU

HUYGENS R. B. C., 1955 – *Conrad de Hirsau. Dialogus super auctores*, Bruxelles (*Collection Latomus*, 17).

CONRAD DE MEGENBERG

PFEIFFER F. (éd.), **1861** – *Das Buch der Natur von Konrad von Megenberg. Die erste Naturgeschichte in deutsche Sprache*, Stuttgart (repr. Hildesheim, 1962 et 1971).

STEER G., LUFF R. (éd.), **2003** – *Conradus de Megenberg, Buch der Natur. II. Kritischer Text nach der Handschriften*, Tübingen, 2003 (*Texte und Textgeschichte*, 54.

CONRAD DE MURE

VAN DE LOO T., 2006 – *Conradi de Mure Fabularius*, Turnhout (*Instrumenta lexicologica latina. CC Cont. Med.*, 210).

CORPUS GLOSSARIORUM LATINORUM [= CGL]

GOETZ G., LÖWE G. (éd.), **1888-1923** – *Corpus glossariorum Latinorum*, 7 vol., Leipzig.

CYRANO DE BERGERAC

Histoire comique des États et Empires de la Lune, Paris, 1787 [1657].

DANIEL DE MORLEY

SUDHOFF K. (éd.), **1917** – *Daniel von Morlay. Liber de naturis inferiorum et superiorum*, dans *Archiv für Geschichte der Mathematik, der Naturwissenschaften und der Technik*, 8, 1917, p. 1-40.

DIDEROT D.

Encyclopédie ou Dictionnaire raisonné des sciences, des arts et des métiers, par une société de gens de Lettres, Paris, 1751-1772.

« Prospectus », « Encyclopédie », *Œuvres complètes*, tome 2, Paris, Le Club Français de Livre, 1970.

DIOSCORIDE (PEDIANUS)

WELLMANN M. (éd.), **1907** – *Pedanii Dioscuridis Anazarbei De Materia Medica Libri quinque*, Berlin.

Érotien

Nachmanson E. (éd.), **1918** – *Erotiani Vocum hippocraticarum collectio*, Uppsala.

Étienne de Bourbon

Berlioz J. (éd.), **2006** – *Stephanus de Borbone. Tractatus de diversis materiis predicabilibus. Liber tertius. De eis que pertinent ad donum scientie et penitentiam*, Turnhout (*CC Cont. Med.*, 214B ; *Exempla medii aevi*, 3).

Berlioz J., Eichenlaub J.-L. (éd.), **2002** – *Stephanus de Borbone. Tractatus de diversis materiis predicabilibus. Prologus - Liber primus. De dono timoris*, Turnhout (*CC Cont. Med.*, 124).

Eucher de Lyon

Eucherius Lugdunensis Episcopus. Instructionum ad Salonium libri duo, *PL* 50, col. 773-822.

Mandolfo C. (éd.), **2004** – *Eucherii Lugdunensis Opera pars 1. Formulae spiritualis intellegentiae. Instructionum libri duo*, Turnhout (*CC Ser. Lat.*, 66).

Eugène de Tolède

Alberto P. F. (éd.), **2005** – *Eugenii Toletani opera omnia*, Turnhout (*CC Ser. Lat.*, 114).

Eusèbe de Césarée

Timm S. (éd.), **2005** – *Eusebius von Caesarea. Das Onomastikon der biblischen Ortsnamen*, Berlin.

Évrard de Béthune

Wrobel J. (éd.), **1887** – *Der Graecismus von Eberhard von Béthune*, Breslau.

Évrart de Conti

Guichard-Tesson F., Roy B., **1993** – *Évrart de Conti. Le Livre des eschez amoureux moralisés*, Montréal (CERES *Bibliothèque du Moyen français*, 2).

Legaré A.-M. (éd.), Guichard-Tesson F., Roy B., **1991** – *Le Livre des échecs amoureux : Bibliothèque nationale [ms. fr. 9197]*, Paris.

Favonius Eulogius

Van Weddingen R.-E. (éd.), **1957** – *Favonii Eulogii Disputatio de somnio Scipionis*, Bruxelles (*Latomus*, 27).

Festus (Paulus Festus)

Lindsay W. M. (éd.), **1913** – *Sexti Pompei Festi De verborum significatu quae supersunt cum Pauli epitome*, Leipzig.

Firmin le Ver

Merrilees B., Edwards W. (éd.), **1994** – *Firmini Verris Dictionarius : Dictionnaire latin-français de Firmin Le Ver*, Turnhout (*CC Cont. Med.*, Series in-4°, I).

Gervais de Tilbury

Banks S. E., Binns J. W. (éd. et trad.), **2002** – *Gervase of Tilbury. Otia Imperialia. Recreation for an emperor*, Oxford (*Oxford Medieval Texts*).

Duchesne A. (trad.), **1992** – *Gervais de Tilbury. Le Livre des merveilles : divertissement pour un empereur (troisième partie)*, Paris (*La Roue à livres*).

Gilbert d'Auxerre

Andrée A. (éd. et trad.), **2005** – *Gilbertus Universalis. Glosa ordinaria lamentationes Ieremie Prophete : Prothemata et Liber I*, Stockholm (*Acta universitatis Stockholmiensis. Studia latina Stockholmiensia*, 52).

GLOSSA ORDINARIA

Dove M. (éd.), **1997** – *Glossa ordinaria. Pars 22, In canticum canticorum*, Turnhout (*CC Cont. Med.*, 170).

GLOSSARIA LATINA [= GLOSS.L.]

Lindsay W. M. *et al.* (éd.), **1926-1931** – *Glossaria Latina iussu Academiae Britannicae edita,* 5 vol., Paris.

GOSSUIN DE METZ

Connochie-Bourgne C. (éd.), **1999** – *Gossuin de Metz. L'Image du monde, une encyclopédie du XIIIᵉ siècle. Édition critique et commentaire de la première version*, thèse d'État, Paris IV-Sorbonne.

Prior O. H. (éd.), **1913** – *L'image du monde de maître Gossuin, rédaction en prose, texte du ms. Bibl. nat. Fr. 574*, Lausanne / Paris.

GRAMMATICAE ROMANAE FRAGMENTA [= GRF]

Funaioli I. (éd.), **1907** – *Grammaticae Romanae Fragmenta,* Leipzig.

GRAMMATICI LATINI [= GL]

Keil H.(éd.), **1855-1880** – *Grammatici Latini*, 7 vol., Leipzig.

Keil H., Hagen H. (éd.), **1870** – *Supplementum continens Anecdota Helvetica*, vol. 8, Leipzig.

GREGOIRE DE MONTESACRO

Pabst B. (éd.), **2002** – *Gregor von Montesacro und die geistige Kultur Süditaliens unter Friedrich II. mit Text- und quellenkritischer Erstedition der Vers-Enzyklopädie Peri ton anthropon theopiisis (De hominum deificatione)*, Stuttgart (*Montesacro-Forschungen*, 2).

GRÉGOIRE LE GRAND

Gregorius Magnus. Dialogorum Libri IV De Vita Et Miraculis Patrum Italicorum, PL 77, col. 149-430.

Adriaen M. (éd.), **1979-1985** – *Gregorius Magnus. Moralia in Iob*, Turnhout (*CC Cont. Med.*, 143-143B).

Gillet R., de Gaudemaris A. (éd. et trad.), **1989** – *Grégoire le Grand. Morales sur Job*, Paris (*Sources Chrétiennes*, 32 bis).

GUILLAUME DE CONCHES

Ronca I., Badia L., Pujol J. (éd.), **1997** – *Guillelmis de Conchis Opera omnia*, t. I : *Dragmaticon philosophiae*, éd. Ronca I., *Summa de philosophia in vulgari*, Turnhout (*CC Cont. Med.*, 152).

Cetedoc (éd.), **2001** – *Guillelmis de Conchis "Dragmaticon philosophiae" : [enumeratio, concordantia et index formarum]*, Turnhout (*CC Instrumenta lexicologica latina. Series A*, 103).

Gratarolus G. (éd.), **1567** – *Dragmaticon sive Dialogus de substantiis physicis ante annos ducentos confectus a Vuilhelmo Aneponymo philosopho*, Strasbourg (reprod. fac-similé, Francfort, 1967).

Maurach G. (éd.), **1980** – *Wilhelm von Conches. Philosophia mundi*, Pretoria.

Nauta I. (éd.), **2008** – *Guillelmi de Conchis Glosae super Boetium*, Turnhout (*CC Instrumenta lexicologica latina*, Fasc. 117 Series A).

Ronca I., Curr M. (trad.), **1997** – *A Dialogue on natural philosophy (Dragmaticon philosophiae), translation of the new Latin critical text with a short intro. and explanatory notes*, Notre Dame [Indiana].

Guillaume Durand

Davril A., Thibodeau T. M. (éd.), **1995** – *Guillelmi Duranti Rationale divinorum officiorum I-IV*, Turnhout (*CC Cont. Med.,* 140).

Guillaume le Breton

Daly L. W., Daly B. A. (éd.), **1975** – *Summa Britonis sivi Guillelmi Britonis Expositiones vocabulorum Biblie*, 2 vol., Padoue.

Hautfuney, Jean

Paulmier-Foucart M., **1980** – « Jean Hautfuney, *Tabula super Speculum historiale fratris Vincentii*. Présentation – Édition A-L », *Spicae – Cahiers de l'Atelier Vincent de Beauvais*, 2, p. 19-263.

Paulmier-Foucart M. (éd.), **1981** – « Jean Hautfuney, *Tabula super Speculum historiale fratris Vincentii*. Présentation de la deuxième partie de l'édition – Édition M-Z – Édition de la Table des *Flores* – Exemple de traitement informatisé… », *Spicae – Cahiers de l'Atelier Vincent de Beauvais*, 3, p. 7-208.

Henri Bate

Boese H., Steel C. (éd.), **1990** – *Henricus Bate. Speculum divinorum et quorundam naturalium, On Platonic Philosophy, Parts XI-XII*, Louvain (*Ancient and Medieval Philosophy. Series 1 [AMPh1]*, 12).

Guldentops G. (éd.), **2002** – *Henricus Bate. Speculum divinorum et quorundam naturalium, Parts XIII-XVI : On Thinking and Happiness*, Louvain (*AMPh1*, 21).

Steel C. (éd.), **1993** – *Henricus Bate. Speculum divinorum et quorundam naturalium, Parts IV-V : On the Nature of Matter, on the Intellect as Form of Man*, Louvain (*AMPh1*, 9).

Steel C. (éd.), **1994** – *Henricus Bate. Speculum divinorum et quorundam naturalium, Parts VI-VII : On the Unity of Intellect, on the Platonic Doctrine of the Ideas*, Louvain (*AMPh1*, 10).

Steel C., Guldentops G. (éd.), **1996** – *Henricus Bate. Speculum divinorum et quorundam naturalium, Parts XX-XXIII : On the Heavens, the Divine Movers, and the First Intellect*, Louvain (*AMPh1*, 23).

Van de Vyver E. (éd.), **1960** – *Henricus Bate. Speculum divinorum et quorundam naturalium, Introduction ; Littera dedicatoria – Tabula capitulorum – Proemium – Pars I*, Louvain-Paris (*Philosophes Médiévaux*, 4).

Van de Vyver E. (éd.), **1967** – *Henricus Bate. Speculum divinorum et quorundam naturalium, Partes II-III*, Louvain-Paris (*Philosophes Médiévaux*, 10).

Henri de Herford

Palazzo A. (éd.), Sturlese L. (intr.), **2004** – *Enrico di Herford, Catena aurea entium. Tabula quaestionum, VIII-X*, Pise (*Centro di Cultura Medievale, Scuola Normale Superiore di Pisa*, 12).

Sturlese L. (éd.), **1987** – *Enrico di Herford, Catena aurea entium. Tabula quaestionum, I-VII*, Pise (*Centro di Cultura Medievale, Scuola Normale Superiore di Pisa*, 2).

Hilaire de Poitiers

Doignon J. *et al.* (éd.), **1997-2009** – *Tractatus super Psalmos* (*CC Ser. Lat.,* 61, 61A, 61B).

Smulders P. (éd.), **1979-1980** – *De trinitate* (*CC Ser. Lat.,* 62, 62A).

Hildegarde de Bingen

Monat P. (trad.), **1988-1989** – *Hildegarde de Bingen. Le Livre des subtilités des créatures divines*, Grenoble, 2 vol. (*Atopia*, 7).

MÜLLER I., SCHULZE C. (éd.), **2008** – *Physica, Edition der Florentiner Handschrift (Cod. Laur. Ashb. 1323, ca 1300) im Vergleich mit den Textkonstitution der 'Patrologia Latina' (Migne)*, Hildesheim / Zurich / New York (éd. antérieure : *PL* 197, col. 1125-1352).

HONORIUS AUGUSTODUNENSIS

Honorius Augustodunensis. De imagine mundi libri tres, PL 172, col. 119-187.

FLINT V. (éd.), **1949** – « *Honorius Augustodunensis. Imago mundi* », dans *Archives d'histoire doctrinale et littéraire du Moyen Âge*, 82, p. 7-153.

LUCENTINI P. (éd.), **1974** – *Honorius Augustodunensis. Clavis physicæ*, Rome (*Temi e testi*, 21).

HUCBALD DE SAINT-AMAND

CHARTIER Y. (trad.), **1995** – *Hucbald de Saint-Amand. L'Œuvre musicale d'Hucbald de Saint-Amand. Les Compositions et le Traité de musique*, Saint-Laurent, Québec (*Cahiers d'études médiévales. Cahier spécial*, 5).

HUGUES DE FOUILLOY (HUGO DE FOLIETO)

Hugonis opera dogmatica continuatio. De bestiis et aliis rebus, PL 177, col. 15-163.

HUGUTIO DE PISE (HUGUES)

CECCHINI E., ARBIZZONI G., LANCIOTTI S., NONNI G., SASSI M. G., TONTINI A. (éd. crit. princeps), **2004** – *Uguccione da Pisa. Derivationes, edizione critica princeps*, 2 vol., Florence (*Edizione nazionale dei testi mediolatini*, Serie I, 6).

CREMASCOLI G. (éd.), **1978** – *Huguccione da Pisa. De dubio accentu. Agiographia. Expositio de symbolo Apostolorum*, Spoleto.

IBN FAḌL ALLĀH AL-ʿUMARĪ

Masālik al-abṣār fī mamālik al-amṣār fī l-ḥayawān wa-l-nabāt wa-l-maʿādin, Al-Qāhira, 1996.

Masālik al-abṣār fī mamālik al-amṣār, Al-ʿAyn, 25 vol., 2008.

ISIDORE DE SÉVILLE

De ecclesiasticis officiis

LAWSON C. M. (éd.), **1989** – *Sancti Isidori episcopi Hispalensis De ecclesiasticis officiis*, Turnhout (*CC Ser. Lat.*, 113).

Étymologies

ANDRÉ J. (éd. et trad.), **1981** – *Isidore de Séville. Étymologies XVII. De l'agriculture*, Paris.

ANDRÉ J. (éd. et trad.), **1986** – *Isidore de Séville. Étymologies XII. Des animaux*, Paris.

CANTÓ LLORCA J. (éd. et trad.), **2007** – *Isidore de Séville. Étymologies XVIII. De bello et ludis*, Paris.

FEÁNS LANDEIRA J. (éd. et trad.), **2011** – *Isidore de Séville. Etimologías XVI. De las piedras y de los metales*, Paris.

GASPAROTTO G. (éd. et trad.), **2004** – *Isidore de Séville. Étymologies XIII. De mundo et partibus*, Paris.

GASPARATTO G. (éd.), GUILLAUMIN J.-Y. (trad.), **2009** – *Isidore de Séville. Étymologies III. De mathematica*, Paris.

GASTI F. (éd. et trad.), **2010** – *Isidore de Séville. Étymologies XI. De homine et portentis*, Paris.

GUILLAUMIN J.-Y (éd. et trad.), **2010** – *Isidore de Séville. Étymologies XX. De penu et instrumentis domesticis et rusticis*, Paris.

LINDSAY W. M. (éd.), **1911** – *Isidori Hispalensis episcopi Etymologiarum sive Originum libri XX recognovit brevique adnotatione critica instruxit*, 2 vol., Oxford.

LINDSAY W. M. (trad.), **1911** – *Isidorus Hispalensis, "Etymologiarum" sive "Originum" libri xx*, Oxford (rééd. 1989-1991).

MARSHALL P. K. (éd. et trad.), **1983** – *Isidore de Séville. Étymologies II. Rhetoric*, Paris.

REYDELLET M. (éd. et trad.), **1984** – *Isidore de Séville. Étymologies IX. Les langues et les groupes sociaux*, Paris.

RODRIGUEZ-PANTOJA M. (éd. et trad.), **1995** – *Isidore de Séville. Étymologies XIX. De naves, edificios y vestidos*, Paris / Cordoue.

SPEVAK O. (éd. et trad.), **2011** – *Isidore de Séville. Étymologies XIV. La terre*, Paris.

Liber Differentiarum sive De proprietate sermonum
Sancti Isidori Hispalensis episcopi, Differentiarum sive De proprietate sermonum libri duo, *PL* 83, col. 9-98.

ANDRÉS SANZ M. A. (éd.), **2006** – *Isidori Hispalensis episcopi Liber differentiarum [II]*, Turnhout (*CC Ser. Lat.*, 111, 1).

CODOÑER C. (éd. et trad.), **1992** – *Isidoro de Sevilla. "De differentiis", libro I*, Paris (*Auteurs latins du Moyen Âge*, 8).

De natura rerum
FONTAINE J. (éd.), **1960** – *Isidore de Séville. De natura rerum. Traité de la nature*, Bordeaux.

JACOB DE MAERLANTS
VERWIJS E. (éd.), **1878** – *Jacob Van Maerlant. Naturen Bloeme*, Groningen.

JAMBLIQUE
PISTELLI H. (éd.), **1894** – *Iamblichi in Nicomachi Arithmeticam Introductionem Liber*, Leipzig, éd. revue par U. Klein, Stuttgart, 1975.

JEAN BELETH
DOUTEIL H. (éd.), **1976** – *Iohannis Beleth Summa de ecclesiasticis officiis*, Turnhout (*CC Cont. Med.*, 41A).

JEAN DE GARLANDE
BLATT RUBIN B. (trad.), **1981** – *The Dictionarius of John de Garlande*, Lawrence, 1981.

HAYE T. (éd.), **1995** – *Johannes de Garlandia. Compendium Gramatice*, Cologne / Weimar / Vienne.

SCHELER A. (éd.), **1865** – « Trois traités de lexicographie latine du XIIe et du XIIIe siècle », *Jahrbuch für Romanische und Englische Literatur*, 6, Leipzig, p. 142-162.

JEAN DE GÊNES
Summa quae vocatur Catholicon edita a fratre Joanne de Janua, Venise, 1490.

LICHTENSTEIN H. (éd.), **1487** – *Catholicon edita a fratre Johanne de Janua Balbi*, Cologne.

ZAINER G. (éd.), **1460** – *Summa quae vocatur Catholicon edita a fratre Johanne de Janua Balbi*, Moguntiae (réimpr. anast., Farnborough, 1971).

JEAN DE SAINT-VICTOR
GUYOT-BACHY I., POIREL D. (éd. et trad.), **2002** – *Jean de Saint-Victor. Traité de la division des royaumes. Introduction à une histoire universelle*, Turnhout (*Sous la règle de saint Augustin*).

JEAN DE SALISBURY
HALL J. B., KEATS-ROHAN K. S. B. (éd.), **1991** – *Ioannis Saresberiensis. Metalogicon*, Turnhout (*CC Ser. Med.*, 98).

JEAN GERSON
GLORIEUX P. (éd.), **1973** – *Jean Gerson. Œuvres complètes, Contra superstitionem sculpturae leonis*, Paris, t. 10.

JÉRÔME
Hieronymus. Liber nominum Hebraicorum scripturae sacrae, *PL* 23, col. 1146-1176.

S. Eusebii Hieronymi Commentariorum in epistolam Beati Pauli ad Titum liber unus, *PL* 26, col. 555-599.

DE LAGARDE P. (éd.), **1959** – *Hieronymi Quaestiones Hebraicae in Libro Geneseos*, Turnhout (*CC Cont. Med.*, 72).

JEAN DE SAN GIMIGNANO
OLDONI M. (éd.), ZAPPERI A. (trad.), **1993** – *Giovanni da San Gimignano. Un enciclopedismo dell'anima*, Città di San Gimignano [traduction partielle du *Liber de exemplis et similitudinibus rerum*].

PAFRAET R. (éd.), **1478-1479** – *Johannes de Sancto Geminiano. Liber de exemplis ac similitudinibus rerum*.

JIANG SHAOYU
Huangchao leiyuan [*Jardin des catégories de la dynastie*], réimpr. Kyoto 1981 [éd. japonaise 1615-1624].

JUAN GIL DE ZAMORA (JOHANNES AEGIDIUS ZAMORENSIS)
DOMÍNGUEZ GARCÍA A., L. GARCÍA BALLESTER (éd. et trad.), **1994** – *Johannis Aegidii Zamorensis, Historia naturalis*, 3 vol., Junta de Castilla y León (*Estudios de historia de la ciencia y de la técnica*, 11).

LACTANCE
BRANDT S., VON LAUBMANN G. (éd.), **1890** – *Lactantius. Opera omnia (…) Pars I, Sectio I. Divinae institutiones et epitome divinarum institutionum*, Vienne / Prague / Leipzig (*CSEL*, 19).

JAHNKE R (éd.), **1898** – *Lactantii Placidi qui dicitur Commentarii in Statii Thebaide et Commentarium in Achilleidem*, Leipzig.

PANNIER L., PARIS G. (éd.), **1882** – *Les Lapidaires français du Moyen Âge des XIIe, XIIIe et XIVe siècles, réunis, classés et publiés, accompagnés de préfaces, de tables et d'un glossaire*, Paris (réimpr. fac-similé, Genève, 1973).

LECOY DE LA MARCHE, A.
Anecdotes historiques, légendes et apologues d'Étienne de Bourbon, Paris, 1877.

LIBER GLOSSARUM
GOETZ G., **1893** – *Der Liber glossarum*, Leipzig (*Abhandlungen der philologisch-historischen Classe der königlich-sächsischen Gesellschaft der Wissenschaften*, XIII [2]).

GOETZ G. (éd.), **1894** – *Liber glossarum (excerpta)*, Leipzig (*CGL* 5, p. 159-255).

LIVRE DE SYDRAC LE PHILOSOPHE, VOIR SYDRAC

LIU SU
Sui Tang jiahua [*Précieuses paroles des Sui et des Tang*], Pékin, 1979.

MACROBE
Les Saturnales
BORNECQUE H., RICHARD F. (éd. et trad.), **1937** – *Macrobe. Les Saturnales*, Paris.

GUITTARD C. (trad.), **1997** – *Macrobe, Les Saturnales*, Paris, t. 1 (livres 1-3).

KASTER R. A. (éd.), **2011** – *Macrobii Ambrosii Theodosii Saturnalia*, Oxford / New York.

KASTER R. A. (trad.), **2011** – *Macrobius. Saturnalia*, Cambridge, 3 vol.

WILLIS J. A. (éd.), **1963** – *Macrobius. Saturnalia*, Leipzig, 2 vol.

Songe de Scipion
ARMISEN-MARCHETTI M. (éd. et trad.), **2001-2003** – *Macrobe. Commentaire au Songe de Scipion*, Paris, 2 vol. (*CUF*, 360, 373).

MARC D'ORVIETO (MARCUS D'ORVIETO)
ETZKORN G. J. (éd.), **2005** – *Marci de Urbi Veteri Liber De Moralitatibus*, Saint Bonaventure U.P., 3 vol. (*Franciscan Institute Publications*).

MARTIANUS CAPELLA
GUILLAUMIN J.-B. (éd. et trad.), **2011** – *Martianus Capella. Les Noces de Philologie et de Mercure. Livre IX. L'Harmonie*, Paris (*CUF*, 401).

WILLIS J. (éd.), **1983** – *Martianus Capella. De nuptiis Philologiae et Mercurii*, Leipzig.

MICHAEL SCOT (MICHAELUS SCOTTUS)
Liber introductorius
MEIER H. (éd.), **1928** — [Transcription du manuscrit de Munich, copie au Warburg Institute, Londres, cote FAH 1437, quatre volumes dactylographiés]

MUḤAMMAD IBN MAḤMŪD ṬŪSĪ
SUTÛDA M. (éd.), **1387** – *Muḥammad ibn Maḥmūd Ṭūsī, 'Aǧā'ib al-maḫlūqāt wa-ǧarā'ib al-mawǧūdāt*, Téhéran.

MUSICI SCRIPTORES GRAECI
VON JAN C. (éd.), **1895** – *Musici scriptores graeci : Aristoteles, Euclides, Nicomachus, Bacchius, Gaudentius, Alypius et melodiarum veterum quicquid exstat*, Leipzig, réimpr. fac-similé 1995.

NICOLAS DE LYRE
Nicolaus de Lyra. Postilla super totam Bibliam, Venise, 1488, reprod. num. Cambridge, c. 1990 (Italian books before 1601, 418.5).

NICOLAS DE STRASBOURG
PELLEGRINO G. (éd.), STURLESE L. (intro.)**, 2009** – *Nikolaus de Strassburg. Summa (II, L. 2, tr. 1-2)*, Hambourg (*CphTMA*, 5.2.1).

PELLEGRINO G. (éd.), **2009** – *Nikolaus de Strassburg. Summa (II, L. 2, tr. 3-7)*, Hambourg (*CphTMA*, 5.2.2).

SUAREZ-NANI T. (éd.), **1990** – *Nikolaus de Strassburg. Summa (II, L. 2, tr. 8-14)*, Hambourg, (*CphTMA*, 5.2.3).

OSBERN DE GLOUCESTER
BUSDRAGHI P., *et al.* (éd.), **1996** – *Osberno. Derivazioni*, 2 vol., Spoleto.

PAPIAS
Ars grammatica
CERVANI R. (éd.), **1998** – *Papiae Ars grammatica*, Bologne.

Elementarium Vocabularium
Elementarium doctrine rudimentum, Milan, 1476 (réimpr. anast., Turin, 1966).

Papias Vocabulista, Elementarium doctrinae rudimentum, Venetiis, 1496 (réimpr. anast., Turin, 1966).

DE ANGELIS V. (éd.), **1977-1978** – *Papiae Elementarium Littera A (A-Aequus, Aequus-Amiferme)*, 2 vol., Milan (*Testi e documenti per lo studio dell'antichità*, 58).

Ridder K. (éd.), **1980** – *Papiae Elementarium Littera A. Littera A, Ani-Azoni*, Milan, 1980 (*Testi e documenti per lo studio dell'antichità*, 58, III)

von Pforr, A.
Geisler F., **1960** – *Beispiele der alten Weisen des Johann von Capua. Übersetzung der hebräischen Bearbeitung des indischen Pañcatantra ins Lateinische*, Berlin.

Phocas
Keil H. (éd.), **1868** – *Phocas. Ars de nomine et verbo*, Leipzig, *GL* 5, p. 410-439.

Pierre Helie (Petrus Helias)
Reilly L. (éd.), **1993** – *Petrus Helias. Summa super Priscianum*, 2 vol., Toronto.

Pierre le Chantre (Petrus Cantor)
Boutry M. (éd.), **2004** – *Petrus Cantor. Verbum adbreviatum Textus conflatus*, Turnhout (*CC Cont. Med.*, 196).

Sylwan A. (éd.), **1992** – *Petrus Cantor. Glossae super Genesim. Prologus et capitula 1-3*, Göteborg.

Pierre le Mangeur (Petrus Comestor)
Scolastica historia magistri Petris Comestoris, Chambéry, 1485 (réimpr. num. Cambridge, c. 1990, French Books before 1601, 345.1).

CTLO (éd.), **2007** – *Petrus Comestor. Scolastica historia : Liber Genesis. Enumeratio, concordantia et index formarum*, Turnhout (*CC Instrumenta lexicologica latina. Series A*, 160).

Sylwan A. (éd.), **2005** – *Petrus Comestor. Scolastica historia. Genesis*, Turnhout (*CC Cont. Med.*, 191).

Placidus (Placide)
Götz G., Löwe G. (éd.), **1894** – *Placidus. Liber glossarum. Glossaria reliqua* (*CGL* 5, p. 1-158).

Pirie J. W. et Lindsay W. M. (éd.), **1930-1932** – « *Placidi glossae* », dans Lindsay W. M. (dir.), *Glossaria latina, iussu Academiae britannicae edita*, 5 vol., Poitiers/Paris, vol. 4.

Placides et Timéo
Thomasset C. (éd.), **1980** – *Placides et Timéo ou Li secrés as philosophes*, Genève/Paris (*Textes littéraires français*, 289).

Vérard A. (éd.), *ca* **1504** – *Le cuer de philozophie*, Paris (exemplaire consulté : BnF, RES-R-840).

Platon
Rivaud A. (éd. et trad.), **1925** – *Platon. Timée*, Paris (*CUF*, 30).

Pline l'Ancien
Barchiesi A. et al. (éd.), **1982** – *Plinio. Storia naturale*, Turin.

Beaujeu J. (éd. et trad.), **1950** – *Pline l'Ancien. Histoire naturelle, Livre II*, Paris (*CUF*, 133).

Polemius Silvius
Mommsen T. (éd.), **1857** – *Polemii Silvii Laterculus*, Leipzig (*Abhandlungen der philologisch-historischen Klasse der königlichsächsischen Gesselschaft der Wissenschaften*, II.B).

Pollux
Bethe E. (éd.), **1900-1917** – *Pollucis Onomasticon*, Leipzig.

Priscien de Césarée
Hertz, Keil H. (éd.), **1855-1859** – *Prisciani grammati Caesariensis Institutionum grammaticarum libri xviii, ex recensione*, 2 vol., Leipzig, *GL* 2-3.

RABAN MAUR

Rabanus Maurus. Commentariorum in Genesim libri quatuor, PL 107, col. 439-669.

Rabanus Maurus. De universo libri duo, PL 111, col. 9-614.

Rabanus Maurus. Excerptio de arte grammatica Prisciani, PL 111, col. 613-678.

CAVALLO G. (éd.), **LEONARDI C., BRAGA G. *et al.*, 1994** – *Rabano Mauro De rerum naturis, Codex Casinensis 132, Archivio dell'Abbazia di Montecassino*, Turin, 3 vol.

RAOUL LE BRETON (RADULPHUS BRITO)

COSTA J. (éd.), **2004** – *Le quaestiones di Radulfus Brito sull'Ethica Nicomachea. Introduzione e testo critico*, Turnhout (*Studia Artistarum*, 17).

REMI D'AUXERRE (REMIGIUS AUTISSIODORENSIS)

Remigius Autissiodorensis. Commentum Einsidlense in Donati artem maiorem (= Commentum in Donati artem maiorem sec. cod. Einsidlensem 172, libri I-II), GL 8 (*Anecdota Helvetica quae ad grammaticam Latinam spectant*), p. 219-266.

HUYGENS R. B. C. (éd.), **2000** – *Remi d'Auxerre, Commentarius in Prisciani tractatum De nomine et pronomine et verbo*, dans *Serta mediaevalia. Textus varii saeculorum X-XIII in unum collecti*, Turnhout (*CC Cont. Med.*, 171), p. 11-23.

RICHARD DE SAINT-VICTOR

CHÂTILLON J. (éd.), **1958** – *Richard de Saint-Victor : Liber exceptionum*, Paris.

ROBERT DE BORON

MICHA A. (éd.), **1979** – *Robert de Boron. Merlin, Roman du XIIIᵉ siècle*, Genève.

SALERNITAN QUESTIONS

LAWN B. (éd.), **1979** – *The Prose Salernitan Questions, edited from a Bodleian Manuscript (Auct. F.3.10). An anonymous collection dealing with science and medicine, written by an Englishman c. 1200, with an appendix and ten related collections*, Londres/Oxford (*Auctores Britannici Medii Aevi*, 5).

SCALICH, PAUL (SKALIĆ, SCALIGER)

Encyclopaedia, seu Orbis disciplinarum, tam sacrarum quam prophanum Epitome, Bâle, 1559.

SCHOLIA BEMBINA

MOUNTFORD J. F. (éd.), **1934** – *The Scholia Bembina*, Liverpool.

SEDULIUS SCOTTUS

LÖFSTEDT B. (éd.), **1977** – *Sedulius. In Donati artem maiorem*, Turnhout (*CC Cont. Med.*, 40B).

SEGUIN

KNEEPKENS C. H., REIJNDERS H. F. (éd.), **1979** – *Magister Siguinus Ars lectoria. Un art de lecture à haute voix du onzième siècle*, Leyde.

SERGIUS

KEIL H. (éd.), **1864** – *[Sergii] explanationes in artes Donati*, Leipzig, GL 4, p. 486-565.

SERVIUS

THILO G., HAGEN H. (éd.), **1878-1901** – *Servii grammatici qui feruntur in Vergilii carmina commentarii*, 4 vol., Leipzig.

STRABO WALAHFRID (STRABUS)

Biblia sacra cum Glossa ordinaria primum quidem a Strabo Fuldensis collecta, novis Patrum, graec. et lat., explicationibus locupletata, et Postilla Nicola Lirani [...] cum additionibus Pauli Burgensis [...] et Matthiae Thoringe replicis, opera et studio Theolog.

Duacensium studi emendatis … omnia denuo recensuit R.P. doctor Leander a San Marino…, Anvers, 1634.

Walafridus Strabo Fuldensis, liber Genesis, PL 113, col. 67-182 (*Liber Genesis cum Walafridi Strabi glossa ordinaria et Anselmi Laudunensis glossa interlineari*).

SUÉTONE

REIFFERSCHEID A. (éd.), **1860** – *Suetonii. Tranquilli praeter Caesarum libros reliquiae*, Leipzig, p. 247-254.

SUMMARIUM HEINRICI

HILDEBRANDT R., DE BIDDER L. (éd.), **1974-1995** – *Summarium Heinrici I-III*, Berlin / New York (*Quellen und Forschungen Sprach- und Kulturgeschichte der Germanischen Völker*, neue Folge, 61, 78 et 109).

SUNESEN, ANDERS

EBBESEN S., MORTENSEN L. B. (éd.), **1985** – *Andreae Sunonis Filii Hexaemeron*, Copenhague.

SYDRAC (SYDRACH)

BURTON TL. (éd.), **SCHAER F., MASTERS B., FLANAGAN S.** *et al.*, **1998-1999** – *Sidrak and Bokkus, a parallel text edition from Bodleian Library, MS Laud, misc 559 and British Library, MS Lansdowne 793*, Oxford (*Early english texts society*. Original series, 311-312), vol. 1 : Introduction, Prologue and Books I-II, et vol. 2 : Books III-IV, Commentary, Appendices, Glossary, Index.

DU PRÉ G., VIDOUE P. (éd.), **1531** – *Sydrach le grant philosophe. La Fontaine de toutes sciences*, Paris (exemplaire consulté : BnF, 8-S-1764).

RUHE E. (éd.), **2000** – *Sydrac le philosophe. Le Livre de la fontaine de toutes sciences, Edition des enzyklopädischen Lehrdialogs aus dem XIII. Jahrhundert.* Wiesbaden (*Wissensliteratur im Mittelalter*, 34).

SGRILLI P. (éd.), **1984** – *Il "Libro di Sidrac" Salentino*, Pise (*Biblioteca degli studi mediolatini e volgari, NS* 7).

STEINER S.-M. (éd.), **1994** – *Un témoignage de la diffusion encyclopédique au XIIIᵉ siècle. Le Livre de Sidrach. Édition critique d'après les manuscrits de Paris et de Rome* (*Premier Prologue. Catalogue des Questions. Second Prologue*), Melun (*Mémoires*, 2).

SYNONYMA CICERONIS

GATTI P. (éd.), **1993** – *Lexicographica 2, "Synonyma Ciceronis" : arba, humus*, Genova (*Publicazioni del D.Ar.Fi.Cl.Et, NS* 149).

GUTTI P. (éd.), **1994** – *Synonyma Ciceronis. La raccolta Accusat-Lacescit*, Trente (*Labirinti : collana del Dipartimento di scienze filologische e storiche*, 9).

TERTULLIEN

Tertullianus. Liber de praescriptionibus adversus haereticos, PL 2, col. 9-74.

THLL

WÖLFFLIN E., LEO F. (éd.), **1900-…** – *Thesaurus linguae Latinae (TL)*, Leipzig.

THOMAS D'AQUIN

ZIMMERMANN A., KOPP C. (éd.), **1988** – *Thomas von Aquin: Werk und Wirkung im Licht neutre Forschungen*, Berlin / New York (*Miscellanea Mediaevalia*, 19).

THOMAS DE CANTIMPRÉ

BOESE H. (éd.), **1973** – *Thomas Cantimpratensis, Liber de natura rerum secundum diversos philosophos*, Berlin / New York.

TUO, TUO

Songshi [*Histoire des Song*], Pékin, 1977 [1345].

Varron

Collart J. (éd.), **1954** – *Varron. De lingua Latina livre V*, Paris.

Vincent de Beauvais

Bibliotheca Mundi. Vincentii Burgundi… Speculum quadruplex siue Speculum maius, 4 vol., Douai, 1624 (éd. anast., Graz, 1961-1965).

Vincente Coronelli

Coronelli V., **1701-1706** – *Biblioteca universale sacro-profana, antico-moderna: in cui si spiega con ordine alfabetico ogni voce, anco straniera, che può avere significato nel nostro idioma italiano, appartenente a'qualunque materia*, Venise.

Vita Aristotelis Marciana

Gigon O., **1962** – *Vita Aristotelis Marciana*, Berlin (*Kleine Texte für Vorlesungen and Übungen, Heft*, n. 81).

Vitruve

Saliou C. (éd. et trad.), **2009** – *Vitruve. De l'Architecture. Livre V*, Paris (*CUF*, 393).

Wang, Yinglin

Yuhai [*La mer des jades*], Taibei, 1977 [1352].

Wenying

Yuhu qinghua [*Propos distingués à Yuhu*], Pékin, 1984.

Wowern, Johann von

De polymathia tractatio, Basel, 1603.

Sources secondaires

ABRAMOV D., 2002 – « Die moralisierende Enzyklopädie *Liber de naturis rerum* von Pseudo-John Folsham », dans *Die Enzyklopädie im Wandel vom Hochmittelalter bis zur frühen Neuzeit. Akten des Kolloquiums des Projekts D im Sonderforschungsbereich 231 (29.11.1996-01.12.1996)*, Munich (*Münstersche Mittelalter-Schriften,* 78), p. 123-154

ACKERMANN S., 2009 – *Sternstunden am Kaiserhof : Michael Scotus und sein Buch von den Bildern und Zeichen des Himmels*, Frankfurt am Main.

ADORNO F., 1998 – « *Vivere secondo natura* : natura e ragione nello Stoicismo », dans UGLIONE R. (éd.), *L'uomo antico e la natura*, Turin, p. 129-146.

AERTSEN J. A. *et al.*, 2001 – *Nach der Verurteilung von 1277. Philosophie an der Universität von Paris im letzten Viertel des 13. Jahrhunderts. Studien und Texte*, Berlin / New York (*Miscellanea Mediaevalia*, 28).

AFSHAR I., 1985 – « 'Ajā'eb al-maklūqāt » dans YARSHATER E. (éd.), *Encyclopaedia Iranica*, I, London, p. 698-699.

AL-NUWAYRĪ, 1923-1998 – *Nihāyat al-arab fī funūn al-adab*, Al-Qāhira, 33 vol.

D'ALVERNY M.-T., 1965 – *Alain de Lille. Textes inédits,* Paris.

AMELUNG I., 2007 – « New Maps for the Modernizing State : Western Cartographic Knowledge and its Application in 19th and 20th Centuries », dans BRAY F., DOROFEEVA-LICHTMANN V., MÉTAILIÉ G. (dir.), *Graphics and Text in the Production of Technical Knowledge in China : The Warp and the Weft*, Leiden.

AMSLER M. E., 1989 – *Etymology and Grammatical Discourse in Late Antiquity and the Early Middle Ages*, Amsterdam / Philadelphie.

ANDERSON G., 1997 – « The Sophistic Environment », dans *Aufstieg und Niedergang der römischen Welt*, 2, 34.3, p. 2173-2185.

ANDERSON G., 2000 – « The Banquet of Belles-Lettres. Athenaeus and the Comic Symposium », dans BRAUND D. & WILKINS J. (dir.), *Athenaeus and his World*, Exeter, p. 316-326.

ANDRÉ J., 1955 – « Pline l'Ancien botaniste », *REL*, 33, p. 297-318.

ANDRÉ J., 1959 – « Erreurs de traduction chez Pline l'Ancien », *REL*, 37, p. 203-215.

ANDRÉ J., 1971 – *Emprunts et suffixes nominaux en latin*, Genève, 1971.

ANZULEWICZ H., SENNER W. *et al.* (éd.), 2001 – *Albertus Magnus. Zum Gedenken nach 800 Jahren. Neue Zugänge, Aspekte und Perspektiven*, Berlin (*Quellen und Forschungen zur Geschichte des Dominikanerordens*, 10).

ANZULEWICZ H., 2009 – « Albertus Magnus und die Tiere », dans OBERMAIER S. (éd.), *Tiere und Fabelwesen im Mittelalter*, Berlin-New York, p. 29-54.

ARNAR A. S., 1990 – *Encyclopedism from Pliny to Borges*, Chicago.

ARNOLD K., 1976 – « Konrad von Megenberg als Kommentator der *Sphaera* des Johannes von Sacrobosco », *Deutsches Archiv für Erforschung des Mittelalters*, 32.1, p. 147-186.

ASTARITA M. L., 1993 – *La cultura nelle Noctes Atticae*, Catane.

AUJAC G., 1993 – *La Sphère, instrument au service de la découverte du monde d'Autolycos de Pitanè à Jean de Sacrobosco*, Caen.

BAGLEY P. J., 1992 – « On the Practice of Esotericism », *Journal of the History of Ideas*, 53.2, p. 231-247.

BAIER T., 1997 – *Werk und Wirkung Varros im Spiegel seiner Zeitgenossen : von Cicero bis Ovid*, Stuttgart.

BAILLAUD B., DE GRAMONT J., HÜE D. (éd.), **1999** – *Discours et savoirs : Encyclopédies médiévales,* Paris.

BAIN E., **2007** – « "Homme et femme il les créa" (Gen. 1, 27) : le genre féminin dans les commentaires de la *Genèse* au XIIe siècle », *Studi Medievali*, 48.1, p. 229-270.

BAKHTINE M., **1978** – *Esthétique et théorie du roman*, Paris.

BALANSARD A., **2001** – *'Techné' dans les Dialogues de Platon. L'empreinte de la sophistique*, Sankt Augustin.

BALAZS E., **1968** – *La Bureaucratie céleste*, Paris.

BALME D. B., **1962** – « Development of Biology in Aristotle and Theophrastus : Theory of Spontaneous Generation », *Phronesis*, 7, p. 91-104.

BALME D. M., **1987** – « The place of biology in Aristotle's philosophy », dans GOTTHELF A., LENNOX J. G. (dir.), *Philosophical issues in Aristotle's biology*, p. 9-20.

BARATIN M., DESBORDES F., **1981** – *L'Analyse linguistique dans l'Antiquité classique. I. Les théories*, Paris.

BARBÉRIS J.-M., **2005** – « Le processus dialogique dans les phénomènes de reprise en écho », dans BRES J., HAILLET P. P., MELLET S., NØLKE H., ROSIER L. (dir.), *Dialogisme et polyphonie. Approches linguistiques*, Bruxelles, p. 157-172.

BARBERO G., **1990** – « Contributi allo studio del *Liber glossarum* », *Aevum*, 64, p. 151-174.

BARBERO G., **1993** – « Per lo studio delle fonti del *Liber Glossarum* : il MS. Amploniano F.10 », *Aevum*, 67, p. 253-278.

BAUER U., **1983** – *Der Liber introductorius des Michael Scotus in der Abschrift CLm 10268 der Bayerischen Staatsbibliothek München. Ein illustrierter astronomisch-astrologische Codex aus Padua, 14. Jahrhundert*, München.

BAUMANN A., **1995** – *Weltchronistik in the Outgoing Middle Ages. Heinrich of Herford, Gobelinus Person, Dietrich Engelhus*, Francfort (*Europäische Hochschulschriften, Reihe* 3, 653).

BAUMGARTNER E., HARF-LANCNER L. (dir.), **2002** – *Seuils de l'œuvre dans le texte médiéval*, Paris.

BAUSANI A., **1978** – *L'enciclopedia dei fratelli della purità*, Napoli.

BAUSANI A., **1985** – « L'enciclopedia e il mondo arabo-islamico medievale », *Rivista critica di storia della filosofia Firenze*, 40.1, p. 137-146.

BAZÀN B. C., WIPPEL J. W., FRANSEN G., JACQUART D. (dir.), **1985** – *Les Questions disputées et les questions quodlibétiques dans les Facultés de théologie, de droit et de médecine*, Turnhout (*Typologie des Sources du Moyen Âge Occidental*, 44-45).

BEAGON M., **2007** – « Situating Nature's Wonders in Pliny's *Natural History* », dans BISPHAM E. et HOWE G. (éd.), avec MATTHEWS E., *'Vita vigilia est'. Essays in Honour of Barbara Levick*, Londres, p. 19-40.

BECQ A. (éd.), **1991** – *L'Encyclopédisme. Actes du Colloque de Caen (1987)*, Paris.

BELARDI W., **2002** – *L'etimologia nella storia della cultura occidentale*, 2 vol., Rome.

BELAVAL Y., **1985** – « Diderot et l'encyclopédisme », *Encyclopaedia Universalis*, p. 437.

BÉLIS A., **1986** – *Aristoxène de Tarente et Aristote. "Le traité d'harmonique"*, Paris.

BÉLIS A., **1996** – « Harmonique », dans BRUNSCHWIG J., LLOYD G. (éd.), *Le Savoir grec. Dictionnaire critique*, Paris, p. 352-367.

BÉLIS A., **2005** – « Musicales grecques (Théories) » dans LECLANT J. (éd.), *Dictionnaire de l'Antiquité*, Paris, p. 1475-1479.

BELLINO F., **2008** – *Le Meraviglie del creato e le stranezze degli esseri*, Milano.

BENATOUÏL T., 2002 – « *Logos* et *scala naturae* dans le stoïcisme de Zénon et Cléanthe », *Elenchos*, 23, 2, p. 297-331.

BÉNATOUÏL T., DRAELANTS I. (dir.), 2011 – *Expertus sum : l'expérience par les sens dans la philosophie naturelle médiévale*, Firenze (*Micrologus' Library*, 40).

BENEDETTI M. (éd.), 2001 – *Fare etimologia. Presente, passato e futuro nella ricerca etimologica. Atti del Convegno Università per Stranieri, Siena, 2-3 ottobre 1998*, Roma.

BENEDIKTSON D. T., 1993 – « A Survey of Suetonius Scholarship, 1938-1987 », *The Classical World*, 86, p. 377-447.

BERLEKAMP P., 2011 – *Wonder, Image and Cosmos in Medieval Islam*, Yale, 2011.

BERLIOZ J., POLO DE BEAULIEU M. A., 2000 – « Les prologues des recueils d'*exempla* », dans HAMESSE J. (éd.), *Les Prologues médiévaux. Actes du Colloque international organisé par l'Academia Belgica et l'École française de Rome avec le concours de la F.I.D.E.M. (Rome, 26-28 mars 1998)*, Turnhout (*Textes et études du Moyen Âge*, 15), p. 275-321.

BERNDT R., 1987 – « Note sur la tradition manuscrite et l'édition du *Tractatus in Hexaemeron* de Hugues de Rouen », *Revue d'Histoire des Textes*, 17, p. 353-367.

BERNT G., 1986 – « Enzyklopädie II.1 : *Lateinisches Mittelalter* », *Lexikon des Mittelalters*, 3, col. 2032-2033.

BERNT G., JUNG M.-R., 1986 – « Enzyklopädie III.1 : *Romanische und niederländische Literaturen* », *Lexikon des Mittelalters,* 3, col. 2034.

BERTELOOT A., HELLFAIER D., 2001 – *Jacob Van Maerlants Der naturen bloeme und das Umfeld. Vorläufer – Redaktionen – Rezeption*, Münster / New York (*Niederlande-Studien*, 23).

BERTINI F., 1981 – « La tradizione lessicografica latina fra tardo antico e alto medioevo », *La cultura in Italia fra tardo antico e alto medioevo*, I, Roma, p. 397-409.

BERTRAND P., VAN DEN ABEELE B., 2006 – « Recyclage de contenus et récupération de pièces d'archives dans le *Macrologus* encyclopédique de Saint-Laurent de Liège (c. 1470-1480) », dans CLAASSENS G. H. M., VERBEKE W. (éd.), *Medieval Manuscripts in Transition. Tradition and Creative Recycling,* Leuven (*Mediaevalia lovaniensia. Series 1, studia*, 36), p. 37-59.

BESNIER B., 1999 – « La conception stoïcienne de la nature », dans CUSSET C. (éd.), *La nature et ses représentations dans l'Antiquité*, Paris, p. 119-131.

BEYER DE RYKE B., 2003 – « Le miroir du monde : un parcours dans l'encyclopédisme médiéval », *Revue belge de philologie et d'histoire*, 81.4, p. 1243-1275.

BIANCHI L., 1990 – *Il vescovo e i filosofi. La condanna parigina del 1277 e l'evoluzione dell'aristotelismo scolastico*, Bergame (*Quodlibet*, 6).

BINKLEY P. (éd.), 1997 – *Pre-Modern Encyclopedic Texts. Proceedings of the second COMERS Congress, Groningen, 1-4 July 1996*, Leiden / New York / Köln.

BIONDI L., 2011 – *Recta scriptura. Ortografia ed etimologia nei trattati mediolatini del grammatico Apuleio*, Milan, 2011.

BISCHOFF B., 1966 – « Die Kölner nonnenhandschriften und das Scriptorium von Chelles », dans BISCHOFF B. (éd.), *Mittelalterliche Studien*, I, Stuttgart, p. 16-34.

BISCHOFF B., 1981 – « Die Bibliothek im Dienste der Schule », dans BISCHOFF B. (éd.), *Mittelalterliche Studien*, III, Stuttgart, p. 213-233.

BITTERLING K., 1986 – « Enzyklopädie III.2 : *Englische Literatur* », *Lexikon des Mittelalters*, 3, col. 2034-2035.

BLACHÈRE R., 1975 – « Quelques réflexions sur les formes de l'encyclopédisme en Égypte et en Syrie du VIIIe/XIVe siècle à la fin du IXe/XVe siècle », dans BLACHÈRE R. (éd.), *Analecta*, Damas, p. 521-540.

BLAIR A., 1999 – « Authorship in the Popular "*Problemata Aristotelis*" », *Early Science and Medicine*, 4, p. 190-227.

BOISSAT D., 1971 – « Questions de classe : question de mise en scène, question de mise en demeure », dans KERBRAT-ORECCHIONI C. (dir.), *La Question*, Lyon (*Linguistique et sémiologie*), p. 263-294.

BOISSON C., KIRTCHUK P., BÉJOINT H., 1991 – « Aux origines de la lexicographie : les premiers dictionnaires monolingues et bilingues », *International Journal of Lexicography*, 4.4, p. 261-315.

BOLTON HOLLOWAY J., 1986 – *Brunetto Latini : an Analitic Bibliography*, London (*Research Bibliographies & checklists*, 44).

BOLTON HOLLOWAY J., 1993 – *Twice-told Tales : Brunetto Latini and Dante Alighieri*, New York.

BONA I., 1991 – *Natura terrestrium (Plin. NH VIII)*, Gênes.

BONNELLI M., 2004 – « La lexicographie philosophique antique », dans DARBO-PESCHANSKI C. (dir.), *La citation dans l'antiquité*, Grenoble, p. 85-93.

BORST A., 1994 – *Das Buch der Naturgeschichte. Plinius und seine Leser im Zeitalter des Pergaments*, Heidelberg.

BOS A. P., 1989 – « *Exoterikoi logoi* and *enkyklioi logioi* in the *Corpus Aristotelicum* and the Origin of the Idea of the *enkykios paideia* », *Journal of the History of Ideas*, 1, p. 179-198.

BOTTERO J., 1997 – « L'écriture, le développement et la diffusion du savoir en Mésopotamie ancienne », dans SCHAER R. (éd.), *Tous les savoirs du monde. Encyclopédies et bibliothèques, de Sumer au XXIe siècle*, Paris, p. 26-31.

DE BOÜARD M., 1930 – « Les encyclopédies médiévales : sur "la connaissance de la nature et du monde" au Moyen Âge », *Revue des questions historiques*, 112, p. 258-304.

DE BOUÄRD M., 1932 – « Une encyclopédie médiévale jusqu'à présent inconnue, le *Compendium philosophiae* », *Revue Thomiste*, 15, p. 118-143 et p. 301-330.

DE BOÜARD M. (éd. partielle), 1939 – *Une nouvelle encyclopédie médiévale. Le Compendium philosophiae*, Paris, p. 121-206.

DE BOÜARD M., 1991 – « Réflexions sur l'encyclopédisme médiéval », dans BECQ A. (éd.), *L'encyclopédisme. Actes du colloque de Caen, 12-16 janvier 1987*, Paris, p. 281-90.

BOUCHET F., 2008 – *Le discours sur la lecture aux XIVe et XVe : pratiques, poétique, imaginaire,* Paris.

BOURGAIN P., 1989 – « Le sens de la langue et des langues chez Roger Bacon », dans CONTAMINE G. (éd.), *Traducteurs et traductions au Moyen Âge. Actes du Colloque International du CNRS*, Paris, p. 317-331.

BOURGAIN P., 2001 – « Les verbes en rapport avec le concept d'auteur », dans ZIMMERMANN M. (éd.), *Auctor et auctoritas. Invention et conformisme dans l'écriture médiévale. Actes du colloque tenu à l'Université de Versailles-Saint-Quentin-en-Yvelines (14-16 juin 1999)*, Paris (*Mémoires et documents de l'École des Chartes*, 59), p. 361-374.

BRAUN L., 1973 – « Hellenistische Erklärungen des Nestorbechers », *Mnemosyne*, 26, p. 47-54.

BRAY L., 1990 – *Dictionnaires. Encyclopédie Internationale de lexicographie,* vol. 2, Berlin/New York, p. 1796-1798 et 1800-1801.

BRES J., 2005 – « Savoir de quoi on parle : dialogue, dialogal, dialogique ; dialogisme, polyphonie... », dans BRES J., HAILLET P. P., MELLET S., NØLKE H., ROSIER L. (dir.), *Dialogisme et polyphonie. Approches linguistiques*, Bruxelles, p. 47-61.

BRINKER-VON DER HEYDE C., 1999 – « Durch Bildung zur Tugend : Zur Wissenschaftslehre des Thomasin von Zerclære », dans SCHAEFER U. (éd.), *Artes im Mittelalter, Formationen und transformationen des Wissens*, Berlin, p. 34-52.

BRUNSCHWIG J., 1996 – « La connaissance », dans BRUNSCHWIG J., LOYD G. E. R. (dir.), *Le Savoir grec : dictionnaire critique*, Paris, p. 112-131.

BUFFIÈRE F., 1958 – *Les mythes d'Homère et la pensée grecque*, Paris.

BULLOUGH V. L., BRUNDAGE J. A. (éd.), 1996 – *Handbook of Medieval Sexuality*, New York, (*Garland Reference Library of the Humanities*).

BURIDANT C., 1986 – « Lexicographie et glossographie médiévales. Esquisse de bilan et perspectives de recherche », dans BURIDANT C. (éd.), *Lexique*, 4 (*La Lexicographie au Moyen Âge*), p. 9-46.

BURIDANT C., 1990 – « Définition et étymologie dans la lexicographie et la lexicologie médiévales », dans CHAURAND J., MAZIÈRE F. (éd.), *La Définition. Actes du Colloque la Définition organisé par le CELEX de l'Université Paris-Nord (Paris 13, Villetaneuse) à Paris, le 18 et 19 novembre 1988*, Paris, p. 43-59.

BURIDANT C., 1998 – « Les paramètres de l'étymologie médiévale », dans BURIDANT C. (éd.), *Lexique*, 14 (*L'Étymologie, de l'Antiquité à la Renaissance*), p. 11-56.

BURNETT C. S. F., 1990 – « Innovations in the Classification of the Sciences in the Twelfth Century », dans ASZTALOS M., MURDOCH J. E., NIINILUOTO I. (éd.), *Knowledge and the Sciences in Medieval Philosophy. Proceedings of the eight International Congress of Medieval Philosophy, Helsinki 24-29 August 1987*, t. 2, Helsinki (*Publications of Luther-Agricola Society. Series B*, 19), p. 25-42.

BURNETT C., 1995 – « Master Theodore, Frederick II's Philosopher », *Federico II e le nuove culture. Atti del XXXI Convegno Storico internazionale, Todi, 9-12 ottobre, 1994*, Spoleto, p. 225-285.

BURNETT C., 2005 – « Michael Scot », dans GLICK T. F., LIVESEY St. J., WALLIS F. (éd.), *Medieval Science, Technology, and Medecine. An Encyclopedia*, p. 344-345.

BURTON T. L. (éd.), 1998 – *Sidrak and Bokkus. A parallel-text edition from Bodleian Library, MS Laud Misc. 559 and British Library, MS Lansdowne 793, Vol. I : Introduction, Prologue, and Books I-II*, Oxford (*EETS*, 311).

CADDEN J., 1999 – *Meaning of Sex Difference in the Middle Ages : Medicine, Science, and Culture*, Cambridge (*Cambridge History of Medicine*).

CADDEN J., 2001 – « Nothing natural ist shameful : vestiges of a debate about sex and science in a group of late-medieval manuscripts », *Speculum*, 76, p. 66-89.

DE CALLATAŸ G., VAN DEN ABEELE B. (éd.), 2008 – *Une lumière venue d'ailleurs. Héritages et ouvertures dans les encyclopédies d'Orient et d'Occident au Moyen Âge. Actes du colloque de Louvain-la-Neuve, 19-21 mai 2005*, Louvain-la-Neuve.

CAMBIANO G., 1991 – *Platone e le tecniche*, Rome et Bari (1ᵉ éd. 1971).

CANTO LLORCA J., 1991 – « La erudición virgiliana a fines del s. IV : Macrobio, *Saturnalia*, 6 », dans RAMOS GUERRA A. (éd.), *Homenaje Codoñer C.*, Salamanque, p. 29-44.

CAPELLI L. M., 1897 – *Primi studi sulle enciclopedie medioevali. Le fonti delle enciclopedie latine del XII secolo*, Modène.

CAPITANI U., 1972 – « Celso, Scribonio Largo, Plinio il Vecchio e il loro atteggiamento nei confronti della medicina popolare », *Maia*, p. 120-140.

CAPPONI F., 1987 – « Cultura scientifico-naturalistica di Plinio », dans PIGEAUD J., OROZ J. (éd.), *Pline l'Ancien, témoin de son temps*, Salamanque / Nantes, p. 131-146.

CAPPONI F., 1990 – *'Natura Aquatilium' (Plin. NH IX)*, Gênes.

CAPPONI F., 1994 – *'Entomologia pliniana' (NH, XI, 1-120)*, Gênes.

CARDELLE DE HARTMANN C., 2007 – *Lateinische Dialoge 1200-1400 : literaturhistorische Studie und Repertorium*, Leyde / Boston (*Mittellateinische Studien und Texte*, 37).

CARDINI F., 1994 – « Parole introduttive », dans PICONE M. (éd.), *L'Enciclopedismo medievale*, Ravenna, p. 9-14.

CARRUTHERS M., 2002 (traduction française) – *Le Livre de la Mémoire. La mémoire dans la culture médiévale*, Paris (éd. angl. : *The Book of Memory*, Cambridge, 1990).

DELLA CASA A., 1981 – « Les glossaires et les traités de grammaire du Moyen Âge », dans LEFEVRE Y. (éd.), *La Lexicographie du latin médiéval et ses rapports avec les recherches actuelles sur la civilisation du Moyen-âge*, Paris, p. 35-46.

CASSIN B., 2006 – *Google-moi. La deuxième mission de l'Amérique*, Paris.

CÉARD J., 1997 – « Le commentaire, ou l'encyclopédisme non méthodique de la Renaissance », dans BOUFFARTIGUE J., MELONIO F. (éd.), *L'entreprise encyclopédique, Littérales*, 21, p. 79-101.

CHAILLEY J., 1960 – *L'Imbroglio des modes*, Paris.

CHAILLEY J., 1979 – *La Musique grecque antique*, Paris (*Collection d'études anciennes*).

CHAPOUTOT-REMADI M., 1990 – « Les encyclopédies arabes de la fin du Moyen Âge », dans BECQ A. (dir.), *L'encyclopédisme. Actes du Colloque de Caen, 12-16 janvier 1987*, Paris, p. 267-279.

CHAPOUTOT-REMADI M., 1995 – « Nuwayrī », dans *Encyclopédie de l'Islam*, 2ᵉ éd., Leiden, VIII, p. 158-162.

CHARAUDEAU P., MAINGUENEAU D. (dir.), 2002 – *Dictionnaire d'analyse du discours*, Paris.

CHARLET J.-L., 2004-2005 – « L'encyclopédisme latin humaniste : de la lexicographie à l'encyclopédie (xvᵉ-début xvɪᵉ s.) », *Moderni e antichi*, 2-3, p. 285-306.

CHÂTILLON J., 1948 – « Le contenu, l'authenticité et la date du *Liber exceptionum* et des *Sermones centum* de Richard de Saint-Victor », *Revue du Moyen Âge latin*, 4, p. 23-52 et 343-366.

CHÂTILLON J., 1966 – « Le *Didascalicon* d'Hugues de Saint Victor », *Cahiers d'histoire mondiale*, nº spécial *Encyclopédies et civilisations*, 9, p. 539-552.

CHENU M.-D., 1976 – *La théologie au douzième siècle*, Paris.

CITRONI-MARCHETTI S., 1982 – « *Juvare Mortalem*. L'ideale programmatico della *NH* di Plinio nei rapporti con il moralismo stoico-diatribico », *Atene e Roma*, 27, p. 124-148.

CITRONI-MARCHETTI S., 1991 – *Plinio il Vecchio e la tradizione del moralismo romano*, Pise.

CITRONI-MARCHETTI S., 1992 – « Filosofia e ideologia nella *Naturalis historia* di Plinio », *ANRW*, II, 36. 5, p. 3249-3306.

CODOÑER C., 1985 – « La etimología en Isidoro de Sevilla », dans MELENA J. L. (éd.), *Symbolae Ludovico Mitxelena septuagenario oblatae*, 1, Vitoria, p. 275-286.

CODOÑER C., 1986 – « Antecedentes del diccionario. El libro x de Etymologiae », *Los Visigodos. Historia y civilización,* Alcalá de Henares, p. 351-371.

CODOÑER C., 1991 – « De l'Antiquité au Moyen Âge : Isidore de Séville », dans BECQ A. (dir.), *L'Encyclopédisme. Actes du colloque de Caen, 12-16 janvier 1987*, Paris, p. 19-35.

CODOÑER C., 1998 – « Evolución de la lexicografía latina medieval », dans PÉREZ GONZÁLEZ M. (éd.), *Actas ɪɪ Congreso Hispánico de Latín Medieval (León, 11-14 de Noviembre de 1997)*, 1, León, p. 39-50.

CODOÑER C., 2012 – « La enciclopedia. Un género sin definición. Siglos I a. C. – VII d. C. », *Giornate Filologiche Genovese, L'enciclopedismo dall'Antichità al Rinascimento*, Gênes, p. 115-153.

COITIER D., DE BRABANTER P., DENDALE P., 2009 – « La notion de prise en charge : mise en perspective », *Langue Française*, 162, p. 3-27.

COLLART J., 1978 – *Varron, grammaire antique et stylistique latine*, Paris.

COLLINOT A., 1985 – « L'ouverture des dictionnaires. Remarques sur les titres et préfaces des dictionnaires français du XVIᵉ siècle », *Lexique*, 3, p. 11-31.

COLLISON R., 1964 – *Encyclopaedias : Their History troughout the Ages*, New York.

CONGAR Y.-M., 1963 – « Le thème de Dieu-créateur et les explications de l'Hexaemeron dans la tradition chrétienne », *L'homme devant Dieu. Mélanges offerts au Père Henri de Lubac*, 1, Paris, p. 189-222.

CONNOCHIE-BOURGNE C., 1996 – « *Je, qui cest escrit en fis...* Brunet Latin et Gossuin de Metz font entendre leurs voix », *Cahiers Diderot*, 8, p. 57-79.

CONNOCHIE-BOURGNE C., 1999 – *L'Image du monde, une encyclopédie du XIIIᵉ siècle, édition critique et commentaire de la 1ʳᵉ version*, thèse d'état, s. dir. C. Thomasset, Univ. de Paris IV.

CONNOCHIE-BOURGNE C., 2005 – « La tour de Boctus le bon roi dans le *Livre de Sydrach* », dans GINGRAS F., LAURENT F., LE NAN F., VALETTE J.-R. (éd), « *Furent les merveilles pruvees et les aventures truvees* ». *Hommage à Francis Dubost*, Paris, p. 163-176.

CONNOCHIE-BOURGNE C., 2006 – « Mise en récit et discours scientifique : les encyclopédies du XIIIᵉ siècle en langue vulgaire », dans THOMASSET C. (dir.), *L'écriture du texte scientifique au Moyen Âge*, Paris, p. 117-132.

CONTE G. B., 1991 – « L'inventario del mondo. Forma della natura e progetto enciclopedico nell'opera di Plinio il Vecchio », dans CONTE G. B, *Generi e lettori, Lucrezio, l'elegia d'amore, l'enciclopedia di Plinio*, Milan, p. 95-144.

COPELAND R., SLUITER I. (éd.), 2009 – *Medieval Grammar & Rhetoric. Language Arts and Literary Theory, AD 300-1475*, Oxford.

CORBIN H., 1964 – *Histoire de la philosophie islamique*, Paris.

DEL CORNO D., 1998 – « L'uomo e la natura nel mondo greco », dans UGLIONE R. (éd.), *L'uomo antico e la natura*, Turin, p. 93-104.

COTTA RAMOSINO L., 2004 – *Plinio il Vecchio e la tradizione storica di Roma nella Naturalis Historia*, Alessandria.

COURCELLE P. (éd.), 1939 – « Étude critique sur les commentaires de Boèce », *AHDLMA*, 12, 1939, p. 5-140.

CRAEMER-RUEGENBERG I., ANZULEWICZ H. (éd.), 2005² – *Albert der Große*, Leipzig (*Dominikanische Quellen und Zeugnisse*, 7).

CREMASCOLI G., 2001 – « Intorno alle *Derivationes* di Osberno di Gloucester », dans LUNARDINI V. (éd.), *Pan*, 18-19 (*Miscellanea di studi in memoria di Cataldo Roccaro*), p. 171-184.

CRUBELLIER M., PELLEGRIN P., 2002 – *Aristote. Le philosophe et les savoirs*, Paris.

DA CRUZ PONTES J. M., 1986 – « Astrologie et apologétique au Moyen Âge », dans WENIN C. (éd.) *L'homme et son univers au Moyen Âge. Actes du septième Congrès international de philosophie médiévale (30 août - 4 septembre 1982)*, Louvain-la-Neuve, p. 631-37.

CURETON G., RIEU C., 1843 – *Codices Arabicos Amplectens*, Londres.

CUSSET C., 1999 – *La nature et ses représentations dans l'Antiquité*, Paris.

DAHAN G., 1987 – « Une introduction à l'étude de l'Écriture au XIIᵉ s. : le Prologue du Commentaire du Pentateuque de Rainaud de Saint-Eloi », *Recherches de théologie ancienne et médiévale*, 54, p. 27-51.

DAHAN G., 1990 – « La classification des savoirs aux XIIᵉ et XIIIᵉ siècles », *L'enseignement philosophique*, 40.4, p. 5-27.

DAHAN G., 1992 – « L'exégèse de *Genèse* 1, 26 dans les commentaires du XIIᵉ siècle », *Revue des études augustiniennes*, 38, p. 124-153.

DAHAN G., 1995 – « Nommer les êtres : exégèse et théories du langage dans les commentaires médiévaux de *Genèse* 2, 19-20 », dans EBBESEN S. (éd.), *Sprachtheorien in Spätantike und mittelalter*, Tübingen, p. 55-74.

DAHAN G., 1999a – « Encyclopédies et exégèse de la Bible aux XIIᵉ et XIIIᵉ siècles », *Cahiers de Recherches Médiévales (XIIIᵉ-XVᵉ s.)*, 6, p. 1-23.

DAHAN G., 1999b – *L'exégèse chrétienne de la Bible en Occident médiéval XIIᵉ-XIVᵉ siècle*, Paris.

DAHAN G. (éd.), 2013 – *Pierre le Mangeur ou Pierre de Troyes, maître du XIIᵉ siècle*, Turnhout (*Bibliothèque d'Histoire culturelle du Moyen Âge*, 12).

DALMEDICO A. D., PESTRE D., 1998 – « Comment parler des sciences aujourd'hui », dans JOURDANT B. (dir.), *Impostures scientifiques. Les malentendus de l'affaire Sokal*, Paris, p. 77-105.

DALY L. W., 1967 – *Contributions to a history of alphabetization in Antiquity and the Middle Ages*, Bruxelles.

DARNTON R., 1982 – *L'Aventure de l'Encyclopédie*, Paris.

DEGREGORIO S., 2002 – « *"Nostrorum socordiam temporum"* : The reforming impulse of Bede later esegesi », *Early Medieval Europe*, 11.2, p. 117-122.

DEGREGORIO S., 2010 – « The Venerable Bede and Gregory the Great : exegetical connections, spiritual departures », *Early Medieval Europe*, 18.1, p. 43-60.

DELEUZE G., 1988 – *Abécédaire* (réalisation : BOUTANG P.-A.).

DEMIÉVILLE P., 1925 – « Compte rendu de *Che-yin Song Li Ming-tchong Ying tsao fa che* », *Bulletin de l'École française d'Extrême-Orient*, 25, p. 213-264.

DENIFLE H., CHÂTELAIN E. (éd.), 1889 – *De proprietatibus : Chartularium universitatis Parisiensis*, I, Paris.

DENIFLE H., CHÂTELAIN E. (éd.), 1891 – *De proprietatibus : Chartularium universitatis Parisiensis*, II, sectio 1, Paris.

DEROLEZ A., 1998 – *The Autograph Manuscript of the Liber floridus. A Key to the Encyclopedia of Lambert of Saint-Omer,* Turnhout (*CC Autographa Medii Aeui,* 4).

DERRIDA J., 1972 – *La Dissémination*, Paris.

DESBORDES F., 1990 – *Idées romaines sur l'écriture*, Paris / Lille.

DESBORDES F., 1998 – « La pratique étymologique des Latins », dans BURIDANT C. (éd.), *Lexique*, 14 (*L'Étymologie, de l'Antiquité à la Renaissance*), p. 69-79.

DESROUSSEAUX A.-M., 1956 – *Athénée de Naucratis. Les Deipnosophistes. Livres 1-2*, Paris (*CUF*, 126).

DETIENNE M., 1981 – *L'invention de la mythologie*, Paris.

DÉTRIE C., SIBLOT P., VÉRINE B., 2001 – *Termes et concepts pour l'analyse du discours. Une approche praxématique*, Paris (*Lexica*, 7).

DEUS J., 1998 – *Der « Experimentator » – eine anonyme lateinische Naturenzyklopädie des frühen 13. Jahrhunderts,* dissertation, Hamburg.

DIESNER H.-J., 1976 – « Lexikographie und Enzyklopädie in der Antike », dans DIESNER H.-J., GURST G. (dir.), *Lexika gestern und heute*, Leipzig, p. 11-60.

DIONISOTTI A. C., 1996 – « On the Nature and Transmission of Latin Glossaries », dans HAMESSE J. (éd.), *les Manuscrits des lexiques et glossaires de l'Antiquité Tardive à la fin du Moyen Âge*, Louvain-la Neuve, p. 202-252.

DODDY A., 2010 – *Pliny's Encyclopedia. The Reception of the Natural History,* Cambridge.

DORION L.-A., 1997 – « La "dépersonnalisation" de la dialectique chez Aristote », *Archives de philosophie*, 60.4, p. 597-561.

DRAELANTS I., 1992 – « Une mise au point sur les oeuvres d'Arnold de Saxe, 1ᵉ partie », *Bulletin de philosophie médiévale*, 34, p. 164-180.

DRAELANTS I., 1993 – « Une mise au point sur les oeuvres d'Arnold de Saxe, 2ᵉ partie », *Bulletin de philosophie médiévale*, 35, p. 130-149.

DRAELANTS I., 2002 – « Introduction à l'étude d'Arnoldus Saxo et aux sources du *De floribus rerum naturalium* », dans MEIER C. (éd.), *Die Enzyklopädie im Wandel vom Hochmittelalter bis zur frühen Neuzeit. Akten des Kolloquiums des Projekts D im Sonderforschungsbereich 231 (29.11.-01.12.1996)*, Munich (*Münstersche Mittelalter-Schriften*, 78), p. 85-122.

DRAELANTS I., 2005 – « La science naturelle et ses sources chez Barthélemy l'Anglais et les encyclopédistes contemporains », dans VAN DEN ABEELE B., MEYER H. (éd.), *Bartholomäus Anglicus, De proprietatibus rerum. Texte latin et réception vernaculaire, Lateinischer Text und volkssprachige Rezeption*, Turnhout, (*De diversis artibus*, 74, NS 37), p. 43-99.

DRAELANTS I., 2010 – « La science encyclopédique des pierres au 13ᵉ siècle : l'apogée d'une veine minéralogique », dans THOMASSET C., DUCOS J., CHAMBON J.-P. (éd.), *Aux origines de la géologie de l'Antiquité à l'âge classique. Actes du Colloque de la Sorbonne, 10-12 mars 2005*, Paris, p. 91-139.

DRAELANTS I., PAULMIER-FOUCART M., 2004 – « Échanges dans la *societas* des naturalistes au milieu du XIIIᵉ siècle : Arnold de Saxe, Vincent de Beauvais et Albert le Grand », dans JAMES-RAOUL D., SOUTET O. (dir.), *Par les mots et par les textes..., Mélanges de langue, de littérature et d'histoire des sciences médiévales offerts à Claude Thomasset*, Paris, p. 219-231.

DRÈGE J.-P., 1991 – *Les bibliothèques en Chine au temps des manuscrits (jusqu'au Xᵉ siècle)*, Paris.

DRÈGE J.-P., 2007 – « Des ouvrages classés par catégories : les encyclopédies chinoises », *Extrême-Orient Extrême-Occident*, Saint-Denis, p. 19-38.

DRÈGE, J.-P., à paraître – « Les encyclopédies », dans DREGE J.-P. (dir.), *La fabrique du lisible : La mise en texte des manuscrits chinois*, Paris.

DREYER M., 1998 – « Ethik als Wissenschaft nach Albertus Magnus », dans AERTSEN J. A., SPEER A. (éd.), *Was ist Philosophie im Mittelalter? Qu'est-ce que la philosophie au Moyen Âge? What is Philosophy in the Middle Ages? Akten des X. Kongresses für Mittelalterliche Philosophie der Société Internationale pour l'Étude de la Philosophie*, Berlin / New York (*Miscellanea Mediaevalia*, 26), p. 1017-1023.

DRONKE P. (éd.), 1988 – *A History of Twelfth-Century Western Philosophy*, Cambridge.

DUCATEZ G., 1985 – « La Tuḥfa al-albāb d'Abū Ḥāmid al-Andalusī al-Ġarnāṭī », *Revue des études islamiques*, 53, p. 141-241.

DUCÈNE J.-C., 2005 – « Soufisme et cosmographie musulmane aux XIIᵉ et XIIIᵉ siècles : convergence ou influence à propos d'une conception commune du monde ? », dans DIERKENS A., BEYER DE RYKE B. (éd.), *Mystique : la passion de l'Un, de l'Antiquité à nos jours*, Bruxelles, p. 205-214.

DUCÈNE J.-C., 2006a – « Le *Hortus rerum mirabilium* (Rome, 1584-85) : une cosmographie arabe oubliée », *Zeitschrift der Deutschen Morgenländischen Gesellschaft*, 156, p. 81-93.

DUCÈNE J.-C., 2006b – *De Grenade à Bagdad. La relation de voyage d'Abû Hâmid al-Gharnâtî (1080-1168)*, Paris.

DUCOS J., 1995 – « Le clerc et les météores : constitution et évolution d'une culture encyclopédique », *Senefiance*, 37 (*Le clerc au Moyen Age*), p. 151-164.

DUCROT O., 1980 – *Dire et ne pas dire*, Paris.

DUCROT O., 1981 – « La valeur argumentative de la phrase interrogative », dans BANGE P. *et al.* (éd.), *Logique, argumentation, conversation. Actes du Colloque de Pragmatique*, Fribourg (*Sciences pour la communication*, 5), p. 79-110.

DUCROT O., 1984 – *Le Dire et le dit*, Paris.

DUCROT O., 1989 – « Énonciation », *Encyclopedia Universalis*, VIII, p. 388-392.

DÜRING I. (éd.), 1930 – *Die Harmonielehre des Klaudios Ptolemaios*, Göteborg (*Göteborgs Högskolas Arsskrift*, 36).

DÜRING I., 1957 – *Aristotle in the Ancient Biographical Tradition*, Göteborg.

DUVAL F., VIELLIARD F., 2007 – *Miroir des classiques*, Paris (*Éditions en ligne de l'École des chartes*, 17), http://elec.enc.sorbonne.fr/miroir/.

EDWARDS G., 1985 – « The Two Redactions of Michael Scot's *Liber introductorius* », *Traditio*, 41, p. 329-340.

ELLIS A. G., EDWARDS E., 1912 – *A Descriptive list of the Arabic Manuscripts aquired by the trustess of the British Museum since 1894*, London.

ENGELHARDT C. M., 1818 – *Herrad von Landsperg und ihr Werk : « Hortus deliciarum », ein Beytrag zur Geschichte des Mittelalters*, Stuttgart / Tübingen.

ENGLISCH B., 1994 – *Die Artes liberales im frühen Mittelalter (5.-9. Jh.). Das Quadrivium und der Komputus als Indikatoren für Kontinuität und Erneuerung der exakten Wissenschaften zwischen Antike und Mittelalter*, Stuttgart (*Sudhoffs Archiv Beihefte*, 33).

ENGLISCH B., 1999 – « *Artes* und Weltsicht bei Roger Bacon », dans SCHAEFER U. (éd.), *Artes im Mittelalter, Formationen und transformationen des Wissens*, Berlin, p. 53-67.

ERNST U., 1989 – « Neu aufgefundene Handschriften des "Elucidarium" von Honorius Augustodunensis », *Scriptorium*, 43, p. 289-312.

EYBL F. *et al.* (éd.), 1995 – *Enzyklopädien der frühen Neuzeit. Beiträge zu ihrer Erforschung*, Tübingen.

FANT C., 1886 – *L'Image du monde, poème inédit du milieu du XIIIᵉ siècle, étudié dans ses diverses rédactions françaises d'après les manuscrits des bibliothèques de Paris et de Stockholm*, Uppsala.

FEDELI P., 1998 – « L'uomo e la natura nel mondo romano », dans UGLIONE R. (éd.), *L'uomo antico e la natura*, Turin, p. 105-125.

FERNANDEZ M., 2007 – « Wikipédia, le rêve de Diderot ? », *Philosophie Magazine*, 9.

FERRARI M., 1972 – « Il "Liber glossarum" e la cultura ecclesiastica a Monza e Milano in età carolingia », *Ricerche storiche sulla Chiesa Ambrosiana*, 3, p. 45-53.

FINZI V., 1894 – « Di un inedito volgarizzamento dell'*Imago mundi* di Onorio d'Autun », *ZrP*, 18, p. 1-75.

FLASCH K. (éd.), 1984 – *Von Meister Dietrich zu Meister Eckhart*, Hambourg (*CphTMA*, 2).

FLASCH K., 2006 – *Meister Eckhart. Die Geburt der deutschen Mystik aus dem Geist der arabischen Philosophie*, Munich.

FLASCH K., IMBACH R., 2003 – *Meister Eckhart in seiner Zeit*, Düsseldorf (*Schriftenreihe der Identity Foundation*, 7).

FLINT V., 1982 – « Honorius Augustodunensis *Imago Mundi* », *AHDLMA*, 49, p. 7-153.

FLINT V., 1995 – « Honorius Augustodunensis of Regensburg », dans GEARY P. (éd.), *Authors of the Middle Ages. Historical and Religious Writers of the Latin West*, vol. II, 5-6, *Variorum*, Aldershot / Brookfield, p. 91-183.

FLÜELER C., 2004 – « Ethica in Wien anno 1438. Die Kommentierung der Aristotelischen Ethik an der Wiener Artistenfakultät », dans KNAPP F. P., MIETHKE J., NIESNER M. (éd.), *Schriften im Umkreis mitteleuropäischen Universitäten um 1400. Lateinische und volkssprachige Texte* aus Prag, Wien und Heidelberg: Unterschiede, Gemeinsamkeiten, Wechselbeziehungen, Leyde / New York / Cologne (*Education and Society in the Middle Ages and the Renaissance*, 20), p. 92-140.

FÖGEN T., 2005 – *Antike Fachtexte, Ancient Technical Texts*, Berlin / New York.

FÖGEN T., 2010 – « Plinius der Ältere zwischen Tradition und Innovation : Zur Ideologie' der *Naturalis historia* », dans KRAMER N., REITZ C. (éd.), *Tradition und Erneuerung. Mediale Strategien in der Zeit der Flavier*, Berlin / New York, p. 41-61.

FONTAINE J., 1966 – « Isidore de Séville et la mutation de l'encyclopédisme antique », *Cahiers d'histoire mondiale*, 9, Paris / Neufchâtel, p. 519-538.

FONTAINE J., 1978 – « Cohérence et originalité de l'étymologie isidorienne », dans RODRÍGUEZ E., ITURRIAGA J. (éd.), *Homenaje a Eleuterio Elorduy, Miscelanea S. J. en honor de E.E., S.J. con ocasión de su 80 aniversario*, Bilbao, p. 113-144.

FONTAINE J., 1979 – « La situation de la rhétorique dans la culture tardive : observations sur la théorie isidorienne de l'étymologie (*Étym.*, I, 29) », dans CHEVALLIER R. (éd.), *Colloque sur la rhétorique Calliope I*, Paris (*Caesarodunum*, 14 bis), p. 197-205.

FONTAINE J., 1981 – « Aux sources de la lexicographie médiévale : Isidore de Séville, médiateur de l'étymologie ancienne », dans LEFÈVRE Y. (éd.), *La Lexicographie du latin médiéval et ses rapports avec les recherches actuelles sur la civilisation du Moyen Âge*, Paris, p. 97-103.

FONTAINE J., 1983 [1959] – *Isidore de Séville et la culture classique dans l'Espagne wisigothique*, Paris, 3 vol.

FONTAINE J., 1986 – « Cassiodore et Isidore : l'évolution de l'encyclopédisme latin du VIᵉ au VIIᵉ siècle », dans LEANZA S. (éd.), *Flavio Magno Aurelio Cassiodoro. Cosenza – Squillace 19-24 settembre 1983*, Soveria, p. 72-91.

FONTAINE J., 2000 – *Isidore de Séville. Genèse et originalité de la culture hispanique au temps des Wisigoths*, Turnhout.

DE FONTENELLE B., 1991 – *Entretiens sur la pluralité des mondes habités*, dans DE FONTENELLE B. (éd.), *Œuvres complètes*, t. II, Paris (*Corpus des œuvres de philosophie en langue française*, 43).

FORNARA W., 1983 – *The Nature of History in Ancient Greece and Rome*, Berkeley / Los Angeles / Londres.

FORSTER R., 2006 – *Das Geheimnis der Geheimnisse. Die arabischen und deutschen Fassungen des pseudo-aristotelischen Sirr al-asrar / Secretum secretorum*, Wiesbaden (*Wissensliteratur im Mittelalter*, 43).

FORSTER R., 2007 – « Enzyklopädie oder Fürstenspiegel ? Arabische, lateinische und deutsche Fassungen des pseudo-aristotelischen *Secretum Secretorum* », dans MICHEL P., HERREN M., RÜESCH M. (éd.), *Allgemeinwissen und Gesellschaft. Akten des internationalen Kongresses über Wissenstransfer und enzyklopädische Ordnungssysteme*, Aachen, p. 257-273.

FOUCAULT M., 1966 – *Les mots et les choses*, Paris.

FOWLER R. L., 1997 – « Encyclopaedias : Definitions and Theoretical Problems », dans BINKLEY P. (éd.), *Pre-Modern Encyclopaedic Texts. Proceedings of the Second COMERS Congress, Groningen, 1-4 July 1996*, Leiden / New York / Köln, p. 3-29.

FRANCO L., 1994 – « Vincenzo Coronelli : Vita e opere. Aggiornamenti », *Nuncius*, 9.2, p. 517-541.

FRENCH R., 1994 – *Ancient Natural History*, Londres / New York.

FRENCH R., GREENAWAY F., 1986 – *Science in the Early Roman Empire. Pliny the Elder, his Sources and Influence*, Londres / Sydney.

FRIEDMAN J.-B., 1989 – « Peacocks and Preachers : Analytic Technique in Marcus of Orvietos' *Liber de moralitatibus*, Vatican lat. Ms. 5933 », dans CLARK W. B., MCMUNN M. (éd.),

Beasts and Birds in the Middle Ages. The Bestiary and its Legacy, Philadelphia (The Middle Ages), p. 179-196.

FRUNZEANU E., **2007** – *Les configurations de la* natura *dans le Speculum maius de Vincent de Beauvais,* thèse de doctorat, Montréal, Faculté des études supérieures.

FUCHS H., **1962** – « Enkyklios Paideia », *Reallexikon für Antike und Christentum,* 5, p. 365-398.

FUMAGALLI M., BOENIO-BROCCHIERI T., **1981** – *Le Encyclopedie dell' Occidente medioevale,* Turin (*Pedagogia,* 20).

FUMAGALLI M., PARODI M., **1985** – « Due enciclopedie dell'occidente medievale : Alessandro Neckam e Bartolomeo Anglico », *Rivista di storia della filosofia,* 40, p. 51-90.

FÜRBETH F., **1999** – « Die Stellung der *artes magicae* in den hochmittelalterlichen *Divisiones philosophiae* », dans SCHAEFER U. (éd.), *Artes im Mittelalter, Wissen und Magie,* Berlin, p. 249-262.

GAIDE F., **2003** – « Aspects divers des principes de sympathie et d'antipathie dans les textes thérapeutiques latins », dans PALMIERI N. (éd.) *Rationnel et irrationnel dans la médecine ancienne et médiévale,* Saint-Étienne, p. 129-144.

GAILLARD-SEUX P., **1994** – *La médecine chez Pline l'Ancien. Ses rapports avec la magie,* thèse de l'Université de Paris IV-Sorbonne.

GAILLARD-SEUX P., **1998** – « A propos des livres XXVIII-XXIX-XXX de l'*Histoire naturelle* de Pline l'Ancien », *Latomus,* 57.2, p. 625-633.

GAILLARD-SEUX P., **2003** – « Sympathie et antipathie dans l'*Histoire naturelle* de Pline l'Ancien », dans PALMIERI N. (éd.), *Rationnel et irrationnel dans la médecine ancienne et médiévale,* Saint-Etienne, p. 113-128.

GALIMBERTI-BIFFINO G., **2007** – « *Loquere uerbis praesentibus* (1, 10, 4) : il criterio dell'elegantia in Gellio », *Latomus,* 66, p. 929-941.

DE GANDILLAC M., **1966a** – « Encyclopédies prémédiévales et médiévales », *Cahiers d'Histoire mondiale,* 9.3, p. 483-518.

DE GANDILLIAC M. *et al.,* **1966b** – *La Pensée encyclopédique au Moyen Âge,* Paris / Neufchâtel (*Cahiers d'histoire mondiale,* 9).

GANZ D., **1991** – « Heiric d'Auxerre, glossateur du *Liber glossarum* », dans IOGNA-PRAT D., JEUDY C., LOBRICHON G. (éd.), *L'École carolingienne d'Auxerre. De Murethach à Remi 830-908. Entretiens d'Auxerre 1989,* Paris, p. 297-312.

GATTI P., **2001** – *Studi osberniani,* Genova.

GAUTIER DALCHÉ P., **1991** – « La Descriptio mappe mundi de Hugues de Saint-Victor : retractatio et addimenta », dans LONGÈRE J. (éd.), *L'abbaye parisienne de Saint-Victor au Moyen Âge,* Turnhout (*Bibliotheca victorina,* I), p. 143-179.

GAVOILLE E., **2000** – '*Ars*'. *Étude sémantique de Plaute à Cicéron,* Louvain / Paris.

GENETTE G., **1987** – *Seuils,* Paris.

GEROSA M., **1911** – *La prima enciclopedia romana : i libri ad Marcum filium di Catone Censorio,* Pavia.

GIACONE R., **1973** – « Sul concetto di "Enciclopedia" nel pensiero classico e medioevale : nota introduttiva », *Rivista di studi classici,* 21, p. 1-7.

GIACONE R., **1974** – « Arti liberali e classificazione delle scienze : l'esempio di Boezio e Cassiodoro », *Aevum,* 48, p. 58-72.

GIGON O., **1966** – « Plinius und der Zerfall der antiken Naturwissenschaft », *Arctos,* 4, p. 23-45.

GLICK T. F., LIVESEY S. J., WALLIS F. (éd.), **2005** – *Medieval Science, Technology, and Medicine- An Encyclopedia,* New York.

GODIN C., **1998** – *La Totalité,* 2, *Les Pensées totalisantes,* Seyssel.

GODIN C., 2002 – *La Totalité, 6, La totalité réalisée*, Seyssel.

GOETZ W., 1936 – « Die Enzyklopädien des 13. Jhs. Ein Beitrag zur Entstehung der Laienbildung », *Zeitschrift für deutsche Geistergeschichte*, 2, p. 227-256.

GOETZ W., 1937 – « Die Enzyklopädien des 13. Jhs. Ein Beitrag zur Entstehung der Laienbildung », *Zeitschrift für deutsche Geistergeschichte*, 3, p. 1-24.

GOETZ W., 1942 – *Italien im Mittelalter, 2*, Leipzig, p. 62-107.

GOLDLUST B., 2008 – « Macrobe *Vergiliomastix*? (à propos de *Sat.*, 5, 2, 1) », *Latomus*, 67, 4, p. 1049-1050.

GOLDLUST B., 2009 – « Un manifeste sur l'organicité littéraire : la préface des *Saturnales* de Macrobe », dans GALAND-HALLYN P., ZARINI V. (éd.), *Manifestes littéraires dans la latinité tardive. Poétique et rhétorique. Actes du colloque international de Paris*, Paris, p. 275-293.

GOLDLUST B., 2010 – *Rhétorique et poétique de Macrobe dans les Saturnales*, Turnhout.

GOLDLUST B., 2012 – « Cnaius Gellius ou Aulu-Gelle ? Cnaius Gellius et Aulu-Gelle ? À propos de Macr., *Sat.*, 3, 17, 3 », *Latomus*, 71.4, p. 1151-1155.

GOLDSTEIN-PRÉAUD T., 1981 – « Albert le Grand et les questions du XIIIᵉ siècle sur le *De Animalibus* d'Aristote », *History and Philosophy of the Life Sciences*, 3.1, p. 61-71.

GOMES J., 2005 – « L'Exégèse monastique au XIIᵉ siècle : tropologie, intériorité et subjectivité chez Guibert de Nogent », *Bulletin du centre d'études médiévales d'Auxerre (BUCEMA)*, 9.

GONTERO-LAUZE V., 2010 – *Sagesses minérales. Médecine et magie des pierres précieuses au Moyen Âge*, Paris.

GOTTSCHALL D., 2004 – *Konrad von Megenbergs "Buch von den natürlichen Dingen". Ein Dokument deutschsprachiger Albertus Magnus-Rezeption im 14. Jahrhundert*, Leyde / Boston (*STGgM*, 83).

GRANGER G. G., 1976 – *La théorie aristotélicienne de la science*, Paris.

GREGORY T., 1955 – *Anima Mundi : la filosofia di Guglielmo di Conches e la scuola di Chartres*, Florence.

GREGORY T., 1975 – « La nouvelle idée de nature et de savoir scientifique au XIIᵉ siècle », dans MURDOCH J. E., SYLLA E. D. (éd.), *The Cultural Context of Medieval Learning*, Dordrecht / Boston, p. 193-218.

GREGORY T., 1992 – *Mundana Sapientia : forme di conoscenza nella cultura medievale*, Roma.

GRELLARD C., MOREL P.-M., 2010 – *Les Parva naturalia d'Aristote, Fortune antique et médiévale*, Paris.

GRENTE G. (éd.), 1954 – *Dictionnaire des lettres françaises. Le dix-septième siècle*, Paris.

GRÉVIN B., 2002 – « Systèmes d'écriture, sémiotique et langage chez Roger Bacon », *Histoire Épistémologie Langage*, 24.2, p. 75-111.

GRIFFIN M., 2007 – « The Elder Pliny on Philosophers », dans BISPHAM E., HOWE G. (éd.), avec MATTHEWS E., *'Vita vigilia est'. Essays in Honour of Barbara Levick*, Londres, p. 85-101.

GRIMAL P., 1966 – « Les encyclopédies antiques », *Cahiers d'histoire mondiale*, 9, Paris / Neufchâtel, p. 459-482.

GRIMAL P., 1987 – « Pline et les philosophes », dans PIGEAUD J. et OROZ J. (éd.), *Pline l'Ancien, témoin de son temps*, Salamanque / Nantes, p. 239-249.

GRONDEUX A., 2000 – *Le Graecismus d'Évrard de Béthune à travers ses gloses. Entre grammaire positive et grammaire spéculative du XIIIᵉ au XVᵉ siècle*, Turnhout.

GRONDEUX A., 2009 – « *Liber glossarum* », dans STAMMERJOHANN H. (éd.), *Lexicon Grammaticorum. A Bio-bibliographical Companion to the History of Linguistics*, Tübingen, p. 905-906.

GRONDEUX A., ROSIER-CATACH I., 2011 – « Les *Glosulae super Priscianum* et leur tradition »,
    dans ROSIER-CATACH I. (éd.), *Arts du langage et théologie aux confins des XIᵉ et XIIᵉ siècles.*
    Textes, maîtres, débats, Turnhout, p. 107-179.

GROS P., 1994 – « *Munus non ingratum* : le traité vitruvien et la notion de service », dans *Le*
    projet de Vitruve. Objet, destinataires et réception du 'De Architectura', Rome, p. 75-90.

GUESPIN L., 1985 – « *Nous*, la langue et l'interaction », *Mots*, 10, p. 45-61.

GUILLAUMIN J.-B., 2009 – « La place et le statut de la musique dans l'encyclopédisme de
    Martianus Capella », *Bulletin de l'Association Guillaume Budé*, 1, p. 169-185.

GUILLAUMIN J.-B., 2012 – « De l'hapax littéraire au néologisme scientifique : les fonctions de
    l'invention verbale dans le livre IX de Martianus Capella », dans BIVILLE F., LHOMMÉ M.-K.,
    VALLAT D. (éd.), *Latin vulgaire – Latin tardif IX. Actes du IXᵉ colloque international sur*
    le latin vulgaire et tardif, Lyon, 2-6 septembre 2009, Lyon (*Collection de la Maison de*
    l'Orient et de la Méditerranée, 49), p. 573-584.

GULDENTOPS G., 1997 – « Henry Bate's Encyclopaedism », dans BINKLEY P. (éd.), *Pre-Modern*
    Encyclopaedic Texts. Proceedings of the Second COMERS Congress, Groningen, 1-4 July
    1996, Leiden / New York / Köln, p. 227-237.

GULDENTOPS G., 2001a – « Henry Bate's Theory of sensible Species », *Recherches de Théologie*
    et Philosophie Médiévales, 68, p. 75-110.

GULDENTOPS G., 2001b – « Albert's Influence on Bate's Metaphysics and Noetics »,
    dans SENNER W. *et al.* (éd.), *Albertus Magnus. Zum Gedenken nach 800 Jahren : Neue*
    Zugänge, Aspekte und Perspektiven, Berlin (*Quellen und Forschungen zur Geschichte des*
    Dominikanerordens, Neue Folge, 10), p. 195-206.

GULDENTOPS G., 2001c – « Averroes in Henry Bate's Metaphysics », *Documenti e Studi sulla*
    Tradizione Filosofica Medievale, 12, p. 523-547.

GULDENTOPS G., 2001d – « Henry Bate's aristocratic Eudaemonism », dans AERTSEN J. A.,
    EMERY K. Jr., SPEER A. (éd.), *Nach der Verurteilung von 1277. Philosophie an der Universität*
    von Paris im letzten Viertel des 13. Jahrhunderts. Studien und Texte, Berlin / New York
    (*Miscellanea Mediaevalia*, 28), p. 657-681.

GULDENTOPS G., 2002 – « Beyond Averroism and Thomism : Henry Bate on the Potential
    and the Agent Intellect », *Archives d'Histoire Doctrinale et Littéraire du Moyen Âge*,
    69, p. 115-152.

GULDENTOPS G., 2005 – « 'Famous Expositor…'. On Bate's (Anti-) Thomism », *Recherches de*
    Théologie et Philosophie Médiévales, 72, p. 191-231.

GUTZWILLER K., 2007 – *A Guide to Hellenistic Literature*, Oxford.

GUYOT-BACHY I., 1993 – « Les prologues du *Memoriale temporum* de Jean de Saint-Victor »,
    Journal des savants, 2.2, p. 235-254.

GUYOT-BACHY I., 2000 – *Le Memoriale historiarum de Jean de Saint-Victor. Un historien et sa*
    communauté au début du XIVᵉ siècle, Turnhout (*Bibliotheca victorina*, XII).

GUYOT-BACHY I., 2009 – « La Bible dans le "*Memoriale historiarum*" de Jean de Saint-Victor :
    autorité, source et fondement de l'histoire », dans BERNDT R. (éd.), *Bibel und Exegese in der*
    Abtei Saint-Victor zu Paris. Form und Funktion eines Grundtextes im europäischen Raum,
    Münster, Aschendorff (*Corpus victorinum, Instrumenta*, 3), p. 473-490.

HAAS M., 1999 – « Über die Funktion der *ars musica* im Mittelalter », dans SCHAEFER U. (éd.),
    Artes im Mittelalter, Formationen und transformationen des Wissens, Berlin, p. 13-33.

HADOT P., 1982 – « La préhistoire des genres littéraires philosophiques médiévaux dans
    l'Antiquité », dans *Les Genres littéraires dans les sources théologiques et philoso-*
    phiques médiévales : définition, critique et exploitation. Actes du colloque international de

Louvain-La-Neuve, 25-27 mai 1981, Louvain-La-Neuve, (*Publication de l'Institut d'études médiévales*, 2ᵉ série, 5), p. 1-9.

HADOT I., 1984 – *Arts libéraux et philosophie dans la pensée antique*, Paris.

HADOT P., 1998 – « La figure du sage dans l'Antiquité gréco-latine », dans HADOT P., *Études de philosophie ancienne*, Paris, p. 233-257.

HADOT I., 2005 [1984] – *Arts libéraux et philosophie dans la pensée antique*, Paris (Textes et traditions, 11).

HAMEL J., 2006 – « Johannes de Sacroboscos Sphaera. Text- und frühe Druckgeschichte eines astronomischen Bestsellers », *Gutenberg Jahrbuch*, 81, p. 113-136.

HAMESSE J., 1990 – « Les dossier Aristote dans l'œuvre de Vincent de Beauvais. À propos de l'*Éthique* », dans PAULMIER-FOUCART M., LUSIGNAN S. et NADEAU A. (éd.), *Vincent de Beauvais. Intentions et réceptions d'une œuvre encyclopédique au Moyen Âge. Actes du XIVᵉ Colloque de l'Institut d'Études médiévales, 27-30 avril 1988*, Saint Laurent / Paris (*Cahiers d'études médiévales. Cahier spécial*, 4), p. 197-217.

HANKINSON R. J., 1995 – « Philosophy of science », *The Cambridge Companion to Aristotle*, p. 109-139.

HÄRING N., 1955 – « The Creation and Creator of the World according to Thierry of Chartres and Clarenbaldus of Arras », *AHDLMA*, 30, p. 137-216.

HARRIS-McCOY D. E., 2008 – *Varieties of encyclopedism in the early Roman Empire : Vitruvius, Pliny the Elder, Artemidorus*, dissertation, University of Pennsylvania.

DE HARTMANN C. C., 2007 – *Lateinische Dialoge 1200-1400. Literarhistorische Studie und Repertorium*, Leiden/Boston.

HARTOG F., 2002 – *Régimes d'historicité. Présentisme et expériences du temps*, Paris.

HARVEY St. (éd.), 2000 – *The Medieval Hebrew Encyclopedias of Science and Philosophy. Proceedings of the Bar-Ilan University Conference*, Dordrecht.

HASKINS C. H., 1927 – *The Renaissance of the twelfth century*, New York.

HASSE D. N., 2000 – *Avicenna's De anima in the Latin West. The Formation of the Peripatetic Theory of the Soul, 1160-1300*, Londres / Turin (*Warburg Institute Studies and Texts*, 2000).

HASSE D. N., 2008 – « The early Albertus Magnus and his Arabic sources on the Theory of the soul », dans PERLER D. (éd.), *Transformation of the Soul. Aristotelian psychology, 1250-1650*, Vivarium, 46.3, p. 232-252.

HAVELOCK E., 1963 – *Preface to Plato*, Cambridge.

HEGEL G. W. F., 1952 [1817] – *Précis de l'encyclopédie des sciences philosophiques*, Paris.

HELLMANN O., 2010 – « Antike Verkürzungen biologischer Texte », dans HORSTER M., REITZ C. (dir.), *Condensing texts – Condensed texts*, Stuttgart, p. 555-583.

HEMMERDINGER B., 1989 – « L'art d'éditer Athénée », *Bollettino dei Classici*, 10, p. 106-117.

HENNE P., 2006 – *Introduction à Hilaire de Poitiers, suivie d'une anthologie*, Paris (Initiations aux Pères de l'Église).

HENNINGSEN J., 1966 – « Enzyklopädie ». *Zur Sprach- und Bedeutungsgeschichte eines päda-gogischen Begriffs (Archiv für Begriffsgeschichte*, 10), p. 271-362.

HENKEL H., 1991 – « Der *Promptus* des Dietrich Engelhus und seine Stellung innerhalb der mittelalterlichen enzyklopädischen Tradition », dans HONEMANN V. (éd.), *Dietrich Engelhus. Beiträge zu Leben und Werk. Actes du Congrès de Einbeck, 28 sept.-1ᵉʳ oct. 1989*, Köln / Weimar / Wien, p. 179-202.

HOENEN M. J. F. M., DE LIBERA A. (éd.), 1995 – *Albertus Magnus und der Albertismus. Deutsche philosophische Kultur des Mittelalters*, Leyde / New York / Cologne, 1995 (*STGgM*, 48).

HOLFORD-STREVENS L., 2003 [1988] – *Aulus Gellius. An Antonine scholar and his achieve-ment*, Oxford.

HOLTZ L. (éd.), 1981 – *Donat et la tradition de l'enseignement grammatical : étude sur l' "Ars Donati" et sa diffusion (IVᵉ-IXᵉ siècle)*, Paris (*Documents, études et répertoires – IRHT*).

HOLTZ L., 1996 – « Glossaires et grammaire dans l'Antiquité », dans HAMESSE J. (éd.), *Les Manuscrits des lexiques et glossaires de l'Antiquité tardive à la fin du Moyen Âge. Actes du Colloque international organisé par le "Ettore Majorana Centre for Scientific Culture", Erice, 23-30 septembre 1994*, Louvain-la-Neuve, p. 1-21.

HOLTZ L., 2000 – « Priscien dans la pédagogie d'Alcuin », dans DE NONNO M., DE PAOLIS P., HOLTZ L. (éd.), *Manuscripts and tradition of grammatical texts from Antiquity to the Renaissance*, Cassino, p. 289-326.

HOLTZ L., 2004 – « Le dialogue de Franco et de Saxo », dans DEPREUX P., JUDIC B. (éd.), *Alcuin, de York à Tours : écriture, pouvoir et réseaux dans l'Europe du haut Moyen Âge, Annales de Bretagne et des Pays de l'Ouest*, 111.3, p. 133-145.

HONNEFELDER L. *et al.* (éd.), 2005 – *Albertus Magnus und die Anfänge der Aristoteles-Rezeption im lateinischen Mittelalter : von Richardus Rufus bis zu Franciscus de Mayronis /Albertus Magnus and the beginnings of the medieval reception of Aristotle in the Latin West*, Münster (*Subsidia Albertina*, 1).

HONNEFELDER L. *et al.* (éd.), 2009 – *Via Alberti. Texte – Quellen – Interpretationen*, Münster (*Subsidia Albertina*, 2).

HOSSFELD P., 1980 – « Der Gebrauch der aristotelischen Übersetzungen in den *Meteora* des Albertus Magnus », *Medieval Studies*, 42, p. 395-406.

HOSSFELD P., 2001 – « Das zweite Buch der *Meteora* des Albertus Magnus », dans ANZULEWICZ H., SENNER W. *et al.* (éd.), *Albertus Magnus. Zum Gedenken nach 800 Jahren. Neue Zugänge, Aspekte und Perspektiven*, Berlin (*Quellen und Forschungen zur Geschichte des Dominikanerordens*, 10), p. 413-426.

HÜE D., 1990 – « Encyclopédisme et Moralisation », *Cahier Diderot*, 3, p. 17-56.

HÜE D., 1993 – « Tracé, écart : le sens de la carte chez Opicinus de Canistris », *Colloque d'Orléans, Terres Médiévales, avril 1990*, Orléans (coll. *Sapience*), p. 129-158.

HÜE D., 1995 – « Pour la lettre et pour le trait : Formes et formation de l'Europe », *Colloque d'Orléans, De la Chrétienté à l'Europe, mai 1993*, Orléans (coll. *Sapience*), p. 105-131.

HÜE D., 1999 – « Espace et Paysage chez Pierre Bersuire et quelques Avignonnais », *Cahiers de Recherches Médiévales*, 6, p. 41-57.

HUGLO M., 2001 – « Les arts libéraux dans le *Liber glossarum* », *Scriptorium*, 55, p. 3-33.

HUGONNARD-ROCHE H., 1984 – « La classification des sciences de Gundissalinus et l'influence d'Avicenne », dans JOLIVET J., RASHED R. (éd.), *Études sur Avicenne*, Paris (*Sciences et philosophie arabes, Études et reprises*), p. 41-75.

HÜNEMÖRDER C., 1987 – « Die Vermittlung medizinisch-naturwissenschaftlichen Wissens in Enzyklopädien », dans WOLF N. R. (éd.), *Wissensorganisierende und Wissens-vermittlende Literatur im Mittelalters. Perspektiven ihrer Erforschung. Kolloquium (5.-7. Dez. 1985)*, Wiesbaden, p. 255-277.

HÜNEMÖRDER C., 1994 – « Des Zisterziensers Heinrich von Schüttenhofen *Moralitates de naturis animalium*. Beobachtungen zu seiner Quellenbenutzung und zur frühen Rezeptionsgeschiche von Bartholomäus Anglicus und Thomas III », dans DOMES J., GERABEK W. E., HAAGE B. D. *et al.* (éd.), *Licht der Natur. Medizin in Fachliteratur und Dichtung. Festschrift für G. Keil zum 60. Geburtstag*, Göppingen, p. 195-224.

HÜNEMÖRDER C., 1997 – « John Folsham », *Lexikon des Mittelalters*, 5, München / Berlin, p. 576.

HUNT R. W., 1950 – « Hugutio and Petrus Helias », *Mediaeval and Renaissance Studies*, 2, p. 174-178.

HUNT R. W., 1958 – « The "Lost" Preface to the *Liber derivationum* of Osbern of Gloucester », *Mediaeval and Renaissance Studies*, 4, 1958, p. 267-282.

HUNT R. W., GIBSON M., 1984 – *The Schools and the Cloister. The Life and Writings of Alexander Nequam (1157-1217)*, Oxford.

HUNZINGER C., 1995 – « La notion de thôma chez Hérodote », *Ktèma*, 20, p. 47-70.

HUOT S., 1994 – « The Courtly Lover and Job in Machaut's Motets 2 and 3 », *Medium Aevum*, 63, p. 222-238.

HUYGENS R. B. C., 1953 – « *Accessus ad auctores* », *Latomus*, 12, p. 296-311 et 460-484.

HUYGENS R. B. C., 1991 – *La tradition manuscrite de Guibert de Nogent*, La Haye.

IMBACH R., FLÜELER C. (éd.), 1985 – *Albert der Große und die deutsche Dominikanerschule. Philosophische Perspektiven (Freiburger Zeitschrift für Philosophie und Theologie*, 32).

IMBACH R., LINDBLAD U., 1985 – « '*Compilatio rudis ac puerilis*'. Hinweise und Materialien zu Nikolaus von Strassburg O.P. und seiner *Summa* » dans IMBACH R., FLÜELER C. (éd.), *Albert der Grosse und die deutsche Dominikanerschule. Philosophische Perspektiven (Freiburger Zeitschrift für Philosophie und Theologie*, 32), p. 155-233.

ISAGER J., 1991 – *Pliny on Art and Society. The Elder Pliny's Chapters on the History of Art*, Londres.

ISNARDI PARENTE M., 1966 – *Techne. Momenti del pensiero greco da Platone ad Epicuro*, Florence.

JACOB C., 1992 – *Alexandrie, IIIᵉ siècle av. J.-C. : tous les savoirs du monde, ou Le rêve d'universalité des Ptolémée*, Paris.

JACOB C., 1996 – « Athènes-Alexandrie », dans SCHAER R. (éd.), *Tous les savoirs du monde. Encyclopédies et bibliothèques, de Sumer au XXIe siècle*, Paris, p. 44-53.

JACOB C., 2004a – « La citation comme performance dans les *Deipnosophistes* d'Athénée », dans DARBO-PESCHANSKI C. (dir.), *La citation dans l'antiquité*, Grenoble, p. 147-174.

JACOB C., 2004b – « La construction de l'auteur dans le savoir bibliographique antique : à propos des *Deinosophistes* d'Athénée », dans CALAME C., CHARTIER R. (dir.), *Identités d'auteur dans l'antiquité et la tradition européenne*, Grenoble, p. 127-158.

JACOB C., 2004c – « Questions sur les questions : Archéologie d'une pratique intellectuelle et d'une forme discursive », dans VOLGERS A., ZAMAGNI C. (éd.), *Erotapokriseis. Early Christian Question-and-Answer Literature in Context*, Leuven / Paris / Dudley, p. 25-54.

JACOBI D., 1986 – *Diffusion et vulgarisation. Itinéraires du texte scientifique*, Paris (*Annales littéraires de l'Université de Besançon, Série Linguistique et sémiotique*, 5).

JACOBI D., SCHIELE B. (dir.), 1988 – *Vulgariser la science : le procès de l'ignorance*, Seysel.

JACQUEMARD C. *et al.* (éd.), 2013 – « *Hortus sanitatis* » : Livre IV, « Les Poissons », Caen (*Fontes et paginae*).

JACQUES F., 1979 – *Dialogiques. Recherches logiques sur le dialogue*, Paris (*Philosophie d'aujourd'hui*, 12).

JÄGER W., 1997 [1923] – *Aristote : fondements pour une histoire de son évolution*, Paris.

JAHN O., 1850 – « Über römische Encyclopädien », *Berichte über die Verhandlungen der Kön. Sächsischen Gesellschaft der Wissensch. zu Leipzig, Phil.-hist. Kl.*, 2, p. 263-287.

JAIL C., 2001 – *L'étrange et le merveilleux en terres d'Islam*, Paris.

JAMES-RAOUL D., 1997 – *La Parole empêchée dans la littérature arthurienne*, Paris (*Nouvelle bibliothèque du Moyen Âge*, 40).

JANSEN-SIEBEN R. (éd.), **1989** – Artes mechanicae *en Europe médiévale*, Bruxelles (*Archives et bibliothèques de Belgique*, *NS* 34).

JEANNERET Y., 1994 – *Écrire la science. Formes et enjeux de la vulgarisation*, Paris.

JEAUNEAU E., 1973 – *Lectio philosophorum. Recherches sur l'école de Chartres*, Amsterdam.

JEAUNEAU E., 1995 – *L'âge d'or des écoles de Chartres*, Chartres.

JOLY H., 1974 – *Le renversement platonicien. 'Logos, Episteme, Polis'*, Paris.

JOLY R., 1960 – *Recherches sur le traité pseudo-hippocratique 'Du régime'*, Paris.

JOURJON D., 1992 – *Trois entretiens sur les Pères de l'Église de France : Hilaire, Sidoine Apollinaire, Césaire*, Lyon.

KADERAS C., 1998 – *Die Leishu der imperialen Bibliothek des Kaisers Qianlong*, Wiesbaden.

KAYLOR N. H. Jr., 1999 – « Boethius' *De Consolatione Philosophiae* didaktisch aufbereitet : Die anonyme mittelenglische Übersetzung von Buch I (…) », dans SCHAEFER U. (éd.), *Artes im Mittelalter, Fortschreibungen von Wissenbeständen*, Berlin, p. 187-197.

KEDAR B. Z., KOHLBERG E., 1995 – « The Intercultural Career of Theodore of Antioch », *Mediterranean Historical Review*, 10, p. 165-176.

KELLERMANN K., 1999 – « Zwischen Gelehrsamkeit und Information : Wissen und Wahrheit im Umbruch vom Mittelalter zur Neuzeit », dans SCHAEFER U. (éd.), *Artes im Mittelalter, Formationen und transformationen des Wissens*, Berlin, p. 124-140.

Kentron (revue), **2013** – *Revue pluridisciplinaire du monde antique,* 29 [dossier thématique *L'Hortus sanitatis*, rassemblé par C. JACQUEMARD et B. GAUVIN].

KERBRAT-ORECCHIONI C., 1971 – « Introduction », dans KERBRAT-ORECCHIONI C. (dir.), *La Question*, Lyon (*Linguistique et sémiologie*), p. 5-37.

KERBRAT-ORECCHIONI C., 1978 – « Déambulation en territoire aléthique », *Stratégies discursives. Actes du Colloque du Centre de Recherches linguistiques et sémiologiques de Lyon, 20-22 mai 1977*, Lyon, p. 53-102.

KERBRAT-ORECCHIONI C., 1992 – *Les Interactions verbales*, t. II, Paris.

KERBRAT-ORECCHIONI C., 2005 – *Les Actes de langage dans le discours. Théorie et fonctionnement*, Paris.

KLEPPER D. C., 2007 – *The insight of unbelievers : Nicholas of Lyra and Christian Reading of Jewish Texts in the Later Middle Ages*, Philadelphia.

KLINCK R., 1970 – *Die lateinische Etymologie des Mittelalters*, Munich (*Medium Aevum*, 17).

KNOCH W., 1999 – « Die theologische *Summa* : Zur Bedeutung einer hochmittelalterlichen Literaturgattung », dans SCHAEFER U. (éd.), *Artes im Mittelalter, Fortschreibungen von Wissenbeständen*, Berlin, p. 151-160.

KÖHLER T. W., 2000 – *Grundlagen des philosophisch-anthropologischen Diskurses im dreizehnten Jahrhundert. Die Erkenntnisbemühung um den Menschen im zeitgenössichen Verständnis*, Leyde/Boston/Cologne (*Studien und Texte zur Geistesgeschichte des Mittelalters [STGgM]*, 71).

KÖHLER T. W., 2008 – *Homo animal nobilissimum Konturen des spezifisch Menschlichen in der naturphilosophischen Aristoteleskommentierung des dreizehnten Jahrhunderts*, Teilband I, Leyde/Boston/Cologne (*STGgM*, 94).

KOLLER H., 1955 – « Ἐγκύκλιος Παιδεία [Enkyklios Paedeia] », *Glotta*, 34.3-4, p. 174-189.

KOWALSKA M., 1967 – « Remarks on the unindentified cosmography Tuḥfat al-ġarāʾib », *Folia Orientalia*, 9, p. 11-18.

KREY P. D., SMITH L. J. (éd.), **2007** – *Nicholas of Lyra : the Senses of Scripture*, Leyde/Boston/Cologne (*Studies in the History of the Christian Thought*, 40).

KURZ J.-L., 2001 – « The Politics of Collecting Knowledge : Song Taizong's Compilations Project », *T'oung Pao*, 87.4-5, p. 289-316.

KURZ J.-L., 2007 – « The Compilation and Publication of the *Taiping yulan* and the *Cefu yuangui* », *Extrême-Orient Extrême-Occident*, hors-série, p. 39-76.

LABBÉ D., 1985 – « Nous, les communistes », *Mots*, 10, p. 133-146.

LACHENAUD G., 1997 – « L'*enkuklios paideia* et l'esprit encyclopédique dans l'Antiquité », *Revue de Philologie*, 71, p. 65-101.

LACOSTE F., 1958 – « Un commentaire scripturaire du XIIe siècle : le *Tractatus in Hexaemeron* de Hugues d'Amiens », *AHDLMA*, 25, p. 227-294.

LANGLOIS C. V., 1911 – *La connaissance de la nature et du monde au Moyen Âge, d'après quelques écrits français à l'usage des laïcs*, Paris.

LANGLOIS C.-V., 1926-1928 – *La connaissance de la nature et du monde au Moyen Âge*, Paris 1926-1928 [réimp. Genève, 1970], t. III.

LARGIER N., 2000 – « Time and Temporality in the German Dominican School. Outlines of a Philosophical Debate between Nicolaus of Strasbourg, Dietrich of Freiberg, Eckhart of Hoheim and Iohannes Tauler », dans PORRO P. (éd.), *The Medieval Concept of Time. The Scholastic Debate and Its Reception in Early Modern Philosophy*, Leyde / Boston / Cologne (*Studien und Texte zur Geistesgeschichte des Mittelalters*, 75), p. 221-254.

LARREYA P., 1979 – *Énoncés performatifs. Présupposition*, Paris.

LAW V., 1982 – *The insular Latin grammarians*, Woodbridge.

LAWN B., 1963 – *The Salernitan Questions. An introduction to the History of Medieval and Renaissance Problem Literature*, Oxford.

LAWN B., 1993 – *The Rise and Decline of the Scholastic 'Quaestio Disputata' with Special Emphasis on its Use in the Teaching of Medicine and Science*, Leyde / New York / Cologne (*Education and Society in the Middle Ages and Renaissance*, 2).

LE BLOND J.-M., 1939 – *Logique et méthode chez Aristote*, Paris.

LE GOFF J., 1957 – *Les intellectuels au Moyen Âge*, Paris.

LE GOFF J., 1964 – La *Civilisation de l'Occident médiéval*, Michigan (*Les Grandes civilisations*, 3).

LE GOFF J., 1994 – « Pourquoi le XIIIe siècle a-t-il été un siècle d'encyclopédisme ? », dans PICONE M. (éd.), *L'enciclopedismo medievale*, Ravenne, p. 23-40.

LE GOFF J., 1995 – *Saint Louis*, Paris.

LEAR J., 1990 – *Aristotle. The Desire to understand*, Cambridge.

LEBEL M., 1991 – *Le concept de l'Encyclopedia. Acta Conventus Neo-latini Torontonensis*, Bighampton.

LEFÈVRE Y., 1954 – *L'Elucidarium et les lucidaires. Contribution, par l'histoire d'un texte, à l'histoire des croyances religieuses en France au Moyen Âge*, Paris.

LEJBOWICZ M., 1988 – « Le choc des traductions arabo-latines du XIIe siècle et ses conséquences dans la spécialisation sémantique d'*astrologia* et d'*astronomia* : Dominicus Gundissalinus et la *scientia iudicandi* », dans LOUIS P., ROGER J. (dir.), *Transfert de vocabulaire dans les sciences*, Paris, p. 213-276.

LEJBOWICZ M., 1991 – « Les antécédents de la distinction isidorienne *astrologia/astronomia* », dans RIBÉMONT B. (dir.), *Observer, lire, écrire le ciel au Moyen Âge*, Paris, p. 173-212.

LEMERLE P., 1971 – *Le premier humanisme byzantin. Notes et remarques sur enseignement et culture à Byzance des origines au Xe siècle*, Paris.

LEMOINE M., 1998 – *Théologie et platonisme au XIIe siècle*, Paris.

LEMOINE M., 2004 – *Théologie et cosmologie au XIIe siècle*, Paris.

Lenoble R., 1969 – *Histoire de l'idée de nature,* Paris.

Letronne A., 1833 – *Observations philologiques et archéologiques sur les noms des vases grecs*, Paris.

Letrouit J., 1991 – « À propos de la tradition manuscrite d'Athénée », *Maia*, 43, p. 33-40.

Levy C., 1996 – *Le concept de nature à Rome. La physique*, Paris.

Lewicki T., 1978 – « Al-Kazwīnī », *Encyclopédie de l'Islam*, Leiden, 2ᵉ éd., vol. 4, p. 898-900.

de Libera A., 1999 – *Maître Eckhart et la mystique rhénane*, Paris (*Initiations au Moyen Âge*).

Lidaka, 1997 – « Bartholomaeus Anglicus in the Thirteenth Century », dans Binkley P. (éd.), *Pre-Modern Encyclopedic Texts. Proceedings of the second COMERS Congress, Groningen, 1-4 July 1996,* Leiden / New York / Köln, p. 393-406.

Lindgren U., 1992 – *Die* Artes liberales *in Antike und Mittelalter. Bildungs- und Wissenschaftsgeschichtliche Entwicklungslinien*, München (*Algorismus*, 8).

Linke H., 1880 – *Quaestiones de Macrobii Saturnaliorum fontibus*, diss. Breslau.

Litt T., 1963 – *Les corps célestes dans l'univers de saint Thomas d'Aquin*, Paris / Louvain.

Lochrie K. D., Mccracken P., Schultz J. A. (éd.), 1998 – *Constructing Medieval Sexuality*, Minneapolis (*Medieval Culture*, 11).

Loewe R., 1958 – « Alexander Neckam's Knowledge of Hebrew », *Medieval and Renaissance Studies*, 4, p. 17-34.

Long A. A., Sedley D. N., 2001 – *Les philosophes hellénistiques*, II, Paris.

Long J., 2007 – « livre III et livre IV », dans Van den Abeele *et al.* (éd) *Bartholomaeus Anglicus. De proprietatibus rerum. Volume I : Prohemium, Livre I-IV*, Turnhout (*De diversis artibus* 78, *NS* 41), p. 135-199.

Louis P., 1955 – « Le mot ἱστορία chez Aristote », *Revue de philologie*, 81, p. 39-44.

Louyest B., 2009 – *Athénée de Naucratis. Mots de poissons. Le banquet des sophistes. Livres VI et VII*, Villeneuve d'Ascq.

Love I., 1968 – « Kantharos or Karchesion », dans Sandler L. (éd.), *Essays in Memory of Lehmann K.*, *Marsyas*, suppl. 1, p. 204-222.

Luff R., 1999 – *Wissensvermittlung im europaischen Mittelalter : 'Imago-mundi'-Werke und ihre Prologe*, Tübingen.

Lukinovich A., 1985 – « La *poikilia* chez Athénée », *REL*, 63, p. 14-16.

Lukinovich A., 1990 – « The Play of Reflection between Literary Form and the Sympotic Theme in the *Deipnosophists* of Athenaeus », dans Murray O. (dir.), *Sympotica. A Symposion on the Symposion*, Oxford, p. 263-271.

Lusignan S., 1979 – *Préface au Speculum maius de Vincent de Beauvais : réfraction et diffraction*, Montréal / Paris.

Lynch C. H., 1938 – *Saint Braulio, bishop of Saragossa (631-651) : his life and writings*, Washington.

Lyotard J.-F., 1979 – *La condition postmoderne. Rapport sur le savoir*, Paris.

Maffia Scariati I. (éd.), 2008 – *A scuola con Ser Brunetto. Indagini sulla ricezione di Brunetto Latini dal Medioevo al Rinascimento. Atti del Convegno Internazionale di Studi, Università di Basilea, 8-10 Giugno 2006*, Firenze (*Archivio Romanzo*, 14).

Magallón García A.-I., 1996 – *La tradición gramatical de differentia y etymologia hasta Isidoro de Sevilla*, Saragosse.

Mâle E., 1958 – *L'Art religieux du XIIᵉ siècle en France*, tome 1, Paris.

Maltby R., 1991 – *A Lexicon of Ancient Latin Etymologies*, Leeds.

MANCO A., SILVESTRI D. (éd.), **2011** – *L'etimologia. Atti del XXXV Convegno della Società Italiana di Glottologia, Napoli, 21-23 ottobre 2010*, Roma.

MANDOSIO J.-M., **2005** – « Encyclopédies en latin et encyclopédies en langue vulgaire (XIIIe-XVIIIe siècle) », dans BURY E. (éd.), *Tous vos gens à latin : le latin, langue savante, langue mondaine (XIVe-XVIIe s.)*, Genève, p. 113-136.

MANETTI G., **1988** – « Perception, Encyclopedia, and Language Among the Stoics in Signs of Antiquity/Antiquity of Signs », *Versus : Quaderni di Studi Semiotici*, 50-51, p. 123-144.

MAR JONSSON E., **1990** – « Le sens du titre *Speculum* aux XIIe et XIIIe siècles et son utilisation par Vincent de Beauvais », dans *Vincent de Beauvais : Intentions et réceptions d'une oeuvre encyclopédique au Moyen Âge. Actes du XIVe colloque de l'Institut d'Études Médiévales, 27-30 avril 1988*, Saint-Laurent / Paris, p. 11-32.

MARCOVICH M., **1971** – « *Voces animantium* and Suetonius », *Ziva Antika*, 21, p. 399-416.

MARGUIN-HAMON E., **2003** – *L'Ars lectoria Ecclesie de Jean de Garlande. Une grammaire versifiée du XIIIe siècle et ses gloses*, Turnhout.

MARINONI A. (éd.), **1955** – *Dal Declarus di A. Senisio : I vocaboli siciliani*, Palerme.

MARINONI A., **1988** – « Per una edizione delle *Derivationes* di Uguccione da Pisa », dans CORNAGLIOTTI A., FONTANELLA L., PICCAT M., ROSSEBASTIANO A., VITALE-BROVARONE A. (éd.), *Miscellanea di studi romanzi offerta a G. Gasca Queirazza per il suo 65° compleanno*, Alessandria, p. 637-644.

MARQUET Y., **1990** – « Ikhwān al-ṣafā' », *Encyclopédie de l'Islam*, 2e éd., Leiden, 3, p. 1098-1103.

MARROU H. I., **1958** – *Saint Augustin et la fin de la culture antique*, Paris.

MARTIN J., **1931** – *Symposion. Die Geschichte einer literarischen Form, Studien zur Geschichte und Kultur des Altertums*, 17, Padeborn.

MASSÉ H., **1944** – *Le livre des merveilles du monde*, Paris.

McGEACHY J. A. Jr., **1938** – « The *Glossarium Salomonis* and Its Relationship to the *Liber Glossarum* », *Speculum*, 13, p. 309-318.

MEHREN A. F., **1874** – *Manuel de la cosmographie du Moyen Âge, traduit de l'arabe*, Copenhague.

MEIER C., **1979** – *Gemma spiritalis. Methode und Gebrauch der Edelsteinallegorese vom frühen Christentum bis ins 18. Jahrhundert*, Munich (*Münstersche Mittelalter-Schriften*, 34).

MEIER-STAUBACH C., **1984** – « Grundzüge der mittelalterlichen Enzyklopädik. Zu Inhalten, Formen und Funktionen einer problematischen Gattung », dans GRENZMANN L., STARKMAN K. (éd.), *Literatur und Laienbildung im Spätmittelalter und in der Reformationszeit. Symposium Wolfenbüttel, 1981*, Stuttgart (*Germanistische Symposien. Berichtsbände*, 5), p. 467-500.

MEIER C., **1988** – « *Cosmos politicus*. Der Funktionswandel der Enzyklopädie bei Brunetto Latini », *Frühmittelalterliche Studien*, 22, p. 315-356.

MEIER C., **1992** – « Vom *homo caelestis* zum *homo faber*. Reorganisation der mittelalterlichen Enzyklopädie für neue Gebrauchsfunktionen bei Vinzenz von Beauvais und Brunetto Latini », dans KELLER H., GRUBMÜLLER K., STAUBACH N. (éd.), *Pragmatische Schriftlichkeit im Mittelalter. Erscheinungsformen und Entwicklungsstufen*, München (*Münstersche Mittelalterschriften*, 65), p. 157-175.

MEIER C., **1995** – « Der Wandel der Enzyklopädie des Mittelalters von Weltbuch zum Thesaurus sozial gebundenen Kulturwissens : am Beispiel der *Artes mechanicae* », dans EYBL F. *et al.* (éd.), *Enzyklopädien der frühen Neuzeit. Beiträge zu ihrer Erforschung*, Tübingen, p. 19-42.

MEIER C., **1997** – « Organisation of Knowledge and Encyclopedic *ordo* : Functions and Purposes of a Universal Literary Genre », dans BINKLEY P. (éd.), *Pre-Modern Encyclopaedic Texts. Proceedings of the Second COMERS Congress, Groningen, 1-4 July 1996*, Leiden / New York / Köln, p. 103-216.

MEIER C., 2002 – « Enzyklopädischer Ordo und sozialer Gebrauchsraum. Modelle der Funktionalität einer universalen Literaturform », dans MEIER C. (éd.), *Die Enzyklopädie im Wandel vom Hochmittelalter bis zur Frühen Neuzeit*, München, p. 511-532.

MEIER C., SCHULER S., HECKENKAMP M. (éd.), **2002** – *Die Enzyklopädie im Wandel vom Hochmittelalter bis zur frühen Neuzeit. Akten des Kolloquiums des Projekts D im Sonderforschungsbereich 231, 29.11.-01.12.1996*, München.

MEINECKE B., 1991 – « *Glossae iussu Salomonis… sub breuitate collectae* », *Sprachwissenschaft*, 16, p. 459-469.

MEINECKE B., 1994 – *Liber Glossarum und Summarium Heinrici. Zu einem Münchener Neufund*, Götttingen.

MELCZER W., 1988 – « Les encyclopédies », *L'époque de la Renaissance 1400-1600. L'avènement de l'esprit nouveau*, vol. I, Budapest, p. 337-347.

MELZER A., 2007 – « On the pedagogical motive for esoteric writing », *Journal of Politics*, 69, p. 1015-1031.

MESCHONNIC H., 1997 – « L'encyclopédie sortant de son mot pour se voir », dans SCHAER R., *Tous les savoirs du monde. Encyclopédies et bibliothèques, de Sumer au XXIe siècle*, Paris, p. 19-25.

METTE H. J., 1960 – « Enkyklios paideia », *Gymnasium*, 67, p. 300-307.

MEYER C., 1998 – « Métaphore instrumentale et représentation du système acoustique à l'époque carolingienne », dans HENTSCHEL F. (éd.), *Musik und die Geschichte der Philosophie und Naturwissenschaften im Mittelalter : Fragen zur Wechselwirkung von Musica und Philosophia im Mittelalter*, Leyde/Boston/Cologne (*Studien und Texte zur Geistesgeschichte des Mittelalters*, 62), p. 141-149.

MEYER H., 1990 – « Zum Verhältnis von Enzyklopädik und Allegorese im Mittelalter », *Frühmittelalterliche Studien*, 24, p. 290-313.

MEYER H., 1991 – « *Ordo rerum* und Registerhilfen in mittelalterlichen Enzyklopedie-handschriften », *Fruhmittelalterlichen Studien*, 25, p. 315-339.

MEYER H., 2000 – *Die Enzyklopädie des Bartholomäus Anglicus. Untersuchungen zur Überlieferungs- und Rezeptionsgeschichte von 'De proprietatibus rerum'*, Münster (*Münstersche Mittelalter-Schriften*, 77).

MEYER H., 2001 – « Die Problematik und Leistungen der Allegoriedefinitionen Beda Venerabilis », *Frühmittelalterliche Studien*, 35, p. 183-200.

MEYER H., 2002 – « Die Predigerenzyklopädie. Textsorte und Gebrauch unter methodischen Aspekten », dans KELLER H., MEIER C., SUNTRUP R. (éd.), *Pragmatische Dimensionen mittelalterlicher Schriftkultur. Akten des Internationalen Kolloquiums 26.-29. Mai 1999*, München (*Münstersche Mittelalterschriften*, 79), p. 177-190.

MICHAUD-QUANTIN P., 1966 – « Les petites encyclopédies du XIIIᵉ siècle », *Cahiers d'Histoire mondiale*, 3, p. 580-595.

MICHEL P. (éd.), **2006** – *All you need to know : Encyclopaedias and the Idea of General Knowledge*, dans MICHEL P. (éd.), *Conference, Prangins, Switzerland, 18-20 Sept. 2003*, www.enzyklo-paedie.ch.

MICHEL P., HERREN M., 2007 – « Unvorgreifliche Gedanken zu einer Theorie des Enzyklopädischen », dans MICHEL P., HERREN M., RÜESCH (éd.), *Allgemeinwissen und Gesellschaft*, p. 9-74.

MINERVINI V., 1977 – « Schede sulla tradizione manoscritta del *"Livre de Sidrach"* », dans *Annali dell' Istituto universitario orientale-sezione romana*, XIX, 2, Naples, p. 539-570.

MOATTI C., 1997 – *La raison de Rome. Naissance de l'esprit critique à la fin de la République*, Paris.

MOESCHLER J., 1985 – *Argumentation et Conversation. Éléments pour une analyse pragma-tique du discours*, Paris (*Langues et apprentissage des langues*, 11).

MOJSISCH B., 1991 – « Hugo Ripelin von Straßbourg OP, Theologe und Philosoph », *Lexikon des Mittelalters*, 5, Munich, col. 176.

MONJOU P., 2008 – *La Vulgarisation théologique du XIIIe au XVIe siècle d'après le "Compendium theologicae veritatis" de Hugues Ripelin de Strasbourg*, 2 vol., [Thèse non éditée] sous la direction de CAROZZI C., Aix-Marseille.

MOREL P. M., 1997 – *Aristote et la notion de nature*, Bordeaux.

MORETON J., 1994 – « John of Sacrobosco and the Calendar », *Viator*, 25, p. 225-244.

MORTIER G., 1991 – « Préface », dans BECQ A. (éd.), *L'Encyclopédisme. Actes du colloque de Caen, 12-16 janvier 1987*, Paris, p. 13-15.

MORTON A. G., 1986 – « Pliny on Plants : his Place in the History of Botany », dans FRENCH R., GREENAWAY F. (éd.), *Science in the Early Roman Empire. Pliny the Elder, his Sources and Influence*, Londres / Sydney.

MOULIS M., 1993 – « Éducation, apprentissages, initiation au Moyen Âge », *Les Cahiers du CRISIMA*, 1, p. 333-346.

MUDRY P., 1986 – « Science et conscience. Réflexions sur le discours scientifique à Rome », *Sciences et techniques à Rome, Etudes de Lettres*, p. 74-86.

MURPHY T., 2004 – *Pliny the Elder's « Natural History ». The empire in the Encyclopedia*, Oxford.

MURRAY O. (dir.), 1990 – *Sympotica. A Symposon on the Symposion*, Oxford.

NAAS V., 2000 – « L'*Histoire naturelle*, œuvre scientifique ? », dans CALLEBAT L., DESBORDES O. (éd.), *Science antique, science médiévale*, Hildesheim / Zürich / New York, p. 255-271.

NAAS V., 2002 – *Le projet encyclopédique de Pline l'Ancien*, Roma (*Collection de l'École Française de Rome* 303).

NAAS V., 2004 – « *Ratio … multis inuoluta miraculis* (Pline l'Ancien, *NH*, II, 62) : autour de la *ratio* plinienne », dans NAAS V. (éd.), *En-deçà et au-delà de la 'ratio'*, Lille, p. 29-37.

NAAS V., 2008 – « Pline l'Ancien a-t-il cru à ses mythes ? » *Pallas*, 78, p. 133-151.

NAAS V., 2011a – « L'*Histoire naturelle* de Pline l'Ancien, texte fondateur de l'encyclopé-disme ? » dans GROULT M. (éd.), *Les encyclopédies. Construction et circulation du savoir de l'Antiquité à Wikipédia*, Paris, p. 25-45.

NAAS V., 2011b – « Imperialism, *Mirabilia* and Knowledge. Some Paradoxes in the *Naturalis Historia* », dans GIBSON R. K., MORELLO R. (éd.), *Pliny the Elder. Visions and Context*, Leyde, p. 57-70.

NAAS V., 2011c – « Philhellénisme et identité romaine chez Pline l'Ancien (*nat.* VII, 81-130) », dans BONADEO A., CANOBBIO A., GASTI F. (éd.), *Filellenismo e identità romana in età flavia*, Pavie, p. 35-58.

NADDAF G., 1992 – *L'origine et l'évolution du concept grec de 'phusis'*, Lewiston.

NICOLET C., 1996 – *L'inventaire du monde. Géographie et politique aux origines de l'empire romain*, Paris (1re éd. 1988).

NIEDEREHE H.-J., 1976 – « Friedrich Diez und die Etymologie des 13. Jahrhunderts », dans NIEDEREHE H. J., HAARMANN H. (éd.), *In Memoriam Friedrich Diez. Akten des Kolloquiums zur Wissenschaftsgeschichte der Romanistik, Trier, 2.-4.Oktober 1975*, Amsterdam, p. 21-31.

NIFADOPOULOS C. (éd.), 2003 – *Etymologia. Studies in Ancient Etymology. Proceedings of the Cambridge Conference on Ancient Etymology, 25-27 September 2000*, Münster.

NØLKE H., 2005 – « Le locuteur comme constructeur de sens », dans BRES J., HAILLET P. P., MELLET S., NØLKE H., ROSIER L. (dir.), *Dialogisme et polyphonie. Approches linguistiques*, Bruxelles, p. 111-124.

OBRIST B., CAIAZZO I. (éd.), **2011** – *Guillaume de Conches. Philosophie et science au XIIe siècle*, Firenze (*Micrologus' Library*, 42).

O'NEIL M., **2009** – « Wikipédia ou la fin de l'expertise », *Le Monde Diplomatique*, avril 2009, p. 20.

OLDONI M., **1994** – « Giovanni da San Gimignano », dans PICONE M. (éd.), *L'enciclopedismo medievale. Atti del convegno « l'enciclopedimo medievale », San Gimignano 8-10 ottobre 1992*, Ravenna (*Memoria del tempo*, 1), p. 213-228.

OLSON S., SENS A., **2000** – *Archestratos of Gela, Greek Culture & Cuisine in the Fourth Century*, Oxford.

OUY G., **1999** – *Les manuscrits de l'abbaye de Saint-Victor. Catalogue établi sur la base du répertoire de Claude de Grandrue (1514)*, 2 vol., Turnhout (*Bibliotheca victorina*, X).

PALMER N., **1989** – « Kapitel und Buch. Zu den Gliederungsprinzipien mittelalterlicher Bücher », *Frühmittelalterliche Studien*, 23, p. 43-88

PALMIERI N. (éd.), **2003** – *Rationnel et irrationnel dans la médecine ancienne et médiévale*, Saint-Étienne.

PANCKOUCKE C.-J., **1783** – *Encyclopédie méthodique ou par ordre des matières ou Bibliothèque complete de toutes les conoissances humaines*, Liège.

PAPADOYANNAKIS Y., **2006** – « Instruction by Question and Answer: The Case of Late Antique and Byzantine *Erotapokriseis* », dans JOHNSON S. F. (éd.), *Greek Literature in Late Antiquity*, Aldershot, p. 91-106.

PARET R., **1966** – « Contribution à l'étude des milieux culturels dans le Proche-Orient médiéval: "l'encyclopédisme" arabo-musulman de 850 à 950 de l'ère chrétienne », *Revue historique*, 477, p. 47-100 .

PARRONI P., **1989** – « Scienza e produzione letteraria », dans CAVALLO G., FEDELI P., GIARDINA A. (dir.), *Lo Spazio letterario di Roma antica*, I, Rome, p. 469-505.

PARROT G. F., **1821** – *Entretiens sur la physique*, t. IV, Dorpat.

PAULMIER-FOUCART M., **1994** – « Une des tâches de l'encyclopédiste: intituler, les titres des chapitres du *Speculum naturale* de Vincent de Beauvais », dans PICONE M. (éd.), *L'enciclopedismo medievale*, Ravenne, p. 147-162.

PAULMIER-FOUCART M., **2001** – « L'*actor* et les *auctores*. Vincent de Beauvais et l'écriture dans le *Speculum majus* », dans ZIMMERMANN M. (éd.), *Auctor et auctoritas. Invention et conformisme dans l'écriture médiévale. Actes du colloque tenu à l'Université de Versailles-Saint-Quentin-en-Yvelines (14-16 juin 1999)*, Paris (*Mémoires et documents de l'École des Chartes*, 59), p. 145-160.

PAULMIER-FOUCART M., DUCHENNE M.-C., **2004** – *Vincent de Beauvais et le Grand Miroir du monde*, Paris (*Témoins de notre Histoire*).

PAULMIER-FOUCART M., LUSIGNAN S., NADEAU A. (éd.), **1990** – *Vincent de Beauvais: Intentions et réceptions d'une oeuvre encyclopédique au Moyen Âge. Actes du XIVe colloque de l'Institut d'Études Médiévales, 27-30 avril 1988*, Saint-Laurent/Paris, 1990.

PEDERSEN O., **1985** – « In quest of Sacrobosco », *Journal of the History of Astronomy*, 16, 47, p. 175-221.

PELLAT C., **1990** – « Mawsū'a. Encyclopédie », *Encyclopédie de l'Islam*, 2e éd., Leiden, 6, p. 894-898.

PELLICER A., **1966** – *'Natura'. Etude sémantique et historique du mot latin*, Paris.

PERCIVAL W. K., **1998** – « Saussure on Etymology », dans LIVER R., WERLEN I., WUNDERLI P. (éd.), *Sprachtheorie und Theorie der Sprachwissenschaft. Geschichte und Perspektiven. Festschrift für R. Engler zum 60. Geburtstag*, Tübingen.

PERELMAN C., 1955 – « La méthode dialectique et le rôle de l'interlocuteur dans le dialogue », *Revue de Métaphysique et de Morale*, 60, p. 26-31.

PERELMAN C., OLBRECHTS-TYTECA L., 1970 – *Traité de l'Argumentation. La nouvelle rhétorique*, Bruxelles (*Collection de sociologie générale et de philosophie sociale*).

PÉREZ RODRÍGUEZ E., 1998 – « La *Summa artis gramatice* de Hugutio y la gramática del s. XII », dans LEONARDI C. (éd.), *Gli Umanesimi medievali. Atti del II Congresso dell'« Internationales Mittellateinerkomitee » Firenze, Certosa del Galluzzo, 11-15 settembre 1993*, Florence, p. 479-484.

PERIFANO A., 2011 – « Pline à la Renaissance. Transmission, réception et relecture d'un encyclopédiste antique », dans PERIFANO A. (éd.), *Archives Internationales d'Histoire des Sciences*, 61, 166-167.

PERIS A., 1998 – « La lista de *Voces animantium* del Matritensis B.N. 19 : estudio de sus fuentes y nueva edición », *Cuadernos de Filología Clásica. Estudios Latinos*, 15, p. 405-427.

PERUZZI E., 1976 – « Lat. lupa », dans PISANI V., SANTORO C. (éd.), *Italia linguistica nuova ed antica. Studi linguistici in memoria di Parlangèli O.*, vol. 1, Galatina, p. 173-177.

PETERS F. E., 1968 – *Aristotle and the Arabs*, New York.

PETIT A., 1997 – « 'L'art imite la nature' : les fins de l'art et les fins de la nature », dans MOREL P. M. (éd.), *Aristote et la notion de nature*, Bordeaux, p. 35-43.

PICCIONE R.-M., 2002 – « Encyclopédisme et enkyklios paideia. À propos de Jean Stobée et de son *Anthologion* », *Philosophie antique*, 2, p. 169-197.

PICONE M. (éd.), 1994 – *L'enciclopedismo medievale. Atti del convegno « l'enciclopedimo medievale », San Gimignano 8-10 ottobre 1992*, Ravenna (*Memoria del tempo*, 1).

PIGEAUD J., 1988 – « La greffe du monstre », *REL*, 66, p. 197-218.

PINÈS S., 1985 – « Une encyclopédie arabe du Xe siècle. Les Épîtres des Frères de la Pureté *Rasā'il Ikhwān al-Ṣafā'* », *Rivista critica di storia della filosofia Firenze*, 40.1, p. 131-136.

PIZZANI U., 1990 – « L'enciclopedismo tardoantico e il discipline del quadrivio : prospettive metodologiche », dans GARZYA A. (éd.), *Metodologie della ricerca sulla tarda antichità : atti del primo Convegno dell'Associazione di studi tardoantichi, Atti dei Convegni : Associazione di studi tardoantichi*, 1, Napoli, p. 49-69.

PONS A., 1986 – *Introduction aux extraits de l'Encyclopédie de Diderot*, 1, Paris.

DEL PUNTA F., DONATI S., TRIFOGLI C., 2000 – « Commentaries on Aristotle's Physics in Britain, 1250-1270 », dans MARENBON J. (éd.), *Aristotle in Britain during the Middle Ages and the Renaissance. Proceedings of the International Conference at Cambridge, 8-11 April 1991*, Turnhout (*Rencontres de Philosophie Médiévale*, 5), p. 265-283.

QUAIN E. A., 1945 – « The Medieval Accessus ad Auctores », *Traditio*, 3, p. 215-264.

RADTKE B., 1987 – « Die älteste islamische Kosmographie Muḥammad-i Ṭūsīs 'Aǧā'ib ul-maḫlūqāt », *Der Islam*, 64, p. 279-288.

RADTKE B., 1998 – « Persian Cosmography, Early Tafsir and Nestorian Exegesis », dans VESEL Z. (éd), *La science dans le monde iranien*, Téhéran, p. 323-335.

REIJNDERS H. F., 1971 – « Aimericus Ars lectoria », *Vivarium*, 9, p. 119-137.

REIJNDERS H. F., 1972 – « Aimericus Ars lectoria », *Vivarium*, 10, p. 41-101 et 124-176.

REININK G. J., 1997 – « Communal Identity and the Systematisation of Knowledge in the Syriac "Cause of all causes" », dans BINKLEY P. (éd.), *Pre-modern Encyclopaedic Texts. Proceedings of the Second Comers Congress, Groningen, 1-4 July 1996*, Leiden / New York / Köln, p. 275-288.

DE RENTIIS D., 1999 – « Für eine neue Geschichte der Nachahmungskategorie : *Imitatio morum* und *lectio auctorum in Policraticus* VII, 10 » dans SCHAEFER U. (éd.), *Artes im Mittelalter,* « *Fortschreibungen von Wissenbeständen* », Berlin, p. 161-173.

REY A., 1982 – *Encyclopédies et dictionnaires*, Paris.

REY A., 2006 – *Antoine Furetière : un précurseur des Lumières sous Louis XIV,* Paris.

REY A., 2007 – *Miroirs du monde: une histoire de l'encyclopédisme*, Paris.

REYNOLDS P. L., 1999 – *Food and the Body. Some Peculiar Questions in High Medieval Theology*, Leyde / Boston / Cologne (*STGgM,* 69).

REYNOLDS S., 1996 – *Medieval Reading : Grammar, Rhetoric and the Classical Text*, Cambridge.

RIBÉMONT B., 1991 – « Statut de l'astronomie et évolution des connaissances sur le cosmos au Moyen Âge », *Observer, lire, écrire le ciel au Moyen Âge*, Paris, p. 283-300.

RIBÉMONT B., 1995a – *De natura rerum : études sur les encyclopédies médiévales*, Orléans.

RIBÉMONT B., 1995b – « Les encyclopédies médiévales. Une première approche du genre », dans GUICHARD P. et ALEXANDRE-BIDON D. (dir.), *Comprendre le XIIIᵉ siècle. Études offertes à M.-T. Lorcin*, Lyon, p. 237-252.

RIBÉMONT B., 1997 – « On the definition of an encyclopaedic genre in the Middle Ages », dans BINKLEY P. (éd.), *Pre-Modern Encyclopaedic Texts. Proceedings of the Second COMERS Congress, Groningen, 1-4 July 1996*, Leiden / New York / Köln, p. 47-61.

RIBÉMONT B., 1999a – « Repères bibliographiques sur les encyclopédies médiévales de l'Occident latin (XIIᵉ-XIVᵉ s.) », *Cahiers de Recherches Médiévales (XIIIᵉ-XVᵉ s.)*, 6, p. 99-109.

RIBÉMONT B. (dir.), 1999b – *Vulgariser la science : les encyclopédies médiévales*, Paris.

RIBÉMONT B., 1999c – *Bartholomaeus. Le livre des propriétés des choses : une encyclopédie au XIVᵉ siècle*, Paris.

RIBÉMONT B., 2001 – *Les origines des encyclopédies médiévales d'Isidore de Séville aux Carolingiens*, Paris.

RIBÉMONT, 2002a – *La « renaissance » du XIIᵉ siècle et l'encyclopédisme*, Paris.

RIBÉMONT, 2002b – *Qui des sept arz set rien entendre… Études sur le Roman de Thèbes*, Orléans.

RICH A., 1867 [1859] – *Dictionnaire des antiquités Romaines et Grecques*, Paris.

RICHELET P., 1694 – *Dictionnaire françois, contenant generalement tous les mots et plusieurs remarques sur la langue françoise ; les expressions Propres, figurées et burlesques, la Pronontiation des Mots les plus difficiles, le Genre des Noms, la Conjugaison des Verbes, leur régime, celui des adjectifs & des Prépositions. Avec les Termes les plus connus des Arts & des Sciences. Le tout tiré de l'usage et des bons auteurs par P. Richelet*, Cologne.

RIESSNER C., 1965 – *Die « Magnae derivationes » des Uguccione da Pisa und ihre Bedeutung für die romanische Philologie*, Roma (*Temi e testi,* 11).

RIEU C., 1894 – *Supplement to the catalogue of the Arabic manuscripts in the British Museum*, London.

RIFFATERRE M., 1980 – « La trace de l'intertexte », *La Pensée*, 215, p. 4-18.

RIHA O., 1993 – « Ein Buch machen aus allen Büchern. Die Konzeption von Ortolfs "Arzneibuch" », dans KEIL G. (éd.), *"Ein teutsch puech machen". Untersuchungen zur landessprachlichen Vermittlung medizinischen Wissens. Ortolf-Studien I*, Wiesbaden, p. 15-38.

DE RIJK L. M., 1965 – « 'Egkuklios paideia'. A Study of its Original Meaning », *Vivarium*, 3, p. 24-93.

ROBBINS F. E., 1912 – *The Hexaemeral Litterature. A study of Greek and Latin Commentaries on Genesis*, Chicago.

ROBRIEUX J.-J., 1998 – *Les Figures de style et de rhétorique*, Paris (*Les Topos*).

ROHAULT J., 1671a – *Entretiens sur la philosophie*, Paris.

ROHAULT J., 1671b – *Traité de physique*, Paris.

ROMANO E., 1994 – « Verso l'enciclopedia di Plinio. Il dibattito scientifico fra I. a.C. e I. d.C. », dans SABBAH G., MUDRY P. (éd.), *La médecine de Celse. Aspects historiques, scientifiques et littéraires*, Saint-Étienne, p. 11-27.

ROMERI L., 2002 – *Philosophes entre mots et mets. Plutarque, Lucien et Athénée autour de la table de Platon*, Grenoble.

RONQUIST E. C., 1997 – « Patient and impatient encyclopedism », dans BINKLEY P. (éd.), *Pre-Modern Encyclopaedic Texts. Proceedings of the Second COMERS Congress, Groningen, 1-4 July 1996*, Leiden / New York / Köln, p. 31-46.

ROSEN E., 1949 – « A Review of Lynn Thorndike, *The Sphere of Sacrobosco and its Commentators* », *Isis*, 121, p. 257-264.

ROSEN V., 1881 – *Notices sommaires des manuscrits arabes du Musée asiatique*, Saint-Pétersbourg.

ROSIER-CATACH I., 1997 – « Roger Bacon and Grammar », dans HACKETT J. (éd.), *Roger Bacon and the Sciences*. Commemorative Essays, Leiden, p. 67-102.

ROSIER-CATACH I., 1998a – « La *Grammatica practica* du ms. British Museum V A IV. Roger Bacon, les lexicographes et l'étymologie », dans BURIDANT C. (éd.), *Lexique*, 14 (*L'étymologie, de l'Antiquité à la Renaissance*), p. 97-125.

ROSIER-CATACH I., 1998b – « Quelques textes sur l'étymologie au Moyen Âge », dans BURIDANT C. (éd.), *Lexique*, 14 (*L'étymologie, de l'Antiquité à la Renaissance*), p. 221-229.

ROSIER-CATACH I., 2009 – « *Glosule in Priscianum* », dans STAMMERJOHANN H. (éd.), *Lexicon Grammaticorum. A Bio-bibliographical Companion to the History of Linguistics*, Tübingen, p. 547-547.

ROULET E., 1982 – « De la structure dialogique du discours monologal », *Langues et Linguistique*, 8.1, p. 65-84.

ROULET E. *et al.*, 1991 – *L'Articulation du discours en français contemporain*, Berne (*Sciences pour la communication*, 11).

ROUSE M. A., ROUSE R. H., 1982 – « Alphabetization », *Dictionary of the Middle Ages*, I, p. 204-207.

ROUSE R.H., ROUSE M. A., 1971 – « *The text called* Lumen anime », *Archivum Fratrum Predicatorum*, 41, p. 5-113.

ROUX G., LAHARIE M., 1997 – *Art et Folie au Moyen Âge. Aventures et Énigmes d'Opicinus de Canistris* (1296-1351 ?), Paris.

RUBINCAM C., 1997 – « The Organisation of Material in Graeco-Roman World Histories », dans BINKLEY P. (éd.), *Pre-Modern Encyclopedic Texts*, Leyde / New York / Cologne, p. 127-136.

RUH K. (éd.), 1997 – *Initiation à Maître Eckhart. Théologien, prédicateur, mystique*, Fribourg (*Vestigia*, 23).

RUHE D., 1994 – « La *Roe d'astronomie*. Le livre de Sidrac et les encyclopédies françaises du Moyen Âge », PICONE M. (éd.), *L'enciclopedismo medievale*, p. 293-310.

RUHE D., 2003 – « Ratgeber. Hierarchie und Strategien der Kommunikation », dans SPIESS K.-H. (éd.), *Medien der Kommunikation im Mittelalter*, Wiesbaden (*Beiträge zur Kommunikationsgeschichte*, 15), p. 63-82.

RUHE D., 2007 – « La divination au Moyen Âge. Théories et pratiques », dans TRACHSLER R. (éd.), *Moult obscures paroles. Études sur la prophétie médiévale*, Paris, p. 17-28.

RUHE E., 1968 – *Untersuchungen zu den altfranzösischen Übersetzungen der Disticha Catonis*, München (*Beiträge zur romanischen Philologie des Mittelalters*, 2).

RUHE E., 2007 – « L'invention d'un prophète : *Le livre de Sydrac* », dans TRACHSLER R. (éd.), *Moult obscures paroles. Etudes sur la prophétie médiévale,* Paris, p. 65-78.

RUITENBEEK K., 1996 – *Carpentry and Building in Late Imperial China : A Study of the Fifteenth-Century Carpenter's Manual Lu Ban jing,* Leiden.

RUIZ DE ELVIRA A., 1998 – « Universitas y Encyclopaedia », *Habis,* 29, p. 349-369.

RUNGGALDIER E., 2010 – *Die menschliche Seele bei Albertus Magnus : ein nicht-reduktionistischer Beitrag zum Leib-Seele-Problem,* Münster / Aschendorff (*Lectio Albertina,* 11).

SALOMON R. G., 1936 – *Opicinus de Canistris. Weltbild und Bekenntnisse eines Avignonesicher Klerikers des 14. Jahrunderts,* Londres, 2 vol.

SALVAN G., 2005 – « *Dites-vous* ou le dialogisme à l'épreuve du dialogal (et vice versa) », dans BRES J., HAILLET P. P., MELLET S., NØLKE H., ROSIER L. (dir.), *Dialogisme et polyphonie. Approches linguistiques,* Bruxelles, p. 265-279.

SALVAT M., 1995 – « Les incursions de l'histoire chez Barthélemy l'Anglais et ses traducteurs », dans BAILLAUD B., DE GRAMONT J., HÜE D. (éd.), *L'histoire, le savoir et le temps, discours encyclopédiques. Actes du colloque de Mortagne-au-Perche, avril 1994,* Rennes (*Cahiers Diderot,* 7), p. 323-335.

SAMARAN C., MONFRIN J., 1962 – « Pierre Bersuire, prieur de Saint-Éloi de Paris », *Histoire littéraire de la France,* Paris, 39, p. 259-450.

SÁNCHEZ MARTÍNEZ C., 2002 – *La etimología latína. Concepto y métodos,* Murcie.

SANDQVIST S., 1996 – *Le Bestiaire et le lapidaire du* Rosarius (BnF fr. 12483), Lund (*Études Romanes de Lund,* 55).

SANFORD E. M., 1949 – « Famous Latin Encyclopaedias. Compilers of universal knowledge from Varro to Vincent of Beauvais », *Classical Journal,* 44, p. 462-467.

SARNOWSKY J., 1999 – « Die *Artes* im Lehrplan der Universitäten », dans SCHAEFER U. (éd.), *Artes im Mittelalter, Formationen und transformationen des Wissens,* Berlin, p. 68-82.

SCARBOROUGH J., 1986 – « Pharmacy in Pliny's *Naturalis historia* : Some Observations on Substances and Sources », dans FRENCH R., GREENAWAY F. (éd.), *Science in the Early Roman Empire. Pliny the Elder, his Sources and Influence,* Londres / Sydney, p. 59-85.

SCHAEFER U. (éd.), 1999 – *Artes im Mittelalter, Formationen und transformationen des Wissens,* Berlin.

SCHAER R. (éd.), 1996 – *Tous les savoirs du monde. Encyclopédies et bibliothèques, de Sumer au XXIème siècle,* Paris.

SCHIPPER K. M. *et al.*, 1981 – *Index du Yunji qiqian,* Paris.

SCHMIDT C., 1899 – *Quaestiones de musicis scriptoribus Romanis, inprimis de Cassiodoro et Isidoro,* diss. Giessen, Darmstadt.

SCHMIDT P. L., 1977 – « Zur Typologie und Literarisierung des frühchristlichen lateinischen Dialogs », *Christianisme et formes littéraires de l'antiquité tardive en occident* (*Entretiens sur l'antiquité classique,* XXIII), p. 101-180.

SCHMITT P., 1986 – « Enzyklopädie III.3 : Deutsche Literatur », dans *Lexikon des Mittelalters,* 3, col. 2035-2036.

SCHMITZ T., 1997 – *Bildung und Macht. Zur sozialen und politischen Funktion der zweiten Sophistik in der griechischen Welt der Kaiserzeit,* Munich.

SCHMUKI K., OCHSENBEIN P., DORA C., 1998 – *Cimelia Sangallensia. Hundert Kosbarkeiten aus der Stiftsbibliothek St. Gallen,* St. Gall, p. 100-101.

SCHNEIDER H., 1986 – *Das griechische Techniskverständnis, von den Epen Homers bis zu den Anfängen der technologischen Fachliteratur,* Darmstadt.

Sconocchia S., 1993 – « L'opera di Scribonio Largo e la letteratura medicina latina del I. sec. d. C. », dans Haase W. (éd.), *ANRW*, II, 37.1, Berlin / New York, p. 843-922.

Seeck G. A., 1985 – « Plinius und Aristoteles als Naturwissenschaftler », *Gymnasium*, 92, p. 419-434.

Sellheim R., 1976 – *Materialien zur arabischen Literaturgeschichte*, I, Wiesbaden, p. 176-186.

Sezgin F., 2011 – *Anthropogeographie, Teil 2*, Frankfurt am Main.

Sezgin F. Amawî M. *et al.* (éd.), 1998 – *Al-Farghânî (fl. c. 850) and Al-Battânî (d. 929). Texts and Studies*, Francfort (*Publications of the Institute for the History of Arabic-Islamic Science. Islamic Mathematics and Astronomy*, 68).

Sezgin F., Ehrig-Eggert F., Neubauer E., 2006 – *The reception and assimilation of Islamic mathematics and astronomy in the Occident : texts and studies*, Frankfurt.

Sharples R., 1998 – *Theophrastus of Eresus : Sources for His Life, Writings, Thought and Influence, Commentary. Volume 3.1, Sources on Physics*, Leiden.

Shank M. H., 1988 – *"Unless You Believe, You Shall Not Understand". Logic, University, and Society in Late Medieval Vienna*, Princeton.

Sherwood-Smith M. C., 2000 – *Studies in the reception of the "historia scholastica" of Peter Comestor : the "Schwarzwälder Predigten", the "Weltchronik" of Rudolf von Ems, the "Scolastica" of Jacob von Maerlant and "Historiebijbel Van 1360"*, Oxford (*Medium aevum monographs. New series*, 20).

Sicard P., 1991 – *Hugues de Saint-Victor et son École*, Paris.

Sicard P., 1997 – « Savoir et sagesse dans une école médiévale : le cas de Saint-Victor de Paris », dans Schaer R. (éd.), *Tous les savoirs du monde. Encyclopédies et bibliothèques, de Sumer au XXIe siècle*, Paris, p. 99-106.

Siebenborn E., 1976 – *Die Lehre von der Sprachrichtigkeit und ihren Kriterien. Studien zur antiken normativen Grammatik*, Amsterdam.

Siemers K., 2006 – *Möglichkeiten und Grenzen des gemeinsamen Wissens in der Onlineenzyklopädie Wikipedia*, Karlsruhe (http://www.karinsche.de/files/wikipedia.pdf).

Silvi C., 2003a – « Les "petites encyclopédies" du XIIIe siècle en langue vulgaire. Bibliographie sélective (1980-2000) », *Le Moyen Âge*, 2, p. 345-361.

Silvi C., 2003b – *Science médiévale et vérité. Étude linguistique de l'expression du vrai dans le discours scientifique en langue vulgaire*, Paris (*Bibliothèque de grammaire et de linguistique*, 15).

Silvi C., 2006 – « Fausses et vraies objections dans le discours encyclopédique scientifique au XIIIe siècle », dans Thomasset C. (dir.), *L'Écriture du texte scientifique. Des origines de la langue française au XVIIIe siècle*, Paris (*Cultures et civilisations médiévales*, 35), p. 49-78.

Simon M., 1966 – « Zur Abhängigkeit spätrömischer Enzyklopädien der Artes liberales von Varros Disciplinarum libri », *Philologus*, 110, p. 88-101.

Smalley B., 1946 – « Two Biblical Commentaries of Simon of Hinton », *Recherches de Théologie Ancienne et Médiévale*, 13, p. 57-85.

Smalley B., 1948a – « Some More Exegetical Works of Simon of Hinton », *Recherches de Théologie Ancienne et Médiévale*, 15, p. 97-106.

Smalley B., 1948b – « The *Quaestiones* of Simon of Hinton », dans Hunt R. W., Pantin W. A., Southern R. W. (éd.), *Studies in Medieval History presented to Frederick Maurice Powicke*, Oxford, p. 209-222.

Smalley B., 1983 [1941] – *The Study of the Bible in the Middle Ages*, Oxford.

Smith L. J., 2009 – *The Glossa ordinaria : the making of a medieval Bible commentary*, Leyde / Boston / Cologne (*Commentaria*, 3).

SOUTHERN R., 1970 – « Humanism and the School of Chartres », *Medieval Humanism and Other Studies*, Oxford, p. 61-85.

SOUTHERN R., 1982 – « The School of Paris and the School of Chartres » dans BENSON R. L., CONSTABLE G. (éd.), *Renaissance and Renewal in the Twelfth Century*, Cambridge, p. 113-137.

SPARKLES B., 1991 – *Greek Pottery : an Introduction*, Manchester.

SPEER A. et WEGENER L. (éd.), 2005 – *Meister Eckhart in Erfurt*, Berlin / New York (*Miscellanea Mediaevalia*, 32).

SPEER A., WEGENER L. (éd.), 2006 – *Wissen über Grenzen*, Berlin / New York (*Miscellanea Mediaevalia*, 33).

SPYRA U., 2005 – *Das "Buch der Natur" Konrads von Megenberg. Die illustrierten Handschriften und Inkunabeln*, Cologne / Weimar / Vienne (*Pictura et poësis*, 19).

STADLER H., 1912 – « Vorbemerkungen zur neuen Ausgabe der Tiergeschichte des Albertus Magnus », *Sitzungsberichte der königlich Bayerischen Akademie des Wissenschaften, Philosophisch-philologische und historische Klasse*, Abhandlung 1.

STANNARD J., 1979 – « Identification of the Plants described by Albertus Magnus, *De vegetabilibus*, l. VI », *Res Publica litterarum, Studies in the Classical Tradition*, 2, p. 281-318.

STAROBINSKI J., 1970 – « Remarques sur l'*Encyclopédie* », *Revue de métaphysique et de morale*, 257, p. 284-291

STEEL C., 1996 – « The Individuation of the human Intellect : Henry Bate's Platonic-Nominalistic Position », dans AERTSEN J. A., SPEER A. (éd.), *Individuum und Individualität im Mittelalter*, Berlin / New York (*Miscellanea Mediaevalia*, 24), p. 230-248.

STEEL C., GULDENTOPS G. et BEULLENS P. (éd.), 1999 – *Aristotle's animals in the Middle Ages and Renaissance, Congrès international, Institute of Medieval Studies, mai 1997*, Louvain (*Mediaevalia Lovaniensia*, series 1, Studia 27).

STEER G., 1981 – *Hugo Ripelin von Strassburg : zur Rezeptions-und wirkungsgeschichte des "Compendium theologicae veritatis" in deustschen Spätmittelalter*, Tübingen (*Texte und Textgeschichte*, 2).

STEER G., 1995 – « Das *Compendium theologicae veritatis* des Hugo Ripelins von Straßbourg: Anregungen zu Bestimmung seines Verhältnisses zu Albertus Magnus », dans HOENEN M. et DE LIBERA A. (éd.), *Albertus Magnus und der Albertismus. Deutsche philosophische Kultur des Mittelalters*, Leyde / New York / Cologne (*STGgM*, 48), p. 133-154.

STEGMÜLLER F., REINHARDT K., 1940-1980 – *Repertorium biblicum medii aevi*, Madrid / Barcelone, 1950-1980 (11 vol.).

STENECK N. H., 1976 – *Science and Creation in the Middle Ages. Henry of Langenstein (d. 1397) On Genesis*, Notre Dame / Londres.

STEVENSON A. J., 2004 – « Gellius and the Roman Antiquarian Tradition », dans HOLFORD-STREVENS L., VARDI A. (éd.), *The Worlds of Aulus Gellius*, Oxford.

STOTZ P., 1996 – *Handbuch zur lateinischen Sprache des Mittelalters. Lautlehre*, vol. 3, Munich.

SUN JEN I-TU, SUN HSÜEH-CHUAN (trad.), 1966 – *Thien Kung Khai Wu, Chinese Technology in the Seventeenth Century, by Sung Yin-hsing*, Philadelphie / Londres.

SWIGGERS P., 2004 – « Alcuin et les doctrines grammaticales », dans DEPREUX P. et JUDIC B. (éd.), *Alcuin, de York à Tours : écriture, pouvoir et réseaux dans l'Europe du haut Moyen Âge, Annales de Bretagne et des Pays de l'Ouest*, 111.3, p. 147-161.

TAHMI M., 1998 – *L'encyclopédisme musulman à l'âge classique*, Paris.

TARABOCHIA CANAVERO A., 1981 – *Esegesi biblica e cosmologia. Note sull'interpretazione patristica e medievale di Genesi 1-2*, Milan.

TAUER F., 1950 – « Annotations critiques au texte du *Tuḥfat al-albāb d'Abū Ḥāmid al-Māzinī* édité par G. Ferrand », *Archiv Orientání*, 18, p. 298-316.

TESNIÈRE M.-H., 1993 – « Le *Reductorium morale* de Pierre Bersuire », *L'encyclopédisme médiéval. Actes du Colloque San Gimignano, 8-10 octobre 1992*, Ravenna, p. 225-242.

TESNIÈRE M.-H., 1997 – « De l'Écriture, "jardin de la Sagesse", au Livre des merveilles du monde : six modèles d'esprit encyclopédique médiéval », dans SCHAER R. (éd.), *Tous les savoirs du monde. Encyclopédies et bibliothèques, de Sumer au XXIᵉ siècle*, Paris, p. 57-98.

TESNIÈRE M.-H., 2000 – « Pierre Bersuire, un encyclopédiste au XIVᵉ siècle », *Plein Chant*, 69-70, p. 7-24.

THÉRY P. G., 1939 – *Thomas Gallus : aperçu biographique*, Paris.

THOMASSET C., JACQUART D., 1985 – *Sexualité et savoir médical au Moyen Âge*, Paris.

THORNDIKE L., 1949 – *The "Sphere of Sacrobosco" and its Commentators*, Chicago (*Corpus of medieval scientific Texts*, 2).

TORRELL J.-P., 2002² – *Initiation à Saint Thomas d'Aquin: sa personne et son œuvre*, Fribourg (*Vestigia: pensée antique et médiévale*, 13).

TRAINA G., 1994 – *La tecnica in Grecia e a Roma*, Bari.

TRIFOGLI C., 2000 – *Oxford Physics in the Thirteenth Century. Motion, Infinity, Place and Time*, Berlin / New York (*STGgM*, 72).

TRIFOGLI C. (éd.), 2008 – *Liber quartus Physicorum Aristotelis. Repertorio delle questioni. Commenti inglesi ca. 1250-1270*, Firenze (*Corpus Philosophorum Medii Aevi, Subsidia*, 16).

TÜRK E., 1965 – « Macrobe et les *Nuits Attiques* », *Latomus*, 24, p. 381-406.

TÜRK M., 2000 – « *Lucidaire de grant sapientie* ». *Untersuchung und Edition der altfranzösischen Übersetzung 1 des « Elucidarium » von Honorius Augustodunensis*, Tübingen (*Beihefte zur Zeitschrift für Romanische Philologie*, 307).

TWOMEY M. W., 1988 – « Medieval Encyclopedias », *Medieval Christian literary imagery. A guide to interpretation*, Toronto / Buffalo / London, p. 182-315.

TWOMEY M. W., 1996 – « Towards a reception history of western medieval encyclopaedias in England before 1500 », dans BINKLEY P. (éd.), *Pre-Modern Encyclopaedic Texts. Proceedings of the Second COMERS Congress, Groningen, 1-4 July 1996*, Leiden / New York / Köln, p. 329-362.

ULLMANN M., 1972 – *Die Natur- und Geheimewissenschften im Islam*, Leiden.

ULMSCHNEIDER H., 1992 – « *'Ain puoch von latein... daz hat Albertus maisterlich gesamnet'*. Zu den Quellen von Konrads von Megenberg "Buch der Natur" anhand neuerer Handschrifenfunde », *Zeitschrift für deutsches Altertum und deutsche Literatur*, 121, p. 36-63.

ULMSCHNEIDER H., 1994 – « *'Ain puoch von latein'*. Nochmals zu den Quellen von Konrads von Megenberg "Buch der Natur" », *Zeitschrift für deutsches Altertum und deutsche Literatur*, 123, p. 309-333.

VAN DEN ABEELE B., 1994 – « Bestiaires encyclopédiques moralisés. Quelques succédanés de Thomas de Cantimpré et de Barthélemy l'Anglais », *Reinardus*, 7, p. 209-228.

VAN DEN ABEELE B., 1997 – « Vincent de Beauvais naturaliste : les sources des livre des animaux du *Speculum naturale* », dans PAULMIER-FOUCART M., LUSIGNAN S. (dir.), *Lector et compilator. Vincent de Beauvais frère prêcheur. Un intellectuel et son milieu au XIIIᵉ siècle*, Grâne, p. 127-151.

VAN DEN ABEELE B., 2002 – « Moralisierte Enzyklopädien in der Nachfolge von Bartholmäus Anglicus », dans MEIER C. (éd.), *Die Enzyklopädie im Wandel vom Hochmittelalter bis zur frühen Neuzeit. Akten des Kolloquiums des Projekts D im Sonderforschungsbereich 231, 29.11.-01.12.1996*, Munich (*Münstersche Mittelalter-Schriften*, 78), p. 279-304.

Van den Abeele B., 2004 – « The *Macrologus* of Liège. An Encyclopedic Lexicon at the Dawn of Humanism », dans MacDonald A. A., Twomey M. W. (éd.), *Schooling and Society. The Ordering and Reordering of Knowledge in the Western Middle Ages*, Leuven / Paris / Dudley, MA., p. 43-60.

Van den Abeele B., Meyer H. (éd.), 2005 – *Bartholomaeus Anglicus, "De proprietatibus rerum". Texte latin et réception vernaculaire – Lateinischer Text und volkssprachige Rezeption*, Turnhout (*De diversis artibus*, 74, *NS* 37).

Van den Abeele B., 2007a – *Fortune et mutations des encyclopédies latines durant le Moyen Âge tardif*, Thèse d'agrégation, Université de Louvain, Louvain-la-Neuve.

Van den Abeele B., 2007b – « Introduction générale », dans Van den Abeele et al. (éd), *Bartholomaeus Anglicus. De proprietatibus rerum. Volume I : Prohemium, Livre I-IV*, Turnhout (*De diversis artibus* 78, *NS* 41), p. 135-199.

Van den Abeele B., 2008 – « Diffusion et avatars d'une encyclopédie : le *Liber de natura rerum* de Thomas de Cantimpré », dans de Callataÿ G., Van den Abeele B. (éd.), *Une lumière venue d'ailleurs, Héritages et ouvertures dans les encyclopédies d'Orient et d'Occident au Moyen Âge*, Louvain-la-Neuve, p. 141-176.

Van der Lugt M., 2004 – *Le ver, le démon, la vierge. Théories médiévales de la génération extraordinaire. Une étude sur le rapport entre théologie, philosophie naturelle et médecine*, Paris.

Van Moos P., 1975 – « Le silence d'Héloïse et les idéologies modernes », dans Louis R., Jolivet J. et Châtillon J. (dir.), *Pierre Abélard, Pierre le Vénérable : les courants philosophiques, littéraires et artistiques en Occident au milieu du XIIᵉ siècle*, Paris (*Colloques internationaux du Centre national de la recherche scientifique*, 546), p. 425-468.

Vanwijnsberghe D., 2000 – *De fin or et d'azur. Les commanditaires de livres et le métier de l'enluminure à Tournai à la fin du Moyen Âge*, Leuven.

Vardi A., 2004 – « Genre, Conventions, and Cultural Programme in Gellius' *Noctes Atticae* », dans Holford-Strevens L., Vardi A. (éd.), *The Worlds of Aulus Gellius*, Oxford.

de Vaux C., 1984 – *Les Penseurs de l'islam*, tome IV, Paris.

Vegetti M., 1981 – « Lo spettacolo della natura, Circo, teatro e potere in Plinio », *Aut Aut*, 184-185, p. 111-125.

Vegetti M., 1982 – « Zoologia e antropologia in Plinio », dans Alfonsi L. (éd.), *Plinio il Vecchio sotto il profilo storico e letterario*, Côme, p. 117-131.

Vegetti M., 1984 – « La scienza ellenistica : problemi di epistemologia storica », dans Giannantoni G., Vegetti M., (dir.), *La scienza ellenistica*, p. 427-470.

Vegetti M., 1992 – « Aristotele, il Liceo e l'enciclopedia del sapere », dans Cambiano G., Canfora L., Lanza D., (dir.), *Lo spazio letterario della Grecia antica*, vol. 1, Roma / Salerno, p. 587-610.

Ventura I., 1997 – « L'iconografia letteraria di Brunetto Latini », *Studi Medievali*, III, 38, p. 499-528.

Ventura I., 2001 – « Der *Liber Similitudinum Naturalium* Konrads von Halberstadt und seine Quellen : ein Fallbeispiel aus der naturwissenschaftlichen Textüberlieferung im Spätmittelalter », *Frümittelatlerliche Studien*, 35, p. 349-406.

Ventura I., 2003a – « Die moralisierten Enzyklopädien des späteren Mittelalters : ein Überblick unter Berücksichtigung der Fallbeispiele des *Lumen Anime*, des *Liber de exemplis et similitudinibus rerum* und des *Liber Similitudinum Naturalium* », *Reti medievali*, 4 (http://www.storia.unifi.it/_RM/rivista).

Ventura I., 2003b – « L'erbario alfabetico del *De Proprietatibus Rerum* di Bartolomeo Anglico e le sue fonti : una panoramica sul ruolo della botanica nelle enciclopedie del XIII secolo », dans STAMMEN T., WEBER W. E. J. (éd.), *Wissensicherung, Wissensordnung und Wissensverarbeitung : Das europäische Modell der Enzyklopädien. Akten des Kolloquiums Augsburg, 26-28 September 2001*, Berlin, p. 291-337.

VENTURA I., 2004a – « Enciclopedie per una società civile : Il *Tresor* di Brunetto latini e l'encyclopedismo laico del duecento italiano », dans MAVRODIN H. (dir.), *Deteriorarea tensiunii ideale în cultura şi arta. Lo scadere della tensione ideale nella cultura e nell'arte, Atti del Simposio Bucarest, instituto di cultura italiano, 17-18 nov. 2003*, Bucarest, p. 223-235.

VENTURA I., 2004b – « *Quaestiones* and Encyclopedias. Some aspects of the Late Medieval Reception of pseudo-Aristotelian *Problemata* in Encyclopaedic and Scientific Culture », dans MACDONALD A. A., TWOMEY M. W. (éd.), *Schooling and Society. The Ordering and Reordering of Knowledge in the Western Middle Ages. International Conference Kowledge and Learning, 14-17 November 2001, Groningen*, Leuven/Paris/Dudley (*Groningen Studies in Cultural Change*, 6), p. 23-42.

VENTURA I., 2006 – « *Aristoteles fuit causa efficiens huius libri*. On the Reception of Pseudo-Aristotle's *Problemata* in Late Medieval Encyclopedic Culture », dans GOYENS M., DE LEEMANS P. (éd.), *Aristotle's Problemata in Different Times and Tongues (Interdisciplinary Workshop, Leuven, Katholieke Universiteit, 30-31)*, Leuven (*Mediaevalia Lovaniensia. Series 1, Studia*, 39), p. 113-144.

VENTURA I., 2007a – « Formen des Dominikanischen Enzyklopädismus im 14. Jahrhundert : Heinrich von Herford, Konrad von Halberstadt, Jakob von Soest », *Sborník prací filozofické fakulty Brněnské Univerzity. Studia minora facultatis philosophicae Universitatis Brunensis*, 12, p. 131-151.

VENTURA I., 2007c – « Plant Symbolism in Thirteenth-Century Biblical Exegesis and in Bartholomaeus Anglicus' *De proprietatibus rerum* », *Schola Salernitana Annali*, 12, p. 121-134.

VENTURA I., 2007d – « *Per modum quaestionis compilatum...* The Collections of Natural Questions and their Development from the Thirteenth to the Sixteenth Century », dans MICHEL P. (éd.), *All you need to know : Encyclopaedias and the Idea of General Knowledge. Conference, Prangins, Switzerland, 18-20 Sept. 2003*, publié sur le site web www.enzyklopaedie.ch.

VENTURA I., 2008 – « On Philosophical Encyclopaedism in the Fourteenth Century : the *Catena aurea entium* of Henry of Herford », dans DE CALLATAŸ G. et VAN DEN ABEELE B. (éd.), *Une lumière venue d'ailleurs. Héritages et ouvertures dans les encyclopédies d'Orient et d'Occident au Moyen Âge. Actes du Colloque de Louvain-la-Neuve, 19-21 Mai 2005*, Turnhout/Louvain-la-Neuve (*Réminiscences*, 9), p. 199-245.

VERGER J., 1986 – « Enzyklopädie II.2 : Spätmittelalter und Humanismus », *Lexikon des Mittelalters*, 3, col. 2033-2034.

VESEL Z., 1986 – *Les encyclopédies persanes : essai de typologie et de classification des sciences*, Paris.

VESEL Z., 2008 – « Les encyclopédies persanes : culture scientifique en langue vulgaire », dans DE CALLATAŸ G., VAN DEN ABEELE B. (éds), *Une lumière venue d'ailleurs. Héritages et ouvertures dans les encyclopédies d'Orient et d'Occident au Moyen Âge*, Louvain-la-Neuve, p. 49-89.

VIOLA C., 1982 – « Manières personnelles et impersonnelles d'aborder un problème : saint Augustin et le XIIᵉ siècle. Contribution à l'histoire de la *quaestio* », dans *Les Genres littéraires dans les sources théologiques et philosophiques médiévales : définition, critique et exploitation. Actes du colloque international de Louvain-La-Neuve, 25-27 mai 1981*, Louvain-La-Neuve (*Publication de l'Institut d'études médiévales*, 2ᵉ série, 5), p. 11-30.

VION R., 2005 – « Modalités, modalisations, interaction et dialogisme », dans BRES J., HAILLET P. P., MELLET S., NØLKE H., ROSIER L. (dir.), *Dialogisme et polyphonie. Approches linguistiques*, Bruxelles, p. 143-156.

VIROLLEAUD C., 1955 – « La littérature assyro-babylonienne », *Histoire des littératures*, tome 1, Paris (*Encyclopédie de la Pléiade*), p. 253-276.

VOLLMANN B. K., 2002 – « Enzyklopädie im Wandel: Thomas von Cantimpré, *De natura rerum* », dans MEIER C., *Die Enzyklopädie im Wandel vom Hochmittelalter bis zur frühen Neuzeit*, München (*Münstersche Mittelalter-Schriften*, 78), p. 169-188.

VON BÜREN V., 2002 – « Écrites au IXe, perdues au XXe, retrouvées au XVe : à propos des gloses de Végèce "De re militari" », dans FERA V., FERRAÙ G., RIZZO S. (éd.), *Talking to the Text : Marginalia from Papyri to Print. Actes du Colloque tenu à Erice, 26 septembre – 3 octobre 1998 au Centro Interdisciplinare di studi Umanistici*, Messina, p. 269-287.

VON BÜREN V., 2003 – « Isidore, Végèce et Titanus au VIIIe siècle », dans DEFOSSE P. (éd.), *Hommages à Carl Deroux*, vol. 5, Bruxelles, p. 39-49.

VON DEN BRINCKEN A. D., 1978 – « Geschichtsbetrachtung bei Vincenz von Beauvais. Die *Apologia Actoris* zum *Speculum Maius* », *Deutsches Archiv für Erforschung des Mittelalters*, 34, p. 410-499.

VON HEES S., 2002 – *Enzyklopädie als Spiegel des Weltbildes. Qazwīnīs Wunder der Schögfung – eine Naturkunde des 13. Jahrhunderts*, Wiesbaden.

VON HEES S., 2006 – « Al-Qazwīnī's 'ajā'ib al-makhlūqāt », dans ENDRESS G. (éd.), *Organizing Knowledge. Encyclopaedic Activities in the Pre-Eighteenth Century Islamic World*, Leiden, p. 171-186.

VOORBIJ J., 1986 – *The "Speculum historiale" : Some Aspects of its Genesis and Manuscript Tradition* », dans AERTS J. W., SMITS E. R., VOORBIJ J. B. (éd.), *Vincent of Beauvais and Alexander the Great. Studies on the* Speculum Maius *and its Translations into Medieval Vernaculars*, Groningen (*Mediaevalia Groningana*, 7), p. 11-55.

VOORBIJ J., 1991 – *Het Speculum Historiale Van Vincent Van Beauvais. Een studie Van zijn ontstaansgeschiedenis*, Groningen.

VOSKOBOYNIKOV O., 2006 – *Arts, savoirs et visions de la nature à la cour de Frédéric II*, Paris-EHESS (thèse).

VRIN J., 1969 – *Arts libéraux et philosophie au Moyen Âge. Actes du 4e congrès international de Philosophie médievale, 27 août-2 sept. 1967*, Montréal/Paris.

WAGNER C., 1986 – *Materie im Mittelalter : Edition und Untersuchungen zur "Summa" (II,1) des Nikolaus von Strassburg O.P.*, Fribourg (*Studia Friburgensis. Neue Folge*, 67).

WEIGAND R., 1991 – *Vinzenz von Beauvais. Scholastische Universalchronistik als Quelle volkss-prachiger Geschichtsschreibung*, Hildesheim (*Germanistische Texte und Studien*, 36).

WEIJERS O., 1989 – « Lexicography in the Middle Ages », *Viator*, 20, p. 139-153.

WEIJERS O., 1990 – « Les dictionnaires et autres répertoires », dans WEIJERS O. (éd.), *Méthodes et instruments du travail intellectuel au Moyen Âge. Études sur le vocabulaire*, Turnhout, p. 197-208.

WEIJERS O., 1991 – *Dictionnaires et répertoires au Moyen Âge. Une étude du vocabulaire*, Turnhout.

WEIJERS O., 1994 – « L'enseignement du *trivium* à la faculté des arts à Paris : la "*quaestio*" », dans HAMESSE J. (éd.), *Manuels, programmes de cours et techniques d'enseignement dans les universités médiévales. Actes du Colloque International de Louvain-la-Neuve, 9-11 septembre 1993*, Louvain-la-Neuve (*Publications de l'Institut d'Études Médiévales. Textes, Études, Congrès*, 16), p. 57-74.

WEIJERS O., 1995 – *La "disputatio" à la Faculté des arts de Paris (1200-1350 environ). Esquisse d'une typologie*, Turnhout (*Studia Artistarum*, 2).

WEIJERS O. (éd.), **1996** – *Le Maniement du savoir. Pratiques intellectuelles à l'époque des premières universités (XIIIᵉ-XIVᵉ siècles)*, Turnhout.

WEIL E., **1946** – « L'anthropologie d'Aristote », *Revue de Métaphysique et de Morale*, 51, p. 7-36.

WEISEL B., **1993** – « Die Überlieferung des "Livre de Sidrac" in Handschriften und Drucken », dans BRUNNER H., WOLF N. R. (éd.), *Wissensliteratur im Mittelalter und in der Frühen Neuzeit. Bedingungen, Typen, Publikum, Sprache*, Wiesbaden, p. 53-66.

WILKINS J., **2000a** – « Athenaeus and the Fishes of Archippus », dans BRAUND D., WILKINS J. (dir.), *Athenaeus and his World*, Exeter, p. 323-335.

WILKINS J., **2000b** – « Dialogue and Comedy », dans BRAUND D., WILKINS J. (dir.), *Athenaeus and his World*, Exeter, p. 23-37.

WILLE G., **1967** – *Musica Romana. Die Bedeutung der Musik im Leben der Römer*, Amsterdam.

WILLIAMS S., **2003** – *The Secret of Secrets. The scholarly career of a Pseudo-Aristotelian text in the Late Middle Ages*, Ann Arbor.

WINS B., **1993** – « "Le Livre de Sidrac" – Stand der Forschung und neue Ergebnisse », dans BRUNNER H., WOLF N. R. (dir.), *Wissensliteratur im Mittelalter und in der Frühen Neuzeit. Bedingungen, Typen, Publikum, Sprache*, Wiesbaden (*Wissensliteratur im Mittelalter. Schriften des Sonderforschungsbereichs 226 Würzburg/Eichstätt*, 13), p. 36-52.

WISSOWA G., **1880** – *De Macrobii Saturnaliorum fontibus capita tria*, diss. Breslau.

WOESTHUIS M., **1997** – « Vincent of Beauvais and Helinand of Froidmont », dans LUSIGNAN S. et PAULMIER-FOUCART M. (dir.) et DUCHENNE M.-C., *Lector et compilator. Vincent de Beauvais, frère prêcheur, un intellectuel et son milieu au XIIIᵉ siècle*, Nancy / Montréal, p. 233-247.

WOOLDRIDGE T. R., LANCASHIRE I. (dir.), **1995** – *Les bases de dictionnaires anciens*, Paris.

WÜSTENFELD F. (éd.), **1849** – *El-Cazwini's Kosmographie*, Göttingen.

ZAHORA T., **2012** – « Amending Aquinas : Textual Bricolage of the *Speculum dominarum* as an Authorial Strategy in the Compilation *Speculum morale* », *Cahiers de Recherches Médiévales et Humanistes*, 24, p. 505-524.

ZAHORA T., **2013** – « Virtue and the Politics of Salvation in the Age of the Apocalypse : the Case of the *Speculum morale* », (inédit).

ZAHORA T., **à paraître** – *The tropological universe of Alexander Neckam : Nature, Virtue, and the Boundaries of Encyclopedic Knowledge*, Turnhout, Brepols (*Europa Sacra*).

ZAHORA T., NIKULIN D., MEWS C., SQUIRE D., **2012** – « Decompiling the *Speculum morale*. Uncovering Franciscan Voices in an Encyclopedia of Ethics with the Aid of Factotum Software », à paraître dans les actes du congrès de la FIDEM 2012.

ZAMBONI A., **1989** – *L'etimologia*, Bologna.

ZECCHINI G., **1989** – *La cultura storica di Ateneo*, Milan.

ZECCHINI G., **2007** – « Athénée et les historiens », dans LENFANT D. (éd.), *Athénée et les fragments d'historiens*, Strasbourg, p. 19-27.

ZELLER E., **1897** – *Aristotle and the earlier Peripatetics*, London.

ZIMMERMANN B., **1994** – « Osservazioni sulla "enciclopedia" nella letteratura latina », dans PICONE M. (éd.), *L'enciclopedismo medievales*, Ravenna, p. 41-51.

ZONTA M., **1995** – « The Reception of al-Fârâbî's and ibn Sînâ's Classifications of the Mathematical and Natural Sciences in the Hebrew Medieval Philosophical Literature », *Medieval Encounters,* 1.3, p. 358-382.

ZUCKER A., **2005** – *Aristote et les classifications zoologiques*, Louvain-la-Neuve.

ZUCKER A., **2012** – « Qu'est-ce qu'épitomiser ? Étude des pratiques dans la *Syllogé* zoologique byzantine », *Rursus*, 7, mars 2012 [http://rursus.revues.org/961] (38 p.).

INDEX

INDEX DES NOMS DE PERSONNES ET DES ŒUVRES

par GUILLAUME CLAMENS

A

Abel : 359-360

Abgar le Toparque d'Édesse : 127

Abolita : 291-292

Abraham : 131 (n. 27)

Abstrusa : 296

Abu-Faradj al-Isfahani : 36

Kitab al-aghani (Le livre des chants) : 35

Abū Hāmid al-Gharnātī : 202, 203

→ *Tuhfat al-albāb (Réjouissement des cœurs)* : 202

Abū l-Saʾādāt al-Mubārak ibn Muhammad al-Shaybānī Ibn al-Atīr al-Ǧazarī : 208

Accius : 229

→ *Mélanippe* : 229

Achille : 249

Adaios de Mitylène : 248 (n. 8)

Adalhard de Corbie : 259

Adam : 172, 176, 182-183, 191, 347, 359-360

Adélard de Bath : 104, 198, 383 (n. 11)

→ *Quæstiones naturales (QN)* : 198

Adenulphe d'Anagni : 133 (n. 34)

Ælius Stilon : 281

Ælred de Rievaulx : 294 (n. 96)

Ailly (Pierre d') : 189

Aimeric de Gâtine : 288-289, 292

→ *Ars lectoria* : 288, 292

Ajax : 249

Alain de Lille : 94-95, 167, 197

→ *Anticlaudianus* : 197

→ *Cosmographia* : 94

→ *De planctu naturæ* : 95

Al-Battani : 113

→ *De scientia stellarum – De numeris stellarum et motibus* : 113

Albert III, duc d'Autriche : 117

Albert le Grand : 16, 31, 55, 75, 87, 92, 104, 109-111 (n. 13), 113-114, 116, 118, 120, 121

→ *De animalibus* : 118

→ *De mineralibus* : 111

→ *De vegetalibus* : 111

→ *Meteora* : 118

Alberti (Leon Battista) : 42

Albinus : 314-315, 317

Al-Bitruji : 113

→ *De motibus celorum* : 113

Albumasar (Abu Mash'ar) : 196-197

→ *Introductorium majus* : 197

Alcibiade : 255

Alcméon : 67

Alcuin : 16, 262, 271, 407

→ *Excerptiones super Priscianum majorem* : 262

→ *Grammaire* : 262, 271

Aldhelm de Malmesbury : 267, 282 (n. 26), 407

Al-Dimashqī (Shams al-Dīn) : 202, 207, 211

→ *Nuhbat al-dahr fī ʿaǧāʾib al-barr wa-l-bahr (Choix de ce que le monde nous offre en fait de merveilles de la terre et de la terre)* : 207

Alembert (Jean Le Rond d') : 11, 33, 35, 41 (n. 15), 45-46, 50-51, 84, 239, 242, 334

→ *Discours préliminaire* : 45, 46

→ (Dir. avec Diderot) *L'Encyclopédie* voir Diderot

Alexandre le Grand : 126 (n. 5), 127, 203, 254, 404-405

Alexandre de Villedieu : 291 (n. 75), 293, 297 (n. 108)

→ *Doctrinale* : 293

Alexis : 252-253

Al-Fârâbî : 93

Al-Farghani (Alfragan) : 193

Alfred de Sareshel : 110

Al-Harrānī (Muhammad) : 209

→ *Ǧāmi ʿal-funūn wa-salawat al-mahzūn (Recueil de matières diverses pour servir de consolation à l'homme affligé)* : 209

→ *Alia musica* : 320

Alphonse X le Sage : 418 (n. 8)

Al-Qazwīnī : 142, 202, 204-209, 211, 212

→ *Les merveilles des choses créées et les faits miraculeux des choses existantes* : 142, 204

C

INDEX THÉMATIQUE

par GUILLAUME CLAMENS

TABLE DES MATIÈRES